올림포스

고전문학

KB190406

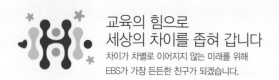

교육의 힘으로
세상의 차이를 좁혀 갑니다
차이가 차별로 이어지지 않는 미래를 위해
EBS가 가장 든든한 친구가 되겠습니다.

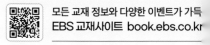

모든 교재 정보와 다양한 이벤트가 가득
EBS 교재사이트 book.ebs.co.kr

기획 및 개발

송해나
이미애
정혜진

집필 및 검토

민준홍(중산고)
김재환(경기기계공고)
이민희(세화여고)
하성욱(서울 오산고)

검토

권순각
김두근
김문정
김형수
신창호
이창훈
정승우
조인수

편집 검토

류근호
이상수

본 교재의 강의는 TV와 모바일 APP, EBS*i* 사이트(www.ebs*i*.co.kr)에서 무료로 제공됩니다.

발행일 2018. 12. 10. **16쇄 인쇄일** 2024. 12. 5. **신고번호** 제2017-000193호 **펴낸곳** 한국교육방송공사 경기도 고양시 일산동구 한류월드로 281
표지디자인 디자인싹 **편집디자인** ㈜글사랑 **편집** ㈜글사랑 **인쇄** 금강인쇄주식회사
인쇄 과정 중 잘못된 교재는 구입하신 곳에서 교환하여 드립니다. 신규 사업 및 교재 광고 문의 pub@ebs.co.kr

올림
포스

고전문학

이 책의 구성과 특징

고전 문학, 더 이상 어렵지 않습니다.

EBS 올림포스 고전 문학은 문학 교과서에 실린 작품은 물론, 좀 낯설지만 꼭 알아 두어야 할 작품을 선정하여
작품이 주는 의미, 작가의 사상 등 문학 작품에 대한 종합적 감상 능력을 향상시키고
내신과 대학수학능력시험에 대비한 기초 소양을 다질 수 있도록 구성하였습니다.

2015 개정 교육 과정 반영! 문학 교과서에 실린 작품 수록

문학 교과서 10종에 실린 문학 작품 중 문학사적으로 중요한 작품, 수록 빈도수가 높은 작품, 새롭게 수록된 작품을
자세히 다루었습니다.

질 높은 문제로 내신과 수능에 완벽 대비

내신과 수능에 실질적 대비가 될 수 있도록 사고력을 요하는 수준 높은 핵심 문제들로 구성하였습니다.

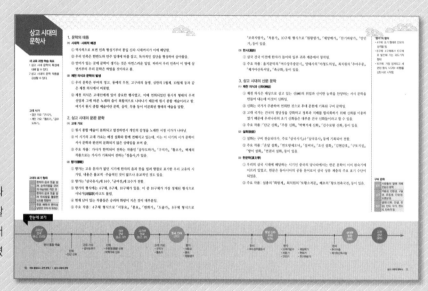

문학사 정리 ➡

시대별 주요 문학사를 연표와
함께 정리하여 앞으로 학습할
작품들을 문학사의 흐름 속에서
감상 및 학습할 수 있도록 하였
습니다.

작품 학습 ➡

작품을 깊이 있게 이해하는
것이 문학 공부의 시작이고 마
지막입니다. 작품마다 꼭 알아
야 할 핵심 내용만을 선정하여
알기 쉽게 구성하였으며, 내신
과 수능에 실질적 대비가 될 수
있는 문제들로 구성하였습니다.
**특히, 작품과 관련된 서술형 주
관식 문제를 구성하여 내신에
만전을 기하도록 하였습니다.**

실전 문제 ➡

최근의 출제 경향을 반영한 문항을 유형별로 다양하게 풀어 봄으로써 종합적으로 학습할 수 있도록 하였습니다.

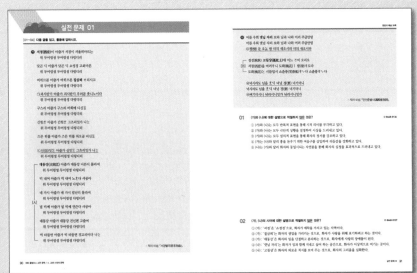

정답과 해설 ➡

정답과 해설을 통해 문제에 대한 접근 방법과 해결 과정을 이힐 수 있도록 구성하였습니다.

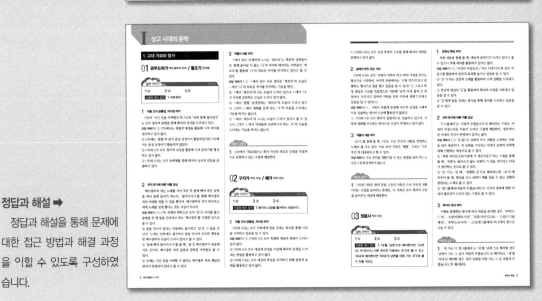

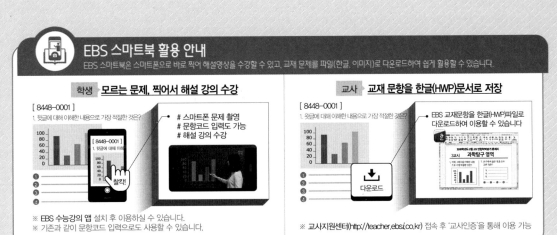

EBS 스마트북 활용 안내

EBS 스마트북은 스마트폰으로 바로 찍어 해설영상을 수강할 수 있고, 교재 문제를 파일(한글, 이미지)로 다운로드하여 쉽게 활용할 수 있습니다.

학생 | 모르는 문제, 찍어서 해설 강의 수강

[8448-0001]
1. 윗글에 대해 이해한 내용으로 가장 적절한 것은?

스마트폰 문제 촬영
문항코드 입력도 가능
해설 강의 수강

교사 | 교재 문항을 한글(HWP)문서로 저장

[8448-0001]
1. 윗글에 대해 이해한 내용으로 가장 적절한 것은?

EBS 교재문항을 한글(HWP)파일로 다운로드하여 이용할 수 있습니다

※ EBS 수능강의 앱 설치 후 이용하실 수 있습니다.
※ 기존과 같이 문항코드 입력으로도 사용할 수 있습니다.

※ 교사지원센터(http://teacher.ebsi.co.kr) 접속 후 '교사인증'을 통해 이용 가능

이 책의 차례

I

상고 시대의 문학

II

고려 시대의 문학

Contents

III

조선 시대의 문학

작품 찾아보기

작품명	작가	해당 쪽	금성	동아	미래엔	비상	신사고	지학사	창비	천재(김)	천재(정)	해냄	국어 교과서
													2015 개정
공무도하가	백수광부의 아내	12			○				○				
황조가	유리왕	12											
구지가	작자 미상	14		○									
해가	작자 미상	14											
정읍사	작자 미상	16				○							○
모죽지랑가	득오	18											
원왕생가	광덕	20											
찬기파랑가	충담사	22	○		○		○						
제망매가	월명사	24		○		○		○	○	○		○	
안민가	충담사	26, 48											
추야우중	최치원	28											
촉규화	최치원	28									○		
야청도의성	양태사	30											
주몽 신화	작자 미상	32		○		○			○				
온달 설화	작자 미상	35											
조신 설화	작자 미상	38											
왕오천축국전	혜초	41											
토황소격문	최치원	44, 50											
처용가	작자 미상	46											
화왕계	설총	48											
여수장우중문시	을지문덕	50											
가시리	작자 미상	56											○
정과정	정서	58											
정석가	작자 미상	60										○	
청산별곡	작자 미상	62			○			○					○
동동	작자 미상	64				○							
한림별곡	한림제유	66											
이화에 월백ᄒ고~	이조년	68	○										○
ᄒᆞᆫ 손에 막뒤 잡고	우탁	68											
구롬이 무심툰 말이~	이존오	70											
백설이 ᄌ자진 골에~	이색	70											
이 몸이 주거 주거~	정몽주	70											
송인	정지상	72						○	○				○
부벽루	이색	72											
사리화	이제현	74											
춘흥	정몽주	76											
어옹	설장수	76											
공방전	임춘	78					○						
국선생전	이규보	81											
청학동	이인로	84											
슬견설	이규보	86											
차마설	이곡	88											
서경별곡	작자 미상	90		○			○			○	○		
만전춘별사	작자 미상	91											
청강사자현부전	이규보	93											
상저가	작자 미상	96											
사모곡	작자 미상	96											○
경설	이규보	97			○								
국순전	임춘	99											
용비어천가	정인지, 권제, 안지 등	110											○
춘망	두보	112											○
강촌	두보	112											
무어별	임제	114											
배소만처상	김정희	114											
몽혼	이옥봉	114											
탐진촌요	정약용	116											
산민	김창협	116											
오백년 도읍지를 필마로~	길재	118											
흥망이 유수하니~	원천석	118											
선인교 나린 물이~	정도전	118											
이 몸이 주거 가셔~	성삼문	120											

작품명	작가	해당 쪽	2015 개정교육과정 문학교과서										2015 개정 국어 교과서
			금성	동아	미래엔	비상	신사고	지학사	창비	천재(김)	천재(정)	해냄	
방 안에 혓논 촉불~	이개	120											
간밤의 부던 바람에~	유응부	120											
무음이 어린 후ㅣ니~	서경덕	122											
내 언제 신이 업서~	황진이	122											
설월이 만창한데~	작자 미상	122											
대쵸 볼 불근 골에~	황희	124											
말 업슨 청산이요~	성혼	124											
재 너머 셩 권롱 집의~	정철	124											
어부가 1~5수	이현보	126											
어져 내 일이야 그릴 줄을~	황진이	128		○			○					○	
묏버들 갈히 것거~	홍랑	128			○								○
이화우 흣쑬릴 제~	계랑	128				○							
도산십이곡	이황	130											○
고산구곡가	이이	130											
오륜가 1~6수	주세붕	132											
개를 여라믄이나~	작자 미상	134											○
나모도 바히돌도~	작자 미상	134	○							○			
댁들에 동난지이 사오~	작자 미상	136											
일신이 수쟈 ᄒᆞ엿더니~	작자 미상	136					○						
오우가 1~6수	윤선도	138					○		○				○
상춘곡	정극인	140								○			○
면앙정가	송순	143											
사미인곡	정철	146			○			○					
연행가	홍순학	149											
규원가	허난설헌	152	○									○	
선상탄	박인로	155											
농가월령가	정학유	158											
덴동어미 화전가	작자 미상	161											
유산가	작자 미상	164											
시집살이 노래	작자 미상	166											
바리공주	작자 미상	168											
운영전	작자 미상	170	○									○	
이생규장전	김시습	173	○	○	○	○				○			
최척전	조위한	176											○
양반전	박지원	179											
심청전	작자 미상	182											○
서동지전	작자 미상	185											
장끼전	작자 미상	188							○				
유충렬전	작자 미상	191					○						○
사씨남정기	김만중	194					○						○
홍계월전	작자 미상	197								○			○
수궁가	작자 미상	200											
적벽가	작자 미상	203											
조침문	유씨부인	206										○	
수오재기	정약용	208				○		○					
한중록	혜경궁 홍 씨	210					○						
규중칠우쟁론기	작자 미상	212											
일야구도하기	박지원	214									○		○
곡두각시놀음	작자 미상	216											
봉산 탈춤	작자 미상	219				○	○	○	○		○		
홍보전	작자 미상	222			○								
임장군전	작자 미상	225											
순금전	작자 미상	228											
원생몽유록	임제	231											
관동별곡	정철	234											○
석가산 폭포기	채수	235											
국화야 너는 어이~	이정보	238											
어상	신경준	238											
고공가	허전	240											
구운몽	김만중	243	○				○				○		

상고 시대의 문학사

I

상고 시대의 문학

새 교육 과정 학습 목표
1 상고 시대 문학의 특징에
대해 알 수 있다.
2 상고 시대의 문학 작품을
감상할 수 있다.

고대 시가
• 집단 가요: 「구지가」
• 개인 가요: 「황조가」, 「공무
도하가」

1. 문학의 태동

(1) 시대적·사회적 배경

① 역사적으로 보면 민족 형성기부터 통일 신라 시대까지가 이에 해당함.

② 우리 민족은 한반도와 만주 일대에 터를 잡고, 독자적인 집단을 형성하며 살아왔음.

③ 언어가 있는 곳에 문학이 생기는 것은 자연스러운 일임. 따라서 우리 민족이 이 땅에 살
면서부터 우리 문학은 싹텄을 것이라고 봄.

(2) 제천 의식과 문학의 발생

① 우리 문학은 부여의 영고, 동예의 무천, 고구려의 동맹, 삼한의 5월제, 10월제 등과 같
은 제천 의식에서 비롯함.

② 제천 의식은 고대인에게 있어 중요한 행사였고, 이때 연희되었던 원시적 형태의 무격
신앙과 그에 따른 노래와 춤이 복합적으로 나타나기 때문에 원시 종합 예술이라고 함.
여기서 원시 종합 예술이란 문학, 음악, 무용 등이 미분화된 형태의 예술을 말함.

2. 상고 시대의 운문 문학

(1) 고대 가요

① 원시 종합 예술이 분화되고 발전하면서 개인의 감정을 노래한 서정 시가가 나타남.

② 이 시기의 고대 가요는 배경 설화와 함께 전해지고 있는데, 이는 이 시기의 시가 문학이
서사 문학과 완전히 분화되지 않은 상태임을 보여 줌.

③ 주요 작품: 가사가 한역되어 전하는 작품인 「공무도하가」, 「구지가」, 「황조가」, 백제의
작품으로는 가사가 기록되어 전하는 「정읍사」가 있음.

(2) 향가(鄕歌)

① 향가는 고유 문자가 없던 시기에 한자의 음과 뜻을 빌려 향찰로 표기한 우리 고유의 시
가임. 내용은 불교적·주술적인 것이 많으나 유교적인 것도 있음.

② 향가는 『삼국유사』에 14수, 『균여전』에 11수가 전함.

③ 향가의 형식에는 4구체, 8구체, 10구체가 있음. 이 중 10구체가 가장 정제된 형식으로
사뇌가(詞腦歌)라고도 불림.

④ 현재 남아 있는 작품들은 승려와 화랑이 지은 것이 대부분임.

⑤ 주요 작품: 4구체 형식으로 「서동요」, 「풍요」, 「헌화가」, 「도솔가」, 8구체 형식으로

고대의 표기 형태

향찰	한자의 음과 뜻을 빌려, 순우리말을 국어의 어순대로 적은 것
이두	한자의 음과 뜻을 빌려 우리말을 활용한 보조용 한문어
구결	한문 해독의 편의상 달았던 이두식 토(吐)

한눈에 보기

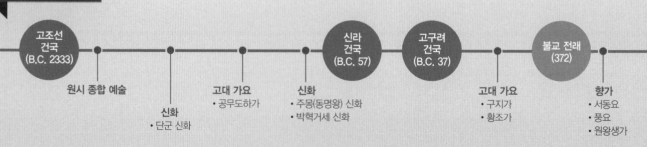

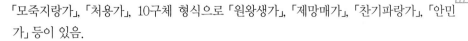

「모죽지랑가」, 「처용가」, 10구체 형식으로 「원왕생가」, 「제망매가」, 「찬기파랑가」, 「안민가」 등이 있음.

(3) 한시(漢詩)

① 삼국 건국 이전에 한자가 들어와 일부 귀족 계층에서 창작됨.

② 주요 작품 : 을지문덕의 「여수장우중문시」, 양태사의 「야청도의성」, 최치원의 「추야우중」, 「제가야산독서당」, 「촉규화」 등이 있음.

3. 상고 시대의 산문 문학

(1) 제천 의식과 신화(神話)

① 제천 의식은 대상으로 삼고 있는 신(神)의 위업과 신이한 능력을 찬양하는 서사 문학을 만들어 내는데 이것이 신화임.

② 신화는 국가가 주관하여 연희한 것으로 후대 문헌에 기록된 구비 문학임.

③ 고대 국가는 건국의 정당성을 강화하고 정복과 지배를 합리화하기 위해 신화를 이용하였기 때문에 우리나라의 초기 신화들은 대부분 건국 신화들이라고 할 수 있음.

④ 주요 작품 : 「단군 신화」, 「주몽 신화」, 「박혁거세 신화」, 「김수로왕 신화」 등이 있음.

(2) 설화(說話)

① 설화는 구비 전승되다가, 주로 『삼국사기』나 『삼국유사』 등에 기록되어 전함.

② 주요 작품 : 「온달 설화」, 「연오랑세오녀」, 「설씨녀」, 「조신 설화」, 「김현감호」, 「구토지설」, 「방이 설화」, 「연권녀 설화」 등이 있음.

(3) 한문학(漢文學)

① 우리의 삼국 시대에 해당하는 시기인 중국의 당나라에서는 한문 문학이 이미 완숙기에 이르러 있었고, 한문은 동아시아의 공동 문어로서 삼국 상류 계층의 주요 표기 수단이 되었음.

② 주요 작품 : 설총의 「화왕계」, 최치원의 「토황소격문」, 혜초의 「왕오천축국전」 등이 있음.

'향가'의 형식
- 4구체: 초기 형태로 민요의 성격을 띰.
- 8구체: 4구체에서 10구체로 발전해 가는 과도기적 형태
- 10구체: 가장 정제되고 세련된 형식. 낙구(9~10행)를 감탄사로 시작함.

구비 문학

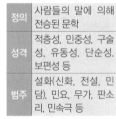

정의	사람들의 말에 의해 전승된 문학
성격	적층성, 민중성, 구술성, 유동성, 단순성, 보편성 등
범주	설화(신화, 전설, 민담), 민요, 무가, 판소리, 민속극 등

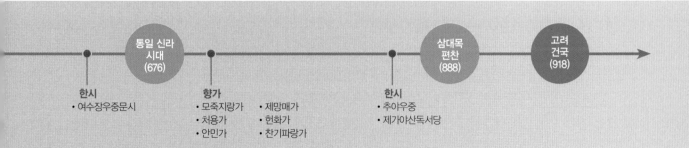

통일 신라 시대 (676)　　삼대목 편찬 (888)　　고려 건국 (918)

한시
- 여수장우중문시

향가
- 모죽지랑가
- 처용가
- 안민가
- 제망매가
- 헌화가
- 찬기파랑가

한시
- 추야우중
- 제가야산독서당

01 공무도하가(公無渡河歌) 백수광부의 아내 / 황조가(黃鳥歌) 유리왕

가 ➡ **작품 안** **갈래** : 한역 시가 **성격** : 애상적, 체념적 **주제** : 임을 잃은 슬픔

⬅ **작품 밖** 「공후인 설화」의 삽입 가요로, 문헌상 우리나라 최고(最古)의 개인 서정시이다. 남편의 죽음을 소재로 우리 민족의 보편적 정서인 이별의 한(恨)을 노래하였다.

나 ➡ **작품 안** **갈래** : 한역 시가 **성격** : 연정적, 애상적 **주제** : 짝을 잃은 슬픔과 외로움

⬅ **작품 밖** 고구려 제2대 유리왕의 설화에 나오는 삽입 가요로, 실연의 아픔을 '꾀꼬리'라는 자연물과 대조하여 표현하고 있다.

작품의 짜임

가

기	물을 건너려는 임을 만류함.
승	임이 물을 건넘.
전	임이 죽음.
결	임을 잃고 탄식하며 체념함.

나

기	자유롭게 나는 꾀꼬리	선경 (先景)
승	다정한 꾀꼬리	
전	자신의 처지 환기	후정 (後情)
결	짝을 잃은 슬픔	

어휘 풀이

* 無(무) : '~하지 말라'는 금지의 의미.
* 奈(내) ~ 何(하) : '~을 어찌하겠는가'라는 체념과 탄식의 표현.
* 翩翩(편편) : 훨훨 가볍게 나는 모양.
* 相依(상의) : 정답구나. 서로 의지함.

가
㉠임아, 그 물을 건너지 마오
임은 ㉡끝내 그 물을 건너셨네
㉢물에 빠져 ㉣돌아가시니
㉤가신 임을 어찌할꼬

公無*渡河
公竟渡河
墮河而死
當奈公何*

나
펄펄 나는 저 꾀꼬리
암수 서로 정답구나
외로워라 이내 몸은
뉘와 함께 돌아갈꼬

翩翩*黃鳥
雌雄相依*
念我之獨
誰其與歸

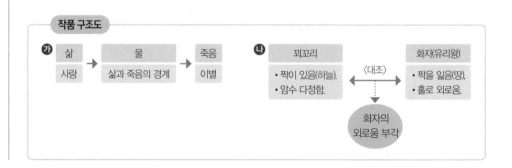

작품 구조도

가 삶/사랑 → 물/삶과 죽음의 경계 → 죽음/이별

나 꾀꼬리 • 짝이 있음(하늘). • 암수 다정함. 〈대조〉 화자(유리왕) • 짝을 잃음(땅). • 홀로 외로움. → 화자의 외로움 부각

실력 다지기

정답과 해설 02쪽

1 **(가)와 (나)에 대한 이해로 가장 적절한 것은?** ⊙ 8448-0001

① (가)는 (나)와 달리 계절적 배경을 활용해 시적 의미를 강조하고 있다.
② (가)는 (나)와 달리 음성 상징어를 활용해 화자의 깨달음을 표현하고 있다.
③ (나)는 (가)와 달리 청각적 심상을 활용해 시적 분위기를 형성하고 있다.
④ (가)와 (나)는 모두 설의적 표현을 활용해 화자의 정서를 드러내고 있다.
⑤ (가)와 (나)는 모두 대화체를 활용해 화자의 심리적 갈등을 표출하고 있다.

2 〈보기〉를 참고할 때, (가)의 ㉠∼㉤에 대해 보인 반응으로 적절하지 <u>않은</u> 것은? ⓞ 8448-0002

┤ 보기 ├

「공무도하가」와 관련하여 다음과 같은 이야기가 전한다.

고조선 때 뱃사공 곽리자고가 새벽에 배를 손질하고 있었는데, 백수광부가 머리를 풀고 술병을 낀 채 물을 건너려 했다. 그의 아내가 뒤따르며 만류했으나 결국 물에 빠져 죽었다. 이에 그의 아내는 노래를 지어 부른 후 자신도 남편을 따라 물에 들어가 죽었는데, 이 광경을 본 곽리자고가 집으로 돌아와 아내인 여옥에게 이 이야기를 하며 그 노래를 들려주었다.

① ㉠은 머리를 풀고 술병을 낀 채 물을 건너려고 하는 백수광부를 지칭한 것으로 볼 수 있군.
② ㉡에는 만류에도 불구하고 무모한 행동을 한 백수광부의 모습이 드러나 있다고 볼 수 있군.
③ ㉢은 백수광부가 죽음에 이른 곳으로, 백수광부 처의 슬픔과 관련된 자연물로 볼 수 있군.
④ ㉣에는 백수광부의 처가 곽리자고에게 노래를 짓게 한 이유가 드러나 있다고 볼 수 있군.
⑤ ㉤에는 남편의 죽음에 대한 백수광부 처의 체념과 탄식이 반영되어 있다고 볼 수 있군.

3 (나)를 〈보기〉의 구조로 이해할 때, ㄱ, ㄴ에 대한 설명으로 가장 적절한 것은? ⓞ 8448-0003

┤ 보기 ├

'꾀꼬리'(선경)		'나'(후정)
ㄱ	⋯	ㄴ

① ㄱ에서 정답게 보이는 '꾀꼬리'의 모습은 ㄴ에서 실연당한 '나'의 처지를 위로해 주는 기능을 한다.
② ㄱ에서 '꾀꼬리'의 나는 모습은 ㄴ에서 자유를 갈망하는 '나'에게 희망을 주는 기능을 한다.
③ ㄱ에서 날갯짓하는 '꾀꼬리'의 모습은 ㄴ에서 재회를 굳게 믿는 '나'의 마음을 드러내는 기능을 한다.
④ ㄱ에서 '꾀꼬리'의 노니는 모습은 ㄴ에서 자연물과 교감하고자 하는 '나'의 모습을 드러내는 기능을 한다.
⑤ ㄱ에서 암수가 함께 있는 '꾀꼬리'의 모습은 ㄴ에서 외롭고 쓸쓸한 '나'의 상황을 부각하는 기능을 한다.

서술형

1 (나)에서 화자의 정서를 직접적으로 표현하고 있는 구절을 찾아 4음절로 쓰시오. ⓞ 8448-0004

1. 고대 가요와 향가

02 구지가(龜旨歌) 작자 미상 / 해가(海歌) 작자 미상

가
> **작품 안** **갈래** : 한역 시가 **성격** : 집단적, 주술적 **주제** : 임금(수로왕)의 강림 기원
>
> **작품 밖** 가락국 건국 신화에 삽입되어 전하는 노래이다. 수로왕을 맞이하기 위해 불렀다는 점에서 제의적이고 집단적이며 주술적 성격을 보여 주는 작품이다.

나
> **작품 안** **갈래** : 한역 시가 **성격** : 집단적, 주술적 **주제** : 수로 부인의 귀환 기원
>
> **작품 밖** 「구지가」와 약 700년의 시차가 있는 노래로, 「구지가」가 후대에 전승되었음을 알려 주는 작품이다. 부름과 명령, 가정과 위협의 구조로 시상을 전개하고 있다.

작품의 짜임

가

1구	대상을 불러냄.
2구	대상에 명령함.
3구	가정의 상황을 설정함.
4구	대상을 위협함.

나

1구	대상을 불러내고 명령함.
2구	명령의 이유를 밝힘.
3구	가정의 상황을 설정함.
4구	대상을 위협함.

가 거북아 거북아
　　머리를 내어라
　　내어놓지 않으면
　　구워 먹으리

龜*何龜何
首*其現也
若不現也
燔灼而喫也

나 ㉠거북아 거북아 ㉡수로를 내놓아라
　　남의 아내 훔쳐 간 죄 얼마나 크랴
　　네 만일 거역하고 내놓지 않는다면
　　그물로 너를 잡아 구워 먹으리

龜乎龜乎出水路
掠人婦女罪何極
汝若悖逆不出獻
入網捕掠燔之喫

어휘 풀이
* **龜(구)** : 거북은 예로부터 신령스럽고 장수하는 존재로 인식되었기 때문에 우두머리(왕), 생명의 근원, 제물 등 다양한 의미로 해석됨.
* **首(수)** : 머리. 생명의 근원. 우두머리(왕)를 상징함.

구절 풀이
* **머리를 내어라** : 머리는 우두머리를 나타내는 '머리[首]'로 해석할 수 있고 이때, 강림한 신에게 인간의 소망을 말하고 있는 것으로 이해할 수 있음.
* **내어놓지 않는다면** : 위협적인 주문으로 가정적 상황을 제시함.
* **구워 먹으리** : 주술적 위협으로, 그만큼 간절히 바라고 있음을 강조한 것임.

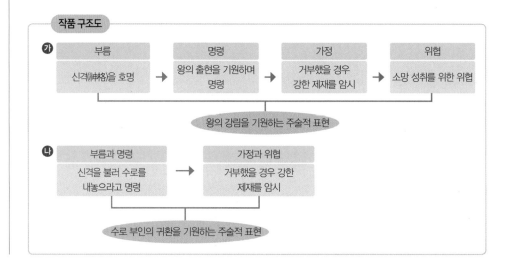

작품 구조도

가 부름 → 명령 → 가정 → 위협
신격(神格)을 호명 / 왕의 출현을 기원하며 명령 / 거부했을 경우 강한 제재를 암시 / 소망 성취를 위한 위협
→ 왕의 강림을 기원하는 주술적 표현

나 부름과 명령 → 가정과 위협
신격을 불러 수로를 내놓으라고 명령 / 거부했을 경우 강한 제재를 암시
→ 수로 부인의 귀환을 기원하는 주술적 표현

정답과 해설 02쪽

1 (가)와 (나)에 대한 설명으로 가장 적절한 것은?   ○ 8448-0005

① (가)는 (나)와 달리 계절적 배경을 묘사하여 생동감을 주고 있다.
② (가)는 (나)와 달리 대상에 감정을 이입해 화자의 감정을 드러내고 있다.
③ (나)는 (가)와 달리 점층적 표현을 활용해 대상의 특성을 부각하고 있다.
④ (가)와 (나)는 모두 선경 후정의 구조를 통해 화자의 내면을 표현하고 있다.
⑤ (가)와 (나)는 모두 특정 대상에게 말을 건네는 방식을 통해 시상을 전개하고 있다.

2 (나)가 (가)를 창조적으로 재구성한 작품이라 할 때, 재구성 시 고려되었을 만한 내용으로 적절한 것만을 〈보기〉에서 골라 바르게 묶은 것은?   ○ 8448-0006

┤ 보기 ├
ㄱ. '거북'을 부르며 시작해 '구워'서 먹겠다고 위협하며 끝맺는 형식은 유지해야지.
ㄴ. '거북'이 작품에 등장해 자신의 심정을 구체적으로 진술하는 방식을 활용해야지.
ㄷ. 특정 대상을 직접적으로 거론해 '거북'을 부른 이유에 대해 드러내는 것이 좋겠어.
ㄹ. 화자가 일방적으로 진술하지 않고 '거북'과 대화를 주고받는 방식으로 바꾸면 좋겠어.

① ㄱ, ㄴ   ② ㄱ, ㄷ   ③ ㄴ, ㄹ   ④ ㄱ, ㄷ, ㄹ   ⑤ ㄴ, ㄷ, ㄹ

3 〈보기〉는 (나)와 관련된 설화이다. 이를 바탕으로 할 때, ㉠과 ㉡에 대응되는 인물을 바르게 짝지은 것은?   ○ 8448-0007

┤ 보기 ├
신라 성덕왕 때에 순정공이 강릉 태수로 부임하는 도중 임해정이란 곳에서 점심을 먹고 있었는데, 불현듯 해룡이 나타나 그의 아내 수로 부인을 바닷속으로 납치해 갔다. 공이 어찌할 바를 모르고 있는데, 한 노인이 나타나 "옛날 말에 여러 입은 쇠도 녹인다 하니 이제 바닷속의 대상인들 어찌 여러 입을 두려워하지 않으랴? 경내의 백성을 모아 노래를 지어 부르고 막대로 언덕을 치면 부인을 찾을 수 있으리라."라고 하였다. 이에 공이 그 노인의 말대로 하였더니 해룡이 부인을 도로 내놓았다 한다.

	㉠	㉡			㉠	㉡
①	수로 부인	해룡		②	노인	해룡
③	해룡	수로 부인		④	노인	수로 부인
⑤	해룡	노인				

서술형

1 〈보기〉를 참고할 때, (가)와 (나)에 등장하는 '거북'의 시적 기능을 20자 내외로 서술하시오.   ○ 8448-0008

┤ 보기 ├
(가) 거북아 ⇨ 머리를 내어라
(나) 거북아 ⇨ 수로를 내놓아라

03 정읍사(井邑詞) 작자 미상

→ **작품 안** **갈래** : 서정시, 망부가 **성격** : 서정적 **주제** : 행상 나간 남편의 안전 기원

← **작품 밖** 현전하는 유일한 백제 가요로, 시조 형식의 원형(原形)을 가지고 있다고 볼 수 있다. 배경 설화를 고려해 볼 때, 남편을 기다리는 어느 행상인 아내의 걱정스러운 마음을 '달'에 의탁하여 표현하고 있는 노래이다.

작품의 짜임

기 (1~4구)	달에게 남편이 무사하기를 기원함.
서 (5~8구)	남편의 안위에 대하여 근심함.
결 (9~11구)	남편의 무사 귀가를 기원함.

둘하* 노피곰* 도드샤*
어긔야 머리곰 비취오시라*
어긔야 어강됴리
아으 다롱디리
져재* 녀러신고요*
어긔야 즌 디*를 드디욜셰라
어긔야 어강됴리
어느이다* 노코시라
어긔야 내 가논 디 졈그롤셰라*
어긔야 어강됴리
아으 다롱디리

어휘 풀이
* **둘하** : 달님이시여.
* **노피곰** : 높이높이.
* **도드샤** : 돋으시어.
* **비취오시라** : 비추어 주십시오.
* **져재** : 저자에. 시장에.
* **녀러신고요** : 가 계신가요.
* **즌 디** : 진 곳. 위험한 곳.
* **어느이다** : 아무 곳에나. 어느 것이나.
* **졈그롤셰라** : 저물까 두렵습니다.

현대어 풀이

달님이시여! 높이높이 돋으시어
어긔야 멀리멀리 비추어 주십시오
어긔야 어강됴리
아으 다롱디리
시장에 가 계신가요?
어긔야 진 곳을 디딜까 두렵습니다
어긔야 어강됴리
어느 곳이나 다 놓아 버리십시오
어긔야 내 가는 그 길 저물까 두렵습니다
어긔야 어강됴리
아으 다롱디리

구절 풀이
● **즌 디롤 드디욜셰라** : 진 곳을 디딜까 두렵습니다. 남편의 안전에 대한 아내의 걱정이 구체적으로 나타난 구절임.
● **내 가논 디 졈그롤셰라** : 남편이 밤길에 해를 입지 않을까 노심초사하는 아내의 마음이 담겨 있음.

작품 구조도

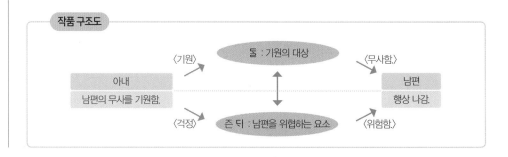

1 윗글에 대한 설명으로 적절하지 <u>않은</u> 것은?　　　　　　　　　　　　　　　◉ 8448-0009

① 여음구를 활용하여 음악적 효과를 높이고 있다.
② 색채 대비를 통해 애상적 분위기를 고조시키고 있다.
③ 상징적 소재를 활용하여 시적 상황을 드러내고 있다.
④ 천상적 대상을 활용하여 화자의 소망을 나타내고 있다.
⑤ 다른 대상에게 말을 건네는 방식을 통해 정서를 드러내고 있다.

2 〈보기〉는 윗글과 관련한 설화이다. 이를 바탕으로 윗글에 대해 보인 반응으로 적절하지 <u>않은</u> 것은?　　　◉ 8448-0010

┤ 보기 ├

　정읍은 전주에 소속된 현(縣)이다. 이 고을 사람이 행상을 떠나 오래도록 돌아오지 않았다. 그 아내는 산 위 바위에 올라가 남편이 있을 먼 곳을 바라보면서 남편이 밤길에 오다가 해를 입지나 않을까 염려하였다. 고개에 올라 남편을 기다리던 아내는 언덕에 망부석으로 변해 남아 있다고 한다.

－「고려사」 악지, 「삼국 속악 백제조」－

① '둘'은 남편을 기다리는 아내가 남편의 안위에 대해 기원하는 대상이라고 볼 수 있겠군.
② '져재'는 돌아오지 않는 남편이 가 있을 것이라고 아내가 생각하는 곳이라고 볼 수 있겠군.
③ '즌 딕'는 밤길을 오는 남편이 해를 입을 수 있는 상황과 관련되는 소재라고 볼 수 있겠군.
④ '드딕욜셰라'는 산에서 망부석이 된 아내의 처지가 반영되어 있는 구절이라고 볼 수 있겠군.
⑤ '졈그롤셰라'는 시간의 경과에 대한 아내의 불안감이 드러나 있는 구절이라고 볼 수 있겠군.

3 〈보기〉의 설명과 현대어 풀이를 따를 때, 빈칸에 들어갈 말을 바르게 짝지은 것은?　　　　　　　◉ 8448-0011

┤ 보기 ├

　시행(詩行)을 종결하는 방식은 시의 내용을 단락 짓는 역할을 하는 동시에 '의문', '근심', '부탁', '소망' 등과 같은 화자의 정서를 드러내는 표지로 작용하기도 한다. 「정읍사」는 내용을 의미가 있는 부분과 그렇지 않은 부분으로 나눌 수 있는데, 이 중 의미가 있는 부분은 시행을 종결하는 방식을 기준으로 했을 때 [ ]과 같이 세 개의 쌍으로 다시 나눌 수 있다.

① '의문 – 근심', '부탁 – 근심', '부탁 – 소망'　　② '의문 – 근심', '부탁 – 소망', '부탁 – 근심'
③ '부탁 – 소망', '의문 – 근심', '부탁 – 근심'　　④ '부탁 – 소망', '부탁 – 근심', '의문 – 근심'
⑤ '부탁 – 근심', '부탁 – 소망', '의문 – 근심'

서술형

1 〈보기〉에 제시된 '선생님'의 질문에 대한 답을 간략히 서술하시오.　　　　　　　　　　　◉ 8448-0012

┤ 보기 ├

　선생님 : '내 가논 딕'에서 '내'가 지칭하는 대상은 '남편'일 수도 있고, '아내'일 수도 있습니다. '내'를 누구로 볼 것인가에 따라 이 구절의 의미를 다르게 해석할 수 있다는 것인데요. 주체에 따라 '내 가논 딕'가 어떻게 달리 해석될 수 있는지 이야기해 볼까요?

04 모죽지랑가(慕竹旨郞歌) 득오

→ 작품 안 **갈래** : 8구체 향가 **성격** : 찬양적, 흠모적, 추모적 **주제** : 죽지랑에 대한 흠모(추모)의 정

← 작품 밖 화랑 죽지랑의 낭도였던 득오가 죽지랑에 대한 그리움을 노래한 작품이다. 작품의 창작 시기가 죽지랑 생존 시기인지, 사후인지에 대해 이견이 있으나, 일연은 이 작품을 기록하여 죽지랑의 고귀한 인품을 드러내려 한 것으로 보인다.

작품의 짜임

1~2구	죽지랑과 함께한 과거에 대한 그리움
3~4구	죽지랑의 모습을 떠올림.
5~6구	죽지랑과의 재회에 대한 소망
7~8구	죽지랑과의 재회에 대한 믿음과 의지

간 봄 그리매
모든 것사 우리 시름
아름* 나토샤온
즈싀 살쭘* 디니져
눈 돌칠 소이예
맛보옵디* 지소리
낭(郞)이여 그릴 ᄆᆞᄉᆞᄆᆡ 녀올 ㉠길
다봊 ᄆᆞᅀᆞᆯ히* 잘 밤 이시리

去隱春皆理米
毛冬居叱沙哭屋尸以憂音
阿冬音乃叱好支賜烏隱
兒史年數就音墮支行齊
目煙廻於尸七史伊衣
逢烏支惡知作乎下是
郞也慕理尸心未行乎尸道尸
蓬次叱巷中宿尸夜音有叱下是

현대어 풀이

지나간 봄을 그리워하니
모든 것이 울게 하는 시름
아름다움을 나타내신
모습이 주름살 지는구나
눈 돌릴 사이라도
만나 보기 이루리
낭이여 그리는 마음에 가는 길
다북쑥 마을에서 잘 밤이 있으리

– 〈양주동 풀이〉

어휘 풀이
* **아름** : 아름다움.
* **살쭘** : 주름살.
* **맛보옵디** : 만나 보기.
* **다봊 ᄆᆞᅀᆞᆯ히** : 다북쑥 마을에서.

구절 풀이
* **간 봄 그리매** : 죽지랑의 낭도로 지냈던 시절에 대한 그리움을 드러내고 있음.
* **맛보옵디 지소리** : 죽지랑과의 재회를 소망하는 화자의 마음을 담고 있음.

작품 구조도

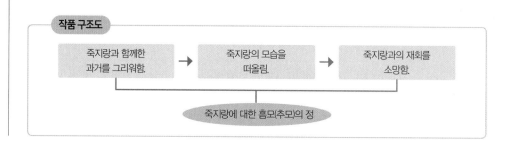

죽지랑과 함께한 과거를 그리워함. → 죽지랑의 모습을 떠올림. → 죽지랑과의 재회를 소망함.

죽지랑에 대한 흠모(추모)의 정

1 윗글에 대한 설명으로 가장 적절한 것은? ▶ 8448-0013

① 동일한 시행을 반복하여 화자의 상황을 강조하고 있다.
② 부재한 대상을 언급하며 화자의 정서를 드러내고 있다.
③ 대상을 의인화하여 대상의 긍정적 속성을 부각하고 있다.
④ 음성 상징어를 활용하여 시적 상황을 생생히 묘사하고 있다.
⑤ 계절감이 드러나는 소재를 활용하여 생동감을 나타내고 있다.

2 〈보기〉를 참고할 때, 윗글에 대한 감상으로 적절하지 <u>않은</u> 것은? ▶ 8448-0014

┤ 보기 ├

　이 작품은 『삼국유사』에 수록된 신라 시대 8구체의 향가로, 화랑 죽지랑의 낭도(郎徒)였던 득오가 죽지랑에 대한 그리움을 노래한 것이다. 어느 날 득오가 익선이라는 관리에게 급히 징집되어 죽지랑에게 미처 알리지도 못하고 힘든 부역에 동원되었는데, 득오가 보이지 않는 것을 이상하게 여긴 죽지랑은 이 사정을 알고 직접 술과 음식을 준비하여 다른 낭도들과 함께 득오를 찾아가 위로하였다. 득오는 이러한 인품을 가진 죽지랑을 그리워하여 이 노래를 지었다.

① '간 봄 그리매'에서는 죽지랑의 낭도로 지냈던 시절에 대한 득오의 그리움을 드러내고 있다고 볼 수 있겠군.
② '모든 것사 우리 시름'에서는 다른 대상을 통해 득오가 느낀 서러운 감정을 드러내고 있다고 볼 수 있겠군.
③ '아롬 나토샤온'에서는 외양과 관련한 언급을 통해 아름다웠던 죽지랑의 과거 모습을 드러내고 있다고 볼 수 있겠군.
④ '즈싀 살쯈 디니져'에서는 득오를 찾아가 위로했던 죽지랑의 자상한 모습을 드러내고 있다고 볼 수 있겠군.
⑤ '맛보옵디 지소리'에서는 죽지랑과의 재회를 소망하는 득오의 마음을 드러내고 있다고 볼 수 있겠군.

3 ㉠에 대한 이해로 가장 적절한 것은? ▶ 8448-0015

① 화자가 겪게 될 비극적 사건의 원인이 되는 소재이다.
② 화자가 이루고자 하는 소망이 투영되어 있는 소재이다.
③ 갈등에 좌절하는 화자의 모습이 반영되어 있는 소재이다.
④ 화자가 꿈꾸는 이상 세계의 모습을 형상화하고 있는 소재이다.
⑤ 세속적인 유혹에 맞닥뜨린 화자의 고뇌가 드러나 있는 소재이다.

서술형

1 〈보기〉에서 설명하고 있는 부분을 윗글에서 찾아 쓰시오. ▶ 8448-0016

┤ 보기 ├

　죽지랑과 다시 만나게 될 것임을 형상화하고 있는 행이다.

05 원왕생가(願往生歌) 광덕

➜ **작품 안** **갈래** : 10구체 향가　**성격** : 불교적, 기원적　**주제** : 극락왕생에 대한 간절한 염원

⬅ **작품 밖** 신라 문무왕 때 만들어진 것으로, '달'을 서방정토의 사자(使者)로 여겨 아미타불이 주재하는 서방 극락세계에 이르기를 염원한 노래이다.

작품의 짜임

기(1~4구)	달에게 청원함(간접 청원).
서(5~8구)	극락왕생을 염원함(청원의 내용).
결(9~10구)	소원 성취에 대해 염려함(청원의 심화·확대).

달하 이뎨 / 서방(西方)ᄭᅵ장 가샤리고
무량수불(無量壽佛) 전(前)에 / 닏곰다가 ᄉᆞᆲ고샤셔
다딤 기프샨 존(尊)어히 울워러
두 손 모도호ᄉᆞᆲ바
원왕생 원왕생(願往生願往生)
그릴 사ᄅᆞᆷ 잇다 ᄉᆞᆲ고샤셔
아으 이 몸 기텨 두고
사십팔대원(四十八大願) 일고샬까

月下伊底亦 / 西方念丁去賜里遣
無量壽佛前乃 / 惱叱古音多可支白遣賜立
誓音深史隱尊衣希仰支
兩手集刀花乎白良
願往生願往生
慕人有如白遣賜立
阿邪此身遺也置遣
四十八大願成遣賜去

어휘 풀이
* **무량수불** : '서방 정토에 있는 부처'를 달리 이르는 말. 수명이 한없다 하여 이렇게 이른다.
* **사십팔대원** : 아미타불이 중생을 구제하기 위해 마음먹었던, 마흔여덟 가지의 큰 소원.

현대어 풀이

달님이시여, 이제 / 서방 정토까지 가시려는가
(가시거든) 무량수불 앞에 / 일러 사뢰옵소서
맹세 깊으신 부처님에게 우러러 / 두 손을 모아
왕생을 원하여 왕생을 원하여 / 그리워하는 사람이 있다고 사뢰소서
아아, 이 몸 남겨 두고 / 마흔여덟 가지 소원을 이루실까

– 〈양주동 풀이〉

구절 풀이
* **달하 이뎨 ~ ᄉᆞᆲ고샤셔** : '달'이라는 초월적 존재에게 무량수불에게 자신의 뜻을 아뢰어 달라는 부탁을 하고 있음.
* **아으 이 몸 ~ 일고샬까** : 5구부터 이어 온 기원의 연장이자 심화·확대라는 견해와 위협적 요소가 담겨 있다고 해석하여 주술적 의지가 함축되어 있다는 견해가 있음.

작품 구조도

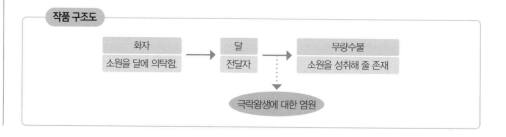

정답과 해설 04쪽

1 윗글의 표현상 특징으로 가장 적절한 것은?

▶ 8448-0017

① 자문자답을 통해 대상의 긍정적 속성을 밝히고 있다.
② 동일한 시구를 반복하여 시적 의미를 강조하고 있다.
③ 계절적 배경을 통해 애상적 분위기를 환기하고 있다.
④ 상승 이미지를 반복해 화자의 의지를 나타내고 있다.
⑤ 설의법을 활용하여 대상과의 친밀감을 드러내고 있다.

[02~03] 다음은 윗글의 서사 구조를 나타낸 것이다. 물음에 답하시오.

화자가 '달'에게 하는 말		화자의 독백
1~4구 → 5~8구	→	9~10구
[A]	[B]	[C]

2 [A]~[C]에 쓰인 시어에 대해 보인 반응으로 적절하지 <u>않은</u> 것은?

◉ 8448-0018

① [A]에서 '무량수불'은 화자의 청원을 이루어 줄 수 있는 대상이군.
② [B]에서 '다딤 기프샨'은 부처에 대한 예찬적 태도를 나타낸 것이군.
③ [B]에서 '원왕생'은 화자가 청원하는 내용을 직접적으로 밝힌 것이군.
④ [B]에서 '그릴 사ᄅᆞᆷ'은 부재한 대상을 연모하는 화자를 표현한 것이군.
⑤ [C]에서 '이 몸'은 화자가 자신을 지칭하고 있는 말에 해당하는군.

3 〈보기〉는 윗글을 영상 시로 제작하기 위한 계획이다. ㄱ~ㅁ 중, 적절하지 <u>않은</u> 것은?

◉ 8448-0019

┤ 보기 ├
• [A]~[C]의 시간적 배경은 '밤'으로 설정한다. ·· ㄱ
• [A]와 [B]의 '숣고샤셔'는 화자의 청원이 잘 드러나도록 낭송한다. ············· ㄴ
• [B]에서 화자의 간절함을 드러내기 위해 '두 손'을 클로즈업한다. ··············· ㄷ
• [C]의 '아으'는 화자의 영탄적 어조가 잘 드러나도록 낭송한다. ················· ㄹ
• [C]에서 부처 앞에서 '사십팔대원'을 읊는 화자의 모습을 촬영한다. ·········· ㅁ

① ㄱ   ② ㄴ   ③ ㄷ   ④ ㄹ   ⑤ ㅁ

서술형

1 〈보기〉의 빈칸에 들어갈 시어를 윗글에서 찾아 쓰시오.

◉ 8448-0020

┤ 보기 ├
( )은(는) 화자가 자신의 소원을 빌고 있는 대상으로, 그 소원을 무량수불에게 전달하는 역할을 하고 있다.

06 찬기파랑가(讚耆婆郞歌) 충담사

🔹 **작품 안** 갈래 : 10구체 향가　**성격** : 추모적, 서정적　**주제** : 기파랑의 고매한 인품 찬양

🔹 **작품 밖** 신라 시대 화랑이었던 기파랑의 높은 인격을 사모하여 지은 10구체 향가로, 기파랑의 인물됨을 자연물에 비유하여 노래했다. 월명사의 「제망매가」와 더불어 서정성과 표현 기교에 있어 향가의 백미(白眉)로 평가된다.

작품의 짜임

기(1~3구)	기파랑의 고결한 모습(달에게 물음.)
서(4~8구)	기파랑의 원만한 인품(달의 답사)
결(9~10구)	기파랑의 높은 절개 예찬

어휘 풀이

* 나토얀 : 나타난.
* 조초 뻐가는 : 좇아 떠가는.
* 안디하 : 아닌가.
* 나리여희 : 내[川]에. '나리'는 기파랑의 깨끗한 인품을 상징함.
* 즈싀 : 모습이.
* 일로 : 이로부터.
* 지벽히 : 조약돌에.
* 좇누아져 : 따르고 싶다. 좇아가고 싶다.
* 화판 : 화랑의 우두머리.

구절 풀이

* 열치매 ~ 뻐가는 안디하 : '달'은 광명의 달을 상징하고 기파랑에 대한 그리움이 어려 있는 달로 기파랑의 고결한 모습을 그리고 있음.
* 새파론 ~ 즈싀 이슈라 : 기파랑의 고결한 모습을 자연물과 연관 지어 표현하고 있음.
* 일로 나리ㅅ ~ 좇누아져 : 달이 화자에게 답하는 부분으로 기파랑을 사모하는 화자의 정을 간접적으로 드러내고 있음.
* 잣ㅅ가지 ~ 화판이여 : 기파랑의 인격을 잣나무에 비유하여 찬양함.

열치매
나토얀* 드리
흰 구룸 조초 뻐가는* 안디하*
　　새파룬 나리여희*
　　기랑(耆郞)이 즈싀* 이슈라
　　일로* 나리ㅅ 지벽히*
[A] 랑(郞)이 디니다샤온
　　ᄆᆞᅀᆞ미 ᄀᆞᆺ홀 좇누아져*
　　㉠아으 잣ㅅ가지 노파
　　서리 몯누올 화판(花判)*이여

咽嗚爾處米
露曉邪隱月羅理
白雲音逐于浮去隱安支下
沙是八陵隱汀理也中
耆郞矣兒史是史藪邪
逸烏川理叱磧惡希
郞也持以支如賜烏隱
心未際叱肹逐內良齊
阿耶栢史叱枝次高支好
雪是毛冬乃乎尸花判也

현대어 풀이

열치매
나타난 달이
흰 구름 좇아 떠감이 아니야?
새파란 내[川]에
기랑의 모양이 있어라
이로 냇가 조약에
낭의 지니시던
마음의 끝을 좇고자
아으, 잣[柏] 가지 드높아
서리를 모르올 화랑장(花郞長)이여

　　　　　　　　　　　　　　　　－ 〈양주동 풀이〉

작품 구조도

기파랑의 고매한 인품 예찬	돌	······	광명의 존재
	나리	······	맑고 깨끗함.
	지벽	······	원만, 강직
	잣ㅅ가지	······	고결한 절개

1 윗글에 대한 설명으로 가장 적절한 것은?

○ 8448-0021

① 계절의 변화를 통해 과거에 대한 그리움을 드러내고 있다.
② 대상에 대한 화자의 회고를 바탕으로 시상을 전개하고 있다.
③ 대상이 지녔던 가치가 점차 잊혀져 가는 상황을 보여 주고 있다.
④ 사물의 속성을 인간의 삶과 대조해 가며 주제를 형상화하고 있다.
⑤ 현실 문제의 심각성을 대상의 인품과 대비하며 구체적으로 밝히고 있다.

2 윗글을 〈보기〉의 구조로 이해할 때, ㄱ~ㄷ에 대한 이해로 적절하지 <u>않은</u> 것은?

○ 8448-0022

┌─ 보기 ┤

화자의 물음(1~3행)	→	달의 대답(4~8행)	→	화자의 독백(9~10행)
ㄱ		ㄴ		ㄷ

① ㄱ에서는 구름을 좇아 떠가는 달을 통해 기파랑을 따르는 이들의 모습을 드러내고 있다.
② ㄴ에서는 새파란 내에서 기파랑의 모습을 엿볼 수 있다는 달의 대답을 드러내고 있다.
③ ㄴ에서는 조약에 서려 있는 기파랑의 마음을 좇고자 하는 달의 모습을 드러내고 있다.
④ ㄷ에서는 높은 잣 가지와 같은 기파랑의 절개에 대한 화자의 예찬을 드러내고 있다.
⑤ ㄷ에서는 서리를 통해 시련에 굴하지 않는 기파랑의 절개와 인품을 드러내고 있다.

3 ㉠의 기능에 대한 설명으로 가장 적절한 것은?

○ 8448-0023

① 음수율을 맞추어 운율감을 형성하는 역할을 한다.
② 내용을 전환하며 시적 반전을 드러내는 역할을 한다.
③ 시적 상황을 압축하여 긴장감을 해소하는 역할을 한다.
④ 시상이 집약되며 마무리될 것임을 나타내는 역할을 한다.
⑤ 시간의 경과를 나타내며 화자의 정서를 심화하는 역할을 한다.

서술형

1 [A]에서 '기파랑'의 모습이나 인품을 형상화하고 있는 자연물을 모두 찾아 쓰시오.

○ 8448-0024

07 제망매가(祭亡妹歌) 월명사

➡️ **작품 안** 갈래 : 10구체 향가　성격 : 추도적, 애상적, 의지적　주제 : 죽은 누이에 대한 추모

⬅️ **작품 밖**　참신한 비유로 누이의 죽음에 대한 추모의 정과 삶의 무상함, 그리고 슬픔에 대한 종교적 극복 의지를 문학적으로 잘 형상화한 작품이다.

작품의 짜임

기(1~4구)	누이의 죽음에 대한 안타까움
서(5~8구)	인생무상과 인간의 한계에 대한 인식
결(9~10구)	재회에 대한 믿음과 종교에의 귀의

ⓣ생사로는
예 이샤매 저히고*
ⓐ나는 가ᄂ다 말ㅅ도
몯다 닏고 가ᄂ닛고
어느 ᄀ술 ⓛ이른 ᄇᄅ매
이에 뎌에 ᄣᅥ딜 닙다이
ⓒᄒᄃᆫ 가재 나고
가논 곧 모ᄃᆞ온뎌
아으 ⓡ미타찰애 맛보올*ⓑ내
ⓜ도 닷가 기드리고다

生死路隱
此矣有阿米 次肹伊遣
吾隱去內如辭叱都
毛如云遣去內尼叱古
於內秋察早隱風未
此矣彼矣浮良落尸葉如
一等隱枝良出古
去奴隱處毛冬乎丁
阿也彌陀刹良逢乎吾
道修良待是古如

어휘 풀이
* 저히고 : 두렵고.
* 맛보올 : 만날.

현대어 풀이

생사로는
예 있으매 두렵고
'나는 간다' 말도
못다 이르고 가느닛고
어느 가을 이른 바람에
이에 저에 떨어질 잎같이
한 가지에 나고
가는 곳 모르온저
아으 미타찰(彌陀刹)에 만날 나는
도(道) 닦아 기다리련다

– 〈양주동 풀이〉

구절 풀이
- 생사로는 / 예 이샤매 저히고 : 삶과 죽음의 갈림길에서 두려움에 떠는 누이의 모습을 표현함.
- 나는 가ᄂ다 말ㅅ도 / 몯다 닏고 가ᄂ닛고 : 누이의 죽음을 슬퍼하는 화자의 심경이 잘 표현된 부분으로 '나'는 누이를, '가ᄂ다'는 죽음을 가리킴.
- 어느 ᄀ술 이른 ᄇᄅ매 / 이에 뎌에 ᄣᅥ딜 닙다이 : 가을은 상실과 쇠락의 계절로 나뭇잎들을 떨어뜨리는 '바람' 역시 죽음의 상징으로 볼 수 있으며, 화자는 그 바람이 '이른' 바람이기에 더욱 가슴 아파하고 있음. 여기서 '이른 바람'은 누이의 요절을 가리킴.
- ᄒᄃᆫ 가재 나고 / 가논 곧 모ᄃᆞ온뎌 : '한 가지'는 '한 부모'를 뜻하며 형제지간으로 태어났어도 죽음 앞에 인간으로서 느끼는 한계를 드러냄.

작품 구조도

누이의 죽음	→	누이의 요절	→	종교적 믿음과 정진
슬픔		삶의 허무 의식		재회 소망

1 윗글에 대한 설명으로 가장 적절한 것은?

▶ 8448-0025

① 대구적 표현을 활용하여 운율감을 형성하고 있다.
② 명사형 종결을 활용하며 시상에 여운을 주고 있다.
③ 어순의 도치를 활용하며 시상의 초점을 모으고 있다.
④ 계절의 변화를 활용하여 시상에 역동성을 부여하고 있다.
⑤ 하강적 이미지를 활용하며 시적 의미를 형상화하고 있다.

2 ㉠~㉤의 의미로 적절하지 <u>않은</u> 것은?

▶ 8448-0026

① ㉠: 화자와 시적 대상 사이에 있는 삶과 죽음의 갈림길을 나타낸 말이라고 할 수 있다.
② ㉡: 시적 대상이 젊은 나이에 죽었음을 암시하는 말이라고 할 수 있다.
③ ㉢: 화자와 시적 대상이 혈연관계에 있음을 비유적으로 나타낸 구절이라고 할 수 있다.
④ ㉣: 인생의 무상함을 느끼는 화자의 모습을 상징적으로 나타낸 말이라고 할 수 있다.
⑤ ㉤: 시적 대상과의 재회를 위한 화자의 노력을 드러낸 구절이라고 할 수 있다.

3 〈보기〉의 설명에 따를 때, 次肹伊遣(차힐이견) 을 통해 알 수 있는 화자의 모습을 각각 바르게 제시한 것은?

▶ 8448-0027

| 보기 |

　향가는 향찰의 해독에 따라 여러 가지로 해석될 수 있다. 예를 들어 제2구의 '次肹伊遣(차힐이견)'은 윗글에서는 '저히고'로 해독하여 '두렵고'로 해석했지만, '즈흘이고'로 해독하여 '의지하고'로 해석하거나, '머뭇그리고'로 해독하여 '머뭇거리고'로 해석할 수도 있다.

	'즈흘이고'로 해독할 경우	'머뭇그리고'로 해독할 경우
①	죽음의 문턱에서 삶에 미련을 느끼는 모습	죽음의 순간 절대자에게 귀의하려는 모습
②	죽음의 문턱에서 삶에 미련을 느끼는 모습	현실과 이상의 괴리를 극복하려는 모습
③	죽음의 순간 절대자에게 귀의하려는 모습	죽음의 문턱에서 삶에 미련을 느끼는 모습
④	죽음의 순간 절대자에게 귀의하려는 모습	현실과 이상의 괴리를 극복하려는 모습
⑤	현실과 이상의 괴리를 극복하려는 모습	죽음의 문턱에서 삶에 미련을 느끼는 모습

서술형

1 윗글의 맥락을 고려할 때, ⓐ와 ⓑ가 지칭하는 인물이 각각 누구인지 쓰시오.

▶ 8448-0028

08 안민가(安民歌) 충담사

➜ **작품 안** **갈래** : 10구체 향가 **성격** : 유교적, 교훈적 **주제** : 나라를 다스리는 올바른 길

⬅ **작품 밖** 신라 경덕왕 때의 승려였던 충담사가 왕명을 받아 치국안민(治國安民)의 도리를 노래한 향가이다. 현전 향가 중 유일하게 유교적 이념을 노래한
작품으로, 강한 목적성을 드러내고 있다.

작품의 짜임

기(1~4구)	군·신·민의 관계 (가족 관계에 비유)
서(5~8구)	백성을 다스리는 방법(의식주 해결)
결(9~10구)	군·신·민의 바른 자세(각자 본분에 충실해야 함.)

어휘 풀이

* **어비** : 아버지.
* **ᄃᆞᄉᆞ샬** : 사랑하실.
* **얼ᄒᆞ아히** : 어린아이. 어리석은 아이.
* **ᄒᆞ샬디** : 하실지면. 하실진대.
* **구믈ㅅ다히** : 구물거리며. 꾸물거리며.
* **살손 물생** : 사는 백성.
* **머기** : 먹여서.
* **다ᄉᆞ라** : 다스리어.
* **ᄇᆞ리곡** : 버리고.
* **나라악** : 나라가.

군(君)은 어비*여
신(臣)은 ᄃᆞᄉᆞ샬* 어ᅀᅵ여
민(民)은 얼ᄒᆞ아히*고 ᄒᆞ샬디*
민(民)이 ᄃᆞ술 알고다
구믈ㅅ다히* 살손 물생(物生)*
이흘 머기* 다ᄉᆞ라*
이 짜ᄒᆞᆯ ᄇᆞ리곡* 어듸 갈뎌 ᄒᆞᆯ디
나라악* 디니디 알고다
아으 군(君)다이 신(臣)다이 민(民)다이 ᄒᆞᄂᆞᆯᄃᆞᆫ
나라악 태평(太平)ᄒᆞ니잇다

君隱父也
臣隱愛賜尸母史也
民焉狂尸恨阿孩古爲賜尸知
民是愛尸知古如
窟理叱大肹生以支所音物生
此肹食惡支治良羅
此地肹捨遺只於冬是去於丁爲尸知
國惡支持以支知古如
後句 君如臣多支民隱如爲內尸等焉
國惡太平恨音叱如

현대어 풀이

임금은 아버지며
신하는 자애 깊은 어머니요
백성은 어린아이라고 한다면
백성이 사랑받음을 알 것입니다
꾸물거리며 살아가는 백성들
이들을 먹여 다스리어
이 땅을 버리고서 어디로 갈 것인가 한다면
나라 안이 다스려질 것을 알 것입니다
아아 임금답게 신하답게 백성답게 한다면
나라 안이 태평할 것입니다

– 〈양주동 풀이〉

구절 풀이

* **군은 어비여 ~ ᄃᆞ술 알고다** : 유교의 부자자효(父慈子孝) 사상을 바탕에 두고, 국가 차원의 구성원을 가족 차원의 구성원에 비유하여 구성원 간의 유대감을 강조하고 있음.
* **구믈ㅅ다히 ~ 머기 다ᄉᆞ라** : 백성을 먹고살게 하는 것이 정치의 근본임을 제시하고 있음.
* **나라악 디니디 알고다** : 나라 안이 유지될 줄 알리이다.
* **군다이 신다이 민다이 ᄒᆞᄂᆞᆯᄃᆞᆫ** : 임금답게 신하답게 백성답게 할지면.

작품 구조도

1 윗글에 대한 이해로 적절하지 <u>않은</u> 것은?　　　　　　　　　　　　　　　　　　◉ 8448-0029

① 군, 신, 민의 관계를 가족 관계에 비유하여 표현하고 있다.
② 낙구의 감탄사를 통해 앞서 전개된 시상을 고양하고 있다.
③ 나라가 처해 있는 상황을 고사(古事)를 인용해 드러내고 있다.
④ 상황의 가정을 통해 나라를 다스리는 방향에 대해 제안하고 있다.
⑤ 동일한 접사를 반복해 이상이 실현될 수 있는 조건을 제시하고 있다.

2 〈보기〉는 윗글을 구조화하여 나타낸 것이다. 이에 대해 보인 반응으로 가장 적절한 것은?　　　◉ 8448-0030

① '신'과 '민'은 은혜를 베풀어 준 '군'에 대해 보은(報恩)해야 함을 강조하고 있군.
② '군', '신', '민'이 각자의 소임에 충실해야 지향점에 도달할 수 있음을 강조하고 있군.
③ '군', '신', '민'은 모두 평등한 존재로 어려운 처지에 놓였을 때 서로 도와야 함을 강조하고 있군.
④ '군', '신', '민' 각자가 자신의 처지에 안주하지 않는 태도를 가지는 것이 필요함을 강조하고 있군.
⑤ '군'보다는 '신'이, '신'보다는 '민'이 높은 지위를 가져야 나라가 평안히 유지될 수 있음을 강조하고 있군.

3 윗글과 〈보기〉의 공통점으로 가장 적절한 것은?　　　　　　　　　　　　　　　　　◉ 8448-0031

┤ 보기 ├─

　임금과 백성 사이 하늘과 땅이로되
　나의 서러운 일을 다 알려 하시거늘
　우린들 살진 미나리를 혼자 어찌 먹으리

　　　　　　　　　　　　　　　　　　　　　– 정철, 「훈민가(訓民歌)」

① 직설적 표현으로 시대 현실에 대해 비판하고 있다.
② 설의적 표현을 통해 백성의 역할에 대해 밝히고 있다.
③ 대화체를 통해 임금의 거처에 대한 염려를 표현하고 있다.
④ 유랑민들의 실현 불가능한 소망을 반어적으로 제시하고 있다.
⑤ 유교적 이념을 바탕으로 치국과 관련한 주제를 드러내고 있다.

서술형

1 윗글에서 '民(백성)'의 말을 직접적으로 제시한 부분을 5어절로 찾아 쓰시오.　　　　◉ 8448-0032

01 추야우중(秋夜雨中) 최치원 / 촉규화(蜀葵花) 최치원

가 ➡️ **작품 안** 갈래 : 오언 절구 성격 : 서정적, 애상적 주제 : 고국에 대한 그리움, 세상으로부터 인정받지 못하는 지식인의 고뇌
⬅️ **작품 밖** 자신을 알아주지 않는 세상에서 느끼는 고뇌와 외로움을 노래한 시로, 당나라에 있으면서 고국에 대한 향수를 노래한 작품으로도 볼 수 있다.

나 ➡️ **작품 안** 갈래 : 오언 율시 성격 : 탄식적 주제 : 자신을 알아주지 않는 시대에 대한 한스러움
⬅️ **작품 밖** 최치원이 당나라 유학 시절에 읊은 것으로, '접시꽃'이라는 자연물을 활용해 화자의 쓸쓸한 처지와 심정을 간접적으로 드러내고 있다.

작품의 짜임

가

기	가을 바람에 괴롭게 시를 읊음.
승	세상이 자신을 알아주지 않음을 탄식함.
전	창밖에 밤늦도록 비가 내림.
결	등불 앞 화자의 향수, 번민

나

기	적막한 거친 밭 곁에 피어난 탐스러운 촉규화
승	가볍게 퍼지는 촉규화의 향기
전	수레 탄 사람들로부터 관심을 받지 못하는 촉규화
결	태어난 땅이 천해서 사람들로부터 버림받은 한스러움

가
가을바람 괴론 노래   秋風唯苦吟
세상 날 몰라주네   世路少知音
창밖엔 ㉠삼경의 비   窓外三更雨
㉡등불 앞 만 리 마음   燈前萬里心

나
㉢거친 밭 언덕 쓸쓸한 곳에   寂寞荒田側
탐스러운 꽃송이 가지 눌렀네   繁花壓柔枝
매화 비 그쳐 향기 날리고   香輕梅雨歇
보리 바람*에 그림자 흔들리네   影帶麥風欹
㉣수레 탄 사람 누가 보아 주리 車馬誰見賞
벌 나비만 부질없이 찾아드네   蜂蝶徒相窺
천한 땅에 태어난 것 ㉤스스로 부끄러워 自慚生地賤
사람들에게 버림받아도 참고 견디네   堪恨人棄遺

어휘 풀이

* **보리 바람** : 보리 위를 스치는 바람이라는 뜻으로, 초여름의 훈훈한 바람을 이르는 말.

구절 풀이

• **가을바람 괴론 노래** : 세상으로부터 인정받지 못하고 고뇌하는 화자의 처지를 알 수 있음. 만 리 타향에서 고향을 그리워하는 화자의 괴로운 심정으로 볼 수도 있음.

• **창밖엔 삼경의 비** : 괴롭고 외로워 잠을 이루지 못하는 화자의 심정을 대변하고 있음.

작품 구조도

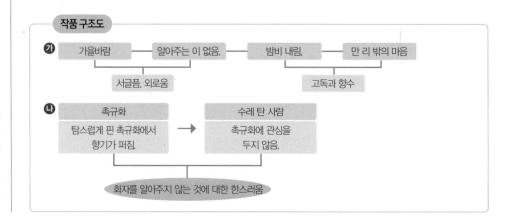

가 가을바람 ── 알아주는 이 없음.   밤비 내림. ── 만 리 밖의 마음
        └── 서글픔, 외로움   └── 고독과 향수

나 촉규화   수레 탄 사람
        탐스럽게 핀 촉규화에서 →   촉규화에 관심을
        향기가 퍼짐   두지 않음.
                    ↓
            화자를 알아주지 않는 것에 대한 한스러움

1 (가)와 (나)에 대한 설명으로 가장 적절한 것은? ◐ 8448-0033

① (가)는 (나)와 달리 실제 지명을 사용하여 사실감을 높이고 있다.
② (가)는 (나)와 달리 동일한 시어를 반복하여 시적 의미를 강조하고 있다.
③ (나)는 (가)와 달리 계절적 배경을 통해 애상적 분위기를 환기하고 있다.
④ (가)와 (나)는 모두 자연물을 활용하여 화자의 정서를 드러내고 있다.
⑤ (가)와 (나)는 모두 의성어를 사용하여 상황을 생생하게 묘사하고 있다.

2 〈보기〉를 바탕으로 (가)와 (나)에 대해 이해한 내용으로 적절하지 <u>않은</u> 것은? ◐ 8448-0034

┤ 보기 ├

　최치원은 당나라에서 빈공과에 급제하였음에도 불구하고 신라인이라는 이유로 제대로 인정받지 못했고, 신라에서는 육두품 출신이라는 신분적 이유로 고위 관직에 오르지 못했다. (가)와 (나)에서는 자신의 능력을 인정해 주지 않는 세상에 대한 최치원의 한스러움을 엿볼 수 있다.

① (가)의 1행에서는 자신의 능력을 인정해 주지 않는 세상에 대한 고뇌를 드러내고 있다고 볼 수 있다.
② (가)의 2행에서는 신분적 한계로 인해 능력을 펼칠 수 없는 처지에 대한 한탄을 드러내고 있다고 볼 수 있다.
③ (나)의 2행에서는 고위 관직에 오른 이들이 육두품 출신의 사람들을 차별하는 모습을 드러내고 있다고 볼 수 있다.
④ (나)의 6행에서는 도움이 되지 않는 사람들만 자신의 주변을 기웃거리는 상황을 드러내고 있다고 볼 수 있다.
⑤ (나)의 7행에서는 출신의 한계에 대한 부끄러움과 한스러움을 드러내고 있다고 볼 수 있다.

3 ㉠～㉤에 대해 보인 반응으로 적절하지 <u>않은</u> 것은? ◐ 8448-0035

① ㉠: 화자의 외로운 정서를 심화하는 배경이라 할 수 있군.
② ㉡: 화자에게 미래에 대한 희망을 주는 대상에 해당하는군.
③ ㉢: 화자가 처한 부정적 상황을 상징적으로 드러낸 것이군.
④ ㉣: 화자에게 기회를 줄 수 있는 권력층을 비유한 것이군.
⑤ ㉤: 화자가 느끼는 한탄을 직접적으로 표현한 것이군.

서술형

1 화자의 '완숙한 학문적 경지'를 상징하는 시어를 (나)에서 찾아 2음절로 쓰시오. ◐ 8448-0036

02 야청도의성(夜聽擣衣聲) 양태사

작품 안 갈래 : 칠언 고시　성격 : 애상적, 감상적　주제 : 가을 달밤에 느끼는 향수(鄕愁)

작품 밖 작가가 발해국의 부사(副使)로 일본에 건너갔다가 임무를 마치고 귀국할 즈음에 다듬이 소리를 듣고 고국을 그리워하며 지은 작품이다. 특히 청각적 심상이 주제로 승화되는 고도의 표현 기법을 구사한 것이 특징이다.

작품의 짜임

1, 2행	이국땅에서 느끼는 시름
3~6행	이웃 아낙네의 다듬이 소리를 듣게 됨.
7~8행	고국을 떠나 다시 듣게 된 다듬이 소리에 반가움을 느낌.
9~14행	다듬이질하는 여인에 대한 화자의 상상
15~24행	고향에 대한 부질없는 그리움만 깊어 감.

㉠가을 하늘에 달 비치고 은하수 환하니 　　霜天月照夜河明
나그네는 돌아가고픈 심정이 간절해지네 　客子思歸別有情
긴긴 밤 근심에 겨워 오래 앉았노라니 　　厭坐長宵愁欲死
홀연 들리는 ㉡이웃집 여인의 다듬이 소리 忽聞隣女擣衣聲
바람에 실려 오는 소리 끊어질 듯 이어지며 聲來斷續因風至
㉢밤 깊고 별이 낮도록 잠시도 멈추지 않네 夜久星低無暫止
고국을 떠나온 뒤로는 듣지를 못하였건만 自從別國不相聞
지금 타향에서 들으니 소리 서로 비슷하네 今在他鄕聽相似

　┌─ 그대 든 방망이는 무거운가 가벼운가 　不知綵杵重長輕
　│　 푸른 다듬잇돌* 고른가 거친가 　　　　不悉靑砧平不平
　│　 약한 몸이 온통 구슬땀*에 젖었으리 　遙憐體弱多香汗
[A]│　 옥 같은 두 팔도 힘이 부쳐 지쳤으리 　預識更深勞玉腕
　│　 홑옷으로 떠난 나그네 구하고자 함인가 爲當欲救客單衣
　└─ 규방*에 외로이 있는 시름 잊자 함인가 爲復先愁閨閣寒

그대 모습 그려 보나 물어볼 도리 없고 　　雖忘容儀難可問
부질없는 먼 원망만 끝없이 깊어 가네 　　不知遙意怨無端
먼 이국땅 낯선 고장에서 　　　　　　　　寄異土兮無新識
그대 생각하노라 긴 탄식만 하네 　　　　　想同心兮長嘆息
이런 때 들려오는 규방의 다듬이 소리 　　此時獨自閨中聞
㉣그 누가 알랴 시름 깊은 저 설움을 　　此夜誰知明眸縮
그리운 생각에 마음 높이 달렸건만 　　　　憶憶兮心已懸
듣고 또 들어도 뚫어 알 길이 없네 　　　　重聞兮不可穿
㉤꿈속에라도 저 소리 찾아보려 하지만 　即將因夢尋聲去
나그네 수심 많아 잠도 이루지 못한다네 　只爲愁多不得眠

어휘 풀이

* **다듬잇돌** : 다듬이질을 할 때 밑에 받치는 돌.
* **구슬땀** : 구슬처럼 방울방울 맺힌 땀.
* **규방** : 부녀자가 거처하는 방.

작품 구조도

실력 다지기

1 윗글에 대한 이해로 가장 적절한 것은?　　　　　　　　　　　　　　　　　　　　　　　　○ 8448-0037

① 자연물과의 합일을 추구하려는 의지를 드러내고 있다.
② 속세에서 벗어나고자 하는 삶의 자세를 보여 주고 있다.
③ 이상적 세계를 추구하면서 사회의 모순을 비판하고 있다.
④ 바라는 공간에 있지 못하는 화자의 심정을 드러내고 있다.
⑤ 학문 수양이 부족한 자신에 대해 원망하는 마음이 나타나 있다.

2 ㉠~㉤에 대한 설명으로 적절하지 <u>않은</u> 것은?　　　　　　　　　　　　　　　　　　　　　○ 8448-0038

① ㉠: 계절적 배경을 통해 화자의 귀향 생각을 돋우고 있다.
② ㉡: 청각적 이미지를 드러내며 화자가 고국을 떠올리게 하고 있다.
③ ㉢: 시간의 경과를 나타내며 화자의 잠 못 이루는 처지를 드러내고 있다.
④ ㉣: 어순의 도치를 통해 깊은 서러움의 정서를 부각하고 있다.
⑤ ㉤: 비현실적 공간을 활용해 숙명에서 벗어나고자 하는 화자의 태도를 강조하고 있다.

3 〈보기〉는 [A]의 내용을 구조화한 것이다. ㄱ~ㄷ에 대해 보인 반응으로 적절하지 <u>않은</u> 것은?　　○ 8448-0039

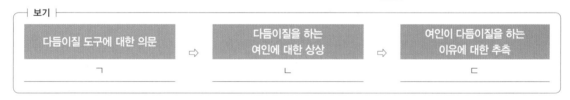

① ㄱ에서 화자는 방망이와 다듬잇돌을 통해 여인이 짊어진 삶의 무게에 대해 묻고 있군.
② ㄴ에서 화자는 여인이 다듬이질을 하느라 기운이 빠져 있는 모습을 그려 보고 있군.
③ ㄷ에서 화자는 여인의 다듬이 소리가 자신에게 위로를 주는 소리라고 생각하기도 했군.
④ ㄷ에서 화자는 여인이 규방에서 홀로 거처하는 처지에 놓여 있다고 가정하기도 했군.
⑤ ㄱ~ㄷ을 거쳐 화자는 고국을 더욱 더 그리워하게 되었다고 볼 수 있군.

서술형

1 〈보기〉의 빈칸에 들어갈 말을 2음절로 쓰시오.　　　　　　　　　　　　　　　　　　　　　○ 8448-0040

┤ 보기 ├
　　이 작품의 제목인 '야청도의성'은 '밤에 다듬이 소리를 듣는다.'라는 뜻이다. 화자는 이국땅에서 밤에 다듬이 소리를 들으면서 (　　　　)을(를) 떠올리고 있다.

01 주몽 신화(朱蒙神話) 작자 미상

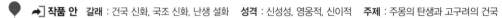

→ 작품 안 **갈래** : 건국 신화, 국조 신화, 난생 설화   **성격** : 신성성, 영웅적, 신이적   **주제** : 주몽의 탄생과 고구려의 건국

← 작품 밖 주몽이라는 인물이 고구려를 건국하게 되는 과정을 그린 건국 신화로, 민족적 자긍심과 일체감을 느끼게 만드는 기능을 한다. 특히 주몽 신화는 영웅의 일대기 구조를 완벽하게 구현하고 있어 후대 영웅 서사 문학에 지대한 영향을 미쳤다고 볼 수 있다.

작품의 짜임

> 유화가 부모로부터 쫓겨나 부여의 금와왕에게 몸을 의탁함.

↓

> 유화가 알을 낳으나 왕이 이를 버림.

↓

> • 알에서 주몽이 태어남.
> • 주몽이 뛰어난 활솜씨와 지혜를 발휘함.

↓

> 주몽이 적대자들에게 위협을 받음.

↓

> 주몽이 탈출하여 고구려를 건국함.

어휘 풀이

* **태백산** : 지금의 '백두산'을 가리킨다.
* **범인** : 평범한 사람.
* **지략** : 어떤 일이나 문제든지 명철하게 포착하고 분석·평가하며 해결 대책을 능숙하게 세우는 뛰어난 슬기와 계략.
* **엄수** : 지금의 압록강 동북쪽에 위치한 강. 이규보의 「동명왕 편」에는 '개사수'라고 나옴.
* **기마병** : 말을 타고 싸우는 병사.
* **비류수** : 고구려의 영토에 있던 땅. 고구려의 시조 주몽이 이 강의 계곡인 홀본 서쪽에 성을 쌓았다는 설이 있다.

고구려는 곧 졸본 부여이다. 지금의 화주, 또는 성주라고도 하나 이는 모두 잘못이다. 졸본주는 요동 방면에 있다.

『국사(國史)』「고려본기(高麗本記)」에는 다음과 같이 기록되어 있다.

시조 동명 성제의 성은 고씨이며, 이름은 주몽이다. 이에 앞서 북부여의 왕 해부루가 이미 동부여로 피해 갔으며, 부루가 세상을 떠나자 금와가 왕위를 계승했다. 이때 금와는 태백산* 남쪽 우발수에서 한 여자를 만나 누구인가를 물으니 여자가 말하기를,

"나는 하백의 딸로 이름은 유화인데, 여러 아우들과 노닐고 있을 때에 한 남자가 나타나 자기는 천제의 아들 해모수라고 하면서 나를 웅신산 밑 압록강 가에 있는 집 속으로 꾀어 남몰래 정을 통해 놓고 가서는 돌아오지 않았습니다. 그래서 우리 부모는 내가 중매도 없이 혼인한 것을 꾸짖어 마침내 이곳으로 귀양을 보낸 것입니다."

라고 하였다.

금와는 이를 이상하게 여겨 그 여인을 방 속에 가두어 두었더니, 햇빛이 방 속을 비췄다. 여인이 몸을 피하자 햇빛이 따라와 또 비췄다. 그로부터 태기가 있더니 알 하나를 낳았는데, 크기가 닷 되들이만 했다. 왕은 그것을 버려 개와 돼지에게 주었으나, 모두 먹지를 않았다. 그래서 길에 내다 버리게 하였더니, 소와 말이 모두 그 알을 피해서 지나갔다. 또 들에 내다 버리니, 새와 짐승이 오히려 덮어 주었다. 이에 왕이 알을 쪼개 보려고 했으나 깨뜨릴 수가 없어 마침내 그 어머니에게 다시 돌려주었다. 그 어머니는 알을 물건으로 싸서 따뜻한 곳에 두었더니, 한 아이가 껍질을 깨고 나왔는데, 골격과 외양이 영특하고 기이하였다.

나이 겨우 일곱 살에 기골이 준수하니 범인(凡人)*과 달랐다. 스스로 활과 화살을 만들어 쏘는데, 백 번 쏘면 백 번 다 적중하였다. 그 나라의 풍속에 활을 잘 쏘는 사람을 주몽이라 하였는데, 이런 연유로 해서 그는 주몽이라 이름하였다.

금와에게는 아들이 일곱이 있었는데, 언제나 주몽과 함께 놀았으나 그 재능이 주몽을 따르지 못하였다. 이에 장자인 대소가 왕께 아뢰었다.

"주몽은 사람이 낳은 자식이 아니니 일찍 없애지 않으면 후환이 있을까 두렵습니다."

그러나 왕은 듣지 않고 주몽을 시켜 말을 기르게 하였다. 주몽은 곧 좋은 말을 알아보았다. 그래서 좋은 말은 일부러 먹이를 적게 주어 여위게 하고, 나쁜 말은 먹이를 많이

[A] 주어 살찌게 하였다. 왕은 살찐 말은 자기가 타고 여윈 말은 주몽에게 주었다.

왕의 여러 아들과 여러 신하들이 주몽을 죽이려고 하니, 주몽의 어머니가 이 사실을 미리 알아차리고 주몽에게 이르기를,

"이 나라 사람들이 너를 죽이려고 하는데, 너의 재주와 지략*으로 어디를 간들 살지 못하겠느냐. 그러니, 빨리 여기를 벗어나라."

하였다.

구절 풀이

- **"나는 하백의 딸로 ~ 보낸 것입니다."**: 주몽의 고귀한 혈통을 말해 주는 부분으로, 주몽은 천신(天神)과 수신(水神)의 결합에 의해 탄생한 인물임을 보여 줌.
- **금와는 이를 ~ 방 속을 비쳤다.**: 햇빛은 주몽의 아버지인 해모수와 관련 있는 것으로, 주몽이 하늘의 보호와 정기를 받고 있음을 암시하는 한편, 고구려인들의 태양 숭배 사상과도 관련이 있음을 말해 줌.
- **그 어머니는 ~ 영특하고 기이하였다.**: 껍질을 부수고 나온다는 것은 새로운 세계를 연다는 의미를 담고 있음.
- **주몽은 곧 좋은 말을 ~ 살찌게 하였다.**: 주몽이 무예뿐만 아니라 지혜에 있어서도 뛰어난 인물임을 보여 주는 것으로, 주몽이 영웅으로서의 능력과 자질을 갖추고 있음을 말하고 있음.
- **이에 물고기와 자라가 ~ 흩어졌다.**: 주인공이 위기를 극복하는 데 천우신조(天佑神助)가 있었음을 보여 주는 대목임.

그리하여 주몽은 오이(烏伊), 마리(摩離), 협보(陝父) 세 사람을 벗으로 삼아 함께 도망하였는데, ㉠<u>엄수(淹水)</u>*에 이르러 물을 향해 고하기를,

"나는 천제의 아들이며 하백의 손자다. 오늘 도망해 가는데, 뒤쫓는 자들이 거의 닥치게 되었으니 이를 어찌하리오." / 하였다.

이에 물고기와 자라가 솟아올라 다리를 만들어 주어 그들을 건너게 한 다음 흩어졌다. 이로써 뒤쫓아 오던 기마병*은 건너지를 못하고 주몽은 무사히 졸본주(현도군의 지경)에 이르러 이곳에 도읍을 정하였다. 그러나 미처 궁실을 지을 겨를이 없어서 다만 비류수* 위에 집을 지어 거처하면서 국호를 고구려라고 정하였다. 인하여 고(高)로써 성을 삼았다. ― 본성은 해(解)였으나, 천제의 아들로 햇빛을 받고 낳았다 하여 스스로 고로써 성을 삼았다. ― 이때의 나이가 12세였는데, 한나라 효원제 건소 2년 갑신에 즉위하여 왕이라 일컬었다. 고구려가 제일 융성하던 때는 21만 5백 8호나 되었다.

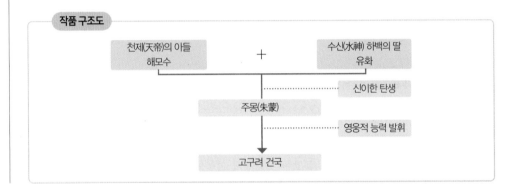

작품 구조도

| 천제(天帝)의 아들 해모수 | + | 수신(水神) 하백의 딸 유화 |

신이한 탄생

주몽(朱蒙)

영웅적 능력 발휘

고구려 건국

정답과 해설 09쪽

1 윗글에 대한 설명으로 적절하지 <u>않은</u> 것은? ○ 8448-0041

① 초월계의 개입을 통해 신성성을 드러내고 있다.
② 과거와 현재를 대비하여 사건에 입체감을 부여하고 있다.
③ 비현실적 요소를 활용해 신이한 분위기를 조성하고 있다.
④ 구체적인 인명과 지명을 제시하여 사실성을 확보하고 있다.
⑤ 인물의 발화를 구체적으로 드러내어 사건의 현장감을 높이고 있다.

2 윗글의 '주몽'에 대한 이해로 적절하지 <u>않은</u> 것은? ○ 8448-0042

① '주몽'이라는 이름은 활을 잘 쏘는 사람을 일컫는 말에서 비롯된 것이다.
② '주몽'은 범인들과 달리 태어났을 때부터 골격과 외모가 빼어나고 기이하였다.
③ '주몽'은 일곱 살 때 이미 손수 활과 화살을 만들 정도로 뛰어난 재능을 보였다.
④ '주몽'은 세 벗과 함께 졸본천을 도읍으로 삼아 궁실을 짓고 고구려를 건국하였다.
⑤ 말의 상태에 따라 먹이를 다르게 준 것에서 '주몽'의 영특한 면모를 엿볼 수 있다.

3 〈보기〉는 영웅 이야기에 나타나는 일반적인 요소이다. 이를 통해 윗글을 이해한 내용으로 적절하지 <u>않은</u> 것은?

○ 8448-0043

┌─ 보기 ├─

㉮고귀한 혈통을 지님. → ㉯기이하게 출생함. → ㉰비범한 능력을 지님. → 어려서 버림받음. → ㉱양육자, 구출자를 만남. → ㉲고난과 시련을 겪음. → ㉳위기를 극복하고 위업을 성취함.

① 주몽이 자신을 '천제의 아들'이자 '하백의 손자'라고 말하는 것을 통해 ㉮를 확인할 수 있다.
② 주몽이 '알'에서 태어난 ㉯로 인해 주몽을 시기하는 이들이 주몽을 제거하고자 함을 알 수 있다.
③ 화살을 백 번 쏘면 백 번 다 적중하였다는 주몽의 일화는 ㉰를 보여 주는 예라 할 수 있다.
④ '오이', '마리', '협보'는 대소의 계략을 알아차리고 주몽에게 알려 주었다는 점에서 ㉱에 해당한다고 볼 수 있다.
⑤ ㉲의 상황에서 '물고기'와 '자라'가 떠올라 다리를 만들어 주었기에 ㉳가 이루어질 수 있었다고 볼 수 있다.

4 [A]와 비교하여 〈보기〉에 대해 이해한 내용으로 적절하지 <u>않은</u> 것은?

○ 8448-0044

┌─ 보기 ├─

태자인 대소(帶素)가 왕에게 말하되, "주몽은 용맹이 귀신 같고 안목이 남다르니 만약 일찍 도모하지 않으면 반드시 뒷근심이 있을 것입니다." 하였다. 왕은 주몽에게 말을 기르게 하여 그 뜻을 시험코자 하였다. 주몽은 속으로 한을 품고 어머니에게 말하되, "나는 천제의 손(孫)으로 다른 사람을 위해서 말을 먹이고 있으니 사는 것이 죽는 것만 못합니다. 남쪽 땅으로 가서 국가를 세우고자 하나 어머니가 계시기로 감히 마음대로 못합니다." 하였다.

그 어머니가 말하되, "이것은 내가 밤낮으로 속썩이던 것이다. 내가 듣기로는 먼 길을 가는 사람은 모름지기 좋은 말에 힘입는다고 했으니 내가 말을 골라 주겠다." 하고 드디어 말 기르는 데로 가서 긴 말채찍을 마구 치니 여러 말이 모두 놀래서 달리는데 한 누른 말이 두 길이나 되는 난간을 뛰어넘었다. 주몽은 그 말이 준마임을 알고 몰래 말 혀끝에 바늘을 찔러 놓았더니 그 말은 혀가 아파서 물과 풀을 먹지 못하고 야위어 갔다.

– 『동국이상국집』, 「동명왕편(東明王篇)」

① 주몽과 대소의 적대적인 관계는 변함이 없다.
② 주몽의 심리적 갈등을 보다 선명하게 드러내고 있다.
③ 주몽에 대한 왕의 신뢰가 절대적임을 강조하고 있다.
④ 조력자로서 어머니의 역할이 강화되어 나타나고 있다.
⑤ 주몽이 지혜로운 인물임을 보여 주려는 의도는 유지되고 있다.

서술형

1 '주몽'의 입장에서 ㉠이 지닌 상징적 의미를 30자 내외로 서술하시오.

○ 8448-0045

3. 설화

온달 설화(溫達說話) 작자 미상

➜ **작품 안** 갈래 : 설화　성격 : 사실적　주제 : 평강 공주의 지혜와 온달의 입신양명(立身揚名)

➜ **작품 밖** 전체적인 구성을 보면, 크게 온달 이야기와 공주 이야기로 구분할 수 있다. 공주와 관련된 부분에서 공주는 아버지의 뜻에 정면으로 맞설 뿐만 아니라 스스로 자기의 삶을 개척하고 자기 삶에 대한 가치를 실현하려는 의지를 가진 인물로 묘사되어 있는데, 이 때문에 「온달 설화」의 서사적 주체를 평강 공주로 보고, 「온달 설화」를 평강 공주에 관한 이야기로 보기도 한다.

작품의 짜임

미천한 인물(온달)과 고귀한 인물(평강 공주)의 결합
↓
공주가 지혜로 온달을 성장시킴.
↓
온달이 제천 행사에서 두각을 나타내고, 전쟁에서 큰 공을 세워 사위로 인정받음.
↓
온달이 고구려 고토 회복을 위해 선봉에 섰으나 전사하고, 관이 움직이지 않음.
↓
공주의 위무로 관이 움직여 장사 지내고, 왕은 이 소식을 듣고 애통해함.

어휘 풀이

* **필부** : 신분이 낮은 사내.
* **식언** : 약속한 말대로 지키지 않음.
* **지존** : '임금'을 공경하여 이르는 말.
* **왕자** : 제왕인 사람. 임금.
* **기물** : 살림살이에 쓰는 온갖 그릇.
* **국마** : 나라에서 기르는 말.
* **전렵** : 사냥.
* **가탄** : 가상히 여기어 감탄함.
* **우신** : 어리석은 신하. 신하가 임금을 상대하여 자기를 낮추어 이르는 말.
* **불초** : 아버지를 닮지 않았다는 뜻으로, 못나고 어리석은 사람을 이르는 말.
* **유시** : 날아다니는 화살.

[온달]은 고구려 평강왕 때의 사람이다. 얼굴이 파리하여 우습게 생겼지만 마음씨는 명랑하였다. ⊙집이 매우 가난하여 항상 밥을 빌어다 어머니를 봉양하였는데, 떨어진 옷과 해어진 신으로 시정(市井) 간에 왕래하니, 그때 사람들이 지목하기를 바보 온달이라 하였다. 평강왕의 어린 딸이 울기를 잘하므로 왕이 희롱하여, "네가 항상 울어서 내 귀를 시끄럽게 하니 커서는 사대부의 아내가 될 수 없고 바보 온달에게나 시집보내야 하겠다."라고 매양 말하였다. 그런데 딸의 나이 이팔(16세)이 되자 상부(上部) 고 씨(高氏)에게로 시집보내려 하니 공주가 대답하기를, "대왕께서 항상 '너는 반드시 온달의 아내가 된다.'라고 말씀하셨는데 지금 무슨 까닭으로 전의 말씀을 고치시나이까? ⓒ필부(匹夫)*도 식언*을 하지 않으려 하거늘 하물며 지존*이 식언을 해서야 되겠습니까? 왕자(王者)*는 희언(戲言)이 없어야 한다고 합니다. 지금 대왕의 명령은 잘못된 것이오니 소녀는 감히 받들지 못하겠습니다." 하였다. 왕이 노하여 이르기를 "네가 나의 가르침을 따르지 않는다면 정말 내 딸이 될 수 없다. 어찌 함께 있을 수 있으랴? 너는 네가 갈 데로 가는 것이 좋겠다."라고 하였다.

이에 공주는 보물 팔찌 수십 개를 팔꿈치에 매고 궁궐을 나와 혼자 길을 가다가, 한 사람을 만나 온달의 집을 물어 그 집에 이르렀다. 맹인(盲人) 노모가 있음을 보고 앞으로 가까이 가서 절하고 그 아들이 있는 곳을 물으니, 노모가 대답하기를 "우리 아들은 가난하고 추하여 귀인(貴人)이 가까이할 인물이 못 됩니다. 지금 그대의 냄새를 맡으니 향기가 이상하고, 손을 만지니 부드럽기 풀솜과 같은즉 반드시 천하의 귀인이오. 누구의 속임수로 여기에 오게 되었소? 내 자식은 굶주림을 참지 못하여 산으로 느릅나무 껍질을 벗기러 간 지 오래인데 아직 돌아오지 않았소." 하였다. 공주가 그 집에서 나와 걸어서 산 밑에 이르러 온달이 느릅나무 껍질을 지고 오는 것을 보고, 자신의 소회(所懷)를 말하니 ⓒ온달이 성을 내며, "이는 어린 여자의 행동할 바가 아니다. 반드시 사람이 아니라 여우나 귀신이다. 내 곁으로 오지 마라." 하며 그만 돌아보지도 않고 갔다. 공주는 혼자 온달의 집으로 돌아와 사립문 아래서 자고, 이튿날 다시 들어가서 모자(母子)에게 자세한 것을 말하였는데, 온달은 우물쭈물하며 결정을 내리지 못하였다. 그 어머니가 말하기를 "내 자식은 지극히 누추하여 귀인의 배필이 될 수 없고, 내 집은 지극히 가난하여 귀인의 거처할 곳이 못 되오." 하였다. 공주가 대답하기를 "옛사람의 말에, 한 말 곡식도 방아 찧을 수 있고, 한 자 베도 꿰맬 수 있다고 하였습니다. 마음만 같다면 어찌 반드시 부귀한 후에야 함께 지낼 수 있겠습니까." 하고, 이에 금팔찌를 팔아 전지(田地), 주택, 노비, 우마와 기물(器物)* 등을 사니 용품이 다 갖추어졌다. ②처음 말을 살 때에 공주는 온달에게 이르기를 "아예 시장 사람의 말을 사지 말고, 꼭 국마(國馬)*를 택하되 병들고 파리해서 내다 파는 것을 사 오도록 하시오." 하였다. 온달이 그 말대로 하였는데, 공주가 먹이기를 부지런히 하여 말이 날마다 살찌고 또 건강해졌다.

고구려에서는 항상 봄철 3월 3일이면 낙랑(樂浪) 언덕에 모여 전렵(田獵)*을 하고, 그날 잡

구절 풀이

• **"아예 시장 ~ 사 오도록 하시오."** : 임금이 타던 말은 모두 명마일 것이기 때문에 병든 말이라도 회복시켜 잘 기르면 보통의 말보다 뛰어날 것임을 염두에 둔 말로 평강 공주의 비범성을 드러내는 부분임.

• **장사를 행하려 하였는데 ~ 비통해하였다.** : 공주의 위무(慰撫)에 의해 관이 움직였다는 것은 두 사람의 사랑의 깊이를 짐작하게 해 주고, 아울러 이인(異人)적 존재로서의 공주를 부각하는 역할을 함.

은 산돼지·사슴으로 하늘과 산천신(山川神)에 제사를 지내는데, 그날이 되면 왕이 나가 사냥하고, 여러 신하들과 5부(部)의 병사들이 모두 따라나섰다. 이에 온달도 기른 말을 타고 따라갔는데, 그 달리는 품이 언제나 남보다 앞에 서고 포획하는 짐승도 많아서, 그와 같은 사람이 없었다. 왕이 불러 그 성명을 물어보고 놀라며 또 이상히 여겼다. 이때 후주(後周)의 무제(武帝)가 군사를 보내어 요동(遼東)을 치니, 왕이 군사를 거느리고 나가 배산(拜山) 들에서 맞아 싸웠는데, 온달이 선봉장이 되어 날쌔게 싸워 수십여 명을 베니, 여러 군사가 승승분격(乘勝奮擊)하여 크게 이겼다. 공을 의논할 때에 온달을 제일로 삼지 않는 이가 없었다. 왕이 가탄(嘉歎)하여, "이 사람은 나의 사위라." 하고, 예를 갖추어 맞이하며 벼슬을 주어 대형(大兄)을 삼았다. 이로 해서 은총과 영화가 더욱 두터워지고, 위엄과 권세가 날로 성하였다.

양강왕이 즉위하자 ㉤온달이 아뢰기를, "신라가 우리 한북(漢北)의 땅을 빼앗아 군현(郡縣)을 삼았으니, 백성들이 통한하여 일찍이 부모의 나라를 잊은 적이 없습니다. 원컨대 대왕께서는 우신(愚臣)*을 불초(不肖)*하다 하지 마시고 군사를 주신다면 한번 가서 반드시 우리 땅을 도로 찾아오겠습니다." 하니 왕이 허락하였다. 떠날 때 맹세하기를 "조령과 죽령 이북의 땅을 우리에게 귀속시키지 않으면 돌아오지 않겠다." 하고, 나가 신라 군사들과 아단성(阿旦城) 아래서 싸우다가 신라군의 유시(流矢)*에 맞아 넘어져서 죽었다. ⓐ장사(葬事)를 행하려 하였는데 영구(靈柩)가 움직이지 아니하였다. 공주가 와서 관을 어루만지면서, "사생(死生)이 이미 결정되었으니, 나와 함께 돌아갑시다."라고 말하고 나서야 마침내 관이 움직여 장사 지냈는데, 대왕이 듣고 비통해하였다.

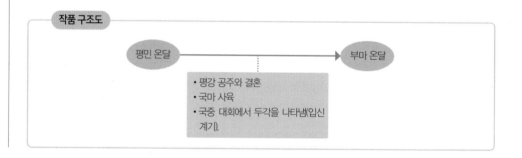

작품 구조도

평민 온달 ────────→ 부마 온달

• 평강 공주와 결혼
• 국마 사육
• 국중 대회에서 두각을 나타냄(입신 계기).

실력 다지기

정답과 해설 10쪽

1 윗글의 서술상 특징으로 가장 적절한 것은?

◎ 8448-0046

① 우화 기법을 활용하여 당대의 현실에 대해 비판하고 있다.
② 언어유희를 활용하여 인물의 상황을 해학적으로 묘사하고 있다.
③ 요약적 서술과 대화를 통해 특정 인물의 행적을 드러내고 있다.
④ 편집자적 논평을 통해 인물이 이룬 업적을 새롭게 평가하고 있다.
⑤ 인물의 심리 변화를 통해 내적 갈등의 심화 과정을 제시하고 있다.

2 ㉠~㉤에서 알 수 있는 인물들의 성격으로 적절하지 <u>않은</u> 것은? ● 8448-0047

① ㉠: 온달이 효를 실천하기 위해 노력하는 인물임을 알 수 있다.
② ㉡: 평강 공주가 신의를 지키는 것을 중시하는 인물임을 알 수 있다.
③ ㉢: 온달이 가부장적 질서와 권위를 중시하는 인물임을 알 수 있다.
④ ㉣: 평강 공주가 사물에 대한 판단력이 뛰어난 인물임을 알 수 있다.
⑤ ㉤: 온달이 국가에 대한 충성심을 지니고 있는 인물임을 알 수 있다.

3 윗글의 온달과 〈보기〉의 무왕을 비교한 것으로 적절하지 <u>않은</u> 것은? ● 8448-0048

┤ 보기 ├

　　백제 무왕의 아명은 서동이다. 서동은 어린 시절 마[薯]를 캐어 팔아 근근이 생계를 유지하였는데 신라 진평왕의 셋째 공주 선화가 아름답다는 소문을 듣고 아이들에게 마를 주고 선화 공주와 자신이 사랑한다는 내용의 동요를 지어 부르게 하였다. 대궐의 신하들은 임금에게 공주를 귀양 보내기를 청하고, 선화 공주는 귀양지에서 서동을 만나 서동과 인연을 맺게 된다. 서동은 공주를 통해 자신이 마를 캐던 산속에 있던 돌이 금(金)인 줄 알게 된다. 공주의 제안으로 그 금을 옮겨 하룻밤 사이 진평왕에게 보내고, 진평왕은 이를 기이하게 여겨 서동을 존경하여 편지로 안부를 묻게 되었다. 이를 계기로 서동은 백성들의 신망을 얻어 왕위에 오르게 되었다.

① 온달과 무왕은 공주와 결연을 맺기 이전에 가난한 처지였다는 점에서 유사하군.
② 온달과 무왕은 공주의 아버지에게 결국 인정을 받게 되었다는 점에서 유사하군.
③ 온달은 무왕과 달리 공주의 조력으로 인해 무장이 되었다는 점에서 차이가 있군.
④ 온달은 무왕과 달리 천상적 존재의 도움을 받아 승전하였다는 점에서 차이가 있군.
⑤ 무왕은 온달과 달리 자신의 계략으로 공주와 인연을 맺었다는 점에서 차이가 있군.

서술형

1 문맥을 고려하여 ⓐ의 이유를 20자 내외로 서술하시오. ● 8448-0049

2 윗글을 〈보기〉와 같이 평했다고 할 때, 그 구체적 근거가 될 수 있는 내용을 평강 공주의 행적을 중심으로 서술하시오.
　　● 8448-0050

┤ 보기 ├

　　「온달 설화」는 기존의 질서와 관념을 뛰어넘는 진보적 시각을 보여 주었다는 점에서 그 의의를 찾을 수 있다.

03 조신 설화(調信說話) 작자 미상

→ **작품 안** 갈래 : 설화, 사원 연기 설화, 환몽 설화 **성격** : 교훈적, 불교적 **주제** : 세속적 욕망의 덧없음

← **작품 밖** 환몽 설화의 연원이 되는 설화로, '꿈'의 문학으로는 국문학사상 원조라 할 수 있다. 설화의 형식을 갖추고 있으나 단편 소설과 같이 긴밀한 구성과 압축된 주제를 살린 것이 특징이다.

작품의 짜임

꿈꾸기 전	• 김흔의 딸에 대한 인간적 욕망에 사로잡힌 조신 • 관음보살에게 자신의 욕망 성취를 비는 조신
꿈속 체험	• 김흔의 딸이 찾아와 부부가 되기를 소망함. • 사십여 년을 가난하게 산 조신 부부. 가난이 부부와 자식에게 고통을 줌 (세속적 욕망의 한계). • 헤어짐을 말하는 부인과 이를 기쁘게 받아들이는 조신
꿈에서 깬 후	• 세속적 욕망으로부터 초탈한 조신(깨달음의 경지) • 불교적 각성 후 정토사 건립과 후일담 (사원 연기 설화의 성격)

어휘 풀이

* **장원** : 궁정·귀족·관료나 사찰이 소유하고 있는 대규모의 토지.
* **곁방살이** : 남의 집 곁방을 빌려서 생활함. 또는 그런 일.
* **지초와 난초** : 지란(芝蘭). 높고 맑은 재질을 비유적으로 이르는 말.
* **난새** : 중국 전설에 나오는 상상의 새. 모양은 닭과 비슷하나 깃은 붉은빛에 다섯 가지 색채가 섞여 있으며, 소리는 오음 (五音)과 같다고 한다.

조신은 장원*에 이르러 태수 김흔의 딸을 깊이 연모하게 되었다. 여러 번 낙산사의 관음보살 앞에 나가 남몰래 인연을 맺게 해 달라고 빌었으나 몇 년 뒤 그 여자에게 배필이 생겼다. 조신은 다시 관음 앞에 나아가 관음보살이 자기의 뜻을 이루어 주지 않았다고 원망하며 날이 저물도록 슬피 울었다. 그렇게 그리워하다 지쳐 얼마 뒤 선잠이 들었다. 꿈에 갑자기 김 씨의 딸이 기쁜 모습으로 문으로 들어오더니, 활짝 웃으면서 말했다.

"저는 일찍이 스님의 얼굴을 본 뒤로 사모하게 되어 한순간도 잊은 적이 없었습니다. 부모의 명을 어기지 못해 억지로 다른 사람의 아내가 되었지만, 이제 죽어도 같은 무덤에 묻힐 벗이 되고 싶어서 왔습니다."

조신은 기뻐서 어쩔 줄을 모르며 함께 고향으로 돌아가 사십여 년을 살면서 자식 다섯을 두었다. 그러나 집이라곤 네 벽뿐이요 콩잎이나 명아줏국 같은 변변한 끼니도 댈 수 없어 마침내 실의에 찬 나머지 가족들을 이끌고 사방으로 다니면서 입에 풀칠을 하게 되었다. 이렇게 십 년 동안 초야를 떠돌아다니다 보니 옷은 메추라기가 매달린 것처럼 너덜너덜해지고 백 번이나 기워 입어 몸도 가리지 못할 정도였다. 강릉 해현령을 지날 때 열다섯 살 된 큰아들이 굶주려 그만 죽고 말았다. 조신은 통곡하며 길가에다 묻고, 남은 네 자식을 데리고 우곡현 - 지금의 우현 - 에 도착하여 길가에 띠풀로 엮은 집을 짓고 살았다. 부부가 늙고 병들고 굶주려 일어날 수 없게 되자, 열 살 난 딸아이가 돌아다니며 구걸을 했다. 그러다가 마을의 개에 물려 부모 앞에서 아프다고 울며 드러눕자 부모는 탄식하며 하염없이 눈물을 흘렸다. 부인은 눈물을 씻더니 갑자기 말했다.

[A]
"내가 처음 당신을 만났을 때는 얼굴도 아름답고 꽃다운 나이에 옷차림도 깨끗했습니다. 한 가지 맛있는 음식이라도 당신과 나누어 먹었고, 몇 자 되는 따뜻한 옷감이 있으면 당신과 함께 해 입었습니다. 집을 나와 함께 산 오십 년 동안 정분은 가까워졌고 은혜와 사랑이 깊었으니 두터운 인연이라고 할 수 있습니다. 그러나 몇 년 이래로 쇠약해져 병이 날로 더욱 심해지고 굶주림과 추위도 날로 더해 오는데 곁방살이*에 하찮은 음식조차 빌어먹지 못하여 이 집 저 집에서 구걸하며 다니는 부끄러움은 산과 같이 무겁습니다. 아이들이 추위에 떨고 굶주려도 돌봐 줄 수가 없는데, 어느 겨를에 사랑의 싹을 틔워 부부의 정을 즐기겠습니까? 젊은 날의 고왔던 얼굴과 아름다운 웃음도 풀잎 위에 이슬이 되었고, 지초와 난초* 같은 약속도 회오리바람에 날리는 버들솜이 되었습니다. 당신은 내가 있어서 근심만 쌓이고, 나는 당신 때문에 근심거리만 많아지니, 곰곰이 생각해 보면 옛날의 기쁨이 바로 근심의 시작이었던 것입니다. 당신이나 나나 어째서 이 지경이 되었는지요. 여러 마리의 새가 함께 굶주리는 것보다는 짝 잃은 난새*가 거울을 보면서 짝을 그리워하는 것이 낫지 않겠습니까? 힘들면 버리고 편안하면 친해지는 것은 인정상 차마 할 수 없는 일입니다만 가고 멈추는 것 역시 사람의 마음대로 되는 것이 아니고, 헤어지고 만나는 데도 운명이 있는 것입니다. 이 말에 따라 이만 헤어지기로 합시다."

어휘 풀이
* 망연자실 : 멍하니 정신을 잃음.

조신이 이 말을 듣고 기뻐하여 각기 아이를 둘씩 나누어 데리고 떠나려 하는데 아내가 말했다.

"저는 고향으로 향할 것이니 당신은 남쪽으로 가십시오."

그리하여 조신은 이별을 하고 길을 가다가 꿈에서 깨어났는데 희미한 등불이 어른거리고 밤이 깊어만 가고 있었다.

㉠아침이 되자 수염과 머리카락이 모두 하얗게 세어 있었다. 조신은 망연자실*하여 세상일에 전혀 뜻이 없어졌다. 고달프게 사는 것도 이미 싫어졌고 마치 백 년 동안의 괴로움을 맛본 것 같아 세속을 탐하는 마음도 얼음 녹듯 사라졌다. 그는 부끄러운 마음으로 부처님의 얼굴을 바라보며 깊이 참회하는 마음이 끝이 없었다. 돌아오는 길에 해현으로 가서 아이를 묻었던 곳을 파 보았더니 돌미륵이 나왔다. 물로 깨끗이 씻어서 가까운 절에 모시고 서울로 돌아와 장원을 관리하는 직책을 사임하고 개인 재산을 털어 정토사를 짓고서 수행했다. 그 후에 아무도 조신의 종적을 알지 못했다.

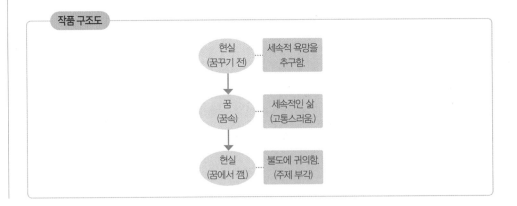

작품 구조도

현실 (꿈꾸기 전) ···· 세속적 욕망을 추구함.

꿈 (꿈속) ···· 세속적인 삶 (고통스러움.)

현실 (꿈에서 깸.) ···· 불도에 귀의함. (주제 부각)

실력 다지기

정답과 해설 11쪽

1 윗글의 구조를 〈보기〉와 같이 도식화했을 때, 이에 대한 설명으로 적절하지 <u>않은</u> 것은? ⊙ 8448-0051

보기

㉮현실

㉯꿈

㉰현실

① ㉮에서 조신은 자신이 바라던 바가 충족되지 못한 상황에서 ㉯에 들어가게 된다.

② ㉮에 나타난 관음보살과의 갈등은 ㉯에서 인물의 내적 갈등으로 전환되어 드러난다.

③ ㉯는 ㉮에서 관음보살 앞에 가서 빌었던 조신의 소망이 일시적으로 실현된 공간이다.

④ ㉯는 ㉮의 조신을 종교적 깨달음을 얻은 ㉰의 조신으로 변하게 하는 계기를 제공한다.

⑤ ㉰의 공간은 돌미륵을 통해 ㉯의 공간과 단절되지 않고 서사적으로 긴밀하게 연결된다.

2 [A]의 말하기 방식에 대한 설명으로 적절하지 <u>않은</u> 것은? ◐ 8448-0052

① 운명론적 사고를 근거로 삼아 자신의 주장을 드러내고 있다.
② 현재의 처지와 대비되는 자신의 과거 모습을 회고하고 있다.
③ 앞으로 일어날 미래의 상황에 대해 비관적으로 전망하고 있다.
④ 상대방과 지내 온 오십 년의 시간을 압축적으로 제시하고 있다.
⑤ 역사적 사례를 제시하며 상대방의 잘못에 대해 지적하고 있다.

3 〈보기〉를 바탕으로 할 때, 윗글에 대해 보인 반응으로 적절하지 <u>않은</u> 것은? ◐ 8448-0053

┤ 보기 ├

　이 작품은 인간의 욕망이 하룻밤 꿈에 불과하다는 주제를 드러내고 있다. 특이할 만한 점은 꿈속의 일생 자체를 어려움과 시련에 가득 찬 것으로 설정하고 있다는 점이다. 남녀가 처음 만나 서로의 마음을 확인하고 가정을 이룬 기쁨은 거의 드러내지 않고, 그 대신 걸식과 자녀와의 사별, 뿔뿔이 흩어지는 가정의 모습을 상세히 보여 준다. 인간적 욕망은 실현되더라도 잠깐 사이의 허무한 꿈이라는 것을 넘어서서, 욕망의 실현 자체가 끊임없는 시련의 원인임을 드러내는 것이다.

① 조신이 자신의 소원대로 낭자와 부부의 연을 맺게 된 것은, 조신으로 하여금 순간의 기쁨을 맛보게 하기 위한 것이라고 볼 수 있군.
② 조신 부부가 아이를 둘씩 나누어 데리고 각자의 방향으로 떠난 것은, 뿔뿔이 흩어지는 가정의 모습을 보여 준 것이라고 볼 수 있군.
③ 조신이 꿈에서 지낸 시간은 하룻밤의 꿈이었다는 점에서, 인간적 욕망은 잠깐 사이의 허무한 꿈이라는 것을 드러내었다고 볼 수 있군.
④ 조신이 겪었던 시련은 세속적 욕망의 결과라는 점에서, 세속적 욕망 그 자체가 경계의 대상이 된다는 것을 드러내었다고 볼 수 있군.
⑤ 조신이 사재를 털어 정토사를 세운 것은, 욕망의 실현 자체가 끊임없는 시련의 원인이 됨을 드러내기 위한 것이라고 볼 수 있군.

서술형

1 ㉠의 의미를 〈조건〉에 맞게 서술하시오. ◐ 8448-0054

┤ 조건 ├

• 현실과 꿈의 관계에 대해 관련지어 서술할 것.
• 30자 내외로 서술할 것.

01 왕오천축국전(往五天竺國傳) 혜초

작품의 짜임

전반부	순례자로서의 성지 방문의 기쁨과 감격
중반부	천축국의 주변 정세와 법, 의복과 언어 및 풍속, 판결 방식
후반부	천축국의 삼보 공경. 주거 공간의 특징

이 녹야원(鹿野苑)*과 구시나(拘尸那)와 사성(舍城)*과 마하보리(摩訶菩提)*의 영탑(靈塔)이 모두 마가다국 경계 안에 있다. 이 파라나시국에는 대승 불교와 소승 불교가 같이 시행되고 있다. 마하보리사를 예방*하는 것은 나의 평소부터의 숙원이기 때문에 무척 기쁘다. 이 기쁨을 감출 길 없어 미숙하나마 이 뜻을 시로 읊어 보았다.

[A]
┌ 보리사가 멀다고 근심할 것 없었는데
│ 녹야원이 먼들 어찌하리오.
│ 다만 멀고 험한 길이 근심이 되나
│ 불어닥치는 악업(惡業)*의 바람은 두렵지 않네.
│ 여덟 개의 탑을 보기 어려움은
│ 여러 차례의 큰불에 타 버렸음이라.
│ 어찌해서 사람들의 소원을 들어줄 거나
└ 오늘 아침부터 이 눈으로 똑똑히 보리.

이 파라나시국에서 반 달을 걸어서 중천축의 국왕이 살고 있는 성에 도착하였다. 그 이름은 갈나급자(葛那及自)이다. 이 중천축국의 영토는 무척 넓고 백성이 많이 산다. 왕은 코끼리 백 마리를 가지고 있고, 그 밖에 큰 수령이 다 각기 삼백 또는 이백 마리의 코끼리를 가지고 있다. 그 왕은 언제나 스스로 병마를 거느리고 싸움을 잘하는데, 항상 주변에 있는 네 천축의 나라와 싸움을 하면 이 중천축의 국왕이 이겼다. 싸움에 진 나라는 코끼리도 적고 병력도 적어서 이기지 못할 것을 알고 곧 강화(講和)*하기를 청하여 해마다 공물을 바치기로 약속하고 휴전한다. 그리고 서로 진을 치고 대치하고 있다.

의복과 언어, 풍속, 그리고 법은 다섯 천축국이 서로 비슷하다. 오직 남천축의 시골에 가면 백성들의 언어가 다른 곳과 차이가 있으나 벼슬아치들의 언어와 생활은 중천축국과 다른 데가 없다. 이 다섯 천축국의 법에는 죄수의 목에 칼을 씌우거나, 형벌로서 몽둥이로 때리거나 또는 가두는 감옥 같은 것은 없다. 오직 죄인에게는 그 죄의 경중에 따라 벌금을 물릴 뿐 사형도 없다. 위로 국왕에서부터 아래로 서민에 이르기까지 사냥한다고 매를 날리거나 엽견(獵犬)*을 사용하는 일은 하지 않는다. 길에는 도적이 많기는 하나 물건만 빼앗고는 즉시 풀어 보내고 그 자리에서 죽이거나 해를 끼치지는 아니한다. 그러나 즉시 물건 주기를 꺼려 하면 몸에 해를 끼치기도 한다.

이 땅은 기후가 아주 따뜻하여 온갖 풀이 항상 푸르고 서리나 눈은 볼 수 없다. 먹는 것은 오직 쌀 양식과 떡, 보릿가루, 우유 등이며 간장은 없고 소금을 상용(常用)한다. 흙으로 구워 만든 냄비에 밥을 익혀 먹지, 무쇠로 만든 가마솥은 없다. 백성에게는 별로 받아들이는 세나 용(庸)*은 없고, 다만 토지에서 나오는 곡식에서 다섯 섬만 왕에게 바치면 왕이 직접 사람을

어휘 풀이

*녹야원 : 석가가 최초로 설법한 곳. 사슴이 많아 붙은 이름.

*사성 : 불교 사상 최초의 정사(精舍)가 세워진 곳.

*마하보리 : 대각의 뜻. 사찰 이름.

*예방 : 인사차 방문함.

*악업 : 삼업의 하나. 나쁜 과보(果報)를 가져올 악한 행위를 이른다.

*강화 : 싸우던 두 편이 싸움을 그치고 평화로운 상태가 됨.

*엽견 : 사냥개.

*용 : 중국 당나라 때, 부역 대신에 물품을 바치던 세제.

*전포 : 짐승의 털로 짠 모직물의 한 가지.

*정아 : 왕이 나와서 조회를 하던 궁전.

*삼보 : 불보(佛寶), 법보(法寶), 승보(僧寶)를 이르는 말.

보내서 그 곡식을 운반해 가고, 토지 주인은 곡식을 바치기 위해 운반하는 수고가 필요 없다. 그 나라 땅에 사는 백성은 빈자(貧者)가 많고 부자는 적은 편이다. 왕이나 벼슬아치, 그리고 부자 백성은 전포(氈布)*로 만든 옷 한 벌을 입고, 스스로 지어 입는 사람은 한 가지만 입고, 가난한 사람은 반 조각만 몸에 걸친다. 여자도 역시 그렇다.

이 나라의 왕은 마냥 정아(政衙)*에 앉아 있으면 수령과 백성들이 모두 와서 왕을 둘러싸고 그 주위에 둘러앉는다. 각기 어떤 일에 대하여 도리를 내세워서 논쟁이 일어나고 소송이 분분하여 비상히 요란하게 입씨름이 벌어져도 왕은 못 들은 척하고서 듣고도 꾸짖지 아니하다가 거의 끝날 무렵이 되면 왕이 천천히 판결을 내리는데, "너는 옳고, 너는 옳지 못하다."라고 한다. 그러면 ㉠왕이 내리는 한마디로써 결정을 삼고 비록 불평이 있는 자도 다시는 말을 하지 않는다.

이 나라의 왕과 수령 등은 삼보(三寶)*에 대하여 심히 공경하고 믿는다. 왕과 수령 등이 만약 스승 되는 중을 대하게 되면 땅바닥에 그대로 앉고, 평상(平床)에 앉기를 즐겨 하지 않는다. 왕과 수령이 자기 집을 떠나서 다른 곳에 갔다가 올 때에는, 그 가는 곳까지 스스로 자기가 앉았던 상자를 가지고 자기 몸을 따라오게 하여 그곳에서도 자기가 전용하는 평상에 앉지, 다른 평상에는 앉지 않는다. 절이나 왕의 궁전은 모두 3층으로 지었다. 제일 밑의 층은 창고로 쓰고, 위에 있는 두 층은 사람이 거처하는데, 큰 수령들의 집도 이와 마찬가지다. 집은 모두 지붕이 평평하며 벽돌과 목재로 지어져 있다. 그러나 그 밖의 백성들의 집들은 초가집이다. 중국의 한옥(漢屋)과 같아서 빗물이 아래로 내려오도록 지었고, 또 단층들이다.

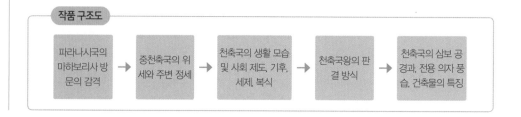

작품 구조도

파라나시국의 마하보리사 방문의 감격 → 중천축국의 위세와 주변 정세 → 천축국의 생활 모습 및 사회 제도, 기후, 세제, 복식 → 천축국왕의 판결 방식 → 천축국의 삼보 공경과, 전용 의자 풍습, 건축물의 특징

실력 다지기

정답과 해설 12쪽

1 윗글을 읽고 대답할 수 있는 질문이 <u>아닌</u> 것은?   ⓒ 8448-0055

① 다섯 천축국에서는 죄인을 어떤 방식으로 다스리는가?
② 다섯 천축국 사람들은 어떻게 왕에게 곡식을 바쳤는가?
③ 다섯 천축국이 다른 나라와 교역하는 물품은 무엇인가?
④ 다섯 천축국 백성들의 주거 형태에는 어떠한 특징이 있는가?
⑤ 다섯 천축국 중 백성들의 언어가 나머지와 다른 곳은 어디인가?

2 〈보기〉를 바탕으로 윗글을 이해한 내용으로 적절하지 <u>않은</u> 것은? ○ 8448-0056

┤ 보기 ├
「왕오천축국전」은 혜초가 불교 성지를 순례하면서 경험하고 본 것들에 대해 기록한 작품으로, 여정 속에서 글쓴이의 생각이나 정서가 형상화된다는 점에서 기행 문학으로서의 가치를 지니고 있다. 한편 이 작품은 다섯 천축국에 대한 종교·풍속·문화 등에 관한 문화상을 사실적으로 고증했다는 점에서 문화적 기록으로 볼 수 있고, 외교·정치에 대해서도 언급했다는 점에서 외교적 기록으로도 볼 수 있다.

① 다섯 천축국 사람들의 풍습에 대한 견문을 담고 있다는 점에서 다섯 천축국 문화에 대한 기록으로 볼 수 있다.
② 중천축국의 세력이나 주변국의 정세에 대해 언급하고 있다는 점에서 외교적 기록의 성격을 지닌다고 볼 수 있다.
③ 파라나시국에서 중천축국으로 이동하는 여정이 드러난다는 점에서 기행 문학적 성격이 드러난다고 볼 수 있다.
④ 마하보리사 예방에 대한 글쓴이의 기쁨을 드러내고 있다는 점에서 글쓴이의 생각과 정서를 형상화한 글이라고 볼 수 있다.
⑤ 논쟁이 일어나고 소송이 분분한 천축국의 현실을 비판하고 있다는 점에서 다섯 천축국의 정치를 고증하려 했다고 볼 수 있다.

3 맥락을 고려할 때, [A]에 대한 이해로 가장 적절한 것은? ○ 8448-0057

① 속세에 물든 불교 교리에 대한 안타까움을 드러내고 있다.
② 전란으로 인해 소실된 유적이 속히 재건되기를 바라고 있다.
③ 자신의 숙원을 이루게 된 종교적 감흥에 대해 표현하고 있다.
④ 자아 성찰을 통해 자신이 도달해야 할 이상향을 밝히고 있다.
⑤ 불교적 진리는 우리와 멀리 떨어져 있지 않음을 역설하고 있다.

서술형

1 ㉠을 통해 알 수 있는 '다섯 천축국'의 특징에 대해 〈조건〉에 맞게 서술하시오. ○ 8448-0058

┤ 조건 ├
• '왕권'과 관련하여 서술할 것.   • 20자 내외로 서술할 것.

작품 안 갈래 : 격려, 변려문체　**성격** : 경고와 힐책과 회유　**주제** : 적장의 죄과를 꾸짖고 투항할 것을 권고하는 글

작품 밖 당나라 희종 광명 2년에 황소의 난이 일어나자, 조정에서는 고변을 토벌 총사령관으로 삼아 황소의 반란군을 치게 하였다. 이때 최치원은 고변의 휘하에 종군하였다가 황소를 토벌하기 위해 이 작품을 지었다. 황소가 이 글을 읽다가 저도 모르게 침상에서 내려 앉았다는 일화가 전해질 만큼 명문으로 알려진 작품이다.

작품의 짜임

격서의 주체와 대상 적시, 황소에게 의와 불의를 분별하는 일의 중요성을 고함.

↓

황소의 과오와 패배의 필연성

↓

아군의 위세와 황소에게 관용을 베풀 의지가 있음을 표명

↓

황소 투항의 정당성과 그 이유 –회유책 제시

↓

황소에 대한 투항 권고와 위협

↓

부귀영화 보장에 대한 확약 및 시급한 투항 촉구

어휘 풀이

* 도태위 : 반역자를 평정한 진나라의 명장.
* 양소 : 수나라의 명장. 양소가 진을 칠 때에 배를 타고 양자강으로 내려가는데 어찌나 위엄이 있던지 사람들이 보고 강신(江神)과 같다고 하였다는 말이 전한다.
* 두예 : 진(晉)나라 사람으로 오나라 손권의 군대를 물리침.
* 당랑 : 사마귀.
* 융거 : 군용 차량.

나는 웅장한 군략(軍略)을 가지고 여러 군대를 모았으니, 날랜 장수는 구름같이 날아들고 용맹스런 군사들은 비 쏟아지듯 모여들어 높고 큰 깃발은 초새(楚塞)의 바람을 에워싸고 군함은 오강(吳江)의 물결을 막아 끊었다.

진(晉)나라 도태위(陶太尉)*는 적을 부수는 데 날래었고, 수(隋)나라 양소(楊素)*는 엄숙함이 신(神)이라 일컬었다. 널리 팔방을 돌아보고 거침없이 만 리(萬里)에 횡행(橫行)하였다. 맹렬한 불이 기러기 털을 태우는 것과 같고 태산(泰山)을 높이 들어 참새 알을 눌러 깨는 것과 무엇이 다르랴.

서늘바람 나는 가을 강에 물귀신이 우리 군사를 맞이한다. 서풍이 불어 숙살(肅殺)하는 위엄을 도와주고 새벽이슬은 답답한 기운을 상쾌하게 하여 준다. 파도도 일지 않고 도로도 통하였으니, 석두성(石頭城)에서 뱃줄을 푸니 손권(孫權)이 뒤에서 호위하고 현산(峴山)에 돛을 내리니 두예(杜預)*가 앞장선다. 경도(京都)를 수복하는 것이 열흘이나 한 달 동안이면 기필할 수 있을 것이다.

다만 살리기를 좋아하고 죽임을 싫어하는 것은 상제(上帝)의 깊으신 인자(仁慈)함이요, 법을 굴하여 은혜를 펴려는 것은 큰 조정의 어진 제도다. 나라의 도적을 정복하는 이는 사사로운 분(忿)을 생각지 않는 것이요, 어둔 길에 헤매는 자를 일깨우는 데는 진실로 바른말을 하여 주어야 한다.

나의 한 장 편지로써 너의 거꾸로 매달린 듯한 다급한 것을 풀어 주려는 것이니, ㉠고집을 하지 말고 일의 기회를 잘 알아서 스스로 계책을 잘하여 허물을 짓다가도 고치라.

[A] ┌ 만일 땅을 떼어 봉해 줌을 원한다면, 나라를 세우고 집을 계승하여 몸과 머리가 두 동강으로 되는 것을 면하며, 공명(功名)의 높음을 얻을 것이다. 겉으로 한 도당(徒黨)의 말을 믿지 말고 영화로움을 후손까지 전할 것이다. 이는 아녀자(兒女子)의 알 바가 아니라, 실로 대장부의 일인 것이다. 일찍이 회보(回報)하여 의심 둘 것 없느니라. 나의 명령은 천자를 머리에 이고 있고 믿음은 강물에 맹세하였기에, 반드시 말이 떨어지면 그대로 └ 할 것이요 원망만 깊게 하지는 않을 것이다.

[B] ┌ 만일 미쳐 덤비는 도당에 견제(牽制)되어 취한 잠이 깨지 못하고 여전히 당랑(螳螂)*이 수레바퀴에 항거하기를 고집한다면, 그때는 곰을 잡고 표범을 잡는 군사로 한 번 휘둘러 없애 버릴 것이니, 까마귀처럼 모여 소리개같이 덤비던 군중은 사방으로 흩어져 도망갈 것이다. 몸은 도끼에 기름 바르게 될 것이요, 뼈는 융거(戎車)* 밑에 가루가 되며, 처자도 └ 잡혀 죽으려니와 종족들도 베임을 당할 것이다.

생각하건대, 동탁(董卓)의 배를 불로 태울 때에 반드시 후회하여도 때는 늦으리라. 너는 모름지기 진퇴(進退)를 참작하고 잘된 일인가 못된 일인가 분별하라. 배반하여 멸망되기보다 어찌 귀순하여 영화롭게 됨과 같으랴.

다만 바라는 것은 반드시 그렇게 하라. 장사(壯士)의 하는 짓을 택하여 갑자기 변할 것을 결정할 것이요, 어리석은 사람의 생각으로 여우처럼 의심만 하지 말라.

작품 구조도

| 설득 전략 | = | 적장(황소)의 과오 지적과 패배 주장 | → | 아군의 위용 과시 | → | 황소에 대한 회유와 위협 |

실력 다지기

정답과 해설 13쪽

1 윗글의 서술상 특징으로 적절하지 <u>않은</u> 것은? ○ 8448-0059

① 반어적 표현을 활용해 설득력을 높이고 있다.
② 유사한 통사 구조를 활용해 상황을 묘사하고 있다.
③ 단정적 표현을 사용해 생각을 직접적으로 드러내고 있다.
④ 설의적 표현을 활용해 말하고자 하는 바를 강조하고 있다.
⑤ 중국의 장수와 관련된 일화를 언급해 사실성을 높이고 있다.

2 [A]와 [B]의 공통점에 대한 설명으로 가장 적절한 것은? ○ 8448-0060

① 권위를 내세우며 상대방의 굴복을 요구하고 있다.
② 과거와 현재를 비교하며 상대방의 태도를 비난하고 있다.
③ 구체적인 근거를 내세우며 상대방의 행위를 평가하고 있다.
④ 자신의 처지를 하소연하며 상대방의 동정을 이끌어 내고 있다.
⑤ 가정적 상황을 설정하여 상대방의 태도 변화를 유도하고 있다.

3 ㉠을 통해 궁극적으로 말하고자 하는 바로 적절한 것은? ○ 8448-0061

① 서로 피를 흘리며 싸우지 말고 화합하여 통일을 이루는 것이 최선책이다.
② 어리석게 덤비지 말고 귀순하는 것이 스스로에게 바람직한 선택일 것이다.
③ 내가 땅의 일부를 내어 줄 테니 그것에 만족하고 돌아가는 것이 좋을 것이다.
④ 우리 용맹스러운 군사가 너희를 토벌한 것은 천의이니 원망하지 말아야 한다.
⑤ 모든 일은 정해진 때에 이루어질 것이니 인력으로 일을 이루려 해서는 안 된다.

서술형

1 〈보기〉를 참고할 때, 기러기 털 , 참새 알 의 원관념을 쓰시오. ○ 8448-0062

| 보기 |

　이 작품은 당나라에서 황소의 난이 일어났을 때, 토벌군 총사령관의 종사관이었던 최치원이 적장인 황소에게 보낸 글이다. 황소가 침상에 누워 이 글을 읽다 놀라서 떨어졌다는 일화가 전한다.

[01~04] 다음 글을 읽고, 물음에 답하시오.

가 들하 노피곰 도두샤   달님이시여! 높이높이 돋으시어
어긔야 머리곰 비취오시라   어긔야 멀리멀리 비추어 주십시오
어긔야 어강됴리   어긔야 어강됴리
아으 다롱디리   아으 다롱디리
져재 녀러신고요   시장에 가 계신가요?
어긔야 즌 디를 드디욜셰라   어긔야 진 곳을 디딜까 두렵습니다
어긔야 어강됴리   어긔야 어강됴리
어느이다 노코시라   어느 곳이나 다 놓아 버리십시오
어긔야 내 가논 디 졈그룰셰라   어긔야 내 가는 그 길 저물까 두렵습니다
어긔야 어강됴리   어긔야 어강됴리
아으 다롱디리   아으 다롱디리

- 작자 미상, 「정읍사(井邑詞)」

나 동경(東京) 불기 도라라   동경 밝은 달에
밤드리 노니다가   밤들이 노니다가
드러사 자리 보곤   들어 자리를 보니
가로리 네히러라   다리가 넷이러라
[A] ┌ 두브른 내해엇고   둘은 내 것이었고
    └ 두브른 누기핸고   둘은 누구 것인고
본디 내해다마른 눈   본디 내 것이지만
㉠아사눌 엇디흐릿고   빼앗긴 것을 어찌하리오

- 작자 미상, 〈김완진 풀이〉, 「처용가(處容歌)」

---

01 (가)와 (나)에 대한 설명으로 적절하지 <u>않은</u> 것은?   ○ 8448-0063

① (가)는 (나)와 달리 천상적 대상을 청자로 설정하여 화자의 소망을 밝히고 있다.
② (가)는 (나)와 달리 여음구를 반복적으로 사용하여 음악적 효과를 얻고 있다.
③ (나)는 (가)와 달리 불가능한 상황을 설정하여 화자의 의지를 표현하고 있다.
④ (가)와 (나)는 모두 밤이라는 시간적 배경을 활용하여 시상을 전개하고 있다.
⑤ (가)와 (나)는 모두 특정 종결 어미를 활용하여 화자의 정서를 드러내고 있다.

02 화자의 정서가 ⊙과 가장 유사한 것은?

○ 8448-0064

① 팔월ㅅ 보로몬 아으 가배 나리마론 / 니믈 뫼셔 녀곤 오늘낤 가배샷다
　　　　　　　　　　　　　　　　　　　　　　　　　　　　　　　　　　- 작자 미상, 「동동」

② 여히므론 아즐가 여히므론 질삼뵈 ㅂ리시고 / 위 두어렁셩 두어렁셩 다링디리 / 괴시란ᄃᆡ 아즐가 괴시란
　ᄃᆡ 우러곰 좃니노이다. / 위 두어렁셩 두어렁셩 다링디리
　　　　　　　　　　　　　　　　　　　　　　　　　　　　　　　- 작자 미상, 「서경별곡」

③ 임아, 그 물을 건너지 마오 / 임은 끝내 물을 건너셨네 / 물에 빠져 돌아가시니 / 가신 임을 어찌할꼬
　　　　　　　　　　　　　　　　　　　　　　　　　　　　- 백수광부의 아내, 「공무도하가」

④ 넉시라도 님은 ᄒᆞᆫ 딗 녀져라 아으 / 벼기더시니 뉘러시니잇가. / 과(過)도 허믈도 천만(千萬) 업소이다.
　　　　　　　　　　　　　　　　　　　　　　　　　　　　　　　　　- 정서, 「정과정」

⑤ 호미도 ᄂᆞᆯ히언마ᄅᆞᄂᆞᆫ / 낟ᄀᆞ티 들 리도 업스니이다. / 아바님도 어이어신마ᄅᆞᄂᆞᆫ / 위 덩더둥셩 / 어마님ᄀᆞ
　티 괴시리 업세라.
　　　　　　　　　　　　　　　　　　　　　　　　　　　　　　　　　- 작자 미상, 「사모곡」

03 〈보기〉는 (가)에서 여음구를 제외하고 내용을 재배열한 것이다. 이에 대한 설명으로 가장 적절한 것은?

○ 8448-0065

┤ 보기 ├

　ᄃᆞᆯ하 노피곰 도ᄃᆞ샤 / 머리곰 비취오시라
　져재 녀러신고요 / 즌 ᄃᆡ를 드ᄃᆡ욜셰라
　어느이다 노코시라 / 내 가논 ᄃᆡ 졈그룔셰라

① 3음보 율격을 드러내고 있다는 점에서 고려 가요의 형식과 유사하다고 볼 수 있다.
② 칠언 절구의 형식을 따르고 있다는 점에서 한시의 형식과 유사하다고 볼 수 있다.
③ 4·4조의 음수율이 나타나 있다는 점에서 가사의 형식과 유사하다고 볼 수 있다.
④ 세 개의 장과 여섯 개의 구로 나누어진다는 점에서 평시조의 형식과 유사하다고 볼 수 있다.
⑤ 중간 부분이 다른 부분에 비해 길게 늘어졌다는 점에서 사설시조의 형식과 유사하다고 볼 수 있다.

04 〈보기〉를 참고할 때, [A]에 대해 보인 반응으로 가장 적절한 것은?

○ 8448-0066

┤ 보기 ├

　처용이 집에 돌아와 자리를 보니 다리가 넷이었다. 둘은 부인의 것이었지만, 둘은 열병대신, 곧 전염병
귀신의 것이었다. 처용은 보통 사람에게는 보이지 않았을 귀신의 다리를 눈치채고는, 춤추며 노래를 불렀
다. 이때 처용의 춤과 노래는 전염병을 물리치기 위한 무속(巫俗)이었다.

① 처용은 전염병의 무서움에 시달리고 있었군.
② 처용은 전염병의 실체를 알지 못해 혼란스러워하였군.
③ 처용은 부인이 전염병에 걸렸다는 사실을 알아차리고 있었군.
④ 처용의 부인은 전염병에 걸렸지만, 처용이 반드시 치료해 주리라 믿었군.
⑤ 처용의 부인은 처용이 밤새 집을 비우고 노닐던 상황에 실망하고 있었군.

[05~07] 다음 글을 읽고, 물음에 답하시오.

가

군(君)은 어비여
신(臣)은 ᄃᆞᅀᆞ샬 어싀여
민(民)ᄋᆞᆫ 얼혼아ᄒᆞ고 ᄒᆞ샬디
민(民)이 ᄃᆞᆯ 알고나
구믌ᄉ다히 살손 물생(物生)
이흘 머기 다ᄉᆞ라
㉠이 ᄯᅡᄒᆞᆯ ᄇᆞ리곡 어듸 갈뎌 ᄒᆞᆯ디
나라악 디니디 알고다
아으 ㉡군(君)다이 신(臣)다이 민(民)다이 ᄒᆞᄂᆞᆯᄃᆞᆫ
나라악 태평(太平)ᄒᆞ니잇다

임금은 아버지며
신하는 자애 깊은 어머니요
백성은 어린아이라고 한다면
백성이 사랑받음을 알 것입니다
꾸물거리며 살아가는 백성들
이들을 먹여 다스리어
이 땅을 버리고서 어디로 갈 것인가 한다면
나라 안이 다스려질 것을 알 것입니다
아아 임금답게 신하답게 백성답게 한다면
나라 안이 태평할 것입니다

– 충담사, 〈양주동 풀이〉, 「안민가(安民歌)」

나 옛적에 화왕이 처음으로 오자, 이를 꽃동산에 심고 장막을 둘러 보호하였더니, 봄철을 당하여 어여쁘게 피어 백화를 능가하여, 홀로 뛰어났다. 이에 가까운 곳 먼 곳에서 곱고 어여쁜 꽃들이 분주히 와서 화왕을 뵈려고 애를 쓰던 차에, 홀연히 한 가인이 붉은 얼굴과 옥 같은 이에 곱게 화장하고 맵시 있는 옷을 입고 갸우뚱거리며 와서 얌전히 앞으로 나와 말하였다.

[A] "첩은 눈같이 흰 모래밭을 밟고, 거울처럼 맑은 바닷물을 대하고 봄비로 목욕하여 때를 씻고, 맑은 바람을 시원타 하고 제대로 지내는데, 이름은 장미라 합니다. 왕의 착하신 덕망을 듣고 향기로운 장막 속에서 하룻밤을 모시려고 하오니, 왕께서는 저를 허락하시겠습니까?"

또한 한 장부가 있어, 베옷에 가죽띠를 띠고 흰머리에 지팡이를 짚고 늙고 병든 것처럼 걸으면서 허리를 구부리고 나와 말하였다.

[B] "나는 경성 밖 큰길가에 살고 있는데, 아래로는 푸르고 넓은 야경을 내려다보고, 위로는 높디높은 산색을 의지하고 있으며, 이름은 백두옹이라 합니다. 생각하옵건대, 주위에 거느리고 있는 자들이 제공하는 물품이 비록 풍족하여 맛있는 음식으로 배를 채우고 차와 술로 정신을 맑게 하여도, 비단으로 싼 상자에 쌓아 둔 것들 중에는 반드시 기운을 보충할 좋은 약과 독을 없앨 아픈 침이 있어야 합니다. 그러므로 비록 명주실과 삼[麻]실과 같이 좋은 것이 있다고 하더라도 골풀과 누런 띠처럼 거친 것을 버릴 수 없고, 무릇 '모든 군자들은 궁할 때를 대비하지 않음이 없다'고 하는데, 왕께서도 또한 이러한 뜻이 있으신지 모르겠습니다."

어떤 이가 말하기를 "이렇게 두 사람이 왔는데, 그중 어느 것을 취하고 어느 것을 버리시겠습니까?"라고 하니, 화왕이 가로되 "장부의 말에도 또한 도리가 있지만, 미인은 얻기가 어려우니 이를 어찌하면 좋을까?"라고 하였다. 장부가 나와 말하기를 ㉢나는 왕이 총명하여 사리를 아시는 줄로 알고 왔더니, 지금 보니 그게 아닙니다. 무릇 임금된 자로서 간사하고 아첨하는 자를 친근히 하고, 정직한 자를 멀리하지 않음이 드뭅니다. ㉣이런 까닭에 맹가(孟軻)*가 불우하게 일생을 마쳤고, 풍당(馮唐)*은 중랑서장(中郎署長) 벼슬을 하면서 백발이 되었습니다. 옛날부터 이와 같았으니 제가 이를 어찌하겠습니까?"라고 하자 화왕이 ㉤"내가 잘못하였구나! 내가 잘못하였구나!"라고 하였다.

– 설총, 「화왕계(花王戒)」

* 맹가 : 맹자. / * 풍당 : 한나라 때 사람으로 중랑서장의 벼슬에 올랐으며, 직언을 잘하기로 유명하였다.

05 (가)와 (나)의 공통점으로 가장 적절한 것은?

8448-0067

① 치국의 근본을 만민의 평등에 두어야 함을 강조하고 있다.
② 사리의 분별에 어두운 위정자의 정치 태도를 비판하고 있다.
③ 위정자가 치국을 할 때에 가져야 할 태도에 대해 역설하고 있다.
④ 태평한 국가를 이루려면 예법을 먼저 정리해야 함을 밝히고 있다.
⑤ 임금이 백성을 받들어야 나라가 유지될 수 있음을 제시하고 있다.

06 ㉠~㉤에 대한 이해로 적절하지 <u>않은</u> 것은?

8448-0068

① ㉠: 현실에 만족하며 살아가는 백성들이 보일 수 있는 반응으로 볼 수 있다.
② ㉡: 나라가 태평해지기 위해 임금, 신하, 백성이 지향해야 할 조건으로 볼 수 있다.
③ ㉢: 올바른 판단을 내리지 못하는 화왕에 대해 장부가 평가를 내린 것으로 볼 수 있다.
④ ㉣: 맹자는 풍당과 달리 임금 된 자로서 가까이해야 할 신하에 해당한다고 볼 수 있다.
⑤ ㉤: 장부의 충간을 알아듣고 자신의 잘못에 대해 깨달은 화왕의 탄식으로 볼 수 있다.

07 [A]와 [B]를 비교한 것으로 가장 적절한 것은?

8448-0069

① [A]는 자신의 본분에 충실할 것을 밝히며 상대방을 설득하고 있고, [B]는 상대방의 부도덕한 행위를 언급하며 태도 변화를 촉구하고 있다.
② [A]는 아첨의 말을 하며 상대방의 환심을 사려 하고 있고, [B]는 다양한 비유를 활용하여 상대방의 상황과 관련한 충언을 하고 있다.
③ [A]는 자신에게 일어났던 일을 돌이켜 보며 자긍심을 표출하고 있고, [B]는 미래에 일어날 일을 예측하며 상대방이 생각을 바꾸기를 바라고 있다.
④ [A]는 역사적 사례를 들며 자신이 상대방에게 간택되기를 바라고 있고, [B]는 과거에 일어난 일을 회상하며 상대방이 생각을 바꾸기를 바라고 있다.
⑤ [A]는 현재와는 다른 상황을 가정하여 자신의 생각이 옳음을 드러내고 있고, [B]는 자신의 지위와 상황을 근거로 하여 자신의 결정이 불가피함을 드러내고 있다.

[08~10] 다음 글을 읽고, 물음에 답하시오.

가 신기한 책략은 하늘의 이치에 통달했고　　　神策究天文
　　오묘한 계략은 땅의 이치를 꿰뚫었네　　　　妙算窮地理
　　싸움에 이기어 공이 이미 높으니　　　　　　戰勝功旣高
　　만족함을 알고 그만두기를 바라노라　　　　知足願云止

　　　　　　　　　　　　　　　　　　　　　　－ 을지문덕, 「여수장우중문시(與隋將于仲文詩)」

나 ㉠서늘바람 나는 가을 강에 물귀신이 우리 군사를 맞이한다. 서풍이 불어 숙살(肅殺)하는 위엄을 도와주고 새벽이슬은 답답한 기운을 상쾌하게 하여 준다. 파도도 일지 않고 도로도 통하였으니, 석두성(石頭城)에서 뱃줄을 푸니 손권(孫權)이 뒤에서 호위하고 현산(峴山)에 돛을 내리니 두예(杜預)*가 앞장선다. 경도(京都)를 수복하는 것이 열흘이나 한 달 동안이면 기필할 수 있을 것이다.

다만 살리기를 좋아하고 죽임을 싫어하는 것은 상제(上帝)의 깊으신 인자(仁慈)함이요, 법을 굴하여 은혜를 펴려는 것은 큰 조정의 어진 제도. ㉡나라의 도적을 정복하는 이는 사사로운 분(忿)을 생각지 않는 것이요, 어둔 길에 헤매는 자를 일깨우는 데는 진실로 바른말을 하여 주어야 한다.

나의 한 장 편지로써 너의 거꾸로 매달린 듯한 다급한 것을 풀어 주려는 것이니, 고집을 하지 말고 일의 기회를 잘 알아서 스스로 계책을 잘하여 허물을 짓다가도 고치라.

만일 땅을 떼어 봉해 줌을 원한다면, 나라를 세우고 집을 계승하여 몸과 머리가 두 동강으로 되는 것을 면하며, 공명(功名)의 높음을 얻을 것이다. 겉으로 한 도당(徒黨)의 말을 믿지 말고 영화로움을 후손에까지 전할 것이다. 이는 아녀자(兒女子)의 알 바가 아니라, 실로 대장부의 일인 것이다. 일찍이 회보(回報)하여 의심 둘 것 없느니라. ㉢나의 명령은 천자를 머리에 이고 있고 믿음은 강물에 맹세하였기에, 반드시 말이 떨어지면 그대로 할 것이요 원망만 깊게 하지는 않을 것이다.

만일 ㉣미쳐 덤비는 도당에 견제(牽制)되어 취한 잠이 깨지 못하고 여전히 당랑(螳螂)*이 수레바퀴에 항거하기를 고집한다면, 그때는 곰을 잡고 표범을 잡는 군사로 한 번 휘둘러 없애 버릴 것이니, 까마귀처럼 모여 소리개같이 덤비던 군중은 사방으로 흩어져 도망갈 것이다. 몸은 도끼에 기름 바르게 될 것이요, 뼈는 융거(戎車)* 밑에 가루가 되며, 처자도 잡혀 죽으려니와 종족들도 베임을 당할 것이다.

생각하건대, 동탁(董卓)의 배를 불로 태울 때에 반드시 후회하여도 때는 늦으리라. ㉤너는 모름지기 진퇴(進退)를 참작하고 잘된 일인가 못된 일인가 분별하라. 배반하여 멸망되기보다 어찌 귀순하여 영화롭게 됨과 같으랴.

다만 바라는 것은 반드시 그렇게 하라. 장사(壯士)의 하는 짓을 택하여 갑자기 변할 것을 결정할 것이요, 어리석은 사람의 생각으로 여우처럼 의심만 하지 말라.

　　　　　　　　　　　　　　　　　　　　　　－ 최치원, 「토황소격문(討黃巢檄文)」

* 두예 : 진(晉)나라 사람으로 오나라 손권의 군대를 물리침.
* 당랑 : 사마귀.
* 융거 : 군용 차량.

08 (가)와 (나)의 공통점에 대한 설명으로 가장 적절한 것은? ◉ 8448-0070

① 예상되는 반론에 대해 논리적으로 반박하고 있다.
② 상대방의 무례를 지적하며 반성을 촉구하고 있다.
③ 당당한 어조로 상대방의 기세를 제압하려 하고 있다.
④ 상대의 행적을 지적하면서도 과오의 판단은 유보하고 있다.
⑤ 권위자의 견해를 제시하며 주장의 정당성을 입증하고 있다.

09 (가)의 구조를 〈보기〉와 같이 나타내었을 때, [A]에 들어갈 말로 가장 적절한 것은? ◉ 8448-0071

① 적장의 퇴각 종용
② 적장의 전술 찬양
③ 전쟁에 대한 회의
④ 인내와 기다림 요구
⑤ 적장의 공명심 자극

10 ㉠~㉤에 대한 이해로 적절하지 <u>않은</u> 것은? ◉ 8448-0072

① ㉠: '서늘바람'과 '물귀신'은 모두 '우리 군사'를 돕는 존재로 상정하고 있다.
② ㉡: '사사로운 분(忿)'은 글쓴이와 상대방이 서로 알고 있는 사이임을 드러내고 있다.
③ ㉢: '천자'와 '강물'은 글쓴이의 '명령'과 '맹세'가 확고부동함을 나타낸 말이다.
④ ㉣: '당랑'과 관련된 고사를 통해 상대방이 무모한 행동을 하고 있음을 드러내고 있다.
⑤ ㉤: '진퇴'의 '퇴'는 상대방에 대한 글쓴이의 항복 권고와 관련된 말이다.

고려 시대의 문학사

II
고려 시대의 문학

고려 시대의 문학사

새 교육 과정 학습 목표
1 고려 시대 문학의 특징에 대해 알 수 있다.
2 고려 시대의 문학 작품을 감상할 수 있다.

고려 가요의 후렴구
고려 가요에는 후렴구가 붙어 있는 경우가 많은데, 이 후렴구는 고려 가요가 문자로 정착되면서 덧붙여진 것으로 추정되기도 함.

경기체가
후렴구에 '위 경(景) 긔 엇더ᄒ니잇고'가 제시되어 경기체가라는 이름이 붙게 됨.

시조의 형식
4음보 율격을 띠고 3장 6구 45자 내외의 형식적 조건을 가지고 있으며, 종장의 첫 어절은 3음절로 되어 있음. 조선 후기로 가면서 이러한 형식에 파격이 생기면서 엇시조, 사설시조 등이 나타남.

1. 문학의 태동

(1) 시대적·사회적 배경

① 통일 신라의 문화를 계승하고 중국의 문물을 받아들이며 발전하였음.

② 상류층인 귀족들은 한시, 한문 수필 등의 한문 문학을 융성시킴.

③ 평민들 사이에서는 자신들의 삶과 정서를 진솔하게 표현한 고려 가요가 유행하였음.

④ 고려 중엽 이후 등장한 신진 사대부는 경기체가와 같은 새로운 문학 양식을 향유하였음.

⑤ 조선 시대의 대표적 시가라고 할 수 있는 시조가 신진 사대부에 의해 창작되기 시작하였음.

2. 고려 시대의 운문 문학

(1) 고려 가요

① 평민들이 자신들의 삶의 모습과 감정을 표현한 민요적 시가로, 고려 속요(俗謠)라고도 함.

② 민간에서 구전되어 오다가 한글이 창제된 이후 문자로 정착됨.

③ 통일 신라의 대표적 시가 양식인 향가와 달리, 분연체 형식을 보임.

④ 남녀 간의 사랑과 이별, 부모에 대한 사랑, 민중의 삶 등을 주제로 함.

⑤ 주요 작품: 이별의 상황에서의 서정을 노래한 작품으로는 「가시리」, 「서경별곡」, 소망하는 삶에 대해 노래한 작품으로는 「청산별곡」이 대표적임. 월령체 형식으로 임에 대한 사랑을 노래한 「동동」, 남녀 간의 애정을 대담하게 표현한 「만전춘별사」 등도 있음.

(2) 경기체가(景幾體歌)

① 신진 사대부들에 의해 창작된 노래로 한자로 기록되었으며, 신진 사대부들 사이에서만 향유되어 금세 소멸하였음.

② 신진 사대부들의 학문적 자부심과 향락적 생활이 드러나 있음.

③ 주요 작품: '한림제유'의 자부심을 드러낸 「한림별곡」, 관동의 아름다운 경치를 노래한 안축의 「관동별곡」이 대표적임.

(3) 시조

① 신진 사대부들이 유교적 이념을 표현하기 위해 창안한 양식으로, 고려 말부터 창작되기 시작하였음.

한눈에 보기

		최초의 설화집 • 수이전				가전체 • 국순전 • 공방전	
고려 건국 **(918년)**			**이자겸의 난** **(1126년)**	**묘청의 난** **(1135년)**		**무신의 난** **(1170년)**	
	향가의 잔존 • 보현십원가		향가계 가요 • 도이장가		향가계 가요 • 정과정		

② 임금에 대한 충성을 노래한 작품, 고려 말기의 시대적 상황을 반영하고 있는 작품이 많음.

③ 주요 작품 : 간신의 횡포를 풍자한 이존오의 「구룸이 무심툰 말이~」, 우국의 심정을 노래한 이색의 「백설이 ᄌ자진 골에~」, 고려에 대한 충절을 노래한 정몽주의 「이 몸이 주거 주거~」 등이 대표적임. 늙음에 대한 한탄을 담은 노래로 우탁의 「흔 손에 막디 잡고~」도 잘 알려져 있음.

(4) 한시(漢詩)

① 한문으로 쓰여진 운문이며 5언시, 7언시, 절구, 율시 등의 형식을 갖춤.

② 한문을 주로 사용하던 상류층에 의해 크게 융성하였음.

③ 주요 작품 : 이별의 정한을 읊은 정지상의 「송인」, 동명왕을 떠올리며 국운 회복의 소망을 표현한 이색의 「부벽루」, 백성들을 수탈하는 관리에 대한 풍자를 담은 이제현의 「사리화」 등이 대표적임.

한시의 형식
- 오언시 : 한 구가 다섯 글자로 이루어짐.
- 칠언시 : 한 구가 일곱 글자로 이루어짐.
- 절구 : 4행으로 이루어짐.
- 율시 : 8행으로 이루어짐.

3. 고려 시대의 산문 문학

(1) 가전체

① 인간이 아닌 사물을 의인화하여 그 일대기를 전기(傳記)의 형식으로 서술한 것을 가전체라고 함.

② 인물의 가계에 대한 정보, 인물의 행적, 인물에 대한 평가를 순차적으로 제시하는 것이 일반적임.

③ 그릇된 행위를 지적하고 앞날의 경계로 삼도록 일깨워 주는 계세징인(戒世懲人)을 목적으로 하므로 교훈적 내용이 많음.

④ 주요 작품 : 술을 의인화한 「국순전」, 「국선생전」, 돈을 의인화한 「공방전」, 거북을 의인화한 「청강사자현부전」, 종이를 의인화한 「저생전」 등이 대표적임.

(2) 설(說)

① 한문 수필의 대표적 형태로, 글쓴이가 경험한 내용을 바탕으로 하여 교훈적 내용을 전달하며 글쓴이의 개성적 시각이 드러남.

② 주요 작품 : 이규보의 「슬견설」, 「이옥설」, 「경설」, 이곡의 「차마설」 등이 있음.

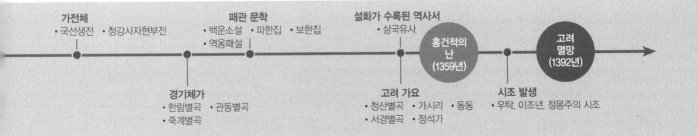

01 가시리 작자 미상

→] **작품 안** **갈래** : 고려 가요   **성격** : 서정적, 민요적   **주제** : 사랑하는 임과 이별하는 여인의 정한(情恨)

←] **작품 밖** 현전하는 고려 가요 가운데 대표적인 작품으로, 민요적 특성이 충실히 드러난 노래 중 하나이다. 간결한 형식 속에 함축성 있는 시어로 소박한 정서를 표현하였으며, 「공무도하가」에서 시작된 우리 민족의 보편적 정서인 이별의 정한을 노래하였다.

작품의 짜임

기	이별의 슬픔과 원망
승	이별에 따른 고독과 원망의 고조
전	감정의 절제와 체념
결	임이 돌아오기를 간청함.

어휘 풀이
* 가시리 : 음수율을 맞추기 위해 '잇고'를 생략한 '가시리잇고'의 준말. 가시겠습니까.
* 나는 : 노랫가락을 맞추기 위한 여음. 의미가 없음.
* 잡스와 : 붙잡아. 잡아.
* 두어리마는 : 두고 싶지마는. 둘 일이지마는.
* 선하면 : 서운하면.
* 셜온 : 서러운.
* 보내옵노니 : 보내 드리오니.
* 도셔 : 돌아서서.

구절 풀이
• 아니 올셰라 : 오지 않을까 두렵구나. '-ㄹ셰라'는 '~할까 두렵다'의 뜻을 지닌 어미임.
• 가시는 둣 : 가시자마자 곧. '둣'은 '~하자마자 곧'의 의미임.

가시리* 가시리잇고 나는*
ᄇ리고 가시리잇고 나는
　　위 증즐가 대평셩딕(大平盛代)

날러는 엇디 살라 ᄒ고
ᄇ리고 가시리잇고 나는
　　위 증즐가 대평셩딕(大平盛代)

잡스와* 두어리마ᄂ는*
선ᄒ면* 아니 올셰라
　　위 증즐가 대평셩딕(大平盛代)

셜온* 님 보내옵노니* 나는
가시는 둣 도셔* 오쇼셔 나는
　　위 증즐가 대평셩딕(大平盛代)

현대어 풀이

가시렵니까? 가시렵니까? / (나를) 버리고 가시렵니까? (후렴구 이하 생략) //
나는 어찌 살라 하고 / (나를) 버리고 가시렵니까? //
잡아 둘 일이지마는 / 서운하면 아니 오실까 두렵습니다. //
서러운 임을 보내 드리오니 / 가시자마자 곧 돌아서서 오소서.

표현상 특징
• 간결하고 소박하면서도 함축미가 있음.
• 같은 구절을 반복하여 화자의 절실한 심정을 강조함.

작품 구조도

기(起)	승(承)	전(轉)	결(結)
슬픔, 원망	슬픔, 원망의 고조	감정 절제, 체념	간청함, 소망

화자의 정서 추이

1 윗글에 대한 이해로 적절하지 <u>않은</u> 것은? ◯ 8448-0073

① 3음보의 정형적 율격을 통해 리듬감을 형성하고 있다.
② 명령형 어미를 통해 주제 의식을 강조하여 나타내고 있다.
③ 후렴구를 통해 통일성과 구조적 안정감을 부여하고 있다.
④ 의문형 문장의 반복을 통해 화자의 심정을 표현하고 있다.
⑤ 여성적 어조를 통해 상황에 대한 화자의 태도를 드러내고 있다.

2 윗글의 화자에 대해 이해한 내용으로 가장 적절한 것은? ◯ 8448-0074

① 임과의 이별 상황에서 지난날 저지른 자신의 잘못을 떠올리며 자책하고 있군.
② 임과 이별하게 만든 외부적 상황을 탓하며 임과의 재회를 운명에 맡기고자 하고 있군.
③ 임과 이별한 후 자신의 상황에 대해 염려하며 임에 대한 원망의 마음을 드러내고 있군.
④ 임과의 이별을 받아들일 수 없다고 토로하며 임과 재회하기 위한 방법을 강구하고 있군.
⑤ 임과 이별하는 상황에 상실감을 느끼지만 어쩔 수 없는 일이라고 여기며 극복하고 있군.

3 윗글과 〈보기〉를 관련지어 감상한 내용으로 적절하지 <u>않은</u> 것은? ◯ 8448-0075

┤ 보기 ├

　　나 보기가 역겨워 / 가실 때에는 / 말없이 고이 보내 드리오리다. //

　　영변(寧邊)에 약산(藥山) / 진달래꽃 / 아름 따다 가실 길에 뿌리오리다. //

　　가시는 걸음걸음 / 놓인 그 꽃을 / 사뿐히 즈려밟고 가시옵소서. //

　　나 보기가 역겨워 / 가실 때에는 / 죽어도 아니 눈물 흘리오리다.

– 김소월, 「진달래꽃」

① 윗글과 〈보기〉에는 자신의 뜻대로 행동하지 않고 임의 뜻을 따르는 화자의 모습이 드러나 있군.
② 윗글과 〈보기〉에는 사랑하는 임을 떠나보내야 하는 이별의 상황에서 유발되는 한의 정서가 드러나 있군.
③ 〈보기〉와 달리 윗글에는 이별의 슬픔에도 불구하고 화자가 임을 보내는 이유가 직접적으로 드러나 있군.
④ 윗글과 달리 〈보기〉에는 임의 앞날을 축복해 주며 자신을 희생하려는 화자의 모습이 드러나 있군.
⑤ 윗글과 〈보기〉에는 현재의 상황에 순응하면서도 임과 다시 만나게 되리라는 희망을 놓지 않는 화자의 모습이 드러나 있군.

서술형

1 윗글에서 전체적인 주제와 어울리지 않는 구절을 찾아 쓰고, 이 구절이 어떠한 내용을 담고 있는지 서술하시오.

◯ 8448-0076

02 정과정(鄭瓜亭) 정서

 작품 안 갈래 : 향가계 고려 가요, 충신연주지사(忠臣戀主之詞) **성격** : 기원적 **주제** : 임금을 그리는 정(情)과 자신의 결백 주장

작품 밖 우리나라 최초의 유배 문학이며, 고려 가요 가운데 유일하게 작가가 분명한 작품이다. 형식 면에서 10구체 향가의 전통을 잇고 있으며, 화자를 여성으로 내세워 자신의 정서를 효과적으로 표현하였다.

작품의 짜임

기 (1~4행)	자신의 고독한 처지와 결백 토로
서 (5~10행)	변함없는 충성심과 결백 주장
결(11행)	임의 총애 갈망

내 님믈 그리ᄉᆞ와 우니다니*
Ⓐ산(山) 접동새 난 이슷ᄒᆞ요이다*
㉠아니시며 거츠르신 ᄃᆞᆯ* 아으
잔월효성(殘月曉星)이 아ᄅᆞ시리이다
㉡넉시라도 님은 ᄒᆞᆫᄃᆡ* 녀져라* 아으
㉢벼기더시니* 뉘러시니잇가.
㉣과(過)도 허믈도 천만(千萬) 업소이다
말힛마리신뎌*
살읏븐뎌* 아으
㉤니미 나를 ᄒᆞ마 니자시니잇가
아소 님하, 도람* 드르샤 괴오쇼셔*

어휘 풀이
* **우니다니** : 울며 지내더니.
* **이슷ᄒᆞ요이다** : 비슷합니다.
* **거츠르신 ᄃᆞᆯ** : 거짓인 줄을.
* **ᄒᆞᆫᄃᆡ** : 함께.
* **녀져라** : 지내고 싶어라.
* **벼기더시니** : 우기시던 이가.
* **뉘러시니잇가** : 누구입니까.
* **말힛마리신뎌** : 뭇사람들의 참소하는 말입니다.
* **살읏븐뎌** : 슬프구나(또는 사뢰고 싶구나, 사라지고 싶구나)
* **도람** : 돌려, 돌이켜.
* **괴오쇼셔** : 사랑하소서.

현대어 풀이

내가 임(임금)을 그리워하며 울며 지내더니
산의 접동새와 나는 (처지가) 비슷합니다.
(나를 참소하는 말이) 옳지 않으며 거짓인 줄을
천지신명이 아실 것입니다.
넋이라도 임과 함께 살고 싶어라.
(내가 허물이 있다고) 우기는 이는 누구였습니까?
(나는) 잘못도 허물도 전혀 없습니다.
(나를) 헐뜯는 말이로구나.
슬프구나 !
임이 나를 벌써 잊으셨습니까?
(그러지) 마십시오. 임이시여, (마음을) 돌려 (내 말을) 들으시어 사랑해 주소서.

구절 풀이
* **산 접동새 난 이슷ᄒᆞ요이다** : 접동새는 전통적으로 한(恨)을 의미하는 새이며 화자의 '감정 이입'의 대상이기도 함.
* **잔월효성이 아ᄅᆞ시리이다** : '새벽 달과 새벽 별이 나의 결백을 알 것입니다.'라는 뜻으로, 여기서 '잔월효성'은 천지신명과 같은 초월적 존재를 의미하며 정당하고 공정한 심판자의 표상으로 사용되었음.

작품 구조도

임금을 그리는 작가 자신(신하)의 정 ──→ 임에 대한 여인의 사랑

빗대어 표현

1 윗글의 표현상 특징으로 가장 적절한 것은?

◉ 8448-0077

① 공간적 배경에 대해 묘사하여 시적 분위기를 조성하고 있다.

② 음성 상징어를 활용하여 대상에 동적 이미지를 부여하고 있다.

③ 대상을 의인화하여 대상이 지닌 속성들을 점층적으로 나열하고 있다.

④ 특정 시어들의 반복을 통해 상황에 대한 화자의 정서를 강조하고 있다.

⑤ 말을 건네는 방식을 활용하여 화자의 심정을 직접적으로 드러내고 있다.

2 윗글의 Ⓐ와 〈보기〉의 Ⓑ를 관련지어 이해한 내용으로 가장 적절한 것은?

◉ 8448-0078

┤ 보기 ├

엇그제 겨을 지나 새봄이 도라오니

도화 행화(桃花杏花)는 석양리(夕陽裏)예 퓌여 잇고

녹양방초(綠楊芳草)는 세우 중(細雨中)에 프르도다

칼로 물아 낸가, 붓으로 그려 낸가

조화신공(造化神功)이 물물(物物)마다 헌스럽다

수풀에 우는 Ⓑ새는 춘기(春氣)를 묫내 계워 소리마다 교태(嬌態)로다

물아일체(物我一體)어니, 흥(興)이이 다룰소냐

– 정극인, 「상춘곡(賞春曲)」

① Ⓐ는 화자와 동일시되는 자연물인 데 반해, Ⓑ는 화자와 대조적인 처지의 자연물이라고 할 수 있다.

② Ⓐ는 화자의 실망감이 투영된 소재인 데 반해, Ⓑ는 화자의 기대감이 투영된 소재라고 할 수 있다.

③ Ⓐ는 그리움을 지닌 대상으로 표현된 데 반해, Ⓑ는 흥을 지닌 대상으로 표현되었다고 할 수 있다.

④ Ⓐ는 계절적 배경과 관련이 깊은 소재인 데 반해, Ⓑ는 계절적 배경과 무관한 소재라고 할 수 있다.

⑤ Ⓐ는 화자의 과거의 삶의 모습을 보여 주는 것인 데 반해, Ⓑ는 화자의 미래의 삶의 모습을 보여 주는 것이라고 할 수 있다.

3 ㉠~㉤을 이해한 내용으로 적절하지 않은 것은?

◉ 8448-0079

① ㉠: 자신의 결백함이 밝혀지기를 기도하는 모습이 드러나 있다.

② ㉡: 임을 향한 자신의 마음은 변함이 없다는 것을 강조하고 있다.

③ ㉢: 자신을 모함한 사람들에 대한 원망의 심정을 드러내고 있다.

④ ㉣: 자신에게는 잘못이 없다는 것을 직접적으로 표현하고 있다.

⑤ ㉤: 임이 자신을 잊어버렸을까 걱정하는 마음이 드러나 있다.

서술형

1 〈보기〉의 밑줄 친 내용에 해당하는 윗글의 특징을 두 가지 서술하시오.

◉ 8448-0080

┤ 보기 ├

「정과정」은 고려 때의 작품이지만 향가계 시가로 분류된다. 향찰로 표기되어 있는 것은 아니지만, 고려 가요의 전형적 특징이 드러나지 않고 형태상으로 10구체 향가와 더 유사하기 때문이다.

03 정석가(鄭石歌) 작자 미상

➜ **작품 안** 갈래 : 고려 가요　성격 : 서정적, 민요적　**주제** : 임에 대한 영원한 사랑 / 태평성대의 기원

← **작품 밖** 이별의 슬픔이나 애원, 향락 등을 노래한 대부분의 고려 가요와는 달리 임에 대한 영원한 사랑을 노래하고 있다. 또한 1연이 전체 흐름과 무관하게 태평성대를 기원하고 있는 것을 볼 때, 문자로 정착된 후 궁중의 잔치와 같은 의식에서 사용된 것으로 볼 수 있다.

작품의 짜임

서사(1연)	태평성대 기원
본사 (2연~5연)	임에 대한 영원한 사랑
결사(6연)	영원한 사랑과 믿음

어휘 풀이

* **딩아 돌하** : 징이여 돌이여.
* **션왕셩딕** : 태평성대.
* **노니ㅇ와지이다** : 놀고 싶습니다.
* **삭삭기** : 바삭바삭한 것.
* **셰몰애** : 가는 모래.
* **별헤** : 벼랑에.
* **삭 나거시아** : 싹이 나야.
* **여히ㅇ와지이다** : 이별하고 싶습니다.
* **사교이다** : 새깁니다.
* **접듀ㅎ요이다** : 붙입니다.
* **삼동** : 세 묶음.
* **텰릭** : 융복. 옛날 무관의 관복.
* **몰아** : 재단하여.

작품 구조도

2연	구운 밤
3연	옥에 새긴 연꽃
4연	무쇠로 된 관복
5연	무쇠로 된 소

↓ 〈가정〉

2연	싹이 나면
3연	꽃이 피면
4연	옷이 다 헐면
5연	쇠로 된 풀을 먹으면

↓ 〈행위〉

임과 이별함.

↓ 〈궁극적 소망〉

가정이 실현되는 것은 현실적으로 불가능하므로 임과 이별할 수 없음.

딩아 돌하* 당금(當今)에 계샹이다 / 딩아 돌하 당금(當今)에 계샹이다
㉠션왕셩딕(先王聖代)*예 노니ㅇ와지이다*

㉡삭삭기* 셰몰애* 별헤* 나는 / 삭삭기 셰몰애 별헤 나는
구은 밤 닷 되를 심고이다
그 바미 우미 도다 삭 나거시아* / 그 바미 우미 도다 삭 나거시아
㉢유덕(有德)ㅎ신 님믈 여히ㅇ와지이다*

┌ 옥(玉)으로 련(蓮)ㅅ고즐 사교이다* / 옥(玉)으로 련(蓮)ㅅ고즐 사교이다
│ 바회 우희 접듀(接柱)ㅎ요이다*
│ 그 고지 삼동(三同)*이 퓌거시아 / 그 고지 삼동(三同)이 퓌거시아
│ 유덕(有德)ㅎ신 님 여히ㅇ와지이다
│
│ 므쇠로 텰릭*을 몰아* 나는 / 므쇠로 텰릭을 몰아 나는
[A] │ 텰ㅅ(鐵絲)로 주롬 바고이다
│ 그 오시 다 헐어시아 / 그 오시 다 헐어시아 / 유덕(有德)ㅎ신 님 여히ㅇ와지이다
│
│ 므쇠로 한쇼를 디여다가 / 므쇠로 한쇼를 디여다가
│ 텰슈산(鐵樹山)애 노호이다
│ 그 쇼 텰초(鐵草)를 머거아 / 그 쇼 텰초(鐵草)를 머거아
└ 유덕(有德)ㅎ신 님 여히ㅇ와지이다

㉣구스리 바회예 디신들 / 구스리 바회예 디신들 / ㉤긴힛ㄷ 그츠리잇가
즈믄 히를 외오곰 녀신들 / 즈믄 히를 외오곰 녀신들
신(信)잇ㄷ 그츠리잇가

현대어 풀이

징이여 돌이여 지금 계십니다. / 징이여 돌이여 지금 계십니다. / 이 좋은 태평성대에 놀고 싶습니다. // 바삭바삭한 가는 모래 벼랑에 / 바삭바삭한 가는 모래 벼랑에 / 구운 밤 닷 되를 심습니다. / 그 밤이 움이 돋아 싹이 나야만 / 그 밤이 움이 돋아 싹이 나야만 / 유덕하신 임과 이별하고 싶습니다. // 옥으로 연꽃을 새깁니다. / 옥으로 연꽃을 새깁니다. / (그 꽃을) 바위 위에 접을 붙입니다. / 그 꽃이 세 묶음이 피어야만 / 그 꽃이 세 묶음이 피어야만 / 유덕하신 임을 이별하고 싶습니다. // 무쇠로 철릭(무관의 제복)을 재단하여 / 무쇠로 철릭

• 유덕ᄒ신 님믈 여ᄒ ᄋ와지이다 :
불가능한 상황 설정을 통해 임과
영원한 사랑을 이루고 싶다는 소
망을 표현함.
• 신잇둔 그츠리잇가 : 임에 대한
영원한 사랑과 믿음을 표현함.

을 재단하여 / 철사로 주름을 박습니다. / 그 옷이 다 헐어야만 / 그 옷이 다 헐어야만 / 유덕하신 임과 이별하고 싶습니다. // 무쇠로 큰 소를 만들어서 / 무쇠로 큰 소를 만들어서 / 쇠로 된 나무가 있는 산에 놓습니다. / 그 소가 쇠로 된 풀을 다 먹어야만 / 그 소가 쇠로 된 풀을 다 먹어야만 / 유덕하신 임과 이별하고 싶습니다. // 구슬이 바위에 떨어진들 / 구슬이 바위에 떨어진들 / 끈이야 끊어지겠습니까? / 천 년을 외로이 살아간들 / 천 년을 외로이 살아간들 / (임에 대한) 믿음이야 끊어지겠습니까?

실력 다지기

정답과 해설 18쪽

1 ㉠~㉤에 대한 설명으로 적절하지 <u>않은</u> 것은?

○ 8448-0081

① ㉠: 통일성이 결여된 구절로, 태평성대에 대한 기원을 담고 있다.
② ㉡: 특별한 의미 없이 음악적 효과를 위해 사용되는 여음이 나타나 있다.
③ ㉢: 작품 전체에 반복적으로 등장하는 구절로, 후렴구의 역할을 하고 있다.
④ ㉣: 비유적 표현을 통해 현재의 상황을 강조하고 있다.
⑤ ㉤: 의문형 문장을 활용한 반어적 표현을 통해 주제 의식을 강조하고 있다.

2 [A]와 발상 및 표현 방식이 유사하지 <u>않은</u> 것은?

○ 8448-0082

① 뽕나무 뿌리가 산호가 되도록 천국의 사랑을 받읍소서.
② 모란이 피기까지는 / 나는 아직 기다리고 있을 테요. 찬란한 슬픔의 봄을
③ 이 몸이 주거주거 일백 번 고쳐 주거, / 백골이 진토 되어 넉시라도 잇고 업고
④ 동짓달 기나긴 밤을 한 허리를 베어 내어 / 춘풍 이불 아래 서리서리 넣었다가
⑤ 창 내고쟈 창을 내고쟈 이내 가슴에 창 내고쟈 / 고모장지 셰살장지 들장지 암돌져귀 수돌져귀 빈목걸새 크나큰 장도리로 뚝딱 바가 이내 가슴에 창 내고쟈

서술형

1 〈보기〉의 밑줄 친 내용에 해당하는 윗글의 구절을 찾아 쓰시오.

○ 8448-0083

┤ 보기 ├

　고려 가요에는 남녀 간의 사랑을 노래한 작품이 많은데, 그 가운데에서 「정석가」는 민간에서 불리어지던 노래가 궁중 음악으로 편입된 것으로 추정된다. 「정석가」는 임에 대한 <u>변치 않는 사랑</u>을 표현하고 있는데, 이러한 사랑의 표현은 변치 않는 임금에 대한 충성심으로 연결되어 유교적 가치를 드러낸다고 해석되기도 한다.

04 청산별곡(靑山別曲) 작자 미상

→ **작품 안** **갈래** : 고려 가요 **성격** : 상징적, 애상적, 체념적 **주제** : 삶의 비애와 체념

← **작품 밖** 「청산별곡」은 상징성이 두드러지는 고려 가요의 대표작으로, 현실을 벗어난 공간인 '청산'과 '바다'를 동경하는 화자의 삶에 대한 고뇌와 비애가 잘 드러나는 작품이다. 고려 시대의 불안한 대내외적 현실을 반영하고 있다는 평가를 받고 있으며, '청산', '바다'뿐만 아니라 '돌', '사슴' 등 상징성이 짙은 시어를 사용하고 있어 문학성도 인정받고 있다. 또한 'ㄹ', 'ㅇ' 음을 연속적으로 사용한 후렴구는 음악적 효과를 두드러지게 하고 있다.

작품의 짜임

1연	현실을 벗어난 공간에 대한 동경
2연	삶의 괴로움과 비애
3연	속세에 대한 미련
4연	삶의 고독감과 괴로움
5연	삶의 고뇌에 대한 운명적 체념
6연	현실을 벗어난 또 다른 공간에 대한 지향
7연	삶의 기적을 바라는 마음
8연	술을 통해 삶의 고뇌를 잠시 잊음.

어휘 풀이
* 멀위 : 머루.
* 널라와 : 너보다.
* 잉 무든 장글란 : 이끼 묻은 쟁기를.
* ᄂᆞ무자기 : 해초.
* 에졍지 : 부엌.
* 강수 : 독한 술.

살어리 살어리랏다 Ⓐ청산(靑山)애 살어리랏다
멀위*랑 ᄃᆞ래랑 먹고 청산(靑山)애 살어리랏다
   얄리얄리 얄랑셩 얄라리 얄라

우러라 우러라 새여 자고 니러 우러라 새여
널라와* 시름 한 나도 자고 니러 우니로라
   얄리얄리 얄라셩 얄라리 얄라

가던 새 가던 새 본다 믈 아래 가던 새 본다
㉠잉 무든 장글란* 가지고 믈 아래 가던 새 본다
   얄리얄리 얄라셩 얄라리 얄라

이링공 뎌링공 ᄒᆞ야 나즈란 디내와손뎌
㉡오리도 가리도 업슨 바므란 쏘 엇디 호리라
   얄리얄리 얄라셩 얄라리 얄라

㉢어듸라 더디던 돌코 누리라 마치던 돌코
믜리도 괴리도 업시 마자셔 우니노라
   얄리얄리 얄라셩 얄라리 얄라

살어리 살어리랏다 바ᄅᆞ래 살어리랏다
ᄂᆞ무자기* 구조개랑 먹고 바ᄅᆞ래 살어리랏다
   얄리얄리 얄라셩 얄라리 얄라

가다가 가다가 드로라 에졍지* 가다가 드로라
㉣사ᄉᆞ미 짒대예 올아셔 ᄒᆡ금(奚琴)을 혀거를 드로라
   얄리얄리 얄라셩 얄라리 얄라

가다니 비브른 도긔 설진 강수*를 비조라
㉤조롱곳 누로기 ᄆᆡ와 잡ᄉᆞ와니 내 엇디 ᄒᆞ리잇고
   얄리얄리 얄라셩 얄라리 얄라

작품 구조도

청산   바다

↑ 동경, 지향

현실 —— 운명적인
(괴로움, 비애, 것이라고
고독감) 체념함.

1 윗글에 대한 설명으로 적절하지 **않은** 것은?

◐ 8448-0084

① 자연물에 감정을 투영하여 화자의 심정을 나타내고 있다.
② 명랑한 어감의 후렴구를 사용하여 운율감을 부각하고 있다.
③ 동일한 구절을 반복하여 주제 의식을 강조하여 드러내고 있다.
④ 청유형의 종결 어미를 사용하여 화자의 다짐을 강조하고 있다.
⑤ 설의적 표현을 통해 상황에 대한 화자의 태도를 보여 주고 있다.

2 ㉠~㉤을 이해한 내용으로 가장 적절한 것은?

◐ 8448-0085

① ㉠: '믈 아래'에 대해 미련을 가지고 있음을 드러내고 있군.
② ㉡: '밤'이 '낮'에 느낀 삶의 고단함을 해소하는 시간이 된다는 것을 말해 주고 있군.
③ ㉢: 다른 사람에게 '돌'을 던졌던 과거의 잘못에 대해 반성하고 있음을 나타내고 있군.
④ ㉣: 현실로부터 벗어나 '히금'을 들으며 여유롭게 사는 삶을 꿈꾸고 있음을 드러내고 있군.
⑤ ㉤: 혹독한 현실 속에도 '조롱곳'과 같은 희망이 생겨나기를 바라고 있음을 나타내고 있군.

3 윗글의 Ⓐ와 〈보기〉의 Ⓑ를 비교하여 설명한 내용으로 가장 적절한 것은?

◐ 8448-0086

┤ 보기 ├

　　Ⓑ청산(靑山)도 절로절로, 녹수(綠水)도 절로절로
　　산(山) 절로 수(水) 절로, 산수간(山水間)에 나도 절로
　　이 중(中)에 절로 자란 몸이 늙기도 절로 하리라

－ 송시열

① Ⓐ는 화자가 현재 거처하는 공간에 해당하고, Ⓑ는 화자가 거처하기를 바라는 공간에 해당한다.
② Ⓐ는 화자가 소망하는 세계를 가리키고, Ⓑ는 화자가 지향하는 삶의 자세를 지닌 대상을 가리킨다.
③ Ⓐ는 화자가 지향하는 가치가 무엇인지 드러내고, Ⓑ는 화자가 멀리하는 가치가 무엇인지 드러낸다.
④ Ⓐ는 화자가 현실을 벗어나 도피하고자 하는 세계를 의미하고, Ⓑ는 화자가 벗어나고자 하는 현실을 의미한다.
⑤ Ⓐ는 화자의 세속적 욕망이 실현될 수 있는 공간을 상징하고, Ⓑ는 화자의 세속적 욕망이 해소된 공간을 상징한다.

서술형

1 윗글에서 일시적으로나마 화자의 삶의 고뇌를 잠시 잊도록 하는 것이 무엇인지 찾아 쓰시오.

◐ 8448-0087

05 동동(動動) 작자 미상

➜ **작품 안** 갈래 : 고려 가요, 월령체 시가 **성격** : 민요적, 송도(頌禱)적 **주제** : 임에 대한 송도(頌禱)와 연모의 정

⬅ **작품 밖** 현존하는 가장 오래된 월령체(달거리) 형식의 시가로, 임을 여읜 여인의 애절한 정서를 달마다 세시 풍속이나 자연 현상과 연관 지어 표현하였다. 각 연마다 나타나는 정서와 주제가 통일되어 있지 않아 한 작가의 일관된 정서 표현으로 보기 어렵다.

작품의 짜임

서사	임의 덕과 복을 송축함.
정월령	홀로 사는 외로움
이월령	임의 훌륭한 인품 찬양
삼월령	임의 아름다운 모습 송축
사월령	오지 않는 임에 대한 원망
오월령	임의 장수를 기원함.
유월령	버림받은 자신의 신세
칠월령	임과 함께 살고 싶은 소망
팔월령	임에 대한 그리움과 고독
구월령	임이 없는 쓸쓸함
시월령	임에게 버림받은 슬픔
십일월령	외로이 살아가는 쓸쓸함
십이월령	임과 인연을 맺지 못한 한(恨)

어휘 풀이

* 나ᅀᅵ라 : 드리러. 진상하러.
* 어져 녹져 : 얼려 하고 녹으려 하고.
* 녈셔 : 살아가는구나. 지내는구나.
* 즈싀샷다 : 모습이시도다.
* 녹사 : 고려 때의 벼슬 이름.
* 슬ᄒᆞ라온뎌 : 슬픈 일이로구나.
* 스싀옴 : 스스로. 제각기.
* 얼이노니 : 가지런히 놓으니.
* 므ᄅᆞᆸ노이다 : 무옵니다.

작품 구조도

송도 및 송축
서사, 이월령, 삼월령, 오월령
⋮
애련(哀戀)
사월령, 유월령, 시월령, 십일월령, 십이월령
⋮
고독
정월령, 구월령
⋮
연모(戀慕)
칠월령, 팔월령

㉠덕(德)으란 곰ᄇᆡ예 받ᄌᆞᆸ고 복(福)으란 림ᄇᆡ예 받ᄌᆞᆸ고
덕이여 복이라 ᄒᆞᄂᆞᆯ 나ᅀᆞ라* 오소이다 / ㉡아으 동동(動動)다리 〈서사〉

정월(正月)ㅅ 나릿므른 아으 어져 녹져* ᄒᆞ논ᄃᆡ
누릿 가온ᄃᆡ 나곤 몸하 ᄒᆞ올로 녈셔* / 아으 동동(動動)다리 〈정월령〉

이월(二月)ㅅ 보로매 아으 노피 현 등(燈)ㅅ블 다호라
만인(萬人) 비취실 즈싀샷다* / 아으 동동(動動)다리 〈이월령〉

삼월(三月) 나며 개(開)ᄒᆞᆫ 아으 만춘(滿春) ᄃᆞᆯ욋고지여
ᄂᆞ믜 브롤 즈슬 디녀 나샷다 / 아으 동동(動動)다리 〈삼월령〉

사월(四月) 아니 니저 아으 오실셔 곳고리 새여
㉢므슴다 녹사(錄事)* 니ᄆᆞᆫ 녯 나ᄅᆞᆯ 닛고신뎌 / 아으 동동(動動)다리 〈사월령〉

오월(五月) 오 일(五日)애 아으 수릿날 아ᄎᆞᆷ 약(藥)은
즈믄 힐 장존(長存)ᄒᆞ샬 약(藥)이라 받ᄌᆞᆸ노이다 / 아으 동동(動動)다리 〈오월령〉

유월(六月)ㅅ 보로매 아으 별해 ᄇᆞ룐 빗 다호라
도라보실 니믈 젹곰 좃니노이다 / 아으 동동(動動)다리 〈유월령〉

팔월(八月)ㅅ 보로ᄆᆞᆫ 아으 가배(嘉俳) 나리마른
니믈 뫼셔 녀곤 오ᄂᆞᆯ낤 가배(嘉俳)샷다 / 아으 동동(動動)다리 〈팔월령〉

구월(九月) 구 일(九日)애 아으 약(藥)이라 먹논
㉣황화(黃花)고지 안해 드니 새셔 가만ᄒᆞ얘라 / 아으 동동(動動)다리 〈구월령〉

십일월(十一月)ㅅ 봉당 자리예 아으 한삼(汗衫) 두퍼 누워
㉤슬ᄒᆞᆯ스라온뎌* 고우닐 스싀옴* 녈셔 / 아으 동동(動動)다리 〈십일월령〉

십이월(十二月)ㅅ 분디남ᄀᆞ로 갓곤 아으 나ᄉᆞᆯ 반(盤)잇 져 다호라
니믜 알ᄑᆡ 드러 얼이노니* 소니 가재다 므ᄅᆞᆸ노이다*
아으 동동(動動)다리 〈십이월령〉

1 윗글에 대한 설명으로 적절하지 <u>않은</u> 것은?　　　　　　　　　　　　　　　　　　　　　　8448-0088

① 〈정월령〉에서는 '나릿믈'과 화자의 처지를 대조적으로 제시하고 있다.
② 〈삼월령〉에서는 '들욋곳'을 통해 계절감을 환기하고 있다.
③ 〈사월령〉에서는 '녹사님'이라는 말을 통해 임의 신분에 대해 알려 주고 있다.
④ 〈오월령〉에서는 '아춤 약'을 통해 임에 대한 정성의 마음을 표현하고 있다.
⑤ 〈팔월령〉에서는 '가배'를 통해 달에 맞게 이루어지는 세시 풍속을 묘사하고 있다.

2 윗글의 시어를 이해한 내용으로 적절하지 <u>않은</u> 것은?　　　　　　　　　　　　　　　　　　　8448-0089

① '등ㅅ블'은 높이 켜 있어 많은 사람들을 비출 수 있는 것으로, 임의 높은 덕망을 비유한 것이라고 할 수 있겠군.
② '곳고리 새'는 때를 잊지 않고 돌아오는 속성을 지니고 있는 것으로, 돌아오지 않는 임과 대조적인 대상이라고 할 수 있겠군.
③ '빗'은 벼랑에 버려진 것으로, 임에게 버림받은 화자의 서글픈 처지를 나타내는 것이라고 할 수 있겠군.
④ '봉당 자리'는 임이 부재하고 있는 공간으로, 임과 떨어져 홀로 지내는 화자의 외로움을 보여 준다고 할 수 있겠군.
⑤ '져'는 소반 위에 놓여 있는 것으로, 아무 일도 하지 않고 임이 오기만을 기다리는 화자의 다소곳한 모습을 표현한 것이라고 할 수 있겠군.

3 ㉠~㉤에 대한 설명으로 적절하지 <u>않은</u> 것은?　　　　　　　　　　　　　　　　　　　　　　8448-0090

① ㉠: 유사한 문장 구조를 반복하여 시적 의미를 강화하고 있다.
② ㉡: 리듬감을 조성하고 구조적 통일성을 부여하고 있다.
③ ㉢: 의문형 문장을 활용하여 임에 대한 원망의 마음을 드러내고 있다.
④ ㉣: 감각적 소재를 등장시켜 적막한 분위기를 부각하고 있다.
⑤ ㉤: 말을 건네는 방식을 통해 절망적 심정을 강조하고 있다.

서술형

1 〈보기〉는 윗글의 형식적 특징에 대한 설명이다. 빈칸에 들어갈 알맞은 말을 쓰시오.　　　　　8448-0091

┤ 보기 ├

　「동동」은 월령체 형식의 작품이다. 월령체는 달거리 형식이라고도 하는데, (　　　　　　)로/으로 시상을 전개하는 형식을 말한다.

06 한림별곡(翰林別曲) 한림 제유

→ **작품 안** 갈래 : 경기체가 성격 : 교술적, 과시적, 향락적, 풍류적 주제 : 귀족들의 향락적 풍류 생활 / 신흥 사대부들의 학문적 자부심과 과시적 기개

← **작품 밖** 최초의 경기체가로 무신 집권기에 창작된 작품이다. 무신 집권기에 새롭게 등장한 신흥 사대부들의 향락적인 생활이 나타나 있고, 신흥 사대부 스스로에 대한 자부심과 기개가 표현되어 있다.

작품의 짜임

제1장	시부(詩賦) : 유명한 문인들의 글솜씨 예찬
제2장	서적(書籍) : 학문과 독서에 대한 긍지
제3장	명필(名筆) : 유명 서체로 글씨 쓰는 광경 예찬
제4장	명주(名酒) : 유명 술을 마시는 흥겨운 모습 과시
제5장	화훼(花卉) : 온갖 꽃이 만발한 경치 찬양
제6장	음악(音樂) : 여러 가지 악기를 흥겹게 연주하는 광경
제7장	누각(樓閣) : 명산과 누각의 아름다운 경치
제8장	추천(鞦韆) : 그네뛰기의 즐거운 광경

어휘 풀이
* 솽운주필 : 쌍운으로 운자를 내어 빨리 시를 지어 내달려 쓰는 일.
* 위 : '아아' 등과 같은 감탄사.
* 긔 : 그것이.
* 엇더ᄒ니잇고 : 어떠합니까?
* 옥슌문싱 : 죽순같이 많은 뛰어난 제자들.
* 조협남긔 : 쥐엄나무에.

원슌문(元淳文) 인노시(仁老詩) 공노ᄉ륙(公老四六)
니정언(李正言) 딘한림(陳翰林) 솽운주필(雙韻走筆)*
튱긔딕 칙(冲基對策) 광균경의(光鈞經義) 량경시부(良鏡詩賦)
위* 시댱(試場)ㅅ 경(景) 긔* 엇더ᄒ니잇고*
금흑ᄉ(琴學士)의 옥슌문싱(玉笋門生)* 금흑ᄉ의 옥슌문싱 / 위 날조차 몃 부니잇고

〈제1장〉

당한셔(唐漢書) 장로ᄌ(莊老子) 한류문집(韓柳文集)
니두집(李杜集) 난딕집(蘭臺集) 빅락텬집(白樂天集)
모시샹셔(毛詩尙書) 쥬역춘츄(周易春秋) 주딕례긔(周戴禮記)
위 주(註)조쳐 내 외욣 경(景) 긔 엇더ᄒ니잇고
태평광긔(太平廣記) ᄉ빅여권(四百餘卷) 태평광긔(太平廣記) ᄉ빅여권(四百餘卷)
위 력람(歷覽)ㅅ 경(景) 긔 엇더ᄒ니잇고

〈제2장〉

황금쥬(黃金酒) 빅ᄌ주(栢子酒) 숑쥬례쥬(松酒醴酒)
듁엽쥬(竹葉酒) 리화쥬(梨花酒) 오가피쥬(五加皮酒)
잉무잔(鸚鵡盞) 호박비(琥珀盃)예 ᄀ득 브어 / 위 권상(勸上)ㅅ 경(景) 긔 엇더ᄒ니잇고
유령도줌(劉伶陶潛) 량선옹(兩仙翁)의 유령도줌(劉伶陶潛) 량선옹(兩仙翁)의
위 취(醉)혼ㅅ 경(景) 긔 엇더ᄒ니잇고

〈제4장〉

당당당(唐唐唐) 당츄ᄌ(唐楸子) 조협(皂莢)남긔*
홍(紅)실로 홍(紅)글위 ᄆ요이다 / 혀고시라 밀오시라 뎡쇼년(鄭少年)하
위 내 가논 ᄃ ᆡ ᄂ ᆞ 갈셰라
샥옥셤셤(削玉纖纖) 솽슈(雙手)ㅅ길헤 샥옥셤셤(削玉纖纖) 솽슈(雙手)ㅅ 길헤
㉠위 휴슈동유(携手同遊)ㅅ 경(景) 긔 엇더ᄒ니잇고

〈제8장〉

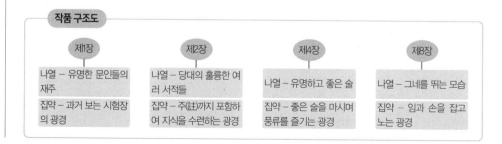

작품 구조도			
제1장	**제2장**	**제4장**	**제8장**
나열 – 유명한 문인들의 재주	나열 – 당대의 훌륭한 여러 서적들	나열 – 유명하고 좋은 술	나열 – 그네를 뛰는 모습
집약 – 과거 보는 시험장의 광경	집약 – 주(註)까지 포함하여 지식을 수련하는 광경	집약 – 좋은 술을 마시며 풍류를 즐기는 광경	집약 – 임과 손을 잡고 노는 광경

1 윗글에 대한 설명으로 적절한 것만을 〈보기〉에서 골라 바르게 묶은 것은?　　8448-0092

┤ 보기 ├

ㄱ. 유사한 소재를 열거하는 방식으로 운율감을 형성하고 있다.

ㄴ. 대조적 어휘를 사용하여 과거와 현재의 삶을 비교하고 있다.

ㄷ. 과장된 표현을 통해 현실에 대한 비판 의식을 나타내고 있다.

ㄹ. 설의적 표현을 통해 화자가 내세우고자 하는 바를 강조하고 있다.

① ㄱ, ㄷ　　　　② ㄱ, ㄹ　　　　③ ㄴ, ㄷ　　　　④ ㄴ, ㄹ　　　　⑤ ㄷ, ㄹ

2 윗글의 화자에 대한 이해로 적절하지 <u>않은</u> 것은?　　8448-0093

① '원슌문 인노시' 등에 대해 시험을 보는 모습을 높이 평가하고 있어.

② '금흑 사의 옥슌문싱' 중의 한 명으로서 자부심을 지니고 있어.

③ '당한셔 장로즈' 등의 책을 읽고 외우는 것에 대해 긍지를 가지고 있어.

④ '유령도즘 량션옹'처럼 풍류를 즐기는 모습을 긍정적으로 인식하고 있어.

⑤ '홍글위'를 타며 시간을 보내는 다른 사람들의 모습을 안타깝게 여기고 있어.

3 ㉠에 담긴 심리를 설명한 내용으로 가장 적절한 것은?　　8448-0094

① 사랑하는 사람을 잃을까 두려워하는 심정이 드러나 있다.

② 선인들의 지혜를 익히고자 하는 배움의 자세가 나타나 있다.

③ 세월이 빠르게 흘러가는 것에 대해 아쉬워하는 마음이 나타나 있다.

④ 임과 즐거운 시간을 보내는 자신의 모습을 과시하려는 의도가 드러나 있다.

⑤ 풍류를 즐기다가 학문에 제대로 정진하지 못하는 상황에 대한 우려가 드러나 있다.

서술형

1 〈보기〉의 빈칸에 들어갈 구절을 윗글에서 찾아 쓰시오.　　8448-0095

┤ 보기 ├

　경기체가는 고려 중엽 귀족들에 의해 향유되었던 장르로, 향락적 생활과 학문적 경지를 과시하고자 하는 의도를 담고 있다. 경기체가는 '경기하여가(景幾何如歌)'라고도 하는데, (　　　　　　　　　)라는 구절이 반복적으로 등장하기 때문에 이러한 이름이 붙여진 것이다.

가 ➡️ **작품 안** **작가** : 이조년 **갈래** : 평시조 **성격** : 애상적, 감각적 **주제** : 봄밤에 느끼는 애상적 정서

⬅️ **작품 밖** 「다정가(多情歌)」라고도 불리는 이 작품은 자연에 대한 단순 몰입을 보인 동시대의 다른 작품에 비해 자연물을 통한 현대적 의미의 자의식을 드러내고 있어 문학성이 뛰어나다. 작가가 충렬왕의 계승 문제로 당론이 분열되었을 때 모함을 받아 귀양살이를 하던 중에 지었다는 것을 감안하면 임금에 대한 걱정과 유배 생활의 애상을 읊은 것이라고 볼 수 있다.

나 ➡️ **작품 안** **작가** : 우탁 **갈래** : 평시조 **성격** : 탄로가 **주제** : 늙음의 탄식(자연의 섭리는 막을 수 없음.)

⬅️ **작품 밖** 늙음을 막아 보려는 인간의 마음과 빠르게 찾아오는 세월의 무상함이 대조를 이루고 있다. 늙음을 막으려는 희화적 행동과 함께 자연의 섭리를 막을 수 없다는 깨달음을 표현하고 있다.

작품의 짜임

가
초장	봄밤의 배경
중장	봄밤의 애틋한 정서
종장	봄밤의 애상

나
초장	막대와 가시를 잡음.
중장	백발을 막으려 함.
종장	백발을 막지 못함.

어휘 풀이
* 은한 : 은하수.
* 일지춘심 : 나뭇가지에 깃들어 있는 봄날의 정서.
* 즈럼길 : 지름길.

구절 풀이
* 백발이 제 몬져 알고 즈럼길노 오더라 : 아무리 막으려 해도 찾아오는 늙음은 어쩔 수가 없다는 뜻으로, 세월의 흐름을 인간의 능력으로 막을 수 있겠느냐는 무상감을 느끼게 함.

가 이화(梨花)에 월백(月白)ᄒ고 은한(銀漢)*이 삼경인 제
일지춘심(一枝春心)*을 자규(子規)ㅣ야 아랴마는
㉠다정(多情)도 병(病)인 냥ᄒ여 ᄌᆞᆷ 못 드러 하노라

나 ᄒᆞᆫ 손에 막ᄃᆡ 잡고 ᄯᅩ ᄒᆞᆫ 손에 가싀 쥐고
늙ᄂᆞᆫ 길 가싀로 막고, 오ᄂᆞᆫ 백발(白髮) 막ᄃᆡ로 치려터니
백발이 제 몬져 알고 즈럼길*노 오더라

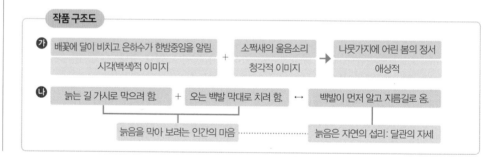

작품 구조도

가 배꽃에 달이 비치고 은하수가 한밤중임을 알림. 시각(백색)적 이미지 + 소쩍새의 울음소리 청각적 이미지 → 나뭇가지에 어린 봄의 정서 애상적

나 늙는 길 가시로 막으려 함. + 오는 백발 막대로 치려 함. ↔ 백발이 먼저 알고 지름길로 옴.
늙음을 막아 보려는 인간의 마음 ·········· 늙음은 자연의 섭리: 달관의 자세

실력 다지기

정답과 해설 21쪽

1 (가), (나)에 대한 설명으로 가장 적절한 것은?

○ 8448-0096

① (가)는 (나)와 달리 유사한 문장 구조를 반복하여 운율감을 형성하고 있다.
② (가)는 (나)와 달리 계절감을 드러내는 시어를 통해 시적 분위기를 조성하고 있다.
③ (가)는 (나)와 달리 해학적 요소를 통해 현실 상황에 대한 화자의 비판 의식을 우회적으로 드러내고 있다.
④ (나)는 (가)와 달리 시각적 심상을 통해 시적 상황을 묘사하고 있다.
⑤ (나)는 (가)와 달리 명령형 어미를 활용하여 상황을 극복하려는 화자의 의지를 강조하고 있다.

2 (가), (나)의 시어에 대해 이해한 내용으로 가장 적절한 것은?　　　○ 8448-0097

① (가)의 '은한' : 불변하는 속성을 가진 것으로, 임에 대한 화자의 영원한 사랑의 마음이 투영되어 있다.

② (가)의 '일지춘심' : 봄에 느껴지는 애상감을 가리키는 것으로, 임과 이별한 화자의 처지를 직접적으로 드러낸다.

③ (가)의 '자규' : 서글프고 한스러운 소리를 환기하는 것으로, 화자가 느끼는 봄날의 감회를 북돋우는 기능을 한다.

④ (나)의 '막되' : 무기력한 삶을 극복하기 위한 것으로, 화자의 긍정적 삶의 태도를 드러낸다.

⑤ (나)의 '즈럼길' : 지나온 삶의 모습을 가리키는 것으로, 노년에 이른 화자의 자기반성적 태도를 보여 준다.

3 〈보기〉와 (나)를 관련지어 감상한 내용으로 적절하지 않은 것은?　　　○ 8448-0098

> ┤ 보기 ├
>
> 춘산(春山)에 눈 녹인 바룸 건듯 불고 간 듸 업다
> 져근덧 비러다가 마리 우희 불니고져
> 귀밋틔 히묵은 서리를 녹여 볼가 ᄒ노라
>
> 　　　　　　　　　　　　　　　　　　　　　　　　　　　　　　－ 우탁

① 〈보기〉의 '귀밋틔 히묵은 서리'는 (나)의 '백발'을 의미하는 것이겠군.

② 〈보기〉의 '바룸'을 '마리 우희 불니고져' 하는 것과 (나)의 '늙는 길 가싀로 막'는 것은 같은 의도를 지닌 행동이겠군.

③ 〈보기〉의 '녹여 볼가 ᄒ노라'와 (나)의 '즈럼길노 오더라'는 의지적 어조를 드러내는 구절이라 할 수 있겠군.

④ 〈보기〉에서 늙음을 서리와, (나)에서 늙음을 길과 관련지은 것은 추상적인 것을 구체적인 것으로 형상화한 것이라고 할 수 있겠군.

⑤ 〈보기〉는 늙음을 한탄하며 다시 젊어지기를 바라는 마음을, (나)에서는 늙음이란 거부할 수 없는 것임을 말하고자 하는 것이겠군.

서술형

1 〈보기〉를 바탕으로 할 때, (가)의 ㉠에 담겨 있는 화자의 심정을 서술하시오.　　　○ 8448-0099

> ┤ 보기 ├
>
> 　고려 말의 학자이며 정치가였던 이조년은 충렬왕의 왕위 계승 문제와 충선왕 모함 사건에 연루되어 무고하게 귀양살이를 했다. 유배에서 돌아와 그는 13년간 고향에서 숨어 지내며 정치가로서의 심정을 담은 시를 지었다.

02 우국(憂國)의 정(情)

가
→ **작품 안** 작가 : 이존오　갈래 : 평시조　성격 : 풍자적, 우의적, 비판적, 우국적　주제 : 간신 신돈의 횡포 풍자

← **작품 밖** 고려 말엽 요승(妖僧) 신돈이 공민왕의 총애를 받아 '진평후'라는 봉작까지 받아 가면서 공민왕의 총명을 흐리게 하고 국정을 어지럽힘을 한탄하여 지은 작품이다.

나
→ **작품 안** 작가 : 이색　갈래 : 평시조　성격 : 우의적, 우국적　주제 : 고려의 국운 쇠퇴에 대한 한탄과 우국충정

← **작품 밖** 고려의 유신(遺臣)으로서 조선 왕조에 끝내 협력하지 않고 은거한 작가가 국운이 기울어져 가는 고려의 현실을 바라보며 안타까워하는, 지식인으로서의 고뇌를 표현한 작품이다.

다
→ **작품 안** 작가 : 정몽주　갈래 : 평시조　성격 : 의지적, 단심가(丹心歌)　주제 : 고려 왕조에 대한 변치 않는 충성심

← **작품 밖** 이방원의 「하여가」의 답가로 잘 알려져 있는 작품이다. 고려 왕조에 대한 충절이 의지적이고도 비장한 어조로 드러나 있다.

작품의 짜임

가

초장	간신에 대한 비판
중장	간신의 횡포
종장	간신이 임금의 총명을 가림.

나

초장	신흥 세력의 대두
중장	우국지사를 기다림.
종장	기우는 고려의 국운을 걱정함.

다

초장	죽음을 되풀이하는 상황
중장	오랜 세월이 흐른 상황
종장	변치 않는 충성심

어휘 풀이
* 구룸 : 주로 간신과 소인배를 비유하는 말. 여기서는 '신돈'을 가리킴.
* 날빗츨 : 햇빛을. 여기서는 '임금의 총명을'이란 뜻임.
* 머흐레라 : 험하구나.

구절 풀이
● 중천에 떠 이셔 임의로 둔니면서 : 구름이 하늘을 마음대로 떠다닌다는 표현으로, 간신 신돈의 무리가 공민왕의 총애를 등에 업고 방자하게 굴고 있는 상황을 비유함.
● 구틔야 광명흔 날빗츨 싸라가며 덥느니 : 구름이 밝은 햇빛, 즉 임금의 총명을 가리기 위해 고의로 해를 따라다닌다는 뜻으로, 초장의 내용과 호응을 이루고 있음. 즉 신돈 일파가 임금의 총명을 가리고 있다는 것을 우의적으로 비판한 것임.

가
ㄱ구룸*이 무심(無心)툰 말이 아마도 허랑(虛浪)ㅎ다
중천(中天)에 떠 이셔 임의(任意)로 둔니면서
구틔야 광명(光明)흔 날빗츨* 싸라가며 덥느니

나
백설(白雪)이 즈자진 골에 구루미 머흐레라*
반가온 매화(梅花)는 어늬 곳에 픠엿는고
석양(夕陽)에 홀로 셔 이셔 갈 곳 몰라 ㅎ노라

다
이 몸이 주거 주거 일백 번 고쳐 주거
백골이 진토(塵土) 되어 넉시라도 잇고 업고
님 향(向)흔 일편단심(一片丹心)이야 가실 줄이 이시랴

작품 구조도

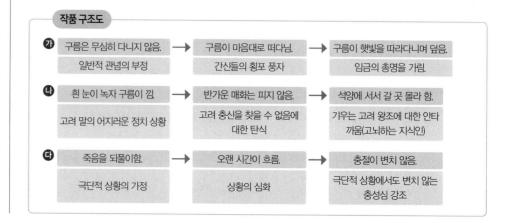

가	구름은 무심히 다니지 않음.	→	구름이 마음대로 떠다님.	→	구름이 햇빛을 따라다니며 덮음.
	일반적 관념의 부정		간신들의 횡포 풍자		임금의 총명을 가림.
나	흰 눈이 녹자 구름이 낌	→	반가운 매화는 피지 않음.	→	석양에 서서 갈 곳 몰라 함.
	고려 말의 어지러운 정치 상황		고려 충신을 찾을 수 없음에 대한 탄식		기우는 고려 왕조에 대한 안타까움(고뇌하는 지식인)
다	죽음을 되풀이함.	→	오랜 시간이 흐름.	→	충절이 변치 않음.
	극단적 상황의 가정		상황의 심화		극단적 상황에서도 변치 않는 충성심 강조

1 (가)~(다)에 대한 설명으로 적절하지 <u>않은</u> 것은?   ▶ 8448-0100

① (가) : 상징적인 시어를 통해 문제 상황을 지적하고 있다.
② (나) : 감각적인 시어를 통해 애상적 분위기를 자아내고 있다.
③ (나) : 자연과 인간을 대비하여 바람직한 삶에 대한 교훈을 전달하고 있다.
④ (다) : 극단적 상황을 가정하여 화자의 의지를 부각하고 있다.
⑤ (다) : 설의적 표현을 통해 말하고자 하는 바를 강조하고 있다.

2 〈보기〉를 바탕으로 (나)를 감상한 내용으로 적절하지 <u>않은</u> 것은?   ▶ 8448-0101

> ┤ 보기 ├
>
>   이색은 고려 말의 학자로 우왕의 스승으로 알려져 있다. 그는 고려의 충직한 신하들이 사라지면서 새 왕조
> 를 세우고자 하는 무리들이 득세하는 현실 상황에 대해 안타까워하며 충절을 다해 고려 왕조를 지키고자 하
> 였는데, 그의 작품에는 쇠락해 가는 고려 왕조에 대한 우국의 심정이 담겨 있다. 「백설이 ᄌ자진 골에~」
> 에도 고려의 중흥을 소망하는 지식인의 마음이 드러나 있다.

① '백설이 ᄌ자진 골'은 고려의 충직한 신하들이 사라진 상황을 가리키는 것이라고 할 수 있겠군.
② '구루미 머흐레라'는 새 왕조를 세우려는 무리들에 대한 부정적 시각을 담아낸 것이라고 할 수 있겠군.
③ '반가온 매화'는 화자가 구하고자 하는 대상으로, 고려를 다시 중흥시킬 수 있는 사람을 나타내는 것이라고
할 수 있겠군.
④ '어ᄂ 곳에 픠엿ᄂ고'는 국가를 위해 일할 인재가 사라진 현실에 대한 냉소적 태도를 드러낸 것이라고 할
수 있겠군.
⑤ '석양에 홀로 셔 이셔'는 쇠락해 가는 고려 왕조를 지켜보고 있는 지식인의 모습을 보여 주는 것이라고 할
수 있겠군.

3 (다)는 〈보기〉에 대한 답가이다. 〈보기〉의 화자(A)와 (다)의 화자(B)가 대화를 나눈다고 할 때, 그 내용으로 적절하지 <u>않은</u>
것은?   ▶ 8448-0102

> ┤ 보기 ├
>
> 이런들 엇더ᄒ며 져런들 엇더ᄒ료
> 만수산(萬壽山) 드렁츩이 얽어진들 엇더ᄒ리
> 우리도 이ᄀ치 얼거져 백 년ᄭᅵ지 누리리라   – 이방원

① A : 각자의 뜻이 다르더라도 함께 어울리지 못하는 것은 아닙니다.
② B : 제가 죽는 한이 있더라도 마음을 절대로 바꾸지 않을 것이니 우리가 어울리는 일은 없을 것입니다.
③ A : 우리가 큰 뜻을 위해 서로 협력한다면 오래도록 함께할 수 있지 않겠습니까.
④ B : 어떠한 상황에서도 한 사람을 향한 저의 일편단심은 변치 않을 것이니 저에게 협력을 기대하지 마십시오.
⑤ A : 지금은 이렇게 완고하게 거절하시지만 미래에는 제 뜻을 따를 수밖에 없게 되실 것이라고 믿고 있습니다.

서술형

1 (가)의 맥락을 고려할 때, ㉠과 같이 말하는 이유가 무엇인지 한 문장으로 서술하시오.   ▶ 8448-0103

3. 한시

01 송인(送人) 정지상 / 부벽루(浮碧樓) 이색

가 ➜ **작품 안**　**갈래** : 칠언 절구　**성격** : 서정적, 송별시　**주제** : 이별의 슬픔

　⬅ **작품 밖**　임을 보내는 정한이 담긴 한시로, 이별의 슬픔을 노래한 시 중 백미로 꼽힐 만큼 서정성이 뛰어난 작품이다. 전통적인 한시의 형식에 따라 서경과 서정의 세계를 함께 보여 주는데 대동강변의 푸름과 강물의 아름다운 색조는 이별의 슬픔과 대조를 이루며 그 슬픔을 더욱 부각한다. 특히 결구는 우리나라 한시 사상 가장 뛰어난 구절로 정평이 나 있다.

나 ➜ **작품 안**　**갈래** : 오언 율시　**성격** : 회고적　**주제** : 지난 역사의 회고와 고려 국운 회복의 소망

　⬅ **작품 밖**　고려 말의 문신이었던 작가가 고구려의 유적지인 평양을 지나면서 영화롭던 옛 왕조를 회상하며 지은 오언 율시이다. 화자는 지난날 화려했던 모습은 사라지고 텅 빈 성만 남은 모습에서 자연의 영원함에 대비되는 인간의 유한성을 깨닫고 무상감을 느끼고 있다. 한편 작가는 원나라의 오랜 침략으로 쇠약해진 당시의 시대 상황 속에서 고구려의 찬란했던 역사를 일으킨 동명왕을 떠올리며 고려의 국운이 다시 일어나기를 간절히 소망하고 있다.

작품의 짜임

가

기	봄날 비 갠 강변의 싱그러움
승	임을 보내는 애절한 정한
전	유유히 흐르는 대동강 물에 대한 원망
결	이별의 정한과 눈물

나

수	여행길에 부벽루에 오름.
함	부벽루 주변의 쓸쓸한 자연 풍경
경	동명왕을 회상하고 인생의 무상감을 토로함.
미	자연의 의구(依舊)함에 대한 감회

구절 풀이

- **남포에서 임 보내며 슬픈 노래 울먹이네** : 임을 떠나보내는 구슬픈 마음이 슬픈 노래가 되어 흘러나온다는 뜻.
- **기린마는 떠나간 뒤 ~ 어느 곳에서 노니는가** : 고구려 동명왕의 신화를 떠올리며 동명왕과 같은 영웅이 다시 나타나 쇠약해진 국운을 바로잡기를 바라는 소망을 표현하고 있음.
- **산은 오늘도 푸르고 강은 절로 흐르네** : 변함없는 자연의 모습을 노래함으로써, 인간 역사의 유한함과 자신의 쓸쓸한 심정을 간접적으로 표현하고 있음.

가 비 갠 긴 언덕엔 풀빛이 푸르고　　　　雨歇長堤草色多
　　남포에서 임 보내며 슬픈 노래 울먹이네　送君南浦動悲歌
　　대동강 물이야 어느 때 마를거나　　　　大同江水何時盡
　　해마다 이별 눈물 강물을 더하는 것을　　別淚年年添綠波

나 ㉠어제 영명사를 지나다가　　　　　昨過永明寺
　　잠시 부벽루에 올랐네　　　　　　　暫登浮碧樓
　　㉡텅 빈 성엔 조각달 떠 있고　　　　城空月一片
　　천년의 구름 아래 바위는 늙었네　　石老雲千秋
　　㉢기린마는 떠나간 뒤 돌아오지 않으니　麟馬去不返
　　천손은 지금 어느 곳에서 노니는가　　天孫何處遊
　　㉣돌다리에 기대어 길게 휘파람 부노라니　長嘯倚風磴
　　㉤산은 오늘도 푸르고 강은 절로 흐르네　山靑江自流

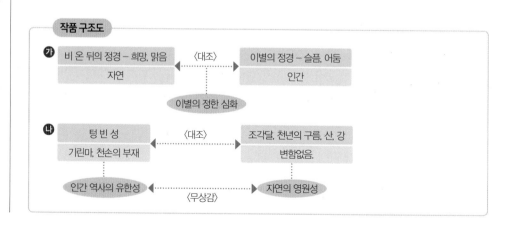

작품 구조도

가 비 온 뒤의 정경 – 희망, 맑음 / 자연 ←〈대조〉→ 이별의 정경 – 슬픔, 어둠 / 인간
　　　　　　　　　　　⟶ 이별의 정한 심화 ⟵

나 텅 빈 성 / 기린마, 천손의 부재 ←〈대조〉→ 조각달, 천년의 구름, 산, 강 / 변함없음.
　　인간 역사의 유한성 ←〈무상감〉→ 자연의 영원성

1 (가)에 대한 설명으로 가장 적절한 것은?

○ 8448-0104

① 색채 대비를 통해 대상의 이미지를 부각하고 있다.
② 의지적 어조를 통해 화자가 지향하는 바를 드러내고 있다.
③ 공간의 이동에 따라 변화하는 화자의 심리를 보여 주고 있다.
④ 연쇄법을 사용하여 화자의 정서를 효과적으로 드러내고 있다.
⑤ 과장법을 사용하여 상황에 대한 화자의 심리를 강조하고 있다.

2 ㉠~㉤에 대해 이해한 내용으로 적절하지 <u>않은</u> 것은?

○ 8448-0105

① ㉠: 공간적 배경이 시상을 촉발하는 계기가 되었음을 밝히고 있다.
② ㉡: 감각적 표현을 동원하여 쓸쓸한 분위기의 공간에 대해 묘사하고 있다.
③ ㉢: 의문형 문장을 활용하여 특정 대상을 향한 연민의 심정을 표현하고 있다.
④ ㉣: 구체적 행위를 나타내면서 상황에서 느껴지는 애상감을 드러내고 있다.
⑤ ㉤: 인간사와 대비되는 자연의 모습을 묘사하여 주제 의식을 강조하고 있다.

3 (가)의 화자의 상황 및 정서와 가장 유사한 것은?

○ 8448-0106

① 사람 사람마다 이 말삼 드르사라 / 이 말삼 아니면 사람이라도 사람 아니니 / 이 말삼 잇디 말고 배우고야
마로리이다
② 노래 삼긴 사룸 시름도 하도할샤 / 닐러 다 못 닐러 불러나 푸돗돈가 / 진실로 풀릴 거시면은 나도 불러 보
리라
③ 추강에 밤이 드니 물결이 차노매라 / 낚시 드리치니 고기 아니 무노매라 / 무심한 달빛만 싣고 빈 배 저어
오노라
④ 방 안에 켜 있는 촉불 눌과 이별하였기에 / 겉으로 눈물 지고 속 타는 줄 모르는고 / 저 촉불 날과 같아서
속 타는 줄 모르도다
⑤ 빙자옥질이여 눈 속에 너로구나 / 가만히 향기 놓아 황혼월을 기약하니 / 아마도 아치고절은 너뿐인가 하
노라

서술형

1 〈보기〉를 뒷받침할 수 있는 구절을 (나)에서 찾아 쓰시오.

○ 8448-0107

┤ 보기 ├

「부벽루」는 인간사의 무상감을 표현한 작품이라고 보는 것이 일반적이지만 이 작품이 국운 회복의 소망
을 담은 작품이라고 보는 견해도 많이 있다. 화자는 국운이 쇠한 고려의 상황에 대해 슬퍼하는 것에 그치
지 않고 융성했던 고구려의 역사를 회고하는데, 이는 과거의 역사를 통해 현재에 대한 소망을 보여 주는
것이라고 이해할 수 있다.

02 사리화(沙里花) 이제현

➜ **작품 안** **갈래** : 칠언 절구 　**성격** : 현실 고발적, 비판적, 풍자적 　**주제** : 탐관오리의 수탈과 횡포에 대한 고발

← **작품 밖** 농작물을 가혹하게 수탈하고 빼앗아 가는 관리들을 '참새'에, 수탈당하는 농민을 '늙은 홀아비'에 비유하여, 위정자들의 약탈로 신음하는 농민들의 현실을 보여 주는 노래이다.

작품의 짜임

기	어디선가 참새가 찾아옴.
승	일 년 농사의 결실을 욕심냄.
전	늙은 홀아비가 농사일을 열심히 함.
결	참새가 벼와 기장을 다 먹어 없앰.

참새*야 어디서 오가며 나느냐
일 년 농사는 아랑곳하지 않고
늙은 홀아비* 홀로 갈고 맸는데
밭의 벼며 기장을 다 없애다니

黃雀何方來去飛
一年農事不曾知
鰥翁獨自耕耘了
耗盡田中禾黍爲

어휘 풀이
* **참새** : 백성들에 대한 전횡을 일삼는 탐관오리들을 상징함.
* **늙은 홀아비** : 힘없고 나약한 백성들을 상징함.

작품 구조도

화자 〈비판적〉 → **참새** ········· **탐관오리**
〈동정적〉 → **늙은 홀아비** ········· **백성**

실력 다지기

정답과 해설 24쪽

1 윗글에 대한 설명으로 가장 적절한 것은?

◉ 8448-0108

① 대상과의 문답을 통해 시상을 심화하고 있다.
② 극단적인 상황을 가정하여 말하고자 하는 바를 강조하고 있다.
③ 설의적 표현을 통해 현실에 대한 풍자적 태도를 나타내고 있다.
④ 반어적 표현을 활용하여 대상에 대한 화자의 원망을 드러내고 있다.
⑤ 말을 건네는 방식을 활용하면서 대상에 대한 비판적 태도를 표출하고 있다.

2 윗글을 읽고 난 학생의 반응으로 가장 적절한 것은? ◐ 8448-0109

① 갈 곳 없이 방황하는 참새의 모습을 통해 남부여대(男負女戴)할 수밖에 없는 백성들의 처지를 엿볼 수 있어.

② 농사에 전혀 신경 쓰지 않고 게으름을 피우는 참새의 모습을 통해 타산지석(他山之石)의 교훈을 얻을 수 있어.

③ 늙은 홀아비의 행동을 무조건 따라하는 참새의 모습을 통해 부화뇌동(附和雷同)하는 관리들의 문제점을 발견할 수 있어.

④ 늙은 홀아비가 없는 밭에서 곡식을 다 없애 버린 참새의 모습을 통해 호가호위(狐假虎威)로 인한 폐해에 대해 생각할 수 있어.

⑤ 늙은 홀아비가 노력하여 일군 결실을 다 없애 버린 참새의 모습을 통해 가렴주구(苛斂誅求)하는 관리들의 모습을 읽어 낼 수 있어.

3 윗글과 〈보기〉를 비교하여 감상한 내용으로 가장 적절한 것은? ◐ 8448-0110

┤ 보기 ├

세상에서 구경할 만한 경치가 반드시 궁벽한 먼 지방에만 있는 것은 아니다. 임금이 도읍한 곳이나 수많은 사람들이 모여서 사는 곳에도 아름다운 경치가 있다. 그러나 조정에서 명예를 다투고 저자에서 이익을 다투다 보니, 비록 형산·여산·동정호·소상강이 한 발 내디디면 굽어볼 수 있는 거리에 있어 쉽게 찾을 수 있을 것 같아도 의외로 아는 사람이 드물다.

왜 그런가 하면 사슴을 쫓아가는 사람은 산을 보지 못하고 금을 움켜쥐는 사람은 사람을 보지 못하기 때문이다. 가을 새의 털끝은 보면서도 수레에 실은 섶을 보지 못하는 것은 마음이 쏠리는 곳이 있으면 눈이 다른 것을 볼 겨를이 없기 때문이다.

일을 벌이기 좋아하는 재력가들은 멀리 언덕을 넘고 나무를 지나 시골 마을에 자리잡고 아름다운 경치 속을 유람하는 데에 만족하면서 스스로 고상하다고 여긴다. 강락이 경승지에 새 길을 내는 것을 보고 백성들이 의아해했고, 허범이 시골을 찾는 일을 진등 같은 호걸다운 선비가 꺼렸다. 그러니 굳이 그렇게 하지 않는 것이 오히려 고상한 생활이 아니겠는가?

– 이제현, 「운금루기(雲錦樓記)」

① 윗글의 '참새'와 〈보기〉의 '금을 움켜쥐는 사람'은 재물을 탐한다는 점에서 공통점을 가진다고 할 수 있다.

② 윗글의 '늙은 홀아비'와 〈보기〉의 '강락'과 '허범'은 공통적으로 권력자들의 횡포에 시달리는 백성을 가리키는 것이라고 할 수 있다.

③ 윗글의 '참새'는 〈보기〉의 '아름다운 경치 속을 유람하는 데에 만족하면서 스스로 고상하다고 여'기는 무리에 해당한다고 할 수 있다.

④ 윗글과 〈보기〉는 문제의 본질에 대해 제대로 알지 못하는 당대 지식인들에 대한 비판 의식을 담고 있다는 점에서 공통적이라고 할 수 있다.

⑤ 윗글에 드러난 '참새'와 '늙은 홀아비'에 대한 화자의 태도는 〈보기〉의 글쓴이가 '조정에서 명예를 다투고 저자에서 이익을 다투'는 무리들을 인식하는 태도와 유사하다고 할 수 있다.

서술형

1 윗글의 화자가 '참새'와 '늙은 홀아비'를 어떠한 태도로 바라보고 있는지 한 문장으로 서술하시오. ◐ 8448-0111

3. 한시

03 춘흥(春興) 정몽주 / 어옹(漁翁) 설장수

가 → **작품 안** **갈래** : 오언 절구 **성격** : 서정적, 감각적 **주제** : 봄에 대한 기대감, 봄의 흥취

← **작품 밖** 봄날의 밤비 소리를 들으면서 봄비가 내린 뒤의 모습을 떠올리는 화자의 모습을 담고 있는 서정적인 작품이다. 봄의 계절감이 감각적 이미지를 통해 효과적으로 드러나 있다.

나 → **작품 안** **갈래** : 칠언 율시 **성격** : 서정적, 감각적, 자연 친화적 **주제** : 속세를 떠나 자연에서 지내는 삶의 만족감

← **작품 밖** 세속적 가치를 멀리하고 자연 속에서 살면서 흥취를 만끽하는 화자의 모습이 드러나 있는 작품이다. 속세와 자연을 대비하면서 주제 의식을 드러내고 있으며, 색채 이미지, 청각적 이미지 등을 다양하게 활용하고 있다.

작품의 짜임

가

기	봄날의 가느다란 비
승	봄날의 밤비 소리
전	봄비가 내린 뒤의 모습
결	봄에 대한 화자의 기대감

나

수	세속적 가치를 추구하지 않고 자연을 찾아다님.
함	자연 속에서 낭만적인 풍경과 흥취를 즐김.
경	속세를 멀리하고 자연 속에서 살아감.
미	벼슬에 욕심을 가지지 않고 자연에서의 삶에 만족함.

가 봄비가 가늘어 방울도 듣지 않더니
ⓐ밤중에 약간 소리가 나는 듯했네.
눈 녹아 남쪽 개울에 물이 불었거니
ⓑ풀싹은 이미 얼마나 돋았는고.

春雨細不滴
夜中微有聲
雪盡南溪漲
草芽多少生

나 헛된 이름 따라 허덕허덕 바삐 다니지 않고
평생 물과 구름 가득한 마을을 찾아다녔네
따스한 봄 잔잔한 호수엔 안개가 천 리에 끼었고
ⓒ맑은 가을날 옛 기슭엔 달이 배 한 척 비추네
서울 길의 붉은 먼지 꿈에서도 바라지 않고
ⓓ초록 도롱이 푸른 삿갓과 함께 살아간다네
ⓔ어기여차 노랫소리는 뱃사람의 흥취이니
세상에 ⓐ옥당(玉堂) 있다고 어찌 부러워하리오

不爲浮名役役忙
生涯追逐水雲鄉
平湖春暖烟千里
古岸秋高月一航
紫陌紅塵無夢寐
綠簑靑蒻共行藏
一聲欸乃歌中趣
那羨人間有玉堂

구절 풀이

• **풀싹은 이미 얼마나 돋았는고** : 봄비가 내린 후 돋아난 새싹에 대해 떠올리며 봄에 대한 화자의 기대감을 드러낸 것으로, 봄의 생명력에 대해 표현한 것임.

• **헛된 이름 따라 허덕허덕 바삐 다니지 않고** : 부귀공명과 같은 세속적 가치를 헛된 것이라고 여기는 화자의 모습이 드러남.

• **세상에 옥당 있다고 어찌 부러워하리오** : 벼슬에 대한 미련을 버리고 자연을 벗 삼으며 한가로이 사는 삶의 만족감이 드러남.

작품 구조도

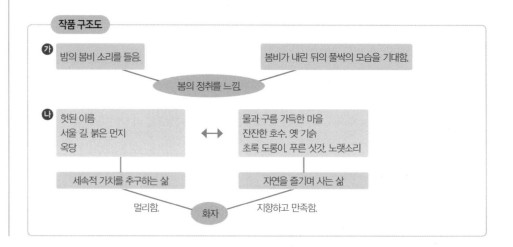

가 밤의 봄비 소리를 들음. / 봄비가 내린 뒤의 풀싹의 모습을 기대함.
→ 봄의 정취를 느낌

나
헛된 이름 / 서울 길, 붉은 먼지 / 옥당 ↔ 물과 구름 가득한 마을 / 잔잔한 호수, 옛 기슭 / 초록 도롱이, 푸른 삿갓, 노랫소리
세속적 가치를 추구하는 삶 / 자연을 즐기며 사는 삶
멀리함. → 화자 ← 지향하고 만족함.

1 (가), (나)의 공통점으로 가장 적절한 것은?　○ 8448-0112

① 자연과 인간의 속성을 대비하면서 비애감을 표출하고 있다.

② 현실적 세계를 벗어난 이상적 세계에 대한 지향을 드러내고 있다.

③ 자연의 모습을 통해 느끼는 화자의 자연 친화적 정서를 표현하고 있다.

④ 시간의 흐름에 따른 화자의 심리 변화를 중심으로 시상을 전개하고 있다.

⑤ 과거 회상을 바탕으로 현재의 상황에 대한 긍정적 인식을 나타내고 있다.

2 ㉠~㉤에 대해 이해한 내용으로 적절하지 <u>않은</u> 것은?　○ 8448-0113

① ㉠: 가늘게 내리는 빗소리를 듣는 봄밤의 서정을 표현하고 있다.

② ㉡: 눈이 녹고 봄이 오면서 돋아나는 새싹에 대한 기대감을 나타내고 있다.

③ ㉢: 추억이 서린 고향 마을을 떠올리면서 그리움의 정서를 드러내고 있다.

④ ㉣: 소박하고 한가롭게 사는 삶을 지향하고 있는 모습을 나타내고 있다.

⑤ ㉤: 호수에서 뱃놀이를 즐기는 흥겨운 기분과 만족감을 표현하고 있다.

3 〈보기〉의 ㉮~㉺ 중, (나)의 ⓐ와 상통하는 의미를 가지는 것은?　○ 8448-0114

> ┤ 보기 ├
>
> 　㉮청산(靑山)은 에워들고 ㉯녹수(綠水)는 돌아가고
> 　석양이 걷을 때에 신월(新月)이 솟아난다
> 　㉰안전(案前)에 일존주(一尊酒) 가지고 시름 풀자 하노라
>
> 〈제1수〉
>
> 　㉱강산(江山)에 눈이 익고 ㉲세로(世路)에 낯이 서니
> 　어디 뉘 문(門)에 이 허리 굽닐손고
> 　일존주 삼척금(三尺琴) 가지고 백년 소일(消日)하리라
>
> 〈제3수〉
>
> － 장복겸, 「고산별곡(孤山別曲)」

① ㉮　　② ㉯　　③ ㉰　　④ ㉱　　⑤ ㉲

서술형

1 (나)에서 세속적 욕망의 부질없음을 표현한 구절을 찾아 쓰시오.　○ 8448-0115

4. 가전체 소설

01 공방전(孔方傳) 임춘

작품 안 갈래 : 가전체 성격 : 풍자적, 교훈적, 우의적 주제 : 돈(재물)에 대한 인간의 탐욕 비판 / 경세(經世)에 대한 비판

작품 밖 고려 무신 집권기에 돈을 의인화하여 지은 가전체 작품으로, 돈의 폐해에 대해 강하게 비판하고 있다. 돈이 생겨난 유래와 돈이 인간 생활에 미치는 여러 가지 이득과 폐해를 사람의 행동으로 바꾸어 보여 줌으로써, 돈(재물)에 대한 사람들의 탐욕을 경계하고 있다. 작가는 돈(공방)의 존재가 인간의 삶을 잘못되게 하므로, 이를 방지하기 위해서는 과감하게 돈을 없애야 한다고 말하고 있다.

작품의 짜임

도입	공방(돈)의 등장 내력
전개	· 공방의 외양과 정계 진출 · 공방이 탐욕과 악행으로 쫓겨남.
평론	공방에 대한 사관의 평가

어휘 풀이

* 상공 : 대장장이를 벼슬아치에 비유한 표현.
* 풀무 : 불을 피우기 위해 바람을 일으키는 기구.
* 홍려경 : 한나라의 관직 이름.
* 참람 : 분수에 맞지 않게 지나친 데가 있음.
* 비루 : 행동이나 성질이 너절하고 더러움.

구절 풀이

● 공방의 자는 관지이다. : 공방의 이름을 소개하는 부분으로 작품의 소재가 '돈'임을 추측할 수 있음.

● 그의 조상은 ~ 일이 없었다. : 공방의 조상이 출현하게 된 배경을 설명한 부분으로, 조상이 숨어 살았다는 것은 돈의 필요성을 느끼지 못하여 아직 돈이 유통되지는 않는 단계였음을 의미함.

● "이는 산야의 성질을 ~ 내버리지 마시옵소서". : 돈을 만드는 재료인 구리나 철은 원래 투박하고 보잘것없는 것이지만, 황제가 잘 다듬어서 쓸모 있는 것으로 만들어 써야 함을 의미함. 돈의 발생과 유통 과정을 짐작할 수 있음.

●공방(孔方)의 자(字)는 관지(貫之)이다. 공방이란 구멍이 모가 나게 뚫린 돈, 관지는 돈의 꿰미를 뜻한다. ●그의 **조상은 일찍이 수양산 속에 숨어 살**면서 아직 한 번도 세상에 나와서 쓰여진 일이 없었다.

그는 처음 황제(黃帝) 시절에 조금 조정에 쓰였으나 워낙 성질이 굳세어 원래 세상일에는 그다지 세련되지 못했다. 어느 날 황제가 상공(相工)*을 불러 그를 보였다. 상공은 한참 들여다보고 나서 말했다.

●"이는 산야(山野)의 성질을 가져서 쓸 만한 것이 못 됩니다. 그러하오나 폐하께서 만일 만물을 조화하는 풀무*나 망치를 써서 그 때를 긁어 빛이 나게 한다면, 그 본래의 바탕이 차차 드러나게 될 것입니다. 원래 왕자(王者)란 모든 사람으로 하여금 올바른 그릇이 되게 해야 하는 것입니다. 원컨대 폐하께서는 이 사람을 저 쓸모없는 완고한 구리쇠와 함께 내버리지 마시옵소서." 이리하여 공방은 차츰 그 이름이 세상에 나타나기 시작했다.

그 뒤에 일시 난리를 피하여 강가에 있는 숯 굽는 거리로 옮겨져서 거기에서 오래 살게 되었다. 그의 **아버지 천(泉)은 주나라의 대재(大宰)**로서 나라의 세금에 관한 일을 맡아 처리하고 있었다. 천(泉)이란 화천(貨泉)을 말한다.

공방은 생김새가 밖은 둥글고 구멍은 모나게 뚫렸다. 그는 때에 따라서 변통을 잘한다. 한 번은 한나라에 벼슬하여 **홍려경(鴻臚卿)*이 되었다.** 그때 오왕(吳王) 비(濞)가 교만하고 참람(僭濫)*하여 나라의 권리를 혼자서 도맡아 부렸다. 방은 여기에 붙어서 많은 이익을 보았다. ㉠무제 때에는 온 천하의 경제가 말이 아니었다. 나라 안의 창고가 온통 비어 있었다. 임금은 이를 보고 몹시 걱정했다. 방을 불러 벼슬을 시키고 **부민후(富民侯)로 삼아, 그의 무리인 염철승(鹽鐵丞) 근(僅)과 함께 조정에 있게 했다.** 이때 근은 방을 보고 항상 형이라 하고 이름을 부르지 않았다.

●방은 **성질이 욕심이 많고 비루(卑陋)*하고 염치가 없었다.** 그런 사람이 이제 재물을 맡아서 처리하게 되었다. 그는 돈의 본전과 이자의 경중을 다는 법을 좋아하여, 나라를 편안하게 하는 것은 반드시 질그릇이나 쇠그릇을 만드는 생산 방법에만 있는 것이 아니라고 생각했다. 그는 백성으로 더불어 한 푼 한 리의 이익이라도 다투고, 한편 모든 물건의 값을 낮추어 곡식을 몹시 천한 존재로 만들고 딴 재물을 중하게 만들어서, 백성들이 자기들의 본업인 농업을 버리고 사농공상(士農工商)의 맨 끝인 장사에 종사하게 하여 농사짓는 것을 방해했다.

이것을 보고 간관(諫官)들이 상소를 하여 이것이 잘못이라고 간했다. ㉡하지만 임금은 이 말을 듣지 않았다. 방은 또 권세 있고 귀한 사람을 몹시 재치 있게 잘 섬겼다. 그들의 집에 자주 드나들면서 자기도 권세를 부리고 한편으로는 그들을 등에 업고 벼슬을 팔아, 승진시키고 갈아치우는 것마저도 모두 방의 손에 매이게 되었다. 이렇게 되니, 한다 하는 공경(公卿)들까지도 모두들 절개를 굽혀 섬기게 되었다. 그는 창고에 곡식이 쌓이고 뇌물을 수없이 받아서

뇌물의 목록을 적은 문서와 증서가 산처럼 쌓여 그 수를 셀 수 없이 되었다.

ⓒ그는 모든 사람을 상대하는 데 잘나거나 못난 것을 관계하지 않는다. 아무리 시정 속에 있는 사람이라도 재물만 많이 가졌다면 모두 함께 사귀어 상통한다. 때로는 거리에 돌아다니는 나쁜 소년들과도 어울려 바둑도 두고 투전도 한다. 이렇게 남과 사귀는 것을 좋아한다. 이것을 보고 당시 사람들은 말했다.

ⓔ"공방의 한마디 말이 황금 백 근만 못하지 않다."

원제(元帝)가 왕위에 올랐다. 공우(貢禹)가 글을 올려 말한다.

"공방이 어려운 직책을 오랫동안 맡아보는 사이, 그는 농사가 국가의 근본임을 알지 못하고, 오직 장사꾼들의 이익만을 두호(斗護)해 주어서, **나라를 좀먹고 백성을 해쳐서 국가나 민간 할 것 없이 모두 곤궁에 빠지게 되었습니다.** 그 위에 뇌물이 성행하고 청탁하는 일이 버젓이 행해지고 있습니다. 대체로 '짐을 지고 또 타게 되면 도둑이 온다[負且乘 致寇至].' 한 것은 『주역』에 있는 분명한 경계입니다. 청컨대 그를 파면하셔서, 모든 욕심 많고 비루한 자들을 징계하시옵소서."

그때 정권을 잡은 자 중에는 곡량(穀梁)의 학문을 쌓아 정계에 진출한 자가 있었다. 그는 군자(軍資)를 맡은 장군으로 변방을 막는 방책을 세우려 했다. 이에 방이 하는 일을 미워하는 자들이 그를 위해서 조언했다. 임금은 이들의 말을 들어서 마침내 방은 조정에서 쫓겨나는 몸이 되었다.

[중략 부분 줄거리] 남송 때에 공방은 소식에 의하여 다시 배척되었고, 공방의 아들은 경박하여 세상의 욕을 먹었고, 뒤에 수형령이 되었으나 장물죄가 드러나 사형당하였다.

사신(史臣)은 말한다.

남의 신하가 된 몸으로서 두 마음을 품고 큰 이익만을 좇는 자를 어찌 충성된 사람이라고 하랴. 방이 올바른 법과 좋은 주인을 만나서, 정신을 집중시켜 자기를 알아주어서 나라의 은혜를 적지 않게 입었었다. ⓜ그러면 의당 국가를 위하여 이익을 일으켜 주고, 해를 덜어 주어서 임금의 은혜로운 대우에 보답했어야 했다. 그런데도 도리어 비를 도와서 나라의 권세를 한 몸에 독차지해 가지고, 심지어 사사로이 당을 만들기까지 했으니, 이것은 충신이 경계 밖의 사귐이 없어야 한다는 말에 어긋나는 것이다.

방이 죽자 그 남은 무리들은 다시 남송에 쓰여졌다. 집정한 권신(權臣)들에게 붙어서 그들은 도리어 정당한 사람을 모함하는 것이었다. 비록 길고 짧은 이치는 저 명명(冥冥)한 가운데 있는 것이지만, 만일 원제(元帝)가 일찍부터 공우(貢禹)가 한 말을 받아들여서 이들을 **일조에 모두 없애 버렸던들 이 같은 후환은 없었을 것이다.** 그런데 다만 이들을 억제하기만 해서 마침내 후세에 폐단을 남기고 말았다. 그러나 대체 실행보다 말이 앞서는 자는 언제나 미덥지 못한 것을 걱정하지 않을 수가 없다.

| 공방의 가계 소개 | → | 공방의 외양과 정계로의 진출 | → | 공방의 성품과 행적 | → | 공방의 생애 평가 |

작품 구조도

---

*방은 성질이 욕심이 많고 ~ 농사짓는 것을 방해했다. : 돈이 세상에 나와 널리 쓰이게 되면서 생긴 폐해를 밝힌 것으로, 그중에서도 세상 사람들이 돈을 중시하여 농사를 천시하고 장사에 매달리게 된 것이 가장 큰 문제라는 인식을 드러내고 있음.

*그는 모든 사람을 상대하는 데 ~ 투전도 한다. : 재물이 모든 행동의 기준이 될 정도로 악용되어 사람을 대할 때도 인품을 따지지 않는 세태를 나타냄.

*"공방의 한마디 말이 황금 백 근만 못하지 않다." : 공방의 권세가 어느 누구도 따르지 못할 정도임을 드러냄.

「공방전」에 반영된 현실 인식
인간 세상에서 돈은 필요한 것이지만, 그 돈 때문에 사람들이 교활해지고 갈등을 빚기도 하므로 불화의 근본이니 후환을 막으려면 과감하게 돈을 없애야 한다는 의도가 담겨 있음.

1 윗글의 '공방'에 대한 설명으로 적절하지 <u>않은</u> 것은?

◑ 8448-0116

① 공방은 한나라에서 벼슬살이를 하기도 하였다.
② 공방은 오왕 비와 결탁하여 권세를 휘둘렀다.
③ 공방은 곡식보다는 재물을 중시하도록 만들었다.
④ 공방은 세상에 나오면서부터 그 쓸모를 인정받았다.
⑤ 공방은 권세가들이나 귀한 신분의 사람들을 잘 섬겼다.

2 ㉠~㉤에 대해 이해한 내용으로 적절하지 <u>않은</u> 것은?

◑ 8448-0117

① ㉠: 공방이 조정에서 일하게 된 사회적 배경에 대해 설명하고 있다.
② ㉡: 공방이 임금으로부터 신임을 얻고 있었다는 것을 보여 주고 있다.
③ ㉢: 공방이 사람들을 가리지 않으며 사교적인 성격이었음을 나타내고 있다.
④ ㉣: 공방이 누구도 따르지 못할 정도로 막강한 권세를 지녔음을 말해 주고 있다.
⑤ ㉤: 공방이 임금의 은혜를 저버리고 자신의 이익만을 챙긴 부정적 대상임을 지적하고 있다.

3 〈보기〉를 바탕으로 윗글을 감상한 내용으로 적절하지 <u>않은</u> 것은?

◑ 8448-0118

> ┤ 보기 ├
>
> 고려 중기 이후에 등장하는 가전체(假傳體) 소설은 일반적으로 세상 사람들을 경계하고 징벌하는 계세징인((戒世懲人)의 목적을 가지고 있다. 여기서 가전체란, 인간이 아닌 사물을 의인화하여 그 일대기를 전기(傳記)의 형식으로 서술한 것을 말한다. 먼저 인물의 가계에 대한 정보를 제시하고, 시간적 순서에 따라 인물의 행적을 서술한다. 끝부분에는 인물에 대한 평가를 덧붙이는데, 이 부분에서는 가전체 소설의 풍자적 교훈성이 여실히 드러난다.

① 공방의 '조상은 일찍이 수양산 속에 숨어 살'았으며 '아버지 천은 주나라의 대재'였다고 하는 것에서 공방의 가계에 대한 정보를 확인할 수 있군.
② 공방이 '홍려경이 되었'으며 '부민후'로 '염철승 근과 함께 조정에 있'었다고 하는 것에서 인물의 행적에 대한 서술을 확인할 수 있군.
③ 공방이 '성질이 욕심이 많고 비루하고 염치가 없었'다고 하는 것에서 사물에 인격을 부여하는 의인화의 기법을 확인할 수 있군.
④ 공방으로 인해 '나라를 좀먹고 백성을 해쳐서 국가나 민간 할 것 없이 모두 곤궁에 빠지게 되었'음을 지적하는 것에서 계세징인의 목적을 확인할 수 있군.
⑤ 사신이 공방을 '일조에 모두 없애 버렸던들 이 같은 후환은 없었을 것'이라고 하는 것에서 비윤리적인 위정자들에 대한 풍자를 확인할 수 있군.

서술형

1 윗글에서 작가의 의도를 드러내기 위한 장치로서, 인물에 대한 다른 사람의 평가를 빌리고 있음을 나타내는 문장을 찾아 쓰시오.

◑ 8448-0119

→ **작품 안** **갈래** : 가전체 **성격** : 풍자적, 교훈적 **주제** : 이상적인 인간상(군자)의 제시 / 위국충절(爲國忠節)의 사회적 교훈 강조

← **작품 밖** 술(누룩)을 의인화하여 한 인물의 전기 형식으로 쓴 작품이다. 안으로는 무신들의 반란과 밖으로는 몽고의 침입이라는 어지러운 당대 사회를 배경으로, 혼란스러운 시대에 군자가 취해야 할 올바른 처신을 강조하고 있다. 분수를 망각한 인간들을 풍자하고 참된 인재의 중요성을 시사하는 등 계세징인(戒世懲人)을 목적으로 지어졌다.

작품의 짜임

도입	국성의 가계와 신분
전개	• 국성의 성품과 행적 • 세 아들과 친구의 죽음 및 서민이 된 국성 • 국성의 도적 토벌과 위국충절
평론	국성에 대한 평가

어휘 풀이

* 국성 : 맑은 술. 술을 의인화한 호칭.
* 주천 : 술이 솟는 샘이라는 뜻으로, 많은 술을 이르는 말.
* 차 : 흰 술을 의인화한 말.
* 평원독우 : 질이 나빠 맛이 좋지 않은 술.
* 곡 씨 : 곡식을 의인화한 말.
* 물루 : 몸을 얽매는 세상의 온갖 괴로움.
* 청주종사 : 질이 좋은 술.
* 공거 : 전쟁에 쓰이는 수레.
* 천식 : 새로 난 과일이나 농산물을 신에게 바치는 천신 때 올리는 음식.
* 진작 : 임금께 나아가 술잔을 올림.
* 만절 : 나이가 늙은 시절. 만년(晩年).
* 천수 : 타고난 수명. 천명(天命).

구절 풀이

• 그의 조상은 ~ 살고 있었는데.
: 누룩은 따뜻한 온도에서 잘 뜨기 때문에, 따뜻함을 뜻하는 '온(溫)'으로 마을의 이름을 지은 것임.

• 사농경 곡 씨의 ~ 성을 낳았다. : 누룩과 곡물로 술을 만들었다는 의미임.

국성(麴聖)*의 자는 중지(中之)요, 관향(貫鄕)은 주천(酒泉)*이다. 어렸을 때에 서막(徐邈)에게 사랑을 얻어, 그의 이름과 자(字)는 모두 서 씨가 지어 주었다.

[A] 그의 조상은 애초에 온(溫)이라고 하는 고장에서 농사를 지으면서 살고 있었는데, 정(鄭)나라가 주(周)나라를 칠 때에 포로가 되어 본국으로 돌아가지 못하였으므로, 그 자손의 일파가 정나라에서 살게 되었다. 그의 증조는 역사에 이름이 나타나지 않았고, 조부 모(牟)는 살림을 주천으로 옮겨, 이때부터 주천에서 살게 되었다. 아버지 차(醝)*에 이르러서 비로소 벼슬길에 나아가 평원독우(平原督郵)*의 직을 역임하였고, 사농경(司農卿) 곡 씨(穀氏)*의 따님과 결혼하여 성(聖)을 낳았다.

㉠성은 어렸을 때부터 도량이 넓고 침착하여, 아버지의 친지들이 그를 매우 사랑하였다. 그래서 항상 이렇게 말하는 것이었다.

"이 아이의 도량이 만 이랑의 물과 같아서, 가라앉히더라도 더 맑아지지 않으며, 흔들어 보더라도 탁(濁)해지지 않으니, 우리는 자네와 이야기하기보다는 이 아이와 함께 기뻐함이 좋네."

㉡성이 자라서, 중산(中山)에 사는 유영(劉伶), 심양(潯陽)에 사는 도잠(陶潛)과 벗이 되었다. 이들은 서로 말하기를,

"하루라도 이 친구를 만나지 못하면 심중에 물루(物累)*가 생긴다."

라고 하며, 만날 때마다 저물도록 같이 놀고, 서로 헤어질 때는 항상 섭섭해하였다.

나라에서 성에게 조구연(糟丘椽)을 시켰지만 부임하지 않자, 또 청주종사(靑州從事)*로 불렀다. 공경(公卿)들이 계속하여 그를 조정에 천거하니 임금께서 조서(詔書)를 내리고 공거(公車)*를 보내어 불러 보고는 말하기를,

"이 사람이 바로 주천의 국생인가? 내가 그의 명성을 들어 온 지 오래다."

라고 하셨다.

이보다 앞서 태사(太史)가 아뢰기를, 주기성(酒旗星)이 크게 빛을 낸다 하더니, 얼마 안 되어 성이 이른지라 임금이 또한 이로써 더욱 기특히 여기었다.

곧 주객 낭중(主客郎中) 벼슬을 시키고, 이윽고 국자좨주(國子祭酒)로 올리어 예의사(禮儀使)를 겸하니, ㉢무릇 조회(朝會)의 잔치와 종조(宗祖)의 제사·천식(薦食)*·진작(進酌)*의 예(禮)에 임금의 뜻에 맞지 않음이 없는지라, 위에서 기국이 듬직하다 하여 올려서 후설(喉舌)의 직에 두고, ㉣우례(優禮)로 대접하여 매양 들어와 뵐 적에 교자(轎子)를 탄 채로 전(殿)에 오르라 명하여, 국 선생(麴先生)이라 하고 이름을 부르지 않으며, 임금의 마음이 불쾌함이 있어도 성이 들어와 뵈면 임금은 비로소 크게 웃으니, 무릇 사랑받음이 모두 이와 같았다.

원래 성은 성질이 구수하고 아량이 있었다. ㉤날이 갈수록 사람들과 친근해졌고 특히 임금과는 조금도 스스럼없이 가까워졌다. 자연 임금의 사랑을 받게 되어 항상 따라다니면서 잔치 자리에서 함께 놀았다.

구절 풀이

● "하루라도 이 친구를 만나지 못하면 심중에 물루가 생긴다." : 술을 좋아하기로 유명한 유영과 도잠이 술의 속성에 대해 평가한 부분으로, 술을 마시지 않으면 마음속에 괴로움이 생긴다는 의미임.

● 매양 들어와 ~ 이름을 부르지 않으며 : 술이 상에 차려져 임금에게 올려짐을 비유적으로 표현한 것으로, 임금의 국성에 대한 예우와 대접 총애를 보여 줌.

● 사신은 말한다. : 인물의 생애에 대한 작가의 견해와 비평을 사관의 입을 빌려 덧붙인 구절임.

● '기미를 보아서 일을 해 나간다.' : 김새를 알아차려 미리 일을 처리한다는 뜻으로, 순리를 알고 처신한다는 의미임.

성이 이미 벼슬을 그만두자 제 고을과 격 마을 사이에는 도둑들이 떼 지어 일어났다. 이에 임금은 이 고을의 도둑들을 토벌하라는 명을 내렸다. 하지만 적임자가 쉽게 물색되지 않았다. 하는 수 없이 다시 성을 기용해서 원수로 삼아 토벌하도록 했다. 성은 부하 군사를 몹시 엄하게 통솔했고, 또 모든 고생을 군사들과 같이했다. 수성에 물을 대어 한 번 싸움에 이를 함락하고 나서 거기에 장락판을 쌓고 회군하였다. 임금은 그 공로로 성을 상동후에 봉했다.

그 후 2년이 지났다. 성은 소를 올려 불러나기를 청했다.

"신은 본래 가난한 집 자식이옵니다. 어려서는 몸이 빈천해서 이곳저곳으로 남에게 팔려 다니는 신세였습니다. 그러다가 우연히 폐하를 뵙게 되자, 폐하께서는 마음을 놓으시고 신을 받아들이셔서 할 수 없는 몸을 건져 주시고 강호의 모든 사람들과 같이 용납해 주셨습니다. 하오나 신은 일을 크게 하시는 데 더함이 없었고, 국가의 체면을 조금도 더 빛나게 하지 못했습니다. 저번에 제 몸을 삼가지 못한 탓으로 시골로 물러나 편안히 있었사온데, ⑳비록 엷은 이슬은 거의 다 말랐사오나 그래도 요행히 남은 이슬방울이 있어, 감히 해와 달이 밝은 것을 기뻐하면서 다시금 찌꺼기와 티를 열어젖힐 수가 있었나이다. 또한 물이 그릇에 차면 엎어진다는 것은 모든 물건의 올바른 이치옵니다. 이제 신은 몸이 마르고 소변이 통하지 않는 병으로 목숨이 경각에 달려 있사옵니다. 바라옵건대 폐하께서는 명령을 내리시와 신으로 하여금 물러가 여생을 보내게 해 주옵소서."

그러나 임금은 이를 승낙하지 않고 중사를 보내어 송계, 창포 등의 약을 가지고 그 집에 가서 병을 돌봐 주게 했다. 성은 여러 번 글을 올려 이를 사양했다. 임금은 부득이 이를 허락하여 마침내 고향으로 돌려보냈다. 그는 천수를 다하고 조용히 세상을 떠났다.

[B] 그의 아우는 현(賢)이다. 현은 즉 탁주다. 그는 벼슬이 이천 석에 올랐다. 아들이 넷인데 익, 두, 앙, 남이다. 익은 색주, 두는 중양주, 앙은 막걸리, 남은 과주이다. 이들은 도화즙을 마셔 신선이 되는 법을 배웠다. 또 성의 조카들에 주, 만, 염이 있었다. 이들은 모두 적을 평 씨에게 소속시켰다.

사신(史臣)은 말한다.

국 씨는 원래 대대로 내려오면서 농가 사람들이었다. 성이 유독 넉넉한 덕이 있고 맑은 재주가 있어서 당시 임금의 심복이 되어 국가의 정사에까지 참여하고, 임금의 마음을 깨우쳐 주어, 태평스러운 푸짐한 공을 이루었으니 장한 일이다. 그러나 임금의 사랑이 극도에 달하자 마침내 국가의 기강을 어지럽히고 화가 그 아들에게까지 미쳤다. 하지만 이런 일은 실상 그에게는 유감이 될 것이 없다 하겠다. 그는 만절(晩節)*이 넉넉한 것을 알고 자기 스스로 물러나 천수(天壽)*를 다하였다. 『주역』에 '기미를 보아서 일을 해 나간다[見機而作].'라고 한 말이 있는데 ⑭성이야말로 거의 여기에 가깝다 하겠다.

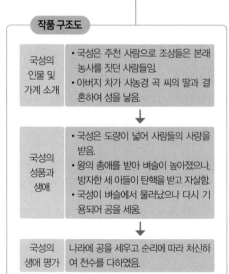

작품 구조도

국성의 인물 및 가계 소개	• 국성은 주천 사람으로 조상들은 본래 농사를 짓던 사람들임. • 아버지 차가 사농경 곡 씨의 딸과 결혼하여 성을 낳음.

↓

국성의 성품과 생애	• 국성은 도량이 넓어 사람들의 사랑을 받음. • 왕의 총애를 받아 벼슬이 높아졌으나, 방자한 세 아들이 탄핵을 받고 자살함. • 국성이 벼슬에서 물러났으나 다시 기용되어 공을 세움.

↓

국성의 생애 평가	나라에 공을 세우고 순리에 따라 처신하여 천수를 다하였음.

1 ㉠~㉤에 대해 이해한 내용으로 적절하지 <u>않은</u> 것은?   ◐ 8448-0120

① ㉠: 국성이 지닌 성품에 대해 언급하며 국성이 가족들의 사랑을 받았음을 밝히고 있다.

② ㉡: 국성이 유영, 도잠과 어울려 지낸 것을 통해 국성이 풍류를 즐기는 성향을 지녔음을 나타내고 있다.

③ ㉢: 국성이 조정에서 많은 일을 맡았으며 맡은 일을 잘 처리하여 임금의 사랑을 받았음을 보여 주고 있다.

④ ㉣: 국성을 시기하는 무리들이 생겨나 국성이 고립된 처지에 놓이게 되었음을 서술하고 있다.

⑤ ㉤: 국성이 임금을 비롯한 많은 사람들과 가까이 지내는 사교적 성향을 지니고 있음을 드러내고 있다.

2 [A]와 [B]를 비교하여 설명한 것으로 가장 적절한 것은?   ◐ 8448-0121

① [A]는 국성이 성장한 환경을, [B]는 국성의 가족에 대한 정보를 구체적으로 제시하고 있다.

② [A]는 국성의 가계에 대한 정보를, [B]는 국성의 일가에 대한 정보를 요약적으로 서술하고 있다.

③ [A]는 국성의 조상이 이룬 업적을, [B]는 국성이 이룬 업적을 시간적 순서에 따라 열거하고 있다.

④ [A]는 국성이 태어나기까지의 과정을, [B]는 국성이 죽고 난 이후의 변화를 극적으로 서술하고 있다.

⑤ [A]는 국성의 출신이 미천함을, [B]는 국성이 미천한 신분을 극복해 낸 것에 대한 평가를 제시하고 있다.

3 문맥을 고려하여 ㉮를 이해한 내용으로 적절하지 <u>않은</u> 것은?   ◐ 8448-0122

① 이슬은 국성이 지닌 능력을 비유한 것이다.

② 이슬이 옅다고 한 것은 국성이 자신을 낮추어 표현한 것이다.

③ 해와 달이 밝은 것은 국성의 업적이 알려진 상황을 나타낸 것이다.

④ 찌꺼기와 티는 임금이 국성을 다시 기용하게 된 이유를 표현한 것이다.

⑤ 찌꺼기와 티를 열어젖힐 수 있었다는 것은 도둑 떼를 토벌하는 공로를 세웠다는 뜻이다.

서술형

1 ㉯와 같이 평가할 수 있는 이유가 무엇인지 한 문장으로 서술하시오.   ◐ 8448-0123

➜ **작품 안** **갈래** : 고전 수필, 기행 수필　**성격** : 체험적, 서정적　**주제** : 이상향에 대한 동경

➜ **작품 밖** 이상향으로 일컬어지는 지리산 청학동을 찾아간 체험을 쓴 기행 수필이다. 작가는 결국 청학동을 찾지 못하고 바위에 자신의 안타까운 심정만을 남기고 돌아온다. 이상향에 대한 지향과 이상향을 찾지 못한 안타까움을 드러내고 있다.

작품의 짜임

기	청학동의 지형과 지명의 유래
승	청학동을 찾아 나섬.
전	지리산의 경관에 대한 감상과 청학동을 찾지 못한 안타까움
결	도원기 소개와 청학동에 대한 지향

특징
- 고사와 문장을 예시하여 글을 전개함.
- 작자의 체험과 청학동을 찾지 못한 안타까움을 교차하여 제시함.
- 이상과 현실의 괴리를 관조적으로 서술하고 있음.

어휘 풀이
* 양전 : 기름진 밭.
* 쟁류 : 다투어 물이 흐름.
* 표묘 : 끝없이 넓거나 멀어서 있는지 없는지 알 수 없을 만큼 어렴풋함.
* 초동 : 땔나무를 하는 아이.

구절 풀이
● 북쪽 백두산으로부터 ~ 서리고 얽혀서 : 지리산의 웅대한 규모와 수려한 봉우리의 자태를 묘사하고 있음.
● 천암은 경수하고 ~ 찾지 못하고 말았다. : 청학동의 현실적인 부재를 의미하는 표현임.
● 어떻게 유자기와 ~ 볼 것인가. : 이상향에 가 보고 싶다는 열망을 표현한 구절로, 찾지 못한 이상향에 대한 미련과 집착이 큼을 나타냄과 동시에 결국 갈 수 없을 것이라는 체념이 드러남.

[A]

　　지리산은 두류산(頭流山)이라고도 한다. ●북쪽 백두산으로부터 일어나서 꽃봉오리처럼 그 봉우리와 골짜기가 이어져 대방군(帶方郡)에 이르러서야 수천 리를 서리고 얽혀서 그 테두리는 무려 십여 고을에 뻗치었기에 달포를 돌아다녀야 대강 살필 수 있다. 옛 노인들이 전하는 바로는 "그 속에 청학동이 있는데 길이 매우 협착(狹窄)하여 겨우 사람이 다닐 수 있고, 몸을 구부리고 수십 리를 가서야 허광한 경지가 전개된다. 거기엔 모두 양전(良田)*으로 옥토(沃土)가 널려 있어 곡식을 심기에 알맞으나, 거기엔 청학만이 살고 있기 때문에 이런 이름이 붙여졌고, 대개 여기엔 옛날 세상을 피해 사는 사람들이 살았기에 무너진 담과 구덩이가 가시덤불에 싸여 남아 있다."라고 한다.

　　연전에 나는 당형(堂兄) 최상국과 같이 옷깃을 떨치고 이 속된 세상과는 등지고 싶은 마음이 있어 우리는 서로 이곳을 찾아가기로 했다. 대고리짝에 소지품을 넣어 소 두서너 마리에다 싣고 들어가 이 세속과는 담을 쌓기로 했다. 드디어 화엄사로부터 출발하여 화개현에 이르러 신흥사에 투숙하였는데, 가는 곳마다 모두가 선경이었다.

　　●천암(千巖)은 경수(競秀)하고 만학(萬壑)이 쟁류(爭流)*하며 대울타리에 초가들이 복숭아꽃 살구꽃 핀 사이로 은은하게 비치니 거의 인간 세상이 아닌 듯하나 찾고자 하는 청학동은 마침내 찾지 못하고 말았다. 하는 수 없이 시만 바윗돌에 남기고 돌아왔다.

[B]

　　두류산은 드높이 구름 위에 솟고
　　만학천암(萬壑千巖) 둘러보니 회계(會稽)와 방불하네
　　지팡이에 의지하여 청학동 찾으려 했으나
　　속절없는 원숭이 울음소리만 숲속에서 들리네
　　누대(樓臺)는 표묘(縹緲)*한데 삼산(三山)은 안 보이고
　　써 있는 넉 자가 이끼 끼어 희미하네
　　묻노니 선원(仙源)은 어데인가
　　낙화유수(落花流水)만이 가물가물

　　어제 서루(書樓)에서 우연히 『오류선생집(五柳先生集)』을 훑어보다가 「도원기(桃源記)」가 있기에 이것을 거듭 읽어 보았다. 대개 진(秦)나라 때 ㉠어떤 이가 난리를 피해 처자를 거느리고 그윽하고 깊어 궁벽진 곳을 찾아 산이 둘렸고 시내가 거듭 흘러 초동(樵童)*도 갈 수 없는 험한 이곳에 살았는데, 진(晉)의 태원(太元) 연간에 ㉡어떤 어부가 다행히 한 번 그곳을 찾았으나 그다음엔 길을 잃어 그곳을 다시 찾지 못했다는 내용이었다.

　　후세에 이것을 그림으로 그리고 노래와 시로 전하여 도원(桃源)으로써 선계(仙界)라고 하고 장생불사(長生不死)하는 신선이 모여 사는 곳이라고 하였으나 아마도 그 기록을 잘못 읽었기 때문일 것이니 사실은 저 청학동과 다름이 없을 것이다. ㉮어떻게 유자기(劉子驥)와 같은 고

상한 선비를 만나서 나도 그곳을 한번 찾아가 볼 것인가.

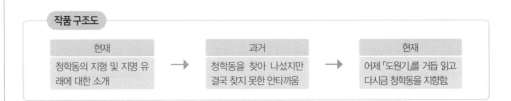

작품 구조도

현재		과거		현재
청학동의 지형 및 지명 유래에 대한 소개	→	청학동을 찾아 나섰지만 결국 찾지 못한 안타까움	→	어제 「도원기」를 거듭 읽고 다시금 청학동을 지향함.

정답과 해설 27쪽

1 [A]에 대한 설명으로 적절하지 <u>않은</u> 것은? ▶ 8448-0124

① '나'가 청학동을 찾아가는 여정에 대해 밝히고 있다.
② 감각적 표현을 통해 지리산의 모습을 보여 주고 있다.
③ 시간적 흐름에 따른 지리산의 변화상을 묘사하고 있다.
④ '나'가 청학동을 찾아가고자 하였던 이유를 제시하고 있다.
⑤ 다른 사람의 말을 인용하여 '청학동'에 대한 궁금증을 자아내고 있다.

2 [B]에 대한 감상으로 적절한 것끼리 묶인 것은? ▶ 8448-0125

┤ 보기 ├

ㄱ. 깊은 산속에서 느껴지는 적막한 분위기를 청각적 심상을 통해 표현해 내고 있군.
ㄴ. 지향하는 공간을 찾아가고자 하였으나 그 소망을 이루지 못한 아쉬움을 드러내고 있군.
ㄷ. 속절없이 흘러가는 인간의 삶과 변함없이 유지되는 자연의 모습을 대조적으로 제시하고 있군.
ㄹ. 늙고 힘이 없어진 처지 때문에 목표한 바에 이르지 못하는 자신에 대한 안타까움을 나타내고 있군.

① ㄱ, ㄴ   ② ㄱ, ㄷ   ③ ㄴ, ㄷ   ④ ㄴ, ㄹ   ⑤ ㄷ, ㄹ

3 ㉠, ㉡과 관련된 설명으로 가장 적절한 것은? ▶ 8448-0126

① ㉠과 글쓴이는 세상을 등지고자 하였다는 점에서 공통적이다.
② ㉠과 글쓴이는 생계 문제를 해결하기 위해 변화를 시도하였다는 점에서 공통적이다.
③ ㉠과 글쓴이는 가족들과 근심 없이 지내기 위해 새로운 세계를 지향하였다는 점에서 공통적이다.
④ ㉡과 글쓴이는 현실에 존재하지 않는 공간을 찾으려고 했다는 점에서 공통적이다.
⑤ ㉡과 글쓴이는 선계로 자신을 인도해 줄 사람을 필요로 하였다는 점에서 공통적이다.

서술형

1 다음은 ⓐ에 드러난 글쓴이의 정서를 서술한 것이다. 빈칸에 들어갈 말을 쓰시오. ▶ 8448-0127

　　ⓐ에서 글쓴이는 청학동에 가 보고 싶다는 열망을 표현함과 동시에 결국 (　　　　　　)을/를 드러내고 있다.

➡ **작품 안** 갈래 : 고전 수필, 설(說)   성격 : 교훈적, 설득적, 관념적
주제 : 사물에 대한 편견을 버려야 함. / 사물의 본질을 꿰뚫는 통찰력의 필요성 / 생명의 소중함

⬅ **작품 밖** 독특하고 극적인 구성으로 이규보의 설(說) 가운데 가장 높이 평가되는 작품이다. 평범하고 사소한 소재를 통해 심오한 주제를 이끌어 내고 있으며, 작품의 의미를 확장하면 민중을 하찮게 여기는 당시 사회에 대한 비판으로 이해할 수도 있다.

작품의 짜임

기	'손'의 생각 – 개의 죽음이 처참함.
승	'나'의 생각 – 이의 죽음도 처참함.
전	'손'의 생각 – 미물인 이의 죽음은 하찮음.
결	'나'의 생각 – 모든 생명체는 본질적으로 같은 가치를 지님.

특징

· 슬견은 이와 개를 말함.
· 대화의 방법을 통해 상황을 전개함.
· 극적인 구성법을 통해 주제를 강조함.

어휘 풀이

* 참혹 : 끔찍함.
* 미물 : 하찮은 존재. 작은 벌레 따위.
* 지절 : 팔, 다리 따위의 뼈마디.
* 대붕 : 하루에 구만 리를 날아간 다는, 매우 큰 상상의 새.

구절 풀이

· 이는 미물이 아닙니까? : '이'는 작은 생물이기 때문에 불쌍하게 여길 필요가 없다는 말로 '손'의 편견과 선입견이 내포되어 있음.
· 달팽이의 뿔을 ~ 해 보십시오 : 사물의 크기에 상관없이 본질적으로 생명체의 가치는 같다는 의미로, 편견이나 선입견에 치우치지 말고 본질을 바로 보도록 하라는 의미임.

어떤 손[客]이 나에게 이런 말을 했다.

"어제 저녁엔 아주 처참한 광경을 보았습니다. 어떤 불량한 사람이 큰 몽둥이로 돌아다니는 개를 쳐서 죽이는데, 보기에도 너무 참혹(慘酷)*하여 실로 마음이 아파서 견딜 수가 없었습니다. 그래서 이제부터는 맹세코 개나 돼지의 고기를 먹지 않기로 했습니다."

이 말을 듣고, 나는 이렇게 대답했다.

[A] "어떤 사람이 불이 이글이글하는 화로를 끼고 앉아서, 이를 잡아서 그 불 속에 넣어 태워 죽이는 것을 보고, 나는 마음이 아파서 다시는 이를 잡지 않기로 맹세했습니다."

손이 실망하는 듯한 표정으로,

"●이는 미물(微物)*이 아닙니까? 나는 덩그렇게 크고 육중한 짐승이 죽는 것을 보고 불쌍히 여겨서 한 말인데, 당신은 구태여 이를 예로 들어서 대꾸하니, 이는 필연코 **나를 놀리는 것이 아닙니까?**" / 하고 대들었다.

나는 좀 구체적으로 설명할 필요를 느꼈다.

"무릇 피[血]와 기운[氣]이 있는 것은 사람으로부터 소, 말, 돼지, 양, 벌레, 개미에 이르기까지 모두가 한결같이 살기를 원하고 죽기를 싫어하는 것입니다. 어찌 큰 놈만 죽기를 싫어하고, 작은 놈만 죽기를 좋아하겠습니까? 그런즉, **개와 이의 죽음은 같은 것입니다.** 그래서 예를 들어서 큰 놈과 작은 놈을 적절히 대조한 것이지, 당신을 놀리기 위해서 한 말은 아닙니다. 당신이 내 말을 믿지 못하겠으면 당신의 열 손가락을 깨물어 보십시오. 엄지손가락만이 아프고 그 나머지는 아프지 않습니까? 한 몸에 붙어 있는 큰 지절(支節)*과 작은 부분이 골고루 피와 고기가 있으니, 그 아픔은 같은 것이 아니겠습니까? 하물며, 각기 기운과 숨을 받은 자로서 어찌 저놈은 죽음을 싫어하고 이놈은 좋아할 턱이 있겠습니까? 당신은 물러가서 눈 감고 고요히 생각해 보십시오. 그리하여 **달팽이의 뿔을 쇠뿔과 같이 보고, 메추리를 대붕(大鵬)*과 동일시하도록 해 보십시오. ㉠연후에 나는 당신과 함께 도(道)를 이야기하겠습니다.**" / 라고 했다.

작품 구조도

'손'의 생각 : 미물인 이[蝨]의 죽음보다는 개의 죽음이 더욱 처참함.

이의 죽음 ◄┈┈┈┈┈┈► 개의 죽음

'나'의 생각 : 개의 죽음 못지않게 이[蝨]의 죽음 역시 처참함. → '나'의 생각 : 모든 생명체는 본질적으로 같은 가치를 지님. → 보편적 교훈 : 편견을 버리고 본질을 꿰뚫어 보아야 함.

1 [A]의 말하기 방식으로 가장 적절한 것은? ○ 8448-0128

① 자신의 처지를 드러내며 상대방의 동의를 구하고 있다.
② 과거 자신의 잘못을 고백하며 상대방의 공감을 불러일으키고 있다.
③ 상황을 가정하여 상대방에게 일어날 사건에 대한 정보를 주고 있다.
④ 상대방의 의도를 간파하고 자신의 본심을 숨긴 채 거짓말로 대응하고 있다.
⑤ 상대방의 생각에 편견이 있음을 인식하고 상대방에게 깨달음을 줄 수 있는 사례를 제시하고 있다.

2 ㉠의 의도로 가장 적절한 것은? ○ 8448-0129

① 도를 따르지 않는 사람과는 대화할 필요가 없다.
② 도를 이야기하는 것만이 대화로서의 의미를 가진다.
③ 도를 이야기할 수 있으려면 본질에 대한 이해가 필요하다.
④ 도를 이야기하기 위해서는 상대방에 대한 예의를 갖추어야 한다.
⑤ 도에 대해 생각해 보지 않은 사람은 참된 지식인이라고 할 수 없다.

3 〈보기〉를 바탕으로 윗글을 감상한 내용으로 적절하지 <u>않은</u> 것은? ○ 8448-0130

┤ 보기 ├
　'설(說)'은 한문 양식 중의 하나이다. 설에는 사물이나 상황에 대한 주관적 해석이 드러나는데, 체험을 바탕으로 하여 사물이나 상황에 대한 의견을 제시한다는 점에서 수필과 유사하다고 할 수 있다. 설은 비유적 방식으로 교훈을 전달하는데, 다른 사물에 빗대어 비유하거나 풍자하는 우의적인 표현 방법을 많이 사용한다. 설은 세계에 대한 새로운 통찰과 깨달음을 전달한다는 면에서 교훈적 성격이 강하다.

① '어떤 손'과 '나'의 대화는 글쓴이가 체험한 일에 해당한다고 할 수 있겠군.
② '손'이 '나'에게 '나를 놀리는 것이 아닙니까?'라고 화를 낸 것은 '나'가 자신의 주관적 의견을 피력하게 되는 이유라고 할 수 있겠군.
③ '나'가 '개와 이의 죽음은 같은 것'이라고 말하는 것은 비유적 방식으로 삶에 대한 교훈을 전달하는 것이라고 볼 수 있겠군.
④ '나'가 '내 말을 믿지 못하겠으면 당신의 열 손가락을 깨물어 보'라고 한 것은 인간관계에서 믿음이 중요하다는 깨달음을 주는 것이라고 할 수 있겠군.
⑤ '달팽이의 뿔을 쇠뿔과 같이 보고, 메추리를 대붕과 동일시'하라는 것은 사물에 대한 '나'의 통찰을 전달하는 것이라고 할 수 있겠군.

서술형

1 윗글의 '나'가 '개와 이의 죽음은 같은 것'이라고 말하는 이유가 무엇인지 한 문장으로 서술하시오. ○ 8448-0131

5. 고전 수필

03 차마설(借馬說) 이곡

→ **작품 안** 갈래 : 고전 수필, 설(說)　**성격** : 교훈적, 우의적, 철학적　**주제** : 소유에 대한 성찰과 올바른 삶의 자세

← **작품 밖** 사람이 가지고 있는 것 가운데 빌리지 않은 것은 없다는 진리를 바탕으로, 그것을 깨닫지 못하고 있는 사람들을 비판하며 올바른 소유 관념이 무엇인지를 말하고 있는 작품이다. 또한 소유물에 따라 현혹되는 인간의 심리적 태도를 지적하여 절제와 겸허의 마음가짐이 필요함을 강조하고 있다.

작품의 짜임

기	빌린 말의 상태에 따라 달라지는 마음
승	소유물에 따라 달라지는 마음
전	남에게 빌린 것에 불과한 모든 소유물
결	글을 쓴 취지

어휘 풀이

* 준마 : 빠르게 잘 달리는 말.
* 장쾌하였다 : 가슴이 벅차도록 장하고 통쾌하였다.
* 비복 : 계집종과 사내종을 아울러 이르는 말.
* 미혹 : 무엇에 홀려 정신을 차리지 못함.

구절 풀이

● **남의 물건을 ～ 가지고 있는 것이랴.** : 자기가 소유한 것에 대해서는 더욱 마음의 변화가 심하다는 것을 의미함.

● **그러나 사람이 ～ 아니한 것이 없다.** : 사람이 소유한 모든 것은 남으로부터 빌린 것과도 같음.

● **백승을 가졌던 집** : 전쟁이 일어나면 수레 백 대를 내놓을 수 있는 집으로, 높은 관직에 있는 벼슬아치를 이르는 말임.

● **"남의 것을 ～ 아닌 줄 알겠는가?"** : 오랫동안 남의 것을 빌려 쓰고 있으면서도 자기 것인 양 돌려주지 않으면 진정으로 자기의 것이 아니라는 것을 모르게 된다는 의미임.

[A]

　내가 집이 가난해서 말이 없으므로 혹 빌려서 타는데, ⊙여위고 둔하여 걸음이 느린 말이면 비록 급한 일이 있어도 감히 채찍질을 가하지 못하고 조심조심하여 곧 넘어질 것같이 여기다가, 개울이나 구렁을 만나면 내려서 걸어가므로 후회하는 일이 적었다. ⓛ발이 높고 귀가 날카로운 준마*로서 잘 달리는 말에 올라타면 의기양양하게 마음대로 채찍질하여 고삐를 놓으면 언덕과 골짜기가 평지처럼 보이니 심히 장쾌하였다*. 그러나 어떤 때에는 위태로워서 떨어지는 근심을 면치 못하였다.

　아! 사람의 마음이 옮겨지고 바뀌는 것이 이와 같을까? 남의 물건을 빌려서 하루아침 소용에 대비하는 것도 이와 같거든, 하물며 참으로 자기가 가지고 있는 것이랴.

　그러나 사람이 가지고 있는 것이 어느 것이나 빌리지 아니한 것이 없다. 임금은 백성으로부터 힘을 빌려서 높고 부귀한 자리를 가졌고, 신하는 임금으로부터 권세를 빌려 은총과 귀함을 누리며, 아들은 아비로부터, 지어미는 지아비로부터, 비복(婢僕)*은 상전으로부터 힘과 권세를 빌려서 가지고 있다.

　그 빌린 바가 또한 깊고 많아서 대개는 자기 소유로 하고 끝내 반성할 줄 모르고 있으니, 어찌 미혹(迷惑)*한 일이 아니겠는가?

　그러다가도 혹 잠깐 사이에 그 빌린 것이 도로 돌아가게 되면, 만방(萬邦)의 임금도 외톨이가 되고, 백승(百乘)을 가졌던 집도 외로운 신하가 되니, 하물며 그보다 더 미약한 자야 말할 것이 있겠는가?

　맹자가 일컫기를 "남의 것을 오랫동안 빌려 쓰고 있으면서 돌려주지 아니하면, 어찌 그것이 자기의 소유가 아닌 줄 알겠는가?" 하였다.

　내가 여기에 느낀 바가 있어서 차마설을 지어 그 뜻을 넓히노라.

작품 구조도

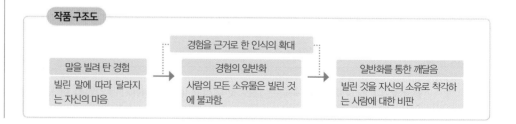

	경험을 근거로 한 인식의 확대	
말을 빌려 탄 경험 빌린 말에 따라 달라지는 자신의 마음	**경험의 일반화** 사람의 모든 소유물은 빌린 것에 불과함.	**일반화를 통한 깨달음** 빌린 것을 자신의 소유로 착각하는 사람에 대한 비판

1 윗글에 대한 설명으로 가장 적절한 것은?

○ 8448-0132

① 미래에 대한 낙관적 전망을 제기하고 있다.
② 상황의 반전을 통해 주제 의식을 강조하고 있다.
③ 언어유희를 사용하여 상황을 해학적으로 드러내고 있다.
④ 요약적 서술을 통해 시대적 배경을 구체적으로 제시하고 있다.
⑤ 인간의 성향에 대한 문제 인식을 내용 전개의 기반으로 삼고 있다.

2 ㉠과 ㉡에 대해 이해한 내용으로 가장 적절한 것은?

○ 8448-0133

① ㉠은 '나'가 본래 소유하고 있는 대상, ㉡은 '나'가 잠시 빌려 온 대상이다.
② ㉠은 '나'가 주의를 기울여 다루는 대상, ㉡은 '나'를 자만하게 하는 대상이다.
③ ㉠은 '나'가 가치를 과소평가한 대상, ㉡은 '나'가 가치를 과대평가한 대상이다.
④ ㉠은 '나'에게 소유의 부질없음을 느끼게 하는 대상, ㉡은 '나'의 소유욕을 자극하는 대상이다.
⑤ ㉠은 '나'에게 여유 있는 자세를 가르쳐 주는 대상, ㉡은 '나'에게 통찰력 있는 태도를 가르쳐 주는 대상이다.

3 윗글과 〈보기〉를 비교하여 감상한 내용으로 적절하지 <u>않은</u> 것은?

○ 8448-0134

┤ 보기 ├

　나는 이때 온몸으로, 그리고 마음속으로 절절히 느끼게 되었다. 집착(執着)이 괴로움인 것을. 그렇다, 나는 난초에게 너무 집착해 버린 것이다. 이 집착에서 벗어나야겠다고 결심했다. 난(蘭)을 가꾸면서 산철—승가(僧家)의 유행기(遊行期)—에도 나그넷길을 떠나지 못한 채 꼼짝 못하고 말았다. 밖에 볼일이 있어 잠시 방을 비울 때면 환기가 되도록 들창문을 조금 열어 놓아야 했고, 분(盆)을 내놓은 채 나가다가 뒤미처 생각하고는 되돌아와 들여놓고 나간 적도 한두 번이 아니었다. 그것은 정말 지독한 집착이었다.
　며칠 후, 난초처럼 말이 없는 친구가 놀러 왔기에 선뜻 그의 품에 분을 안겨 주었다. 비로소 나는 얽매임에서 벗어난 것이다. 날을 듯 홀가분한 해방감. 삼 년 가까이 함께 지낸 유정(有情)을 떠나보냈는데도 서운하고 허전함보다 홀가분한 마음이 앞섰다. 이때부터 나는 하루 한 가지씩 버려야겠다고 스스로 다짐을 했다. 난을 통해 무소유의 의미 같은 걸 터득하게 됐다고나 할까.

— 법정, 「무소유(無所有)」

① 윗글과 〈보기〉는 모두 소유에 대한 글쓴이의 성찰을 담아내고 있다.
② 윗글과 〈보기〉는 모두 글쓴이의 경험을 바탕으로 하여 깨달음을 전달하고 있다.
③ 윗글과 〈보기〉는 모두 소유물로 인해 유발되는 인간의 심리적 변화에 대해 다루고 있다.
④ 〈보기〉는 윗글과 달리 글쓴이가 글을 쓴 취지를 직접적으로 제시하고 있다.
⑤ 윗글은 〈보기〉와 달리 권세를 가진 사람들이 경계해야 하는 태도에 대해 밝히고 있다.

서술형

1 [A]의 내용 전개 방식에 대해 서술하시오.

○ 8448-0135

[01~04] 다음 글을 읽고, 물음에 답하시오.

㉮ **셔경(西京)**이 아즐가 셔경이 셔울히마르는
　　위 두어렁셩 두어렁셩 다링디리

　댜곤 딘 아즐가 댜곤 딘 쇼셩경 고외마른
　　위 두어렁셩 두어렁셩 다링디리

　여히므론 아즐가 여히므론 **질삼뵈** 브리시고
　　위 두어렁셩 두어렁셩 다링디리

　㉠괴시란딘 아즐가 괴시란딘 우러곰 좃니노이다
　　위 두어렁셩 두어렁셩 다링디리

　구스리 아즐가 구스리 바회예 디신둘
　　위 두어렁셩 두어렁셩 다링디리

　긴힛쭌 아즐가 긴힛쭌 그츠리잇가 나는
　　위 두어렁셩 두어렁셩 다링디리

　즈믄 히를 아즐가 즈믄 히를 외오곰 녀신둘
　　위 두어렁셩 두어렁셩 다링디리

　㉡신(信)잇둔 아즐가 신잇둔 그츠리잇가 나는
　　위 두어렁셩 두어렁셩 다링디리

┌ **대동강(大同江)** 아즐가 대동강 너븐디 몰라셔
│　　위 두어렁셩 두어렁셩 다링디리
│
│　빈 내여 아즐가 빈 내여 노혼다 샤공아
│　　위 두어렁셩 두어렁셩 다링디리
│
│　네 가시 아즐가 네 가시 럼난디 몰라셔
│　　위 두어렁셩 두어렁셩 다링디리
[A]
│　녈 빈예 아즐가 녈 빈예 연즌다 샤공아
│　　위 두어렁셩 두어렁셩 다링디리
│
│　대동강 아즐가 대동강 건넌편 고즐여
│　　위 두어렁셩 두어렁셩 다링디리
│
│　빈 타들면 아즐가 빈 타들면 것고리이다 나는
└　　위 두어렁셩 두어렁셩 다링디리

　　　　　　　　　　　　　　　　　　　　　　– 작자 미상, 「서경별곡(西京別曲)」

🕒 어름 우희 **댓닙 자리** 보와 님과 나와 어러 주글만뎡

어름 우희 댓닙 자리 보와 님과 나와 어러 주글만뎡

ⓒ정(情) 둔 오ᄂᆞᆯ 밤 더듸 새오시라 더듸 새오시라

┌ 경경(耿耿) **고침샹(孤枕上)**애 어느 ᄌᆞ미 오리오
[B] 셔창(西窓)을 여러ᄒᆞ니 도화(桃花) ㅣ 발(發)ᄒᆞ도다
└ 도화(桃花)ᄂᆞᆫ 시름업서 쇼츈풍(笑春風)ᄒᆞᄂᆞ다 쇼츈풍ᄒᆞᄂᆞ다

ⓓ넉시라도 님을 ᄒᆞᆫ듸 녀닛 경(景) 너기더니

넉시라도 님을 ᄒᆞᆫ듸 녀닛 경(景) 너기더니

ⓔ벼기더시니 뉘러시니잇가 뉘러시니잇가

– 작자 미상, 「만전춘별사(滿殿春別詞)」

---

01 (가)와 (나)에 대한 설명으로 적절하지 <u>않은</u> 것은? ◐ 8448-0136

① (가)와 (나)는 모두 반복적 표현을 통해 시적 의미를 부각하고 있다.

② (가)와 (나)는 모두 극단적 상황을 설정하여 시상을 드러내고 있다.

③ (가)와 (나)는 모두 설의적 표현을 통해 화자의 정서를 강조하고 있다.

④ (가)는 (나)와 달리 흥을 돋우기 위한 여음구를 삽입하여 리듬감을 강화하고 있다.

⑤ (나)는 (가)와 달리 화자와 동일시되는 자연물을 통해 화자의 심정을 효과적으로 드러내고 있다.

---

02 (가), (나)의 시어에 대한 설명으로 적절하지 <u>않은</u> 것은? ◐ 8448-0137

① (가) : '셔경'은 '쇼셩경'으로, 화자가 애착을 가지고 있는 지역이다.

② (가) : '질삼뵈'는 화자의 생업을 가리키는 것으로, 화자가 사랑을 위해 포기하려고 하는 것이다.

③ (가) : '대동강'은 화자와 임을 단절하고 분리하는 것으로, 화자에게 사랑의 장애물이 된다.

④ (나) : '댓닙 자리'는 화자가 임과 함께 지내고 싶어 하는 공간으로, 화자가 이상적으로 여기는 곳이다.

⑤ (나) : '고침샹'은 화자의 외로운 처지를 보여 주는 것으로, 화자의 그리움을 심화한다.

03 ㉠~㉤을 이해한 내용으로 적절하지 <u>않은</u> 것은?   **○ 8448-0138**

① ㉠: 임과의 사랑을 위해 임을 쫓아가겠다는 화자의 적극적 면모가 드러나 있다.

② ㉡: 임에 대한 사랑을 그치지 않을 것이라는 화자의 의지적 태도가 드러나 있다.

③ ㉢: 임과 함께 지내는 시간이 지속되기를 바라는 화자의 소망이 드러나 있다.

④ ㉣: 임과 떨어져 있어도 임과 함께 있는 것이라 여기는 화자의 마음가짐이 드러나 있다.

⑤ ㉤: 사랑에 대한 약속을 저버리고 떠나 버린 임에 대한 원망의 마음이 드러나 있다.

04 〈보기〉를 참고하여 [A]와 [B]를 감상한 내용으로 적절하지 <u>않은</u> 것은?   **○ 8448-0139**

┤ 보기 ├

  '남녀상열지사(男女相悅之詞)'는 남녀 간의 사랑을 읊은 노래라는 뜻으로, 조선 전기의 학자들이 고려 가요를 낮추어 이른 말이다. 고려 가요는 남녀 간의 사랑을 지나치게 사실적으로 표현하는 데다가 작품에 등장하는 여성은 인고의 자세를 보이기보다는 남성에 대한 원망, 다른 여성에 대한 질투심을 드러내고 있어 전통적으로 바람직하게 여겨 온 여인상과 거리가 멀다는 것이다. 「서경별곡」의 3연에서는 임에 대한 원망을 '사공'에게 전가하는 화자의 모습과 '곶'에 대한 화자의 질투심을 솔직하게 표현하고 있다. 「만전춘별사」의 2연에서는 임과 열애에 빠져 있는 다른 여인을 '도화'로 표현하면서 임과 헤어져 홀로 지내는 화자의 불편한 감정을 드러내고 있다.

① [A]에서 '빅 내여 노흔다 샤공아'라고 하는 것은 임이 대동강을 건널 수 있도록 해 주는 사공을 임과의 사랑을 방해하는 존재로 여기는 화자의 모습을 드러내는군.

② [A]에서 '네 가시 럼난디 몰라셔'라고 하는 것은 사공과 사공 아내의 사랑을 시기하여 훼방을 놓으려고 하는 화자의 마음을 드러내는군.

③ [A]에서 '대동강 건너편 고즐' '빅 타들면 것고리이다'라고 하는 것은 임이 자신을 떠나 다른 여자를 만날까 봐 불안해하는 화자의 심리를 드러내는군.

④ [B]에서 '어느 즈미 오리오'라고 하는 것은 다른 여인과 사랑에 빠진 임에 대한 생각으로 잠을 이루지 못하는 화자의 모습을 드러내는군.

⑤ [B]에서 '도화는 시름업서 쇼츈풍ᄒᆞᄂᆞ다'라고 하는 것은 임과 사랑에 빠져 있는 다른 여인의 모습을 떠올리는 화자의 모습을 드러내는군.

[05~08] 다음 글을 읽고, 물음에 답하시오.

현부(玄夫)는 어떠한 사람인지 알 수 없다. 어떤 이는 말하기를,

"그 선조는 신인(神人)이었다. 그 형제가 열다섯 명이었는데, 모두 건장하고 힘이 굉장했다. 그러므로 하느님이 명하여 바다 가운데 있는 다섯 산을 떠내려가지 않게 떠받치게 했다."

라고 한다. 그 후 대대로 내려오면서 크기가 차츰 작아지고 또한 소문이 날 정도로 힘이 센 자도 없었으며, 오직 점치는 것을 업으로 삼았다. 현부는 한곳에 머물지 않고 사는 곳을 가려 옮겨 다녔기 때문에 그의 출신 고향이나 조상들의 내력을 자세히 알 수 없다. 그의 먼 조상 중에 문갑(文甲)이란 자가 있는데, 요임금 시대에 낙수(洛水)에 살았다. 요임금이 그가 어질다는 소문을 듣고 흰 옥을 예물로 그를 초빙하자 그가 기이한 그림을 지고 와서 바쳤다. 요임금이 그를 가상히 여기어 낙수의 제후로 봉하였다. 그의 증조는 하느님의 심부름꾼이라고만 알려졌을 뿐 이름이 밝혀지지는 않았는데 바로 홍범구주*를 지고 와서 우임금에게 바쳤던 자이다. 할아버지의 이름은 백약(白若)이다. 그는 우임금 시대에 곤오(昆吾)라는 곳에서 솥을 주조하였는데 옹난을과 함께 힘써 공을 세웠다. 아버지의 이름은 중광(重光)이다. 그는 나면서부터 왼쪽 옆구리에 '나는 달의 아들 중광인데, 나를 얻으면 서민은 제후가 될 것이고 제후는 제왕이 될 것이다.'라는 글이 새겨져 있었다. 그래서 그의 이름을 중광이라 하였다.

현부는 아주 침착하고 도량이 컸다. ㉠그의 어머니가 요광성*이 품에 들어오는 꿈을 꾸고 임신을 하였는데, 태어났을 때 관상쟁이가 보고 말하기를,

"등은 산과 같고 거기에 별들이 아롱아롱 무늬를 이루었으니 신령스러운 관상임이 분명하다."

라고 하였다. ㉡장성하자 주역의 이치를 깊이 연구하여 우주의 모든 변화의 원리를 터득하였고, 또한 갖가지 신선의 방술을 배웠다. 그는 천성이 씩씩함을 좋아하여 언제나 갑옷을 입고 다녔다.

임금이 그의 명성을 듣고 심부름꾼을 보내어 불렀으나 거만하게 돌아보지도 않고 노래를 부르기를,

"진흙 속에서 노니는 재미가 끝이 없는데, 벼슬살이를 내가 왜 바라겠는가?"

하고 웃기만 하고 대꾸하지 않았다. 그래서 결국 그를 불러들이지 못했다.

그 뒤 춘추 전국 시대 송나라 원왕 때 예저(預且)라는 어부가 그를 사로잡아 강제로 임금에게 바치려 하였다. ㉢그때 그가 검은 옷에 수레를 타고 왕의 꿈에 나타나서 '나는 청강에서 보낸 사자인데 왕을 뵙고자 한다.'라고 하였다. 이튿날 과연 예저가 그를 데리고 와서 왕께 뵈었다. 왕은 매우 기뻐하며 그에게 벼슬을 주려 하였다. 그가 말하기를,

"신이 이 자리에 온 것은 예저의 강압에 의한 것이요, 또한 왕께서 덕이 있다는 말을 들어서일 뿐이니, 벼슬은 제 본심이 아닙니다. 왕께서는 어찌 저를 붙잡아 두고 보내지 않으려 하십니까?"

하였다.

㉣왕이 그를 보내 주려 하는데 위평(衛平)이 은밀히 눈짓하여 말렸다. 그래서 그를 수형승에 임명하였고, 얼마 뒤 벼슬을 올려 도수사자에 제수하였다. 다시 발탁하여 태사령을 삼고, 나랏일의 대소를 막론하고 모두 그에게 물어본 뒤에 시행하였다.

왕이 일찍이 장난말로 이르기를,

"그대는 신명의 후손으로 길흉화복에 밝은 자인데, 왜 스스로 미리 자신의 앞길을 도모하지 못하고 예저의 술책에 빠져서 과인에게 붙들린 신세가 되었는가?"

하니, 현부가 아뢰기를,

"아무리 밝은 눈으로도 보지 못하는 것이 있고, 아무리 명철한 지혜로도 헤아리지 못하는 일이 있는 것입니다."

라고 아뢰니, 왕이 크게 웃었다. 그 후 그가 어디에서 생을 마쳤는지 아는 사람이 없다. ⑪지금도 벼슬아치들 사이에는 그의 덕을 사모하여 황금으로 그의 모양을 주조해서 차고 다니는 사람이 있다.

그의 맏아들 원서는 사람에게 삶긴 바 되어 죽음에 임하여 탄식하기를, "택일을 하지 않고 다니다가 오늘날 삶김을 당하는구나. 그러나 남산에 있는 나무를 다 태워도 나를 문드러지게는 못할 것이다." 하였으니, 그는 이처럼 강개하였다. 둘째 아들은 원저라 하는데, 오·월의 사이를 방랑하면서 자호를 통현 선생이라 하였다. 그다음 아들은 역사책에 그 이름이 전하지 않는다. 모양이 극히 작으므로 점은 치지 못하고 오직 나무에나 올라가서 매미를 잡고는 하더니, 또한 사람에게 삶긴 바 되었다.

현부의 후손 가운데에는 도를 얻어 천년에 이르도록 죽지 않는 자도 있었는데, 그가 있는 곳에는 항상 푸른 구름이 감돌았다. 또 자기의 덕을 숨긴 채 벼슬살이를 했던 사람도 있는데, 세상에서는 그를 현의독우*라 불렀다.

㉮사신(史臣)은 이렇게 평한다.

"지극히 은미*한 상태에서 미리 살펴 알고, 징조가 나타나기 이전에 예방하는 것은 성인이라도 간혹 실수가 있는 법이다. 현부 같은 지혜를 가지고도 예저의 술책을 피하지 못하고 또 두 아들이 죽임을 당하는 것을 피하지 못하였는데, 하물며 다른 이들이야 더 말할 것이 있겠는가! 옛적에 공자는 광(匡)이라는 곳에서 고난을 겪었고 또 제자인 자로(子路)는 죽어서 젓으로 담겨지는 비극을 겪었으니, 아, 삼가지 않을 수 있겠는가?"

– 이규보, 「청강사자현부전(淸江使者玄夫傳)」

* 홍범구주 : 중국 하나라 우왕이 남긴 정치 이념.
* 요광성 : 북두칠성의 일곱 번째 별.
* 현의독우 : 거북의 다른 명칭.
* 은미(隱微) : 겉으로 드러나는 것이 거의 없음.

05 윗글의 서술상 특징으로 가장 적절한 것은?   ○ 8448-0140

① 갈등이 해소되는 과정을 통해 교훈을 전달하고 있다.
② 특정 대상을 희화화하면서 현실의 문제점을 드러내고 있다.
③ 의인화된 대상의 일대기를 보여 주는 방식으로 서술하고 있다.
④ 여러 개의 이야기를 나열하여 다양한 관점에서 사건을 구성하고 있다.
⑤ 등장인물의 심리를 내적 독백의 형식으로 보여 주며 사건을 전개하고 있다.

06 윗글을 통해 확인할 수 있는 내용이 <u>아닌</u> 것은?　　　　　　　　　　　　　　　　　　　　　◐ 8448-0141

① 현부의 성품은 어떠하였나?
② 현부의 조상은 어떤 이들이었나?
③ 현부의 자식들은 어떠한 삶을 살았나?
④ 현부는 어떤 일로 조정에 나아가게 되었나?
⑤ 현부는 어떻게 백성들의 칭송을 받게 되었나?

07 ㉠~㉢에 대한 학생의 반응으로 적절하지 <u>않은</u> 것은?　　　　　　　　　　　　　　　　　　　◐ 8448-0142

① ㉠: 현부의 어머니가 꾼 꿈을 통해 현부가 비범한 존재임을 말해 주는 것이구나.
② ㉡: 현부가 이룬 학업적 성과를 통해 현부가 지혜를 지닌 존재임을 보여 주고 있구나.
③ ㉢: 현부가 왕의 꿈에 등장해 한 말을 통해 현부가 임금의 조력자가 되고자 하였음을 말해 주고 있구나.
④ ㉣: '위평'이라는 벼슬아치가 왕에게 한 행동을 통해 현부가 조정에서 필요로 하는 존재였음을 보여 주고 있구나.
⑤ ㉤: 현부가 죽고 나서 벼슬아치들이 한 행동을 통해 현부가 벼슬아치들이 본받고자 하는 대상이었음을 말해 주고 있구나.

08 윗글의 ㉮가 현부를 평하면서 전달하고 있는 교훈을 가장 잘 드러내고 있는 것은?　　　　　　　◐ 8448-0143

① 굼벙이 매암이 되야 나래 도쳐 나라올라 / 노프나 노픈 남게 소릐는 죠커니와 / 그 우희 거믜줄 이시니 그를 조심하여라
② 비록 못 니버도 ᄂᆞ미 오슬 앗디 마라 / 비록 못 먹어도 ᄂᆞ미 밥을 비디 마라 / 흔적곳 ᄯᅵ 시른 휘면 고텨 삣기 어려우리
③ 반중 조홍감이 고와도 보이나다 / 유자이 아니라도 품음직 하다마는 / 품어 가 반길 이 없을새 글로 설워하나이다
④ 가마귀 눈비 마즈 희는 듯 검노미라 / 야광명월이 밤인들 어두오랴 / 님 향한 일편단심이야 고칠 줄이 이시랴
⑤ 청산은 엇뎨ᄒᆞ야 만고애 프르르며 / 유수는 엇뎨ᄒᆞ야 주야애 긋디 아니는고 / 우리도 그치디 마라 만고상청호리라

[01~03] 다음 글을 읽고, 물음에 답하시오.

㉮ 듥긔동 방해나 디허 히애
　　게우즌* 바비나 지서 히애
　　아바님 어마님끠 받줍고 히야해
　　남거시든 내 머고리 히야해 히야해

　　　　　　　　　　　　　　　　　　　　– 작자 미상, 「상저가(相杵歌)」

㉯ ㉠호미도 늘히언마르는
　　낟그티 들 리도 업스니이다
　　아바님도 어이어신마르는
　　위 덩더둥셩
　　어마님그티 괴시리 업세라
　　아소 님하
　　어마님그티 괴시리 업세라

　　　　　　　　　　　　　　　　　　　　– 작자 미상, 「사모곡(思母曲)」

* 게우즌 : 거친

---

01 **(가), (나)의 공통점으로 가장 적절한 것은?**　　　　　　　○ 8448-0144

① 화자의 인식 변화에 대해 다루고 있다.
② 화자의 과거의 삶에 대한 반성이 드러나 있다.
③ 대상과 일체가 되려는 화자의 소망이 담겨 있다.
④ 지향하는 삶에 대한 화자의 의지가 드러나 있다.
⑤ 화자의 생각을 통해 교훈적 주제를 전달하고 있다.

02 **(가), (나)에 대한 설명으로 적절하지 않은 것은?**　　　　　　　○ 8448-0145

① (가) : 대구적 표현을 통해 운율감을 드러내고 있다.
② (가) : 음성 상징어를 사용하여 상황을 부각하고 있다.
③ (나) : 대상을 의인화하여 대상의 속성을 부각하고 있다.
④ (나) : 동일한 문장을 반복하여 주제 의식을 강조하고 있다.
⑤ (나) : 여음구를 사용하여 노래로서의 분위기를 살리고 있다.

03 ㉠을 이해한 내용으로 가장 적절한 것은?

○ 8448-0146

① '호미'는 아버지에게 필요한 삶의 자세를 나타낸 것이다.

② '호미'도 '날'이라고 한 것은 아버지의 엄격한 모습을 표현한 것이다.

③ '날'과 '호미'를 비교한 것은 어머니의 절대적 사랑을 강조하는 것이다.

④ '날'이 든다는 것은 어버이의 뜻을 자식이 따르는 모습을 나타낸 것이다.

⑤ '호미'가 '날ㄱ티 들 리도 업'다는 것은 어버이의 사랑을 다시 느낄 수 없는 상태를 표현한 것이다.

[04~05] 다음 글을 읽고, 물음에 답하시오.

어떤 거사(居士)가 거울 하나를 갖고 있었는데 먼지가 끼어서 흐릿한 것이 마치 구름에 가리운 달빛 같았다. 그러나 그 거사는 아침저녁으로 이 거울을 들여다보며 얼굴을 가다듬곤 하였다.

한 나그네가 거사를 보고 이렇게 물었다.

"거울이란 얼굴을 비추어 보는 물건이든지, 아니면 군자가 거울을 보고 그 맑은 것을 취하는 것으로 알고 있는데, 지금 거사의 거울은 안개가 낀 것처럼 흐리고 때가 묻어 있습니다. 그럼에도 당신은 항상 그 거울에 얼굴을 비춰 보고 있으니 그것은 무슨 뜻입니까?"

거사는 이렇게 대답했다.

"얼굴이 잘생기고 예쁜 사람은 맑고 아른아른한 거울을 좋아하겠지만, **얼굴이 못생겨서 추한 사람은 오히려 맑은 거울을 싫어할 것입니다. 그러나 잘생긴 사람은 적고 못생긴 사람은 많습니다.** 만일 한번 보기만 하면 반드시 깨뜨려 버리고야 말 것이니 **먼지에 흐려진 그대로 두는 것이 나을 것입니다.** 먼지로 흐리게 된 것은 겉뿐이지 **거울의 맑은 바탕은 속에 그냥 남아 있기** 때문입니다. 그러니 잘생기고 예쁜 사람을 만난 뒤에 닦고 갈아도 늦지 않습니다. 아! **옛날에 거울을 보는 사람들**은 그 맑은 것을 취하기 위함이었지만, 내가 거울을 보는 것은 오히려 **흐린 것을 취하는 것**인데, 그대는 어찌 이를 이상스럽게 생각합니까?"

하니, 나그네는 아무 대답이 없었다.

– 이규보, 「경설(鏡說)」

04 윗글의 '나그네'와 '거사'에 대해 설명한 내용으로 가장 적절한 것은? ◑ 8448-0147

① '나그네'는 상대방이 요구하고 있는 바가 무엇인지 질문하고, '거사'는 자신이 지향하고 있는 바를 설명하고 있다.

② '나그네'는 상대방의 과거의 삶에 대한 비판적 평가를 제시하고, '거사'는 상대방이 범한 논리적 오류를 지적하고 있다.

③ '나그네'는 상대방과 자신의 삶을 비교하여 평가해 줄 것을 요구하고, '거사'는 상대방의 요구가 타당하지 않음을 역설하고 있다.

④ '나그네'는 상대방이 이해하기 어려운 행동을 하는 연유에 대해 묻고, '거사'는 자신의 행동에 타당한 이유가 있음을 설명하고 있다.

⑤ '나그네'는 상대방의 도덕적 경지에 대해 알아보고 이를 배울 것을 청하고, '거사'는 자신의 경험을 바탕으로 깨달음을 전달하고 있다.

05 윗글을 이해한 내용으로 적절하지 않은 것은? ◑ 8448-0148

① '얼굴이 못생겨서 추한 사람은 오히려 맑은 거울을 싫어할 것'이라는 것은 자신의 부족한 점을 확인하기를 꺼려하는 인간의 본성에 대해 말한 것이겠군.

② '잘생긴 사람은 적고 못생긴 사람은 많'다고 한 것은 대부분의 사람들이 부족한 점을 가지고 있다는 인간에 대한 통찰을 보여 주는 것이겠군.

③ '먼지에 흐려진 그대로 두는 것이 나을 것'이라고 한 것은 자신의 본래 모습을 있는 그대로 받아들이는 자세가 필요하다는 깨달음을 전해 주는 것이겠군.

④ '거울의 맑은 바탕은 속에 그냥 남아 있'다는 것은 대상이 지닌 본질이나 본성은 변하지 않는다는 생각을 표현한 것이겠군.

⑤ '옛날에 거울을 보는 사람들'과 달리 '흐린 것을 취'하고자 한다는 것은 지나친 결벽을 추구하는 것보다 유연한 삶의 자세가 필요하다는 인식을 보여 주는 것이겠군.

[06~09] 다음 글을 읽고, 물음에 답하시오.

국순(麴醇)의 자(字)는 자후(子厚)이다. 그 조상은 농서(隴西) 출신이다. 90대(代) 선조였던 ㉠모(牟)가 후직(后稷)을 도와 백성들을 먹여 공이 있었다. 『시경』에 '내게 밀과 보리를 주다.'라고 한 것이 그것이다. 모가 처음에는 숨어 벼슬하지 않고 말하기를, "나는 반드시 밭을 갈아 먹으리라." 하며 밭이랑에서 살았다. ㉡임금이 그의 자손이 있다는 말을 듣고 수레를 보내 부르며 각 고을에 명하여 후한 예물을 보내라 하고, 신하를 시켜 친히 그 집에 찾아가도록 해 결국 절구와 절굿공이 사이에서 귀천 없는 교분을 맺고, 자신을 덮어 감추고 세상과 더불어 화합하게 되었다.

(중략)

순은 그릇과 도량이 크고 깊었다. 출렁대고 넘실거림이 만경창파(萬頃蒼波) 같으며, 맑게 하려 해도 더는 맑아질 수 없고 뒤흔든대도 흐려지지 않았다. 그런 풍류 취향이 한 시대를 풍미하여 **자못 사람의 기운을 일으켜 주었다.**

일찍이 ㉢섭법사(葉法師)에게 나아가 온종일 담론하였는데, 자리에 있던 모든 이들이 탄복하여 쓰러지자, 드디어 이름이 알려지게 되었다. 호를 '국(麴) 처사'라 하매 공경대부로부터 머슴에 이르기까지 그 향기로운 이름을 접하는 이마다 모두 그를 흠모하였으며, 성대한 모임이 있을 때마다 순이 오지 아니하면 모두 슬퍼하여 말하기를,

"국 처사가 없으면 즐겁지 않다."

했다. 그가 당시 세상에서 사랑받음이 이와 같았다.

㉣산도(山濤)라는 이는 감식안이 있었는데, 일찍이 순을 보고는 감탄하여 말했다.

"어떤 늙은 할미가 이토록 잘난 기린아를 낳았을꼬? 하지만 **천하의 백성들을 그르치는 자도 필경 이 아이일 것이다.**"

관부(官府)에서 순을 불러 청주종사(靑州從事)를 삼았으나, 마땅한 벼슬자리가 아니라 하여 다시 평원독우(平原督郵)를 시켰다. 얼마 후 탄식하기를,

'내가 이 얼마 되지 않는 녹봉을 받고, 이따위 **시골 아이들에게 허리를 굽힐 수 없다.** 내 마땅히 술잔과 술상 사이에 곧추서서 담론하리라.'

그 무렵 ㉤관상을 잘 보는 이가 있어 말했다.

"그대의 얼굴엔 불그레한 기운이 감돌고 있소. 뒤에 반드시 귀하게 되어 높은 벼슬을 얻게 될 것이니, 마땅히 좋은 자리를 기다렸다가 벼슬에 나아가시오."

진후주(陳後主) 때에 임금이 그의 그릇을 남다르게 여겨 장차 크게 쓸 뜻이 있다 하여 광록대부 예빈경의 자리로 옮겨 주었고, 공(公)의 작위에 오르게 하였다. 그리고 무릇 군신의 회의에는 임금이 꼭 순으로 참여케 하니, 그 나아가고 물러남과 그 수작이 거슬림이 없이 뜻에 들어맞았다.

순이 권세를 얻게 되자, 어진 이와 사귀고 손님을 대접하며, 종묘에 제사를 받드는 등의 일을 앞장서서 맡아 주관하였다. 임금이 밤에 잔치를 열 때도 오직 그와 궁인만이 곁에서 모실 수 있었을 뿐, 아무리 임금과 가까운 신하여도 참여할 수 없었다.

이후로 임금은 **곤드레만드레 취하여 정사를 폐하게 되었다.** 그러나 순은 입을 굳게 다문 채 그 앞에서 간언할 줄 몰랐다. 그리하여 **예법을 지키는 선비들은 그를 마치 원수처럼 미워하게 되었다.** 그러나 임금은 매양 그를 감싸고돌았다.

순은 또 돈을 거둬들여 재산 모으기를 좋아하므로, 사람들이 그를 천하게 여겼다. 임금이 묻기를,

"경은 무슨 버릇이 있소?"

하니, 순이 대답하기를,

"신(臣)은 돈을 좋아하는 습성이 있나이다."

했다. 임금이 크게 웃고 그에게 더 많은 관심을 기울이게 되었다.

한번은 조정에 들어가 임금 앞에 마주 대하고 아뢰었는데, 순이 본디 입에서 나는 냄새가 있었고, 이에 임금이 싫어하며 말했다.

"경이 나이 들고 기운도 없어 나의 부림을 못 견디는구료!"

그러자 순은 마침내 관을 벗고 물러나면서 아뢰었다.

"신이 높은 벼슬을 받고 남에게 물려주지 아니하면 망신이 될까 두렵습니다. 부디 집으로 돌아갈 수 있도록 해 주신다면 그것으로 만족하겠습니다."

왕의 명으로 좌우의 부축을 받아 집에 돌아온 순은 갑자기 병이 나 하룻밤 사이에 죽고 말았다.

자식은 없고 먼 친척 가운데 아우뻘 되는 청(淸)이, 훗날 당나라에 출사(出仕)하여 벼슬이 내공봉에 이르렀으며, 그 자손이 다시 중국에서 번성하였다.

사신(史臣)은 이렇게 말했다.

"국씨의 조상이 백성에게 공로가 있고, 청백한 기상을 자손에게 물려주었다. 울창주(鬱鬯酒)는 주나라에서 칭송이 하늘에 닿을 듯했으니, 가히 그 조상의 기풍이 있다 하겠다. 순이 가난한 집안에서 자라나 높은 벼슬에 오르는 영광을 얻게 되어 술단지와 술상 사이에 서서 담론하게 되었다. 그러나 (㉠   ), 왕실이 어지러워져도 붙들지 못하여 마침내 천하의 웃음거리가 되었으니, 산도(山濤)의 말을 족히 믿을 만하다.

– 임춘, 「국순전(麴醇傳)」

06 윗글에 대한 설명으로 적절하지 <u>않은</u> 것은?   ○ 8448-0149

① 주인공이 세상에 나온 내력에 대해 서술하고 있다.

② 주인공이 내적 갈등을 해결해 나가는 과정에 대해 서술하고 있다.

③ 주인공의 말을 통해 주인공이 지닌 문제점이 드러나도록 서술하고 있다.

④ 주인공이 맡았던 직책을 밝히면서 주인공의 행적에 대해 서술하고 있다.

⑤ 주인공이 지닌 긍정적 면모와 그로 인해 얻은 명성에 대해 서술하고 있다.

07 ㉠~㉤에 대해 이해한 내용으로 적절하지 <u>않은</u> 것은?　　　　　　　　　　　○ 8448-0150

① ㉠은 국순의 조상 가운데 백성을 돕는 공을 세운 인물로, 존경받는 인물이라 할 수 있다.
② ㉡은 국순에게 후한 대접을 해 준 인물로, 국순이 세상에 나오도록 한 인물이라고 할 수 있다.
③ ㉢은 국순이 세간의 사람들에게 이름을 알리도록 한 인물로, 국순의 능력을 인정받도록 한 인물이라 할 수 있다.
④ ㉣은 국순의 비범한 능력을 알아본 인물로, 국순이 미래에 끼칠 부정적 영향에 대해 예언한 인물이라 할 수 있다.
⑤ ㉤은 국순이 임금의 사랑을 얻게 되는 계기를 제공하는 인물로, 국순이 자만심을 가지도록 유도한 인물이라 할 수 있다.

08 윗글의 내용을 고려할 때 ㉮에 들어갈 말로 가장 적절한 것은?　　　　　　　　　　　○ 8448-0151

① 옳고 그름을 변론하지 못하고
② 어질고 바른 사람들과의 교분을 끊고
③ 반대파의 음모로 인해 갖은 고초를 겪고
④ 불필요한 논쟁을 일삼아 정사를 어지럽히고
⑤ 자신을 믿어 준 사람들을 쉽게 배신하여 버리고

09 〈보기〉를 바탕으로 윗글을 감상한 내용으로 적절하지 <u>않은</u> 것은?　　　　　　　　　　　○ 8448-0152

┤ 보기 ├
　「국순전」은 술을 의인화하여 서술한 가전체이다. 이 작품은 술이 사람들에게 미치는 긍정적 영향을 제시하는 듯하다가 결과적으로는 술로 인해 나라의 기강이 문란해지는 상황에 대해 서술하고 있어 풍자적 성격을 띤다. 특히 국순과 임금의 모습을 통해 바람직한 신하의 모습과 임금의 모습에 대한 가르침을 전해 주고 있어 가전체가 가지는 계세징인((戒世懲人)의 목적을 효과적으로 달성하고 있다.

① 국순이 '자못 사람의 기운을 일으켜 주었다'는 것은 술이 사람들에게 미치는 긍정적 영향에 대해 밝힌 것이라고 할 수 있겠군.
② 국순이 향후에 '천하의 백성들을 그르치는 자'가 되리라는 것은 술이 가져오는 문제에 대한 우려를 드러낸 것이라고 할 수 있겠군.
③ 국순이 '시골 아이들에게 허리를 굽힐 수 없다'고 말한 것은 술에 대한 사람들의 맹목적인 추종을 지적한 것이라고 할 수 있겠군.
④ 국순으로 인해 임금이 '곤드레만드레 취하여 정사를 폐하게 되었다'는 것은 술로 인해 나라의 기강이 문란해지는 상황에 대해 비판한 것이라고 할 수 있겠군.
⑤ 국순이 '간언할 줄 몰'라 '예법을 지키는 선비들은 그를 마치 원수처럼 미워하게 되었다'는 것은 나라를 위하는 신하가 가져야 할 올바른 자세에 대한 가르침을 주는 것이라고 할 수 있겠군.

조선 시대의 문학사

III

조선 시대의 문학

조선 시대의 문학사

새 교육 과정 학습 목표
1 조선 시대 문학의 특징에 대해 알 수 있다.
2 조선 시대의 문학 작품을 감상할 수 있다.

1. 조선 전기의 운문 문학

조선 전기는 조선의 건국에서부터 임진왜란 무렵까지를 일컬으며, 훈민정음의 제정을 계기로 국문학사상 일대 전환이 이루어진 시기임. 훈민정음으로 인하여 구전되던 문학이 기록 문학으로 정착되고, 번역 문학을 포함한 새로운 문학 양식이 활발하게 창작됨.

(1) 악장

① 악장은 궁중의 여러 의식과 행사, 연회 등에 사용되던 노래로서, 조선의 창업과 문물·제도를 송축하거나 왕의 덕을 기리는 노래를 총칭함.

② 통일된 형식을 갖춘 것이 아니라 다양한 형식을 보임. 형태상 기존의 양식을 이용한 한시체, 경기체가체, 속요체와 새로운 양식으로 개발된 신체가 있음.

③ 개국 공신을 포함한 귀족 계층이 주로 창작하고 향유했으며, 조선 개국을 정당화하고 번영을 송축하는 내용과 새 왕조의 업적을 찬양하는 내용이 주를 이룸.

④ 음악에 얹어 부르는 가사라는 점과 새 왕조를 찬양하는 목적 문학이라는 점 때문에 문학성이 낮으며, 주로 궁중에서 쓰이던 귀족 문학임.

⑤ 주요 작품: 신체인 「용비어천가」, 「월인천강지곡」, 속요체인 「신도가」, 「감군은」, 경기체가체인 「상대별곡」, 「화산별곡」, 「오륜가」 등이 있음.

조선 전·후기 시조의 특징

전기	주된 향유층인 양반 사대부들의 충의 사상과 강호 한정을 노래한 작품이 많음. 기녀들의 시조와 교화 목적의 시조도 있음.
후기	평민 의식의 성장으로 사설시조가 등장하였으며 향유층이 넓어지면서 현실 풍자의 작품과 서민들의 삶을 진솔하고 사실적으로 표현한 작품이 창작됨.

(2) 시조

① 고려 말에 완결된 형식(3장 6구 45자 내외, 4음보)을 갖춘 시조는 간결하고 소박한 것을 즐기는 조선 사대부들의 정서와 훈민정음의 창제로 크게 발전함.

② 본래 '단가(短歌)'라 불렸으며, 영조 때 가객 이세춘에 의해 '시절 가조'라 불리던 것에서 '시조'라는 명칭이 유래됨.

③ 창(唱)으로 불린 시조의 형태는 초기에는 단형 시조가 대부분이었으나 점차 단형 시조가 중첩된 연시조로 발전함.

④ 작가는 대부분 양반 사대부 계층이었으며, 명종 이후부터 기녀들의 작품이 나타남.

한눈에 보기

한문 소설
· 금오신화 · 화사 · 수성지

조선 건국 (1392년)

훈민정음 창제 (1443년)

악장
· 납씨가 · 문덕곡 · 정동방곡 · 신도가

시조
· 회고가

악장
· 용비어천가
· 월인천강지곡

가사
· 상춘곡

번역 문학
· 두시언해

(3) 가사

① 가사는 고려 말에 지어진 나옹 화상의 「서왕가」에서 비롯되었다고는 하나, 조선 성종 때 정극인의 「상춘곡」에 이르러 형태가 완성된 것으로 보는 것이 일반적임.

② 가사는 시조와 함께 조선 시대를 대표하는 문학임.

③ 형식은 운문이면서 내용은 개인 정서만이 아니라 교훈적인 내용이나 여행의 견문과 감상 등 산문적인 내용도 담고 있어서 운문 문학에서 산문 문학으로 넘어가는 과도기적 형식으로 평가되기도 함.

④ 경기체가가 쇠퇴하면서 발생한 가사는 3·4조 또는 4·4조 연속체로 4음보의 율격을 갖추고 있으며, 시조 종장의 음수율(3·5·4·3조)과 유사하게 끝나는 것(정격 가사)이 일반적임.

⑤ 조선 전기의 가사는 주로 양반층이 창작을 주도했으며, 내용은 임금의 은혜에 감사하는 것이나 벼슬을 버리고 자연 속에서 유유자적하는 심정을 노래함.

⑥ 주요 작품: 정극인의 「상춘곡」, 송순의 「면앙정가」, 조위의 「만분가」, 정철의 「관동별곡」, 「사미인곡」, 「속미인곡」, 허난설헌의 「규원가」 등이 있음.

가사의 특징	
서정성	인간의 내면 심리나 정서, 자연에 안주하며 안빈낙도(安貧樂道)하는 생활 등을 노래함.
서사성	기행 가사와 같이 이야기 구조를 가진 가사가 많음.
교술성	객관적인 현실이나 실제로 존재하는 사물들에 대해 이야기를 서술해 나감.

(4) 한시와 언해시

① 한시는 문장의 표현 기교를 중시하는 사장파의 문학과 윤리 도덕을 중시하는 도학파의 문학으로 나뉘어 전개되었으며, 양반 사대부를 중심으로 다양하고 활발하게 창작됨.

② 언해시는 훈민정음 창제를 계기로 한문으로만 전해 오던 수많은 문헌을 조정에서 직접 관장하여 번역하는 사업을 추진하면서 소개됨.

③ 주요 작품: 『두시언해』에 실린 「강촌」, 「귀안」, 「춘망」, 「등악양루」 등이 있음.

「두시언해(杜詩諺解)」
중국 당나라 시인 두보의 한시를 언해한 시집으로, 『분류두공부시언해(分類杜工部詩諺解)』를 줄여서 부르는 말임.

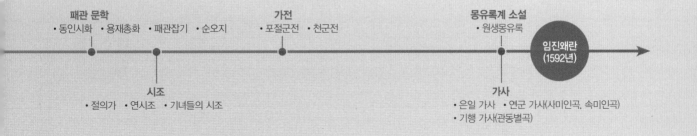

조선 시대의 문학사

「금오신화」의 주제

「만복사 저포기」	생사를 초월한 남 녀 간의 사랑
「이생규 장전」	죽음을 초월한 남 녀 간의 사랑
「남염부 주지」	바람직한 선비의 자세와 당대 현실 비판
「용궁부 연록」	용궁 체험과 인생 무상
「취유부 벽정기」	시대를 초월한 아 름다운 사랑

2. 조선 전기의 산문 문학

조선 전기의 산문 문학은 본격적인 한문 소설이 등장했다는 것과 고려 때부터 창작되던 패관 문학의 발달이 활발하게 이루어진 것이 특징임.

(1) 한문 소설의 발생

① 조선 전기 한문 소설은 기존의 설화와 가전체 등을 바탕으로 중국의 전기, 화본 문학의 영향을 받아 생겨난 것으로, 세계에 대한 작가의 독특한 관점을 허구적으로 구성한 것임.

② 최초의 한문 소설인 『금오신화』는 인간과 귀신이 교류하는 전기적 요소가 많은데, 현전하는 다섯 편의 작품들은 설화적 단순성을 지양하고 소설의 허구적인 형식과 내용을 갖추고 있음.

(2) 패관 문학의 융성

① 고려 때부터 발달한 패관 문학은 이 시기에 와서 융성하였는데, 전문화되고 영역별로 분화되는 경향을 보였으며, 소설 문학의 발달에도 많은 영향을 줌.

② 주요 작품 : 서거정의 「동인시화」, 성현의 「용재총화」, 어숙권의 「패관잡기」, 홍만종의 「순오지」 등이 있음.

(3) 가전과 몽유록

① 고려 말 가전의 전통을 이어받아 허구성과 창의성이 가미되어 있으면서도 현실을 반영한 의인화 소설이 생겨남.

② 주요 작품 : 가전에는 정수강의 「포절군전」, 임제의 「수성지」, 김우용의 「천군전」 등이 있고, 몽유록에는 심의의 「대관재몽유록」, 임제의 「원생몽유록」 등이 있음.

(4) 한문학

① 정도전, 권근과 같은 문인들은 문학은 도(道)를 싣는 것이어야 한다는 입장에서 세상을 바로잡는 실천적 활동을 강조함.

② 주요 작품 : 고려의 설 양식을 따른 권근의 「주옹설」, 이황의 「도산십이곡 발」 등이 있음.

3. 조선 후기의 운문 문학

조선 후기의 운문 문학은 실학이 대두되고 민중의 의식이 높아지면서 관념적이고 형식적인 경향이 지양되고 현실 생활을 진솔하게 표현하고자 하는 경향이 나타남.

한눈에 보기

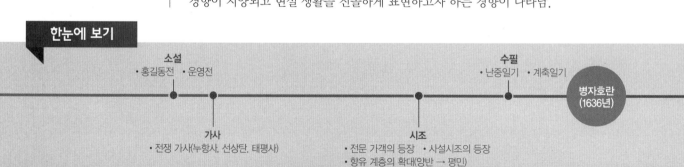

(1) 시조

① 양반과 기녀 중심이던 작가층이 평민층으로 확대되면서, 내용도 유교적인 관념에서 벗어나 다양한 삶의 현실을 보여 주고자 하였음. 형식 또한 평시조의 정형성이 파괴되어 길게 늘어진 사설시조가 등장함.

② 양반들의 평시조는 양란 직후에 우국충절, 시대적 고뇌 등 전란의 흔적을 노래한 시조들이 많았으나, 우리말의 묘미를 살려 전원생활의 멋을 노래한 작품이 등장하는 등 차츰 주제가 다양해짐.

③ 사설시조는 산문 정신과 서민 의식을 배경으로 등장하였으며, 3장 6구 45자 내외의 4음보의 평시조에서 2구 이상이 길어짐.

④ 사설시조는 현실의 모순을 날카롭게 풍자하거나 고달픈 삶을 해학적으로 그려 내는 등 웃음의 미학을 살려 내는 것이 많았음.

(2) 가사

① 양반층 중심이던 가사의 향유 계층이 평민과 부녀자에게까지 확대됨.

② 우국충절, 연군지정, 음풍농월 등의 관념적이고 서정적인 노래에서 벗어나 일상적이고 구체적인 사실을 노래함.

② 리듬감이 약화된 장편화·산문화의 경향과 실학사상의 영향 등으로 기행 가사, 유배 가사, 내방 가사 등이 발달함.

③ 임진왜란 직후에는 시조에 비해 그 기세가 꺾인 가운데, 박인로가 「누항사」, 「선상탄」 등을 발표하여 정철 이후 가사 문학의 큰 맥을 이었음.

④ 숙종 이후에는 현실적인 문제에 대한 관심 확대(유배 가사, 기행 가사), 여성 및 평민 작가층 성장(내방 가사, 평민 가사), 주제와 표현 양식의 다변화 등이 일어남.

⑤ 영·정조 이후에는 영남의 부녀자 계층을 중심으로 한 내방 가사가 창작되는 가운데 일반 서민들도 가사 창작에 참여하여 해학적이고 풍자적인 작품들이 등장함.

⑥ 주요 작품: 박인로의 「누항사」, 「선상탄」, 「태평사」, 안조원의 「만언사」, 이원익의 「고공답주인가」, 허전의 「고공가」, 김진형의 「북천가」, 김인겸의 「일동장유가」, 홍순학의 「연행가」, 정학유의 「농가월령가」, 작자 미상의 「봉선화가」, 「노처녀가」 등이 있음.

사설시조의 특징	
내용 면	• 서민 의식의 발로 • 구체적인 이야기 • 강렬한 애정 과시 • 재담과 욕설 • 거리낌 없는 비판 • 해학과 풍자
형식 면	• 사설조의 형식 • 가사투와 민요풍 • 대화체 형식 활용

가사의 변화상	
전기 가사	• 정격 가사 • 양반 가사 • 관념적 • 서정적
후기 가사	• 변격 가사 • 평민 가사 • 현실적 • 서사적

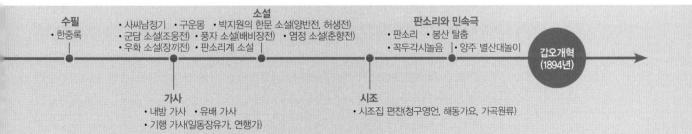

(3) 한시

① 실학자들의 현실 생활 문학과 중인·서리의 위항 문학, 여류 문학 등이 등장함.

② 임진왜란 직후, 한문학의 발달이 극에 달하여 신흠·이정구·장유·이식 등이 한문학의 4대가로 이름을 날렸으며, 당시(唐詩)의 풍격(風格)을 익힌 삼당 시인인 최경창·백광훈·이달 등이 이 시대를 대표함. 이 밖에도 김창협과 평민 시인인 홍세태가 활동함.

③ 조선 후기에는 종래의 당시풍을 배격하고 우리의 현실을 소재로 진실한 시를 짓는 혁신적 시단이 형성되어, 이덕무·유득공·박제가·이서구 등이 활동하였다. 그 뒤를 이어 이용휴, 정약용, 김병연 등이 나왔고, 구한말에는 강위, 황현, 최익현 등이 조선 왕조의 멸망을 통분해하는 시를 지었음.

④ 주요 작품: 정약용의 「타맥행」, 「탐진촌요」, 김병연의 「과안락견」, 김창협의 「산민」, 황현의 「절명시」 등이 있음.

(4) 민요

① 민요는 민중의 생활 속에서 자연 발생하여 전해 오는 노동·의식·놀이 등을 할 때 불린 구전 가요로, 서민들의 정서와 삶을 담고 있음.

② 연속체의 긴 노래로서 대개 후렴이 있으며, 3음보 내지 4음보가 주류를 이룸.

③ 내용은 노동의 고달픔과 보람, 삶의 애환, 남녀의 애틋한 사랑, 놀이의 표현 등 다양함.

4. 조선 후기의 산문 문학

조선 후기는 임진왜란과 병자호란으로 중세의 봉건 체제가 해체되면서 근대로 이행하는 시기임. 이 시기는 평민들이 주 작가층으로 대두되고, 산문이 중심인 시대였다고 할 수 있음. 중세적 질서가 흔들리기 시작하면서 평민들의 의식이 성장하고, 이들의 세계를 대변하는 진보적인 문인들의 활동이 활발히 이루어짐.

(1) 소설 문학의 융성

① 허균의 「홍길동전」이 광해군 때 창작된 이래, 조선 후기에는 국문 소설이 질적·양적으로 크게 발달하여 18~19세기는 소설의 시대라고 불릴 만큼 융성하였음.

② 국문 소설은 양란을 겪은 후 영웅 군담 소설을 비롯하여, 사회 소설, 가정 소설, 우화 소설, 염정 소설 등 다양한 유형이 등장함.

③ 조선 후기에 국문 소설의 향유 계층이 증가하면서 소설을 읽어 주고 일정한 보수를 받는 직업적인 전문 낭독인(전기수)이 등장하였으며, 필사의 한계를 극복하기 위하여 목판을 통한 상업적 출판(방각본)도 활발해졌음.

④ 박지원은 새로운 문체와 시각으로 부정적인 현실을 풍자하면서 당대인의 생생한 삶의 모습을 사실주의적 기법으로 표현해 낸 뛰어난 작품들을 창작함.

⑤ 주요 작품: 사회 소설인 「홍길동전」, 「전우치전」, 가정 소설인 「사씨남정기」, 「장화홍련전」, 「창선감의록」, 염정 소설인 「춘향전」, 「운영전」, 「숙영낭자전」, 「구운몽」, 「숙향전」, 군담 소설인 「임경업전」, 「임진록」, 「박씨전」, 「조웅전」, 「유충렬전」, 「소대성전」, 우화 소설인 「장끼전」, 「토끼전」, 풍자 소설인 「배비장전」, 「이춘풍전」 등이 있음.

(2) **수필·평론 문학의 발달**

① 임진왜란과 병자호란과 같은 사회 변동에 따라 개인의 체험이나 역사적 사실에 대한 느낌을 기록하기 위해 일기, 기행문, 서간문, 평론 등의 산문이 활발하게 창작되었음.

② 처음에는 양반 사대부 중심의 한문 수필이 많았으나 점차 작가층이 확대되어 여성들도 수필 창작에 많이 참가함.

③ 주요 작품 : 궁중 수필인 「계축일기」와 「한중록」, 일기류인 「의유당관북유람일기」, 「산성일기」, 의인화 수필인 「조침문」, 「규중칠우쟁론기」, 평론인 「서포만필」, 「순오지」 등이 있음.

(3) **판소리**

① 판소리는 전문 예술가인 광대가 부르는 구비 서사시로, 광대와 고수 두 사람이 연행함.

② 광대는 서사적 내용인 사설을 전달할 때, 노래인 '창'과 이야기인 '아니리', 그리고 몸동작인 '너름새(발림)'를 이용하며, 고수는 장단을 맞추고 '추임새'로 흥을 돋움.

③ 과거에는 열두 마당이 존재했으나, 현재 전해지는 것은 다섯 마당(「춘향가」, 「흥부가」, 「심청가」, 「수궁가」, 「적벽가」)뿐임.

(4) **민속극**

① 전통적 연극인 민속극은 무극, 인형극, 창극 등의 형태로 실현되었으며, 서민 의식이 성장하면서 발달함.

② 유희적 성격이 강하게 남아 서민들의 풍자와 해학 정신을 잘 보여 줌.

③ 주요 작품 : 「봉산 탈춤」, 「양주 별산대놀이」, 「꼭두각시놀음」 등이 있음.

판소리 열두 마당

「춘향가」, 「심청가」, 「흥부가」, 「수궁가」, 「적벽가」, 「배비장 타령」, 「변강쇠가」, 「강릉 매화 타령」, 「옹고집 타령」, 「장끼 타령」, 「숙영낭자 타령」, 「무숙이 타령」

민속극의 유형

무극	굿에서 연행되는 굿 놀이
가면극	각 지역에서 행해지던 탈놀이
인형극	남사당패에서 연희된 인형 놀이
창극	판소리를 극화시킨 것

01 용비어천가(龍飛御天歌) 정인지, 권제, 안지 등

→ **작품 안** **갈래** : 악장(신체) **성격** : 송축가, 개국송 **주제** : 조선 건국의 정당성 및 왕조 예찬

← **작품 밖** 조선 건국의 정당성을 밝히면서 조선 왕조를 찬양하는 송축가이다. 조선을 건국한 육조(목조·익조·도조·환조·태조·태종)의 업적을 찬양하고, 후대 왕에 대한 권계를 담고 있다. 동시에 훈민정음의 실용성을 실험한 노래이기도 하다.

작품의 짜임

서사 (제1~2장)	왕조 창업의 당위 성(개국송)
본사 (제3~109장)	육조의 업적에 대 한 찬양(사적찬)
결사 (제110~125장)	후대 왕에 대한 권계(계왕훈)

어휘 풀이

* 불휘 : 뿌리.
* 남ㄱ : 나무는.
* 뮐씨 : 흔들리므로.
* 하ᄂ니 : 많으니.
* 한수 북 : 한양.

구절 풀이

• 불휘 기픈 남ㄱ ᄇᄅ매 아니 뮐씨 : 기초가 튼튼한 나라는 내우외환이 닥쳐도 능히 이를 극복할 수 있음을 말함.

• 내히 이러 바ᄅ래 가ᄂ니 : 조선 왕조가 영원히 발전 번영할 것임을 말함.

• 낙수예 산행 가 이셔 하나빌 미드니잇가 : 중국 고대 하나라의 태강왕이 왕조를 창업한 할아버지 우(禹)의 업적만 믿고 정사를 게을리하다가 왕위에서 쫓겨난 고사를 말함. 「용비어천가」 마지막 구절을 타산지석에 해당하는 고사를 제시함으로써 권계의 효과를 강화하고 있음.

가 •불휘* 기픈 남ᄀ* ᄇᄅ매 아니 뮐씨* 곶 됴코 여름 하ᄂ니*

시미 기픈 므른 ᄀᄆ래 아니 그츨씨 ㉠내히 이러 바ᄅ래 가ᄂ니 〈제2장〉

나 천세(千世) 우희 미리 정(定)ᄒ샨 한수(漢水) 북(北)*에 누인 개국(累仁開國)ᄒ샤 ㉡복년(卜年)이 ᄀᆺ 업스시니

성신(聖神)이 니ᅀᆞ샤도 경천근민(敬天勤民)ᄒ샤ᅀᅡ 더욱 구드시리이다

님금하 아ᄅ쇼셔 낙수(洛水)예 산행(山行) 가 이셔 하나빌 미드니잇가 〈제125장〉

현대어 풀이

가 뿌리가 깊은 나무는 바람에 흔들리지 않으므로, 꽃 좋고 열매 많으니.

샘이 깊은 물은 가뭄에 그치지 않으므로, 내를 이루어 바다에 가느니.

나 천년 전에 미리 정하신 한강 북쪽 땅에, 여러 대에 걸쳐 인을 쌓아 나라를 여시어 나라의 운수가 끝이 없으시니.

성스럽고 신령한 임금이 (왕위를) 이으셔도 하늘을 공경하고 백성을 다스리는 데 부지런하셔야, (나라가) 더욱 굳건할 것입니다.

임금이시여, 아십시오. 낙수에 사냥 가 있으면서 할아버지를 믿으실 것입니까?

작품 구조도

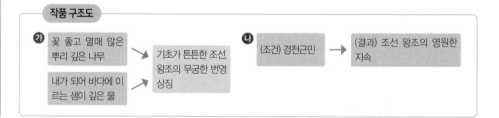

실력 다지기 정답과 해설 35쪽

1 (가)와 (나)에 대한 설명으로 가장 적절한 것은? ◐ 8448-0153

① (가)는 (나)와 달리 계절의 변화에 따라 시상을 전개하고 있다.

② (가)는 (나)와 달리 한자어를 배제하고 순수한 우리말의 아름다움을 드러내고 있다.

③ (나)는 (가)와 달리 중국 성왕들의 사례에 견주어 건국의 정당성을 부각하고 있다.

④ (가)와 (나)는 모두 권유하는 어조로 시상을 마무리하고 있다.

⑤ (가)와 (나)는 모두 대상에 감정을 이입하여 정서를 심화하고 있다.

2 ㉠과 ㉡의 공통점으로 가장 적절한 것은?

● 8448-0154

① 문화에 대한 자부심을 드러내고 있다.
② 건국이 천명에 의한 것임을 밝히고 있다.
③ 왕조가 영원히 지속하기를 소망하고 있다.
④ 영웅의 활약으로 인한 결과를 제시하고 있다.
⑤ 건국이 오랜 노력의 결과임을 암시하고 있다.

3 〈보기〉는 (나)를 희곡으로 각색한 것이다. 각색하는 과정에서 (나)와 달라진 점으로 적절한 것은?

● 8448-0155

┤ 보기 ├

이사 : 사장님! 취임을 축하드립니다. 앞으로 하시는 일마다 행운이 따르고 항상 건강하시기 바랍니다.

사장 : 이사님, 감사합니다. (진지하게) 이사님께 여쭤볼 것이 있습니다. 대외적인 경제 상황이 좋지 않은데도 우리 회사가 이렇게 성과가 좋은 이유가 뭘까요?

이사 : 그건 이전의 사장님들이 미래를 예측하고 목표를 잘 세우셨기 때문입니다. 그분들이 추진하신 사업들이 지금 우리 회사에 많은 이익을 가져오고 있지 않습니까?

사장 : (이해가 간다는 표정으로) 그렇군요. 제가 모르는 것이 많으니, 경영과 관련해 허심탄회하게 조언을 해 주십시오.

이사 : 그러죠. (잠깐 사이를 두다가) 사장님의 자질은 여러 사람이 인정하고 있습니다만, 아직 경영의 근본을 모르시는 것 같습니다.

사장 : (의아하다는 듯) 경영의 근본이요?

이사 : 사원들의 마음을 얻는 것이 경영의 근본입니다. 사장님은 아직까지 사원들을 월급을 주고 부리는 아랫사람으로만 여기고 계십니다. 얼마 전 ○○ 기업의 후계자가 선대 사장의 후광만 믿고 사원들을 함부로 대하고 제멋대로 회사를 경영하다가 경영권을 상실한 일이 있었습니다. 이런 것을 통해 교훈을 얻으셔야 합니다.

① 대상에게 직설적으로 당부하고 있다.
② 추구해야 할 가치가 무엇인지를 밝히고 있다.
③ 대상이 지닌 문제점을 구체적으로 지적하고 있다.
④ 타산지석(他山之石)이 되는 사례를 전달하고 있다.
⑤ 먼저 송축을 하고 다음에 권계하는 내용을 제시하고 있다.

1 (나)에서 후대 임금이 실천해야 할 핵심적 요소로 제시한 것을 찾아 쓰시오.

● 8448-0156

가 ➡️ **작품 안** **갈래** : 언해시, 오언 율시 **성격** : 애상적, 영탄적 **주제** : 전란으로 인한 상심과 가족에 대한 그리움

⬅️ **작품 밖** 안사의 난 때 안록산의 군대에게 붙잡혀 가족과 이별한 작가의 심정을 노래하고 있다. 인간사의 고통과 자연을 대비하여 자신의 비극적 처지를 부각하고 있다.

나 ➡️ **작품 안** **갈래** : 언해시, 칠언 율시 **성격** : 서정적, 한정적 **주제** : 여름날 강촌의 한가로운 정경

⬅️ **작품 밖** 세상살이에서 벗어나 여름날 강촌에서 욕심 없이 지내는 여유로운 심정의 강호 한정(江湖閑情)을 노래하고 있다. 여름날 강촌의 한가로운 모습과 주변의 정경, 강촌에서 평화롭게 살아가는 가족의 모습, 병약한 자신의 모습 등이 잘 드러나 있다.

작품의 짜임

가

수련(首聯)	전란으로 폐허가 된 성 안의 모습
함련(頷聯)	어지러운 시절에 대한 한탄
경련(頸聯)	가족에 대한 그리움
미련(尾聯)	자신의 노쇠함에 대한 탄식

나

수련(首聯)	여름날 강촌의 한적함
함련(頷聯)	제비와 갈매기의 유유자적한 모습
경련(頸聯)	강촌의 아내와 아들의 한가로운 모습
미련(尾聯)	안분지족(安分知足)의 삶 추구

어휘 풀이

* ᄀᆞ롷 : 강의.
* 유심ᄒᆞ다 : 그윽하도다.
* 골며기로다 : 갈매기로다.
* 겨지븐 : 계집은. 아내는.
* 한 : 큰, 많은. 여기서는 '많은'의 의미로 사용.

구절 풀이

● 나라히 파망ᄒᆞ니 뫼콰 ᄀᆞ롬ᄲᅮᆫ 잇고 : 안사의 난으로 인해 어수선해진 인간사와 변함없는 자연물을 대비시켜 무상감을 드러냄.
● 긴 녀룺 ~ 유심ᄒᆞ도다 : 모든 사물 만사의 움직임과 모습에는 깊은 뜻이 숨겨져 있음.
● 져구맛 모미 ~ 구ᄒᆞ리오 : 병을 다스릴 만한 약이 있으면 만족하며 더 바랄 것이 없다는 안분지족(安分知足)의 여유로운 모습임.

가
나라히 파망(破亡)ᄒᆞ니 뫼콰 ᄀᆞ롬ᄲᅮᆫ 잇고
잣 앉 보미 플와 나모ᄲᅮᆫ 기펫도다
ⓐ시절(時節)을 감탄(感歎)ᄒᆞ니 고지 눉믈롤 쓰리게코
여희여슈믈 슳ᄒᆞ니 ㉠새 ᄆᆞᄋᆞᆷ믈 놀래노라
봉화(烽火)ㅣ 석ᄃᆞᆯᄅᆞᆯ 니어시니
지빗 음서(音書)는 만금(萬金)이 ᄉᆞ도다
셴 머리를 글구니 ᄯᅩ 뎌르니
다 빈혀롤 이긔디 몯홀 ᄃᆞᆺᄒᆞ도다

나
ᄆᆞᆰᄀᆞᆫ ᄀᆞ롮* ᄒᆞᆫ 고비 ᄆᆞ슬훌 아나 흐르ᄂᆞ니
긴 녀룺 강촌(江村)애 일마다 유심(幽深)ᄒᆞ도다*
절로 가며 절로 오ᄂᆞᆫ 집 우흿 져비오
서르 친(親)ᄒᆞ며 서르 갓갑ᄂᆞᆫ 믌 가온딧 ㉡골며기로다*
늘근 겨지븐* 죠희를 그려 쟝긔파놀 밍ᄀᆞᆯ어늘
져믄 아ᄃᆞᆯ ᄋᆞᆫ 바ᄂᆞᆯ를 두드려 고기 낫ᄀᆞᆯ 낛ᄋᆞᆯ 밍ᄀᆞᄂᆞ다
한* 병(病)에 얻고져 ᄒᆞ논 바ᄂᆞᆫ 오직 약물(藥物)이니
져구맛 모미 이 밧긔 다시 므스글 구(求)ᄒᆞ리오

작품 구조도

가 전란으로 인한 고통 → 시대 상황에 대한 상심 + 가족에 대한 그리움

나 강촌의 한가한 모습 → 자연 친화적 태도

병약한 자신의 처지 → 안분지족의 삶

1 (가)와 (나)의 공통점으로 가장 적절한 것은? ▶ 8448-0157

① 설의적 표현을 통해 주제 의식을 강조하고 있다.
② 선경 후정의 방식을 통해 시상을 전개하고 있다.
③ 비교의 방식을 통해 화자의 판단을 제시하고 있다.
④ 색채 이미지를 활용하여 시적 대상을 예찬하고 있다.
⑤ 시간의 순차적인 흐름에 따라 화자의 정서를 드러내고 있다.

2 ㉠과 ㉡에 대한 설명으로 가장 적절한 것은? ▶ 8448-0158

① ㉠과 ㉡은 모두 화자의 분신으로 볼 수 있다.
② ㉠과 ㉡은 모두 화자의 결백을 증명해 줄 존재로 볼 수 있다.
③ ㉠과 달리 ㉡은 화자가 한가롭게 관찰하는 대상으로 볼 수 있다.
④ ㉡과 달리 ㉠은 화자가 과거를 회상하는 매개체로 볼 수 있다.
⑤ ㉠은 화자의 갈등을 해소하고, ㉡은 화자의 갈등을 유발한다고 볼 수 있다.

3 〈보기〉를 참고하여 (가)와 (나)를 감상한 내용으로 적절하지 <u>않은</u> 것은? ▶ 8448-0159

┤ 보기 ├

　(가)는 두보가 46세 때 안사(安史)의 난으로 인해 반란군에 사로잡혀 장안(長安)에 연금된 상황에서 지은 작품으로, 시국에 대해 근심하면서 멀리 떨어진 처자를 그리워하는 비통한 심정을 노래하고 있다. (나)는 두보가 49세 때 성도(成都) 인근에서 가족과 함께 정착 생활을 할 때 지은 작품으로, 은거하는 소박한 만족감이 잘 드러나 있다.

① '시절을 감탄호니'에는 안사의 난으로 인한 당시 시국을 근심하는 심정이 담겨 있군.
② '여희여슈믈 슬호니'에는 멀리 떨어진 처자를 그리워하는 비통한 심정이 담겨 있군.
③ '다 빈혀를 이긔디 몯홀 듯ㅎ도다'에서는 반란군에 사로잡힐 때의 상황을 구체적으로 제시하고 있군.
④ '긴 녀름 강촌애 일마다 유심ㅎ도다'에서는 가족과 함께 정착 생활을 하는 평화로운 분위기를 느낄 수 있군.
⑤ '이 밧긔 다시 므스글 구ㅎ리오'에는 자신의 생활에 대한 소박한 만족감이 드러나 있군.

서술형

1 화자가 감정을 표현하는 측면에서 〈보기〉와 다른 ⓐ의 특징이 무엇인지 서술하시오. ▶ 8448-0160

┤ 보기 ├

　전쟁이 언제 끝날지 모르는 상황 속에서 나는 길가의 꽃을 바라보며 슬픔을 느껴 눈물을 흘렸다.

1. 악장과 언해, 한시

03 무어별(無語別) 임제 / 배소만처상(配所輓妻喪) 김정희 / 몽혼(夢魂) 이옥봉

가 ➡️ **작품 안** 갈래 : 한시, 오언 절구 성격 : 서정적, 애상적 주제 : 임과 이별한 소녀의 정한

⬅️ **작품 밖** 이 작품의 제목인 '무어별'은 '말 못 하고 헤어지다.'라는 뜻이다. 사랑하는 사람을 두고도 다른 사람들의 시선을 의식해 말 못 하고 돌아선 소녀의 심리를 화자가 관찰자의 시각에서 표현하고 있다.

나 ➡️ **작품 안** 갈래 : 한시, 칠언 절구 성격 : 애상적, 독백적 주제 : 아내와 사별한 슬픔

⬅️ **작품 밖** 작가가 제주도에서 귀양살이를 할 때 아내의 부고를 듣고 지은 작품이다. 사별의 한을 역지사지의 입장에서 토로하여 슬픔을 절실하게 강조하고 있다.

다 ➡️ **작품 안** 갈래 : 한시, 칠언 절구 성격 : 서정적, 애상적 주제 : 임에 대한 그리움

⬅️ **작품 밖** 이 작품은 전반부와 후반부 두 부분으로 구성되어 있다. 전반부는 '나'의 진술로 이루어지는 안부와 근황에 관한 내용이고, 후반부는 '나'의 마음에 대한 표현으로, 상황을 가정하여 자신의 심회를 이야기하고 있다.

작품의 짜임

가

1~2행	소녀의 말 없는 이별
3~4행	소녀가 남몰래 흘리는 이별의 눈물

나

1~2행	내세에서 남편과 아내의 처지를 바꾸기를 기원함.
3~4행	사별의 지극한 슬픔을 아내에게 알리고 싶음.

다

1행	임의 안부를 물음.
2행	이별의 한이 깊어 감.
3행	꿈속의 상황을 가정함.
4행	자주 다녀 문 앞의 돌길이 모래가 됨.

어휘 풀이
* **월하노인** : 부부의 인연을 맺어 주는 전설상의 노인.
* **사창** : 얇은 비단으로 바른 창. 규방의 창을 가리킴.

구절 풀이
* **배꽃 사이 달을 보며 눈물 흘리네** : 서정적이고 낭만적인 분위기를 통해 이별로 인한 슬픔까지도 한 폭의 그림처럼 느끼게 함.
* **문 앞 돌길이 반은 모래가 되었을 거예요** : 꿈속에서 임을 만나기 위해 자주 다녀 돌길이 닳아 모래가 되었다는 것으로, 임에 대한 그리움을 과장적으로 표현함.

가 열다섯 아리따운 아가씨 十五越溪女
　　부끄러워 말도 못 하고 헤어졌어라 羞人無語別
　　돌아와 중문을 닫고서 歸來掩重門
　　배꽃 사이 달을 보며 눈물 흘리네 泣向梨花月

나 월하노인*을 통하여 저승에 하소연해 聊將月老訴冥府
　　내세에는 내가 아내 되고 그대가 남편 되어 來世夫妻易地爲
　　나는 죽고 그대는 **천 리 밖**에 살아서 我死君生千里外
　　그대에게 이 슬픔 알게 했으면 使君知有此心悲

다 요즈음 어찌 지내시는지요 近來安否問如何
　　달빛 드는 **사창***에 첩의 한이 깊어 갑니다 月到紗窓妾恨多
　　만약 **꿈속**의 넋이 오가는 자취를 남긴다면 若使夢魂行有跡
　　㉠**문 앞 돌길이 반은 모래가 되었을 거예요** 門前石路半成沙

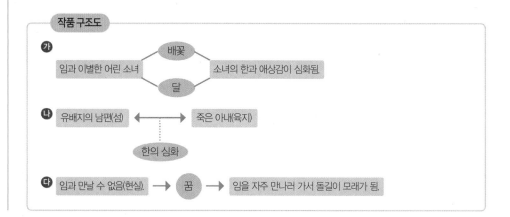

작품 구조도

가 임과 이별한 어린 소녀 ─ 배꽃 / 달 ─ 소녀의 한과 애상감이 심화됨.

나 유배지의 남편(섬) ⟷ 죽은 아내(육지)
한의 심화

다 임과 만날 수 없음(현실) → 꿈 → 임을 자주 만나러 가서 돌길이 모래가 됨.

114 EBS 올림포스 고전 문학 / Ⅲ. 조선 시대의 문학

1 (가)~(다)의 공통점으로 가장 적절한 것은?

◐ 8448-0161

① 대상의 부재에서 느끼는 정서가 드러나 있다.
② 현실의 고통을 자연물에 의지해 잊으려 애쓰고 있다.
③ 부정적 현실에서도 미래를 낙관적으로 생각하고 있다.
④ 거스를 수 없는 자연의 섭리에 대한 경외감을 표현하고 있다.
⑤ 일상생활의 소중함을 깨닫고 자신의 지난 삶을 반성하고 있다.

2 (가)~(다)의 시어에 대한 이해로 적절하지 <u>않은</u> 것은?

◐ 8448-0162

① (가)의 '열다섯 아리따운 아가씨'는 화자가 관찰하는 대상이다.
② (가)의 '배꽃 사이 달'은 '아가씨'의 애상감을 부각하는 자연물이다.
③ (나)의 '천 리 밖'은 화자가 느끼는 정서적 거리감을 제시한 것이다.
④ (다)의 '사창'은 화자가 여성임을 알려 주는 소재이다.
⑤ (다)의 '꿈속'은 임과의 단절이 더욱 심화되는 공간이다.

3 (나)와 (다)의 표현 기법에 대한 설명으로 가장 적절한 것은?

◐ 8448-0163

① (나)와 (다)는 모두 사물에 인격을 부여하여 대화를 나누고 있다.
② (나)와 (다)는 모두 상황을 가정하여 화자의 소망을 나타내고 있다.
③ (나)와 (다)는 모두 명암의 대비를 통해 시적 긴장감을 높이고 있다.
④ (나)는 권유하는 어조로, (다)는 명령하는 어조로 비판 의식을 드러내고 있다.
⑤ (나)는 인간과 자연을 대비하여, (다)는 과거와 현재를 대비하여 교훈을 전달하고 있다.

4 〈보기〉를 참고하여 (나)를 감상할 때 적절하지 <u>않은</u> 것은?

◐ 8448-0164

─┤ 보기 ├─

　　노년에 제주도에서 유배 생활을 하던 김정희는 아내의 부고(訃告)를 받았지만, 죄인의 입장이라 육지로 가서 아내의 장례를 치를 수 없었다. 그는 (나)를 지어 간절한 그리움과 지극한 슬픔을 드러내었다.

① 1행에는 화자가 기원을 드리는 초월적 존재가 나타나는군.
② 2행에서는 역지사지(易地思之)의 발상을 엿볼 수 있군.
③ 2행에서는 불교적 윤회 사상과 관련한 시어를 찾을 수 있군.
④ 2행과 3행에서 화자는 작품 표면에 직접적으로 등장하고 있군.
⑤ 4행에서는 부부 사이에 평소 배려가 필요하다는 교훈을 얻을 수 있군.

서술형

1 (다)의 ㉠에 사용된 대표적인 표현 기법을 쓰고, ㉠의 의미를 구체적으로 서술하시오.

◐ 8448-0165

1. 악장과 언해, 한시

04 탐진촌요(耽津村謠) 정약용 / 산민(山民) 김창협

가 ➡️ **작품 안** **갈래** : 한시, 칠언 절구　**성격** : 고발적, 현실 비판적, 사실적

⬅️ **작품 밖** 총 15수 중 〈제7수〉로 관리들의 횡포에 시달리는 농민들의 눈물겨운 삶의 모습을 사실적으로 그리고 있다. 이 작품을 통해 작가는 당시의 피폐한 농촌 현실을 고발하고, 백성을 위한 정치가 이루어져야 함을 말하고 있다.

나 ➡️ **작품 안** **갈래** : 한시, 오언 배율　**성격** : 현실 비판적, 고발적　**주제** : 산속에서 살아가는 사람들의 고통스러운 삶

⬅️ **작품 밖** 가렴주구(苛斂誅求)를 일삼는 관리들을 피해 산속에 사는 사람들의 생활상을 그리고 있는 작품이다.

작품의 짜임

가

기	새로 짠 무명의 아름다움
승	애써 짜 낸 무명을 관리에게 빼앗김.
전	관리의 세금 독촉
결	세금 독촉의 현실

나

1~4행	산속의 인가 방문과 아낙의 소박한 대접
5~8행	산속 생활의 고단함
9~12행	산속 생활의 외로움과 두려움
13~16행	산속에 사는 이유

어휘 풀이

* **황두** : 중국 한나라 때 선박을 관장하던 벼슬 이름으로 여기서는 지방 관리를 뜻함.
* **누전** : 토지 대장의 기록에서 빠진 토지.
* **띠집** : 산속에서 자연의 소재를 모아 얼기설기 지은 집.
* **따비** : 풀뿌리를 뽑거나 밭을 가는 데 쓰는 농기구.

구절 풀이

* **이방 줄 돈이라고 황두가 뺏어 가네** : 지방의 말단 관리조차 그 횡포가 심하였음을 보여 줌.
* **누전 세금 독촉이 성화같이 급하구나** : 장부에 누락되어 세금 매길 근거가 없는 토지에서도 세금을 빼앗아 가는 지방관의 횡포를 보여 줌.
* **나를 위해 밥과 반찬 내어 오네** : 어렵게 사는 생활이지만 손님을 위한 대접에는 소홀하지 않는 순박한 농민의 모습을 그리고 있음.
* **저물도록 돌아오지 못한다네** : 산속에 사는 농민의 고달픈 생활을 알 수 있음.

가
새로 짜 낸 무명이 눈결같이 고왔는데	棉布新治雪樣鮮
이방 줄 돈이라고 황두[*]가 뺏어 가네	黃頭來博吏房錢
누전[*] 세금 독촉이 성화같이 급하구나	漏田督稅女星火
삼월 중순 세곡선(稅穀船)이 서울로 떠난다고	三月中旬道發船

나
말에 내려 인가를 찾아가 보니	下馬問人居
아낙네 문간에 나와 맞이하네	婦女出門看
띠집[*] 처마 아래 손을 앉게 하고	坐客茅屋下
나를 위해 밥과 반찬 내어 오네	爲我具飯餐
남편은 어디에 나가 있냐 하니	丈夫亦何在
아침에 따비[*]를 메고 산에 올라	扶犁朝上山
산밭을 일구느라 고생을 하며	山田苦難耕
저물도록 돌아오지 못한다네	日晚猶未還
사방을 둘러봐도 이웃은 없고	四顧絶無隣
개와 닭도 산기슭에 의지해 사네	鷄犬依層巒
숲속에는 사나운 호랑이 많아	中林多猛虎
나물도 마음대로 못 뜯는다네	探藿不盈盤
슬프다 외딴살이 어찌 좋으리	哀此獨何好
험하고 험한 산골짝에서……	崎嶇山谷間
평지에 살면 더없이 좋으련만	樂哉彼平土
가고 싶어도 ㉠벼슬아치 두렵다네	欲往畏縣官

작품 구조도

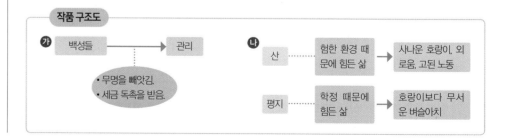

116　EBS 올림포스 고전 문학 / Ⅲ. 조선 시대의 문학

1 (가)와 (나)의 공통점으로 가장 적절한 것은?

○ 8448-0166

① 백성들을 도울 구체적 방안을 찾고 있다.
② 부정적 세태를 비판적으로 바라보고 있다.
③ 이상과 현실의 괴리에 대해 고민하고 있다.
④ 속세를 떠나 자연에 귀의하려 애쓰고 있다.
⑤ 해학의 방식으로 현실의 고통을 누그러뜨리고 있다.

2 (가)와 (나)에 대한 설명으로 가장 적절한 것은?

○ 8448-0167

① (가)는 묻고 답하는 방식으로 당부의 의사를 나타내고 있다.
② (나)는 과거와 현재 상황을 대비하여 문제점을 부각하고 있다.
③ (나)는 추상적 대상을 구체화하여 그 특성을 드러내고 있다.
④ (가)와 (나)는 모두 연쇄의 방식으로 시상을 전개하고 있다.
⑤ (가)와 (나)는 모두 화자가 타인에게 들은 말을 전달하고 있다.

3 〈보기〉를 참고하여 (나)를 감상할 때 적절하지 <u>않은</u> 것은?

○ 8448-0168

─┤ 보기 ├─

　공자가 무덤 앞에서 슬피 우는 여인을 만나 사연을 묻자, 여인은 호랑이가 시아버지, 남편, 아들을 잡아 먹었다고 대답했다. 공자가 여인에게 이곳을 떠나 살라고 충고하자, 여인은 다른 곳에 가면 무거운 세금 때문에 견디지 못하니 떠날 수 없다고 말했다. 이에 공자는 "가혹한 정치는 호랑이보다 더 무섭다."라고 탄식했다.

① (나)의 '아낙네'와 〈보기〉의 '여인'은 모두 관리들의 수탈을 두려워하고 있다.
② (나)의 화자와 〈보기〉의 공자는 모두 '아낙네'와 '여인'의 어려움을 해결하지 못하고 있다.
③ 〈보기〉의 '여인'과 달리 (나)의 '아낙네'는 산골의 생활에 만족하고 있다.
④ (나)의 화자와 달리 〈보기〉의 공자는 상대방에게 조언을 하고 있다.
⑤ (나)의 '아낙네'와 달리 〈보기〉의 '여인'은 호랑이로부터 직접적인 피해를 입었다.

서술형

1 (나)의 ㉠에 해당하는 대상을 (가)에서 모두 찾아 쓰고, 이들을 가리키는 4음절의 한자어를 쓰시오.

○ 8448-0169

01 망국(亡國)에 대한 회고(懷古)의 정(情)

가

↪ **작품 안** **작가** : 길재 **갈래** : 평시조, 단형 시조 **성격** : 회고적, 감상적 **주제** : 망국의 한과 인생무상

↩ **작품 밖** 조선이 개국한 다음에도 고려에 대한 충성심을 지키며 끝까지 벼슬길에 나가지 않은 작가가 고려의 도읍지였던 송도를 돌아보며 느낀 감회를 적은 작품이다.

나

↪ **작품 안** **작가** : 원천석 **갈래** : 평시조, 단형 시조 **성격** : 회고적, 감상적 **주제** : 고려 왕조에 대한 회고와 무상감

↩ **작품 밖** 고려의 충신이었던 작가가 풀로 무성해진 고려의 궁궐터를 바라보며 지은 작품으로, 고려의 멸망에서 오는 무상감과 애절한 정한을 잘 드러내고 있다.

다

↪ **작품 안** **작가** : 정도전 **갈래** : 평시조, 단형 시조 **성격** : 회고적, 감상적 **주제** : 고려 왕업의 무상함

↩ **작품 밖** 이성계를 도와 조선을 건국하는 데 주도적 역할을 한 작가가 고려의 도읍지를 돌아보며 느낀 감회를 노래하고 있는 작품이다. 한 나라의 흥망성쇠도 한낱 꿈과 같다며 잠시 무상감에 잠기지만 결국 시대의 흐름에 따라야 함을 말하고 있다.

작품의 짜임

가

초장	고려의 옛 서울을 찾음.
중장	인간사의 무상함
종장	고려 왕조에 대한 무상감

나

초장	황폐해진 고려의 궁궐터를 찾음.
중장	목동의 피리 소리를 들음.
종장	고려 왕조 멸망에서 느끼는 감회

다

초장	고려 왕조에 대한 회상
중장	고려 왕업의 무상함
종장	무상감의 극복

어휘 풀이

* **태평연월** : 태평하고 안락한 세월. 태평성대 강구연월의 준말. 여기서는 '고려의 융성했던 때'를 말함.
* **추초** : 가을 풀(황폐한 모습).

구절 풀이

• **산천은 ~ 간 듸 업다** : 산천의 모습은 예나 지금이나 변함이 없으나 인걸은 사라지고 없음을 한탄하고 있음.
• **석양에 ~ ᄒ노라** : '객'은 작가 자신을 가리키고, '석양'은 하루해가 저문다는 표면적 의미와 함께 고려 왕조의 몰락이라는 상징적 의미를 동시에 내포하는 중의적 표현임.

가 오백 년(五百年) 도읍지(都邑地)를 필마(匹馬)로 도라드니
산천(山川)은 의구(依舊)ᄒ되 인걸(人傑)은 간 듸 업다
어즈버 태평연월(太平烟月)*이 ㉠꿈이런가 ᄒ노라

나 흥망(興亡)이 유수(有數)하니 만월대(滿月臺)도 추초(秋草)*ㅣ로다
오백 년(五百年) 왕업(王業)이 목적(牧笛)에 부쳐시니
석양(夕陽)에 지나는 객(客)이 눈물계워 ᄒ노라

다 선인교(仙人橋) 나린 물이 자하동(紫霞洞)에 흘너드러
반천 년(半千年) 왕업(王業)이 ㉡물소릿쑨이로다
아희야 고국 흥망(故國興亡)을 무러 무엇ᄒ리오

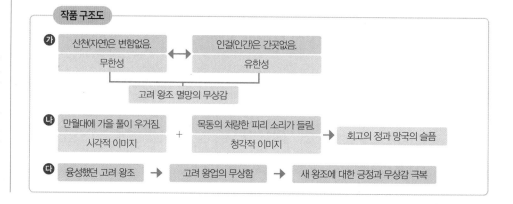

작품 구조도

가 산천(자연)은 변함없음. ↔ 인걸(인간)은 간곳없음.
무한성 유한성
고려 왕조 멸망의 무상감

나 만월대에 가을 풀이 우거짐. + 목동의 처량한 피리 소리가 들림. → 회고의 정과 망국의 슬픔
시각적 이미지 청각적 이미지

다 융성했던 고려 왕조 → 고려 왕업의 무상함 → 새 왕조에 대한 긍정과 무상감 극복

1 (가)~(다)에 대한 설명으로 적절하지 <u>않은</u> 것은?

8448-0170

① (가)와 (나)는 인간사와 자연을 대조하고 있다.
② (가)와 (다)는 감탄사를 활용해 글자 수를 맞추고 있다.
③ (나)와 (다)는 청각적 이미지를 사용하고 있다.
④ (가)~(다)는 모두 고려 왕조를 상징하는 기간을 제시하고 있다.
⑤ (가)~(다)는 모두 음보를 규칙적으로 사용하여 리듬감을 형성하고 있다.

2 ㉠과 ㉡에 대한 이해로 가장 적절한 것은?

8448-0171

① ㉡과 달리 ㉠은 과거 회상의 계기가 되고 있다.
② ㉠과 달리 ㉡에는 자기 정화의 소망이 담겨 있다.
③ ㉠은 고려의 흥성을, ㉡은 고려의 쇠락을 암시하고 있다.
④ ㉠과 ㉡은 모두 화자가 겪는 시련을 비유하고 있다.
⑤ ㉠과 ㉡은 모두 화자가 느끼는 무상감을 드러내고 있다.

3 (나)와 〈보기〉의 시조를 비교하여 감상할 때 적절하지 <u>않은</u> 것은?

8448-0172

┤ 보기 ├

선생님 : 아래의 시조는 고려 말기의 충신 이색이 이성계 일파의 득세로 인해 고려의 국운이 기울어져 가는 것을 보며 우국충정(憂國衷情)을 노래한 것입니다.

백설(白雪)이 ᄌᆞ자진 골에 구름이 머흐레라
반가온 매화(梅花)는 어늬 곳에 픠엿ᄂᆞᆫ고
석양(夕陽)에 홀로 셔 이셔 갈 곳 몰라 ᄒᆞ노라

	감상	판단
①	(나)와 〈보기〉 중 창작 시기는 〈보기〉가 빠르다.	○
②	(나)와 〈보기〉의 석양은 모두 화자의 고뇌를 부각하는 시간적 배경이다.	○
③	(나)의 '목적'과 〈보기〉의 '백설'은 모두 화자의 감정을 이입한 소재이다.	×
④	(나)의 '추초'와 〈보기〉의 '구름'은 모두 덧없음을 내포하는 자연물이다.	×
⑤	(나)의 '객'과 〈보기〉의 '매화'는 모두 지조를 지키는 대상으로 볼 수 있다.	×

서술형

1 (가)에서 고려 왕조의 전성기를 의미하는 시어를 찾아 쓰시오.

8448-0173

02 지조(志操)와 충절(忠節)의 노래

가

➡ 작품 안 **작가** : 성삼문 **갈래** : 평시조, 단형 시조 **성격** : 의지적, 비판적 **주제** : 임(단종)을 향한 굳은 절개와 충성심

⬅ 작품 밖 이 작품은 사육신의 한 사람인 작가가 단종의 복위를 도모하다가 실패하고 처형당할 때 변함없는 충절을 노래한 것이다.

나

➡ 작품 안 **작가** : 이개 **갈래** : 평시조, 단형 시조 **성격** : 애상적 **주제** : 임(단종)과 이별한 슬픔

⬅ 작품 밖 이 작품은 세조의 왕위 찬탈 후 영월로 유배를 가는 단종과 이별하는 심정을 촛불에 감정 이입하여 쓴 것이다. 완곡한 어조 속에 자신의 절의를 드러내고 있다.

다

➡ 작품 안 **작가** : 유응부 **갈래** : 평시조, 단형 시조 **성격** : 의지적, 풍자적 **주제** : 우국의 정

⬅ 작품 밖 이 작품은 수양 대군이 왕위를 노리고 김종서 등의 중신을 살해한 사건을 풍자한 것이다. 계유정난으로 인한 인재들의 죽음을 개탄하고 사직의 위태로움을 염려하는 우국의 정이 잘 표현되어 있다.

작품의 짜임

가

초장	절개를 지키다 죽은 후의 모습을 가정함.
중장	봉래산의 낙락장송이 되고 싶음.
종장	절개를 지키겠다는 굳은 의지를 드러냄.

나

초장	방 안의 촛불을 바라보며 이별을 떠올림.
중장	초의 심지가 타며 촛농이 흐름.
종장	촛불과 자신을 동일시하며 슬퍼함.

다

초장	간밤에 있었던 시련
중장	조정 중신들의 죽음에 대한 개탄
종장	젊은 선비들의 미래에 대한 염려

어휘 풀이

* 봉래산 : 중국 전설에서 나타나는 가상적 영산(靈山)으로 동쪽 바다의 가운데에 있다고 전해짐
* 낙락장송 : 가지가 길게 축축 늘어진 키가 큰 소나무.

가 이 몸이 주거 가셔 무어시 될고 하니,

봉래산(蓬萊山)* 제일봉(第一峯)에 ㉠낙락장송(落落長松)* 되야 이셔

백설(白雪)이 만건곤(萬乾坤)훌 제 독야청청(獨也靑靑)ᄒ리라

나 방(房) 안에 혓는 촉(燭)불 눌과 이별(離別)ᄒ엿관듸

ⓐ것ᄒ로 눈물 디고 속 타는 줄 모르ᄂᆞᆫ고

뎌 촉(燭)불 날과 갓ᄒ야 속 타는 줄 모르노라

다 간밤의 부던 **ᄇ람**에 **눈서리** 치단말가

㉡낙락장송(落落長松)*이 다 기우러 가노민라

ᄒ믈며 **못다 핀 곳**이야 닐러 므슴 ᄒ리오

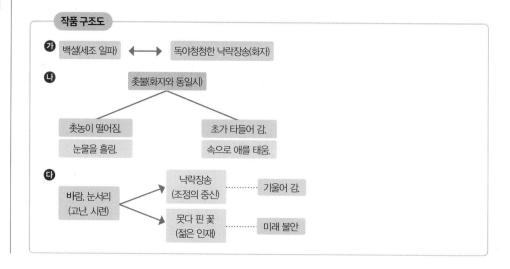

작품 구조도

가 백설(세조 일파) ⟷ 독야청청한 낙락장송(화자)

나 촛불(화자와 동일시)

촛농이 떨어짐. 눈물을 흘림.

초가 타들어 감. 속으로 애를 태움.

다 바람, 눈서리 (고난, 시련)

낙락장송 (조정의 중신) ……… 기울어 감.

못다 핀 꽃 (젊은 인재) ……… 미래 불안

[01~02] 〈보기〉를 읽고 1번과 2번의 물음에 답하시오.

┤ 보기 ├

　　조선 왕조는 유교적 이념을 통치 사상으로 채택하여 사대부들은 충절(忠節)을 최고의 덕목으로 여기게 되었다. 그래서 세조가 단종을 몰아내고 왕위를 찬탈한 계유정난이 발생하자 불의에 맞서 단종 복위 운동을 벌이다가 희생당한 사육신이 등장하게 된다. (가)는 작가가 단종 복위를 꾀하다가 실패하여 처형될 때, (나)는 계유정난 후 단종이 영월로 유배를 갈 때, (다)는 계유정난이 발생하여 단종을 보좌하던 조정의 중신들이 희생당한 소식을 듣고 지은 작품으로 알려져 있다.

1 〈보기〉를 참고하여 (가)~(다)를 감상할 때 적절하지 <u>않은</u> 것은?　　　　⊙ 8448-0174

① (가)의 '이 몸이 주거 가셔'는 충절을 지키기 위해 희생을 감수하는 것으로 볼 수 있군.
② (가)의 '백설이 만건곤홀 제'는 불의가 가득한 현실을 빗댄 것으로 볼 수 있군.
③ (나)의 '눌과 이별ᄒ엿관딕'는 단종과의 이별을 떠올린 것으로 볼 수 있군.
④ (다)의 'ᄇ람'과 '눈서리'는 계유정난이라는 정치적 시련을 의미하는 것으로 볼 수 있군.
⑤ (다)의 '못다 핀 곳'은 불의에 맞서 단종을 복위시키려는 의지를 상징하는 것으로 볼 수 있겠군.

2 ㉠과 ㉡에 대한 이해로 가장 적절한 것은?　　　　⊙ 8448-0175

① ㉠은 능력의 우월함을, ㉡은 인격의 우월함을 강조한 것이다.
② ㉠은 화자의 충절을, ㉡은 시련으로 희생된 대상을 형상화한 것이다.
③ ㉠과 ㉡은 모두 자연 친화적인 태도를 드러낸 것이다.
④ ㉠과 ㉡은 모두 화자의 외롭고 힘든 처지를 빗댄 것이다.
⑤ ㉠과 ㉡은 모두 자신의 행동에 대한 화자의 자부심을 부각한 것이다.

3 〈보기〉는 (가)의 작가가 창작한 또 다른 작품이다. (가)와 〈보기〉를 비교하여 감상할 때 가장 적절한 것은?　　　　⊙ 8448-0176

┤ 보기 ├

　　수양산(首陽山) ᄇ라보며 이제(夷齊)를 한(恨)하노라
　　주려 주글진들 채미(採薇)도 ᄒᄂᆫ 것가
　　아모리 푸새엣 거신들 긔 뉘 ᄯ헤 낫ᄃ니

① (가)와 달리 〈보기〉는 세속적 가치를 추구하는 삶을 비판하고 있다.
② (가)와 달리 〈보기〉는 역사적 인물에 대한 문제 제기를 통해 자신의 절개를 강조하고 있다.
③ 〈보기〉와 달리 (가)는 중의적 표현을 통해 대상에 대한 부정적 인식을 드러내고 있다.
④ (가)와 〈보기〉는 모두 대조적 표현을 통해 주제 의식을 부각하고 있다.
⑤ (가)와 〈보기〉는 모두 음성 상징어를 활용하여 현장감을 부여하고 있다.

서술형

1 ⓐ는 어떤 상황을 묘사한 것인지 '촛불'의 속성과 관련하여 서술하시오.　　　　⊙ 8448-0177

가 ➡️ **작품 안** 작가 : 서경덕 갈래 : 평시조, 단형 시조 성격 : 낭만적, 감상적 주제 : 임에 대한 간절한 그리움

⬅️ **작품 밖** 당대의 도학자이던 서경덕이 황진이를 생각하며 지은 것으로, 누를 수 없는 그리움과 안타까움, 기다림의 심정을 진솔하게 표현한 작품이다.

나 ➡️ **작품 안** 작가 : 황진이 갈래 : 평시조, 단형 시조 성격 : 애상적, 감상적, 여성적 주제 : 임을 향한 애타는 그리움

⬅️ **작품 밖** 가을밤에 초조하게 임을 기다리며 외롭게 밤을 지새우는 여인의 정한을 노래하고 있다. 신의를 저버리고 찾아오지 않는 임을 기다리는 안타까운 마음이 잘 드러나 있는 작품이다.

다 ➡️ **작품 안** 작가 : 미상 갈래 : 평시조, 단형 시조 성격 : 낭만적, 감상적 주제 : 임에 대한 그리움

⬅️ **작품 밖** 이 작품은 허사인 줄 알면서도 임을 기다리는 안타까운 심정을 노래하고 있다. 간절한 그리움을 환청으로 드러내는 기법은 기교 면에서 탁월하다고 평가할 수 있다.

작품의 짜임

가

초장	자신의 어리석은 마음을 고백함.
중장	깊은 산중으로 임이 찾아올 수 없음.
종장	나뭇잎 떨어지는 소리를 임으로 착각함.

나

초장	임에 대한 '나'의 신의
중장	찾아올 생각이 전혀 없는 임
종장	신의를 저버린 임에 대한 원망과 그리움

다

초장	겨울밤에 바람 소리를 들음.
중장	신발을 끄는 소리를 듣는 듯함.
종장	임에 대한 그리움으로 착각하게 됨.

가 모음이 어린 후(後) | 니 호는 일이 다 어리다
　　ⓐ만중운산(萬重雲山)*에 어늬 님 오리마는
　　지는 닙 부는 ㉠보람에 힝혀 귄가 호노라

나 내 언제 신(信)이 업서 님을 언제 소겻관듸
　　월침 삼경(月沈三更)*에 온 뜻이 전혀 업늬
　　㉡추풍(秋風)에 디는 닢 소리야 낸들 어이호리오

다 설월(雪月)이 만창(滿窓)한데 ㉢바람아 부지 마라
　　예리성(曳履聲)* 아닌 줄을 분명하게 알건마는
　　그립고 아쉬운 때면 행여 귄가 하노라

어휘 풀이
* 만중운산 : 구름이 겹겹이 낀 험하고 깊은 산. 화자가 거처하는 곳.
* 월침 삼경 : 달마저 서쪽 하늘로 기울어진 한밤중.
* 예리성 : 신발을 끄는 소리.

작품 구조도

가 화자의 어리석음 → 만중운산에 임이 올 리 없음.
　　　　　　　　　　→ 바람 → 낙엽 떨어지는 소리 ········· 임으로 착각함.

나 화자 → 임 생각 ⟷ 임 → 무심함.
　　임에 대한 원망

다 겨울밤의 바람 소리 ········· 임이 신발을 끄는 소리로 착각함.
　　　　　　　　　　　　　　　→ 간절한 그리움

1 (가)~(다)에 대한 설명으로 가장 적절한 것은?

◑ 8448-0178

① (가)와 (나)는 속마음과 반대되는 표현을 하고 있다.
② (나)와 (다)는 과거의 아름다운 추억을 떠올리고 있다.
③ (가)~(다)는 모두 근경에서 원경으로 시선을 확대하고 있다.
④ (가)~(다)는 모두 감탄과 반성의 어조를 교차하여 사용하고 있다.
⑤ (가)~(다)는 모두 화자가 누군가를 기다리는 상황이 나타나 있다.

2 〈보기〉를 참고하여 (가)와 (나)를 감상할 때 적절하지 <u>않은</u> 것은?

◑ 8448-0179

┤ 보기 ├

선생님 : 전해 오는 이야기에 의하면 (나)의 작가 황진이는 (가)의 작가 서경덕의 인품에 감복해 자신과 서경덕을 송도 삼절(松都三節)로 일컬었다고 해요. 그런데 시간이 흐르면서 서경덕과 황진이 사이에 은밀한 연정이 싹튼 것으로 알려져 있습니다. (나)를 (가)에 대한 답가로 가정하고, (가)와 (나)를 감상해 봅시다.

① (가)의 '흐는 일이 다 어리다'는 서경덕의 자책으로 볼 수 있겠군.
② (가)의 '어닉 님 오리마는'은 황진이에 대한 연정을 나타낸 것으로 볼 수 있겠군.
③ (가)의 '님'과 (나)의 '내'는 모두 황진이를 가리키는 것으로 볼 수 있겠군.
④ (나)의 '내 언제 신이 업서'는 황진이가 서경덕에게 은밀한 연정을 품은 이유로 볼 수 있겠군.
⑤ (나)의 '온 뜻이 전혀 업닉'를 통해 황진이도 서경덕에 대해 연정을 품었다고 볼 수 있겠군.

3 ㉠~㉢의 공통점으로 가장 적절한 것은?

◑ 8448-0180

① 계절감을 부각하는 소재이다.
② 과거를 연상하게 만드는 소재이다.
③ 화자와 임을 만나게 하는 소재이다.
④ 화자의 기대감을 유발하는 소재이다.
⑤ 화자가 겪은 시련을 상징하는 소재이다.

서술형

1 〈보기〉에서 (가)의 ⓐ와 유사한 역할을 하는 시어 세 개를 찾아 쓰고, 그 상징적 의미를 서술하시오.

◑ 8448-0181

┤ 보기 ├

황혼 저문 날에 개가 짖어 못 오던가
이 아해야 말 듣소
춘수(春水)가 만사택(滿四澤)하니 물이 깊어 못 오던가
하운(夏雲)이 다기봉(多奇峯)하니 산이 높아 못 오던가
이 아해야 말 듣소

– 작자 미상, 「황계사(黃鷄詞)」

가 🔗 **작품 안** **작가** : 황희 **갈래** : 평시조, 단형 시조 **성격** : 풍류적, 전원적 **주제** : 가을철 농촌 생활의 풍요로움과 흥겨움

🔙 **작품 밖** 이 작품은 가을 농촌의 풍요로움 속에서 풍류 의식을 드러내고 있다. 관념적이 아닌 현실적인 농촌의 풍경을 제시하고 있는 것이 인상적이다.

나 🔗 **작품 안** **작가** : 성혼 **갈래** : 평시조, 단형 시조 **성격** : 풍류적, 달관적 **주제** : 자연과 어울려 사는 즐거움

🔙 **작품 밖** 이 작품은 세속적 가치에서 벗어나 자연 속에서 유유자적하게 살고 싶은 심정을 노래하고 있다. 자연의 속성을 부각하여 달관의 경지를 형상화하고 있다.

다 🔗 **작품 안** **작가** : 정철 **갈래** : 평시조, 단형 시조 **성격** : 풍류적, 해학적 **주제** : 향촌 생활의 풍류와 흥취

🔙 **작품 밖** 이 작품은 작가의 풍류 의식이 전원생활의 정취와 조화를 이루고 있다. 성 권롱의 집에 가는 과정을 생략하고 생동감 있게 서술하여 흥취를 높이고 있다.

작품의 짜임

가

초장	가을이 되어 대추와 밤이 익음.
중장	벼를 베고 난 그루터기에 게가 기어 다님.
종장	풍요로운 농촌에서 술을 마시는 흥겨움

나

초장	말이 없는 청산과 모양이 없는 물
중장	값이 없는 맑은 바람과 임자 없는 명월
종장	자연 속에서 걱정 없이 늙고자 하는 바람

다

초장	성 권롱 집에 술이 익었다는 말을 들음.
중장	누운 소를 일으켜서 타고 이동함.
종장	성 권롱의 집에 도착해 자신의 방문을 알림.

가 대쵸 볼 불근 골에 밤은 어이 뜻드르며
ⓐ벼 뷘 그르헤* 게는 어이 ᄂᆞ리는고
ⓑ술 닉쟈 체* 쟝ᄉᆞ 도라가니 아니 먹고 어이리

나 말 업슨 청산(靑山)이요, 태(態) 업슨 유수(流水)ㅣ로다
ⓒ갑 업슨 청풍(淸風)이요, 님ᄌᆞ 업슨 명월(明月)이라
이 중(中)에 병(病) 업슨 이 몸이 ⓓ분별(分別)업시* 늙으리라

다 재 너머 성 권롱* 집의 술 닉닷 말 어제 듯고
ⓔ누은 쇼 발로 박차 언치* 노하 지즐 ᄐᆞ고
아ᄒᆡ야 네 권롱 계시냐 정 좌슈 왓다 ᄒᆞ여라

어휘 풀이

* 그르헤 : 그루터기에.
* 체 : 술을 거르는 도구.
* 분별업시 : 걱정 없이.
* 권롱 : 권농. 조선 시대에, 지방의 방(坊)이나 면(面)에 속하여 농사를 장려하던 직책. 또는 그 사람.
* 언치 : 말이나 소의 안장이나 길마 밑에 깔아 그 등을 덮어 주는 방석이나 담요.

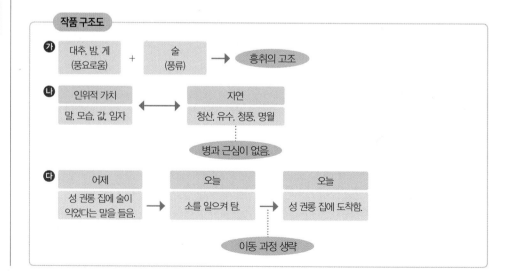

작품 구조도

가 대추, 밤, 게 (풍요로움) + 술 (풍류) → 흥취의 고조

나 인위적 가치 (말, 모습, 값, 임자) ↔ 자연 (청산, 유수, 청풍, 명월) → 병과 근심이 없음.

다
어제 : 성 권롱 집에 술이 익었다는 말을 들음. → 오늘 : 소를 일으켜 탐. → 오늘 : 성 권롱 집에 도착함.
(이동 과정 생략)

1 (가)~(다)의 표현상의 특징으로 적절하지 <u>않은</u> 것은?　◉ 8448-0182

① (가)는 사물에 인격을 부여하여 생동감을 주고 있다.
② (가)는 질문의 방식으로 화자의 흥취를 드러내고 있다.
③ (나)는 특정한 어미의 반복으로 운율감을 형성하고 있다.
④ (다)는 대상에게 말을 건네는 방식으로 현장감을 주고 있다.
⑤ (다)는 다양한 감각적 심상을 사용하여 대상을 예찬하고 있다.

2 ㉠~㉤에 대한 이해로 적절하지 <u>않은</u> 것은?　◉ 8448-0183

① ㉠: 추수 후의 광경을 제시해 계절감을 느낄 수 있다.
② ㉡: 풍류를 즐기기 위한 조건이 맞아떨어진 상황이다.
③ ㉢: 마음껏 자연을 즐길 수 있음을 나타낸 것이다.
④ ㉣: 자연 속에서 근심 없이 살고자 하는 소망이 담겨 있다.
⑤ ㉤: 벗에 대한 섭섭함이 급한 행동으로 연결되고 있다.

3 시상 전개 과정상 (다)의 중장과 종장 사이에 나타나는 특징으로 적절한 것은?　◉ 8448-0184

① 시간의 역전
② 계절의 변화
③ 화자의 교체
④ 공간의 이동
⑤ 내적 갈등의 해소

서술형

1 〈보기 1〉에 제시된 자연관을 활용하여 (나)와 〈보기 2〉의 청산 의 차이점을 서술하시오.　◉ 8448-0185

┌─ 보기 1 ┐
　조선 전기의 대표적인 시조 창작층은 양반 사대부와 기녀들이다. 사대부들이 자연을 영원성을 지닌 의연한 대상으로 인식한 데 반해, 기녀들은 자연을 임에 대한 사랑을 부각하는 소재로 활용하였다.

┌─ 보기 2 ┐
　청산(靑山)은 내 뜻이오 녹수(綠水)는 님의 정(情)이
　녹수 흘러간들 청산이야 변(變)홀손가
　녹수도 청산을 못 니져 우러 예어 가는고　　　　　　　　　　　－ 황진이

2. 시조

05 강호가도(江湖歌道)

➡️ **작품 안** **제목** : 어부가(漁父歌) **작가** : 이현보 **갈래** : 연시조 **성격** : 풍류적, 자연 친화적 **주제** : 자연을 벗하는 즐거움

⬅️ **작품 밖** 이 작품은 자연 속에서 고기잡이를 하는 가어옹의 생활을 그린 작품으로 '어부 단가'로도 불린다. 〈제5수〉에 나타나는 세상에 대한 근심은 연군의 자세와 연결할 수 있다.

작품의 짜임

제1수	세상사를 잊은 어부의 한가로운 생활
제2수	속세와 거리를 두고 자연을 즐기는 생활
제3수	자연이 주는 참된 의미를 깨닫는 자부심
제4수	한운, 백구와 조화를 이루는 즐거움
제5수	임금과 세상에 대한 근심

이 듕에 시름 업스니 ㉠어부(漁父)의 생애(生涯)로다
일엽편주(一葉扁舟)를 만경파(萬頃波)애 씌워 두고
인세(人世)를 다 니젯거니 날 가는 주를 알랴 〈제1수〉

구버는 ㉡천심녹수(千尋綠水) 도라보니 만첩청산(萬疊靑山)
십장홍진(十丈紅塵)이 언매나 ㄱ롓는고
강호(江湖)애 월백(月白)ㅎ거든 더옥 ㉢무심(無心)ㅎ얘라 〈제2수〉

청하(靑荷)애 바볼 싼고 녹류(綠柳)에 고기 씌여
노적화총(蘆荻花叢)*에 비 미야 두고
일반청 의미(一般淸意味)*를 어늬 부니 아르실가 〈제3수〉

산두(山頭)에 한운(閑雲)이 기(起)ㅎ고 수중(水中)에 백구(白鷗)ㅣ비(飛)이라
무심(無心)코 다정(多情)ㅎ니 이 두 거시로다
일생(一生)애 시르믈 닛고 ㉣너를 조차 노로리라 〈제4수〉

장안(長安)을 도라보니 북궐(北闕)이 천 리(千里)로다
어주(漁舟)*에 누어신들 ㉤니즌 스치 이시랴
두어라 내 시름 아니라 제세현(濟世賢)*이 업스랴 〈제5수〉

어휘 풀이
* 노적화총: 갈대와 물억새의 덤불.
* 일반청 의미 : 자연이 주는 참된 의미.
* 어주: 낚시질할 때 쓰는 조그만 배.
* 제세현 : 나라를 구제할 현명한 선비.

작품 구조도

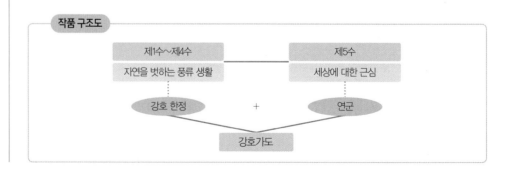

1 윗글의 화자에 대한 설명으로 가장 적절한 것은? ◐ 8448-0186

① 삶의 고뇌를 해소하지 못하고 유랑 생활을 하고 있다.
② 자신의 과거를 반성하며 새로운 미래를 준비하고 있다.
③ 속세와 거리를 두고 부지런히 학문 수양에 힘쓰고 있다.
④ 자연을 즐기면서도 세상에 대한 근심을 떨쳐 버리지 못하고 있다.
⑤ 벼슬에서 물러난 후 생계를 유지하기 위해 고기잡이를 하고 있다.

2 ㉠~㉤에 대한 이해로 적절하지 <u>않은</u> 것은? ◐ 8448-0187

① ㉠: 화자가 바람직하게 여기는 생활로 볼 수 있다.
② ㉡: 화자와 속세를 차단시키는 기능을 하고 있다.
③ ㉢: 화자의 심리 상태를 압축적으로 제시하고 있다.
④ ㉣: 화자가 자연물과 일체감을 느끼고 있다.
⑤ ㉤: 화자가 배에 누워 내면적 갈등을 해소하고 있다.

3 〈보기〉에서 윗글의 표현상 특징으로 적절한 것을 모두 고른 것은? ◐ 8448-0188

┤ 보기 ├
ㄱ. 어조의 변화를 통해 시적 긴장감을 높이고 있다.
ㄴ. 공간의 대비를 통해 주제 의식을 부각하고 있다.
ㄷ. 자연물에 인격을 부여하여 친밀감을 나타내고 있다.
ㄹ. 설의적 표현을 사용하여 시적 의미를 강조하고 있다.

① ㄱ, ㄴ ② ㄴ, ㄹ ③ ㄷ, ㄹ
④ ㄱ, ㄴ, ㄹ ⑤ ㄴ, ㄷ, ㄹ

4 〈보기〉를 바탕으로 윗글을 감상한 내용으로 적절하지 <u>않은</u> 것은? ◐ 8448-0189

┤ 보기 ├
　이현보는 만년에 당쟁을 꺼려 병을 핑계로 벼슬을 그만두고 고향에 돌아와 여생을 보냈다. 그는 자신의 사유지를 기반으로 의식에 부족함이 없는 가운데 틈이 나면 작은 배를 타고 산수를 즐기는 생활을 했다.

① '이 듕에 시름 업스니'는 귀향 후 산수를 즐기는 것과 관련이 있겠군.
② '일엽편주'는 귀향 후 작가가 틈이 나면 탔던 배를 가리키는 것이겠군.
③ '인세를 다 니젯거니'는 속세의 당쟁과 거리를 둔 상황으로 볼 수 있겠군.
④ '언매나 ᄀ롓ᄂ고'는 작가가 의식에 부족함이 없게 된 계기로 볼 수 있겠군.
⑤ '어늬 부니 아ᄅ실가'는 귀향 후의 생활에 대한 만족감을 나타낸 것이겠군.

서술형

1 윗글에서 화자가 즐기는 자연의 청정하고 순수한 이미지를 부각하기 위해 사용한 표현 기법을 쓰시오. ◐ 8448-0190

가 ➡️ **작품 안** **작가** : 황진이 **갈래** : 평시조, 단형 시조 **성격** : 감상적, 애상적 **주제** : 이별의 회한과 임에 대한 그리움

⬅️ **작품 밖** 이 작품은 자존심과 연정 사이의 미묘한 심리적 고뇌를 절묘하게 표현하고 있다. 임과 헤어진 후 후회하는 화자의 진솔한 고백이 깊은 공감을 불러일으킨다.

나 ➡️ **작품 안** **작가** : 홍랑 **갈래** : 평시조, 단형 시조 **성격** : 감상적, 애상적 **주제** : 임에게 보내는 사랑 / 임을 잊지 못하는 마음

⬅️ **작품 밖** 작가는 선조 때의 기생으로, 1573년(선조 6년) 삼당시인(三唐詩人)으로 시명이 높았던 북평도사 최경창이 서울로 돌아가게 되자 그를 배웅하고 돌아오던 길에, 그리는 마음을 시조로 달래며 버들가지와 함께 그에게 보내 주었다 한다. 묏버들에 의탁해 임에 대한 지순한 사랑을 노래한 작품으로, 봄비에 젖은 나뭇가지에 움터 오는 새잎에 청순하고 섬세한 여인의 이미지가 그려져 있다.

다 ➡️ **작품 안** **작가** : 계랑 **갈래** : 평시조, 단형 시조 **성격** : 애상적, 감상적 **주제** : 임을 그리는 마음

⬅️ **작품 밖** 배꽃이 비처럼 흩날릴 때의 이별의 정한, 낙엽 지는 가을날에 임을 그리워하는 마음, 멀리 떨어져 있는 임과의 재회에 대한 염원 등을 여성의 섬세한 감각으로 그려 낸 작품이다.

작품의 짜임

가

초장	임과 이별한 후의 상황
중장	임을 보낸 후의 후회
종장	임에 대한 간절한 그리움

나

초장	묏버들을 임에게 보냄.
중장	창밖에 심어 두고 보기를 소망함.
종장	자신을 잊지 말기를 당부함.

다

초장	배꽃 떨어지는 봄날에 임과 이별함.
중장	낙엽 지는 가을에 임을 그리워함.
종장	임을 간절히 그리워함.

가 어져 내 일이야 **그릴 줄을 모로ᄃ냐**
　　 이시라 ᄒ더면 가랴마ᄂ 　⊙제 구ᄐ여
　　 보내고 그리ᄂ 정(情)은 나도 몰라 ᄒ노라

나 **묏버들** 갈히 것거 보내노라 님의손ᄃ
　　 자시ᄂ 창(窓)밧긔 심거 두고 보쇼셔
　　 밤비예 새닙곳* 나거든 **날인가도 너기쇼셔**

다 이화우(梨花雨)* 흣ᄲ릴 제* 울며 잡고 이별(離別)ᄒ 님
　　 추풍낙엽(秋風落葉)에 저도 날 ᄉᆡᆼ각ᄂ가
　　 천 리(千里)에 외로온 ᄭᅮᆷ만 오락가락 ᄒ노매

어휘 풀이
* 새닙곳 : 새잎이. 새잎만.
* 이화우 : 비가 오는 것처럼 떨어지는 배꽃. 또는 봄비.
* 흣ᄲ릴 제 : 어지러이 뿌릴 때.

작품 구조도

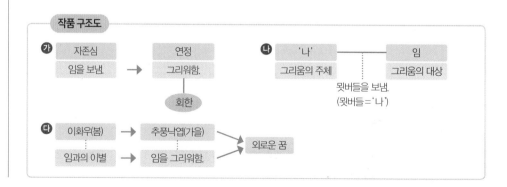

1 (가)~(다)의 공통점으로 가장 적절한 것은? ⊙ 8448-0191

① 이별과 관련한 안타까움이 드러나 있다.
② 자신의 궁핍한 처지로 인한 좌절감이 드러나 있다.
③ 거스를 수 없는 자연의 섭리에 대한 경외감이 드러나 있다.
④ 과거의 기대와 다른 현재 상황으로 인한 애상감이 드러나 있다.
⑤ 속세에서 벗어나 이상적 공간으로 가려고 하는 소망이 드러나 있다.

2 (가)~(다)에 대한 이해로 적절하지 <u>않은</u> 것은? ⊙ 8448-0192

① (가)의 '그릴 줄을 모로드냐'에는 회한의 감정이 담겨 있다.
② (나)의 '묏버들'은 화자의 분신으로 볼 수 있다.
③ (나)의 '날인가도 너기쇼셔'는 임에 대한 당부이다.
④ (다)의 '이화우 흣뿌릴 제'는 임과 헤어진 시기를 알게 해 주고 있다.
⑤ (다)의 '추풍낙엽'은 임이 떠난 후 화자가 겪는 시련이다.

3 〈보기〉를 참고하여 (가)의 ㉠을 감상할 때 적절하지 <u>않은</u> 것은? ⊙ 8448-0193

┤ 보기 ├

선생님 : (가)를 감상할 때 ㉠을 '제 구트여 가랴마ᄂᆞᆫ'의 ㉮도치로 볼 수도 있고, '제 구트여 보내고 그리ᄂᆞᆫ
정은 나도 몰라 ᄒᆞ노라'의 ㉯행간 걸침으로 볼 수도 있습니다.

① '제'가 지칭하는 대상은 ㉮의 경우 '임'이고, ㉯의 경우 화자가 되는군.
② 이별의 책임은 ㉮의 경우와 ㉯의 경우 모두 화자에게 있다고 볼 수 있겠군.
③ ㉮의 경우는 중장에 국한되는 해석이고, ㉯의 경우는 중장에서 시작하여 종장까지 이어지는 해석으로 볼
수 있겠군.
④ ㉮의 경우 설의적 표현이 추가되어 화자의 고집이 센 성격을 강조할 수 있겠군.
⑤ ㉯의 경우 자존심과 연모의 감정 사이에서 화자의 내적 고뇌가 부각되는 효과를 느낄 수 있겠군.

4 (나)와 (다)에 대한 설명으로 가장 적절한 것은? ⊙ 8448-0194

① (나)와 (다)는 모두 임과 떨어진 공간적 거리감을 제시하고 있다.
② (나)와 (다)는 모두 상승의 이미지를 통해 분위기를 형성하고 있다.
③ (다)와 달리 (나)는 임에 대한 원망의 태도를 드러내고 있다.
④ (다)와 달리 (나)는 미래의 재회를 기약하는 모습을 보이고 있다.
⑤ (나)와 달리 (다)는 화자의 정서를 직접적으로 나타내고 있다.

서술형

1 (다)에서 화자와 임이 이별한 계절과 그것을 알려 주는 시어를 찾아 쓰시오. ⊙ 8448-0195

가 → **작품 안** **제목** : 도산십이곡(陶山十二曲) **작가** : 이황 **갈래** : 연시조(전 12수) **성격** : 교훈적, 예찬적, 회고적 **주제** : 자연의 관조와 학문 수양의 의지

← **작품 밖** 덕행을 멀리하고 자신을 반성할 줄 모르며 사리사욕만을 추구하는 세상 사람들에게 유교적 수양을 권하는 작품이다.

나 → **작품 안** **제목** : 고산구곡가(高山九曲歌) **작가** : 이이 **갈래** : 연시조(전 10수) **성격** : 교훈적, 유교적, 예찬적
주제 : 강학(講學)의 즐거움과 고산(高山)의 아름다운 경치

← **작품 밖** 작가가 해주 석담에서 후학들을 가르치고 있던 42세 때 지은 것으로, 아름다운 자연을 벗하며 학문에 정진하는 즐거움을 노래한 10수로 된 연시조이다.

작품의 짜임

가

전6곡 (언지)	도산 서원 주변의 경관을 보고 일어나는 감흥을 노래함(자연에 동화된 생활 노래).
후6곡 (언학)	학문과 수양에 임하는 의지와 자세를 노래함(수양과 학문의 자세 노래).

나

서사	고산에 정사를 짓고 주자학을 배움.
제1~9곡	관암(冠巖), 화암(花巖), 취병(翠屏), 송애(松崖), 은병(隱甁), 조협(釣峽), 풍암(楓巖), 금탄(琴灘), 문산(文山)의 아름다움을 노래함.

가 당시(當時)에 녀든 길흘 몃 히를 브려두고,
어듸 가 둔니다가 이제아 도라온고
이제아 도라오나니 년 듸 무음 마로리 〈제10곡〉

청산(靑山)은 엇뎨ᄒᆞ야 만고(萬古)애 프르르며
유수(流水)는 엇뎨ᄒᆞ야 주야(晝夜)애 긋디 아니ᄂᆞᆫ고
우리도 그치디 마라 ㉠만고상청(萬古常靑)*호리라 〈제11곡〉

나 고산 구곡담(高山九曲潭)을 살룸이 몰으든이
주모복거(誅茅卜居)ᄒᆞ니* 벗님네 다 오신다
어즙어 무이(武夷)를 상상(想像)ᄒᆞ고 학주자(學朱子)를 ᄒᆞ리라 〈서사〉

오곡(五曲)은 어드믹고 은병(隱屏)*이 보기 됴희
수변정사(水邊精舍)*는 소쇄(瀟灑)홈*도 ᄀᆞ이업다
이 중(中)에 강학(講學)도 ᄒᆞᆯ연이와 영월음풍(詠月吟風)* ᄒᆞ올이라 〈제5곡〉

어휘 풀이
* **만고상청** : 아주 오랜 세월 동안 변함없이 언제나 푸름.
* **주모복거ᄒᆞ니** : 띠풀을 베어 내고 터를 잡고 사니.
* **은병** : 병풍을 둘러친 것 같은 절벽.
* **수변정사** : 물가에 세워진 정자 모양의 집.
* **소쇄홈** : 맑고 깨끗함.
* **영월음풍** : 자연을 시로 읊음.

작품 구조도

가
| 녀든 길 학문 수양 | ⟷ 대조 | 년 듸 벼슬길 |
| 청산 유수 불변성 항상성 | → 교훈 | 만고상청 학문 수양 |

나
| 고산 구곡 장소 | 주모복거 집을 세움. | 학주자 주자를 배움. |
행위(+) ─── 목적(=)
| 은병, 수변정사 장소 | 강학, 영월음풍 목적 |

1 (가)와 (나)를 함께 소개하기 위한 제목을 만든다고 할 때 가장 적절한 것은? ○ 8448-0196

① 부정적 세태에 대한 우회적 비판
② 끊임없이 학문을 수양하겠다는 다짐
③ 출세와 유교적 이념을 조화시키는 삶
④ 실용적 가치를 추구하는 바람직한 자세
⑤ 내적 갈등을 벗어나기 위한 진지한 성찰

2 〈보기〉를 바탕으로 (가)와 (나)를 이해한 내용으로 적절하지 않은 것은? ○ 8448-0197

┤ 보기 ├

 (가)와 (나)는 연시조의 일부이다. 연시조는 단순히 평시조를 병렬적으로 늘어놓은 것을 의미하지는 않는다. 연시조는 대체로 각 수들이 시상 전개 과정에서 일관된 체제에 따라 긴밀히 연결되어 있다는 점에서 질서 정연한 구성을 갖추었다고 볼 수 있다.

① (가)의 〈제10곡〉은 화자가 추구해야 할 목적을, 〈제11곡〉은 이를 위한 실천 의지를 제시하고 있다.
② (가)의 〈제11곡〉의 '만고상청호리라'는 시상 전개 과정에서 주제 의식을 나타낸 것으로 볼 수 있다.
③ (나)의 〈서사〉는 시상 전개의 단서를 제시하는 역할을 한다.
④ (나)의 〈제5곡〉의 '강학'은 〈서사〉의 '학주자'와 관련되어 있다.
⑤ (나)의 〈제5곡〉의 '수변정사'의 지리적 특성이 〈서사〉에 드러나 있다.

3 (가)와 (나)에 대한 설명으로 적절하지 않은 것은? ○ 8448-0198

① (가)는 색채를 대비하여 표현 효과를 높이고 있다.
② (가)는 의문의 방식으로 후회의 심정을 드러내고 있다.
③ (가)는 대상의 속성에 대한 예찬의 태도를 드러내고 있다.
④ (나)는 화자가 귀감으로 삼는 대상을 제시하고 있다.
⑤ (나)의 공간은 학문 수양과 자연 친화를 병행할 수 있다.

서술형

1 (가)의 ㉠과 유사한 의미를 지닌 시구를 (나)에서 찾아 쓰고, ㉠의 상징적인 의미를 서술하시오. ○ 8448-0199

08 아름다운 인륜(人倫)의 노래

↪ **작품 안** **제목** : 오륜가 **작가** : 주세붕 **갈래** : 연시조(전 6수) **성격** : 교훈적, 계도적 **주제** : 인간이 지켜야 할 오륜의 도리 강조

↩ **작품 밖** 이 작품은 주세붕이 황해도 관찰사로 재직할 때 유교적 가치관을 백성들에게 계도하기 위해 지은 것이다. 가부장적인 가정 질서와 국가 질서를 강조하려는 의도가 담겨 있다.

작품의 짜임

제1수	오륜을 배워야 하는 이유
제2수	부모에 대한 자식의 도리
제3수	주인(임금)에 대한 종(신하)의 도리
제4수	남편을 섬기는 아내의 도리
제5수	형제간에 지켜야 할 도리
제6수	어른에 대한 아랫사람의 도리

어휘 풀이
* **마로리이다** : 말 것입니다.
* **동과 항것과롤** : 종과 주인을.
* **가여미** : 개미.
* **밥고리** : 밥을 담는 작은 그릇의 옛말.
* **반상** : 밥상.
* **기도치** : 개돼지.
* **날로셔 무디어시둔** : 나이가 많으시거든.

구절 풀이
● **반상을 ~ 마초이다** : 중국 후한 때 양홍과 그의 아내 맹광에 얽힌 '거안제미(상을 들되 눈썹과 가지런히 되게 높여 든다.)'라는 고사를 인용하여, 정숙한 아내가 남편을 섬기는 도리에 대해 노래한 것임.

사롬 사롬마다 이 말숨 드러스라
㉠이 말숨 아니면 사롬이오 사롬 아니니
이 말숨 닛디 말오 비호고야 마로리이다*   〈제1수〉

아바님 날 나ᄒ시고 어마님 날 기르시니
부모(父母)옷 아니시면 내 몸이 업슬랏다
이 덕(德)을 갑프려 ᄒ니 하늘 ᄀᆞ이 업스샷다   〈제2수〉

동과 항것과롤* 뉘라셔 삼기신고
벌와 가여미* ᅀᅡ 이 뜨들 몬져 아니
ᄒᆞᆫ ᄆᆞᅀᆞ매 두 ᄠᅳᆮ 업시 속이지나 마옵새이다   〈제3수〉

지아비 받 갈라 간 ᄃᆡ 밥고리* 이고 가
반상*을 들오ᄃᆡ 눈섭의 마초이다
진실로 고마오시니 손이시나 다ᄅᆞᆯ실가   〈제4수〉

형(兄)님 자신 져즐 내 조처 머궁이다
어와 우리 아ᅀᆞ야 어마님 너 ᄉᆞ랑이야
형제(兄弟)옷 불화(不和)ᄒ면 기도치*라 ᄒ리라   〈제5수〉

늘그니는 부모(父母) ᄀᆞᆺ고 얼우는 형(兄) ᄀᆞ튼니
가튼ᄃᆡ 불공(不恭)ᄒ면 어ᄃᆡ가 다롤고
날로셔 무디어시둔* 절ᄒ고야 마로리이다   〈제6수〉

작품 구조도

1 윗글에 대한 설명으로 적절하지 <u>않은</u> 것은?

● 8448-0200

① 유교적 통치 이념을 담고 있다.
② 〈제1수〉가 서사의 역할을 하고 있다.
③ 평이한 순우리말 위주로 표현하고 있다.
④ 자연물을 활용해 가르침을 전달하고 있다.
⑤ 가족을 부양하기 위한 노동의 필요성을 강조하고 있다.

2 윗글의 〈제2수〉부터 〈제6수〉를 한자 성어와 연결할 때 적절하지 <u>않은</u> 것은?

● 8448-0201

① 〈제2수〉 – 부생모육(父生母育)
② 〈제3수〉 – 군신유의(君臣有義)
③ 〈제4수〉 – 거안제미(擧案齊眉)
④ 〈제5수〉 – 교우이신(交友以信)
⑤ 〈제6수〉 – 장유유서(長幼有序)

3 윗글의 〈제5수〉와 〈보기〉를 비교하여 감상할 때 적절하지 <u>않은</u> 것은?

● 8448-0202

┤ 보기 ├

형아 아이야 네 솔흘 믄져 보아
뉘손딕 타 나관딕 양직조차 ᄀᆞᇀ슨다
흔 졋 먹고 길러나 이셔 닷 ᄆᆞᆷ을 먹디 마라

– 정철, 「훈민가(訓民歌)」

① 〈보기〉와 달리 〈제5수〉는 대화의 형식을 취하고 있다.
② 〈보기〉와 달리 〈제5수〉는 짐승에 빗대어 교훈을 전달하고 있다.
③ 〈제5수〉와 달리 〈보기〉는 외양의 유사점을 강조하고 있다.
④ 〈제5수〉와 〈보기〉는 모두 어머니의 사랑을 상징하는 소재를 사용하고 있다.
⑤ 〈제5수〉와 〈보기〉는 모두 형제간의 우애를 회복하는 것이 어려움을 강조하고 있다.

서술형

1 〈보기〉의 ㉮의 원인을 ㉠의 전달 방식에서 추론하여 서술하시오.

● 8448-0203

┤ 보기 ├

주세붕은 당대의 양반 중심 사회 체제를 굳건하게 유지하기 위해 백성들의 교화가 중요하다고 여겼다. 그래서 그는 백성들에게 성현의 가르침을 전달하려는 목적으로 「오륜가」를 창작했다. 그러나 ㉮이 노래를 통한 교화의 효과는 기대와는 달리 미흡했던 것으로 알려져 있다.

가

→] 작품 안 **작가**: 미상 **갈래**: 사설시조 **성격**: 사실적, 해학적 **주제**: 임을 기다리는 마음

←] 작품 밖 이 작품은 기다려도 오지 않는 임에 대한 원망을 개와 관련지어 해학적으로 표현한 것이다. 개에게 화풀이를 하는 화자의 심리를 사실적이면서도 익살스럽게 제시하고 있다.

나

→] 작품 안 **작가**: 미상 **갈래**: 사설시조 **성격**: 절망적, 과장적 **주제**: 임을 여읜 절망적 슬픔

←] 작품 밖 이 작품은 절체절명의 상황에 놓인 까투리와 도사공의 절박한 심정에 견주어 임을 여읜 화자의 절망적 슬픔을 노래하고 있다. 점층적 시상 전개와 비교, 과장의 기법이 인상적이다.

작품의 짜임

가

초장	기르는 개 중에서 얄미운 개가 있음.
중장	개가 얄미운 이유
종장	얄미운 개에게 먹을 것을 주지 않으려 함.

나

초장	절체절명의 위기에 놓인 까투리의 마음
중장	절체절명의 위기에 놓인 도사공의 마음
종장	엊그제 임을 여읜 화자의 절망적 슬픔

가 개를 여라믄이나 기르되 요 개ᄀ치 얄믜오랴

　　뮈온 님 오며는 ᄭ오리를 홰홰 치며 쒸락 ᄂ리 쒸락* 반겨서 내ᄃᆞ고 고온 님 오며는 뒷발을 버동버동 므르락 나으락* 캉캉 즈져서 도라가게 혼다

　　쉰밥이 그릇그릇 난들 너 머길 줄이 이시랴

나 나모도 바히돌도 업슨 뫼헤 매게 ᄽ쪼친 ⓐ가토릐 안과

　　대천(大川) 바다 한가온대 일천 석(一千石) 시른 비에 노도 일코 닷도 일코 농총*도 근코 돗대도 것고 치*도 ᄲ아지고 ᄇᆞ람 부러 물결 치고 안개 뒤섯계 ᄌᆞ자진 날에 갈 길은 천리만리(千里萬里) 나믄듸 사면(四面)이 거머어득 져뭇 천지 적막(天地寂寞) 가치노을 ᄯᅥᆺᄂᆞᆫ듸 수적(水賊) 만난 ⓑ도사공(都沙工)*의 안과

　　엇그제 님 여흰 ⓒ내 안히야 엇다가 ᄀᆞ을ᄒᆞ리오*

어휘 풀이

* **쒸락 ᄂ리 쒸락**: 뛰어올랐다 내리뛰었다 하면서.
* **므르락 나으락**: (뒤로) 물러갔다가 (앞으로) 나아갔다가 하면서.
* **농총**: 용총줄. 돛대에 매어 놓은 줄.
* **치**: 키. 배의 방향을 조종하는 장치.
* **도사공**: 뱃사공의 우두머리.
* **ᄀᆞ을ᄒᆞ리오**: 비교하리오.

작품 구조도

1 (가)와 (나)의 공통점으로 가장 적절한 것은? ○ 8448-0204

① 일상생활의 소중함을 자각하고 있다.
② 임의 부재로 인한 정서를 드러내고 있다.
③ 자신의 처지를 타인에게 알리려 하고 있다.
④ 세속과 타협하지 않는 소신을 나타내고 있다.
⑤ 이상 세계로 가기 위해 애쓰는 태도를 보이고 있다.

2 〈보기〉를 참고하여 (가)를 감상할 때 적절하지 <u>않은</u> 것은? ○ 8448-0205

┤ 보기 ├

　　(가)를 감상할 때는 ㉮화자와 개 사이의 관계와 ㉯화자와 임 사이의 관계라는 이중적 장치를 고려해야
한다. 이 두 가지 관계 중에서 화자가 드러내려고 하는 것은 무심한 임에 대한 감정이다.

① ㉮는 작품에서 표면적으로 드러나고 있군.
② ㉮에서 화자는 개에 대해 이중적 태도를 보이고 있군.
③ ㉮는 다양한 음성 상징어를 통해 구체적으로 나타나고 있군.
④ ㉯의 임은 화자가 실질적으로 원망하는 대상으로 볼 수 있군.
⑤ ㉯는 화자가 사랑하는 임을 만나지 못하는 상황과 관련이 있군.

3 ㉠~㉢에 대한 설명으로 가장 적절한 것은? ○ 8448-0206

① ㉠, ㉡은 ㉢을 강조하기 위한 비교 대상으로 볼 수 있다.
② ㉠은 과거의 상황과, ㉡, ㉢은 미래의 상황과 관련이 있다.
③ ㉠은 자연에 대한 친근감이, ㉡, ㉢은 인간에 대한 거리감이 나타나 있다.
④ ㉠, ㉡은 절망적 상황의 유발과, ㉢은 절망적 상황의 해소와 관련이 있다.
⑤ ㉠, ㉢은 외부적 위협에 대한, ㉡은 내면적 고뇌에 대한 반응으로 볼 수 있다.

서술형

1 〈보기〉의 선생님의 질문에 답하시오. ○ 8448-0207

┤ 보기 ├

선생님: (가)에서 '개'의 역할처럼 아래 작품에서도 유사한 역할을 담당하는 대상이 있습니다. 그것이 무엇
　　　　인지 찾아 쓰고, 화자가 어떻게 활용하고 있는지를 구체적으로 서술하세요.

　　대동강(大同江) 아즐가 대동강(大同江) 너븐디 몰라셔 / 위 두어렁셩 두어렁셩 다링디리 //
　　빈 내여 아즐가 빈 내여 노혼다 샤공아 / 위 두어렁셩 두어렁셩 다링디리 //
　　네 가시 아즐가 네 가시 럼난디 몰라셔 / 두어렁셩 두어렁셩 다링디리

　　　　　　　　　　　　　　　　　　　　　　　　　　　　　　– 작자 미상, 「서경별곡(西京別曲)」

10 세태 비판(世態批判)의 노래

㉮ ➡️ **작품 안** **작가** : 미상　**갈래** : 사설시조　**성격** : 해학적, 풍자적　**주제** : 상인의 현학적인 태도 비판

⬅️ **작품 밖** 이 작품은 시정(市井)의 상인과 어떤 사람의 대화로 전개되고 있다. 상인의 현학적인 태도를 풍자적인 어조로 익살스럽게 표현하고 있으며, 감각적인 의성어를 사용하여 생동감을 유발하고 있다.

㉯ ➡️ **작품 안** **작가** : 미상　**갈래** : 사설시조　**성격** : 비판적, 풍자적　**주제** : 세상살이의 어려움

⬅️ **작품 밖** 사람을 괴롭히는 '물것'이 많아서 살기 어려움을 호소하고 있는 작품이다. 즉, 백성들을 착취하는 무리들이 너무 많아서 고통을 견딜 수 없는 현실을 풍자하고 있다.

작품의 짜임

㉮

초장	상인의 외침과 어떤 사람의 반문
중장	게젓에 대한 상인의 장황하고 현학적인 묘사
종장	상인에 대한 직설적 비판

㉯

초장	사람을 괴롭히는 물것
중장	사람을 괴롭히는 물것의 종류
종장	물것 중 쉬파리가 가장 괴롭힘.

㉮ 댁들에 동난지이* 사오 저 장사야 네 황화* 그 무엇이라 웨는다 사자

　　외골내육(外骨內肉) 양목(兩目)이 상천(上天) 전행(前行) 후행(後行) 소(小)아리 팔족(八足) 대(大)아리 이족(二足) 청장(靑醬)* 아스슥하는 동난지이 사오

　　장사야 하 거북이 웨지 말고 게젓이라 하렴은

㉯ 일신(一身)이 스쟈 ᄒᆞ엿더니 물것 계워 못 견딜쇠

　　피(皮)ㅅ겨 가튼 가랑니 보리알 가튼 슈퉁니 줄니 갓 깐니 잔 벼록 굴근 벼록 강 벼록 왜(倭) 벼록 긔는 놈 뛰는 놈에 비파(琵琶) 가튼 빈대 삭기 사령(使令) 가튼 등에아비 갈따귀 샴의약이* 셴 박희 눌은 박희 바금이 거절이* 부리 뾰족한 모기 다리 기다란 모기 야윈 모기 살진 모기 글임애 뾰록이 주야(晝夜)로 뷘 때 업시 물거니 쏘거니 빨거니 뜻거니 심(甚)한 당(唐)빌리* 이보다 어려우라

　　그중에 차마 못 견딜손 유월(六月) 복(伏)더위예 쉬파린가 ᄒᆞ노라

어휘 풀이

* **동난지이** : 게젓.
* **황화** : 물건.
* **청장** : 진하지 않은 간장.
* **샴의약이** : 사마귀.
* **거절이** : 거저릿과의 곤충.
* **당빌리** : 당비루. 피부병의 일종.

1 (가)와 (나)에 대한 설명으로 적절하지 <u>않은</u> 것은? ◐ 8448-0208

① (가)에서는 외치는 소리를 인용하여 현장감을 주고 있다.
② (가)에서는 설득적 어조로 화자의 의지를 드러내고 있다.
③ (가)는 음성 상징어를 활용하여 생동감을 느끼게 하고 있다.
④ (나)에서는 비유를 통해 부정적인 대상들을 비판하고 있다.
⑤ (나)에서는 동일한 시어를 반복하여 리듬감을 형성하고 있다.

2 〈보기〉는 (가)의 시상 전개 과정을 도식화한 것이다. 〈보기〉의 ⓐ에 해당하는 내용으로 적절한 것은? ◐ 8448-0209

┤ 보기 ├

| 상인의 말 1 | ⇨ | ⓐ 고객의 말 1 | ⇨ | 상인의 말 2 | ⇨ | 고객의 말 2 |

① 상품의 가격을 깎기 위해 애쓰고 있다.
② 상대방의 말을 들은 후 반문하고 있다.
③ 상품의 신선도를 꼼꼼하게 살펴보고 있다.
④ 현학적인 말로 상대방의 관심을 끌고 있다.
⑤ 불만을 품은 사항을 반어적으로 지적하고 있다.

3 〈보기〉를 참고하여 (나)를 감상할 때 적절하지 <u>않은</u> 것은? ◐ 8448-0210

┤ 보기 ├

　사설시조는 평시조와 비교할 때 중장이 글자 수의 제한 없이 길어진 시조이다. 사설시조는 중인이나 평민들이 창작에 참여하여 유교적 충효 사상이나 관념적 대상을 제시하는 관행에서 벗어나 실제 생활을 사실적으로 그려 내면서 애정, 수심, 풍류, 세태 비판 등의 보다 다양한 주제를 다루게 되었다. 평시조와 다른 사설시조의 진술 방법은 웃음을 유발하여 삶의 고통을 완화하는 효과가 있었다.

① 중장이 제한 없이 길어진 것은 사설시조의 형식적 특징과 관련이 있겠군.
② 중장에서 대상의 장황한 나열을 통해 웃음을 유발하는 것은 삶의 고통을 완화하는 효과가 있겠군.
③ 충효 사상이 아닌 실생활의 사실적 소재를 다룬 것으로 보아 중인이나 평민이 창작한 작품으로 짐작할 수 있겠군.
④ '물것'이 쉴 새 없이 화자를 물어 대는 상황을 제시한 것은 세태 비판의 주제를 우의적으로 나타낸 것으로 볼 수 있겠군.
⑤ 가장 나쁜 대상을 종장에서 강조하여 언급한 것은 관념적 대상을 제시하는 관행에서 완전하게 벗어나지 못한 한계로 볼 수 있겠군.

서술형

1 (가)와 (나)에서 각각 풍자하는 상황을 작중 소재와 연결하여 구체적으로 서술하시오. ◐ 8448-0211

➡️ **작품 안** **제목** : 오우가 **작가** : 윤선도 **갈래** : 연시조(전 6수) **성격** : 예찬적, 자연 친화적
주제 : 오우(水, 石, 松, 竹, 月)에 대한 예찬

⬅️ **작품 밖** 이 작품은 모두 6수로 되어 있는데, 水·石·松·竹·月(물·바위·소나무·대나무·달)의 다섯을 벗으로 하여, 서사(序詞) 기능을 담당하는 〈제1수〉 다음에 각각 그 자연물들의 특질을 들어 찬미하고 있다. 물의 불변성, 바위의 영원성, 소나무의 변함없는 푸름, 대나무의 곧음, 달의 광명과 침묵 등을 이미지화하여 작가의 자연에 대한 사랑과 관조의 경지를 작품 속에 담아내고 있다.

작품의 짜임

제1수	다섯 벗 소개
제2수	물의 불변성
제3수	바위의 영원성
제4수	소나무의 절개
제5수	대나무의 절개
제6수	달의 밝음과 과묵함

내 버디 멋치나 ᄒ니 수석(水石)과 송죽(松竹)이라
동산(東山)의 ᄃ 오르니 긔 더옥 반갑고야
두어라 이 다숫 밧긔 또 더ᄒ야 머엇ᄒ리 〈제1수〉

구룸빗치 조타* ᄒ나 검기를 ᄌ로 ᄒ다
ᄇ람 소ᄅ 묽다 ᄒ나 그칠 적이 하노매라*
조코도 그츨 뉘 업기는 믈쑨인가 ᄒ노라 〈제2수〉

고즌 므스 일로 픠며셔 쉬이 디고
플은 어이ᄒ야 프르는 듯 누르ᄂ니*
아마도 변티 아닐슨 바회쑨인가 ᄒ노라 〈제3수〉

더우면 곳 픠고 치우면 닙 디거늘
솔아 너는 엇디 눈서리를 모르ᄂ다
구천(九泉)*의 불휘 고ᄃ* 줄을 글로 ᄒ야 아노라 〈제4수〉

나모도 아닌 거시 플도 아닌 거시
곳기는 뉘 시기며 속은 어이 뷔연ᄂ다
더러코 사시(四時)예 프르니 그를 됴하ᄒ노라 〈제5수〉

쟈근 거시 노피 떠셔 만믈(萬物)을 다 비취니
밤듕의 광명(光明)이 너만ᄒ니 또 잇ᄂ냐
보고도 말 아니ᄒ니 내 벋인가 ᄒ노라 〈제6수〉

작품 구조도

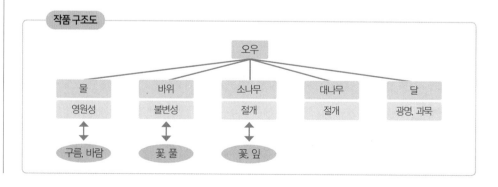

어휘 풀이
* 조타 : 맑다. 깨끗하다.
* 하노매라 : 많도다.
* 누르ᄂ니 : 누렇게 되느냐.
* 구천 : 땅속.
* 불휘 고ᄃ : 뿌리 곧은.

1 윗글의 표현상 특징으로 적절하지 <u>않은</u> 것은? ○ 8448-0212

① 설의적 표현으로 화자의 정서를 드러내고 있다.
② 어조 변화를 통해 정적인 분위기를 강화하고 있다.
③ 다른 사물과 대조하여 대상의 장점을 부각하고 있다.
④ 음보를 규칙적으로 사용하여 리듬감을 형성하고 있다.
⑤ 자연물에 인격을 부여하여 예찬의 대상으로 삼고 있다.

2 윗글에 대한 설명으로 적절하지 <u>않은</u> 것은? ○ 8448-0213

① 〈제1수〉는 오우에 대해 소개하는 서사의 역할을 하고 있다.
② 〈제2수〉와 〈제3수〉에서는 대상의 불변성을 부각하고 있다.
③ 〈제4수〉에서는 색채 이미지를 활용하여 생동감을 주고 있다.
④ 〈제5수〉는 의문의 형식으로 대상의 속성을 나타내고 있다.
⑤ 〈제6수〉는 천상에 있는 사물의 미덕을 제시하고 있다.

3 윗글과 〈보기〉를 비교하여 감상할 때 적절하지 <u>않은</u> 것은? ○ 8448-0214

┤ 보기 ├

우는 것이 뻐꾸긴가 푸른 것이 버들숲인가 / 이어라 이어라
어촌(漁村) 두어 집이 내* 속에 나락들락 / 지국총 지국총 어사와
말갛고 깊은 소(沼)에 온갖 고기 뛰노누나   〈춘(春) 4〉

물가에 외로운 솔 혼자 어이 씩씩한고 / 배 매어라 배 매어라
머흔* 구름 한(恨)치 마라 세상(世上)을 가리운다 / 지국총 지국총 어사와
파랑성(波浪聲)*을 염(厭)치 마라 진훤(塵喧)*을 막는도다   〈동(冬) 8〉

– 윤선도, 「어부사시사(漁父四時詞)」

* 내 : 안개.   * 머흔 : 험하고 사나운.
* 파랑성 : 물결 소리.   * 진훤 : 속세의 시끄러움.

① 윗글과 〈보기〉의 화자는 모두 자연물을 벗으로 여기고 있군.
② 윗글과 〈보기〉는 모두 이상과 현실 사이의 괴리가 심화되고 있군.
③ 윗글과 달리 〈보기〉는 현장감을 주는 여음을 사용하고 있군.
④ 윗글과 달리 〈보기〉는 속세에 대한 부정적 태도를 드러내고 있군.
⑤ 〈보기〉와 달리 윗글에서는 시련을 상징하는 시어를 제시하고 있군.

서술형

1 윗글에 제시된 오우 중에서 과묵함의 덕성을 지닌 대상과 그 근거가 되는 구절을 찾아 쓰시오. ○ 8448-0215

3. 가사

01 상춘곡(賞春曲) 정극인

▶ **작품 안** **갈래** : 서정 가사, 양반 가사, 정격 가사 **성격** : 서정적, 예찬적, 묘사적 **주제** : 봄의 경치를 즐기며 안빈낙도를 추구함.

◀ **작품 밖** 총 39행 79구로 된 가사 작품으로, 1786년(정조 10년)에 후손 정효목이 간행한 『불우헌집(不憂軒集)』〈권 2〉에 실려 있다. 단종이 폐위되자 정언(正言) 벼슬을 사퇴하고 고향인 전라북도 태인에 은거하면서 후진을 교육할 때 지었다고 전해진다. '상춘곡'이란 '봄 경치를 즐기는 노래'라는 뜻으로, 속세를 떠나 자연에 묻혀, 봄 경치를 완상하며 안빈낙도(安貧樂道)하는 생활을 노래하고 있다.

작품의 짜임

서사 (1~6행)	자연에 묻혀 사는 즐거움

↓

본사 (7~35행)	• 봄 경치의 완상(玩賞) • 봄을 맞이하는 흥겨움 • 산수 구경 권유 • 풍류를 즐기는 취흥 • 산봉우리에서의 조망

결사 (36~39행)	안빈낙도(安貧樂道)의 추구

특징

• 직유법, 대구법, 설의법, 의인법 등의 다양한 표현 기법이 사용됨.
• 감정 이입 수법이 활용됨.
• 공간의 이동에 따른 시상 전개 방식을 사용함.

어휘 풀이

* 홍진 : 번거로운 속된 세상.
* 울울리에 : 빽빽하게 우거진 속에.
* 풍월주인 : 자연을 즐기는 사람. 소동파의 「적벽부」에 나오는 표현임.
* 소요음영 : 나직이 시부를 읊조리면서 거니는 것.
* 한중진미 : 한가한 가운데서 맛보는 참된 즐거움.
* 답청 : 봄에 파랗게 난 풀을 밟음.
* 욕기 : 기수에서 목욕함.
* 준중 : 술독.
* 두견화 : 진달래꽃.
* 연하일휘 : 안개와 놀과 빛나는 햇살. 자연.
* 단표누항 : 소박한 시골 살림. 청빈한 선비의 살림.

ⓐ홍진(紅塵)*에 묻힌 분네 이내 생애(生涯) 어떠한고
ⓑ옛사람 풍류에 미칠까 못 미칠까
천지간(天地間) 남자 몸이 나만한 이 많건마는
산림(山林)에 묻혀 있어 지락(至樂)을 모를 것인가
수간모옥(數間茅屋)을 벽계수(碧溪水) 앞에 두고
송죽(松竹) 울울리(鬱鬱裏)에 ⓒ풍월주인(風月主人)* 되었어라
엊그제 겨울 지나 새봄이 돌아오니
㉠도화 행화(桃花杏花)는 석양(夕陽) 속에 피어 있고
녹양방초(綠楊芳草)는 세우(細雨) 중에 푸르도다
칼로 마름질했는가 붓으로 그려 냈는가
조화신공(造化神功)이 물물(物物)마다 야단스럽다
㉡수풀에 우는 새는 춘기(春氣)를 못내 겨워 소리마다 교태(嬌態)로다
물아일체(物我一體)이니 흥(興)이야 다를소냐
시비(柴扉)에 걸어 보고 정자(亭子)에 앉아 보니
소요음영(逍遙吟詠)*하여 산일(山日)이 적적(寂寂)한데
한중진미(閒中眞味)*를 알 이 없이 혼자로다
이봐 이웃들아 산수(山水) 구경 가자꾸나
답청(踏靑)*은 오늘 하고 욕기(浴沂)*는 내일(來日) 하세
㉢아침에 채산(採山)하고 저녁에 조수(釣水)하세
갓 괴어 익은 술을 갈건(葛巾)으로 받아 놓고
꽃나무 가지 꺾어 수를 세며 먹으리라
화풍(和風)이 건듯 불어 녹수(綠水)를 건너오니
청향(淸香)은 잔에 지고 낙홍(落紅)은 옷에 진다
준중(樽中)*이 비었거든 나에게 아뢰어라
소동(小童) 아이에게 주가(酒家)에 술을 물어
ⓓ어른은 막대 집고 ⓔ아이는 술을 메고
미음완보(微吟緩步)하여 시냇가에 혼자 앉아
명사(明沙) 맑은 물에 잔 씻어 부어 들고
청류(淸流)를 굽어보니 떠오는 것이 도화(桃花)로다
무릉(武陵)이 가깝도다 저 산이 그것인가
송간 세로(松間細路)에 두견화(杜鵑花)*를 잡아 들고
봉두(峰頭)에 급히 올라 구름 속에 앉아 보니

구절 풀이

- **홍진에 묻힌 분네 ~ 풍월주인 되었어라** : 번거롭고 속된 속세에 사는 사람들과 자연 속에 묻혀 사는 자신을 대비시키면서 은근히 자신의 풍류 생활에 대한 자부심을 드러내고 있음.

- **소요음영하여 ~ 없이 혼자로다** : 아름다운 봄 경치에 몰입하여 마음껏 즐기지만 그것은 적적하고 고독한 것이기도 함. 이로 인해 화자는 이웃들에게 아름다운 봄 경치를 권유하면서 좀 더 많은 자연을 구경하기 위해 밖으로 나가게 됨.

- **단표누항에 헛된 생각 아니하네** : 청빈한 생활 속에서도 흐트러진 생각을 하지 않는다는 것으로 안빈낙도의 삶의 자세를 단적으로 표현한 것임.

천촌만락(千村萬落)이 곳곳에 벌여 있네
연하일휘(煙霞日輝)*는 금수(錦繡)를 펼쳐 놓은 듯
엊그제 검은 들이 봄빛도 유여(有餘)할사
공명(功名)도 날 꺼리고 부귀(富貴)도 날 꺼리니
ⓒ청풍명월(淸風明月) 외(外)에 어떤 벗이 있을까
단표누항(簞瓢陋巷)*에 Ⓐ헛된 생각 아니하네
ⓓ아무튼 백년행락(百年行樂)이 이만한들 어찌하리

작품 구조도

서사	본사			결사
풍류 생활을 즐기는 은일지사의 기상	한중진미의 생활	아름다운 봄 풍경에 젖어 즐거움을 누림.	봄이 되니 무릉도원의 선경으로 여겨짐.	안빈낙도의 생활에 만족함.
수간모옥	시비(대문) → 정자 → 시냇가			봉두(산봉우리)

실력 다지기

정답과 해설 45쪽

1 윗글의 표현상 특징으로 적절하지 <u>않은</u> 것은? ◎ 8448-0216

① 비유적 표현을 통해 생동감을 자아내고 있다.
② 의문의 방식으로 화자의 정서를 드러내고 있다.
③ 다른 대상과 비교하여 화자의 과거를 반성하고 있다.
④ 주체와 객체를 바꾸어 화자의 가치관을 나타내고 있다.
⑤ 감각적 이미지를 활용하여 계절의 변화를 보여 주고 있다.

2 〈보기〉를 참고하여 윗글을 감상할 때 적절하지 <u>않은</u> 것은? ◎ 8448-0217

보기

[화자가 이동한 공간]

㉮ 수간모옥 → ㉯ 시비 → ㉰ 정자 → ㉱ 시냇가 → ㉲ 봉두

① ㉮는 화자의 거처로 봄의 경치를 완상하기 위한 출발점으로 볼 수 있군.
② ㉯와 ㉰는 화자가 봄의 경치를 완상하다가 추억을 떠올리는 장소로 볼 수 있군.
③ ㉰에서 화자는 잔을 씻어 술을 부어 마시며 풍류를 즐기고 있군.
④ ㉱에서 화자는 산을 바라보며 그곳이 이상 세계와 유사하다고 여기고 있군.
⑤ ㉲에서 화자는 주변에 펼쳐진 수많은 마을을 바라보고 있군.

3 윗글의 ㉠~㉤을 이해할 때 적절하지 **않은** 것은?　　　　　　　　　　　　　○ 8448-0218

① ㉠: 계절적 배경과 시간적 배경을 확인할 수 있다.
② ㉡: 화자가 느끼는 봄의 흥취를 새에게 이입하고 있다.
③ ㉢: 이웃들에게 생계를 유지하기 위한 행동을 권유하고 있다.
④ ㉣: 아름다운 자연만이 자신의 벗이라고 생각하고 있다.
⑤ ㉤: 자신의 안분지족하는 생활에 대한 만족감을 드러내고 있다.

4 윗글의 ⓐ~ⓔ 중 화자를 가리키는 것끼리 바르게 묶은 것은?　　　　　　　　　　○ 8448-0219

① ⓐ, ⓑ　　　　　　　　　　② ⓐ, ⓒ　　　　　　　　　　③ ⓑ, ⓒ
④ ⓒ, ⓓ　　　　　　　　　　⑤ ⓓ, ⓔ

서술형

1 〈보기〉에서 윗글의 Ⓐ와 함축적 의미가 유사한 시구를 찾아 쓰고, 그 의미를 서술하시오.　　　○ 8448-0220

┤ 보기 ├

산수 간(山水間) 바회 아래 뛰집을 짓노라 ᄒᆞ니
그 모론 ᄂᆞᆷ들은 웃는다 ᄒᆞᆫ다마ᄂᆞᆫ
어리고 햐암의 뜻에ᄂᆞᆫ 내 분인가 ᄒᆞ노라　　　　〈제1수〉

보리밥 픗ᄂᆞ믈을 알마초 머근 후(後)에
바횟 긋 믉ᄀᆞ의 슬ᄏᆞ지 노니노라
그 나믄 녀나믄 일이야 부롤 줄이 이시랴　　　　〈제2수〉

　　　　　　　　　　　　　　　　　　　　　　　– 윤선도, 「만흥(漫興)」

3. 가사

02 면앙정가(俛仰亭歌) 송순

작품 안 **갈래** : 서정 가사, 양반 가사, 은일 가사 **성격** : 서정적, 예찬적 **주제** : 대자연 속에서의 풍류와 임금의 은혜에 감사하는 마음

작품 밖 작가가 41세 때, 자신의 고향인 전남 담양의 제월봉 아래에 '면앙정'이란 정자를 짓고 지내는 자신의 풍류 생활을 노래한 작품으로, 자연에서 얻어지는 흥취를 사계절의 변화에 따라 노래하고 있다. 면앙정의 산세에서부터 제월봉의 형세, 면앙정의 경치, 사계절의 경치 그리고 자신의 신선적 풍류 생활을 선경 후정의 수법을 통해 형상화하고 있다. 자연 친화 사상과 유교적 충의 이념을 결합한 강호가도(江湖歌道)의 특성이 잘 드러나는 작품으로 볼 수 있다.

작품의 짜임

서사 (1~8행)
제월봉의 위치와 형세를 노래함.

↓

본사 (9~27행) (선경)
• 면앙정에서 바라본 아름다운 경치를 묘사함.
• 계절의 변화(춘하추동)에 따른 면앙정의 아름다움을 묘사함.

↓

결사 (28~51행) (후정)
• 자연 속의 풍류와 호연지기
• 임금의 은혜에 감사하는 마음

특징
• 비유법, 반복법, 점층법, 대구법 등 다양한 수사법을 사용함.
• 정극인의 「상춘곡」에서 자연 친화의 사상을 이어받음.
• 정철의 「성산별곡」과 「관동별곡」에 영향을 줌.

어휘 풀이
* 무변대야 : 끝없이 넓은 들판.
* 사정 : 모래톱.
* 노화 : 갈대.
* 희황 : 중국 고대 전설의 임금.

무등산 흔 활기 뫼히 동다히로 버더 이셔
멀리 쎄쳐 와 제월봉(霽月峯)의 되여거놀
무변대야(無邊大野)*의 므슴 짐쟉 ᄒ노라
일곱 구비 홀머움쳐 므득므득 버려는 듯
가온대 구비는 굼긔 든 늘근 뇽이
㉠선줌을 ᆽ 씨야 머리를 안쳐시니
너르바회 우히 송죽을 헤혀고 정자를 안쳐시니
구름 튼 청학이 천 리를 가리라 두 ᄂ래 버렷는 듯

[A]
옥천산 용천산 ᄂ린 믈히
정자 압 너븐 들히 올올히 펴진 드시
넙거든 기노라 프르거든 희디 마나
쌍룡이 뒤트는 듯 긴 깁을 치 펏는 듯
어드러로 가노라 므슴 일 비얏바
딷는 듯 ᄯ로는 듯 밤늣즈로 흐르는 듯
므소친 사정(沙汀)*은 눈ᆽ치 펴졋거든
이즈러온 기럭기는 므스거슬 어로노라
안즈락 ᄂ리락 모드락 흐트락
노화(蘆花)*을 ᄉ이 두고 우러곰 좃니는고

너븐 길 밧기요 긴 하늘 아릭 두로고 쏘준 거슨
㉡뫼힌가 병풍인가 그림가 아닌가
노픈 듯 ᄂ즌 듯 긋는 듯 닛는 듯
숨거니 뵈거니 가거니 머믈거니
이즈러온 가온듸 일홈는 양ᄒ야
하늘도 젓치 아녀 웃득이 셧는 거시 추월산 머리 짓고
용귀산 봉선산 불대산 어등산
용진산 금성산이 허공의 버러거든
원근 창애(遠近蒼崖)의 머믄 것도 하도 할샤
　　　　　　　(중략)
㉢인간(人間)을 쩌나와도 내 몸이 겨를 업다
니것도 보려 ᄒ고 져것도 드르려코
ᄇ람도 혀려 ᄒ고 돌도 마즈려코

3. 가사 **143**

구절 풀이

• **가온대 구비눈 ~ 머리룰 안쳐 시니** : 제월봉의 일곱 굽이 중 가운데 굽이를 선잠을 막 깬 늙은 용의 머리에 비유하여 표현함.

• **구름 튼 ~ 버럿눈 둣** : 면앙정의 모습을 천 리를 가려고 두 날개를 편 청학에 비유하여 표현함.

• **넙거든 기노라 프르거든 희디 마나** : 넓으면서도 길게 뻗쳐 있는 듯하고, 푸르면서도 흰 듯 하다는 의미로, 대구와 대조의 표현을 사용함.

• **일홈눈 양호야 / 하눌도 젓치 아녀** : 산봉우리들이 하늘을 찌를 듯이 우뚝 솟아 있는 모양을 일컫는 표현임.

• **인간올 ~ 겨를 업다** : 번거로 운 인간 세상을 떠나와도 자연을 완상하느라 한가할 겨를이 없다는 뜻임.

• **이 몸이 이렁 굼도 역군은이샷 다** : 낙구. 자신의 이러한 즐거 움과 여유가 모두 임금의 은혜 라는 말로, 이러한 표현은 조선 전기 사대부 시가의 일반적인 경향임.

봄으란 언제 줍고 고기란 언제 낙고
시비(柴扉)란 뉘 다드며 딘 곳츠란 뉘 쓸려뇨
아춤이 낫브거니 나조히라 나을소냐
오늘리 부족(不足)거니 내일(來日)리라 유여(有餘)호랴
이 뫼히 안ᄌ 보고 뎌 뫼히 거러 보니
번로(煩勞)훈 무옴의 ᄇ릴 일이 아조 업다
ⓐ쉴 스이 업거든 길히나 젼ᄒ리야
다만 훈 청려장(靑藜杖)이 다 므디여 가노미라

＿ 술리 닉어거니 벗지라 업슬소냐
│ 블니며 투이며 혀이며 이아며
│ 온가짓 소리로 취흥(醉興)을 빗야거니
[B] 근심이라 이시며 시름이라 브터시랴
│ 누으락 안즈락 구부락 져츠락
│ 을프락 프람ᄒ락 노혜로 노거니
＿ 천지(天地)도 넙고 넙고 일월(日月)도 훈가(閑暇)ᄒ다
희황(羲皇)*을 모을너니 니적이야 긔로고야
ⓔ신선(神仙)이 엇더턴지 이 몸이야 긔로고야
강산풍월(江山風月) 거늘리고 내 백년(百年)을 다 누리면
악양루상(岳陽樓上)의 이태백(李太白)이 사라 오다
호탕정회(浩蕩情懷)야 이예서 더ᄒ소냐
ⓜ이 몸이 이렁 굼도 역군은(亦君恩)이샷다

작품 구조도

면앙정 주위의 아름다운 장관	면앙정의 사계를 노래함.	안분지족(安分知足)의 자세	군은(君恩)에 감사함.
선경(先景)		후정(後情)	

정답과 해설 46쪽

1 윗글의 표현상의 특징으로 적절하지 않은 것은?

⊙ 8448-0221

① 대구의 방식으로 리듬감을 형성하고 있다.
② 비유적 표현을 활용하여 대상을 묘사하고 있다.
③ 감각적 이미지를 통해 대상의 운동감을 나타내고 있다.
④ 다른 대상과 비교하는 방식으로 의미를 강조하고 있다.
⑤ 대화체와 독백체를 교차하여 극적 효과를 높이고 있다.

2 〈보기〉를 참고하여 윗글의 ㉠~㉤을 이해할 때 적절하지 <u>않은</u> 것은? ● 8448-0222

┤ 보기 ├

　'강호가도'란 조선 시대에 자연을 벗 삼아 안분지족하는 삶을 누리는 즐거움과 연군(戀君)의 심정을 노래하는 시가 창작의 한 경향이다. 「면앙정가」는 강호가도 계열에 해당하는 작품인데, 작가는 이 작품에서 객관적 자연물에 생명력과 의지를 부여하는 방식으로 자신의 가치관을 표출하고 있다.

① ㉠: 산봉우리에 생명력을 부여하여 생동감을 주고 있다.
② ㉡: 작가가 벗 삼아 지내는 자연의 아름다움을 드러내고 있다.
③ ㉢: 작가가 속세를 떠난 상황에서도 임금에 대한 염려를 나타내고 있다.
④ ㉣: 작가가 자신의 안분지족하는 삶에 대해 만족감을 드러내고 있다.
⑤ ㉤: 작가가 자연 속에서 즐거움을 누리는 것이 임금의 은혜라며 감사하고 있다.

3 [A]와 [B]에 대한 설명으로 가장 적절한 것은? ● 8448-0223

① [A]와 달리 [B]는 타인과 어울려 풍류를 즐기는 상황을 구체적으로 나타내고 있다.
② [B]와 달리 [A]는 인간과 자연을 대비하여 화자의 깨달음을 드러내고 있다.
③ [A]와 [B]는 모두 어순을 바꾸어 자연에 대한 애착을 강조하고 있다.
④ [A]와 [B]는 모두 공간의 이동에 따른 화자의 심리 변화를 보여 주고 있다.
⑤ [A]와 [B]는 모두 음성 상징어를 활용하여 흥겨운 분위기를 조성하고 있다.

서술형

1 ⓐ와 관련된 〈보기〉의 선생님의 질문에 답하시오. ● 8448-0224

┤ 보기 ├

　선생님: ⓐ의 '길'을 '사람이 삶을 살아가거나 사회가 발전해 가는 데에 지향하는 방향, 지침, 목적'의 의미로 보고, ⓐ의 '-리야'를 자기가 하려는 행동에 대하여 상대편의 의향을 묻는 뜻을 나타내는 종결 어미로 본다면, ⓐ의 의미가 무엇인지 서술해 보세요.

03 사미인곡(思美人曲) 정철

작품 안 **갈래** : 서정 가사, 연군 가사, 양반 가사 **성격** : 서정적, 연모적 **주제** : 연군(戀君)의 정(情)

작품 밖 임금에 대한 연모를 노래하는 충신연주지사의 노래로, 한 여인의 이별한 임에 대한 그리움을 형상화한 작품이다. 사계절의 변화를 그리면서 그 속에 솟아나는 연군의 정을 치밀한 구조와 세련된 언어로 엮은 솜씨가 탁월하다. 제목인 '사미인'은 중국 초나라 때의 시인 굴원의 「이소(離騷)」 제9장에 나오는 제목과 같은데, 그 내용이 임금에 대한 지극한 충성을 담고 있어 문학적 영향 관계를 엿볼 수 있다.

작품의 짜임

서사 (1~ 10행)	임과의 인연과 버림받은 자신의 신세 한탄
본사 (11~ 48행)	• 춘(春) : 임에 대한 사랑 → 매화 • 하(夏) : 임에 대한 그리움 → 옷 • 추(秋) : 임에 대한 사모의 정과 선정에 대한 갈망 → 청광(달빛) • 동(冬) : 임에 대한 근심과 사랑 → 양춘
결사	생과 사를 초월한 영원한 사랑 → 범나비

특징

• 우리말 구사가 뛰어난 작품임.
• 계절의 흐름에 따른 정서의 변화를 잘 드러냄.
• 충신연주지사(忠臣戀主之辭)의 대표작임.

어휘 풀이

* 광한뎐 : 달나라에 있다는 궁전. 여기서는 대궐을 말함.
* 하계 : 인간 세계. 속세. 여기서는 전라도 창평을 말함.
* 염냥 : 더위와 추위. 곧 계절의 바뀜.
* 벼마티 : 베갯머리맡에.
* 나위 : 엷은 비단으로 만든 휘장.
* 슈막 : 수놓은 장막.
* 부용 : 연꽃을 수놓은 비단 휘장.
* 공쟉 : 공작새. 여기서는 공작을 수놓은 병풍.
* 슈품은ᄏ니와 : 솜씨는 물론이거니와.
* 북극 : 북쪽 하늘 끝. 여기서는 임금을 상징.

엇그제 님을 뫼셔 광한뎐(廣寒殿)*의 올낫더니
㉠그 더듸 엇디ᄒ야 하계(下界)*예 ᄂ려오니
올 적의 비슨 머리 얼킈연 디 삼 년(三年)이라
연지분(臙脂粉) 잇ᄂ마는 눌 위ᄒ야 고이 홀고
ᄆ음의 미친 실음 텹텹(疊疊)이 ᄡ혀 이셔
짓ᄂ니 한숨이오 디ᄂ니 눈믈이라
인ᄉ(人生)은 유ᄒ(有限)ᄒᄃ 시름도 그지업다
㉡무심(無心)ᄒ 셰월(歲月)은 믈 흐르듯 ᄒᄂ고야
염냥(炎涼)*이 ᄣᄅᄅ 아라 가는 듯 고텨 오니
듯거니 보거니 늣길 일도 하도 할샤
동풍(東風)이 건듯 부러 젹셜(積雪)을 헤텨 내니
창(窓)밧긔 심근 미화(梅花) 두세 가지 픠여셰라
ᄀ득 닝담(冷淡)ᄒᄃ 암향(暗香)은 므ᄉ 일고
황혼(黃昏)의 ᄃ리 조차 벼마티* 빗최니
늣기ᄂ 듯 반기ᄂ 듯 님이신가 아니신가
뎌 ⓐ미화(梅花) 것거 내여 님 겨신 ᄃ 보내오져
님이 너를 보고 엇더타 너기실고
곳 디고 새닙 나니 녹음(綠陰)이 ᄭᆯ렸ᄂᄃ
나위(羅幃)* 젹막(寂寞)하고 슈막(繡幕)*이 뷔여 잇다
부용(芙蓉)*을 거더 노코 공쟉(孔雀)*을 둘러 두니
ᄀ득 시ᄅ 한ᄃ 날은 엇디 기돗던고
원앙금(鴛鴦錦) 버혀 노코 오ᄉ션(五色線) 플텨 내여
금자히 견화이셔 님의 ⓑ옷 지어 내니
슈품(手品)은ᄏ니와* 제도(制度)도 ᄀ줄시고
산호슈(珊瑚樹) 지게 우히 빅옥함(白玉函)의 다마 두고
님의게 보내오려 님 겨신 ᄃ ᄇ라보니
㉢산(山)인가 구롬인가 머흐도 머흘시고
천리만리(千里萬里) 길흘 뉘라셔 ᄎᄌ갈고
니거든 여러 두고 날인가 반기실가
ᄒᄅ밤 서리김의 ⓓ기려기 우러 녤 제
위루(危樓)에 혼자 올나 수정념(水晶簾) 거든 말이
동산(東山)의 ᄃ리 나고 북극(北極)*의 별이 뵈니

어휘 풀이

* **청광** : 맑은 빛. 여기서는 달빛.
* **팔황** : 온 세상. 팔방(八方).
* **졈낫ㄱ티** : 한낮같이.
* **건곤** : 하늘과 땅.
* **폐식ㅎ야** : 닫히고 막히어. 천지가 얼어붙어 생기가 막혀.
* **취슈** : 푸른 소매.
* **일모 슈듁** : 해가 저물 무렵 긴 대나무에 의지함.
* **뎐공후** : 자개로 장식한 공후(악기의 일종).

구절 풀이

* **산인가 구롬인가 머흐도 머흘시고** : 산인가 구름인가 험하기도 험하구나. 산과 구름은 자신과 임 사이를 가로막는 장애물. 즉 간신 또는 정적(政敵)을 의미한다고 볼 수 있음.

님이신가 반기니 눈물이 절로 난다
㉠청광(淸光)*을 쥐여 내여 봉황누(鳳凰樓)의 븟티고져
누(樓) 우히 거러 두고 팔황(八荒)*의 다 비최여
㉡심산궁곡(深山窮谷) 졈낫ㄱ티* 밍그쇼셔
건곤(乾坤)*이 폐식(閉塞)ㅎ야* 빅셜(白雪)이 흔 빗친 제
사룸은ㅋ니와 눌새도 긋쳐 잇다
㉢쇼상 남반(瀟湘南畔)도 치오미 이러커든
㉣옥누 고쳐(玉樓高處)야 더욱 닐너 므슴ㅎ리
㉤양춘(陽春)을 부쳐 내여 님 겨신 듸 쏘이고져
모쳠(茅簷) 비쵠 히를 옥누(玉樓)의 올리고져
홍샹(紅裳)을 니믜 츠고 취슈(翠袖)*를 반(半)만 거더
일모 슈듁(日暮脩竹)*의 혬가림도 하도 할샤
댜른 히 수이 디여 긴 밤을 고초 안자
청등(靑燈) 거른 겻틱 뎐공후(鈿箜篌)* 노하 두고
꿈의나 님을 보려 틱 밧고 비겨시니
㉥앙금(鴦衾)도 츠도 챨사 이 밤은 언제 샐고

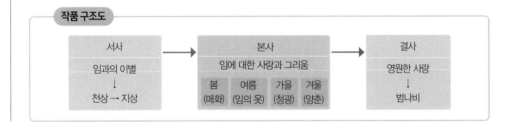

작품 구조도

서사	본사	결사
임과의 이별	임에 대한 사랑과 그리움	영원한 사랑
↓		↓
천상 → 지상	봄(매화) / 여름(임의 옷) / 가을(청광) / 겨울(양춘)	범나비

실력 다지기

정답과 해설 46쪽

1 윗글에 대한 설명으로 적절하지 **않은** 것은?   ◎ 8448-0225

① 계절의 변화에 따라 시상을 전개하고 있다.
② 반어적 표현으로 시적 긴장감을 조성하고 있다.
③ 의문의 방식으로 화자의 정서를 부각하고 있다.
④ 여성적 어조를 통해 화자의 처지를 하소연하고 있다.
⑤ 음보를 규칙적으로 사용하여 리듬감을 형성하고 있다.

2 ㉠~㉤에 대한 이해로 적절하지 <u>않은</u> 것은?

○ 8448-0226

① ㉠: 임금 곁을 떠나게 된 상황을 빗대어 표현하고 있다.
② ㉡: 임금과 헤어진 후 시간의 경과에 대한 아쉬움을 드러내고 있다.
③ ㉢: 임금이 온 나라의 백성들에게 선정을 베풀기를 바라고 있다.
④ ㉣: 임금의 안부를 걱정하는 연군의 심정이 담겨 있다.
⑤ ㉤: 임금을 꿈속에서 만나지 못한 후 잠을 깨운 대상을 원망하고 있다.

3 〈보기〉를 참고하여 윗글의 ⓐ~ⓔ를 감상할 때 적절하지 <u>않은</u> 것은?

○ 8448-0227

┤ 보기 ├

「사미인곡」은 작가가 조정의 당파 싸움에 연루되어 임금 곁을 떠나 전남 창평에 내려가 은거 생활을 할 때 창작된 것이다. 조선 시대의 사대부 가사 작품은 다양한 소재에 상징적 의미를 부여하여 자신의 처지와 소망을 드러낸 경우가 많았는데, 「사미인곡」의 다양한 소재도 상징적 의미에 초점을 맞추어 감상할 수 있다.

① ⓐ: 작가의 분신으로 변함없는 충성심을 상징하는 소재로 볼 수 있겠군.
② ⓑ: 작가가 임금에 대해 정성을 다하고 있음을 알려 주는 소재로 볼 수 있겠군.
③ ⓒ: 작가와 임금 사이를 가로막는 조정의 정적을 의미하는 소재로 볼 수 있겠군.
④ ⓓ: 조정에 있는 임금과 떨어져 있는 작가의 서글픈 감정을 이입한 소재로 볼 수 있겠군.
⑤ ⓔ: 작가가 잠시나마 위안을 얻고 있는 은거지를 가리키는 소재로 볼 수 있겠군.

서술형

1 ㉮와 ㉯의 상징적 의미를 각각 서술하고, 이를 통해 알 수 있는 윗글의 성격을 6음절로 쓰시오.

○ 8448-0228

3. 가사

04 연행가(燕行歌) 홍순학

➜ **작품 안** **갈래** : 기행 가사, 장편 가사, 양반 가사 **성격** : 서사적, 사실적, 묘사적, 비판적 **주제** : 사신으로 청나라 연경을 다녀온 견문과 감상

⬅ **작품 밖** 1866년(고종 3년) 작가가 가례주청사(嘉禮奏請使)의 서장관으로 북경(北京)에 다녀오면서 보고 들은 견문과 감상을 적은 장편 기행 가사이다. '병인연행가', '연행록' 등으로 불리기도 하는 이 작품은 여정이 자세하고 치밀한 관찰력을 바탕으로 한 묘사가 돋보여 조선 후기 사행 가사의 대표작으로 평가되고 있다.

작품의 짜임

1~13행	온정평에서 밤을 지냄.
14~17행	봉황성에서의 검문
18~25행	거리의 인상과 호인들의 모습
26~38행	호인들의 의복과 언어
39~44행	명나라의 전족에 대한 긍정적 평가
45~54행	호인 아이들의 모습과 차림새

특징

• 여정에 따라 시상을 전개함.
• 세밀한 관찰을 통해 대상을 자세히 묘사함.
• 조선 후기 사행 가사의 대표작임.

어휘 풀이

* 이마 : 인마(人馬).
* 당亽실노 당긔ㅎ고 말익이을 눌너 쓰며 : 당사실로 댕기를 하여 마래기라는 모자를 눌러 쓰며.
* 반물 속것 : 짙은 검은빛을 띤 남빛의 속옷.
* 힝젼 : 바지를 입을 때 정강이에 꿰어 무릎 아래에 매는 물건.
* 회목 : 손목이나 발목의 잘록한 부분.
* 회미ㅎ게 드리 씨고 : 가뜬하게 둘러치고.

금셕산 지나가니 온졍평이 여긔로다
일셰가 황혼ㅎ니 흔돈ㅎ며 슉소ㅎㅈ
삼 사신 ㅈㄴ 되ㄴ 군막을 놉피 치고
삿ㅈ리를 둘어막아 가방쳐럼 ㅎ여스되
역관이며 비장 방장 불상ㅎ여 못 보갯다
ㅅ면 외풍 드러 부니 밤 지닉기 어렵도다
[A] 군막이라 명식ㅎ미 무명 흔 겹 가려스니
오히려 이번 길은 오뉵월 염쳔이라
하로 밤 경과ㅎ기 과이 아니 어려오나
동지셧달 긴긴 밤의 풍셜이 드리칠 졔
그 고싱 웃더ㅎ랴 춤혹들 ㅎ다 ㅎ데
쳐쳐의 화토불은 ㅎ인 등이 둘너안고
밤시도록 나발 소릭 즘싱 올가 념예로다

발찍을 기다려서 칙문으로 향히 가니
목칙으로 울을 ㅎ고 문 ㅎ나을 여러 놋코
㉠봉황성장 나와 안져 이마*을 졈검ㅎ며
츳례로 드러오니 범문신칙 엄졀ㅎ다
녹창 쥬호 여염들은 오식이 영농ㅎ고
㉡화ㅅ 칙란 시졍들은 만물이 번화ㅎ다
집집이 호인들은 길의 나와 구경ㅎ니
의복기 괴려ㅎ여 쳐음 보기 놀납도다
머리ㄴ 압흘 싹가 뒤만 ㅅㅎ 느리쳐셔
당亽실노 당긔ㅎ고 말익이을 눌너 쓰며*
일 년 삼백육십 일에 양치 한 번 아니ㅎ여
이쌜은 황금이오 손톱은 다섯 치라
거문빗 져구리는 깃 업시 지어쓰되
옷고름은 아니 달고 단초 다라 입어쓰며
아쳥 바지 반물 속것* 허리씌로 눌너 미고
두 다리의 힝젼* 모양 타오구라 일홈ㅎ여
회목*의셔 오금까지 회미ㅎ게 드리 씨고*
㉢깃 업슨 쳥두루막기 단초가 여러히요
좁은 ㅅ민 손등 덥허 손이 겨오 드나들고

어휘 풀이

* 배자 : 마고자 모양으로 된 소매가 없는 덧저고리.
* 슬갑 : 추위를 막기 위해 무릎까지 내려오게 입는 옷.
* 뺏딘인 : 소국 사람. 조선인.
* 모슴 : 모숨. 한 줌 안에 드는 가늘고 긴 물건의 수량.
* 복쥬감토 : 늙은이들이 추위를 막기 위해 쓰는 모자.
* 빅라기 : 옷 소매 아래쪽의 둥근 부분.

구절 풀이

• 녹창 쥬호 여염은 ~ 만물이 번화ᄒ다 : 화려한 봉황성 시가지를 보며 매우 번화하다고 감탄하고 있음.
• 당여는 발이 작아 ~ 너머질가 위틱ᄒ다 : 한족 여인들의 전족(여자의 엄지발가락 이외의 발가락들을 어릴 때부터 발바닥 방향으로 접어 넣듯 힘껏 묶어 헝겊으로 동여매어 자라지 못하게 한 일이나 그런 발)을 설명하는 부분임.

두루막 위에 배자*이며 무릅 우에 슬갑*이라
공방딕 옥 물샥리 담빅 너는 쥬머니의
부시까지 쎠셔 들고 뒤짐지기 버릇치라
ᄉ람마다 그 모양니 쳔만 인이 한빗치라
㉠뺏딘인* 온다 ᄒ고 져의기리 지져귀며
무어시라 인사ᄒ나 흔마딕도 모르겟다

(중략)

청여는 발이 커셔 남즈의 발 굿트나
당여는 발이 작아 두 치짐 되는 거슬
비단으로 꼭 동히고 신 뒤츅의 굽을 달아
위둑비둑 가는 모양 너머질가 위틱ᄒ다
그러타고 웃지 마라 명나라 찌친 졔도
㉡져 계집의 발 흐가지 지금까지 볼 것 잇다
㉢아희들도 나와 구경 쥬룽쥬룽 몰녀 셧다
이삼 셰 먹은 아히 어룬년이 츄여 안고
오뉵 셰 되는 거슨 압뒤로 잇그운다
머리는 다 싹가다 좌우로 흔 모슴*식
쌘조ᄒ니 쯔하스되 불근 당ᄉ 당긔ᄒ여
복쥬감토* 말익이의 치쉭 비단 술을 노하
거문 공단 션을 둘너 불근 단초 쏙지ᄒ고
㉣바지며 져구리도 오쉭으로 문을 노코
빅라기*라 ᄒ는 거슨 보즈기의 씆을 달아
목아지의 걸어시니 빅곱 가린 계로구나

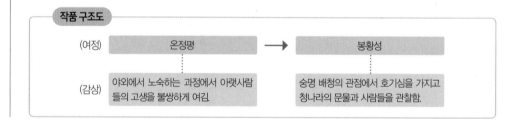

작품 구조도

(여정)	온정평	→	봉황성
(감상)	야외에서 노숙하는 과정에서 아랫사람들의 고생을 불쌍하게 여김.		숭명 배청의 관점에서 호기심을 가지고 청나라의 문물과 사람들을 관찰함.

실력 다지기

정답과 해설 47쪽

1 윗글에 대한 설명으로 적절하지 <u>않은</u> 것은?

○ 8448-0229

① 시간의 흐름에 따라 내용을 전개하고 있다.
② 대구법을 사용하여 리듬감을 형성하고 있다.
③ 외양을 과장하여 부정적 인식을 드러내고 있다.
④ 이국적인 소재를 나열하며 흥미를 유발하고 있다.
⑤ 자연물에 인격을 부여하여 대화의 상대로 삼고 있다.

2 윗글의 ⊙~⊕ 중, 〈보기〉의 밑줄 친 부분과 관련 있는 것은?　　　　　　　　　　　　　◐ 8448-0230

┤ 보기 ├

　「연행가」에서 청나라를 바라보는 작가의 시선은 긍정과 비판이 섞여 있다. 작가는 실용적 관점에서 청나라의 경제적 풍요나 청인들의 근면성을 긍정적으로 평가한다. 하지만 <u>문화적 관점에서는 명나라의 관습을 존중하고</u> 청나라의 관습을 비판적으로 평가하고 있다.

① ⊙　　　　　　② ⓛ　　　　　　③ ⓒ　　　　　　④ ② 　　　　　　⑤ ⓜ

3 [A]에 대한 설명으로 적절하지 <u>않은</u> 것은?　　　　　　　　　　　　　　　　　　　　◐ 8448-0231

① 사행과 관련한 계절적 배경을 알 수 있다.
② 사행이 진행되는 구체적인 여정이 제시되어 있다.
③ 사행 중임을 알 수 있는 사신 일행의 직책들이 나타나 있다.
④ 사신 일행 중 고생하는 사람들에 대한 동정심을 드러내고 있다.
⑤ 외부에서 들려오는 나발 소리에 사신 일행이 긴장하고 있다.

4 ㉮와 ㉯에서 확인할 수 있는 상황으로 가장 적절한 것은?　　　　　　　　　　　　　　◐ 8448-0232

① ㉮에서 호인들은 조선 사신 일행을 존중하고 있다.
② ㉮에서 화자는 호인들의 말을 이해하고 호감을 보이고 있다.
③ ㉯에서 화자는 호인 여자들보다 아이들에 대해 친밀감을 드러내고 있다.
④ ㉮와 ㉯에서 화자와 호인들은 서로를 살펴보고 있다.
⑤ ㉮에서 화자의 긴장감이 유발되고 있고, ㉯에서 화자의 긴장감이 해소되고 있다.

서술형

1 윗글에서 '변발'을 묘사한 부분을 찾아 쓰시오.　　　　　　　　　　　　　　　　　　◐ 8448-0233

05 규원가(閨怨歌) 허난설헌

➜ **작품 안** **갈래** : 내방 가사(규방 가사) **성격** : 원망적, 한탄적 **주제** : 오지 않는 남편에 대한 부녀자의 원망과 한(恨)

➜ **작품 밖** 이 작품은 조선 선조 때 허난설헌(許蘭雪軒)이 지은 가사로 「원부사(怨夫詞)」 또는 「원부가(怨婦歌)」라고도 한다. 화자는 자신을 사랑해 주지 않는 남편을 원망하며, 한숨과 눈물로 세월을 보내는 외로움을 거문고로 달랜다. 소식조차 끊어진 남편을 기다리며 자신의 기구한 운명을 한탄하는 것이다. 흐르는 세월 속에 쌓여 온 한국 여인의 슬픔과 한, 모든 것을 운명으로 받아들이는 체념의 인생관이 잘 나타나 있다. 한문 어구와 고사를 많이 사용했고 우아한 느낌을 주는 규방 가사이다.

작품의 짜임

기 (1~15행)	과거를 회상하며 늙고 초라한 자신의 신세를 한탄함.
승(16~29행)	임에 대한 원망과 자신의 애달픈 심정을 고백함.
전 (중략) 부분	거문고에 의탁하여 외로움과 한을 달램.
결(30~42행)	임을 기다리며 자신의 기구한 운명을 한탄함.

특징
• 대구법, 비유법 등 여러 가지 표현 기교를 구사하고 고사를 이용하고 있음.
• 과거와 현재를 대조하여 자신의 신세를 한탄함.
• 임에 대한 원망과 그리움의 복합적 내면세계를 표현하고 있음.
• 화자의 정서를 효과적으로 드러냄(→새에 감정 이입).

어휘 풀이
＊ **소년 행락** : 젊은 시절 즐겁게 지냄.
＊ **공후 배필** : 높은 벼슬아치의 좋은 아내.
＊ **군자 호구** : 군자의 좋은 배필.
＊ **월하** : 월하노인을 가리킴. 부부의 인연을 맺어 준다는 전설상의 노인.
＊ **장안 유협** : 서울 거리에서 이름난 호탕한 풍류객.
＊ **천연 여질** : 타고난 아름다운 모습.
＊ **설빈 화안** : 고운 머리채와 젊고 아름다운 얼굴.
＊ **면목가증** : 모습이 미움. 얄미움.
＊ **자취눈** : 겨우 발자국이 날 만큼 적게 내린 눈.

엊그제 젊었더니 하마 어이 다 늙거니
소년 행락(少年行樂)＊ 생각하니 일러도 속절없다
늙어서야 서러운 말 하자 하니 목이 멘다
부생모육(父生母育) 신고(辛苦)하여 이내 몸 길러 낼 제
공후 배필(公侯配匹)＊은 못 바라도 군자 호구(君子好逑)＊ 원하더니
㉠삼생(三生)의 원업(怨業)이요 월하(月下)＊의 연분(緣分)으로
장안(長安) 유협(遊俠)＊ 경박자(輕薄子)를 꿈같이 만나 있어
당시에 마음 쓰기 살얼음 디디는 듯
삼오 이팔(三五二八) 겨우 지나 천연 여질(天然麗質)＊ 절로 이니
이 얼굴 이 태도(態度)로 백 년 기약 하였더니
연광(年光)이 훌쩍 지나 조물이 시샘하여
봄바람 가을 물이 베올에 북 지나듯
㉡설빈 화안(雪鬓花顔)＊ 어디 가고 면목가증(面目可憎)＊ 되었구나
내 얼굴 내 보거니 어느 임이 날 사랑할까
스스로 참괴(慚愧)하니 누구를 원망(怨望)하랴
삼삼오오(三三五五) 야유원(冶遊園)의 새 사람이 났단 말인가
꽃 피고 날 저물 제 정처 없이 나가 있어
백마 금편(白馬金鞭)으로 어디어디 머무는고
원근을 모르거니 소식이야 더욱 알랴
인연을 끊었어도 생각이야 없을쏘냐
얼굴을 못 보거든 그립기나 말았으면
㉢열두 때 길기도 길구나 서른 날 지리하다
　옥창(獄窓)에 심은 매화 몇 번이나 피고 졌고
　겨울밤 차고 찬 제 자취눈＊ 섞어 치고
　여름날 길고 길 제 궂은비는 무슨 일인고
[A]　삼춘 화류(三春花柳) 호시절의 경물이 시름없다
　가을 달 방에 들고 ⓐ실솔(蟋蟀)이 상에 울제
　긴 한숨 지는 눈물 속절없이 생각만 많다
　아마도 모진 목숨 죽기도 어려울사
　　　　　(중략)
차라리 잠이 들어 꿈에나 보려 하니

구절 풀이

- **봄바람 가을 물이 베올에 북 지나듯** : 세월의 무상감을 의미함.
- **삼삼오오 야유원의 ~ 어디어디 머무는고** : 무리를 지어 기생집에 출입하는 남편으로 인한 괴로움과 원망스러움이 담겨 있음.
- **옥창에 심은 매화 몇 번이나 피고 졌는고** : 세월이 흘러갔음을 나타내는 표현임.
- **겨울밤 차고 찬 제 ~ 생각만 많다** : 홀로 보내는 외로움과 기다림의 나날을 사계절의 변화에 따라 압축적으로 제시하고 있음.
- **차라리 잠이 ~ 잠조차 깨우는가** : 꿈에서라도 임을 만나고자 하는 화자의 애타는 그리움이 나타나 있으며, 그 시도마저 좌절되어 막막한 심정이 더 심화되고 있음.

바람에 지는 잎과 풀 속에 우는 벌레
무슨 일 원수로서 잠조차 깨우는가
천상의 견우직녀 은하수 막혔어도
칠월 칠석 일 년 일도 실기(失期)치 않거든
ㄹ우리 임 가신 후는 무슨 약수(弱水) 가렸관대
오거나 가거나 소식조차 그쳤는고
난간(欄干)에 빗겨 서서 임 가신 데 바라보니
아침 이슬은 맺혀 있고 저녁 구름 지나갈 제
ㅁ죽림(竹林) 푸른 곳에 새소리 더욱 섧다
세상의 서러운 사람 수없다 하려니와
박명(薄命)한 홍안(紅顔)이야 나 같은 이 또 있을까
아마도 이 임의 탓으로 살 동 말 동 하여라

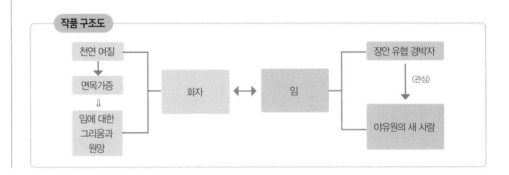

작품 구조도

천연 여질 → 면목가증 ⇩ 임에 대한 그리움과 원망 ── 화자 ↔ 임 ── 장안 유협 경박자 〈관심〉 야유원의 새 사람

실력 다지기

정답과 해설 48쪽

1 〈보기〉가 윗글을 읽고 학생이 작성한 감상문의 내용이라고 할 때 ㉮∼㉲ 중 적절하지 <u>않은</u> 것은? ▶ 8448-0234

┤ 보기 ├

㉮ 화자의 결혼 생활은 독수공방의 외로움 속에서 스스로 세상에서 가장 팔자가 사납다고 한탄할 만큼 불우했다. ㉯ 화자는 결혼 전에 점잖고 어진 남편을 만나기를 소망했으나 불행히도 그녀의 남편은 방탕한 사람이었다. ㉰ 화자는 이런 남편을 원망하면서도 그리워하는 이중적 태도를 보이는데, 이것은 문제의식을 지녔음에도 불구하고 가부장적 질서 아래에서 고통받는 여성의 한스러운 처지와 관련이 있는 것 같다. ㉱ 화자는 잎이 지는 소리와 풀벌레 소리 때문에 잠이 깨어 안타까워하고 있는데, 아마도 꿈을 잠깐 동안이라도 남편을 볼 수 있는 기회라고 인식했기 때문인 것 같다. ㉲ 남편과 자신을 견우와 직녀에 빗대어 일 년에 한 번 남편을 만날 수 있는 날만을 고대하는 대목에서는 화자에 대한 연민이 최고조에 달했다.

① ㉮　　　② ㉯　　　③ ㉰　　　④ ㉱　　　⑤ ㉲

2 ⊙~⑩에 대한 이해로 적절하지 않은 것은?

○ 8448-0235

① ⊙: '삼생의 원업'과 '월하의 연분'을 통해 화자가 결혼을 정해진 운명으로 인식하고 있음을 알 수 있다.

② ⓒ: '설빈 화안'과 '면목가증'을 대조하여 현재 상황에서 화자의 추한 외모를 부각하고 있다.

③ ⓒ: '열두 때'와 '서른 날'을 화자의 심리와 긴밀히 연결하여 화자의 고뇌를 표출하고 있다.

④ ⓔ: '약수'는 화자와 임 사이를 가로막고 있는 장애물을 상징하는 것으로 볼 수 있다.

⑤ ⑩: '새소리'가 '죽림'에 퍼지는 상황을 통해 화자의 심정을 임에게 전달하려 애쓰고 있다.

3 [A]에 대한 반응으로 가장 적절한 것은?

○ 8448-0236

① 임의 방탕한 행동을 빗댄 자연물을 제시하고 있군.

② 외부 세계를 내면 심리와는 반대로 묘사하고 있군.

③ 공간의 이동에 따른 화자의 정서 변화를 보여 주고 있군.

④ 계절을 순차적으로 배열하지 않아 색다른 느낌을 주고 있군.

⑤ 비교를 통해 자신의 처지가 가장 불쌍하다고 강조하고 있군.

서술형

1 〈보기〉에서 ⓐ와 같은 기능을 담당한 소재를 찾아 쓰고, 어떤 기능인지를 서술하시오.

○ 8448-0237

┤ 보기 ├

　귀또리 저 귀또리 어엿부다 져 귀또리

　어인 귀또리 지는 달 새는 밤의 긴 소리 쟈른 소리 절절(節節)이 슬픈 소리 제 혼자 우러 네어 사창(紗窓)
여읜 잠을 살뜨리도 깨오는고야

　두어라 제 비록 미물(微物)이나 무인동방(無人洞房)에 내 뜻 알 이는 너뿐인가 하노라

3. 가사

작품 안 갈래 : 전쟁 가사   성격 : 우국적   주제 : 전쟁의 비애를 딛고 태평성대를 누리고 싶은 마음 / 우국단심(憂國丹心)

작품 밖 작가가 선조 38년(1605년)에 통주사가 되어 부산진에 내려와 수군 생활을 하면서 우국충정을 노래한 전쟁 가사이다. 강한 적개심으로 왜적을 물리치고자 하는 기개를 나타내고, 전선이 어선으로 바뀌기를 바라는 태평성대에 대한 염원을 노래했는데, 배의 유래와 전쟁의 비애, 그리고 무인다운 기백을 함께 드러내고 있다.

작품의 짜임

서사	통주사 부임 – 왕명을 기꺼이 받듦.
본사	• 헌원씨와 진시황 원망 – 각오를 다짐. • 배 위에서의 모습 제시 – 과거와 현재 대조 • 우국충정 – 설분신원 다짐
결사	태평성대 염원–국가적·개인적 소망

특징
• 한자어 표현과 고사의 인용이 많음.
• 왜적에 대한 강한 적개심과 아울러 태평성대에 대한 기원을 표현함.

어휘 풀이
* **동남동녀** : 남자아이와 여자아이를 아울러 이르는 말.
* **화하** : 중국의 다른 이름.
* **서불** : 중국 진나라 때의 사람. 진시황의 명으로 불사약(不死藥)을 구하러 바다 끝 신산(神山)으로 배를 타고 떠났으나 다시 돌아오지 않았다 한다.
* **기왕불구** : 이미 지나간 일은 탓하지 않음을 이르는 말.
* **상시 노루** : 시절을 근심하는 늙은이의 눈물. 화자의 눈물.
* **해추 흉모** : 왜적들의 흉악한 꾀.
* **서절구투** : 쥐나 개 같은 도적. 여기서는 왜적을 가리킴.
* **칠종칠금** : 제갈공명이 맹획을 일곱 번 잡았다가 일곱 번 놓아 준 일.
* **일월 광화** : 임금의 성덕을 가리킴.
* **해불양파** : 바다에 파도가 일지 않음. 태평성대를 가리킴.

어즈버 깨다라니 진시황(秦始皇)의 타시로다
배 비록 잇다 하나 왜(倭)를 아니 삼기던들
일본(日本) 대마도(對馬島)로 뷘 배 절로 나올넌가
뉘 말을 미더 듯고 동남동녀(童男童女)*를 그대도록 드려다가
해중(海中) 모든 섬에 난당적(難當賊)을 기쳐 두고
통분(痛憤)한 수욕(羞辱)이 화하(華夏)*애 다 밋나다
장생(長生) 불사약(不死藥)을 얼마나 어더 내어
만리장성(萬里長城) 놉히 사고 몇 만 년을 사도떤고
남대로 죽어 가니 유익한 줄 모르로다
어즈버 생각하니 서불(徐市)* 등(等)이 이심(已甚)하다
인신(人臣)이 되야셔 망명(亡命)도 하는 것가
신선(神仙)을 못 보거든 수이나 도라오면
주사(舟師)이 시럼은 전혀 업게 삼길럿다
두어라 **기왕불구(旣往不咎)***라 일너 무엇하로소니
속절업슨 시비(是非)를 후리쳐 더뎌 두쟈
잠사각오(潛思覺悟)하니 내 뜻도 고집(固執)고야
황제 작주거(黃帝作舟車)는 왼 줄도 모르로다
장한(張翰) 강동(江東)애 추풍(秋風)을 만나신들
편주(遍舟)곳 아니 타면 천청해활(天淸海闊)하다
어늬 흥(興)이 졀로 나며 삼공(三公)도 아니 밧골
제일강산(第一江山)애 부평(浮萍) 갓흔 ㉠어부(漁夫) 생애(生涯)을
일엽주(一葉舟) 아니면 어디 부쳐 다닐는고
이런 일 보건댄 배 삼긴 제도(制度)야 지묘(至妙)한 듯하다마는
엇디한 우리 무리는 나는 듯한 판옥선(板屋船)을 주야(晝夜)의 빗기 타고
임풍 영월(臨風詠月)하되 흥(興)이 전혀 업는게오
석일(昔日) 주중(舟中)에는 배반(杯盤)이 낭자(狼藉)터니
금일(今日) 주중(舟中)에는 대검 장창(大劍長槍)뿐이로다
한가지 배언마는 가진 배 다르니
기간(其間) 우락(憂樂)이 서로 같지 못하도다
시시(時時)로 멀이 드러 북진(北辰)을 바라보며
상시 노루(傷時老淚)*를 천일방(天一方)의 디이나다
오동방(吾東方) 문물(文物)이 한당송(漢唐宋)애 디랴마는

'배'의 이중적 의미

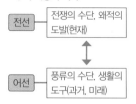

전선 → 전쟁의 수단, 왜적의 도발(현재)

↕

어선 → 풍류의 수단, 생활의 도구(과거, 미래)

작품 구조도

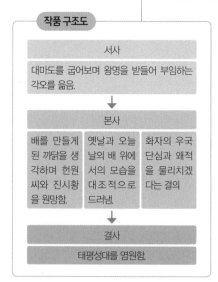

서사
대마도를 굽어보며 왕명을 받들어 부임하는 각오를 읊음.

↓

본사		
배를 만들게 된 까닭을 생각하며 헌원 씨와 진시황을 원망함.	옛날과 오늘날의 배 위에서의 모습을 대조적으로 드러냄.	화자의 우국 단심과 왜적을 물리치겠다는 결의를 드러냄.

↓

결사
태평성대를 염원함.

국운(國運)이 불행(不幸)하야 해추(海醜) 흉모(兇謀)애 만고수(萬古羞)를 안고 이셔
백분(百分)에 한 가지도 못 시셔 바려거든
이 몸이 무상(無狀)한들 신자(臣子) 되야 이셔다가
궁달(窮達)이 길이 달라 몬 뫼옵고 늘거신들
우국 단심(憂國丹心)이야 어느 각(刻)애 이즐넌고
강개(慷慨) 계운 장기(壯氣)는 노당익장(老當益壯) 하다마는
됴고마는 이 몸이 병중(病中)애 드러시니
설분신원(雪憤伸冤)이 어려올 듯하건마는
그러나 사제갈(死諸葛)도 생중달(生仲達)을 멀리 좃고
발 업슨 손빈(孫臏)도 방연(龐涓)을 잡거든
하믈며 이 몸은 수족(手足)이 가자 잇고 명맥(命脈)이 이어시니
서절구투(鼠竊拘偷)*를 저그나 저흘소냐
비선(飛船)에 달려드러 선봉(先鋒)을 거치면
구시월(九十月) 상풍(霜風)에 낙엽(落葉)가치 헤치리라
칠종칠금(七縱七擒)*을 우린들 못할 것가
준피 도이(蠢彼島夷)들아 수이 걸항(乞降) 하야스라
항자불살(降者不殺)이니 너를 구태 섬멸(殲滅)하랴
ⓐ오왕(吾王) 성덕(聖德)이 욕병생(欲並生) 하시니라
태평천하(太平天下)애 요순(堯舜) 군민(君民) 되야 이셔
일월 광화(日月光華)*는 조부조(朝復朝) 하얏거든
전선(戰船) 타던 우리 몸도 어주(漁舟)에 창만(唱晚)하고
추월춘풍(秋月春風)에 놉히 베고 누어 이셔
성대(聖代) 해불양파(海不揚波)*를 다시 보려 하노라

정답과 해설 48쪽

1 윗글에 대한 설명으로 가장 적절한 것은?

○ 8448-0238

① 공간의 이동에 따라 시상을 전개하고 있다.
② 대화체와 독백체를 교차하여 극적 효과를 높이고 있다.
③ 다른 인물과의 대조를 통해 화자의 능력을 보이고 있다.
④ 시적 배경이 되는 공간을 이상적 세계로 형상화하고 있다.
⑤ 중국의 역사적 인물과 고사를 통해 정서를 드러내고 있다.

2 〈보기〉를 참고하여 윗글을 감상한 내용으로 가장 적절한 것은?　● 8448-0239

┤ 보기 ├

　　이 작품은 작가가 1605년 통주사(統舟師)로 선임되어 부산진에서 임무를 수행할 때 지은 것이다. 임진왜란의 상처가 가시지 않은 상황에서 작가는 왜적에 대한 적개심과 분노를 드러내면서도 한편으로는 평화를 희구하고 있는데, 이는 전란을 겪은 후 인간이 느끼는 진솔한 감정의 표현으로 평가되고 있다.

① '기왕불구라 일너 무엇하로소니'는 왜적에 대한 적개심을 직접적으로 표현한 것이로군.
② '일엽주 아니면 어디 부쳐 다닐는고'는 작은 배를 타고 부산진 주변을 둘러보는 것이로군.
③ '임풍 영월하되 흥이 전혀 업는게오'는 통주사로 선임된 자부심을 표출한 것이로군.
④ '구시월 상풍에 낙엽가치 헤치리라'는 임진왜란의 후유증에 대한 한탄을 나타낸 것이로군.
⑤ '추월춘풍에 놉히 베고 누어 이셔'는 평화를 희구하는 마음을 드러낸 것이로군.

3 윗글을 이해한 내용으로 적절하지 않은 것은?　● 8448-0240

① 왜적이 생겨나게 한 대상을 원망하고 있다.
② 왜적 소탕에 대한 굳은 의지를 나타내고 있다.
③ 우리나라의 문물에 대한 자부심을 보이고 있다.
④ 신하로서 나라를 걱정하는 마음을 토로하고 있다.
⑤ 간신들을 없애고 국력을 키우겠다는 다짐을 드러내고 있다.

4 윗글의 ⊙과 〈보기〉의 ⓒ에 대한 설명으로 가장 적절한 것은?　● 8448-0241

┤ 보기 ├

　　내일이 또 업스랴 봄밤이 몃 딜새리
　　　배 부쳐라 배 부쳐라
　　낫대로 막대 삼고 시비(柴扉)를 찾아보자
　　　지국총 지국총 어사와
　　ⓒ어부(漁父) 생애(生涯)는 이렁구리 지낼로다

　　　　　　　　　　　　　　　　　　　　　　　　　　　－ 윤선도, 「어부사시사(漁父四時詞)」

① ⊙은 ⓒ과 달리 화자가 부정적으로 인식하는 존재이다.
② ⓒ은 ⊙과 달리 화자의 처지와 대비되는 존재이다.
③ ⊙과 ⓒ은 모두 자연을 즐기는 삶과 관련이 있다.
④ ⊙과 ⓒ은 모두 화자의 성찰을 유발하는 계기이다.
⑤ ⊙은 과거의 삶을 환기하고, ⓒ은 미래의 삶을 짐작하게 한다.

서술형

1 ⓐ에서 알 수 있는 화자의 소망이 무엇인지 서술하시오.　● 8448-0242

07 농가월령가(農家月令歌) 정학유

→ 작품 안 **갈래** : 월령체 가사 **성격** : 교훈적, 계몽적 **주제** : 월령과 절후에 따라 농가에서 해야 할 일과 세시 풍속 소개

← 작품 밖 월령이란 달거리 형식으로, 열두 달에 행할 일을 말하며 주기 전승의 의례적인 정사, 의식, 농가 행사 등을 다달이 기록하는 일종의 월중 행사표라고 할 수 있다. 이 작품은 농가의 일 년 행사와 세시 풍속을 달에 따라 읊으면서 철마다 다가오는 풍속과 지켜야 할 예의범절을 때맞추어 하도록 권면하는 교훈적 성격의 가사이다.

작품의 짜임

4월령	맹하인 4월의 절기를 소개하고 누에 농사, 간작, 이른 모내기 등을 권장함.
7월령	맹추인 7월의 절기를 소개하고 김매기, 벌초하기, 무·배추 파종하기 등을 권장함.
8월령	중추인 8월의 절기를 소개하고 수확과 수의 마련을 권장함.

특징

• 가사체 형식으로 서술됨.
• 달거리 형식으로 농민에게 농업을 권장하고, 미풍양속을 선도하는 교훈적, 계몽적 성격의 작품임.

어휘 풀이

* **잠농** : 누에 농사.
* **부룩** : 곡식이나 채소를 심은 밭 두둑 사이나 빈틈에 다른 농작물을 듬성듬성 심는 일.
* **오조** : 일찍 익는 조.
* **추의** : 가을 기운.
* **벽간** : 벽 사이.
* **성실하고** : 곡식 따위가 다 자라서 열매를 맺고.
* **공생한다** : 공이 나타난다.
* **황운** : 넓은 들판에 익은 벼의 물결.
* **명랑하다** : 환하게 밝다.
* **다락기** : 다래끼 아가리가 좁고 바닥이 넓은 바구니. 대, 싸리, 칡덩굴 따위로 만듦.
* **마전하고** : 말리고.
* **마르재어** : 재단하여.

가 사월이라 맹하 되니 입하 소만 절기로다
비 온 끝에 볕이 나니 일기도 청화하다
떡갈잎 퍼질 때에 뻐꾹새 자로 울고
보리 이삭 패어 나니 꾀꼬리 소리한다
농사도 한창이요 잠농*도 방장이라
남녀노소 골몰하여 집에 있을 틈이 없어
적막한 대사립을 녹음에 닫았도다
면화를 많이 가소 방적의 근본이라
수수 동부 녹두 참깨 부룩*을 적게 하소
갈 꺾어 거름할 제 풀 베어 섞어 하소
무논을 써을이고 이른 모 내어 보세
㉠양식이 모자라니 환곡 타 보태리라   〈4월령〉

나 칠월이라 맹추 되니 입추 처서 절기로다
화성은 서류하고 미성은 중천이라
늦더위 있다 한들 절기의 순서야 속일소냐
비 온 뒤에도 상쾌하고 바람도 다르구나
가지 위의 저 매미 무엇으로 배를 불려
공중에 맑은 소리 다투어 자랑하는고
㉡칠석에 견우직녀 이별 눈물 비가 되어
섞인 비 지나가고 오동잎 떨어질 때
아미 같은 초승달은 서천에 걸리거다
슬프다 농부들아 우리 일 거의로다
마음을 놓지 마소 아직도 멀고 멀다
꼴 거두어 김매기 벼 포기에 피 고르기
낫 갈아 두렁 깎기 선산에 벌초하기
거름풀 많이 베어 더미 지어 모아 놓고
자채 논에 새 보기와 오조* 밭에 정의아비
밭가에 길도 닦고 복사도 쳐 올리소
살지고 연한 밭에 거름하고 익게 갈아
김장할 무 배추 남 먼저 심어 놓고
㉢가시나무 울타리 미리 막아 잃는 것이 없게 하소   〈7월령〉

다 팔월이라 중추 되니 백로 추분 절기로다
　　북두성 자로 돌아 서천을 가리키니
　　선선한 조석 기운 추의*가 완연하다
　　귀뚜라미 맑은 소리 벽간*에서 들거고나
　　아침에 안개 끼고 밤에는 이슬이 내려
　　백곡을 성실하고* 만물을 재촉하니
　　들 구경 돌아보니 힘들인 일 공생한다*
　　백곡이 이삭 패고 여물 들어 고개 숙여
　　서풍에 익은 빛은 황운*이 일어난다
　　백설 같은 면화 송이 산호 같은 고추 다래
　　처마에 널었으니 가을볕 명랑하다*
　　안팎 마당 닦아 놓고 발채 망구 장만하소
　　ⓔ면화 따는 다락기*에 수수 이삭 콩 가지오
　　나무꾼 돌아올 제 머루 다래 산과로다
　　뒷동산 밤 대추는 아이들 세상이라
　　아람 모아 말리어라 철 대야 쓰게 하소
　　명주를 끊어 내여 추양에 마전하고*
　　쪽 들이고 잇 들이니 청홍이 색색이라
　　ⓜ부모님 연만하니 수의를 유의하고
　　그 남아 마르재어* 자녀의 혼수 하세　　　　　　　　　　〈8월령〉

「농가월령가」의 문학사적 의의
• 세시 풍속을 적은 월령체 가운
  데 가장 방대하고 짜임새가 있
  음.
• 우리말 노래로서 농업 기술의
  보급을 처음 시도한 작품임.
• 농촌의 풍속사적 자료로서 가
  치가 큼.

「농가월령가」에 나타난 자연관
대개 조선 시대의 양반 가사에 나
타난 자연은 음풍농월하거나 안빈
낙도의 대상으로 관념적 성격을
지니는 경우가 대부분인데, 이 작
품에 나타난 자연은 노동의 대상
이자 삶의 현장으로 나타나 있음.

작품 구조도

〈정월령〉부터 〈12월령〉까지 동일한 구성 방식을 취함.

절기 소개 → 정경 묘사(화자의 정서) → 농가에서 할 일 → 세시 풍속

실력 다지기

정답과 해설 49쪽

1 윗글에 대한 설명으로 적절하지 <u>않은</u> 것은?　　　　　　　　　　◑ 8448-0243

① 비유적 표현으로 시적 상황을 묘사하고 있다.
② 청각적 이미지를 통해 계절감을 드러내고 있다.
③ 과거와 미래를 대비하여 주제를 부각하고 있다.
④ 설득적 어조를 통해 특정한 행위를 권장하고 있다.
⑤ 음보를 규칙적으로 사용해 리듬감을 형성하고 있다.

2 윗글의 시상 전개 과정을 〈보기〉처럼 도식화할 때, ㉮, ㉯에 들어갈 내용을 바르게 짝지은 것은?　　◐ 8448-0244

| 절기 소개 | → | ㉮ | → | ㉯ |

　　　㉮　　　　　　㉯
① 명년 계획 수립　　국가 행사
② 명년 계획 수립　　정경 묘사
③ 정경 묘사　　　　명년 계획 수립
④ 국가 행사　　　　농가에서 해야 할 일
⑤ 정경 묘사　　　　농가에서 해야 할 일

3 ㉠~㉤에 대한 이해로 적절하지 않은 것은?　　◐ 8448-0245

① ㉠: 농민들의 경제적 여건이 좋지 않음을 알 수 있다.
② ㉡: 절기와 관련 있는 설화를 차용하고 있다.
③ ㉢: 농작물 관리를 잘할 것을 당부하고 있다.
④ ㉣: 같은 땅에서 종류가 다른 농작물을 심어 수확하고 있다.
⑤ ㉤: 부모님이 별세할 때를 대비하는 관습이 있었음을 알 수 있다.

서술형

1 윗글과 〈보기 1〉을 비교하여 감상한 후, 〈보기 2〉의 빈칸에 들어갈 내용을 서술하시오.　　◐ 8448-0246

─┤보기 1├─

땀은 듣는 대로 듣고 볕은 쬘 대로 쬔다
청풍(淸風)에 옷깃 열고 긴 파람 흘리 불 때
어디서 길 가는 손님네 아는 듯이 머무는가　　　　〈제4장〉

　　　　　　　　　　　　　　　　　　　　　　　　　　　　– 위백규, 「농가구장(農歌九章)」

─┤보기 2├─

• 윗글과 〈보기 1〉의 공통점: 농촌을 구체적인 삶의 현장으로 인식하고 구체적으로 묘사하고 있다.
• 윗글과 〈보기 1〉의 차이점: 〈보기 1〉의 화자는 직접 농사를 짓는 농민의 입장에서 노동의 즐거움을 나타내고 있는데, 윗글의 화자는 (　　　　　　　　　　　　　　)

3. 가사

08 덴동어미 화전가 작자 미상

🔖 **작품 안** 갈래 : 규방 가사, 화전 가사 **성격** : 여성적, 서민적, 훈계적 **주제** : 어느 여인의 기구한 삶과 깨달음

🔖 **작품 밖** 이 작품은 부녀자들의 화전놀이를 소재로 한 규방 가사로, 부녀자들의 대화를 중심으로 시상이 전개되고 있다. 대화 속에 주인공 덴동어미의 기구한 삶의 내력이 액자 구성의 방식으로 제시되는데, 이를 통해 당대 서민 여성들의 힘겨운 삶을 확인할 수 있다.

작품의 짜임

1~5행	부녀자들이 화전놀이를 함.
6~37행	청춘과녀가 사별한 남편을 그리워하며 화전놀이를 그만두려 함.
38~44행	덴동어미가 청춘과녀를 만류하며 자신의 신세를 이야기하기 시작함.
45~54행	덴동어미의 첫 남편이 그네를 타다 죽음.

특징

• 화전놀이를 소재로 부녀자들의 삶의 모습을 사실적으로 그려 냄.
• 화전가의 형식을 지키면서도 주인공의 일생 이야기가 주요 내용을 구성하고 있음.
• 액자식 구성 방식을 취하고 있음.

어휘 풀이

* **내칙 편** : 규방에서 행해지는 여러 예절과 의식에 관한 글.
* **화전가** : 봄날에 여성들이 시집 살이의 굴레에서 벗어나 경치 좋은 곳을 찾아 화전놀이를 하며 즐기는 노래.
* **낙루 한심** : 눈물을 흘리며 상심함.
* **나건** : 비단으로 짠 수건.
* **영결종천** : 죽어서 영원히 이별함.
* **선풍도골** : 신선의 풍채와 도인의 골격이란 뜻으로, 남달리 뛰어나고 고아(高雅)한 풍채를 이르는 말.
* **요사** : 요절. 젊은 나이에 죽음.
* **경경불멸** : 불빛이 깜박거리며 꺼지지 않음.
* **촉처감창** : 가서 닥치는 곳마다 가슴에 사무쳐 슬픔.

어떤 부인은 글 용해서 내칙 편*을 외워 내고
어떤 부인은 흥이 나서 칠월 편을 노래하고
어떤 부인은 목성 좋아 화전가*를 잘도 보네
그중에도 덴동어미 멋나게도 잘도 놀아
춤도 추며 노래도 하니 웃음소리 낭자한데
그중에도 청춘과녀 눈물 콧물 꾀죄하다
한 부인이 이른 말이 좋은 풍경 좋은 놀음에
무슨 근심 대단해서 낙루 한심* 웬일이오
나건*으로 눈물 닦고 내 사정을 들어 보소
열네 살에 시집올 때 청실홍실 늘인 인정
원불상리 맹세하고 백 년이나 살았더니
㉠겨우 삼 년 동거하고 영결종천* 이별하니
임은 겨우 십육이요 나는 겨우 십칠이라
선풍도골* 우리 낭군 어느 때나 다시 볼꼬
방정맞고 가련하지 애고애고 답답하다
십육 세 요사* 임뿐이요 십칠 세 과부 나뿐이지
삼사 년을 지냈으나 마음에는 안 죽었네
이웃 사람 지나가도 서방님이 오시는가
새소리만 귀에 오면 서방님이 말하는가
그 얼굴이 눈에 삼삼 그 말소리 귀에 쟁쟁
탐탐하면 우리 낭군 자나깨나 잊을쏜가
잠이나 잘 오면 꿈에나 만나지만
잠이 와야 꿈을 꾸지 꿈을 꿔야 임을 보지
㉡간밤에야 꿈을 꾸니 정든 임을 잠깐 만나
만단정담을 다하쟀더니 일장설화를 채 못하여
㉢꾀꼬리 소리 깨달으니 임은 정녕 간곳없고
촛불만 경경불멸*하니 아까 울던 저놈의 새가
자네는 듣고 좋다 하되 나와 백 년 원수로세
어디 가서 못 울어서 구태여 내 단잠 깨우는고
정정한 마음 둘 데 없어 이리저리 재던 차에
화전놀음이 좋다 하기에 심회를 조금 풀까 하고
자네를 따라 참여하니 촉처감창* 뿐이로세
㉣보나니 족족 눈물이요 들나니 족족 한심일세

어휘 풀이
* **신명 도망** : 운명이나 팔자로부
  터 도망을 침.
* **풍후** : 얼굴에 살이 쪄서 너그러
  워 보임.
* **현알** : 알현.

천하 만물이 짝이 있건만 나는 어찌 짝이 없나
새소리 들어도 회심(灰心)하고 꽃 핀 걸 보아도 비창하네
애고 답답 내 팔자야 어찌하여야 좋을거나
ⓜ<u>가자 하니 말 아니오 아니 가고는 어찌할꼬</u>
덴동어미 듣다가서 썩 나서며 하는 말이
가지 마오 가지 마오 제발 적선 가지 말게
팔자 한탄 없을까마는 가단 말이 웬 말이오
잘 만나도 내 팔자요 못 만나도 내 팔자지
백년해로도 내 팔자요 십칠 세 청상도 내 팔자요
팔자가 좋을 양이면 십칠 세에 청상 될까
신명 도망[*] 못 할지라 이내 말을 들어 보소

[A]
┌ 나도 본디 순흥 읍내 임 이방의 딸일러니
│ 우리 부모 사랑하사 어리장고리장 키우다가
│ 열여섯에 시집가니 예천 읍내 그중 큰 집에
│ 치행 차려 들어가니 장 이방의 집일러라
│ 서방님을 잠깐 보니 준수비범 풍후[*]하고
│ 시부모님께 현알[*]하니 사랑한 맘 거룩하데
│ 그 이듬해 처가 오니 때마침 단오러라
│ 삼백 장 높은 가지 추천을 뛰다가서
│ 추천 줄이 떨어지며 공중에 메박으니
└ 그만에 박살이라 이런 일이 또 있는가

작품 구조도

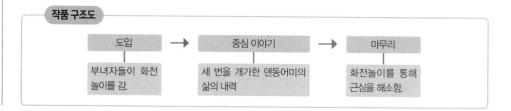

도입	→	중심 이야기	→	마무리
부녀자들이 화전 놀이를 감.		세 번을 개가한 덴동어미의 삶의 내력		화전놀이를 통해 근심을 해소함.

1 윗글에 대한 설명으로 가장 적절한 것은?

◐ 8448-0247

① 수미상관의 구조로 안정감을 주고 있다.
② 계절의 변화에 따라 시상을 전개하고 있다.
③ 고사를 인용하여 시적 상황을 부각하고 있다.
④ 사대부가 여성의 목소리로 정서를 드러내고 있다.
⑤ 인물 간의 대화의 방식으로 내용을 전개하고 있다.

2 〈보기〉의 ㉮~㉱ 중 윗글에서 확인할 수 있는 것을 모두 고르면?

◐ 8448-0248

┤ 보기 ├

　부녀자들은 삼월 삼짇날, 청명절 등에 인근 산천을 찾아가 화전을 만들어 먹으면서 가사를 낭송하며 하루를 즐겼다. 「화전가」는 이때 지은 규방 가사로서 현장에서 창작되거나 집에 돌아간 후 창작되기도 했다. 일반적으로 「화전가」에는 ㉮상춘(賞春)을 위한 화전놀이의 준비 과정과 함께, ㉯고달픈 삶을 살았던 여인들의 한스러운 심정과 ㉰현실의 고통을 신명으로 풀어내는 모습, ㉱'내칙' 같은 교양물을 읊는 풍월 놀이 등이 잘 드러나 있다.

① ㉮, ㉯　　　　　　　② ㉮, ㉱　　　　　　　③ ㉯, ㉰
④ ㉯, ㉱　　　　　　　⑤ ㉰, ㉱

3 ㉠~㉤에 대한 이해로 적절하지 않은 것은?

◐ 8448-0249

① ㉠: 청춘과녀가 남편과 사별했음을 알 수 있다.
② ㉡: 청춘과녀가 꿈속에서 남편을 잠시 만난 것이다.
③ ㉢: 청춘과녀가 꾀꼬리 소리로 인해 잠에서 깨어난 것이다.
④ ㉣: 청춘과녀가 화전놀이에 참여했으나 즐거움을 느끼지 못하고 있다.
⑤ ㉤: 청춘과녀가 일행에게 화전놀이를 끝내자고 요구하고 있다.

서술형

1 [A]를 읽고 〈보기〉의 밑줄 친 부분에 해당하는 내용을 쓰시오.

◐ 8448-0250

┤ 보기 ├

　[A]는 덴동어미가 청춘과녀를 달래기 위해 자신의 삶의 내력을 들려주는 내용으로, 이 작품의 중심 이야기가 시작되는 부분으로 볼 수 있다. [A]에 의하면 덴동어미는 16세에 혼인을 했는데, 첫 번째 남편은 불과 1년 만에 갑작스런 사고를 당했다.

4. 잡가와 민요, 무가

01 유산가(遊山歌) 작자 미상

→] **작품 안** **갈래** : 잡가 **성격** : 서경적, 유흥적, 영탄적 **주제** : 봄 경치의 아름다움에 대한 예찬

←] **작품 밖** 이 작품은 조선 후기 12잡가의 하나로 봄의 아름다운 경치를 완상하는 감흥을 노래하고 있다. 봄날을 맞아 아름다운 산천을 구경하러 가자는 제안으로 시작하여 아름다운 자연을 즐기는 모습을 활기차고 생동감 있게 묘사하고 있다.

작품의 짜임

서사	산천경개 구경의 권유
본사 1	봄 경치의 아름다움
본사 2	아름다운 경치를 감상함.
결사	무궁한 자연 경치에 대한 예찬

어휘 풀이

* 소부 허유 : 중국 요순시대에 속세를 벗어나 살았던 은자들.
* 주각제금 : 두견새.
* 적다정조 : 소쩍새.

구절 풀이

● 죽장망혜 단표자로 천 리 강산을 들어를 가니 : 가벼운 차림새로 봄 경치를 구경하러 출발함.

● 양류 세지 사사록하니 ~ 예 아니냐 : 봄을 맞이하여 버드나무 가지들이 푸르게 늘어선 모습에서 도연명이 말했던 무릉도원의 세계를 연상함.

● 주각제금은 ~ 일년풍이라 : 새들이 울고 있는 모습을 대구의 방식으로 제시하여 풍년을 기원하는 화자의 마음을 드러냄.

화란 춘성(花欄春城)하고 만화방창(萬化方暢)이라

때 좋다 벗님네야 산천경개(山川景槪)를 구경을 가세

죽장망혜(竹杖芒鞋) 단표자(單瓢子)로 천 리 강산을 들어를 가니

만산 홍록(滿山紅綠)들은 일 년 일도(一年一度) 다시 피어

춘색(春色)을 자랑노라 색색이 붉었는데

창송취죽(蒼松翠竹)은 창창울울(蒼蒼鬱鬱)한데

기화요초(琪花瑤草) 난만중(爛漫中)에 꽃 속에 잠든 나비 / 자취 없이 날아난다

유상 앵비(柳上鶯飛)는 편편금(片片金)이요

화간접무(花間蝶舞)는 분분설(紛紛雪)이라

삼춘가절(三春佳節)이 좋을씨고 / 도화만발 점점홍(桃花滿發點點紅)이로구나

어주 축수 애삼춘(漁舟逐水愛三春)이어든 / ㉠무릉도원(武陵桃源)이 예 아니냐

양류 세지 사사록(楊柳細枝絲絲綠)하니 / 황산 곡리 당춘절(黃山谷裏當春節)이라

연명 오류(淵明五柳)가 예 아니냐

제비는 물을 차고 기러기 무리 져서

거지중천에 높이 떠서 두 나래 활씬 펴고 / 펄펄 백운 간에 높이 떠

천 리 강산 머나먼 길에 어이 갈고 슬피 운다

원산(遠山)은 첩첩(疊疊) 태산(泰山)은 주춤하여

기암(奇巖)은 층층 장송(長松)은 낙락

에이구부러져 광풍에 흥을 겨워 / 우줄우줄 춤을 춘다

층암절벽 상에 폭포수는 콸콸 / 수정렴 드리온 듯 이 골 물이 주루루룩

저 골 물이 솰솰 열의 열 골 물이 한데 합수하여

천방져 지방져 소코라지고 펑퍼져 넌출지고 방울져

저 건너 병풍석으로 으르렁 콸콸

흐르는 물결이 은옥(銀玉)같이 흩어지니

소부(巢父) 허유(許由)*가 문답하던 ㉡기산 영수(箕山潁水)가 이 아니냐

주각제금(住刻啼禽)*은 천고절(千古節)이요 적다정조(積多鼎鳥)*는 일년풍(一年豊)이라

일출 낙조(日出落照)가 눈앞에 버려니 경개 무궁 좋을씨고

작품 구조도

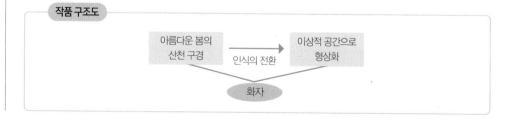

1 윗글에 대한 설명으로 적절하지 <u>않은</u> 것은?　　　　　　　　　　　　　　　▶ 8448-0251

① 대구법을 사용하여 리듬감을 드러내고 있다.
② 비유적 표현을 통해 대상의 특성을 나타내고 있다.
③ 중국의 인물과 고사를 인용하여 감흥을 표현하고 있다.
④ 음성 상징어를 활용하여 정경을 생생하게 묘사하고 있다.
⑤ 주체와 객체를 전도하여 화자의 가치관을 부각하고 있다.

2 〈보기〉를 참고하여 윗글을 감상할 때 가장 적절한 것은?　　　　　　　　　　　　▶ 8448-0252

┤ 보기 ├

　잡가는 19세기 중반 이후 노래판에서 전문 가객이 부른 통속적이고 유흥적인 노래로, 민간에 전해져 사람들이 따라 부르기도 했다. 잡가는 전문 가객이 서민이나 양반 등 폭넓은 향유층의 이해와 호응을 얻기 위해 판소리나 시조, 민요 같은 익숙한 제재에서 노랫말을 많이 차용했기 때문에 그 형태가 다양하게 나타난다. 잡가는 노래판에서 공연되었기 때문에 일반적으로 노래의 길이가 짧으며, 관객의 정서적 공감을 확대하는 데 초점을 맞추고 있다.

① 한자어의 사용이 많은 것은 양반 향유층을 고려했기 때문으로 볼 수 있군.
② 전체 구조가 시조의 형식과 동일한 것은 시조의 영향을 받았기 때문으로 볼 수 있군.
③ 애상적 분위기를 조성하고 있는 것은 관객의 정서적 공감을 확대하기 위함으로 볼 수 있군.
④ 화자가 작품 표면에 등장하는 것은 전문 가객의 존재감을 드러내기 위함으로 볼 수 있군.
⑤ 계절의 변화 속에서 풍류를 추구하는 것은 유흥적인 성격과 관련이 있기 때문으로 볼 수 있군.

3 ㉠과 ㉡에 대한 설명으로 가장 적절한 것은?　　　　　　　　　　　　　　　　　▶ 8448-0253

① ㉠은 특정한 대상에 대한 부러움을 나타낸 것이다.
② ㉡은 청자의 구체적인 대답을 요구하는 것이다.
③ ㉡과 달리 ㉠은 화자의 심적 갈등을 유발하는 것이다.
④ ㉠과 ㉡은 모두 화자의 현실 극복 의지를 나타낸 것이다.
⑤ ㉠과 ㉡은 모두 자연의 아름다움에 대한 만족감을 드러낸 것이다.

서술형

1 윗글에서 산천을 구경하기 위한 차림새와 관련이 있는 표현을 찾아 쓰시오.　　　　▶ 8448-0254

02 시집살이 노래 작자 미상

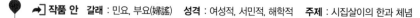

➔ **작품 안**　**갈래** : 민요, 부요(婦謠)　**성격** : 여성적, 서민적, 해학적　**주제** : 시집살이의 한과 체념

← **작품 밖**　이 작품은 대가족 제도 아래 시집살이의 어려움을 노래한 것으로, 며느리의 원정(怨情)이 진솔하게 나타나 있다. 이는 어느 개인의 사상의 표현이나 감정의 토로가 아니고 민중이 공유하는 감정 표출이라고 할 수 있다. 4음보의 연속체로 사촌 자매 간의 대화 형태로 되어 있으며 대구와 대조, 반복과 열거, 비유 등의 표현 기법을 사용하여 표현의 묘미가 더욱 살아난다.

작품의 짜임

기 (1~3행)	시집살이에 대한 사촌 동생의 물음 (형님 마중)
서 (4~23행)	언니의 신세 한탄 (고된 시집살이의 묘사)
결 (24~26행)	언니의 탄식(해학적인 체념)

어휘 풀이

* **수박 식기** : 주발, 대접 등 밥 담는 그릇이 수박처럼 둥글게 생겼다는 뜻.
* **도리소반** : 둥글고 작은 상.
* **호랑새** : 무서움을 나타내는 말.
* **할림새** : 남의 허물을 잘 고자질함을 나타내는 말.

구절 풀이

● **시집살이 개집살이** : 시집살이의 어렵고 힘듦을 표현한 것으로 '시집'을 '개집'으로 얕잡아 비유한 해학적 표현임.
● **앞밭에는 당추 심고 뒷밭에는 고추 심어** : 당추와 고추는 같은 것이나, 음의 조화로운 배치를 통해 시집살이가 매움을 강조한 표현임. 동어 반복을 피하고 운율을 살리고 있음.
● **오 리 물을 ~ 방아 찧어다가** : 오 리나 떨어진 곳에서 물을 길어 와서, 십 리나 떨어진 곳에 가서 방아를 찧는 화자의 힘든 가사 노동을 표현하고 있음.
● **소 이뤘네** : 연못을 이루었네.
→ 과장된 표현
● **그것도 소이라고 ~ 쌍쌍이 때 들어오네** : 어린 자식들이 어머니의 품을 파고드는 모습을 해학적으로 표현하여 현실적 고통을 견뎌 내고자 하는 화자의 태도를 엿볼 수 있음.

형님 온다 형님 온다 분고개로 형님 온다
형님 마중 누가 갈까 형님 동생 내가 가지
형님 형님 사촌 형님 시집살이 어떱뎁까
이애 이애 그 말 마라 ㉠시집살이 개집살이
앞밭에는 당추 심고 뒷밭에는 고추 심어
㉡고추 당추 맵다 해도 시집살이 더 맵더라
둥글둥글 수박 식기(食器)* 밥 담기도 어렵더라
도리도리 도리소반* 수저 놓기 더 어렵더라
㉢오 리(五里) 물을 길어다가 십 리(十里) 방아 찧어다가
아홉 솥에 불을 때고 열두 방에 자리 걷고
외나무다리 어렵대야 시아버지같이 어려우랴
나뭇잎이 푸르대야 시어머니보다 더 푸르랴
시아버니 호랑새*요 시어머니 꾸중새요
동세 하나 할림새*요 시누 하나 뾰족새요
시아지비 뾰중새요 남편 하나 미련새요
자식 하난 우는 새요 나 하나만 썩는 샐세
귀먹어서 삼 년이요 눈 어두워 삼 년이요
말 못 해서 삼 년이요 석삼년을 살고 나니
배꽃 같던 요내 얼굴 호박꽃이 다 되었네
㉣삼단 같던 요내 머리 비사리춤이 다 되었네
백옥 같던 요내 손길 오리발이 다 되었네
열새 무명 반물치마 눈물 씻기 다 젖었네
두 폭 붙이 행주치마 콧물 받기 다 젖었네
울었던가 말았던가 베갯머리 소(沼) 이뤘네
그것도 소이라고 거위 한 쌍 오리 한 쌍
㉤쌍쌍이 때 들어오네

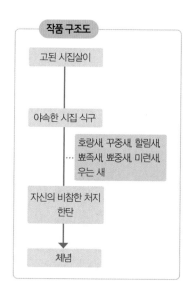

작품 구조도

고된 시집살이
↓
야속한 시집 식구

> 호랑새, 꾸중새, 할림새, 뾰족새, 뾰중새, 미련새, 우는 새

자신의 비참한 처지 한탄
↓
체념

1 윗글에 대한 설명으로 가장 적절한 것은?

◐ 8448-0255

① 다양한 감각적 심상을 통해 대상을 예찬하고 있다.
② 상황을 부정적으로 규정한 후 사례를 나열하고 있다.
③ 세련되고 우아한 어조로 화자의 처지를 드러내고 있다.
④ 처음과 끝을 상응시켜 시상 전개에 안정감을 주고 있다.
⑤ 겉과 속이 다른 표현으로 화자의 정서를 강조하고 있다.

2 윗글과 〈보기〉를 비교하여 감상한 내용으로 적절하지 않은 것은?

◐ 8448-0256

┤ 보기 ├

  싀어마님 며느라기 낫바 벽바흘 구르지 마오
  빗에 바든 며느린가 갑세 쳐 온 며느린가 밤나모 서근 등걸에 휘초리나니 ᄀᆞᆺ치 알살픠션 싀아바님 볏 뵌
쇳동ᄀᆞᆺ치 되죵고신 싀어마님 삼 년(三年) 겨론 망태에 새 송곳 부리ᄀᆞᆺ치 쏏쪽ᄒᆞ신 싀누으님 당피 가론 밧
틔 돌피 나니ᄀᆞᆺ치 싀노란 욋곳 ᄀᆞᆺ튼 피똥 누는 아들 ᄒᆞ나 두고
  건 밧틔 멋곳 ᄀᆞᆺ튼 며느리를 어듸를 낫바 ᄒᆞ시ᄂᆞᆫ고

– 작자 미상

① 윗글과 〈보기〉 모두 의문의 방식으로 문제를 제기하고 있다.
② 윗글과 〈보기〉 모두 음보를 규칙적으로 사용하여 리듬감을 형성하고 있다.
③ 윗글과 〈보기〉 모두 인물들의 성격을 일상적 소재에 빗대어 표현하고 있다.
④ 〈보기〉와 달리 윗글은 친척 간의 대화 방식으로 내용을 전개하고 있다.
⑤ 윗글과 달리 〈보기〉에서는 문제 상황에 대한 책임을 제삼자에게 전가하고 있다.

3 ㉠~㉤에 대한 이해로 적절하지 않은 것은?

◐ 8448-0257

① ㉠: 발음의 유사성을 이용한 것으로 해학성이 나타난다.
② ㉡: 비교의 방식으로 시집살이의 어려움을 제시하고 있다.
③ ㉢: 과장된 표현을 통해 가사 노동의 힘겨움을 나타내고 있다.
④ ㉣: 외모의 변화를 통해 시집살이의 고충을 드러내고 있다.
⑤ ㉤: 자식들의 희생으로 가정이 유지됨을 강조하고 있다.

서술형

1 윗글에서 화자가 바뀌는 부분의 첫 행을 찾아 쓰시오.

◐ 8448-0258

작품 안 **갈래** : 서사 무가(敍事巫歌), 무속 서사시 **성격** : 신화적, 서사적, 무속적, 교훈적
주제 : 바리공주의 고난과 희생을 통한 구원의 성취

작품 밖 이 작품은 죽은 사람의 영혼을 이승에서 저승으로 천도하기 위해 행해지는 오구굿에서 불리는 서사 무가로, 한국 서사 무가의 전통적인 성격을 가장 잘 지니고 있다고 평가된다. 부모의 병을 낫게 하기 위하여 약을 찾으러 가서 시련을 극복하고 약물을 구해 온다는 설정은 설화나 소설 등에서도 많이 발견되는 모티프로서, 효(孝)라는 주제를 효과적으로 형상화하는 데 기여하고 있다.

작품의 짜임

발단	고귀한 출생(공주로 태어남.)
전개	버려짐.(딸이라는 이유로 버려짐.)
위기	고난(이승과 저승을 오가며 희생함.)
절정	극복(약수로 부모를 살림.)
결말	신이 됨.(죽은 영혼을 천도함.)

특징

- 무속 신의 본풀이의 특징을 가짐.
- 주술적 기능을 지닌 구비 문학임.
- 영웅의 일대기를 그리고 있음.

어휘 풀이

* 라화 : 비단으로 만든 가짜 꽃
* 앙마구리 : 악머구리. 잘 우는 개구리라는 뜻으로, '참개구리'를 이르는 말.
* 산전바더 : 낳아.

석가세존님 하시는 말씀이,
"국왕에 칠 공주가 있다는 말은 들었어도 세자 대군 있다는 말은 금시초문이다. 너를 대양 서촌(大洋西村)에 버렸을 때에 너의 잔명(殘命)을 구해 주었거든 그도 그러하려니와 평지 삼천 리는 왔지마는 ㉠험로(險路) 삼천 리를 어찌 가려느냐?"
"가다가 죽사와도 가겠나이다."
"라화(羅花)*를 줄 것이니 이것을 가지고 가다가 큰 바다가 있을 테니 이것을 흔들면은 대해(大海)가 육지가 되나니라."
가시성[荊城] 철성(鐵城)이 하늘에 닿은 듯하니, 부처님 말씀을 생각하고 라화를 흔드니 팔 없는 귀신, 다리 없는 귀신, 눈 없는 귀신 억만귀졸(億萬鬼卒)이 앙마구리* 끓 듯하는구나.
칼산지옥 불산 지옥문과 팔만 사천 제 지옥문을 열어, 십왕 갈 이 십왕으로, 지옥 갈 이 지옥으로 보내일 때, / 우여 슬프다 선후망의 아모 망재 썩은 귀 썩은 입에 자세히 들었다가 제 보살님께 외오시면 바리공주 뒤를 따라 서방 정토 극락세계로 가시는 날이로성이다.
아기가 한곳을 바라보니, 동에는 청유리 장문(墻門)이 서 있고 북에는 흑유리 장문이 서 있고, 한가운데는 정렬문(貞烈門)이 서 있는데 무상 신선(無上神仙)이 서 계시다.
키는 하날에 닿은 듯하고, 얼굴은 쟁반만 하고 눈은 등잔만 하고, 코는 줄병 매달린 것 같고, 손은 소댕[釜蓋]만 하고 발은 석 자 세 치라. / 하도 무서웁고 끔찍하야 물러나 삼배를 드리니,
무상 신선 하는 말이,
"그대가 사람이뇨 귀신이뇨? 날김생 길버러지도 못 들어오는 곳에 어떻게 들어왔으며 어데서 왔느뇨?"
㉡"나는 국왕마마의 세자로서 부모 봉양 왔나이다."
"부모 봉양 왔으면은 물값 가지고 왔소? 나뭇값 가지고 왔소?"
"총망 길에 잊었나이다."
㉢"물 삼 년 길어 주소, 불 삼 년 때어 주소, 나무 삼 년 베어 주소."
석삼년 아홉 해를 살고 나니, 무상 신선 하는 말이,
"그대가 앞으로 보면 여자의 몸이 되어 보이고 뒤로 보면 국왕의 몸이 되어 보이니, ㉣그대하고 나하고 백년가약을 맺어 일곱 아들 산전바더* 주고 가면 어떠하뇨?"
"그도 부모 봉양할 수 있다면은 그리하성이다."

(중략)

"아무리 부부 정도 중하거니와 부모 소양 늦어 갑네. 초경에 꿈을 꾸니 은바리가 깨어져 보입다. 이경에 꿈을 꾸니 은수저가 부러져 보입다. 양전마마 한날한시에 승하하옵신 게

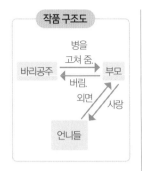
분명하오. 부모 봉양 늦어 가오.”

“그대 깃든 물 ⓜ약려수이니 금장군에 지고 가오. 그대 베든 나무는 살살이 뼈살이니 가지고 가오.”

“앞바다 물 구경하고 가오.” / “물 구경도 경이 없소.” / “뒷동산의 꽃구경하고 가오.”

“꽃구경도 경이 없소.”

“전에는 혼자 홀아비로 살아왔거니와 ⓐ이제는 여덟 홀아비가 되어 어찌 살나오?”

“일곱 아기 데리고 가오.” / “그도 부모 소양이면 그리하여이다.”

큰 아기는 걸니시고 어린 아기 업으시고,

무상 신선 하시는 말씀이,

“그대 뒤를 좇으면은 어떠하오?”

“여필종부(女必從夫)라 하였으니 그도 부모 소양이면 그리하여이다. 한 몸이 와서 아홉 몸이 돌아가오.”

실력 다지기

정답과 해설 52쪽

1 윗글에 대한 이해로 적절하지 **않은** 것은? ▶ 8448-0259

① 바리공주는 지옥문을 지난 후 무상 신선을 만났다.
② 무상 신선은 바리공주의 동행 제안을 거절하고 있다.
③ 바리공주는 무상 신선과 결혼하여 일곱 명의 아들을 낳았다.
④ 바리공주는 부모의 신변에 이상이 생겼음을 암시하는 꿈을 꾸었다.
⑤ 석가세존은 바리공주의 여정이 힘들 것임을 예감하고 도움을 주고 있다.

2 〈보기〉를 참고하여 ㉠~㉤을 감상할 때 적절하지 **않은** 것은? ▶ 8448-0260

| 보기 |

선생님 : 이 작품은 온갖 고난을 극복하고 신이 되는 바리공주의 영웅적 일대기라는 점, 남존여비의 사회 구조 속에서 여성이 고된 가사 노동에 시달리는 상황을 비판하는 점, 부당한 대우에도 불구하고 ‘효’라는 가치를 추구하는 점 등에 초점을 맞춰 감상해야 합니다.

① ㉠ : 바리공주가 겪는 고난을 상징하는 것으로 볼 수 있군.
② ㉡ : 바리공주가 부모에게 효도를 다하고 있음을 알 수 있군.
③ ㉢ : 여성이 시달리는 가사 노동을 상징하는 것으로 볼 수 있군.
④ ㉣ : 남아를 선호하는 남존여비의 사회 구조를 짐작할 수 있군.
⑤ ㉤ : 바리공주가 곤궁한 백성을 구제하는 도구로 볼 수 있군.

서술형

1 ⓐ의 함축적 의미를 간략하게 서술하시오. ▶ 8448-0261

→ **작품 안** **갈래** : 한문 소설, 액자 소설 **성격** : 염정적, 비극적 **주제** : 신분적 제약을 초월한 남녀의 비극적 사랑

← **작품 밖** 선비 유영이 꿈에서 안평 대군의 궁녀였던 운영과 그의 연인 김 진사를 만나 그들의 비극적 사랑 이야기를 듣는 액자식 구성으로 된 애정 소설로
비극적 성격을 띠고 있다.

작품의 짜임	
발단	선조 때 선비 유영이 안평 대군의 옛집인 수성 궁터에서 술을 마시다 잠이 들고, 운영과 김 진사를 만나 그들의 이야기를 듣게 됨.
전개	안평 대군은 10명의 궁녀들에게 시와 풍류를 가르쳤는데, 운영이라는 궁녀는 안평 대군을 찾아온 김 진사와 사랑하는 사이가 됨.
위기	안평 대군이 두 사람의 관계를 의심하게 되어 더 이상 궁에서 만날 수 없게 되자 함께 도망치려고 함.
절정	안평 대군이 두 사람의 관계를 알게 되어 궁녀들을 문책하자, 운영은 자결하고(교재 수록 부분) 김 진사도 병이 들어 죽음.
결말	유영이 졸다가 깨어 보니 두 사람의 일을 기록한 책만 남아 있었고, 그 책을 가지고 돌아온 유영은 명산대천을 두루 돌아다녔는데, 그 후의 종적은 알 수 없음.

[앞부분 줄거리] 수성궁 옛터에서 술에 취해 잠든 유영은 운영과 김 신사를 만나 그들의 사랑 이야기를 듣는다. 안평 대군의 손님으로 온 김 진사는 궁녀인 운영과 사랑하는 사이가 된다.

대군이 그 지은 글을 보고 매우 칭찬하며 이렇게 말했습니다.

"너희들의 글이 날로 훌륭해져서 내 마음이 무척 기쁘구나. 그러나 다만 운영의 시에는 누군가를 그리워하는 뜻이 현저하구나. 전에 연기를 읊은 시에도 살짝 그런 뜻이 보이더니만 지금 또 이러하니, 네가 따르고자 하는 자가 대체 누구냐? 얼마 전 김 진사가 지은 글에 이상한 글귀가 있어 의심스럽던데, 혹시 네가 김 진사에게 사사로운 마음을 갖고 있는 게냐?"

첩은 즉시 뜰에 내려와 머리를 조아리고 울며 말했습니다.

[A]
"주군께 처음 의심을 받았을 때 그 자리에서 자결하고 싶었으나 제 나이 아직 스물이 못 되었고 부모님을 다시 보지 못한 채 죽는 것이 너무도 원통하여 구차히 목숨을 부지하고 고통을 참으며 지금에 이르렀습니다. 하오나 지금 또 의심을 받고 보니 한번 죽는 것을 어찌 애석히 여기겠습니까? 천지 귀신이 삼엄하게 늘어서 있고 시녀 다섯 사람이 잠시도 떨어져 있지 않건만 더러운 이름이 유독 제게만 돌아오니 첩은 이제 여기서 죽어 마땅합니다."

(중략)

대군이 서궁 시녀 다섯 사람을 뜰 안에 붙잡아 와 곤장이며 형벌 기구를 눈앞에 벌여 두고 분부를 내렸습니다.

"이 다섯 사람을 죽여 다른 사람들에게 경각심을 주도록 하라!"

또 곤장 든 자들에게 분부를 내렸습니다.

"곤장 숫자를 세지 말고 죽을 때까지 치도록 하라!"

우리 다섯 사람이 말했습니다. / "한 말씀만 올리고 죽기를 바라나이다."

대군이 말했습니다. / "무슨 말이더냐? 실정을 남김없이 적어 바치라!"

은섬의 진술은 이러했습니다.

"남녀의 정욕은 음양으로부터 부여받아 귀천을 막론하고 사람이라면 누구나 가지고 있습니다. 그런데 한번 깊은 궁궐에 갇히고 난 뒤에는 이 한 몸 외로운 그림자와 짝하여, 꽃을 보고 눈물을 삼키고 달을 마주해서는 슬픔으로 넋이 나갑니다. 저희가 매화나무에 앉은 **꾀꼬리를 쌍쌍이 날지 못하게 하고** 주렴 위의 제비 집에 암수가 함께 둥지를 틀지 못하게 하는 이유는 다른 것이 아닙니다. 몹시 **부러운 마음과 질투하는 정**을 이기지 못해서일 따름입니다. 궁궐 담장을 넘기만 하면 인간 세상의 즐거움을 알 수 있건만 그렇게 안 한 것은 그럴 만한 힘이 없어서거나 그리고 싶은 마음이 없어서였겠습니까? **오직 주군의 위엄이 두려워 이 마음을 단단히 다잡고 궁궐 안에서 말라 죽으리라 생각했던 것입니다.** 이제 지은 죄도 없으면서 죽을 곳에 놓였으니, 저희들은 죽어서도 지하에서 눈을 감지 못할 것입니다."

어휘 풀이

* **여항** : 백성의 살림집이 많이 모여 있는 곳. 여기서는 중인층과 서민층을 아울러 일컫는 말로 쓰였음.

* **아황과 여영** : 순임금의 비.

* **편작** : 전국 시대의 유명한 의원.

비취는 이렇게 진술했습니다.

"주군께서 보살펴 주신 은혜가 산보다도 높고 바다보다도 깊기에 저희들은 감사하고 황송해하며 오직 글과 음악에만 전념해 왔습니다. 이제 씻을 수 없는 더러운 이름을 서궁에 두루 미치게 되었으니 살아도 죽느니만 못합니다. 엎드려 바라건대 속히 죽여 주옵소서."

옥녀는 이렇게 진술했습니다. / "제가 이미 서궁의 영광을 누렸거늘 서궁의 재앙이라 해서 저 혼자 면할 수 있겠습니까? 곤륜산에 불이 나서 옥과 돌이 한꺼번에 모두 탄다 했지만, 오늘의 죽음은 합당하다 여기겠습니다."

자란은 이렇게 진술했습니다.

"오늘 일은 그 죄가 측량할 길 없으니 가슴속에 품은 생각을 어찌 감추겠나이까? 저희들은 모두 여항*의 천한 계집들로, 아비는 순임금이 아니요 어미는 아황과 여영*이 아니니 남녀의 정욕이 어찌 없을 수 있겠습니까? 목왕은 천자로되 늘상 요지의 즐거움을 그리워했고, 항우는 영웅이로되 장막 안에서 눈물을 금하지 못하였습니다. 그렇건만 주군은 어찌하여 운영에게만 유독 사랑하는 마음을 갖지 못하게 하십니까? 김 진사처럼 빼어난 인물을 내당으로 끌어들인 것은 주군께서 하신 일이며, 운영에게 벼루 시중을 들게 한 것 또한 주군께서 내리신 명령입니다. 운영은 오랫동안 깊은 궁궐에 갇혀 지내며, 가을 달 봄꽃에 늘상 마음 상하고 오동 잎 밤비에 자주 애간장이 끊어졌습니다. 그러던 차에 호걸스런 사내를 보고는 상심하고 실성하여 병이 골수에까지 들어오고 말았으니 불로장생의 약이나 편작*의 솜씨로도 효험을 보기 어려웠습니다. 운영이 하룻밤 사이에 아침 이슬처럼 홀연히 스러지고 나면 주군이 비록 측은해하는 마음을 가진다 한들 무슨 이로움이 있겠습니까? 제 어리석은 생각입니다만, 김 진사로 하여금 운영을 얻게 하여 두 사람의 맺친 원한을 풀어 주신다면 주군의 적선하심이 그보다 클 수는 없을 것입니다. 전에 운영이 절개를 더럽힌 일이라면 그 죄가 저에게 있지 운영에게 있지 않습니다. 제가 드린 말씀은 위로는 주군을 속이지 않고 아래로는 벗들을 저버리지 않는 것이니, 오늘 일은 죽어도 영예롭게 여길 것입니다. 운영의 죄를 제가 대신 받을 수 있다면 일백 번 죽어도 좋습니다. 엎드려 바라건대 주군께서는 제 목숨을 끊고 운영의 목숨을 잇게 해 주십시오."

저는 이렇게 진술했습니다.

구절 풀이

● **곤륜산에 불이 ~ 모두 탄다** : 선악을 가리지 않고 모든 사람을 죽인다는 뜻.

● **목왕은 천자로되 ~ 즐거움을 그리워했고,** : 주나라 목왕이 여덟 마리의 준마를 타고 천하를 돌아다니다가 '요지'라는 신선 세계의 연못에서 서왕모와 노닐었다는 고사를 가리킴.

● **항우는 영웅이로되 ~ 금하지 못하였습니다.** : 항우가 한나라 군대에 포위되어 패배를 예감하고 사랑하던 여인 우희와의 이별을 슬퍼하며 눈물짓던 일을 말함.

[B] ┌ "주군의 은혜가 산과 같고 바다와 같건만 정절을 지키지 못한 것이 저의 첫째 죄입니다. 전후에 지은 시로 주군의 의심을 받았으면서도 끝내 바른대로 아뢰지 않은 것이 둘째 죄입니다. 서궁의 죄 없는 사람들이 저 때문에 함께 죄를 받게 된 것이 셋째 죄입니다. 이 세 가지 큰 죄를 지었으니 제가 산들 무슨 면목이 있겠습니까? 혹여 죽음을 늦추신다면 마땅히 자결하겠나이다." └

대군이 다 읽고 다시 자란의 진술서를 펼쳐 응시하더니 노기를 다소 누그러뜨렸습니다. 소옥이 꿇어앉아 울며 말했습니다.

"지난번 나들이 때 성안으로 가지 말자던 것이 본래 제 주장이었습니다. 그러나 자란이 밤에 남궁으로 와서 매우 간절히 부탁하기에 가련히 여겨 여럿의 반대 의견을 물리치고 제가 앞장서 그 뜻을 따랐으니, 운영이 절개를 더럽힌 죄는 저에게 있지 운영에게 있지 않습니다. 엎드려 바라건대 주군께서는 제 목숨을 끊고 운영을 살려 주소서."

대군의 노기가 점점 풀어져 저를 별당에 가두고 나머지 사람들은 모두 풀어 주었습니다. 그날 밤 저는 비단 수건으로 목을 매 스스로 목숨을 끊었습니다.

작품 구조도

┌─────────────────────┐
│ 내화 2   │
│ (운영과 김 진사의   │
│ 사랑 이야기)   │
│ 내화 1   │
│ (유영과 운영 · 김   │
│ 진사의 대화)   │
│ 외화   │
│ (유영의 이야기)   │
└─────────────────────┘

1 윗글에 대한 설명으로 적절하지 <u>않은</u> 것은? ◑ 8448-0262

① 자란과 소옥은 운영이 받을 벌을 자신들이 대신 받겠다고 제안했다.
② 대군은 궁녀들의 진술서를 읽고 노기가 풀어져 모든 궁녀들을 용서했다.
③ 비취와 옥녀는 대군이 내리는 벌을 순순히 받아들이겠다는 태도를 보였다.
④ 대군은 운영의 시와 김 진사의 글의 내용을 토대로 두 사람의 관계를 의심했다.
⑤ 은섬은 대군이 자신들을 죽인다면 죽어서도 편히 눈을 감지 못할 것이라고 말했다.

2 [A]와 [B]에 대한 설명으로 가장 적절한 것은? ◑ 8448-0263

① [A]와 [B] 모두 부모님을 떠올리며 구차해진 자신의 처지를 한스러워하고 있다.
② [A]와 [B] 모두 자신의 허물을 인정하며 그에 대한 벌로 죽음을 택하려 하고 있다.
③ [A]에서는 과거의 경험을 떠올리며, [B]에서는 앞으로의 계획을 밝히며 지난 잘못을 뉘우치고 있다.
④ [A]에서는 상대방의 은혜를 저버린 것에 대해, [B]에서는 죄 없는 사람들까지 연루된 것에 대해 미안해하고 있다.
⑤ [A]에서는 의심을 받고 죽고 싶은 마음을, [B]에서는 의심을 받고도 부인한 것에 대한 죄책감을 드러내고 있다.

3 〈보기〉를 바탕으로 윗글을 감상한 내용으로 적절하지 <u>않은</u> 것은? ◑ 8448-0264

> | 보기 |
>
> 이 작품은 궁녀와 선비의 비극적인 사랑을 그린 소설이다. 봉건적 사회 제도의 비인간적인 폐습과 제도로 인해 구속당하고 억압받는 궁녀들의 고통과 자유로운 사랑의 성취를 꿈꾸던 궁녀들의 인간적 고뇌를 잘 드러내고 있으며, 궁중이라는 장벽을 뛰어넘어 자유연애를 실현하려는 선구적 시대 의식을 담고 있다.

① '이 다섯 사람을 죽여 다른 사람들에게 경각심을 주도록 하라!', '곤장 숫자를 세지 말고 죽을 때까지 치도록 하라!'라는 말에서 봉건적 사회 제도의 비인간적인 폐습과 제도를 확인할 수 있군.
② '꾀꼬리를 쌍쌍이 날지 못하게 하고 주렴 위의 제비 집에 암수가 함께 둥지를 틀지 못하게 하는 이유'가 '부러운 마음과 질투하는 정을 이기지 못해서'라는 말에서 자유로운 사랑의 성취를 꿈꾸던 궁녀들의 인간적 고뇌를 엿볼 수 있군.
③ '오직 주군의 위엄이 두려워 이 마음을 단단히 다잡고 궁궐 안에서 말라 죽으리라 생각했던 것입니다.'라는 말에서 구속당하고 억압받는 궁녀들의 고통을 느낄 수 있군.
④ '제가 이미 서궁의 영광을 누렸거늘 서궁의 재앙이라 해서 저 혼자 면할 수 있겠습니까?'라는 말에서 궁중이라는 장벽을 뛰어넘어 자유연애를 실현하려는 선구적 시대 의식을 느낄 수 있군.
⑤ '그날 밤 저는 비단 수건으로 목을 매 스스로 목숨을 끊었습니다.'라는 말에서 궁녀와 선비의 비극적인 사랑을 확인할 수 있군.

서술형

1 윗글에 드러난 서술상의 특징을 서술자의 위치와 역할을 중심으로 서술하시오. ◑ 8448-0265

5. 한문 소설

02 이생규장전(李生窺墻傳) 김시습

 작품 안 갈래 : 한문 소설, 전기 소설, 명혼 소설　성격 : 전기적, 비극적　주제 : 죽음을 초월한 남녀 간의 애절한 사랑

작품 밖 『금오신화』에 실려 있는 다섯 작품 중 하나로 삶과 죽음을 초월한 사랑의 성취를 그린 소설이다. 인간 욕망의 성취라는 현실적인 소망을 잘 반영하고 있으며, 생육신의 한 사람인 작가의 진보적 애정관이 잘 드러나 있다.

작품의 짜임

발단	개성에 사는 이생은 우연히 담 너머로 아름다운 최 씨를 보게 됨.
전개	• 두 사람은 시를 주고받으며 사랑에 빠지지만, 이를 눈치챈 이생의 부모가 헤어지게 만듦. • 최 씨는 상사병에 걸리게 되고, 최 씨의 부모는 이생의 부모를 설득하여 두 사람을 혼인시킴.
위기	홍건적의 난이 일어나 이생만 목숨을 부지하고, 최 씨는 홍건적에게 죽임을 당함.
절정	슬픔에 잠겨 있는 이생에게 최 씨의 환신이 나타나 둘은 수 년 동안 행복하게 삶.(교재 수록 부분)
결말	어느 날 최 씨는 이승에서의 인연이 끝났음을 알리고 사라지고, 이생은 아내의 유골을 찾아 묻어 준 뒤 병들어 죽음.(교재 수록 부분)

어휘 풀이

* **추연** : 전국 시대 제나라의 음양오행가.
* **천녀** : 당나라 진현우가 지은 전기 소설 「이혼기」에 나오는 인물로 영혼이 되어서도 사랑하는 사람과 함께 살았던 여인임.
* **취굴** : 중국 서해에 있다고 하는 신선의 거처.

[앞부분 줄거리] 이생은 담 너머로 최 씨를 보게 되고, 편지로 서로의 마음을 확인한 두 사람은 사랑하는 사이가 된다. 이를 눈치챈 이생의 부친은 이생을 지방으로 보내고, 최 씨는 병이 들어 최 씨 부모의 노력으로 두 사람은 혼례를 올린다. 하지만 홍건적의 난이 일어나 최 씨는 도적에게 죽임을 당한다.

　이생은 슬픈 마음을 억누를 길이 없어 작은 누각에 올라가서 눈물을 훔치며 길게 탄식할 뿐이었다. 어느새 날이 저물었다. 그는 우두커니 홀로 앉아 지난날을 가만히 떠올려 보았지만 모든 게 한바탕 꿈만 같았다.

　이경(二更)쯤 되어 달빛이 희미한 빛을 토하며 들보를 비추었다. 그런데 회랑 끝에서 웬 발걸음 소리가 들려왔다. 그 소리는 멀리서부터 들려오더니 차츰 가까워졌다. 발걸음 소리가 이생 앞에 이르렀을 때 보니 바로 최 씨였다.

　이생은 그녀가 이미 죽은 것을 알고 있었지만, 너무도 사랑하는 나머지 한 치의 의심도 없이 물었다. / "당신은 어디로 피해 목숨을 부지하였소?"

　최 씨는 이생의 손을 잡고 한바탕 통곡하더니 그간의 사정을 이야기하기 시작했다.

　"저는 본디 양가의 딸로서 어려서부터 어버이의 가르침을 받들어 수놓기와 바느질에 힘쓰고 시서(詩書)와 인의(仁義)의 방도를 배울 뿐이었습니다. 오로지 규문의 법도만 알았을 뿐 어찌 집 밖의 일을 헤아릴 수 있었겠습니까? 그런데 당신께서 붉은 살구꽃이 핀 **담장 안을 한 번 엿보신 후 제가 스스로 푸른 바다의 구슬을 바쳤**지요. 꽃 앞에서 한 번 웃고는 평생의 은혜를 맺었고, 휘장 안에서 다시 만났을 때에는 은정이 백 년을 넘칠 것 같았지요.

　말이 여기에 이르고 보니 슬프고 부끄러워 견딜 수가 없군요. 장차 평생을 함께하려고 하였는데 뜻밖의 횡액을 만나 구덩이에 뒹굴게 될 줄 어찌 생각이나 했겠습니까? 그러나 저는 끝까지 **짐승 같은 놈에게 몸을 내맡기지 않고 스스로 진흙탕에서 육신이 찢기는 길을 택**하였지요. 그건 천성이 저절로 그렇게 한 것이지 인정으로야 차마 견딜 수 있는 일이 아니었답니다.

[A]　외진 산골짜기에서 당신과 헤어진 후로 짝을 잃고 홀로 날아가는 새의 신세가 된 것이 너무 한스러웠습니다. 집도 없어지고, 부모님도 돌아가셨으니 고단한 혼백조차 의지할 곳이 없었지만 절의는 귀중하고 목숨은 가벼우니 쇠잔한 몸뚱이일망정 치욕을 면한 것만으로도 다행이라 생각했지요. 하지만 누가 마디마디 끊어져 재처럼 식어 버린 제 마음을 불쌍히 여겨 주겠습니까? 그저 조각조각 끊어진 썩은 창자만 모아 두었을 뿐, 해골은 들판에 던져졌고 간과 쓸개는 땅바닥에 버려져 흙먼지를 뒤집어쓰고 있지요. 가만히 지난날의 즐거움을 헤아려 보기도 하지만 오늘의 근심과 원한만이 마음에 가득 차 버렸습니다.

　이제 추연(鄒衍)*이 피리를 불어 적막한 골짜기에 봄바람을 일으켰으니 **저도 천녀(倩**

구절 풀이

• 푸른 바다의 구슬을 바쳤지요 : 푸른 바다의 구슬은 '여의주'를 가리키며 이는 '완전한 사랑'을 비유함.

• "저승길의 운수는 ~ 미혹시킬 수는 없답니다." : 혹 한(恨)이 맺힌 사람은 죽더라도 잠시 이승에 머물러서 한을 풀 수는 있지만 결국은 저승으로 돌아가야 한다는 뜻으로, 작가의 내세관과 영혼관이 드러나는 부분임.

女)[*]의 혼이 이승으로 돌아왔듯이 이곳으로 돌아오렵니다. 봉래산에서 십이 년 만에 만나자는 약속을 이미 단단히 맺었고, 취굴(聚窟)[*]에서 삼생(三生)의 향이 그윽이 풍겨 나오니 그동안 오래 떨어져 있던 정을 되살려서 옛 맹세를 저버리지 않겠다고 약속하겠어요. 만약 당신이 아직도 옛 맹세를 잊지 않으셨다면 저는 끝까지 잘해 보고 싶어요. 당신도 허락하시는 거지요?"

이생은 기쁘고도 감격하여 말했다. / "그건 바로 내가 바라던 바요."

두 사람은 다정하게 마주 앉아 그간의 회포를 풀었다. 그러다가 재산을 얼마나 도적에게 약탈당했는가에 대해 묻자 최 씨가 말하였다.

"조금도 잃지 않았어요. 아무 산 아무 골짜기에 묻어 두었답니다." / 이생이 또 물었다.

"양가 부모님의 유해는 어디에 있소?" / 최 씨가 대답하였다.

"아무 곳에 그냥 버려져 있는 상태랍니다."

두 사람은 그간의 정회를 다 나눈 후 나란히 잠자리에 들었다. 지극한 즐거움이 예전과 같았다.

다음 날 최 씨와 이생은 함께 재물이 묻혀 있다는 곳을 찾아갔다. 과연 금은 여러 덩이와 얼마간의 재물을 얻을 수 있었다. 그들은 양가 **부모님의 유골을 수습한 후** 금과 재물을 팔아 각각 오관산 기슭에 합장하였다. 묘소에 나무를 심고 **제사를 드려 예를 극진히 갖추었다.**

그 뒤 이생은 벼슬을 구하지 않고 최 씨와 함께 살았다. 목숨을 구하고자 달아났던 종들도 다시 스스로 돌아왔다. 이생은 이때부터 인간사에 게을러져서 비록 친척이나 손님들의 길흉사에 하례하고 조문해야 할 일이 있더라도 문을 걸어 잠그고 밖으로 나가지 않았다. 그는 항상 최 씨와 더불어 시를 지어 주고받으며 금실 좋게 행복한 시간을 보냈다. 그렇게 몇 년이 흘러갔다. / 어느 날 저녁 최 씨가 이생에게 말했다.

"㉠세 번이나 좋은 시절을 만났지만 세상일은 뜻대로 되지 않고 어그러지기만 하네요. 즐거움이 다하기도 전에 갑자기 슬픈 이별이 닥쳐오니 말이에요."

그러고는 마침내 오열하기 시작하였다. 이생은 깜짝 놀라서 물었다.

"무슨 일로 그리시오?" / 최 씨가 대답하였다.

"저승길의 운수는 피할 수가 없답니다. **하느님께서** 저와 당신의 연분이 아직 끝나지 않았고, 또 저희가 아무런 죄악도 저지르지 않았음을 아시고 **이 몸을 환생시켜 당신과 지내며** 잠시 시름을 잊게 해 주신 것이었어요. 그러나 인간 세상에 오랫동안 머물면서 산 사람을 미혹시킬 수는 없답니다."

(중략)

두 사람은 서로 바라보며 눈물만 줄줄 흘렸다. / "서방님, 부디 몸 건강하게 계세요." / 말을 마친 최 씨의 자취가 점차 희미해지더니 마침내 흔적도 없이 사라져 버렸다.

이생은 그녀의 유골을 거두어 부모님 무덤 곁에 묻어 주었다. 장사를 지낸 뒤 이생도 최 씨와의 추억을 생각하다 병을 얻어 몇 달 만에 세상을 떠나고 말았다. / 이 이야기를 들은 사람들마다 애처로워하며 그들의 절의를 사모하지 않는 이가 없었다.

작품 구조도

	1차 →	2차 →	3차
만남	이생이 담 너머로 최 씨를 보게 됨.	최 씨 부모의 도움으로 혼인하게 됨.	죽은 최 씨가 환신하여 이생을 찾아옴.
이별	이생 부모의 반대로 이별하게 됨.	홍건적의 난으로 최 씨가 죽게 됨.	이승에서의 인연을 마친 최 씨가 돌아감.

1 윗글을 통해 알 수 있는 내용이 <u>아닌</u> 것은? ▶ 8448-0266

① 이생은 최 씨가 사라진 후 몇 달 만에 죽었다.
② 이생은 최 씨가 이미 죽은 사람임을 알고 있었다.
③ 이생은 재산을 지키기 위해 골짜기에 묻어 두었다.
④ 이생은 입신양명에 뜻을 두지 않고 은둔하여 살았다.
⑤ 이생의 부모님과 최 씨의 부모님은 도적에게 죽임을 당했다.

2 [A]에 대한 설명으로 가장 적절한 것은? ▶ 8448-0267

① 과거의 사건을 언급한 후 자신이 원하는 바를 밝히고 있다.
② 추억을 회상한 후 현재 느끼는 회한의 마음을 토로하고 있다.
③ 현재 처한 상황을 인식하고 이러한 상황이 된 원인을 분석하고 있다.
④ 어린 시절 행복했던 순간을 떠올리며 현실의 괴로움을 극복하고 있다.
⑤ 지난날의 즐거움을 헤아리며 근심만 가득한 오늘날에 대한 속상함을 표출하고 있다.

3 〈보기〉를 바탕으로 윗글을 이해한 내용으로 적절하지 <u>않은</u> 것은? ▶ 8448-0268

┤ 보기 ├

이 작품은 『금오신화』에 실린 다섯 편의 전기 소설 중 하나로 남녀 간의 애정 성취 과정을 그리고 있다. '홍건적의 난'을 기점으로 현실 세계의 이야기와 비현실적인 세계의 이야기로 나뉘고 있으며, 『금오신화』의 전반적인 특징인 현실적 갈등을 초현실적 세계와의 연결을 통해 극복한다는 설정을 바탕으로 사건이 전개되고 있다. 유교적 가치관을 중시하면서도, 자유연애의 결연이나 여성의 능동적이고 적극적인 행동으로 사랑이 이루어진다는 근대적인 가치관도 담고 있다.

① '담장 안을 한 번 엿보신 후 제가 스스로 푸른 바다의 구슬을 바쳤'다는 내용을 통해 자유연애의 근대적 가치관을 확인할 수 있다.
② '짐승 같은 놈에게' '육신이 찢기는 길을 택'했다는 말에서 현실 세계의 이야기가 비현실적인 세계의 이야기로 전환되었음을 알 수 있다.
③ '저도 천녀의 혼이 이승으로 돌아왔듯이 이곳으로 돌아오렵니다.'에서 최 씨의 능동적이고 적극적인 모습을 확인할 수 있다.
④ '부모님의 유골을 수습한 후' '제사를 드려 예를 극진히 갖추'었다는 것에서 유교적 가치관을 중시하는 모습을 확인할 수 있다.
⑤ '하느님께서' '이 몸을 환생시켜 당신과 지내'게 해 주었다는 것에서 현실에서의 이별이 초현실적 세계와의 연결을 통해 만남으로 이어지고 있음을 알 수 있다.

서술형

1 ㉠에 해당하는 '이생'과 '최 씨'의 만남을 '앞부분 줄거리'를 참고하여 구체적으로 서술하시오. ▶ 8448-0269

➡ **작품 안** 갈래 : 한문 소설, 애정 소설 **성격** : 사실적, 불교적 **주제** : 전란으로 인한 가족의 이산과 재회

⬅ **작품 밖** 임진왜란과 정유재란의 전란으로 인한 가족의 이산과 기적적인 재회를 그린 작품이다. 조선, 일본, 중국, 베트남 4개국을 넘나드는 공간적 배경을 바탕으로 당시의 사회상을 사실적으로 그리고 있다.

작품의 짜임

발단	남원에 사는 최척은 옥영과 약혼한 후 임진왜란에 의병으로 참전함.
전개	옥영의 어머니는 부자의 아들을 사위로 맞으려 하고, 이 소식을 들은 최척은 중병이 들어 집으로 돌아와 옥영과 혼인하여 아들 몽석을 낳음.
위기	정유재란이 일어나 최척의 가족이 뿔뿔이 흩어지게 되어 최척은 중국으로 건너가고 옥영은 일본에 포로로 잡혀감.
절정	• 최척은 베트남으로 장사하러 다니다가 옥영을 기적적으로 만나게 되어 상봉함.(교재 수록 부분) • 두 사람은 몽선을 낳고 살다가 후금이 침입하여 최척이 명군으로 참전했다가 포로가 됨. • 최척이 포로 수용소에서 맏아들 몽석을 만나 귀국함.
결말	옥영도 몽선과 함께 귀국하고 온 가족이 상봉하여 행복한 삶을 누림.

어휘 풀이

* 자 : 본이름 외에 부르는 이름. 예전에, 이름을 소중히 여겨 함부로 부르지 않던 관습이 있어서 흔히 관례(冠禮) 뒤에 본이름 대신으로 불렀다.

* 불로장생 : 늙지 아니하고 오래 삶.

[앞부분 줄거리] 최척과 옥영은 서로 사랑하여 약혼을 하게 되지만, 최척이 임진왜란에 의병으로 참전한다. 의병에서 돌아온 최척은 옥영과 결혼하여 맏아들 몽석을 낳지만, 정유재란으로 가족들이 뿔뿔이 흩어지게 된다. 옥영은 왜병의 포로로 일본에 잡혀가고, 최척은 중국으로 건너가 살게 된다.

이때 최척은 요흥에 머물며 여유문과 의형제를 맺었다. 여유문이 누이동생을 최척에게 시집보내고 싶어 하는 마음을 내보이자 최척은 완강히 거절하며 이렇게 말했다.

"우리 일가족이 왜적의 침탈을 입어 지금껏 늙은 부친과 가녀린 아내가 살았는지 죽었는지조차 몰라 제사도 지내지 못하고 있습니다. 이런 처지에 혼인하여 나 혼자 편안히 잘 살 궁리를 할 수 있겠습니까?"

여유문도 최척의 생각을 의롭게 여겨 더 이상 혼인을 권유하지 않았다.

그해 겨울, **여유문이 병으로 죽었다. 최척은 의탁할 곳이 없게 되자 양자강과 회수를 떠돌며** 명승지를 두루 돌아보았다. 용문을 보고 우혈도 구경하며 원수와 상수에까지 이르렀고, 배를 타고 동정호를 건너 악양루에 올랐으며 고소대에도 올랐다.

산과 강가에서 노래를 부르기도 하고, 구름 사이에서 배회하기도 했다. 그러다 보니 **훌쩍 속세를 버리고픈 마음이 들었다.** 해섬도사 왕용이란 사람이 청성산에 은거하며 신비로운 선약을 만들 뿐 아니라 신선이 되는 술법을 지녔다는 말을 듣고 촉 땅으로 들어가 그 술법을 배우리라 마음먹었다.

이때 송우라는 사람이 있었는데, 호가 학천이고 집은 항주 용금문 안에 있었다. 경전과 역사에 해박했고, 공을 세워 명성 떨치는 일을 좋아하지 않았으며, 저술을 업으로 삼았다. 또 남에게 베풀기를 좋아하고 의기가 있었다. 최척과는 서로 지기라고 인정하는 사이였는데, 최척이 촉 땅으로 가려 한다는 말을 듣고는 술을 들고 찾아왔다.

술을 마셔 얼근히 취하자 송우가 최척을 친근하게 자*로 부르며 말했다.

"백승! 이 세상을 살면서 누군들 불로장생*하기를 바라지 않겠는가마는 고금 천하에 어디 그런 이치가 있단 말인가? 남은 생이 얼마나 된다고 불로장생의 약을 먹고 굶주림을 참으며 괴로움을 자초하면서 산도깨비의 이웃이 된단 말인가? 나와 함께 배 타고 오·월 땅을 오가면서 비단이나 차를 매매하며 남은 생을 즐기는 게 세상사에 통달한 사람의 할 일 아니겠나?"

최척이 홀연 깨닫고 마침내 송우와 함께 길을 떠났다.

경자년(1600년) 봄이었다. 최척은 송우를 따라 한마을의 장사꾼들과 함께 배를 타고 **베트남으로 장사하러 갔다.** 이때 일본 배 10여 척도 같은 포구에 정박해 있었다.

열흘 넘게 머물러 4월 초이튿날이 되었다. 하늘엔 구름 한 점 없고 물빛은 비단처럼 고왔다. 바람이 그쳐 물결이 잔잔했으며 사방이 고요해 그림자 하나 보이지 않았다. 뱃사람들은 깊은 잠에 빠져 있었고, 간간이 물새 울음소리가 들려올 뿐이었다. 일본 배에서는 염불하는

소리가 들렸는데, 그 소리가 매우 구슬펐다.

최척은 홀로 선창에 기대 자신의 신세를 생각하다가, 짐 꾸러미 안에서 퉁소[*]를 꺼내 슬픈 곡조의 노래를 한 곡 불어 가슴속에 맺힌 슬픔과 원망을 풀어 보려 했다. 최척의 퉁소 소리에 바다와 하늘이 애처로운 빛을 띠고 구름과 안개도 수심에 잠긴 듯했다. 뱃사람들도 그 소리에 놀라 일어나 모두들 서글픈 표정을 지었다. **그때 문득 일본 배에서 염불하던 소리가 뚝 그쳤다.** 잠시 후 조선말로 ㉠시를 읊는 소리가 들렸다.

> 왕자교 퉁소 불 제 달은 나지막하고 / 바닷빛 파란 하늘엔 이슬이 자욱하네.
> 푸른 난새 함께 타고 날아가리니 / 봉래산 안개 속에서도 길 잃지 않으리.

시 읊는 소리가 그치더니 한숨 소리, 쯧쯧 혀 차는 소리가 들려왔다. 최척은 시 읊는 소리를 듣고는 깜짝 놀라 얼이 빠진 사람 같았다. 저도 모르는 새 퉁소를 땅에 떨어뜨리고 마치 죽은 사람처럼 멍하니 서 있었다. 송우가 말했다. / "왜 그래? 왜 그래?"

거듭 물어도 대답이 없었다. 세 번째 물음에 이르러서야 비로소 **최척은 뭔가 말을 하려 했지만 목이 막혀 말을 하지 못하고 눈물만 하염없이 흘렸다.** 최척은 잠시 후 마음을 진정시킨 뒤 이렇게 말했다.

"저건 내 아내가 지은 시일세. 우리 부부 말곤 아무도 알지 못하는 시야. 게다가 방금 시를 읊던 소리도 아내 목소리와 흡사해. 혹 아내가 저 배에 있는 게 아닐까? 그럴 리 없을 텐데 말야."

그러고는 자기 일가가 왜적에게 당했던 일의 전말을 자세히 말했다. 배 안에 있던 사람들이 모두 놀랍고 희한한 일로 여겼다.

그 자리에 두홍이란 사람이 있었는데, 젊고 용감한 자였다. 두홍은 최척의 말을 듣더니 의기 넘치는 표정이 되어 주먹으로 노를 치고 분연히 일어서며 이렇게 말했다.

"내가 저 배로 가서 사정을 살펴보겠소!"

송우가 두홍을 말리며 말했다.

"야심한 시각에 소란을 일으켰다가는 큰 난리가 날지도 모르네. 내일 아침에 조용히 처리하는 게 좋겠어."

사람들이 모두 그러는 게 좋겠다고 했다. 최척은 앉은 채로 아침이 오기만을 기다렸다.

이윽고 해가 떠올랐다. 최척은 즉시 해안으로 내려가 일본 배 앞으로 다가갔다. 그러고는 조선말로 물었다.

"간밤에 시를 읊던 사람은 조선 사람이었소. 나 역시 조선 사람인데, 한번 만나 볼 수 있다면 그 기쁨이 타국을 떠돌아다니다가 자기 나라 사람 비슷한 이를 보고 기뻐하는 데 견줄 수 있겠소?"

옥영은 어젯밤 배 안에서 최척의 퉁소 소리를 들었다. 조선 가락인 데다 귀에 익은 곡조인지라, 혹시 자기 남편이 저쪽 배에 타고 있는 것이 아닐까 의심하여 시험 삼아 예전에 지었던 시를 읊어 본 것이었다. 그러던 차에 밖에서 최척이 말하는 소리를 듣고는 허둥지둥 엎어질 듯이 배에서 뛰어 내려왔다.

최척과 옥영은 마주 보고 소리치며 얼싸안고 모래밭을 뒹굴었다. 기가 막혀 입에서 말이 나오지 않았다. 눈물이 다하자 피눈물이 나왔으며 눈에 아무것도 보이지 않았다.

작품 구조도

	만남과 이별
임진 왜란	최척의 참전으로 옥영과 헤어짐. → 귀국 후 혼인하여 몽석을 낳음.
정유 재란	옥영과 최척이 헤어짐. → 베트남에서 우연히 만남. → 몽선을 낳고 중국에서 삶.
명과 후금 전쟁	최척이 명군으로 참전하여 헤어짐. → 큰아들 몽석과 우연히 만남. → 귀국하여 옥영, 몽선과 만남.

1 윗글을 이해한 내용으로 적절하지 <u>않은</u> 것은? ▶ 8448-0270

① 옥영은 다른 배에 최척이 타고 있을지도 모른다고 생각했다.
② 두홍은 최척의 사연을 듣자마자 직접 사정을 살펴보려고 했다.
③ 최척은 왕용이란 사람을 찾아가 신선이 되는 술법을 배우려 했다.
④ 송우는 촉으로 떠나려는 최척의 생각이 현명하지 않다고 판단했다.
⑤ 여유문은 최척의 의로움에 감동하여 누이동생과 최척을 혼인시키려 했다.

2 ㉠의 기능으로 가장 적절한 것은? ▶ 8448-0271

① 상대방의 정체를 짐작케 한다.
② 위험을 벗어나는 계기가 된다.
③ 이별로 인한 안타까움을 부각한다.
④ 외롭고 쓸쓸한 분위기를 고조한다.
⑤ 오랫동안 쌓였던 오해를 해소시킨다.

3 〈보기〉를 참고하여 윗글을 감상한 내용으로 적절하지 <u>않은</u> 것은? ▶ 8448-0272

┤ 보기 ├

　이 작품은 전란으로 인한 가족의 이별과 재회를 그리고 있다. 주인공이 민족적 영웅이 아닌 평범한 인물로 설정되어 있고, 전란 속에서 인물들이 겪는 역경의 아픔이 잘 드러나 있다. 공간적 배경이 조선, 중국, 일본, 베트남 등 여러 나라에 걸쳐 있고, 임진왜란, 정유재란 등을 사실적으로 다루면서도 우연적인 요소에 의해 사건이 전개되는 측면이 있다.

① '우리 일가족이 왜적의 침탈을 입어 지금껏 늙은 부친과 가녀린 아내가 살았는지 죽었는지조차 몰라 제사도 지내지 못하고 있습니다.'를 통해, 전란 속에서 인물들이 겪는 역경의 아픔을 보여 주고 있군.
② '여유문이 병으로 죽었다. 최척은 의탁할 곳이 없게 되자', '최척과 옥영은 마주 보고 소리치며 얼싸안고 모래밭을 뒹굴었다.' 등을 통해, 가족의 이별과 재회를 보여 주고 있군.
③ '훌쩍 속세를 버리고픈 마음이 들었다.', '최척은 뭔가 말을 하려 했지만 목이 막혀 말을 하지 못하고 눈물만 하염없이 흘렸다.' 등을 통해, 주인공이 민족적 영웅이 아닌 평범한 인물로 설정되어 있음을 알 수 있군.
④ '양자강과 회수를 떠돌며', '베트남으로 장사하러 갔다.' 등을 통해, 공간적 배경이 중국, 베트남 등 여러 나라에 걸쳐 있음을 알 수 있군.
⑤ '그때 문득 일본 배에서 염불하던 소리가 뚝 그쳤다.', '옥영은 어젯밤 배 안에서 최척의 통소 소리를 들었다.' 등을 통해, 우연적인 요소에 의해 사건이 전개되고 있음을 알 수 있군.

서술형

1 최척이 통소를 분 이유는 무엇인지 서술하시오. ▶ 8448-0273

5. 한문 소설

➥**작품 안** 갈래 : 한문 소설, 풍자 소설　성격 : 비판적, 사실적　주제 : 양반들의 무능, 허위의식, 횡포에 대한 비판

➥**작품 밖** 조선 후기 양반들의 경제적 무능과 허례허식으로 가득 찬 생활 태도를 풍자한 소설로, 몰락하는 양반과 경제적으로 부상하는 평민을 등장시켜 신분 질서가 혼란해진 당시의 사회상을 드러내고 있다.

작품의 짜임

발단	한 가난한 양반이 천 석의 환곡을 갚지 못하여 곤란한 상황에 처함.
전개	이웃에 사는 부자가 환곡을 대신 갚아 주고 양반 신분을 삼. 이 사실을 알게 된 군수는 매매 증서를 써 줌.
위기	군수는 양반의 의무가 담긴 매매 증서를 작성하여 주고, 부자는 자신의 기대와 내용이 달라 불만을 드러냄.
절정	군수는 양반의 특권을 열거한 매매 증서를 다시 작성함.
결말	부자는 양반의 특권이 도적질과 다르지 않다고 말하면서 양반 되기를 포기함.

어휘 풀이

* 사족 : 문벌이 좋은 집안. 또는 그 자손.
* 환자 : 백성에게 꾸어 주었던 곡식을 가을에 다시 받아들이던 일. 또는 그 곡식.
* 관찰사 : 팔도의 수직·민정·군정·재정 등을 통할하면서 관하의 수령을 지휘 감독하는 벼슬.
* 군흥 : 환곡. 원래는 국가 비상시를 대비한 군량이었다.
* 향소 : 고을 수령의 자문 기관인 유향소로, 여기서는 향소의 장인 좌수 및 별감을 말한다.
* 공형 : 호장·이방·수형리 등의 아전

양반이라는 것은 사족[*]을 높여 부르는 말이다. 정선군에 한 양반이 살았다. 이 양반은 **성품이 어질고 책 읽기를 몹시 좋아**했으며, 매번 군수가 새로 부임하면 꼭 몸소 그의 집을 찾아가서 예의를 차렸다. 그러나 집이 너무나 가난해서 해마다 고을의 환자[*]를 타 먹은 것이 쌓여 천 석에 이르렀다. 관찰사[*]가 여러 고을을 순행하다가 정선에 이르러 환곡 꾸어 준 것을 살펴보고는 크게 노하여 말했다.

"이 어떤 양반인데 이토록 군흥[*]을 축낸 게냐?"

그리고 양반을 잡아 가두라고 명하였다. 군수는 양반이 **가난하여 환곡을 갚을 수 없다**는 것을 가엾게 여겨 차마 가두지는 못하였지만 그렇다고 어찌할 도리도 없었다. 양반은 밤낮으로 울기만 할 뿐 해결할 방도를 알지 못하니 그의 아내가 푸념을 늘어놓았다.

"당신은 평생 동안 글 읽기만 좋아하더니 관에서 꾸어 온 환곡을 갚는 데는 전혀 소용이 없구려. 쯧쯧! **양반, 양반은커녕 일 전어치도 안 되는구려.**"

그 마을에 부자가 살고 있었는데 제 식구들과 이 일로 의논이 벌어졌다.

"**양반은 비록 가난하지만 늘 존귀하고 영화롭**단다. 우리는 비록 부자지만 항상 비천하여 감히 말조차 탈 수 없다. 양반을 만나면 몸을 납신 구부린 채 쩔쩔매야 하고, 땅에 납작 엎드려서는 마당에서 절하기를 코가 땅에 닿도록 해야 하며 무릎걸음으로 다녀야만 한다. 우리는 늘 이렇게 욕보임을 당하고 산단 말이야. 지금 저 양반이 가난하여 갖다 먹은 관가 곡식을 갚지 못해 크게 군색해졌으니 그 형세로 보아 더 이상 양반의 지위를 보존할 수 없을 것 같구나. 우리가 이것을 사 갖기로 하자."

(중략)

양반은 몹시 두려워하며 머리를 조아리고 엎드려 말했다.

"황송하옵니다. 소인은 감히 제 스스로를 욕되게 하는 것이 아니옵니다. 제가 이미 스스로 **양반을 팔아서 이 값으로 꾸어다 먹은 환곡을 갚았으니 이제부터는 마을의 부자가 양반**이옵니다. 소인이 어찌 감히 옛날의 칭호를 그대로 써서 스스로 품위를 지킬 수 있겠습니까."

군수가 탄성을 지르며 말했다.

"군자로다. 부자여! 양반이로다. 부자여! 부자면서도 인색하지 않으니 의로움이요, 남의 곤란을 급히 보아 주는 것은 어짊이라. 천한 것을 싫어하고서 존귀한 것을 사모하니 지혜롭도다. 이 사람이야말로 정녕 양반이로고. 비록 그러하나 사사로이 양반을 사고팔아 문서로 만들어 놓지 않았으니 훗날 송사의 꼬투리가 되기 쉽지. 나와 그대는 고을 사람들을 모아 놓아 증인을 세우고 문권을 만들어 신표로 삼세나. 군수인 내가 당연히 이 문권에 서명할 것이네."

군수는 관아로 돌아간 후 고을의 선비 집 사람들과 농사꾼, 공장바치, 장사꾼 등을 모두 불러들여 뜰에 모았다. 부자는 향소[*]의 바른편에 앉히고 양반은 공형[*]이 있는 아래 뜰에 서게 하였다. 그리고 ⓐ문권을 만들었으니 이랬다.

어휘 풀이
* 오경 : 새벽 3시부터 5시까지.
* 진사 : 정식 과거인 대과를 보기 전에 치르는 예비 시험인 소과에 합격한 자.
* 홍패 : 옛날 문과의 회시에 급제한 사람에게 주던 증서. 붉은 바탕의 종이에 성적, 등급 및 성명을 먹으로 적었다.
* 음관 : 조상의 공이나 학행이 뛰어나다는 이유로 천거를 받아 내려진 벼슬.
* 웅남행 : 지위가 높은 음관.

"건륭(乾隆) 10년인 1744년 9월 어느 날.

위의 명문(明文)은 양반을 팔아서 관가에서 꾸어다 먹은 곡식을 갚기 위한 것으로서 그 값이 천 곡에 이른다.

대체 그 양반이라 부르는 명칭이 여러 가지니, 글을 읽는 자는 '선비'라고 하고 정치에 종사하는 자는 '대부(大夫)'라 부르고 덕이 있으면 '군자'가 된다. 무반은 뜰의 서쪽에 벌리어 서고 문반은 차례로 동쪽에 서서, 이에 양반이라고 한다. 어느 쪽이나 자기 마음대로 골라서 하면 되는데 비루한 일은 일절 하지 말며 옛사람을 본받아 지조를 숭상해야 한다.

오경(五更)*이면 유황(硫黃)을 부딪쳐서 기름불을 밝혀 놓고 눈으로는 콧등을 바라보고 두 발꿈치를 모아 꽁무니를 괴고 앉아서는 『동래박의』를 줄줄 외는 것이 마치 얼음판에 표주박 구르듯이 해야 하며, 굶주림과 추위를 참고 견딜 것이며 가난하다는 말을 입 밖에 내서는 안 된다.

이를 마주쳐 소리를 내며 주먹으로 뒤통수를 가볍게 두드리고, 기침은 잦게 하며 침을 입안에 머금고 울걱울걱하여 가볍게 양치질하듯 한 뒤 삼켜야 한다. 털로 짠 갓을 옷소매로 쓸어서 먼지를 떨어내고 물결무늬를 일으켜야 한다. 세수할 때 주먹을 쥐고 벼르듯이 너무 얼굴을 문지르지 말아야 하며 양치질을 하여 입 냄새를 없게 해야 한다. 긴소리로 계집종을 부를 것이며, 신 뒤축을 끌듯 느릿느릿하게 걸어야 한다. 『고문진보』나 『당시품휘』를 베끼는데, 깨알같이 한 줄에 100자씩 쓴다. / (중략)"

(중략)

고을 아전 중 으뜸인 호장이 읽기를 마치자 부자는 낙태한 고양이 상으로 몹시 슬프게 한참을 생각하다 말했다.

"양반이 다만 이것뿐입니까? 제가 듣기로 양반은 신선과 같다던데, 정말로 이렇다면 관에서 제 재산을 모조리 가져간 것이 너무 심하옵니다. 원하오니 좀 더 잇속이 나도록 고쳐 주시기 바랍니다." / 그래서 다시 ⓑ문권을 고쳐 만들었는데 이러하였다.

"하늘이 백성을 낼 때 오직 사·농·공·상 네 부류였다. 이 네 부류의 백성 중 가장 귀한 것을 '선비'라 부른다. 이들을 곧 양반이라 칭하는데 잇속으로 따지면 막대하다.

밭을 갈지도 않고 장사를 하지 않아도 책권이나 조금 훑으면 크게는 문과에 오르고 적어도 진사*는 할 수 있다. 문과에 급제하여 받는 홍패*라는 것은 두 자에 불과하지만 여기에는 온갖 것이 갖추어져 있으니 그야말로 돈주머니와 같다. 나이 서른에 진사에 올라 첫 벼슬살이를 해도 오히려 이름난 음관*이 되고 웅남행*으로 잘 섬겨지기도 한다. / (중략)

빈궁한 선비 되어 시골에 살망정 오히려 모든 것을 제 마음대로 할 수 있다. 이웃의 소를 끌어다가 자기 밭을 먼저 갈고, 마을의 어리석은 백성들을 불러다가 김을 매게 한들, 그 누가 감히 나를 업신여기랴. 저들의 코에 잿물을 들이붓고 상투를 잡아매며 수염을 잡아 뽑은들 감히 원망할 자가 없다. ……"

부자는 문권을 만드는 중에 혀를 차며 말했다.

"그만두시오, 그만둬. 참으로 맹랑합니다그려. 장차 나를 도적놈으로 만드시려는 게요!" / 부자는 머리를 이리저리 흔들면서 가 버렸다.

그는 죽을 때까지 다시는 양반의 일에 대한 말을 입에 올리지 않았다고 한다.

작품 구조도

1차 양반 매매 증서	2차 양반 매매 증서
양반이 지켜야 할 의무	양반이 누리는 특권
형식에 얽매인 양반의 허례허식 비판	양반들의 부당한 특권과 횡포 비판

양반의 무능력과 위선에 대한 비판, 풍자

1 윗글에 나타난 '군수'의 역할로 가장 적절한 것은? ○ 8448-0274

① 양반이 빌려 간 환곡을 갚을 때까지 기다리다가 결국 양반에게 해결책을 알려 준다.
② 부자에게 양반이 해야 할 일과 권리 등을 문서로 써 주려다가 결국 말로 전달한다.
③ 양반 매매가 공정하게 되도록 주선하다가 결국 부자가 양반 되기를 포기하도록 한다.
④ 부자와 양반 사이의 송사를 비공개로 진행하려다가 결국 공개적으로 진행하도록 한다.
⑤ 부자가 지혜로운 양반의 자격을 갖추었다고 믿었다가 결국 그렇지 않다는 것을 밝힌다.

2 ⓐ와 ⓑ의 내용에 대한 설명으로 적절하지 <u>않은</u> 것은? ○ 8448-0275

① ⓐ에는 양반이 지켜야 할 의무가 기록되어 있다.
② ⓑ에는 양반이 누릴 수 있는 특권이 제시되어 있다.
③ ⓐ와 달리 ⓑ에서는 문건을 작성하는 목적을 밝히고 있다.
④ ⓑ와 달리 ⓐ에서는 문건을 작성한 날짜를 기록하고 있다.
⑤ ⓐ와 ⓑ 모두 양반과 관련된 명칭에 대해 언급하고 있다.

3 〈보기〉를 바탕으로 윗글을 이해한 내용으로 적절하지 <u>않은</u> 것은? ○ 8448-0276

> ─┤ 보기 ├─
> 　이 작품은 양반 계층이 몰락하고 신분 질서가 흔들리던 당시 사회상을 반영함으로써 양반 계층의 무능함을 비판하고 있다. 또한 특권 의식을 지니고 횡포를 부리는 양반을 통렬하게 풍자하고 있으며, 이와 더불어 양반의 특권 의식을 선망하여 신분 상승을 노리는 평민 계급에 대한 비판 의식도 드러내고 있다.

① '성품이 어질고 책 읽기를 몹시 좋아'하는 양반을 가두려는 관찰사는 특권 의식을 지니고 횡포를 부리는 양반을 대표한다.
② '가난하여 환곡을 갚을 수 없'는 처지에 몰린 양반은 몰락한 양반 계층을 상징하는 인물이다.
③ '양반, 양반은커녕 일 전어치도 안 되는구려.'라는 양반 아내의 말은 양반 계층의 무능함을 부각한다.
④ '양반은 비록 가난하지만 늘 존귀하고 영화롭'다고 생각하는 부자는 양반의 특권 의식을 선망하여 신분 상승을 노리는 평민 계급을 상징한다.
⑤ '양반을 팔아서 이 값으로 꾸어다 먹은 환곡을 갚았으니 이제부터는 마을의 부자가 양반'이라는 말에는 신분 질서가 흔들리고 있는 당시 사회상이 드러난다.

서술형

1 양반에 대한 비판 의식을 가장 직접적으로 나타낸 단어를 부자의 말에서 찾아 쓰시오. ○ 8448-0277

01 심청전(沈淸傳) 작자 미상

작품 안 갈래 : 판소리계 소설　**성격** : 교훈적, 비현실적　**주제** : 부모에 대한 지극한 효성

작품 밖 전래 설화를 바탕으로 한 판소리계 소설로, 부친의 눈을 뜨게 하기 위해 목숨을 바치는 효녀 심청을 통해 유교의 근본 사상인 효를 강조하면서도 불교의 인과응보 사상을 보여 주고 있다.

작품의 짜임

발단	• 심 봉사와 곽 씨 부인은 기이한 태몽을 꾸고 심청을 낳지만, 곽 씨 부인은 심청을 낳고 7일 만에 죽고, 심 봉사는 동냥젖을 먹여 심청을 키움. • 심청은 자라서 심 봉사를 극진하게 봉양함.
전개	• 물에 빠진 심 봉사를 구해 준 몽은사 중이 공양미 삼백 석을 시주하면 눈을 뜰 수 있다고 하자, 심 봉사는 시주를 약속함. • 심청은 공양미를 마련하기 위해 남경 상인에게 인당수 제물로 자신의 몸을 팔고, 제물로 가는 날이 되어 심 봉사와 이별함.(교재 수록 부분)
위기	인당수에 몸을 던진 심청은 용왕의 도움으로 어머니 곽 씨 부인과 재회하고, 인간 세계로 환생함.
절정	연꽃에 싸여 환생한 심청은 천자의 황후가 되고, 심청은 아버지를 그리워하며 맹인 잔치를 벌임.
결말	맹인 잔치에 참석한 심 봉사는 심청과 재회하여 눈을 뜨고 여생을 행복하게 삶.

어휘 풀이

* 망종 : 일의 마지막.
* 조종 : 죽은 사람을 애도하는 뜻으로 치는 종.
* 향화 : 향을 피운다는 뜻으로, 제사를 이르는 말.
* 불승영모 : 길이 사모하는 마음이 북받쳐 참지 못함. 돌아가신 부모를 생각할 때나 제사 때 축문에 많이 쓰이는 말임.
* 기색 : 심한 흥분이나 충격으로 호흡이 일시적으로 멎음.

[앞부분 줄거리] 심 봉사의 아내 곽 씨 부인은 심청을 낳고 7일 만에 죽고, 심 봉사는 동냥젖을 얻어먹이며 심청을 키운다. 심청은 15세에 이르러 밥을 동냥하여 심 봉사를 봉양한다. 심 봉사는 몽은사의 승려를 만나 부처님께 쌀 삼백 석을 공양하면 눈을 뜰 수 있다는 말을 듣고 시주를 약속한다. 심청은 아버지가 약속한 공양미를 마련하기 위해 남경 상인에게 인당수 제물이 되기로 한다.

　어느덧 동방이 밝아 오니, 심청이 저의 부친 진지나 망종* 지어 드리리라 하고 문을 열고 나서니, 벌써 선인들이 사립 밖에서 하는 말이,

　"오늘이 행선(行船) 날이오니 쉬이 가게 하옵소서."

하거늘, 심청이 이 말을 듣고 얼굴에 빛이 없어지고, 사지(四肢)의 맥이 없어, 목이 메고 정신이 어질하여 선인들을 겨우 불러,

　"여보시오 선인님네, 나도 오늘이 행선 날인 줄 이미 알거니와 내 몸 팔린 줄을 우리 부친이 아직 모르시오니, 만일 아시게 되면 지레 야단이 날 것이니 잠깐 지체하옵소서. 부친 진지나 망종 지어 잡수신 연후에 말씀 여쭙고 떠나게 하오리다." / 하니, 선인들이,

　"그리하옵소서." / 하였다.

　심청이 들어와 눈물로 밥을 지어 부친께 올리고 상머리에 마주 앉아 아무쪼록 진지 많이 잡수시게 하느라고 자반도 떼어 입에 넣고, 김쌈도 싸서 수저에 놓으며,

　"진지를 많이 잡수시오." / 심 봉사는 철도 모르고,

　"야, 오늘은 반찬이 매우 좋구나. 뉘 집 제사 지냈느냐?"

　그날 꿈을 꾸니, 이는 부자간 천륜이라 몽조(夢兆)가 있는 것이었다.

　"아가 아가, 이상한 일도 있다. 간밤에 ㉠꿈을 꾸니, 네가 큰 수레를 타고 한없이 가 보이니, 수레라 하는 것이 귀한 사람이 타느니라. 우리 집에 무슨 좋은 일이 있을까 보다. 그렇지 아니하면 장 승상 댁에서 가마 태워 가려는가 보다."

　심청이 저 죽을 꿈인 줄 짐작하고 거짓,

　"그 꿈 참 좋사이다."

하고, 진짓상을 물려 내고, 담뱃대에 불을 붙여 드린 후에 그 진짓상을 대하여 먹으려 하니, 간장이 썩는 눈물은 눈으로 솟아나고, 부친 신세 생각하며 저 죽을 일을 생각하니, 정신이 아득하고 몸이 떨려 밥을 못 먹고 물린 후에, 심청이 사당에 하직차로 들어갈 제, 다시 세수하고 사당 문 가만히 열고 하직하는 말이,

　"불초(不肖) 여손(女孫) 심청이는 아비 눈 뜨기를 위하여 인당수 제물로 몸을 팔아 가오매, 조종* 향화*를 이로 좇아 끊게 되오니 불승영모(不勝永慕)* 하옵니다."

　울며 하직하고 사당 문 닫친 후에 부친 앞에 나아와 두 손을 부여잡고 기색(氣塞)* 하니, 심 봉사 깜짝 놀라,

　"아가 아가, 이게 웬일이냐? 정신 차려 말하여라."

심청이 여쭈오되,

"내가 불초여식이 아버지를 속였소. 공양미 삼백 석을 뉘라서 나를 주겠소. **남경 선인들에게 인당수 제수*로 내 몸을 팔아** 오늘이 떠나는 날이오니 나를 망종 보옵소서."

심 봉사 이 말을 듣고,

"참말이냐, 참말이냐? 애고애고, 이게 웬 말인고. 못 가리라 못 가리라. 너 날더러 묻지도 않고, 네 임의대로 한단 말이냐? 네가 살고 내가 눈 뜨면 그는 응당하려니와, 자식 죽여 눈을 뜬들 그게 차마 할 일이냐? 아내 죽고 자식 잃고, 내 살아서 무엇 하리. 너하고 나하고 함께 죽자. 눈을 팔아 너를 살 데 너를 팔아 눈을 뜬들 무엇을 보려고 눈을 뜨리. 어떤 놈의 팔자기에 사궁지수(四窮之首)* 된단 말인가! 네 이놈 상놈들아, 장사도 좋거니와 사람 사다 죽여 제하는 데 어디서 보았느냐? 하느님의 어지심과 귀신의 밝은 마음 앙화(殃禍)*가 없겠느냐? 차라리 나를 대신 데려가거라. 여보시오, 동네 사람들. 저런 놈들을 그저 두고 보오?"

심청이 부친을 붙들고 울며 위로하되,

"아버지, 하릴없소. 나는 이미 죽거니와 아버지는 눈을 떠서 대명천지(大明天地) 보고, 착한 사람을 구하여서 아들 낳고 딸을 낳아 아버지 후사(後嗣)나 전하고, 불초녀(不肖女)를 생각지 마옵시고 만수무강하옵소서."

선인들이 그 정상을 보고, 영좌(領座)*가 공론하되,

"심 소저의 효성과 심 봉사의 일생 신세를 생각하여 **봉사 굶지 않고 벗지 않게 한 모개*를 꾸며** 주면 어떠하오?" / "그 말이 옳다."

하며, 쌀 이백 석과 돈 삼백 냥이며, 백목·마포 각 한 동씩 동중에 들여놓고, 동인 모아 구별하되,

"이백 석 쌀과 삼백 냥 돈을 근실(勤實)한 사람 주어 성하게 길러 심 봉사를 공궤(供饋)*하되, 이백 석 중에 이십 석은 당년(當年) 양식 제하고, 나머지는 연년(年年)이 흩어 주어 장리로 취식(取息)*하면 양식이 넉넉하고, 백목·마포는 사절 의복 장만하오. 이 뜻으로 본관(本官)에 공문 내어 동중에 전하라."

구별을 다한 연후에 심 소저에게 가자고 하였다.

그때 무릉촌 장 승상 댁 부인이 그제야 이 말을 듣고 급히 시비를 보내어 심 소저를 청하거늘, 소저 시비를 따라가니, 승상 부인이 문밖에 내달아 소저의 손을 잡고 울며 왈,

[A] "네 이 무상한 사람아. 나는 너를 자식으로 알았더니, 너는 나를 어미같이 아니 아는구나. 백미 삼백 석에 몸이 팔려 죽으러 간다 하니 효성이 지극하다마는, 네가 살아 세상에 있어 하는 것만 같겠느냐. 나와 의논했으며 진작 주선하였지. **백미 삼백 석을 이제 내어 줄 것이니 선인들 도로 주고** 망령된 말 다시 말라."

하시니, 심 소저 여쭈되,

[B] "당초에 말씀 못 한 것을 이제야 후회한들 어찌하오리까. 또한 위친하여 공을 빌 양이면, 어찌 남의 무명색*한 재물을 빌려 오며, 백미 삼백 석을 도로 내어 주면 선인들 임시 낭패오니, 그도 또한 어렵사옵니다. 부인의 하늘 같은 은혜와 착하신 말씀은 지부(地府)*로 돌아가서 결초보은* 하오리다."

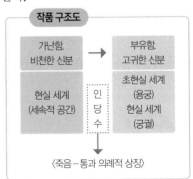

작품 구조도

가난함. 비천한 신분	→	부유함. 고귀한 신분
현실 세계 (세속적 공간)	인당수	초현실 세계 (용궁) 현실 세계 (궁궐)

〈죽음−통과 의례적 상징〉

1 윗글에 대한 설명으로 적절하지 <u>않은</u> 것은?

○ 8448-0278

① 편집자적 논평이 드러나 있다.
② 구체적인 배경 묘사로 사실감을 주고 있다.
③ 시간의 흐름에 따라 사건이 진행되고 있다.
④ 서술자가 인물의 심리를 직접적으로 제시하고 있다.
⑤ 인물 간의 대화를 통해 갈등 양상이 드러나고 있다.

2 [A]와 [B]를 비교하여 이해한 것으로 가장 적절한 것은?

○ 8448-0279

① [A]와 [B] 모두 상대방의 처지를 이해하는 마음이 드러나 있다.
② [A]와 [B] 모두 제삼자의 입장을 배려하는 생각을 전달하고 있다.
③ [A]는 문제의 원인을, [B]는 문제의 해결책을 제시하고 있다.
④ [A]에는 상대의 행위에 대한 아쉬움이, [B]에는 상대에 대한 고마움이 나타나 있다.
⑤ [A]는 지난 잘못에 대한 후회를, [B]는 지난 결과에 대한 미련을 드러내고 있다.

3 〈보기〉를 바탕으로 윗글을 감상한 내용으로 적절하지 <u>않은</u> 것은?

○ 8448-0280

┤ 보기 ├

　유교적 가치관을 주제로 한 이 작품은 선인과 악인의 대결 대신 주인공이 어려움을 극복해 가는 과정을 중심으로 사건이 전개된다. 심청은 눈먼 아버지를 위해 궂은일을 하며 밥을 얻어 봉양하고, 아버지의 눈을 뜨게 하기 위해 자신의 몸을 팔아 인당수에 뛰어들지만, 결국 황후가 되어 아버지의 눈을 뜨게 하고 부귀영화를 누리게 된다.

① '야, 오늘은 반찬이 매우 좋구나. 뉘 집 제사 지냈느냐?'라는 심 봉사의 말에서 심청이 아버지를 위해 밥을 얻어 봉양하며 살아왔음을 짐작할 수 있군.
② '조종 향화를 이로 좇아 끊게 되오니 불승영모하옵니다.'라고 말하는 심청을 통해 유교적 가치관을 중요시하는 모습을 확인할 수 있군.
③ '남경 선인들에게 인당수 제수로 내 몸을 팔아' 떠나려는 심청의 행동은 아버지의 눈을 뜨게 하기 위한 것임을 알 수 있군.
④ '봉사 굶지 않고 벗지 않게 한 모개를 꾸며' 주려는 선인들의 모습에서 선인들이 심청과 대립하는 악인은 아니라는 것을 알 수 있군.
⑤ '백미 삼백 석을 이제 내어 줄 것이니 선인들 도로 주고'는 심청이 결국 어려움을 극복하여 부귀영화를 누리게 될 것임을 암시한다고 볼 수 있겠군.

서술형

1 ㉠의 의미를 심 봉사와 심청은 각각 어떻게 해석하고 있는지 서술하시오.

○ 8448-0281

6. 국문 소설

02 서동지전(鼠同知傳) 작자 미상

➡ **작품 안** **갈래** : 풍자 소설, 송사 소설 **성격** : 우화적, 교훈적 **주제** : 배은망덕한 처사 비판, 아량 있는 태도 권장

⬅ **작품 밖** 쥐를 의인화한 우화 소설로서 표면상으로 선악형 인물의 대립을 통해 권선징악이라는 도덕적 진리를 주제로 하면서도 이면적으로는 전근대적 정치 · 윤리 · 경제 체제에 대한 근대 지향적 태도를 보이고 있다.

작품의 짜임

발단	서대주는 당 태종 때 큰 공을 세워 벼슬을 얻고 잔치를 엶.
전개	• 다람쥐가 잔치에 찾아와 서대주에게 딱한 사정을 호소하고 양식을 얻어 감. • 겨울이 되어 다람쥐는 서대주에게 다시 양식을 구걸하지만 서대주는 종족의 사정을 들어 거절하고, 다람쥐는 이에 앙심을 품음.
위기	다람쥐는 백호산군에게 거짓 소송장을 올리고, 이를 만류한 다람쥐의 아내는 다람쥐를 버리고 집을 나감.
절정	• 다람쥐의 소송장을 읽은 백호산군은 서대주를 잡아오게 하여 사실을 조사함. • 다람쥐의 고발이 거짓임을 알게 된 백호산군은 다람쥐를 유배 보내고 서대주는 석방함.(교재 수록 부분)
결말	• 서대주는 다람쥐를 불쌍히 여겨 백호산군에게 풀어 줄 것을 간청함.(교재 수록 부분) • 서대주의 은덕으로 풀려난 다람쥐는 자신의 잘못을 반성함.

어휘 풀이

* **우근진소지의사단** : 이상과 같이 삼가 아뢴 소지의 일이즉.
* **의신** : 자신을 낮추어 이르는 말.
* **생어사장어사** : 이곳에서 나서 이곳에서 자람.
* **용우** : 못나고 어리석음.
* **졸직** : 성격이 고지식하고 융통성이 없음.
* **명철보신** : 이치에 밝고 분별력이 있어 적절한 행동으로 자신을 잘 보전한다는 뜻.
* **배달돌입** : 주인의 허락 없이 함부로 들어감.

다람쥐 허리를 구부리고 머리를 숙이며 형졸을 따라 백호궁 전정(殿庭)에 이르러 전후좌우의 위의(威儀)가 범상치 아니한지라. 감히 우러러 쳐다보지도 못하고 숨을 나직이 하여 복지대령(伏地待令)하였더니, 이윽고 전상(殿上)으로부터 형부 관원이 나와 소지를 바삐 올리라 하거늘, 다람쥐 품속에서 일장 소지를 내어 두 손으로 받들어 올리니 백호산군이 그 소지를 받아 본즉 사연에 가로되,

"우근진소지의사단*은 의신*이 본래 낙서동에서 생어사장어사* 하여 천성이 용우*하고 마음이 졸직*하온 바, 항상 굴문을 나가는 바 없고 밖으로는 강근한 친척 없으며 오척에 동자 없고 척신(隻身)이 고고하여 다만 미천한 계집과 약한 자식과 더불어 낮이면 초산의 나무를 베며 신야의 밭을 갈고, 밤이면 탁군의 자리 치며 패택(沛澤)에 신을 삼고 춘하에 사렵(射獵)하며 추동에 독서하여 동서를 분간치 못하고 만수천산(萬水千山) 깊은 곳에 꽃을 보면 봄철을 짐작하고, 잎을 보면 여름을 깨닫고, 낙엽으로 추절을 양도(量度)하며, 상설(霜雪)로 동절을 알아 문호의 명철보신(明哲保身)*으로 일삼고 청운의 공명을 기약치 아니하여 부귀를 뜻하지 아니하고 천수만목(千樹萬木)의 열매를 거두어 양식을 자뢰하여 일일재식(一日再食)을 계산하옵더니, 천만 의외 거월(去月) 망야(望夜)에 구궁산 팔래동에 거하는 서대주 놈이 노복 쥐 수십 명을 데리고 모야삼경(某夜三更)에 의신의 집에 불문곡직하고 배달돌입* 하여 천봉만학에 흐르는 생률과 고봉준령에 떨어진 백자를 천신만고하여 주우며 거두어 풍한설절에 깊은 엄동을 보전코자 저축한 양미 수십여 석을 탈취하여 가며 오히려 의신을 무수난타(無數亂打)하온즉 의신의 슬픈 정세는 땅 없는 이매(魑魅)요 망량(魍魎)*이라. 호천함지(昊天陷地)에 호소무처(呼訴無處)인 고로 지원극통(至冤極痛)하여 한 조각 원정을 지어 가지고 엎드려 백호산군 명정지하(明政之下)에 올리옵나니 복걸(伏乞) 참상교시* 후에 장차*를 발하사 이 같은 서대주 놈을 성화착래(星火捉來)하고 엄형중치(嚴刑重治)하여 잔약한 의신의 잃어버린 양미를 찾아 주옵소서. 혈혈무의(孑孑無依)한 잔명이 함한원사(含恨冤死)함이 없게 하옵심을 천만망량위백지위* 라 산군주 처분이라. 무진 정월일 소지라."

하였거늘 백호산군이 남필(覽畢)에 제사(題辭)*를 불러 왈,

"대개 만물의 경중을 알고자 할진대 저울만 같음이 없고 송사의 곡직을 알고자 할진대 양언(兩言)을 들음만 같음이 없나니 일 편의 말만 듣고 선불선(善不善)을 가볍게 판결치 못할지라. ⊙소진(蘇秦)의 말로써 진나라를 배반함이 어찌 옳다 하며, 장의(張儀)의 말로써 진나라를 섬김이 어찌 그르다 하리오. 소장(蘇張)* 양인의 말을 같이 들은 연후에야 종횡(縱橫)을 쾌히 결단하리니, 다람쥐는 아직 옥으로 내리고, 서대주를 즉각 착래* 하여 상대한 연후에 가히 변백* 하리라."

한번 제사하매 오소리 와 너구리 두어 형졸로 하여금 서대주를 빨리 잡아 대령하라 분부하니라.

두 짐승이 청령(廳令)하고 나오는데 오소리가 너구리에게 일러 왈,

* 땅 없는 이매요 망량 : 제대로 힘을 쓸 수 없음.
* 참상교시 : 참고하여 헤아리옵신.
* 장차 : 원님이나 감사가 심부름을 보내던 사람.
* 천만망량위백지위 : 간절히 바라옵나이다.
* 제사 : 소상에 내해 내리던 판결이나 지령.
* 소장 : 소진과 장의를 아울러 이르는 말.
* 착래 : 붙잡아 옴.
* 변백 : 옳고 그름을 가려 사리를 밝힘.
* 패자 : 지위가 높은 사람이 낮은 사람에게 권한을 위임하던 문서.
* 전례 : 돈을 뇌물로 주는 일.
* 여성대호 : 성이 나서 큰 소리로 부름.
* 정소 : 소장, 고장, 소지 따위를 관청에 제출함.
* 천촉 : 가쁘게 숨을 쉬면서 헐떡거림.
* 한출첨배 : 몹시 부끄럽거나 무서워서 흐르는 땀이 등을 적심.
* 황황망조 : 몹시 급하여 허둥대며 어찌할 바를 모름.
* 재하자는 유구무언 : 아랫사람은 윗사람과 논쟁하지 못함.
* 죄당만사 : 죄는 만 번 죽어 마땅함.
* 뇌정지하 : 천둥과 벼락같이 엄하고 무서운 치하.
* 앙달 : 우러러 여쭘.
* 기군망상 : 군주를 속임.
* 만사무석 : 만 번 죽어도 아까울 것이 없음.
* 파부증 소려사 : 솥과 시루를 부수고 막사를 불태움. 진나라와의 전투에서 결사 항전의 의지를 보이기 위해 항우가 행한 일.
* 노승발검 : 사소한 일에 화를 내거나 작은 일에 어울리지 않게 지나치게 큰 대책을 세우는 것을 비유적으로 이르는 말.
* 용대 : 용서.
* 언감망치 : 어찌 감히 잊어버릴 수 있을까?

"들으니 서대주 재물이 많으므로 심히 교만하매 우리 매양 괴악(怪惡)히 알아 벼르던 바이러니 오늘 우리에게 걸렸는지라. 이놈을 잡아 우리에게 시교(示驕)하던 일을 설분(雪憤)하고 또 패자* 전례*는 위에서도 아는 바라 수백 냥 아니면 결단코 놓지 말자."

하고 둘이 서로 약속을 정하고 호호탕탕하게 기운은 발호(跋扈)하고 예기(銳氣)는 맹렬하여 바로 구궁산 팔괘동에 이르러 토굴 밖에서 여성대호* 왈,

"서대주 정소*를 만나매 백호산군의 명을 받아 패자를 가지고 잡으러 왔으니 서대주는 빨리 나오고 지체치 말라."

독촉이 성화 같은지라. 비복 쥐들이 이 말을 듣고 혼백이 비월(飛越)하여 급히 들어가서 서동지에게 연유를 보하는데, 호흡이 천촉*하고 한출첨배*하는지라. 모든 쥐들이 이를 보고 눈이 둥그레지고 두 귀 발록하여 황황망조*하거늘 서동지 왈,

"너희들은 놀라지 마라. ⓛ옛날 말에 일렀으되 칼이 비록 비수나 죄 없는 사람은 해치지 못한다 하였으니 우리 본래 죄를 범한 바 없는지라. 무엇이 두려우리오?"

(중략)

백호산군이 서대주의 소지를 본 후 말이 없더니, 이윽고 제사를 부르니 그 제사에 왈,

"예로부터 일렀나니 재하자(在下者)는 유구무언(有口無言)*이거늘 당돌히 위를 범하여 나의 덕화 없음을 꾸짖으니 죄당만사*라. 그러나 인군이 어질어야 신하 곧다 하였나니 ⓔ위(魏)나라 임좌는 그 인군 문후(文侯)의 그름을 말하였고, 하나라 신하 주운은 그 인군 성제(成帝)의 그름을 말하였더니, 너는 이제 내 무덕함을 말하니 너는 진실로 임좌와 주운이 되고, 나는 진실로 문후 성제 되리니 너같이 곧은 자 어찌 다람쥐의 양식을 도적하리오? 어불성설(語不成說)이니 다람쥐는 엄형정배(嚴刑定配)하고 서대주는 특위방송(特爲放送)하라."

제사 이미 내리니 서동지 일어나 다시 꿇어 왈,

"산군의 밝으신 정사를 입어 방송하심을 입사오니 황감무지하온지라. 다시 무엇을 고달하리이까마는 의신의 미천하온 하정(下情)을 감히 산군 뇌정지하*에 앙달*하옵나니, 다람쥐의 죄상을 의논하올진대 간교하온 말로써 생심(生心)하고 기군망상(欺君罔上)*하온 일은 만사무석*이요 죽어도 죄가 남겠으나, 헤아리건대 ⓔ다람쥐는 일개 작은 짐승으로 기갈이 몸에 이르고 빈곤이 처자에 미치매 살고자 하오나 살기를 구치 못하고 죽고자 하나 또한 구하기 어려우매 파부증 소려사* 하던 항우(項羽)의 군사라. ㉮다만 죽기를 달게 여기고 살기를 원치 않는 고로 방자히 산군께 위엄을 범하오나 오히려 생각하올진대 가련한 바이어늘 다람쥐로 하여금 중형으로 다스릴진대 이는 죽은 자를 다시 침이요, 오히려 노승발검(怒蠅拔劍)*이오니 복망(伏望) 산군은 뇌정의 위엄을 거두사 다람쥐로 하여금 쇠잔한 명을 용대*하고 하택의 덕을 끼치사 일체 방송하시면 호천지덕(昊天之德)을 지하에 돌아간들 언감망치* 하오리까? 찰지찰지(察之察之)하심을 바라고 바라나이다."

산군이 듣기를 다하매 길이 탄식하여 왈,

"기특하도다 이 말이여. ⓜ다람쥐의 악함으로 서대주의 선을 누르고자 하니 진소위(眞所謂) 반딧불로 하여금 월광을 가리고자 함이라. 서대주의 선언(善言)을 좇아 다람쥐를 방송하나니 돌아가 서대주의 선심을 본받으라."

하고 인하여 방송하니 다람쥐가 백배사은하고 만사치사한 후 물러가니라.

백호산군과 녹판관 저판관이며 모든 하리 등이 서대주의 인후함을 못내 칭송하더라.

작품 구조도

〈전근대적 인물형〉	다람쥐	남에게 의존하며 살아가려 하고, 아내의 올바른 충고를 무시하는 봉건적 사고방식과 권위 의식에 젖어 있음.
		↕
〈근대적 인물형〉	서대주	다람쥐를 용서하고 관용을 베풀 줄 아는 후덕함과 상황에 따라 뇌물을 쓰기도 하는 현실성을 지님.
	계집 다람쥐	올바른 충고를 듣지 않는 남편을 버리고 집을 나옴으로써 봉건적 사고방식에서 벗어나려 함.

실력 다지기

정답과 해설 57쪽

1 ㉠~㉤에 담긴 의미를 설명한 내용으로 적절한 것은?　◉ 8448-0282

① ㉠: 공정한 재판을 내린 인물들을 언급하여 공정성의 중요함을 나타낸 것이다.
② ㉡: 판결을 바르게 하지 못하면 죄인이 될 수도 있음을 경계한 것이다.
③ ㉢: 과거의 훌륭한 성군에 견주어 자신이 더 뛰어난 임금임을 드러낸 것이다.
④ ㉣: 전쟁에서 패배한 군사의 모습에 비추어 상대방의 초라함을 부각한 것이다.
⑤ ㉤: 약함과 강함의 대비를 통해 악행이 선행을 이길 수 없음을 강조한 것이다.

2 오소리 에 대한 설명으로 적절하지 않은 것은?　◉ 8448-0283

① 서대주가 매우 부유하다고 생각하고 있다.
② 서대주에게 거액의 뇌물을 받자고 작정하고 있다.
③ 평소에 서대주가 자신들을 무시했다고 여기고 있다.
④ 이번 기회에 서대주에게 복수하겠다고 다짐하고 있다.
⑤ 서대주가 큰 잘못을 저지른 죄인이라고 확신하고 있다.

3 〈보기〉는 윗글의 서사 과정을 도식화한 것이다. 〈보기〉의 ⓐ~ⓒ에 대한 이해로 적절하지 않은 것은?　◉ 8448-0284

┤ 보기 ├

사건의 동기	사건의 발생	송사 제기	송사 과정	송사 결과
다람쥐가 경제적으로 궁핍함.	다람쥐가 서대주에게 앙심을 품음.	ⓐ	ⓑ	ⓒ

① ⓐ: 다람쥐는 부귀공명을 탐하지 않고 열심히 일하며 살아왔다고 주장했다.
② ⓐ: 다람쥐는 서대주가 아무 이유 없이 자신의 재산을 빼앗았다고 주장했다.
③ ⓑ: 백호산군은 양쪽의 말을 함께 들어야 한다는 이유로 서대주를 호출했다.
④ ⓑ: 서대주는 소지를 통해 백호산군은 덕화가 없다는 내용을 언급했다.
⑤ ⓒ: 서대주는 백호산군이 내린 판결에 잘못된 부분이 있다고 지적했다.

서술형

1 ㉮에서 알 수 있는 서대주의 성품을 요약하여 서술하시오.　◉ 8448-0285

03 장끼전 작자 미상

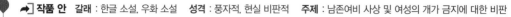

➡ **작품 안** 갈래 : 한글 소설, 우화 소설 　성격 : 풍자적, 현실 비판적 　주제 : 남존여비 사상 및 여성의 개가 금지에 대한 비판

⬅ **작품 밖** 「장끼타령」이라는 판소리로 불리다가 그 전승이 끊어지고 가사만 남아 소설화된 작품이다. 꿩을 의인화한 우화 소설로 거의 전체가 낭독에 적합한 3·4조의 율문체로 되어 있으며 해학성이 잘 드러나 있다.

작품의 짜임

발단	굶주린 장끼가 가족들과 함께 먹을 것을 찾아 들판을 헤맴.
전개	먹이를 찾던 장끼는 콩 한 알을 발견함.
위기	까투리는 불길한 꿈 이야기와 중국의 고사를 인용하며 콩을 먹으려는 장끼를 말리지만, 장끼는 고집을 부리고 콩을 먹으려다 덫에 치임.(교재 수록 부분)
절정	장끼는 까투리에게 수절할 것을 유언으로 남기고 죽고(교재 수록 부분) 까투리는 장끼의 깃털을 주워 와 장례를 치름.
결말	까투리는 홀아비 장끼의 청혼을 받아들여 개가하고, 자식들을 모두 혼인시킨 후 물에 들어가 조개가 됨.

어휘 풀이
* **잔디찰방** : 장끼가 벼슬이나 출세를 말하며 콩을 먹겠다고 하자 까투리가 강력하게 경고하기 위해 재치 있게 지어 낸 벼슬 이름.
* **수망** : 벼슬아치를 임명하기 위해 이조와 병조에서 올리는 세 사람의 후보자 중 한 사람.
* **황천부사** : 장끼에게 강력하게 경고하기 위해 만든 죽음과 관련된 벼슬 이름.
* **기경상천** : 이백이 술에 취해 물에 비친 달을 따려다 익사한 후 고래를 타고 하늘에 올랐다는 전설에서 나온 말.
* **성붕지통** : 남편의 죽음을 맞은 부인의 슬픔을 이르는 말.

[앞부분 줄거리] 보라매, 포수에 쫓긴 장끼는 엄동설한에 까투리와 아들딸을 거느리고 들판으로 나온다. 먹을 것을 찾아 들판을 헤매다가 콩 한 알을 발견한 장끼는 이것을 먹으려고 한다.

㉮까투리 하는 말이,

"그 콩 먹고 잘된단 말은 내 먼저 말하오리다. 잔디찰방(察訪)* 수망(首望)*으로 황천부사(黃泉府使)* 제수(除授)하여 청산을 영이별(永離別)하오리니 내 원망은 부디 마소. 고서(古書)를 볼 양이면 고집불통(固執不通) 과하다가 패가망신(敗家亡身) 몇몇인고? 진시황(秦始皇)의 몹쓸 고집 부소(扶蘇)의 말 듣지 않고 민심 소동(民心騷動) 사십 년에 이세(二世) 때에 실국(失國)하고, 초패왕(楚覇王)의 어리석은 고집 범증(范增)의 말 듣지 않다 팔천 제자(八千弟子) 다 죽이고 무면도강동(無面渡江東)하여 자문이사(自刎而死)하여 있고, 굴삼려(屈三閭)의 옳은 말도 고집불통하다가 진무관(秦武關)에 군이 갇혀 가련공산(可憐空山) 삼혼(三魂) 되어 강상(江上)의 우는 새 어복충혼(魚腹忠魂) 부끄럽다. **자네 고집 과하다가 오신명(誤身命) 하오리다.**"

㉯장끼란 놈 하는 말이,

"콩 먹고 다 죽을까? 고서(古書)를 볼작시면 콩 태(太) 자 든 이마다 오래 살고 귀히 되나니라. 태곳적 천황씨(天皇氏)는 일만 팔천 세를 살아 있고, 태호 복희씨(太昊伏羲氏)는 풍성이 상승(相承)하여 십오 대를 전해 있고, 한 태조(漢太祖) 당 태종(唐太宗)은 풍진세계(風塵世界) 창업지주(創業之主) 되었으니, 오곡백곡(五穀百穀) 잡곡 중에 콩 태 자가 제일이라. 궁팔십(窮八十) 강태공(姜太公)은 달팔십(達八十) 살아 있고, 시중천자(詩中天子) 이태백(李太白)은 기경상천(騎鯨上天)*하여 있고, 북방의 태을성(太乙星)은 별 중의 으뜸이라. 나도 **이 콩 달게 먹고 태공같이 오래 살고 태백같이 상천(上天)하여 태을선관(太乙仙官) 되오리라.**"

까투리 홀로 경황없이 물러서니, 장끼란 놈 거동 보소, 콩 먹으러 들어갈 제 열두 장목 펼쳐 들고 꾸벅꾸벅 고개 쪼아 주춤주춤 들어가서 반달 같은 혀 부리로 들입다 꽉 찍으니, 두 고패 둥그러지며 머리 위에 치는 소리 박랑사중(博浪沙中)에서 저격 시황(狙擊始皇)하다가 버금 수레 맞추는 듯 '와지끈뚝딱', '푸드덕푸드덕' 변통 없이 치었구나. / 까투리 하는 말이,

"저런 광경 당할 줄 몰랐던가! **남자라고 여자의 말 잘 들어도 패가(敗家)하고, 계집의 말 안 들어도 망신(亡身)하네.**"

까투리 거동 볼작시면, 상하 평전(上下平田) 자갈밭에 자락 머리 풀어 놓고 당글당글 구르면서 가슴 치고, 일어나 앉아 잔디 풀을 쥐어뜯어 애통하며 두 발로 구르면서 성붕지통(城崩之痛)* 극진하니, 아홉 아들 열두 딸과 친구 벗님네도 불상타 의논하며 조문 애곡(弔問哀哭)하니 가련 공산(可憐空山) 낙목천(落木天)에 울음소리뿐이로다.

까투리 슬픈 중에 하는 말이,

"공산야월(空山夜月) 두견성(杜鵑聲)은 슬픈 회포(懷抱) 더욱 슬프다. 통감(通鑑)에 이르기

를 '독약(毒藥)이 고구(苦口)나 이어병(利於病)이요, 충언(忠言)이 역이(逆耳)나 이어행(利於行)이라.' 하였으니 자네도 내 말 들었으면 저런 변 당할쏜가? 답답하고 불쌍하다. 우리 양주 좋은 금슬 누구에게 말할쏘냐? 슬피 서서 통곡하니 눈물은 못이 되고, 한숨은 풍우(風雨) 된다. 가슴에 불이 붙네, 이내 평생 어찌할꼬?"

장끼 거동 볼작시면 차위* 밑에 엎드려서,

"에라 이년 요란하다. 후환을 미리 알면 산에 갈 이 뉘 있으리. 선미련(先未練) 후실기(後失期)*라. 죽는 놈이 탈 없이 죽으랴? 사람도 죽기 살기를 맥(脈)으로 안다 하니, **나도 죽지 않겠나 맥이나 짚어 보소.**" / 까투리 대답하고 이른 말이,

"비위맥(脾胃脈)이 거절(去絕), 간맥(肝脈)은 서늘하고, 태충맥(太沖脈)은 걷어 가고, 명맥(命脈)은 끊어져 가네. 애고 이게 웬일이오? 원수로다 원수로다. 고집불통 원수로다."

장끼란 놈 하는 말이, / "**맥은 그러하나 눈청을 살펴보소. 동자부처* 온전한가.**"

까투리 한숨 쉬고 살펴보며 이른 말이,

[A]

"이제는 속절없네. 저편 눈의 동자부처 첫새벽에 떠나가고, 이편 눈의 동자부처 지금 떠나가려고 파랑 보에 봇짐 싸고, 곰방대 붙여 물고 길목버선 감발하네. 애고애고 이내 팔자 이다지 기박한가, 상부(喪夫)도 자주 한다. 첫째 낭군 얻었다가 보라매게 채여 가고, 둘째 낭군 얻었다가 사냥개게 물려 가고, 셋째 낭군 얻었다가 살림도 채 못 하고 포수에게 맞아 죽고, 이번 낭군 얻어서는 금슬도 좋거니와 아홉 아들 열두 딸을 낳아 놓고 남혼여가(男婚女嫁)* 채 못 하여 구복(口腹)이 원수로 콩 하나 먹으려다 저 차위에 덜컥 치었으니 속절없이 영이별(永離別) 하겠구나. 도화살(桃花煞)을 가졌는가? 상부살(喪夫煞)을 가졌는가? 이내 팔자 험악하다. 불쌍토다 우리 낭군 나이 많아 죽었는가? 병이 들어 죽었는가? 망신살(亡身煞)을 가졌던가? 고집살(固執煞)을 가졌던가? 어찌하면 살려 낼꼬? 앞뒤에 섰는 자녀 뉘라서 혼취(婚娶)하며 복중(腹中)의 든 유복자(遺腹子)는 해산(解産) 구완 뉘라 할까? 운림초당(雲林草堂)* 너른 뜰에 백년초를 심어 두고 백년해로(百年偕老)하자더니 단 삼 년이 못 지나서 영결종천(永訣終天) 이별초(離別草)가 되었구나. 저렇듯이 좋은 풍신(風身) 언제 다시 만나 볼까? 명사십리(明沙十里) 해당화야, 꽃 진다 한(恨)을 마라. 너는 명년 봄이 되면 또다시 피려니와 우리 낭군 이번 가면 다시 오기 어려워라. 미망(未亡)일세 미망일세 이내 몸이 미망일세."

한참 통곡하니 장끼란 놈 반눈 뜨고,

[B]

"자네 너무 슬퍼 마소. 상부(喪夫) 잦은 네 가문에 장가가기 내 실수라. 이 말 저 말 잔말 마라. 사자(死者)는 불가부생(不可復生)이라. 다시 보기 어려우리니 나를 굳이 보려거든 명일 조반 일찍 먹고 차위 임자 따라가면, 김천 장에 걸렸거나 전주 장에 걸렸거나 청주 장에 걸렸거나, 그렇지 아니하면 감영도(監營道)나 병영도(兵營道)나 수령도(守令都)나 관청고(官廳庫)에 걸리든지, 봉물짐에 얹혔든지 사또 밥상 오르든지, 그렇지 아니하면 혼인집 폐백 건치(乾雉)* 되리로다. 내 얼굴 못 보아 슬퍼 말고 **자네 몸 수절하여 정렬부인 되옵소서.** 불쌍하다 불쌍하다 이내 신세 불쌍하다. 울지 마라 울지 마라. 내 까투리 울지 마라. 장부 간장(丈夫肝腸) 다 녹는다. 네 아무리 슬퍼하나 죽는 나만 불쌍하다."

1 윗글을 통해 알 수 있는 내용이 **아닌** 것은?

◐ 8448-0286

① 까투리는 장끼와의 금슬이 매우 좋다고 생각하고 있다.
② 장끼는 죽은 뒤 자신의 모습을 어느 정도 짐작하고 있다.
③ 까투리는 죽은 장끼의 뒤를 따라가겠다는 결심을 하고 있다.
④ 까투리는 아홉 이들 열두 딸 외에도 복중에 아이를 가지고 있다.
⑤ 장끼는 자신이 죽게 된 상황을 예측할 수 없었다고 확신하고 있다.

2 [A]와 [B]에 대한 설명으로 적절하지 **않은** 것은?

◐ 8448-0287

① [A]에서는 대조적인 소재를 통해 자신의 처지를 비관하고 있다.
② [A]에서는 과거의 경험을 떠올리며 위기 극복의 의지를 보이고 있다.
③ [B]에서는 상대방에게 책임을 전가하는 마음을 은연중에 내비치고 있다.
④ [A]와 [B] 모두 자신의 처지에 대한 연민의 태도를 드러내고 있다.
⑤ [A]와 [B] 모두 유사한 통사 구조를 열거하여 리듬감을 형성하고 있다.

3 〈보기〉를 바탕으로 윗글을 이해한 내용으로 적절하지 **않은** 것은?

◐ 8448-0288

> ┤ 보기 ├
>
> 윗글에 제시된 장면은 둘로 나눠 볼 수 있다. 첫째는 콩을 먹을 것인가에 대해 논쟁을 벌이는 상황을 통해 남성의 권위주의적인 태도를 비판적으로 드러내는 장면이고, 둘째는 남성 우월 의식에 대해 풍자하는 장면으로 덫에 치여 죽어 가는 모습을 해학적으로 그리고 있으며, 죽어 가면서도 가부장적 지위를 지키려 하는 장끼의 태도를 드러내고 있다.

① 까투리는 '자네 고집 과하다가 오신명 하오리다.'라고 하며 콩을 먹지 말라고 하고 있고, 장끼는 '이 콩 달게 먹고 태공같이 오래 살'겠다고 고집을 피우며 논쟁을 벌이고 있다.
② '고서를 볼작시면 콩 태 자 든 이마다 오래 살고 귀히 되느니라.'에서 장끼의 권위주의적인 태도를 비판적으로 드러내고 있다.
③ '남자라고 여자의 말 잘 들어도 패가하고, 계집의 말 안 들어도 망신하네.'에서 까투리는 남성 우월 의식에 대해 풍자하고 있다.
④ '나도 죽지 않겠나 맥이나 짚어 보소.', '맥은 그러하나 눈청을 살펴보소. 동자부처 온전한가.'에서 덫에 치여 죽어 가는 장끼의 모습을 해학적으로 그리고 있다.
⑤ '자네 몸 수절하여 정렬부인 되옵소서.'에서 죽어 가면서도 가부장적 지위를 지키려는 장끼의 태도를 드러내고 있다.

서술형

1 ㉮와 ㉯의 내용을 토대로 까투리와 장끼의 성격을 비교하여 서술하시오.

◐ 8448-0289

04 유충렬전(劉忠烈傳) 작자 미상

> **↱ 작품 안** 갈래 : 군담 소설, 영웅 소설 **성격** : 전기적, 영웅적 **주제** : 유충렬의 고난과 영웅적 행위를 통한 충효 실현
>
> **↰ 작품 밖** 영웅의 일대기를 그린 조선 후기의 대표적인 영웅·군담 소설로, 천상에서 지상으로 적강한 유충렬이 고난을 극복하고, 위기에 처한 국가를 구하고 무너진 가문을 일으킨다는 내용을 담고 있다.

작품의 짜임

발단	명나라의 고관인 유심은 산천에 기도하여 신이한 태몽을 꾸고 충렬을 낳음.
전개	간신 정한담은 유심을 모함하여 귀양을 보내고, 충렬은 강희주의 도움으로 위기를 벗어나고 그의 사위가 됨.
위기	강희주도 정한담에 의해 귀양을 가게 되고, 충렬은 광덕산의 도승을 만나 도술을 배우고, 갑, 용마, 보검을 얻음.
절정	정한담이 외적과 함께 반란을 일으켜 나라가 위기에 처하게 되자 충렬이 나타나 천자를 구해 내고 반란을 평정함.(교재 수록 부분)
결말	충렬은 반란군에게 잡혀간 황후, 태자 등을 구출하고, 부모와 아내, 장인을 구한 후에 높은 지위에 올라 부귀영화를 누림.

어휘 풀이
* 망기 : 나타나 있는 기운을 보아서 일의 조짐을 알아냄.
* 불승분기 : 분한 생각이나 기운을 억눌러 참아 내지 못함.
* 주류개걸 : 두루 돌아다니며 빌어서 먹음.
* 원찬 : 먼 곳으로 귀양을 보냄.

[앞부분 줄거리] 중국 명나라 때 정언주부 유심은 남악 형산에 치성을 드리고 영웅의 기상을 지닌 충렬을 낳아 기른다. 역심을 품은 정한담 일파가 유심을 모함하여 귀양을 보내고, 충렬은 죽음의 위기를 벗어나 승상 강희주의 도움을 받는다. 강희주마저 정한담에 의해 귀양을 가게 되고, 충렬은 도승을 만나 도술을 배운다. 정한담이 반란을 일으키자, 천자는 결국 항복하려 한다.

　각설. 이때 충렬이 금산성 아래에서 망기*하다 형세가 급한 것을 보고, 일광주와 용린갑(龍鱗甲)에 장성검을 높이 들고 천사마를 채찍해 바삐 명진으로 달려갔다. 중군소에 들어가 조정만에게 성명을 올려 싸우기를 청하데, 중군이 바삐 나와 손을 잡고 울며 왈,

　"그대 충성은 지극하나 지금 황상이 항복하려 하시고 또한 적진 형세가 저러하니, 그대 청춘이 전장 백골이 될 것이라. 원통하고 망극하다!"

하니, 충렬이 불승분기(不勝憤氣)*해 진문 밖으로 나와 먼저 벽력 같은 소리로 적장을 불러 왈,

　"이놈, 역적 정한담아! 남경 동성문 안에 사는 유충렬을 아느냐, 모르느냐. 바삐 나와 목을 들이라."

하는 소리가 양진을 뒤엎을 듯 천지 강산에 진동했다. 문걸이 대경해 돌아보니, 일광투구에 안채가 쏘이고 용린갑은 혼신을 감추었으며, 천사마는 비룡이 되어 운무 중에 싸이어 공중에서 소리만 나고 제 눈에는 보이지 아니하는지라. 창검만 높이 들고 주저주저하던 차에 벽력 같은 소리 끝에 장성검이 번뜩하며 정문걸의 머리 공중에 떨어졌다. 충렬이 문걸의 머리를 베어 들고 중군으로 돌아오니, 조정만이 대희해 엎어지듯이 진문 밖으로 급히 나와 충렬의 손을 잡고 들어왔다.

　이때 천자는 옥새를 목에 걸고 항서를 손에 들고 진문 밖으로 나가고 있었는데, 뜻밖에 호통 소리 나며 일원 대장이 문걸의 머리를 베어 들고 중군으로 들어오는지라. 대경대희해 중군을 급히 불러 왈,

　"적장 벤 장수 성명이 무엇이냐? 바삐 입시(入侍)토록 하라."

하니, 충렬이 말에서 내려 천자께 복지한대, 천자 급히 문 왈,

　"그대는 뉘신데 죽을 사람을 살리는가?"

하니, 충렬이 제 부친과 강희주의 죽음을 절분히 여겨 통곡하며 여쭈되,

　"소장은 동성문 안에 거하던 정언주부 유심의 아들 충렬이옵니다. 그간 주류개걸(周流丐乞)*하며 만 리 밖에 있삽다가 아비 원수 갚으려고 여기 잠깐 왔삽거니와, 폐하께서 정한담에게 핍박을 당하리라곤 꿈에도 생각하지 못했나이다. 전일에 정한담을 충신이라 하시더니 **충신도 역적이 되나이까.** 그놈의 말을 듣고 충신을 원찬(遠竄)*해 죽이고 이런 환을 만나셨으니, 천지 아득하고 일월이 무광(無光)하옵니다."

하고 슬피 통곡하며 머리를 땅에 두드리니, 산천초목도 슬퍼하고 진중 군사들 가운데 낙루 아니하는 사람이 없더라. 천자 이 말을 들으시고 후회막급 할 말 없어 우두커니 앉아 있었다.

어휘 풀이
* 탈신도주 : 몸을 빼쳐 달아남.
* 회과자책 : 잘못을 뉘우쳐 스스로 꾸짖음.
* 진충갈력 : 충성을 다하고 있는 힘을 다 바침.
* 죄사무석 : 죄가 무거워서 죽어도 안타깝지 않음.
* 피병장졸 : 피로하고 병든 장수와 군졸.
* 장사일자진 : 한 줄로 길게 일자 모양으로 벌이는 진법.
* 미거 : 철이 없고 사리에 어두움.
* 영위 : 상가에서 모시는 혼백이나 가주의 신위.
* 편편파쇄 : 조각조각 깨뜨려 부숨.

이때 적진에 잡혀갔던 태자가 문걸이 죽는 것을 보고 탈신도주(脫身逃走)*해 황상 곁에 앉아 있더니, 충렬의 말을 듣고 급히 버선발로 내려와서 충렬의 손을 붙들고 왈,

"경이 이게 웬 말인가? 옛날 주 성왕도 관채의 말을 듣고 주공을 의심하다가 **회과자책(悔過自責)***해 성군이 되었으니, 충신이 죽는 것은 모두 막비천운(莫非天運)이라. 그런 말을 하지 말고 진충갈력(盡忠竭力)*해 황상을 도우시면 태산 같은 그 공로는 천하를 반분하고 하해 같은 그 은혜는 풀을 맺어 갚으리라."

했다. 충렬이 울음을 그치고 태자의 상을 보니 천자 기상 적실하고 일대 성군될 듯해, 투구를 벗어 땅에 놓고 천자 전에 사죄 왈,

"소장이 아비의 죽음을 한탄해 분심이 있는 고로 격절한 말씀을 폐하께 아뢰었으니 죄사무석(罪死無惜)*이라. **소장이 죽사온들 폐하를 돕지 아니하오리까?**"

하니, 천자 충렬의 말을 듣고 친히 계하로 내려와 투구를 씌우면서 손을 잡고 말하기를,

"과인은 보지 말고 그대 선조 창건하던 일을 생각해 나라를 도와주면 태자가 한 말대로 그대 공을 갚으리라."

했다. 충렬이 청명하고 물러나와 장대에 높이 앉아 군사를 총독하니 피병장졸(疲病將卒)*이 불과 일이백 명이라. 천자 삼 층 단에 높이 앉아 하늘에 제사하고 인검(印劍)을 끌러 내어 충렬을 주신 후에, 대장 사명기에 친필로 '**대명국 대사마 도원수 유충렬이라**' 뚜렷이 써서 주니, 원수 사은하고 진법을 시험했다. 장사일자진(長蛇一字陳)*을 쳐 두미를 상합하게 하고 군중에 호령하되,

"남북 적병이 비록 억만 병이라도 나 혼자 감당할 테니 너희 등은 항오를 잃지 말라."

하고 서로 약속했다.

이적에 적진 중에서 문걸이 죽는 것을 보고 일진이 진동해 서로 나와 싸우려 할새, 삼군 대장 최일귀가 분기를 이기지 못해 녹포 운갑에 백금 투구를 쓰고 장창과 대검을 좌우에 갈라 들고 적제마를 채찍질해 나는 듯이 달려 나오며 외쳐 왈,

"적장 유충렬아! 네 아직 미거(未擧)*해 남북 강병 억만 군을 업신여기니 바삐 나와 죽어 보라."

하니, 원수 장대에 있다가 최일귀란 말을 듣고 바삐 나와 응성하되,

"정한담은 어디 가고 너만 어찌 나왔느냐? 너희 두 놈의 간을 내어 우리 부모 영위(靈位)* 전에 재배하고 드리리라."

하고 함성을 지르며 달려들자마자 장성검이 번뜩하며 **일귀의 긴 창과 장대한 검이 편편파쇄(片片破碎)*** 부서지는지라. 최일귀 대경해 철퇴로 치자 한들 어찌 원수를 대적하리. 적진 중에서 옥관 도사 싸움을 구경하고 있다가 대경해 급히 쟁을 쳐 거두니, 일귀 겨우 본진에 돌아왔으나 정신을 차리지 못했다.

작품 구조도	
영웅의 일대기	「유충렬전」의 내용
고귀한 혈통	천상의 자미원 장성이자, 고위 관리 유심의 외아들임.
비정상적 출생	산천에 기도하여 늦은 나이에 기이한 태몽을 꾸고 낳음.
탁월한 능력	적강한 천상계의 환신으로 비범한 능력을 지님.
유년기 위기	정한담의 박해로 죽을 위기에 처함.
구출 및 양육	강희주의 도움으로 구출되고, 도승을 만나 도술을 배움.
성장 후 위기	정한담의 반란으로 나라가 위기에 처함.
고난 극복	반란을 평정하고 헤어진 가족들을 구하여 부귀영화를 누림.

1 윗글에 대한 설명으로 가장 적절한 것은?　　　　　　　　　　　　　　　◐ 8448-0290

① 현재와 과거를 교차하여 장면을 전환하고 있다.
② 배경 묘사를 통해 밝고 역동적인 분위기를 조성하고 있다.
③ 열거의 방식으로 인물의 외양을 해학적으로 묘사하고 있다.
④ 초월적 공간을 설정하여 사건을 새로운 국면으로 전환하고 있다.
⑤ 서술자의 개입과 인물의 발화를 통해 심리 상태를 드러내고 있다.

2 윗글을 이해한 내용으로 적절하지 않은 것은?　　　　　　　　　　　　　◐ 8448-0291

① 천자는 항복하기 직전에 유충렬을 중군장에 임명했다.
② 태자는 적에게 잡혔다가 문걸이 죽은 이후에 탈출했다.
③ 조정만은 유충렬이 싸움에서 패배할 것이라고 생각했다.
④ 유충렬은 정한담과 최일귀를 부모를 죽인 원수로 여겼다.
⑤ 최일귀는 문걸의 죽음에 분노하여 유충렬에게 싸움을 걸었다.

3 〈보기〉를 바탕으로 윗글에 대해 반응한 내용으로 적절하지 않은 것은?　　　◐ 8448-0292

┤ 보기 ├

　　이 작품은 신분이 하락한 주인공이 공을 세워 신분이 상승하는 과정을 보여 주는 영웅 소설이다. 충신과 간신의 대립 속에서 바람직한 충신상을 제시하면서도 역경에 처한 왕가의 비굴성과 무능한 왕권에 대한 비판 의식도 함께 드러내고 있다. 한편 호국을 물리치는 장면을 통해 병자호란 이후 무너진 민중의 자존심 회복에 대한 염원을 반영하고 있다.

① '충신도 역적이 되나이까.'라는 말에서 무능한 왕권에 대한 비판 의식을 엿볼 수 있군.
② '회과자책해 성군이 되었으니'라는 말에서 역경에 처한 왕가의 비굴성을 느낄 수 있군.
③ '소장이 죽사온들 폐하를 돕지 아니하오리까?'에서 바람직한 충신상을 확인할 수 있군.
④ '대명국 대사마 도원수 유충렬'이 되는 모습에서 주인공의 신분이 상승하고 있음을 알 수 있군.
⑤ '일귀의 긴 창과 검이 편편파쇄'되는 모습에서 민중의 자존심 회복에 대한 염원을 짐작할 수 있군.

서술형

1 윗글에서 주인공이 천상에서 죄를 짓고 지상으로 적강한 인물임을 짐작하게 하는 부분을 찾아 쓰시오.　　　◐ 8448-0293

→ **작품 안** **갈래** : 가정 소설　**성격** : 풍간적, 가정적　**주제** : 처첩 간의 갈등과 사 씨의 고행과 부덕(婦德)

← **작품 밖** 작가가 유배지에서 인현 왕후를 폐출하고 장 희빈을 중전으로 책봉한 숙종의 잘못을 풍간하기 위해 쓴 소설로서 당시 일부다처제의 가부장적 사회에서 일어나는 처첩 간의 갈등을 통해 축첩 제도의 문제점을 부각하고 있다.

작품의 짜임

발단	명나라의 명신 유현의 아들 연수는 15세에 장원 급제하여 한림학사를 제수받음.
전개	• 유 한림은 덕성과 재학을 겸비한 사 씨와 혼인하지만, 10년 동안 자식을 낳지 못해 사 씨의 권고로 교 씨를 첩으로 맞아들임. • 천성이 간악한 교 씨는 아들을 낳고, 사 씨를 모함하여(교재 수록 부분) 폐출시키고 정실이 됨.
위기	사 씨를 내쫓은 교 씨는 문객 동청과 간통하고, 유 한림을 참소하여 유배시킴.
절정	조정에서 유 한림에 대한 혐의를 풀어 소환하고, 유 한림을 참소한 동청을 처형함.
결말	유 한림은 어렵게 사 씨를 찾아 해후하고, 자신의 잘못을 뉘우친 유 한림은 간악한 교 씨를 처형하고 사 씨를 다시 정실로 맞아들임.

어구 풀이

• 여후가 ~ 만든 약 : 여후는 한 고조 유방의 황후이고, 척 부인은 한고조의 총희이다. 한고조가 죽자 여후는 척 부인의 손발을 자르고 눈을 빼고 귀를 지지고 벙어리가 되는 약을 먹여 굴속에 살게 하고 '사람 돼지'라 불렀다.

[앞부분 줄거리] 중국 명나라의 재상 유희는 늦은 나이에 아들 연수를 낳는다. 연수는 15세에 과거에 급제하여 한림학사가 된 후 사 씨와 결혼을 한다. 사 씨는 결혼한 지 10년이 지나도록 자식을 낳지 못하자 후세를 이을 수 있도록 첩을 들일 것을 권유한다. 유 한림은 교 씨를 첩으로 맞이하고, 교 씨는 아들 장주를 낳는다. 어느 날 사 씨의 조언을 간섭으로 여긴 교 씨는 분해한다.

그날 저녁 한림이 조회를 마치고 돌아왔다. 교 씨의 방에 이르러 취흥을 이기지 못해 난간에 기댔다가 달빛이 낮처럼 밝고 꽃 그림자가 창에 가득하니 노래가 듣고 싶어 교 씨에게 시를 읊조리게 했다. 교 씨가 사양하며 말했다.

㉠"근래 찬바람에 몸을 상하여 소리를 할 수 없습니다."

"그렇다면 거문고 한 곡을 타게나."

교 씨가 기꺼이 타지 않으니 한림이 거듭 재촉했다. 그러자 ㉡교 씨가 자리를 피해 눈물을 흘렸다. 한림이 괴이하게 여겨 물었다.

"자네가 우리 집에 들어온 뒤로 일찍이 즐거워하지 않는 것을 본 적이 없었는데 집안에 무슨 일이 있었기에 이같이 구는가?"

교 씨가 대답은 않고 눈물을 비 오듯 흘렸다. 한림이 거듭 물으니, 교 씨가 대답했다.

"첩이 한림의 물음에 답하지 않는다면 한림께 죄를 짓고 사실대로 답한다면 부인께 죄를 지을 것이니 답하기도 어렵고 답하지 않기도 어렵습니다."

"자네를 허물치 않을 것이니 숨기지 말고 말하게."

교 씨가 눈물을 거두며 대답했다.

[A] "첩의 속된 노래와 비루한 음악으로 군자의 귀를 더럽히면서 상공의 명을 받들어 왔습니다. 거칠고 졸렬한 줄도 모르고 항상 명을 따른 것은 군자께 정성을 다해 한 번이라도 웃으시도록 하고자 한 것일 뿐입니다. 어찌 다른 뜻이 있었겠습니까? 오늘 아침 부인이 첩을 불러 꾸짖기를 '**상공이 너를 취한 것은 본래 대를 잇기 위해서**지 집안에 미색이 없어서가 아냐. 너는 날마다 얼굴을 꾸미니 매우 마땅치 않아. 듣자 하니 네가 음란하고 바르지 못한 음악으로 장부의 마음을 미혹하게 하며 돌아가신 시아버님의 가풍을 타락시킨다더군. 그 죄는 죽어 마땅하나 지금은 그냥 내버려 두지. 후에도 만약 고치지 않는다면 내가 비록 약한 여자이지만 여후(呂后)가 척 부인(戚夫人)의 손발을 끊어 버린 도끼와 그녀를 벙어리로 만든 약을 갖고 있으니 모름지기 조심하도록 해!'라며 매우 엄하게 꾸짖었습니다. 첩은 시골의 빈한한 여자인데, 특별히 상공의 큰 은혜를 입어 영화가 넘쳐 나고 부귀가 극진하니 죽더라도 한이 없습니다. 다만 상공의 밝은 덕이 천첩 때문에 세상의 웃음거리가 될까 두려워 감히 명을 따르지 않았던 것입니다."

한림이 그 말을 듣고 크게 놀라 가만히 생각했다.

'부인이 평소에 투기하지 않는다고 자부했는데 어찌 이런 말을 했을까? 또 부인은 **교 씨를**

예로 대하며 단점을 언급한 적이 없었어. 비록 하인들 사이의 일이라도 그 잘못을 드러나게 지적하지는 않았으니 교 씨가 부인에게 잘못을 저질러 그런 것이 아닌가?'

이유를 알 수 없어 얼마 동안 생각하다가 교 씨를 불렀다.

[B]
"내가 자네를 취한 것은 부인이 권했기 때문이네. 일찍이 부인이 자네에 대해 **나쁜 말하는 것을 듣지 못했**으니, 반드시 비복들 사이에 참언이 있어서 한순간 노기를 이기지 못한 것일 게야. 비록 그런 말이 있었더라도 본성이 온화하여 자네를 해하려는 마음은 결코 없을 테니 만에 하나라도 의심하지 말게. 설사 해하려 한다 해도 내가 있는데, 어찌하겠나?"

교 씨가 겉으로 사례했으나 분한 마음을 끝내 버리지 못했다.

오호라! 옛말에 '호랑이를 그릴 때는 골격 그리기가 어렵고, 사람을 알 때는 마음을 알기가 어렵다'고 했다. 교 씨는 용모가 공손하고 언사가 온화하여 사 씨가 마음으로 좋은 사람이라 여겼다. 한때 경계의 말을 건넨 것은 다만 바르지 못한 소리가 장부의 마음을 미혹하게 할까 걱정한 것일 따름이지 어찌 다른 뜻이 있었겠는가? 교 씨가 매우 분한 마음을 품고서 헐뜯기 시작하여 끝내 큰 재앙의 근원이 되었으니, 부부와 처첩 간의 일을 어찌 조심하지 않겠는가. 한림이 비록 **교 씨의 간악한 마음**을 깨닫지 못했으나, 사 씨에 대해 의심하는 마음 또한 없었다. 따라서 교 씨가 다시 헐뜯지는 않았다.

하루는 납매가 사 씨의 시비와 함께 노닐다가 돌아와 교 씨에게 말했다.

"춘방의 말을 들으니 부인에게 태기가 있다고 합니다."

교 씨가 크게 놀라 말했다.

"십 년 만에 처음으로 태기가 있다니 진실로 세상에 드문 일이군. 필시 월사(月事)가 그릇되어 그럴 것이야."

이어 가만히 생각했다.

'만약 저가 아들을 갖는다면 내 아들은 매우 무색해질 테지. 어떻게 좋은 계책을 얻을 수 없을까?'

거듭 헤아렸으나 계책이 없었다.

급기야 다섯 달이 지나니 태기가 분명해, 온 집안이 크게 기뻐했다. 교 씨는 심기가 불편해 납매와 몰래 **낙태시키는 약**을 구한 뒤, 사 씨가 마시는 약에 가만히 탔다. 하지만 사 씨가 마시다가 기운이 거슬려 토해 끝내 그 계책은 이루어지지 않았다.

열 달이 차자, 과연 아들을 낳았다. **골격이 비상하고 풍채가 빼**어났다. 한림이 크게 기뻐 인아라 이름하니, 집안 사람들이 모두 떠받들었다. 교 씨는 비록 불측한 마음을 품었으나 계책이 없어서 사 씨에게 축하의 인사를 하며, 기뻐서 애지중지하는 체했다. 한림과 사 씨가 모두 진심이라고 믿었다.

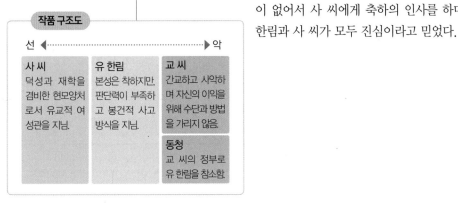

작품 구조도

선 ◀━━━━━━━━━━━━━━━━━━━━▶ 악

사 씨
덕성과 재학을 겸비한 현모양처로서 유교적 여성관을 지님.

유 한림
본성은 착하지만, 판단력이 부족하고 봉건적 사고 방식을 지님.

교 씨
간교하고 사악하며 자신의 이익을 위해 수단과 방법을 가리지 않음.

동청
교 씨의 정부로 유 한림을 참소함.

정답과 해설 59쪽

1 윗글에 대한 설명으로 적절하지 <u>않은</u> 것은? ◐ 8448-0294

① 서술자가 개입하여 상황에 대해 논평을 하고 있다.
② 요약적 서술을 통해 사건을 빠르게 전개하고 있다.
③ 대화를 통해 인물 간의 갈등 양상을 드러내고 있다.
④ 인물의 심리를 구체적으로 서술하여 전달하고 있다.
⑤ 시대 배경을 세밀하게 묘사하여 현실감을 높이고 있다.

2 [A]와 [B]에 대한 설명으로 가장 적절한 것은? ◐ 8448-0295

① [A]와 [B] 모두 다른 사람의 말을 직접 인용하여 자신의 생각을 드러내고 있다.
② [A]와 [B] 모두 자신을 낮추어 표현함으로써 상대방을 높이고자 하는 의도를 담고 있다.
③ [A]에서는 자신이 저지른 잘못에 대해 진심으로 뉘우치고 있고, [B]에서는 상대방의 잘못을 너그럽게 용서하고 있다.
④ [A]에서는 상대방이 자신을 믿고 따르기를 바라고 있고, [B]에서는 상대방이 자신을 믿지 못하는 것에 대해 섭섭해하고 있다.
⑤ [A]에서는 지난 일을 언급하며 행동의 이유를 밝히고 있고, [B]에서는 지난 일의 경험을 근거로 긍정적인 전망을 제시하고 있다.

3 〈보기〉를 바탕으로 윗글을 감상한 내용으로 적절하지 <u>않은</u> 것은? ◐ 8448-0296

> ─┤ 보기 ├─
>
>   이 작품은 중국 명나라의 사대부인 유 한림의 본처 사 씨가 후처 교 씨의 모략으로 쫓겨났다가 고생 끝에 남편의 사랑을 되찾게 되는 과정을 그리고 있다. 교활한 악인의 전형인 교 씨와 현모양처의 전형인 사 씨를 통해 선악의 대결을 선명하게 드러내고 있으며, 가부장제 사회에서 가장으로서의 역할을 제대로 수행하지 못한 유 한림에 대한 비판도 담고 있다. 하지만 사 씨의 성격을 지나치게 순종적이고 수동적인 인물로 묘사하여 봉건적 가치관을 벗어나지 못했다는 한계를 보이기도 한다.

① 사 씨가 교 씨에게 '상공이 너를 취한 것은 본래 대를 잇기 위해서'라고 말한 것은 봉건적 가치관을 벗어나지 못한 한계를 드러낸 것이군.
② 유 한림이 사 씨가 '교 씨를 예로 대하며', '나쁜 말 하는 것을 듣지 못했다'고 생각하고 말하는 것은 사 씨를 현모양처로 인정하고 있기 때문이겠군.
③ 유 한림이 '교 씨의 간악한 마음'을 알아채지 못해 가장으로서의 역할을 제대로 수행하지 못한 것이군.
④ 교 씨가 '낙태시키는 약'을 사 씨에게 몰래 먹이려는 모습에서 교활한 악인의 전형이 드러나는군.
⑤ 사 씨가 '골격이 비상하고 풍채가 빼어'난 아들을 낳음으로써 선악의 대결이 더 선명하게 전개되겠군.

서술형

1 ㉠과 ㉡처럼 말하고 행동함으로써 이루려는 '교 씨'의 목적이 무엇인지 서술하시오. ◐ 8448-0297

6. 국문 소설

06 홍계월전(洪桂月傳) 작자 미상

작품 안 **갈래** : 영웅 소설, 군담 소설 **성격** : 전기적, 일대기적 **주제** : 여성 영웅 홍계월의 수난과 극복

작품 밖 명나라를 배경으로 홍계월의 고행담과 무용담을 엮은 여성 영웅 소설로, 남성의 전유물로 여겨지던 권위를 여성에게 부여하고, 가정과 사회에서 모두 인정받는다는 결말을 통해 조선 후기 여성 의식의 성장을 보여 주고 있다.

작품의 짜임

발단	명나라의 홍무와 부인 양 씨의 무남독녀 계월은 도적의 난으로 가족과 헤어지게 됨.
전개	여공의 도움으로 목숨을 부지한 계월은 남장을 하고 평국이란 이름으로 살아감. 과거 시험에서 장원 급제한 계월은 서번과 가달국과의 전쟁에서 큰 공을 세우고 친부모와 재회함.
위기	평국이 여자임이 밝혀지자 천자는 계월을 용서하고 보국과 혼인하게 함.
절정	보국은 자신보다 뛰어난 부인에 대한 자격지심으로 계월을 소홀히 대하고, 계월은 보국의 애첩을 죽여 갈등을 겪음.
결말	다시 외적이 침입하여 계월은 나라를 위기에서 구하고(교재 수록 부분), 보국은 계월의 뛰어난 능력을 인정하고 행복하게 살게 됨.

어휘 풀이
* 조야 : 조정과 민간.
* 작록 : 관직과 봉록을 아울러 이르는 말.

[앞부분 줄거리] 홍무와 부인 양 씨는 옥황상제의 시녀가 찾아오는 태몽을 꾸고 계월을 낳는다. 난이 일어나 가족과 헤어진 계월은 여공의 도움으로 평국으로 개명하고 남장을 한다. 장원 급제한 평국은 대원수가 되어 서달의 난을 평정하고 친부모와 재회한다. 평국이 여자임을 알게 된 천자는 신임을 거두지 않고 보국과 혼인을 시키지만, 보국은 평국을 소홀히 대한다. 이후 천자는 반란 소식을 접한다.

천자가 깜짝 놀라 조정의 모든 신하를 불러 의논했다. 우 승상 정영태가 말했다.

"이 도적은 좌승상 평국을 보내야 막을 수 있을 것입니다. 빨리 평국을 부르십시오."

천자가 듣고 곰곰이 생각하다가 말했다.

"평국이 예전에는 밖에 나와 일을 했기에 불렀지만, 지금은 규중에 머물러 있는 여자인지라 차마 불러 낼 수가 없는데, 어찌 전쟁터로 보내겠는가?"

이에 모든 신하가 말했다.

"평국이 비록 지금 아녀자로 집 안에 있으나, 조야*에 이름이 있고 작록*을 거두지 않았는데, 어찌 아녀자라 하여 거리끼겠습니까?"

천자가 마지못해 급히 평국을 불렀다.

평국은 집 안에서 홀로 지내면서 날마다 시녀들을 데리고 장기와 바둑을 두며 세월을 보내고 있었다. 이때 사관이 와서 천자가 부르는 명령을 전하자, 평국이 깜짝 놀라 곧바로 여자 옷을 벗고 조복으로 갈아입은 뒤 사관을 따라가 천자 앞에 엎드렸다. 천자가 매우 기뻐하며 말했다.

[A] "그대가 집 안에 머문 후로 오랫동안 보지 못해 밤낮으로 보고 싶었는데, 이제 그대를 보니 기쁘기 한이 없도다. 짐이 덕이 없어 지금 오나라와 초나라 양국이 반역하여, 호주 북쪽 지방을 쳐서 항복을 받고 남관을 열어젖히고 황성을 침범하려 한다고 하니, **그대는 나아가 나라와 조정을 편안하게 지키도록 하라.**"

평국이 엎드려 아뢰었다.

[B] "제가 외람되게 폐하를 속이고 높은 관직에 올라 영화롭게 지내기가 황공했는데, 저의 죄를 용서하시고 이처럼 사랑하시니, 제가 비록 어리석으나 힘을 다해 성은을 만분의 일이나마 갚고자 합니다. 폐하는 근심하지 마옵소서."

천자가 매우 기뻐하며 즉시 천병만마를 뽑아 모으도록 했다. 삼남원에 진을 치고 홍 원수가 친히 붓을 잡아 보국에게 명령을 내렸다.

"적병이 급하니 중군장은 급히 대령하여 군령을 어기지 마라."

보국이 이 명령을 보고 분함을 이기지 못해 부모께 여쭈었다.

㉠"계월이 또 저를 중군장으로 부리려 하니, 이런 일이 어디 있습니까?"

여공이 말했다.

"전날 내가 너에게 뭐라고 이르더냐? 계월을 괄시하다가 이런 일을 당하니, 어찌 그르다 하

어휘 풀이
* 갑주 : 갑옷과 투구를 아울러 이르는 말.
* 삼척장검 : 길고 큰 칼.

겠느냐? 나랏일이 매우 중하니, 어떻게 해 볼 수가 없다."

여공은 보국에게 가라고 재촉했다. 보국은 할 수 없이 바삐 갑주*를 갖추고 진중에 나아가 홍 원수 앞에 엎드리니, 홍 원수가 분부했다.

"만일 명령을 거역하는 자가 있으면, 군법을 시행할 것이다."

보국이 두려워하며 처소로 돌아와 명령 내리기를 기다렸다. 홍 원수가 장수들에게 각각의 임무를 정해 주고 가을날 구월 갑자일에 행군을 시작했다. 십일월 초하룻날 남관에 당도해 삼일 동안 군사를 머물게 하고, 즉시 떠나 오일에 천촉산을 지나 영경루에 다다랐다. 적병이 평원광야에 진을 치고 철통같이 지키고 있었다.

홍 원수가 적진 가까이 진을 치고 명령했다.

"명령을 어기는 자가 있으면, 세워 두고 벨 것이다."

호령이 서릿발 같아, 모든 장수와 군졸들이 두려워하며 어찌할 줄 몰라 했다. 보국 또한 매우 조심했다.

이튿날 홍 원수가 보국에게 분부했다.

"오늘은 중군장이 나가 싸워라."

보국이 명령에 순종해 말에 올라 삼척장검*을 들고, 적진을 향해 외쳤다.

"나는 명나라 중군장 보국이다. 대원수의 명을 받아 너희 머리를 베려 하니, 너희는 빨리 나와 칼을 받아라."

적장 운평이 이 소리를 듣고 크게 화를 내며 말을 몰고 나와 싸웠다.

세 번도 채 겨루지 않아 보국의 칼이 빛나더니, 순간 운평의 머리가 말 아래로 떨어졌다. 적장 운경이 운평의 죽음을 보고 크게 화를 내며 말을 몰아 달려들자, 보국이 승리의 기세가 등등해 창검을 높이 들고 서로 싸웠다. 두어 차례 겨루지도 못해, 보국이 칼을 날려 칼을 들고 있는 운경의 팔을 치니, 운경이 미처 손을 놀리지 못하고, 칼을 든 채 말 아래로 떨어졌다.

보국은 운경의 머리를 베어 들고 본진으로 돌아왔다. 그때 적장 구덕지가 크게 노해 장검을 높이 들고 말을 몰아 큰 소리로 고함치며 달려들고, 난데없이 적병들이 사방에서 달려들었다. 보국이 매우 다급해 피하려 했으나, 한순간에 적들이 함성을 지르며 보국을 천여 겹이나 에워쌌다.

사세가 위급하자 보국이 하늘을 우러러 탄식했다. 이때 **홍 원수가 장대에서 북을 치다가 보국의 위급함을 보고** 재빨리 말을 몰아, **장검을 높이 들고 좌충우돌하여 적진을 헤치고 들어가,** 구덕지의 머리를 베어 들고 **보국을 구해 낸 후,** 몸을 날려 적진 속을 헤집고 다녔다. 동에 번쩍하더니 어느새 서쪽에 있는 적장을 베고, 남쪽으로 가는 듯하더니 어느새 북쪽에 있는 장수를 베고, **좌충우돌하여 적장 오십여 명과 군사 천여 명을 한칼로 쓸어버리고** 본진으로 돌아왔다. 보국이 홍 원수 보기를 부끄러워하자, 홍 원수가 보국을 꾸짖었다.

"저리하고 어찌 남자라 칭하리오? 나를 업신여기더니 이제도 그러할까?"

그러고는 여러 차례 조롱했다.

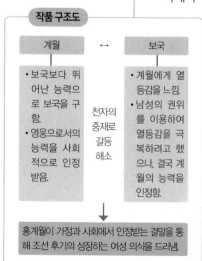

작품 구조도

계월	↔	보국
• 보국보다 뛰어난 능력으로 보국을 구함. • 영웅으로서의 능력을 사회적으로 인정받음.	천자의 중재로 갈등 해소	• 계월에게 열등감을 느낌. • 남성의 권위를 이용하여 열등감을 극복하려고 했으나, 결국 계월의 능력을 인정함.

홍계월이 가정과 사회에서 인정받는 결말을 통해 조선 후기의 성장하는 여성 의식을 드러냄.

1 윗글을 이해한 내용으로 적절하지 <u>않은</u> 것은? ● 8448-0298

① 천자는 평국을 전쟁터로 보내는 것에 대해 썩 내켜 하지 않았다.
② 장수와 군졸들은 홍 원수의 서릿발 같은 명령에 두려움을 느꼈다.
③ 여공은 홍 원수가 보국을 중군장으로 임명한 것을 다행으로 여겼다.
④ 평국은 천자가 부르기 전에는 시녀들과 한가한 나날을 보내고 있었다.
⑤ 보국은 운평과 운경과의 싸움에서는 승리했으나 구덕지로 인해 위기에 빠졌다.

2 [A]와 [B]에 대한 설명으로 가장 적절한 것은? ● 8448-0299

① [A]와 [B] 모두 상대방을 위로하며 안심시키고 있다.
② [A]와 [B] 모두 상대방에 대한 반가움을 적극적으로 표현하고 있다.
③ [A]에서는 잘못에 대한 책임을 자신에게, [B]에서는 잘못을 바로잡는 책무를 상대방에게 전가하고 있다.
④ [A]에서는 현재의 상황을 토대로 자신이 원하는 바를, [B]에서는 과거의 경험을 근거로 다짐을 드러내고 있다.
⑤ [A]에서는 무거운 짐을 지운 것에 대한 미안한 마음을, [B]에서는 은혜를 입은 것에 대한 고마운 마음을 전하고 있다.

3 〈보기〉를 바탕으로 윗글을 감상한 내용으로 적절하지 <u>않은</u> 것은? ● 8448-0300

> ┤ 보기 ├
>
>   이 작품은 여성을 영웅으로 내세워 전쟁에서의 활약상을 담고 있는 군담 소설이다. 사회적 지위와 능력이 일반 남성을 능가하는 홍계월은 남편인 보국보다 출중한 실력을 발휘함으로써 남성의 권위에 복종하지 않고 자신의 능력을 펼친다. 또한 뛰어난 능력을 가정과 사회에서 모두 인정받게 되는 결말을 취함으로써 새로운 여성상을 제시하고 있다.

① '이 도적은 좌승상 평국을 보내야 막을 수 있을 것입니다. 빨리 평국을 부르십시오.'라는 말을 통해 홍계월이 일반 남성을 능가하는 능력을 지니고 있음을 알 수 있군.
② '그대는 나아가 나라와 조정을 편안하게 지키도록 하라.'라는 천자의 말과 '보국이 명령에 순종해 말에 올라' 적과 싸우는 모습을 통해 홍계월이 자신의 능력을 가정과 사회에서 모두 인정받고 있음을 확인할 수 있군.
③ '홍 원수가 장대에서 북을 치다가 보국의 위급함을 보고' '보국을 구해 낸' 모습을 통해 홍계월이 남편인 보국보다 실력이 출중한 인물임을 알 수 있군.
④ '장검을 높이 들고 좌충우돌하여 적진을 헤치고 들어가' '좌충우돌하여 적장 오십여 명과 군사 천여 명을 한칼로 쓸어버리'는 홍계월의 모습을 통해 전쟁에서의 활약상이 주로 나타나는 군담 소설의 양상을 확인할 수 있군.
⑤ '저리하고 어찌 남자라 칭하리오? 나를 업신여기더니 이제도 그러할까?'라고 남편을 꾸짖는 홍계월의 말을 통해 남성의 권위에 복종하지 않고 자신의 능력을 펼치는 모습을 확인할 수 있군.

서술형

1 ㉠에 나타난 보국의 인물됨을 서술하시오. ● 8448-0301

01 수궁가(水宮歌) 작자 미상

작품 안 갈래 : 판소리 사설　성격 : 해학적, 풍자적　주제 : 토끼의 기지와 자라의 충성심. 무능한 집권층에 대한 풍자

작품 밖 동물을 의인화한 조선 후기의 판소리 사설로, 봉건 사회의 해체기에 나타난 무능한 집권층과 당대 사회에 대한 신랄한 풍자와 비판을 드러내고 있다.

작품의 짜임

발단	남해 용왕이 병이 들어, 병을 치료하기 위해 토끼의 간을 구하고자 함.
전개	별주부가 자원하여 토끼를 잡으러 가기 위해 육지로 나옴.
위기	별주부는 토끼를 감언이설로 유혹하여 용왕에게 데려옴.
절정	용왕은 토끼의 간을 요구하고, 토끼는 기지를 발휘해서 용왕을 속여 육지로 돌아옴.(교재 수록 부분)
결말	육지로 나온 토끼는 별주부와 용왕을 조롱하고 꾸짖은 후 달아남.

어휘 풀이

* **시일갈상** : 해가 언제 사라질까. 폭군인 걸이 자기를 해하려고 했으므로, 폭정을 못 이긴 백성들이 빨리 해가 없어지기를 바라는 노래를 불렀다고 함.
* **상주 임금** : 상나라, 곧 은나라 마지막 임금인 폭군 주를 말함.
* **칠궁기** : 일곱 구멍.
* **비간** : 은나라 때의 충신 주의 잘못을 깨우쳐 주려다 죽임을 당함.
* **비수병즉구불능식** : 비장에 병이 나면 입으로 음식을 먹지 못함.
* **담수병즉설불능언** : 쓸개에 병이 나면 혀로 말을 하지 못함.
* **신수병즉이불능청** : 신장에 병이 나면 귀로 소리를 듣지 못함.
* **간수병즉목불능시** : 간에 병이 나면 눈으로 보지 못함.
* **얼른하면** : 언뜻하면.
* **영주** : 중국의 전설에 나오는 신선이 산다는 삼신산의 하나.
* **상상가지** : 맨 위의 가지.

[앞부분 줄거리] 남해 용왕이 병이 들어 토끼의 간을 먹어야 낫는다는 저빙을 듣고 토끼의 간을 구하기 위해 별주부를 육지로 보낸다. 별주부는 감언이설로 토끼를 꾀어 용궁으로 데려오고, 용왕은 토끼의 배를 갈라 간을 꺼내라고 한다.

[중모리]

"말을 하라니 하오리다, 말을 하라니 하오리라. 태산이 무너지고 오성이 어두운데 시일갈상(時日葛喪)* 노랫소리 수만 백성 원망 중에 포악한 상주 임금*이 성현의 뱃속에 칠궁기* 있다 하고, 비간*의 배를 갈라 무참히 죽였으나 일곱 구멍 없었으니, 소토도 배를 갈라 간이 있으면 좋으려니와, 만일에 간이 없고 보면 뉘를 데려다 달라 하며, 어찌 다시 구하리까? 당장에 배를 따 보옵소서." 용왕이 듣고 화를 내어, "이놈, 네 그 말이 당치 않은 말이로다. 의서에 이르기를 비수병즉구불능식*하고, 담수병즉설불능언*하고, 신수병즉이불능청*하고, 간수병즉목불능시*라. 간이 없고야 어찌 눈을 들어 만물을 보느냐?" "예. 소토가 아뢰리다. 소토의 간인즉 달의 정기로 생겼사오니, 보름이면 간을 내고, 그믐이면 간을 들입니다. 세상의 병객들이 소토 곧 얼른하면* 간을 달라고 보채기로, 간을 내어 파초 잎에다가 꼭꼭 싸서, 칡으로 칭칭 동여, 영주* 석상 계수나무 늘어진 상상가지* 맨끄트머리에 달아매고, 도화 유수 시냇가에 발 씻으러 내려왔다, 우연히 주부를 만나 수궁 흥미 좋다 하기로 구경차 왔나이다." 용왕이 듣고 성을 내어, "이놈! 네 그 말도 거짓말이로다. 사람이나 짐승이나 한 몸속의 내장은 다를 바가 없는데 네가 어찌 간을 내고 들이고 임의로 출입한단 말이냐?" 토끼가 당돌히 여쭈오되, "하하 하하하하! 대왕이 하나만 알고 둘은 모르는 말씀이로소이다. **태호 복희씨**는 어이하여 뱀의 몸뚱이가 되었으며, **신농씨** 어찌하여 소의 머리가 되었으며, 대왕은 어찌하여 꼬리가 저리 길다랗게 있고, 소토는 무슨 일로 꼬리가 이리 뭉툭하옵고, 대왕의 옥체에는 비늘이 번쩍번쩍, 소토의 몸에는 털이 요리 송알송알, 까마귀로 말해도 오전 까마귀 쓸개 있고, 오후 까마귀 쓸개 없으니, 인생 만물 날짐승 길짐승이 한가지라 **빽빽** 우기니 답답치 아니하오리까? 당장에 배를 따 보옵소서." 용왕이 그제야 당하느라고, "그러면 네 **간을 내고 들이고 임의로 출입**하는 표가 있느냐?" "예! 있지요." "어디 보자." "자, 보시오!" 빨강색 구멍이 셋이 나란히 있거늘, "저 구멍이 모두 다 어떤 내력이냐?" "예. 내력을 아뢰리다. 한 구멍은 대변을 보고, 또 한 구멍으로는 소변을 보고, 남은 구멍으로는 간을 내고 들이고 임의로 출입하나이다." "그러면 네 간을 어디로 넣고, 어디로 내느냐?" "입으로 넣고, 밑구멍으로 내오니 만물시생 동방삼팔목, 남방이칠화, 서방사구금, 북방일륙수, 중앙오십토, 천지음양, 오색광채, 아침 안개, 저녁 이슬 변하여 입으로 넣고 밑구멍으로 내오니, 만병 회춘의 명약이라. 으뜸 약이 되나이다. 미련하구나, 저 주부야. 세상에서 나를 보고 이런 이야기를 하였으면 계수나무 가지 달린 간을 팥알만큼 떼어다가 대왕 병 즉시 낫고, 너도 충성이 나타나 둘이 서로 좋을 것을. 미련하더라, 미련하더라. 이제 모두 다 쓸데없구나."

어휘 풀이

* 환후 : 웃어른의 병을 높여 이르는 말.
* 맹획을 칠종칠금 : 남만의 왕인 맹획이 익주를 침입하였으나, 제갈량이 일곱 번 사로잡았다가 일곱 번 놓아주자, 제갈량에게 항복하였음.
* 능지처참 : 죄인을 머리, 손, 발, 몸뚱이 따위로 토막을 내는 극형.
* 하걸 : 하나라의 마지막 왕인 폭군 걸.
* 용봉 : 걸 임금의 충신. 옳은 일을 간하다 죽임을 당함.
* 백로주 : 양자강 가운데 있는 모래섬.
* 범려 : 월나라의 재상.
* 함외장강공자류 : 난간 밖의 강물만이 부질없이 흐른다. 당나라 시인 왕발의 시 구절임.
* 소자첨 : 송나라 문인 소동파.
* 범주유 : 배를 띄우고 놀다.
* 두우간 : 북두칠성과 견우성 사이.
* 백로횡강 : 백로가 강을 가로질러 감.

(중략)

[아니리]

금군장 망둥이 토끼 뒤를 따라다니다가 촐랑 소리를 듣고, "토끼 뱃속에 간 들었다!" 외치는데 토끼 듣고 깜짝 놀라, "야, 이놈아! 뱃속에 똥덩이 촐랑거리는 소리다." 토끼 생각하니, '군자는 남을 속일 수 있다. 속인 김에 얼른 도망치는 것이 옳다.' 하고, "용왕님께 아뢰오. 세상에를 빨리 나가서, 간을 빨리 가져와, 대왕님 환후*를 회춘하게 하오리다." 용왕이 분부하시되, "별주부는 들으라. **토공을 모시고 세상에 나가, 간 빨리 가져오도록 하여라.**" 별주부 옆에 말없이 앉아 있다가, 토끼 뱃속에 분명 들어 있는 간을 용왕이 속으신 모양이라. 기가 막혀 원통한 말을 하는데.

[중중모리]

별주부 울며 여쭈오되, 별주부가 울며 여쭈오되, ㉠"토끼란 놈 본래 간사하오. 눈물 충성을 다하여, 산에 올라 잡은 토끼 뱃속에 달린 간 아니 내고 보면, 미물 짐승들도 비웃을 일이요. 맹획을 칠종칠금*하던 제갈량의 재주 아니거든, 한번 놓아 보낸 토끼를 어찌 다시 구하리까? 당장에 배를 따 보아 간이 들었으면 좋은 일이요, 만일에 간이 없사오면 **소신의 구족을 멸하여 주옵고, 소신을 능지처참***하더라도 여한 없사오니 당장에 배를 따 보옵소서." 토끼가 듣고 기가 막혀, 깡짱 뛰어 나앉으며, ㉡"아따, 이놈 별주부야! 너 나와 무슨 원수더냐. 왕명이 지중한데 내가 어찌 기만하랴. 옛일을 네가 모르느냐? 하걸*이 학정으로 용봉*을 살해하고 머잖아 나라가 망했으니, 너도 이놈 내 배를 따 보아 간이 들었으면 좋으려니와, 만일 내 간이 없다면, 원통한 나의 혼백 너희 나라 귀신 되어, **너희 용왕 백 년 살 것 하루도 못 살 테요.** 너희 수궁에 **만조백관 한날한시에 모두 다 몰살시키리라.** 아나 옛다, 배 갈라라! 아나 옛다, 배 갈라라! 똥밖에 든 것 없다. 내 배를 갈라 네 보아라."

[아니리]

용왕이 듣고 크게 놀라, "네 여봐라, 토 선생을 해치는 자 있으면 귀양을 보낼 것이다. **토공을 모시고 세상에를 나가 간을 빨리 가져오도록 해라.**" 별주부가 할 수 없이 토끼를 등에 업고 다시 세상을 나올 때에,

[진양조]

"가자. 가자. 어서 가자. 이수를 지나서 백로주*를 어서 가자. 고국산천이 어디메요. 삼산 밖에 멀리 있고, 해는 저물어 어둑한데 어디서 조문을 할꼬?" 한 곳을 당도하니 한 군자 서 있으되, 푸른 옷 입고, 검은 관 쓰고, 문 왈, "토공이 무슨 일이오?" 토끼가 대답하되, "**집에 돌아오니 경치가 정겨웁고, 세상 깨끗하니 평화가 충만하다. 잠깐 꾀임 빠져 귀신 될 뻔했다.** 강상에 빠른 저 돛단배 월나라 범려* 그 아닐까? 함외장강공자류*는 등왕각이 저기로구나."

[중중모리]

백로주를 바삐 지나 적벽강에 다다르니, 소자첨* 범주유*. 동산 위 달 떠오네. 두우간* 배회하여, 백로횡강* 바삐 가. 갈대 달빛 가득한 가을 강 어부 빈 배. 이태백이 간 연후에 가을 달만 둥글다. 자라 등에다가 저 달 신고 우리 고향을 어서 가. 밝은 달밤에 산그늘이 좋을시고 위수로 돌아드니 낚시하던 강태공, 기주에 낚싯대런가, 은빛 물고기뿐이라. 푸른 바닷가에 당도하여, 깡짱 뛰어내려서 모르는 채로 가는구나.

작품 구조도

육지 → 수궁	수궁 → 육지
⇩	⇩
토끼 (속물형 인간)	토끼 (지혜로운 피지배층)
별주부 (충신형 인간)	용왕 (어리석은 지배층)

세속적인 명리를 추구하는 속물적인 근성과 지배층의 무능함 풍자

1 윗글에 대한 설명으로 가장 적절한 것은?

○ 8448-0302

① 공간의 이동에 따라 새로운 사건이 전개되고 있다.

② 배경이 되는 시대 상황이 구체적으로 나타나 있다.

③ 대화를 통해 갈등의 고조와 해소가 이루어지고 있다.

④ 어리숙한 인물을 서술자로 내세워 해학성을 강화하고 있다.

⑤ 현실 세계에서 꿈꾸던 욕망이 초현실적 세계에서 실현되고 있다.

2 ㉠과 ㉡에 대한 이해로 적절하지 않은 것은?

○ 8448-0303

① ㉠에서는 ㉡에서와 달리, 예상되는 타인의 평가에 대해 언급하고 있다.

② ㉡에서는 ㉠에서와 달리, 진심이 아닌 말을 반복적으로 내뱉고 있다.

③ ㉠과 ㉡ 모두 설의적 표현을 활용하여 의미를 강조하고 있다.

④ ㉠과 ㉡ 모두 다른 사람의 사례를 들며 자신의 생각을 뒷받침하고 있다.

⑤ ㉠과 ㉡ 모두 만일의 상황을 가정하고 그에 대한 해결책을 제시하고 있다.

3 〈보기〉를 바탕으로 윗글을 감상한 내용으로 적절하지 않은 것은?

○ 8448-0304

┤ 보기 ├

  우화(寓話)는 의미를 확장해 나가는 속성이 있어서 독자의 입장에 따라 다양한 의미로 파악될 수 있다. 이 작품의 경우도 '지나친 허욕에 대한 경계', '위기를 이겨 내는 지혜', '유교적 충 사상', '횡포를 일삼는 권력에 대한 풍자', '어리석은 집권층에 대한 비판' 등 다양한 측면에서 작품에 담긴 의미를 살펴볼 수 있다.

① 토끼는 용왕에게 '태호 복희씨', '신농씨'의 사례와 외양의 다름을 근거로 '간을 내고 들이고 임의로 출입' 할 수 있음을 주장하며 위기를 이겨 내는 지혜를 발휘하고 있군.

② 용왕은 별주부에게 '토공을 모시고 세상에 나가, 간 빨리 가져오도록 하여라.'라는 말을 두 번이나 반복함으로써 어리석은 집권층의 모습을 보이고 있군.

③ 별주부는 용왕에게 '소신의 구족을 멸하여 주옵고, 소신을 능지처참하더라도 여한 없사오니'라고 호소하며 유교적 충 사상을 실천하고 있군.

④ 토끼는 별주부에게 '너희 용왕 백년 살 것 하루도 못 살 테요.', '만조백관 한날한시에 모두 다 몰살시키리라.'라고 위협하며 횡포를 일삼는 권력자의 본색을 드러내고 있군.

⑤ 토끼는 한 군자에게 '집에 돌아오니 경치가 정겨웁고, 세상 깨끗하니 평화가 충만하다. 잠깐 꾀임 빠져 귀신 될 뻔했다.'라고 말하며 지나친 허욕에 대한 경계를 드러내고 있군.

서술형

1 판소리가 양반과 평민이 함께 즐겼던 문화였음을 알 수 있게 하는 윗글의 특징을 쓰시오.

○ 8448-0305

7. 판소리

02 적벽가(赤壁歌) 작자 미상

➜ **작품 안** 갈래 : 판소리 사설　**성격** : 풍자적, 해학적, 희화적　**주제** : 전쟁 영웅들의 활약과 전쟁으로 인한 하층민의 고통

➜ **작품 밖** 판소리 여섯 마당 중 하나로, 중국 소설인 『삼국지연의』의 「적벽 대전」을 창조적으로 변용하여 원작의 틀에서 크게 벗어나지 않으면서도 판소리 특유의 평민적 성격을 잘 구현하고 있다.

작품의 짜임

발단	유비가 관우, 장비와 함께 삼고초려하여 제갈량을 모사로 모심.
전개	조조는 백만 대군을 이끌고 남정 길에 오르고, 조조의 군사들은 제각각 자신의 설움을 호소함. (교재 수록 부분)
위기	제갈량의 지략으로 조조의 선봉 부대는 패주하고, 장판교에서 장비에게 패함.
절정	제갈량은 손권과 주유의 마음을 움직여 연합 작전으로 조조와의 적벽 대전에서 대승함.
결말	대패한 조조는 도주하다 화용도에서 관우를 만나 목숨을 구걸하여 겨우 살아 돌아감.

어휘 풀이

* 고당 : 늙은 부모가 거처하시는 곳.
* 규중 : 아녀자가 기거하는 곳.
* 소중랑장의 홍안거래 : '소중랑장'은 한나라 때의 소무로 벼슬이 중랑장에 이르렀음. 소무가 흉노에게 사신을 갔다가 사람이 살지 않는 북쪽 바닷가로 귀양을 갔는데, 사연을 적은 비단을 기러기 발에 매어 날려 보내, 제 처지를 알려 19년 만에 돌아온 일을 가리킴.
* 영신당 : 부처와 여러 신을 모신 집.
* 고묘 : 오래된 사당.

[앞부분 줄거리] 유비는 관우, 장비와 함께 의형제를 맺고 제갈량을 얻어 군사를 모은다. 조조는 백만 대군을 이끌고 남벌 길에 오르게 되고, 군사들은 제각각 자신의 설움을 늘어놓는다.

가 **[아니리]**

　한 군사 내달으며, "아나, 이애. 거, 승상은 지금 대군을 거느리고 천 리 전장을 나오시어 승부가 아직 안 나 천하 큰일을 바라는데, 네 이놈, 요망스럽게 왜 울음은 그렇게 우는고? 우지 말고 이리 오너라. 술이나 먹고 놀자." **저 군사** 이어서 왈, "네 말도 옳다마는, 나의 슬픈 사정을 들어 봐라."

[진양조]

　"**고당*** 위의 **백발 부모 이별한 지**가 몇 날이나 되며, 아버지 날 낳으시고, 어머니 날 기르시니, 그 은혜 하늘처럼 넓고도 끝없구나. 화목하던 일가친척, **규중***의 젊은 아내 천 리 전장 나를 보내고, 오늘이나 소식 올거나, 내일이나 기별이 올거나 기다리고 바라다가, 서산에 해는 기울어지니 기다림이 몇 번이며, 바람 불고 많은 비 오는데 마중함이 몇 번이나 되며, 소중랑장의 홍안거래* 편지를 뉘 전하며, 임 그리는 노래는 밤낮 근심이 맺혔구나. 조총 긴 칼을 드러메고 **육전, 수전을 섞어 할 때에 생사가 순간이로구나. 만일 길에서 죽게 되면, 게 뉘라서 장사 지내며,** 모래밭에 뼈가 흩어져서 까마귀 밥이 된들, 뉘라 손뼉을 두드리며 후어 쳐 날려 줄 이가 뉘 있더란 말이냐?" 온종일 부모 생각이로구나.

나 **[아니리]**

　이렇듯이 슬피 우니 **여러 군사** 하는 말이, "부모 생각 네 설움은 극진한 효심이라. 전장에 나와서도 부모한테 효성이 지극한 말을 하니, 너 아니 죽고 살아가겠다." 또 한 군사 나서면서, "내 설움을 한번 또 들어 봐라." "어디, 말해 봐라. 설움이 참으로 서러우면 우리도 힘을 합해 한 번씩 울어 주마." "그러면 그리해라."

[중중모리]

　"여봐라, 군사들아. 네 내 설움을 들어 봐라. 네 내 설움을 들어라. 나는 우리 집 오대 독자로 어려서 장가들어, 거의 오십 다 되도록 슬하 자식 하나가 없어 매일 부부 한탄. 엇다, 우리 집 마누라가 온갖 공을 다 드릴 때, 명산대찰, **영신당***, **고묘***, 총사, 석왕사, 석불, 보살, 미륵, 노구맞이 집 짓기와, 칠성 불공, 나한 불공, 백일산제, 신중맞이, 가사시주, 인등 시주, 다리 권선 길 닦기, 집에 들어 있는 날은 성주, 조왕, 당산, 천룡, 중천군웅에, 지신제를 지극정성 드리니, 공든 탑 무너지며, 깊은 나무 꺾어지랴! 그달부터 태기 있어, 반듯한 곳에 앉아, 좋은 음식만 먹고, 음악 들으며, 예쁜 것만 보고 열 달이 점점 차더니, 하루는 출산 기미가 있던가 보더라. '아이고 배야, 아이고 허리야! 아이고 다리야!' 경황 중에 탄생하니, 딸이라도 반가운데 아들을 낳았구나. 열 손에다 떠받들어 땅에 뉘일 날이 전혀 없이 삼칠일 다 지내고, 여섯 달 넘어가니, 장판방에 살이 올라 토닥토닥 노는 양, 빵긋 웃는 양, 엄마 아빠 도리도리, 쥐

어휘 풀이

* 쥐암 : 어린아이가 주먹을 쥐었다 폈다 하면서 피우는 재롱.
* 잘깡 : 어린아이를 안고 어르면서 하는 말.
* 섬마 둥둥 : 어린아이를 안고 어르면서 하는 말.
* 후사 : 대를 이을 자식.
* 모기 눈 : 아주 작은 눈.
* 쥐털 수염 : 쥐털처럼 짧은 수염.
* 작도 : 착도, 지휘봉으로 쓰는 몸에 지니고 다니는 칼.
* 위국자불고가 : 나라를 위하는 사람은 집안을 돌볼 여유가 없다.
* 항도령 : 힘이 장사였다는 항우를 가리킴.

얌*, 잘깡*, 섬마 둥둥* 내 아들. 내 아들이지, 내 아들. 옷고름에 돈을 채워, 감을 사 껍질 벗겨 손에 들려서 어르며, 밤낮 사랑 **귀중한 게 자식밖에 또 있느냐?** (중략)"

다 [아니리]

또 ⓐ한 군사 하는 말이, "얘, 이 녀석아. 아, 자식 두고 생각하는 정, 거 졸장부의 말이로구나. 전장에 너 죽어도, 이 녀석아, 후사*는 잇겠으니 ㉠네 설움은 가소롭다." 또 ⓑ한 군사 하는 말이,

[중모리]

"이내 설움 들어 봐라. 나는 부모 일찍 여의고, 일가친척 하나 없이 혈혈단신 이내 몸이, 그저 만난 우리 아내 얼굴도 어여쁘고 행실도 얌전하여, 집안 큰일 지극정성, 떠날 뜻이 하나 없이 죽어도 같이 죽고, 살아도 같이 살아 다정한 부부 되려 할 때, 뜻밖에 급한 난리, '위국 땅 백성들아 적벽강으로 싸움 가자!' 나팔을 떼떼 불며 **들어앉은 나를 끌어내니**, 아니 올 수 없더구나. 군복 입고, 모자를 쓰고, 창대 끌고 나올 때에, 우리 아내 내 거동을 보더니 버선발로 우루루루 달려들어 나를 안고 엎어지며, '날 죽이고 가오. 살려 두고는 못 가리다. 새파랗게 젊은 년을 나 혼자만 떼어 두고 전장을 가랴시오?' 내 마음이 어찌 되겠느냐? 우리 마누라를 달래려 할 때, '허허, 마누라, 울지 마오. 장부가 세상에 태어났다가 전장 출세를 못 하고 죽으면, 장부 절개가 아니라고 하니, 울지 말라면 울지 마오.' 달래어도 아니 듣고, 화를 내도 아니 듣더구나. 잡았던 손을 사정없이 떨치고 전장을 나왔으나, **전쟁은 끝날 줄 모르는구나.** 살아가기를 꾀를 낸들, 동서남북으로 불침번 서니 함정에 든 범이 되고, 그물에 걸린 내가 고기로구나. 어느 때나 고향을 가서, **그립던 마누라 손을 잡고** 수만 회포를 풀어 볼거나. 아이고, 아이고." 울음을 우니,

라 [아니리]

여러 군사 하는 말이, "식구 두고 생각하는 정 참 이상하다. 가족이라 하는 게 팔자에 있는 것이지. 그러나 네 설움도 사실은 울 만하다." 또 한 군사 나오는데, 이 군사는 그중에 키 작고, 머리가 크고, 모기 눈*, 주걱턱에 쥐털 수염* 쓰다듬고, 코 벌렁벌렁하면서 작도*만 한 칼을 내휘두르며, 병사들이 안달하게 말을 하겠다.

[중중모리]

"여봐라, 군사들, 말 듣거라. 너희들 울면 바보로다. 위국자불고가*라 **나라 위하는 사람 집안 돌볼 여유 없다.** 옛글에도 일러 있고, 남자가 하필 처자식만 그리운가? 고향 생각은 하지 마소. 우리 몸이 군사 되어, 전장 나왔다가 공명도 못 이루고 속절없이 돌아가면 부끄럽지 않겠느냐? 이내 마음 평생소원 허리 아래 칼을 차고 오나라 한나라 양진 장수 머리를 선뜻 뎅기렁 베어 들고, 말을 몰아 충돌하며, **개선가 부르면서, 승전고 쿵쿵 울리며** 본국으로 돌아갈 때, 부모, 동생, 처자, 식구, 일가친척이 반겨 맞아 펄쩍 뛰어나오며, '다녀온다, 다녀와. 전장 갔던 낭군이 이렇게 오니 반갑네. 이리 오오, 이리 와.' 울며붙며 반겨할 때, 모두가 기쁨을 보이면 그 아니 좋더란 말이냐? 울지 말라면, 울지 마라."

마 [아니리]

이렇듯이 말을 하니 여러 군사 하는 말이, "에, 이 녀석! 네 말이 참으로 그렇다면 천하장사 항도령*이라고 불러 주마, 이 녀석아." 또 한 군사가 나서면서 싸움타령 노래를 또 한 번 해 보는데,

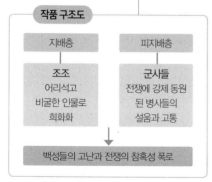

작품 구조도

지배층	피지배층
조조 어리석고 비굴한 인물로 희화화	군사들 전쟁에 강제 동원된 병사들의 설움과 고통

백성들의 고난과 전쟁의 참혹성 폭로

1 윗글에 대한 설명으로 적절하지 <u>않은</u> 것은?   ▶ 8448-0306

① 인물의 심리를 구체적으로 드러내고 있다.
② 대화를 중심으로 이야기가 전개되고 있다.
③ 창자가 개입하여 상황에 대해 논평하고 있다.
④ 유사한 구절을 열거하여 리듬감을 살리고 있다.
⑤ 인물의 외양을 구체적으로 묘사하여 생동감을 주고 있다.

2 (가)~(마) 중 〈보기〉의 ㉮가 가장 잘 드러나 있는 것은?   ▶ 8448-0307

┤ 보기 ├

　선생님: 판소리에서 아니리는 주로 이야기를 진행시키고, 창은 장면을 확대·부연하여 정서적 감흥을 이끌어 냅니다. 한편, 이 작품에서는 ㉮해학적인 대목이 아니리를 통해 구현되기도 합니다.

① (가)   ② (나)   ③ (다)   ④ (라)   ⑤ (마)

3 〈보기〉를 참고하여 윗글을 이해한 내용으로 적절하지 <u>않은</u> 것은?   ▶ 8448-0308

┤ 보기 ├

　이 작품은 『삼국지연의』 중 적벽 대전의 이야기를 바탕으로 한 판소리 사설이다. 원작과 달리 지배층의 야망을 실현하는 도구로 전쟁에 강제 동원된 이름 없는 군사들의 고통을 형상화하고 있다. 특히 조조의 군사들이 제각기 가족과 이별한 서러움과 애틋한 사연들을 늘어놓는 대목을 통해 피지배층의 한을 보여 줌으로써 이들을 전쟁으로 내모는 지배층에 대한 비판 의식을 드러내고 있다.

① '한 군사', '저 군사', '여러 군사'라는 표현에서 이름 없는 군사들의 모습을 확인할 수 있다.
② '백발 부모 이별한 지', '귀중한 게 자식밖에 또 있느냐?', '그립던 마누라 손을 잡고' 등에서 군사들이 가족과 이별한 사연을 확인할 수 있다.
③ '육전, 수전을 섞어 할 때에 생사가 순간이로구나.', '전쟁은 끝날 줄 모르는구나.' 등에서 피지배층의 한스러운 마음을 짐작할 수 있다.
④ '만일 길에서 죽게 되면, 게 뉘라서 장사 지내며', '들어앉은 나를 끌어내니' 등에서 지배층에 대한 피지배층의 비판 의식을 엿볼 수 있다.
⑤ '나라 위하는 사람 집안 돌볼 여유 없다.', '개선가 부르면서, 승전고 쿵쿵 울리며'에서 지배층의 야망을 실현하는 도구로 군사들이 강제 동원되었음을 알 수 있다.

서술형

1 ⓐ와 ⓑ가 같은 인물이라고 할 때, ㉠처럼 말한 이유를 서술하시오.   ▶ 8448-0309

01 조침문(弔針文) 유 씨 부인

작품 안 갈래 : 한글 수필 성격 : 추모적, 애도적 주제 : 부러뜨린 바늘에 대한 추모

작품 밖 가세가 빈한하고 자녀도 없는 과부로 삯바느질에 마음을 붙여 지내던 글쓴이가 오랫동안 아끼던 바늘이 부러져 쓰지 못하게 된 안타까운 마음을, 바늘을 의인화하여 제문의 형식으로 쓴 수필이다.

작품의 짜임

서사	오랜 시간 함께한 바늘에 대한 마음을 적어 부러진 바늘을 영결하고자 함.
본사	시삼촌이 준 바늘들 중 하나를 골라 자주 써서 손에 익었고, 바느질로 연명하며 도움을 많이 받아 사랑했는데, 관대 깃을 달다가 부러뜨림.
결사	매우 슬프고 다시 만나 함께하기를 바람.

어휘 풀이

* 오호 통재라 : 아아, 슬프고 원통하도다.
* 우금 : 지금까지.
* 행장 : 사람이 죽은 뒤 그 평생에 지낸 일을 적은 글.
* 낙점 : 조선 시대에 관원을 선임할 때, 임금이 세 명의 후보자 가운데 마땅한 사람의 이름 위에 점을 찍어 뽑던 일.
* 흉완 : 흉악하고 모짊.
* 쟁쟁 : 여럿 가운데에서 매우 뛰어남.
* 천은 : 품질이 썩 좋은 옷을 일컬음.
* 백인 : 중국 진나라 때 주의의 이름.

작품 구조도

제문의 구성	조침문의 구성
⇩	⇩
'유세차 모년 모월 모일에'라는 상투적 문장구로 시작함.	'유세차 모년 모월 모일에'로 시작함.
죽은 사람의 생전 모습을 회상하며 여러 감정을 표현함.	바늘의 행장과 글쓴이의 심회를 밝힘.
죽은 사람에 대한 슬픔의 정을 드러냄.	바늘을 애도하는 마음을 드러내고 후세를 기약함.

유세차(維歲次) 모년(某年) 모월(某月) 모일(某日)에, 미망인 모 씨(某氏)는 두어 자 글로써 침자(針子)에게 고하노니, 인간 부녀(婦女)의 손 가운데 중요한 것이 바늘이로대, ㉠세상 사람이 귀히 아니 여기는 것은 도처에 흔한 바이로다. 이 바늘은 한낱 작은 물건이나, 이렇듯이 슬퍼함은 나의 정회가 남과 다름이라. 오호 통재(痛哉)라*, 아깝고 불쌍하다. **너를 얻어 손 가운데 지닌 지 우금(于今)* 이십칠 년이라.** 어이 인정(人情)이 그렇지 아니하리오. 슬프다. 눈물을 잠깐 거두고 심신을 겨우 진정하여, 너의 행장(行狀)*과 나의 회포를 총총히 적어 영결(永訣)하노라.

연전(年前)에 우리 시삼촌께옵서 동지상사 낙점(落點)*을 무르와, 북경을 다녀오신 후에, 바늘 여러 쌈을 주시거늘, 친정과 원근 일가(一家)에게 보내고, 비복(婢僕)들도 쌈쌈이 나누어 주고, 그중에 너를 택하여 손에 익히고 익히어 지금까지 해포 되었더니, 슬프다. 연분이 비상(非常)하여, 너희를 무수히 잃고 부러뜨렸으되, **오직 너 하나를 연구(年久)히 보전하니**, 비록 무심한 물건이나 어찌 사랑스럽고 미혹(迷惑)하지 아니하리오. 아깝고 불쌍하며, 또한 섭섭하도다.

나의 신세 박명(薄命)하여 슬하에 한 자녀 없고, **인명(人命)이 흉완(凶頑)* 하여 일찍 죽지 못하고,** ㉡가산이 빈궁하여 침선(針線)에 마음을 붙여, 널로 하여 생애를 도움이 적지 아니하더니, 오늘날 너를 영결(永訣)하니, ㉢오호 통재라, 이는 귀신(鬼神)이 시기하고 하늘이 미워하심이로다.

아깝다 바늘이여, 어여쁘다 바늘이여, 너는 미묘한 품질과 특별한 재치(才致)를 가졌으니, 물중(物中)의 명물이요, 철 중(鐵中)의 쟁쟁(錚錚)* 이라. 민첩하고 날래기는 백대(百代)의 협객(俠客)이요, 굳세고 곧기는 만고의 충절이라. 추호(秋毫) 같은 부리는 말하는 듯하고, 뚜렷한 귀는 소리를 듣는 듯한지라. 능라(綾羅)와 비단에 난봉(鸞鳳)과 공작을 수놓을 제, 그 민첩하고 신기함은 귀신이 돕는 듯하니, 어찌 인력(人力)이 미칠 바리요.

오호 통재라, 자식이 귀하나 손에서 놓일 때도 있고, 비복이 순하나 명(命)을 거스를 때 있나니, 너의 미묘한 재질(才質)이나 나의 전후(前後)에 수응(酬應)함을 생각하면, ㉣자식에게 지나고 비복에게 지나는지라. 천은(天銀)* 으로 집을 하고, 오색(五色)으로 파란을 놓아 겉고름에 채였으니, 부녀의 노리개라. 밥 먹을 적 만져 보고 잠잘 적 만져 보아, 너로 더불어 벗이 되어, 여름낮에 주렴(珠簾)이며, 겨울밤에 등잔을 상대하여, **누비며, 호며, 감치며, 박으며, 공그릴** 때에, 겹실을 꿰었으니 봉미(鳳尾)를 두르는 듯, 땀땀이 떠 갈 적에, 수미(首尾)가 상응하고, 솔솔이 붙어 내매 조화(造化)가 무궁하다. / (중략)

무죄한 너를 마치니, ㉤백인(伯人)* 이 유아이사(由我而死)라, 뉘를 한(恨)하며 뉘를 원(怨)하리오. 능란한 성품과 공교(工巧)한 재질을 나의 힘으로 어찌 다시 바라리오. 절묘한 의형(儀形)은 눈 속에 삼삼하고, 특별한 품재(稟才)는 심회(心

懷)가 삭막하다. 네 비록 물건이나 무심하지 아니하면, 후세에 다시 만나 평생 동거지정(同居之情)을 다시 이어, 백년고락(百年苦樂)과 일시생사(一時生死)를 한가지로 하기를 바라노라. 오호 애재라, 바늘이여.

실력 다지기

정답과 해설 62쪽

1 윗글의 표현상 특징으로 적절하지 **않은** 것은?   ○ 8448-0310

① 대구법을 활용하여 운율감을 주고 있다.
② 비유법을 활용하여 대상의 모습을 구체화하고 있다.
③ 설의법을 활용하여 전달하려는 의미를 강조하고 있다.
④ 과장법을 활용하여 초월적 세계를 선명히 묘사하고 있다.
⑤ 영탄법을 활용하여 글쓴이의 감정을 직접적으로 드러내고 있다.

2 ㉠~㉤에 대한 설명으로 적절하지 **않은** 것은?   ○ 8448-0311

① ㉠ : 바늘을 귀하게 여기지 않는 것에 대한 글쓴이의 안타까움이 내재되어 있다.
② ㉡ : 글쓴이가 바느질을 통해 생계를 유지하며 살아왔음을 고백하고 있다.
③ ㉢ : 바늘을 잃은 글쓴이의 슬픔과 안타까움을 극대화하여 드러내고 있다.
④ ㉣ : 글쓴이의 바늘이 주변 사람들의 바늘보다 뛰어남을 강조하고 있다.
⑤ ㉤ : 글쓴이는 바늘을 부러뜨린 것이 자신의 잘못이라고 생각하고 있다.

3 〈보기〉를 참고하여 윗글을 감상한 내용으로 적절하지 **않은** 것은?   ○ 8448-0312

> ┤ 보기 ├
> 이 작품은 부러진 바늘에 대한 애통한 심정을 제문(祭文) 형식으로 쓴 수필이다. 글쓴이는 바늘을 의인화하여 바늘의 행장과 자신의 회포를 기록하면서, 바늘에 대한 애정, 바늘의 쓰임새, 바늘을 부러뜨린 안타까운 심정 등을 잘 드러내고 있다.

① '유세차 모년 모월 모일에'라고 시작하는 것에서 제문의 형식을 확인할 수 있군.
② 바늘을 '침자', '너'라고 지칭하는 것에서 바늘을 의인화하고 있음을 알 수 있군.
③ '오직 너 하나를 연구히 보전'하려고 했던 모습에서 바늘에 대한 애정을 느낄 수 있군.
④ '인명이 흥완하여 일찍 죽지 못하고'에서 부러진 바늘에 대한 안타까움을 엿볼 수 있군.
⑤ '누비며, 호며, 감치며, 박으며, 공그'리는 행위에서 바늘의 쓰임새를 짐작할 수 있군.

서술형

1 윗글의 주제와 관련하여 제목에 담긴 의미를 서술하시오.   ○ 8448-0313

작품 안 갈래 : 한문 수필, 기(記)　성격 : 자성적, 회고적　주제 : 본질적 자아인 '나'를 지키는 것의 중요성

← **작품 밖** 글쓴이가 큰형 정약현이 집에 붙인 당호(堂號)인 '수오재'를 통해 얻은 깨달음을 기록한 글이다. 의문으로 시작해서 반성과 사색의 결과로 깨달음을 얻게 되는 과정을 보여 주고 있다.

작품의 짜임

기	'수오재'라는 이름에 대한 의문이 생김.
승	가장 힘써 지켜야 할 것으로 '나'만한 것이 없음.
전	'나'를 잃어버리고 산 삶에 대해 반성함.
결	'수오재기'를 쓴 내력을 밝힘.

어휘 풀이

* 무상하다 : 일정하지 않고 늘 변하는 데가 있다.
* 질탕한 : 신이 나서 정도가 지나치도록 흥겨운.
* 태현 : 심오하고 현묘한 이치를 뜻하는 말.
* 기문 : 기록한 문서.

구절 풀이

• 나는 '나'를 ~ 잃은 사람이다. : 온갖 세상 유혹에 마음을 빼앗겼던 자신의 지난 삶을 반성하는 내용임.
• 조정의 벼슬아치가 ~ 12년을 보냈다. : 출세욕에 마음을 빼앗겨 삶의 참된 가치를 잊은 채 정신없이 벼슬살이를 했던 자신의 지난 삶을 되돌아보고 있음.
• 한강을 건너고 ~ 멈추게 되었다. : 여러 지방을 옮겨 다니며 유배 생활을 거듭해야 했던 자신의 삶을 표현한 말임.

작품 구조도

의문이 생김.	독자의 흥미 유발
↓	
의문의 해소	깨달은 내용 설명
↓	
지난 삶에 대한 반성	경험을 통한 깨달음 확인
↓	
글을 쓴 내력	깨달음의 의미 기록

수오재(守吾齋), 즉 '나를 지키는 집'은 큰형님이 자신의 서재에 붙인 이름이다. 나는 처음 그 이름을 보고 의아하게 여기며, '나와 단단히 맺어져 서로 떠날 수 없기로는 '나'보다 더한 게 없다. **비록 지키지 않는다 한들 '나'가 어디로 갈 것인가. 이상한 이름이다.**'라고 생각했다.

장기로 귀양 온 이후 나는 홀로 지내며 생각이 깊어졌는데, 어느 날 갑자기 이러한 의문점에 대해 환히 깨달을 수 있었다. 나는 벌떡 일어나 다음과 같이 말했다.

"**천하 만물 중에 지켜야 할 것은 오직 '나'뿐이다.** 내 밭을 지고 도망갈 사람이 있겠는가? 그러니 밭은 지킬 필요가 없다. 내 집을 지고 달아날 사람이 있겠는가? 그러니 집은 지킬 필요가 없다. 내 동산의 꽃나무와 과실나무들을 뽑아 갈 수 있겠는가? 나무뿌리는 땅속 깊이 박혀 있다. 내 책을 훔쳐 가서 없애 버릴 수 있겠는가? 성현(聖賢)의 경전은 세상에 널리 퍼져 물과 불처럼 흔한데 누가 능히 없앨 수 있겠는가. 내 옷과 양식을 도둑질하여 나를 궁색하게 만들 수 있겠는가? 천하의 실이 모두 내 옷이 될 수 있고, 천하의 곡식이 모두 내 양식이 될 수 있다. 도둑이 비록 훔쳐 간다 한들 하나둘에 불과할 터, 천하의 모든 옷과 곡식을 다 없앨 수는 없다. 따라서 천하 만물 중에 꼭 지켜야만 하는 것은 없다. / 그러나 유독 이 '나'라는 것은 그 성품이 달아나기를 잘하며 출입이 무상하다*. 아주 친밀하게 붙어 있어 서로 배반하지 못할 것 같지만 잠시라도 살피지 않으면 어느 곳이든 가지 않는 곳이 없다. 이익으로 유혹하면 떠나가고, 위험과 재앙으로 겁을 주면 떠나가며, 질탕한* 음악 소리만 들어도 떠나가고, **미인의 예쁜 얼굴과 요염한 자태만 보아도 떠나간다.** 그런데 한번 떠나가면 돌아올 줄 몰라 붙잡아 만류할 수 없다. 그러므로 천하 만물 중에 잃어버리기 쉬운 것으로는 '나'보다 더한 것이 없다. 그러니 꽁꽁 묶고 자물쇠로 잠가 '나'를 굳게 지켜야 하지 않겠는가?"

나는 '나'를 허투루 간수했다가 '나'를 잃은 사람이다. 어렸을 때는 과거 시험을 좋게 여겨 그 공부에 빠져 있었던 것이 10년이다. 마침내 조정의 벼슬아치가 되어 사모관대에 비단 도포를 입고 ⓐ백주 대로를 미친 듯 바쁘게 돌아다니며 12년을 보냈다. 그러다 갑자기 상황이 바뀌어 친척을 버리고 고향을 떠나 한강을 건너고 문경 새재를 넘어 ⓑ아득한 바닷가 대나무 숲이 있는 곳에 이르러서야 멈추게 되었다. (중략)

유독 내 큰형님만이 '나'를 잃지 않고 편안하게 수오재에 단정히 앉아 계신다. 본디부터 지키는 바가 있어 '나'를 잃지 않으신 때문이 아니겠는가? 이것이야말로 큰형님이 자신의 서재 이름을 '수오'라고 붙이신 까닭일 것이다. 일찍이 큰형님이 말씀하셨다.

"아버지께서 나의 자(字)를 태현(太玄)*이라고 하셨다. 나는 홀로 나의 태현을 지키려고 서재 이름을 '수오'라고 하였다." / 이는 그 이름 지은 뜻을 말씀하신 것이다.

맹자께서 말씀하시기를, "무엇을 지키는 것이 큰일인가? ㉠자신을 지키는 것이 큰일이다."라고 하셨는데, 참되도다, 그 말씀이여!

드디어 내 생각을 써서 큰형님께 보여 드리고 수오재의 기문(記文)*으로 삼는다.

1 윗글에 대한 설명으로 적절하지 **않은** 것은?

◐ 8448-0314

① 사물을 의인화하여 친근감을 부각하고 있다.
② 다양한 사례를 열거하면서 의미를 강조하고 있다.
③ 자문자답의 방식으로 궁금증을 해결해 나가고 있다.
④ 성현의 말씀을 인용하여 주제를 강화하고 있다.
⑤ 글을 쓴 내력을 밝히면서 글을 마무리하고 있다.

2 ⓐ와 ⓑ에 대한 이해로 가장 적절한 것은?

◐ 8448-0315

① ⓐ는 '나'를 잃어버리기 쉬움을, ⓑ는 '나'를 굳게 지키기 어려움을 비유한 것이다.
② ⓐ는 '나'를 잃어버린 상황을, ⓑ는 잃어버린 '나'를 찾을 수 있는 상황을 빗댄 것이다.
③ ⓐ는 '나'를 잃어버린 이유를, ⓑ는 '나'를 되찾기 위한 방법을 분석하여 인식한 것이다.
④ ⓐ, ⓑ 모두 수오재에 담긴 '나'의 진정한 의미를 밝히려고 노력한 과정을 묘사한 것이다.
⑤ ⓐ, ⓑ 모두 '나'의 성품이 달아나기를 잘하며 출입이 무상하다는 사실을 보여 주는 것이다.

3 〈보기〉를 바탕으로 윗글에 대해 보인 반응으로 적절하지 **않은** 것은?

◐ 8448-0316

┤ 보기 ├
　이 작품은 일상에서 떠오른 의문점을 해결해 나가면서 어떤 사건이나 경험을 하게 된 과정을 기록하고, 교훈이나 깨달음을 전달하는 한문 수필이다. 글쓴이는 주변 인물의 삶과 관련지어 자신의 삶에 대해 반성하고 성찰하면서 깨달음을 얻어 가는 과정을 서술하고 있다.

① '비록 지키지 않는다 한들 '나'가 어디로 갈 것인가.'라는 생각은 글쓴이가 일상에서 떠오른 의문점을 드러낸 것이군.
② '천하 만물 중에 지켜야 할 것은 오직 '나'뿐이다.'라고 말한 것은 글쓴이가 독자에게 전달하고자 하는 교훈을 압축적으로 제시한 것이군.
③ '미인의 예쁜 얼굴과 요염한 자태만 보아도 떠나간다.'라고 말한 것은 글쓴이가 자신의 삶을 반성하고 성찰하게 된 계기가 된 사례를 제시한 것이군.
④ '나는 '나'를 허투루 간수했다가 '나'를 잃은 사람이다.'라고 고백하면서 어렸을 때의 일을 떠올리고 있는 것은 글쓴이가 겪은 경험을 기록한 것이군.
⑤ '유독 내 큰형님만이 '나'를 잃지 않'았다고 말하는 것은 글쓴이의 삶을 주변 인물의 삶과 관련지어 비교하고 있는 것이군.

서술형

1 ㉠의 의미를 '현상적 자아'와 '본질적 자아'의 개념을 활용하여 서술하시오.

◐ 8448-0317

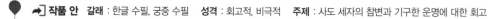

→ **작품 안** 갈래 : 한글 수필, 궁중 수필 **성격** : 회고적, 비극적 **주제** : 사도 세자의 참변과 기구한 운명에 대한 회고

← **작품 밖** 사도 세자의 빈(嬪)이었던 혜경궁 홍 씨가 쓴 자서전적 글로, 사도 세자의 비극적인 죽음과 이를 둘러싼 역사적인 사실, 자신의 기구한 운명 등을 서술하고 있다.

작품의 짜임

1편	자신의 성장부터 궁중 생활 50년을 회고함.
2편	친정의 몰락에 대한 자탄과 억울함을 호소함.
3편	사도 세자의 죽음과 관련되어 친정이 입었던 화가 모두 무고에 의한 것임을 주장함.
4편	사도 세자 참변의 진상을 순조에게 알리고, 친정 연루 혐의를 해명함.

어휘 풀이
* 재실 : 능이나 종묘에 제사를 지내기 위하여 지은 집.
* 남여 : 지붕이 없는 작은 가마.

작품 구조도

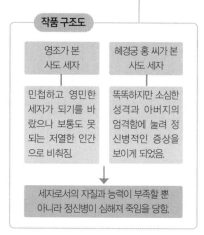

경모궁께서 나가신 후 즉시 영조의 엄노하신 음성이 들리니라. 휘령전이 덕성합과 멀지 않으니, 담 밑으로 사람을 보내니라. 경모궁께서는 벌써 **곤룡포를** 벗고 엎드려 계시더라 하니라. ⓐ대처분이신 줄 알고, 천지 망극하고 가슴이 찢어지니라.

거기 있어 부질없으니 **세손** 계신 데로 와서, 서로 붙들고 어찌할 줄을 모르더라. 오후 세 시즈음에 **내관이 들어와** 밧소주방의 쌀 담는 뒤주를 내라 하신다 하니, 이 어찌 된 말인고. 황황하여 궤를 내지는 못하고, 세손이 망극한 일이 벌어질 줄 알고 휘령전으로 들어가
ㄱ"아비를 살려 주옵소서." / 하니, 영조께서 / ㄴ"나가라."
명하시니라. **세손께서 나와서 휘령전에 딸린 왕자의 재실(齋室)***에 앉아 계시니, 그 정경이야 고금 천지간에 다시 없더라. 세손을 내보낸 후 하늘이 무너지고 해와 달이 빛을 잃으니, 내 어찌 한때나마 세상에 머물 마음이 있으리오.

칼을 들어 목숨을 끊으려 하나, 곁에 있는 사람이 앗음으로써 뜻을 이루지 못하고, 다시 죽고자 하되 한 토막 쇳조각이 없으니 하지 못하니라. **숭문당에서 휘령전으로 나가는 건복문 밑으로 가니**, 아무것도 보이지 않고, 다만 영조께서 칼 두드리시는 소리와 경모궁께서
ㄷ"아버님, 아버님, 잘못하였으니, 이제는 하라 하시는 대로 하고, 글도 읽고 말씀도 들을 것이니, 이리 마소서." / 애원하시는 소리가 들리더라. 그 소리를 들으니 **간장이 마디마디 끊어지고 눈앞이 막막하니,** 가슴을 두드려 아무리 한들 어찌하리오.

당신 용력(勇力)과 장한 기운으로 뒤주에 들라 하신들 아무쪼록 아니 드시지, 어찌 마침내 들어가시던고. 처음은 뛰어나가려 하시다가 이기지 못하여 그 지경이 되시니, 하늘이 어찌 이토록 하신고. 만고에 없는 설움뿐이라. **내 문 밑에서 울부짖되** 경모궁께서는 응하심이 없더라.

세자가 벌써 폐위되었으니 그 처자가 편안히 대궐에 있지 못할 것이요, 세손을 그냥 밖에 두었으니 어찌 될까 두렵고 조마조마하여, 그 문에 앉아 영조께 글을 올리니라.
"처분이 이러하시니 죄인의 처자가 편안히 대궐에 있기도 황송하옵고, 세손을 오래 밖에 두기는 귀중한 몸이 어찌 될지 두렵사오니, 이제 본집으로 나가게 하여 주소서."
그 끝에 / ㄹ"천은(天恩)으로 세손을 보전하여 주시길 바라나이다."
하고 써 가까스로 내관을 찾아 드리라 하였더라. 오래지 아니하여 오빠가 들어오셔서
ㅁ"**동궁**을 폐위하여 서인으로 만드셨다 하니, **빈궁**도 더 이상 대궐에 있지 못할 것이라. 위에서 본집으로 나가라 하시니 가마가 들어오면 나가시고, 세손은 남여(藍輿)*를 들여오라 하였으니 그것을 타고 나가시리이다."
하시니, 서로 붙들고 망극 통곡하니라. **나는 업혀서** 청휘문에서 저승전 앞문으로 가 거기서 가마를 타니, 윤 **상궁이란 내인**이 가마 안에 함께 타니라. 별감들이 가마를 메고, 허다한 상하 내인이 다 뒤를 따르며 통곡하니, 만고 천지간에 이런 경상(景狀)이 어디 있으리오. **나는 가마에 들 제 기운이 막혀** 인사를 모르니, 윤 상궁이 **주물러 겨우 명은 붙었으나** 오죽하리오.

1 윗글에 대한 설명으로 가장 적절한 것은? ▶ 8448-0318

① 부정적인 인물을 희화화하여 풍자하고 있다.
② 고사를 활용하여 주제 의식을 강조하고 있다.
③ 다양한 비유를 통해 서술자의 심리를 드러내고 있다.
④ 비현실적인 방법으로 현실적인 갈등을 극복하고 있다.
⑤ 자연의 풍광을 묘사하여 글쓴이의 심정을 드러내고 있다.

2 ㉠~㉤에 담긴 인물의 심리에 대한 추측으로 적절하지 <u>않은</u> 것은? ▶ 8448-0319

① ㉠: 아버지를 염려하고 걱정하는 안타까움이 담겨 있다.
② ㉡: 손자를 대견히 여기는 마음을 숨기기 위한 어색함이 담겨 있다.
③ ㉢: 아버지께 잘못을 빌고 용서를 구하고자 하는 절실함이 담겨 있다.
④ ㉣: 아들을 보호하기 위해 시아버지의 선처를 바라는 애절함이 담겨 있다.
⑤ ㉤: 동생이 궁궐 밖으로 잘 나갈 수 있도록 도우려는 배려심이 담겨 있다.

3 〈보기〉를 바탕으로 윗글에 대해 반응한 내용으로 적절하지 <u>않은</u> 것은? ▶ 8448-0320

┤ 보기 ├

　이 작품은 궁중 용어와 풍속을 잘 보여 주는 대표적인 궁중 문학으로, 궁궐 내부에서 일어난 역사적 사실이 생생하게 담겨 있다. 글쓴이의 기구한 삶의 흔적을 통해 당시의 생생한 분위기와 영조와 사도 세자 간의 첨예한 갈등이 잘 묘사되어 있으며, 글쓴이의 비극적 체험과 이에 대한 절실하고도 간곡한 마음이 잘 드러나 있다.

① '곤룡포', '세손', '내관', '재실', '세자', '동궁', '빈궁', '상궁', '내인' 등에서 궁중에서 사용한 용어들을 확인할 수 있군.
② '내관이 들어와', '숭문당에서 휘령전으로 나가는 건복문 밑으로 가니' 등에서 궁궐 내부에서 일어난 일을 다루고 있음을 알 수 있군.
③ '세손께서 나와서 휘령전에 딸린 왕자의 재실에 앉아 계시니', '칼을 들어 목숨을 끊으려 하나' 등에서 당시에 벌어진 첨예한 갈등을 확인할 수 있군.
④ '간장이 마디마디 끊어지고 눈앞이 막막하니', '내 문 밑에서 울부짖되' 등에서 글쓴이의 비극적 체험과 이에 대한 절실하고도 간곡한 마음을 느낄 수 있군.
⑤ '나는 업혀서', '나는 가마에 들 제 기운이 막혀', '윤 상궁이 주물러 겨우 명은 붙었으나' 등에서 글쓴이의 기구한 삶의 흔적을 엿볼 수 있군.

서술형

1 윗글의 내용을 토대로 @의 구체적인 내용을 쓰시오. ▶ 8448-0321

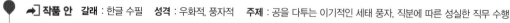

→ **작품 안** 갈래 : 한글 수필 성격 : 우화적, 풍자적 주제 : 공을 다투는 이기적인 세태 풍자, 직분에 따른 성실한 직무 수행

← **작품 밖** 바느질에 관련된 일곱 가지 사물을 의인화하여 이기적인 인간 세태를 우화적으로 풍자하는 내용을 담고 있다. 가전체의 전통을 잇고 있으면서도 극적 구성과 섬세한 표현이 돋보인다.

작품의 짜임

기	규중 칠우에 대해 소개함.
승	규중 칠우가 각기 자기 공을 자랑함.
전	규중 칠우가 인간을 원망함.
결	감토 할미가 사죄하고 규중 부인이 치사함.

어휘 풀이

* 위연만 : 웬만히.
* 언필 : 말을 마침.
* 매야할사 : 매정하도다.
* 마를 : 옷감이나 재목 따위를 치수에 맞도록 재거나 자를.
* 토심적고 : 불쾌하고.
* 집탈하니 : 남의 잘못을 집어내어 트집하니.
* 고면하며 : 돌이켜 보며.
* 수험하야 : 검사하여.
* 요약지성 : 요사스럽고 간사한 말.
* 설한하면 : 한을 풀면.
* 데아라 아야라 : 아프다 어떻다.
* 포락지형 : 불에 달군 쇠기둥을 맨발로 건너게 하던 형벌.
* 척연 : 근심하고 두려워하며.
* 황천 : 저승.
* 고두 사 왈 : 머리를 조아리며 사죄하여 말하기를.
* 혬 : 헤아림. 생각.
* 재죄 : 재주가.
* 결곤 : 곤장을 침.

작품 구조도

규중 칠우들의 공치사 → 경쟁 관계 ⇩ 이기적인 세태를 풍자함.

규중 부인의 등장

인간에 대한 불평과 원망 → 동료 관계 ⇩ 인간들의 부정적인 행동에 대해 비판함.

감토 할미 웃고 이르되,

"각시님네, 위연만* 자랑 마소. 이 늙은이 수말 적기로 아가시네 **손부리 아프지** 아니하게 바느질 도와드리나니 고어에 운(云), 닭의 입이 될지언정 소 뒤는 되지 말라 하였으니, 청홍 각시는 세요의 뒤를 따라다니며 무삼 말 하시나뇨. 실로 얼골이 아까왜라. 나는 매양 세요의 귀에 질리었으되 **낯가족이 두꺼워** 견딜 만하고 아모 말도 아니하노라."

(중략)

규중 부인이 이르되, / "칠우의 공으로 의복을 다스리나 그 공이 사람의 쓰기에 있나니 어찌 칠우의 공이라 하리오."

하고 언필*에 칠우를 밀치고 베개를 돋오고 잠을 깊이 드니 척 부인이 탄식고 이르되,

"매야할사* 사람이요 공 모르는 것은 녀재로다. **의복 마를*** 제는 몬저 찾고 일워 내면 자기 공이라 하고, 게으른 **종 잠 깨오는 막대**는 나곳 아니면 못 칠 줄로 알고 내 허리 브러짐도 모르니 어찌 야속하고 노흡지 아니리오."

교두 각시 이어 가로대,

"그대 말이 가하다. **옷 말라 버힐** 때는 나 아니면 못 하련마는 드나니 아니 드나니 하고 내어 던지며 **양각**을 각각 잡아 흔들 제는 토심적고* 노흡기 어찌 측량하리오. 세요 각시 잠깐이나 쉬랴 하고 다라나면 매양 내 탓만 넉여 내게 집탈하니* 마치 내가 감촌 듯이 문고리에 거꾸로 달아 놓고 좌우로 고면하며* 전후로 수험하야* 얻어 내기 몇 번인 동 알리오. 그 공을 모르니 어찌 애원하지 아니리오."

세요 각시 한숨짓고 이르되,

"너는커니와 내 일즉 무삼 일 사람의 손에 보채이며 요약지성(妖惡之聲)*을 듣는고. 각골통한(刻骨痛恨)하며, 더욱 나의 **약한 허리** 휘드르며 **날랜 부리** 두루혀 힘껏 침선을 돕는 줄은 모르고 마음 맞지 아니면 나의 허리를 브르질러 화로에 넣으니 어찌 통원하지 아니리오. 사람과는 극한 원수라. 갚을 길 없어 이따감 손톱 밑을 질러 피를 내어 설한(雪恨)하면* 조곰 시원하나, 간흉한 감토 할미 밀어 만류하니 더욱 애달프고 못 견디리로다."

인화가 눈물지어 이르되,

"그대는 데아라 아야라* 하는도다. 나는 무삼 죄로 포락지형(炮烙之刑)*을 입어 **붉은 가온데 낯을 지지며 굳은 것** 깨치기는 날을 다 시키니 섫고 괴롭기 측량하지 못할레라."

울 랑재 척연* 왈, / "그대와 소임(所任)이 같고 욕되기 한가지라. 제 옷을 문지르고 멱을 잡아 들까부르며, 우겨 누르니 황천(黃泉)*이 덮치는 듯 심신이 아득하야 내의 목이 달아날 적이 몇 번이나 한 동 알리오."

칠우 이렇듯 담논하며 회포를 이르더니 자던 여재 문득 깨쳐 칠우다려 왈,

"칠우는 내 허물을 그대도록 하느냐."

감토 할미 고두 사 왈(叩頭謝曰)*,

"젊은것들이 망녕도이 혬*이 없는지라 족하지 못하리로다. 저희 등이 재죄* 있으나 공이 많음을 자랑하야 원언(怨言)을 지으니 마땅히 결곤(決棍)*하얌 즉하되, 평일 깊은 정과 저희 조고만 공을 생각하야 용서하심이 옳을가 하나이다."

정답과 해설 65쪽

1 윗글에 대한 설명으로 가장 적절한 것은? ⊙ 8448-0322

① 대화를 통해 등장인물의 성격을 드러내고 있다.
② 인물의 일대기를 시간의 흐름에 따라 서술하고 있다.
③ 과거와 현재를 대비하면서 성찰적 태도를 밝히고 있다.
④ 자연물을 소재로 삼아 갈등을 해소하는 과정을 제시하고 있다.
⑤ 일상적 소재를 열거하여 인물의 복잡한 심리를 보여 주고 있다.

2 '규중 칠우'의 본래 대상에 대한 추측으로 적절하지 <u>않은</u> 것은? ⊙ 8448-0323

① 감토 할미는 '손부리 아프지' 않게 하고, '낯가족이 두'껍다고 했으니 '골무'를 표현한 것이군.
② 척 부인은 '의복 마를' 때 쓰고, '종 잠 깨오는 막대'로 쓴다고 했으니 '자'를 표현한 것이군.
③ 교두 각시는 '옷 말라 버릴' 때 쓰고, '양각'이 있다고 했으니 '가위'를 표현한 것이군.
④ 세요 각시는 '약한 허리'와 '날랜 부리'를 지니고 있다고 했으니 '바늘'을 표현한 것이군.
⑤ 인화는 '붉은 가온데 낯을 지지'고, '굳은 것'을 깬다고 했으니 '다리미'를 표현한 것이군.

3 〈보기〉의 [A]에 대한 이해로 가장 적절한 것은? ⊙ 8448-0324

┤ 보기 ├

규중 부인이 잠이 듦. → [A] 칠우 → 규중 부인이 잠을 깸.

① 자신이 세운 공을 자랑하고 있다.
② 상대방에 대한 경외감을 드러내고 있다.
③ 규중 부인에 대한 원망을 드러내고 있다.
④ 상대방의 처지에 공감하며 위로하고 있다.
⑤ 자신의 잘못에 대한 뉘우침을 보이고 있다.

서술형

1 〈보기〉를 참고하여 윗글에 나타난 감토 할미 의 역할에 대해 서술하시오. ⊙ 8448-0325

┤ 보기 ├

감토 할미는 다른 바느질 도구들이 각시나 낭자와 같이 비교적 젊은 여성의 형상을 취하고 있는 것과 달리 나이가 많은 인물로 설정되어 있다.

05 일야구도하기(一夜九渡河記) 박지원

➜ **작품 안** **갈래** : 한문 수필, 기행 수필　**성격** : 분석적, 사색적　**주제** : 외물에 현혹되지 않는 삶의 자세

➜ **작품 밖** 작가가 청나라에 다녀온 경험을 쓴 「열하일기」에 실려 있는 글로, 밤중에 강을 아홉 번 건넌 경험을 치밀한 관찰력을 바탕으로 기록한 후 이를 통해 깨달은 바를 설득력 있게 제시하고 있다.

작품의 짜임

기	듣는 이의 마음가짐에 따라 강물 소리가 다르게 들림.
승	인간은 외물에 현혹되기 쉬움.
전	외물에 현혹되지 않고 마음을 평정해야 함.
결	깨달은 바를 세상 사람들에게 경계하게 함.

어휘 풀이

* 거기 : 전차와 기마.
* 포고 : 대포와 북.
* 문무 : 문무화(文武火)에서 온 말로, 문화(文火)는 약하게 타는 불. 무화(武火)는 활활 타는 불을 뜻함.
* 궁우 : 동양 음악 오음계 중 첫째 음과 마지막 음.
* 기거 : 일정한 곳에서 먹고 자고 하는 등의 일상적인 생활을 함.
* 우 : 중국 고대 전설상의 임금.
* 외물 : 바깥 세계의 사물.

작품 구조도

「열하일기」의 구성

서문	이용후생에 관계되는 일체의 방법을 거짓 없이 기록함.
본문	① 도강록 : 압록강에서 요양까지 15일간의 여정 기록 ② 성경잡지 : 십리하에서 소흑산까지 5일간의 여정 기록 ③ 일신수필 : 신광녕에서 산해관까지 9일간의 여정 기록 ④ 관내정사 : 산해관에서 연경까지 11일간의 여정 기록 ⑤ 막북행정록 : 연경에서 열하까지 5일간의 여정 기록 ⑥ 태학유관록 : 열하의 태학에 머물면서 학자들과 문물제도, 지전설 등에 관해 토론한 내용 기록 ⑦ 환연도중록 : 열하에서 연경으로 돌아오는 6일간의 여정 기록 ⑧ '구외 이문', '금료소초', '옥갑야화', '산장잡기'('일야구도하기' 수록) 등의 제목으로 견문한 바를 기록

어떤 사람이 말하기를, / "이곳이 옛 전쟁터이므로 강물이 저같이 우는 것이리라."

하지만, ㉠이것은 그것 때문이 아니며 강물 소리는 듣는 사람의 마음에 달린 것이다. 산중의 내 집 문 앞에는 큰 시내가 있어 매년 여름철 큰비가 내리면 시냇물이 갑자기 불어난다. 항상 거기(車騎)*와 포고(砲鼓)*의 소리를 들었으니 드디어 귀에 익숙하게 되었다.

내가 일찍이 문을 닫고 누워서 소리 종류를 비교해 보니, 솔숲 바람 소리가 퉁소 소리를 내는 것은 듣는 이가 청아한 탓이요, 산이 찢어지고 언덕이 무너지는 듯한 소리는 듣는 이가 분노한 탓이요, 개구리가 다투어 우는 것은 듣는 이가 교만한 탓이요, 대피리가 수없이 우는 것은 듣는 이가 노한 탓이요, 천둥과 우레 소리로 들리는 것은 듣는 이가 놀란 탓이요, 찻물이 끓는 듯이 문무(文武)*가 겸한 것은 듣는 이가 아취를 자아내는 탓이요, 거문고가 궁우(宮羽)*에 맞는 것은 듣는 이가 슬픈 탓이요, 종이창에 바람이 우는 것은 듣는 이가 의혹됨이 많은 탓이니, 모두 바르게 듣지 못하고 특히 마음속에 품은 뜻을 가지고 귀에 들리는 대로 소리를 만든 것이다. / (중략)

그 위험함이 이와 같으니 물소리도 듣지 못하고 모두 말하기를,

"요동 들은 평평하고 넓기 때문에 물소리가 크게 울지 않는 거야."

한다. 그러나 이것은 물을 알지 못하는 것이다. 요하(遼河)가 일찍이 울지 않는 것이 아니라 특히 밤에 건너 보지 않았기 때문이다. 낮에는 눈으로 물을 볼 수 있으므로 눈이 오로지 위험한 데만 보느라고 도리어 눈에 보이는 것만을 걱정하는데, 어찌 소리가 들리겠는가. / 지금 나는 밤중에 물을 건너는지라 눈으로는 위험한 것을 볼 수 없으니 위험은 오로지 듣는 데만 있어, 귀에 들리는 것을 무서워하여 걱정을 이기지 못하는 것이다.

[A] 아아, 이제야 나는 도(道)를 알았도다. 마음이 깊고 고요한 자는 보고 듣는 것에 따라 마음의 누(累)가 되지 않고, **이목(耳目)만을 믿는 자는 보고 듣는 것이 더욱 밝아져서 도리어 병이 되는 것이다.** / 이제 내 마부가 말굽에 발을 채여 뒷수레에 실렸다. 드디어 나는 **혼자 고삐를 늦추어 말을 강에 띄우고 무릎을 구부려 발을 모으고 안장 위에 앉았다.** 한번 떨어지면 강이나 **물로 땅을 삼고 물로 옷을 삼으며, 물로 몸을 삼고 성정을 삼으니,** 이제야 내 마음은 **한번 떨어질 것을** 작정했으므로 내 귓속에 **강물 소리가 없어지고** 무릇 아홉 번 건너는 데도 **걱정이 없이, 의자 위에서 일어났다 앉았다 하고 기거***하는 것 같았다.

옛날 우(禹)*는 강을 건너는데, 황룡(黃龍)이 배를 등으로 저어 지극히 위험했으나 생사의 판단을 마음속으로 분명하게 하고 보니, 용이거나 지렁이이거나 크거나 작거나가 전혀 문제 될 바 없었다. / 소리와 빛은 외물(外物)*이니 외물이 항상 이목에 누가 되어 사람으로 하여금 보고 듣는 것의 바름을 잃게 한다. 하물며 인생을

살아가는 데 있어서의 그 험하고 위태로운 것은 강물보다 심하고, 보고 듣는 것이 오히려 방해가 될 수 있다.

나는 산중으로 돌아가 다시 우리 집 앞으로 흐르는 시냇물 소리를 들으면서 이것을 증험해 보고, 자신만을 위하고 스스로 총명한 것을 자만하는 자에게 경계하게 하려 한다.

실력 다지기

정답과 해설 65쪽

1 윗글에 대한 설명으로 적절하지 <u>않은</u> 것은?   ● 8448-0326

① 유사한 통사 구조를 반복하여 나열하고 있다.
② 고사를 활용하여 주제 의식을 강화하고 있다.
③ 대조적인 상황을 제시하여 이해를 돕고 있다.
④ 성현의 견해를 인용하여 신뢰성을 높이고 있다.
⑤ 감각적 이미지를 활용하여 생생함을 더하고 있다.

2 ㉠에 담긴 의미로 가장 적절한 것은?   ● 8448-0327

① 강물 소리를 들으면서 물소리를 여러 종류로 구분하여 듣는 것은 잘못된 것이다.
② 강물 소리를 듣고 느끼는 감정을 물소리의 본질이라고 믿는 것은 잘못된 것이다.
③ 강물 소리를 들을 때 떠오르는 다양한 감정을 표현하지 못하는 것은 잘못된 것이다.
④ 강물 소리를 들으면서 물소리를 듣는 주체가 누구인지 알지 못하는 것은 잘못된 것이다.
⑤ 강물 소리를 듣고 연상된 이미지를 다른 사람에게 표현하려고 하는 것은 잘못된 것이다.

3 [A]의 흐름을 〈보기〉와 같이 정리할 때, ⓐ~ⓔ에 대한 이해로 적절하지 <u>않은</u> 것은?   ● 8448-0328

┤ 보기 ├

ⓐ		ⓑ		ⓒ		ⓓ		ⓔ
편견	→	체험	→	깨달음	→	태도 변화	→	심정 변화

① ⓐ: 글쓴이는 사람들이 '요동 들은 평평하고 넓기 때문에 물소리가 크게 울지 않는'다고 잘못 생각한다고 보고 있다.
② ⓑ: 글쓴이는 편견을 깨기 위해 '혼자 고삐를 늦추어 말을 강에 띄우고 무릎을 구부려 발을 모으고 안장 위에 앉'아 있는 경험을 하고 있다.
③ ⓒ: 글쓴이는 '이목만을 믿는 자는 보고 듣는 것이 더욱 밝아져서 도리어 병이 되는 것'임을 알았다고 말하고 있다.
④ ⓓ: 글쓴이는 '물로 땅을 삼고 물로 옷을 삼으며, 물로 몸을 삼고 성정을 삼'아 '한번 떨어질 것'을 작정하고 있다.
⑤ ⓔ: 글쓴이는 물을 건너면서 '강물 소리가 없어지고', '걱정 없이, 의자 위에서 일어났다 앉았다 하고 기거하는 것 같'다고 느끼고 있다.

서술형

1 낮과 밤에 물소리가 각각 다르게 들리는 이유를 요약하여 쓰시오.   ● 8448-0329

01 꼭두각시놀음 작자 미상

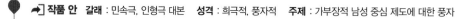

🔍 **작품 안** 갈래 : 민속극, 인형극 대본 **성격** : 희극적, 풍자적 **주제** : 가부장적 남성 중심 제도에 대한 풍자

🔍 **작품 밖** 조선 후기 유랑 연예인 집단인 남사당패에 의해 현재 전하는 유일한 민속 인형극으로 당대의 사회상과 정서가 잘 드러나 있다. 전체 2마당 8막으로 구성되어 있으며 막과 막 사이에 내용의 연관성 없이 독자적으로 진행된다.

작품의 짜임

장면 1	표 생원과 꼭두각시가 서로를 찾아다니다가 재회함.
장면 2	표 생원이 꼭두각시의 외모에 대해 불평함.
장면 3	표 생원이 돌모리집을 첩으로 들였음을 밝히고 갈등이 일어남.
장면 4	박 첨지가 등장하여 불평등하게 재산을 분배하여 꼭두각시가 떠남.

어휘 풀이

* **기산영수 ~ 소부 허유** : 허유는 요제가 자기에게 보위를 물려주려 하자 귀가 더럽혀졌다고 영천에서 귀를 씻은 후 기산으로 들어가서 은거하였고, 소부는 허유가 귀를 씻은 영천의 물이 더럽혀졌다 하여 몰고 온 소에게 마시지 못하게 하였다는 고사.
* **이적선** : 이백. 당나라의 대표적인 시인.
* **상산사호** : 중국 진나라 말기에 난리를 피하여 상산에 살던 동원공, 하황공, 녹리선생 기리계를 가리킴. 이들이 모두 눈썹과 머리카락이 희었다는 데서 붙여진 명칭임.

〈제5막 표 생원(表生員)〉

(표 생원 등장)

표 생원 : **어디로 갈까 어디로 갈까**, 처음으로 관동 팔경을 구경하면 우리 부인을 만나 볼까, 관동 팔경을 구경하면 우리 부인을 만나 볼까, 전라도라는 곳에 명승지(名勝地)도 있건마는 어느 곳 명승지지(名勝之地)가 좋길래 나를 버리고 우리 부인이 구경 갔나, 아서라 이게 모두 쓸데없는 것이다. 여담은 절간이라니 돌모리집 얻어 데리고 살면서 우리 부인을 잠시 돌아보지 않은 까닭이로구나. 방방곡곡 다 찾아보았으나 종내 만날 수가 없으니 다만 한숨뿐이로다.

돌모리집 : 여보 영감 별안간에 그게 무슨 말이오. 그까짓 본마누라를 찾으면 무엇 한단 말이오. 나는 명산대찰(名山大刹) 구경하러 나선 줄 알았더니 인제 보니까 마누라 찾아다녔구려. 아이고 속상해. 이 팔자가 왜 이렇게 기막힌가.

표 생원 : **요사스런 계집이로군. 대장부가 아무려든 무슨 잔말이냐.** (화를 내며)

돌모리집 : 그렇지 작은집이란 이러기에 서러워. (돌아선다.)

표 생원 : (등을 어루만지며) 여보게 자네가 이다지 노할 줄 알았으면 내가 실수일세.

(표 생원 부인 꼭두각시 등장)

꼭두각시 : [창] 어허 이게 웬일인가. 이 세상에 나와 보니 인간 이별 만사 중에 독수공방이 더욱 슬어. 인간 만사 마련할 제 이별 빼지 못하였나, 우리 영감 어디 갔노. 여보 영감 여보 영감 어디로 갔나. 어디로 갔나.

표 생원 : 허허 이게 웬 소린가. 날 같은 이 또 있는가. 어디서 마누라 소리가 나는 듯 나는 듯 하네. 나도 한번 불러 볼까. **여보 마누라, 여보 마누라.**

꼭두각시 : 어디서 영감 소리가 나는 듯 나는 듯 **여보 영감, 여보 영감.**

표 생원 : 어디서 마누라 소리가 나는 듯 나는 듯.

 [창] 거기 누가 날 찾나. 날 찾을 이 없건마는 거 누가 날 찾아. 기산영수(箕山潁水) 별건곤(別乾坤)에 소부 허유(巢夫許由)*가 날 찾나, 채석강(採石江) 명월(明月)하에 이적선(李謫仙)*이 날 찾나. 상산사호(商山四皓)* 늙은이가 바둑 두자고 날 찾나.

꼭두각시 : 아이고 이게 웬 소린가. (차차차 표 생원에게 가까이 오면서) 아이고 이게 웬 소린가, 거 영감이오.

표 생원 : 거 마누라인가.

꼭두각시 : 네, 영감이면 내가 해 입힌 옷을 만져 봐야 할 걸이요. / (중략)

표 생원 : 부인의 말이 그러하니 말이오. 내가 그전에 작은집을 하나 얻었소.

꼭두각시 : 아이고 듣던 중 상쾌한 말이오. 이 형편에 큰 집, 작은 집을 어찌 가리겠소. 집을 얻었으니 재목(材木)이나 성하며, 양지바르고 또 장인들 담거 놨겠소.

표 생원 : 어으? 아 이게 무슨 소리여. 장은 무슨 장이며 재목은 무슨 재목? **떡 줄 놈은 생각도 않는데 김칫국만 먼저 마시네.** 소실(小室)을 얻었단 말이여.

꼭두각시: 아이고 영감, 이게 무슨 소리요. 이날껏 찾아다니면서 나중에 이런 험한 꼴을 보자고 영감을 찾았구려.

표 생원: **잔말 말고 주는 거나 먹고 지내지.**

꼭두각시: 그러나저러나 ㉠작아도 큰마누라요, 커도 작은마누라니 인사나 시키오.

표 생원: 여보게 돌모리집네 법은 법대로 하세.

돌모리집: 무얼 말이오?

표 생원: 큰부인한테 인사나 하게.

돌모리집: 멀지 않은 좌석에서 들어서 알겠소. 내가 적어도 용산삼게 돌모리집이라면 장안이 다 아는 터인데, 유명한 표 생원이기로 가문을 보고 살기어든 날더러 작은집이라 업신여겨 큰부인에게 인사를 하여라, 절을 하여라 하니 잣골 내시 댁 문 앞인가 절은 웬 절이여? **인사도 싫고 나는 갈 터이니 큰마누라하고 잘 사소.** (돌아선다.)

표 생원: 돌모리집네 여직 사던 정리(情理)로 그럴 수가 있나. **오뉴월 불도 쬐다 물러나면 서운하다네.** 마음을 돌려 인사하게.

돌모리집: 그러면 인사해 볼까요? (아무 말 없이 화가 나서 꼭두각시한테 머리를 딱 들이받으며) 인사 받으우.

꼭두각시: (놀라며) 이게 웬일이여? 여보 영감. 이게 웬일이오. 시속 인사(時俗人事)는 이러하오? 인사 두 번만 받으면 내 머리는 간다 봐라 하겠구나. **인사도 싫으니 세간을 나눠 주오.**

표 생원: **쾌씸스런 계집들은 불 같은 욕심은 있구나.** 나의 집은 해남 관머리요, 몸 지체는 한양 성중인데 무슨 세간 무슨 재물을 나눠 주니? **짚은 몽둥이로 한번 치면 다 죽으리라.** (표 생원이 화를 내고 있는데 박 첨지가 나온다.)

박 첨지: 실례 말씀이요마는 잠시 지내다 보니 남의 가관사(家關事)*나 내 몸은 일개 구장*으로 모른 체할 수 없어 물어보니 허물치 마오.

표 생원: 네 구장이십니까, 판결 좀 하여 주시오. 제가 해남 사는 표 생원으로 부부 이별하고 그간 소실을 얻어 이곳에 왔다가 저기 선 저 화상(꼭두각시를 가리키며)은 나의 큰마누라인데 작은집으로 감정을 내어 세간을 나눠 달라 하오니 백계(百計) 무책이오. 어찌하는지요.

박 첨지: 그러면 세 분이 다 객지요?

표 생원: 여기는 객지나 다름없습니다.

박 첨지: 재산이 있으면 나눠 줄 마음이오?

표 생원: 다시 이를 말씀이오. / (박 첨지가 한참 생각한다.)

박 첨지: 내가 일동 구장으로 잘 처리하겠으니 염려 마우.

　[창] 돌모리집은 왕십리에 구실* 은(銀) 두 되 하는 논 너 마지기를 주고, 꼭두각시는 남산 봉우제 재실 재답 구실 닷 마지기, 고초밭 하루갈이 주고, 용산삼게 들어오는 뗏목은 모두 다 묶어다가 돌모리집 가져가고 꼭두각시 널랑은 명년 장마에 떠밀리는 나무뿌리는 너 다 갖고, 은장봉장* 자개 함롱* 반닫이는 글랑 모두 돌모리집 주고, 뒷곁에 돌아가 개똥밭 하루갈이와 매운잿독 깨진걸랑 꼭두각시 너 다 가져라.

꼭두각시: [창] ⓐ허허 나는 가네. 나 돌아가네. 덜덜거리고 그돌아 가네. (춤추며 나간다.)

1 윗글의 인물에 대한 설명으로 적절하지 <u>않은</u> 것은? ◯ 8448-0330

① 꼭두각시는 표 생원이 자신을 위해 작은 집을 마련한 줄 알고 좋아하고 있다.

② 표 생원이 관동 팔경을 구경 나온 이유에는 꼭두각시와의 재회에 대한 기대감도 있었다.

③ 돌모리집은 표 생원이 꼭두각시를 찾는다는 것을 알고 속상한 마음을 겉으로 드러냈다.

④ 돌모리집은 표 생원의 설득으로 어쩔 수 없이 꼭두각시에게 정중하게 인사를 하고 있다.

⑤ 꼭두각시는 표 생원이 자신의 영감인지 확인하기 위해 그가 입은 옷을 만지려 하고 있다.

2 언어유희의 방식이 ㉠과 가장 유사한 것은? ◯ 8448-0331

① 아참, 말이 빠져서 이가 헛나갔군.

② 어 추워라. 문 들어온다, 바람 닫아라.

③ 네 서방인지 남방(南方)인지 걸인 하나 내려왔다.

④ 아, 이 양반이 허리 꺾어 절반인지, 개다리소반인지, 꾸레미전에 백반인지.

⑤ 개잘량이라는 '양' 자에 개다리 소반이라는 '반' 자 쓰는 양반이 나오신단 말이오.

3 〈보기〉를 참고하여 윗글을 이해한 내용으로 적절하지 <u>않은</u> 것은? ◯ 8448-0332

┤ 보기 ├

선생님: 이 작품의 재담에는 운율적이고 음악적인 특성이 많고, 속담 등을 활용한 언어의 유희적 사용이 나타납니다. 또한 탈춤에 비해 한문투의 관용어구가 적은 편이며 서민층의 직설적 표현이 많습니다. 한편 내용적인 측면에서는 지배 계층에 대한 풍자, 가부장 제도의 모순 비판 등 부당한 대상에 대한 공격을 통한 저항성이 잘 드러나 있습니다.

① '어디로 갈까 어디로 갈까', '여보 마누라, 여보 마누라.', '여보 영감, 여보 영감.' 등에서 운율적이고 음악적인 특성이 드러난다.

② '요사스런 계집이로군. 대장부가 아무려든 무슨 잔말이냐.', '잔말 말고 주는 거나 먹고 지내지.'에서 가부장적인 모습이 드러난다.

③ '떡 줄 놈은 생각도 않았는데 김칫국만 먼저 마시네.', '오뉴월 불도 쬐다 물러나면 서운하다네.' 등에서 속담을 활용한 언어의 유희적 사용이 드러난다.

④ '인사도 싫고 나는 갈 터이니 큰마누라하고 잘 사소.', '인사도 싫으니 세간을 나눠 주오.' 등에서 서민층의 직설적 표현이 드러난다.

⑤ '괘씸스런 계집들은 불 같은 욕심은 있구나.', '짚은 몽둥이로 한번 치면 다 죽으리라.'에서 공격적인 행동을 통한 저항성이 드러난다.

◢ 서술형

1 꼭두각시가 ⓐ와 같이 창을 하며 나간 이유를 박 첨지의 말을 토대로 서술하시오. ◯ 8448-0333

02 봉산(鳳山) 탈춤 작자 미상

➡ **작품 안** 갈래 : 민속극, 탈춤 대본 **성격** : 풍자적, 해학적 **주제** : 양반에 대한 풍자와 조롱

⬅ **작품 밖** 황해도 봉산 지방에서 전승되던 가면극으로, 오락성과 풍자성이 뛰어나다. 전체 7과장(사상좌춤, 팔목중춤, 사당춤, 노장춤, 사자춤, 양반춤, 미얄춤)으로 구성되어 있고, 각 과장은 인과성 없이 독립적으로 구성되어 있다.

작품의 짜임

장면 1	말뚝이가 양반을 조롱하고 변명하는 재담을 반복하여 양반들을 풍자함.
장면 2	양반들이 어설픈 시 짓기와 파자 놀이하는 모습을 보여 주어 무식함을 드러냄.
장면 3	양반들이 취발이를 강제로 잡아오게 하여 횡포와 부정한 모습을 보임.

특징

• 인물의 모습을 희화화하고 해학적인 표현을 많이 씀.
• 악공이 극 중 현실에 개입함(악공은 음악을 연주하는 역할과 함께 극 중 인물과 대화를 주고받는 역할도 함.)
• 당대 서민 대중들의 가난하고 고통스러운 삶을 반영하고 있음.
• 비속어와 한자어를 함께 사용하여 언어 사용의 양면성을 보임.

어휘 풀이

* **굿거리장단** : 농악에 쓰는 느린 네 박자의 장단.
* **언청이** : 윗입술이 세로로 찢어진 사람을 낮잡아 이르는 말.
* **퇴로** : 늙어서 벼슬에서 물러남.
* **개잘량** : 털이 붙어 있는 채로 무두질하여 다룬 개의 가죽.
* **개다리소반** : 다리를 개의 다리와 같이 구부정하게 만든 자그마한 밥상.
* **연죽전** : 담뱃대를 파는 가게.
* **가옷** : 수량을 나타내는 표현에 사용된 단위의 절반 정도 분량의 뜻을 더하는 접미사.
* **훤화** : 시끄럽게 지껄이며 떠듦.

〈제6과장 양반춤〉

말뚝이 : (벙거지를 쓰고 채찍을 들었다. 굿거리장단*에 맞추어 양반 삼 형제를 인도하여 등장)

양반 삼 형제 : (말뚝이 뒤를 따라 굿거리장단에 맞추어 점잔을 피우나, 어색하게 춤을 추며 등장. 양반 삼 형제 맏이는 샌님[生員], 둘째는 서방님[書房], 끝은 도련님[道令]이다. 샌님과 서방님은 흰 창옷에 관을 썼다. 도련님은 남색 쾌자에 복건을 썼다. 샌님과 서방님은 언청이*이며 (샌님은 언청이 두 줄, 서방님은 한 줄이다.) 부채와 장죽을 가지고 있고, 도련님은 입이 삐뚤어졌고 부채만 가졌다. 도련님은 일절 대사는 없으며, 형들과 동작을 같이하면서 형들의 면상을 부채로 때리며 방정맞게 군다.)

[A]
말뚝이 : (가운데쯤에 나와서) ㉠쉬이. (음악과 춤 멈춘다.) 양반 나오신다아! 양반이라고 하니까 노론(老論), 소론(少論), 호조(戶曹), 병조(兵曹), 옥당(玉堂)을 다 지내고 삼정승, 육판서를 다 지낸 퇴로* 재상(退老宰相)으로 계신 **양반인 줄 아지 마시오. ⓐ개잘량*이라는 '양' 자에 개다리소반*이라는 '반' 자 쓰는 양반이 나오신단 말이오.**

양반들 : 야아, 이놈, 뭐야아!

말뚝이 : 아, 이 양반들, 어찌 듣는지 모르갔소. 노론, 소론, 호조, 병조, 옥당을 다 지내고 삼정승, 육판서 다 지내고 퇴로 재상으로 계신 이 생원네 삼 형제분이 나오신다고 그리하였소.

양반들 : (합창) 이 생원이라네. (굿거리장단으로 모두 춤을 춘다. 도령은 때때로 형들의 면상을 치며 논다. 끝까지 그런 행동을 한다.)

[B]
말뚝이 : 쉬이. (반주 그친다.) **여보, 구경하시는 양반들, 말씀 좀 들어 보시오. 짤따란 곰방대로 잡숫지 말고 저 연죽전(烟竹廛)*으로 가서 돈이 없으면 내게 기별이래도 해서** 양칠간죽(洋漆竿竹), 자문죽(自紋竹)을 한 발가옷*씩 되는 것을 사다가 육무깍지 희자죽(喜子竹), 오동수복(烏銅壽福) 연변죽을 이리저리 맞추어 가지고 저 재령(載寧) 나무리 거이 낚시 걸듯 죽 걸어 놓고 잡수시오.

양반들 : 뭐야아!

말뚝이 : 아, 이 양반들, 어찌 듣소. 양반 나오시는데 담배와 훤화(喧謹)*를 금하라고 그리하였소.

양반들 : (합창) 훤화를 금하였다네. (굿거리장단으로 모두 춤을 춘다.)

[C]
말뚝이 : 쉬이. (춤과 반주 그친다.) **여보, 악공들 말씀 들으시오. 오음 육률(五音六律) 다 버리고 저 버드나무 홀뚜기 뽑아다 불고 바가지장단 좀 쳐 주오.**

양반들 : 야아, 이놈, 뭐야!

말뚝이 : 아, 이 양반들, 어찌 듣소. **용두 해금(龍頭奚琴), 북, 장고, 피리, 젓대 한 가락도 뽑지 말고 건건드러지게 치라고 그리하였소.**

양반들 : (합창) 건건드러지게 치라네. (굿거리장단으로 춤을 춘다.)

생원 : 쉬이. (춤과 장단 그친다.) 말뚝아.

어휘 풀이
* 법덕 : 프랑스와 독일의 한자식 표기.
* 운고옥편 : 한자의 운자를 분류하여 풀어 놓은 사전.
* 피마자 : 아주까리.
* 노랑돈 : 노란 빛깔의 엽전.
* 상통 : 얼굴을 속되게 이르는 말.
* 무량대각 : 헤아릴 수 없을 정도로 힘이 셈.
* 전령 : 명령을 전함. 명령을 알리는 증서.

말뚝이: 예에.

생원: 이놈, 너도 양반을 모시지 않고 어디로 그리 다니느냐.

말뚝이: 예에, 양반을 찾으려고 찬밥 국 말어 일조식(日早食)하고 ⓑ마구간에 들어가 노새 원님을 끌어다가 등에 솔질을 솰솰 하여 말뚝이님 내가 타고 서양(西洋) 영미(英美) 법덕(法德)* 동양 삼국 무른 메주 밟듯 하고, 동은 여울이요, 서는 구월이라, 동 여울 서 구월 남드리 북 향산 방방곡곡(坊坊曲曲) 면면촌촌(面面村村)이, 바위 틈틈이 모래 쨈쨈이, 참나무 결결이 다 찾아다녀도 샌님 비뚝한 놈도 없습니다.

(중략)

생원: 그러면 이번엔 파자(破字)나 하여 보자. 주둥이는 하얗고 몸뚱이는 알락달락한 자가 무슨 자냐?

서방: (한참 생각하다가) 네에, 거 운고옥편(韻考玉篇)*에도 없는 자인데, 그것참 어렵습니다. 그 피마자(蓖麻子)*라고 하는 자가 아닙니까?

생원: 아, 거 동생 참 용할세.

서방: 형님, 내가 한 자 부르라우?

생원: 부르게.

서방: 논두렁에 살피 짚고 섰는 자가 무슨 잡니까?

생원: (한참 생각하다가) 아, 그것참 어려운 잘세. 그것은 논임자가 아닌가?

서방: 하하, 그것 형님 참 잘 맞혔습니다. (이러는 동안에 취발이 살짝 들어와 한편 구석에 서 있다.)

생원: 이놈, 말뚝아.

말뚝이: 예에.

생원: 나랏돈 노랑돈* 칠 푼 잘라먹은 놈, 상통*이 무르익은 대초빛 같고, 울룩줄룩 배미 잔등 같은 놈을 잡아들여라.

말뚝이: 그놈이 심(힘)이 무량대각(無量大角)*이요, 날램이 비호(飛虎) 같은데, **샌님의 전령(傳令)*이나 있으면 잡아 올는지 거저는 잡아 올 수 없습니다.**

생원: 오오, 그리하여라. 옛다. 여기 전령 가지고 가거라. (종이에 무엇을 써서 준다.)

말뚝이: (종이를 받아 들고 취발이한테로 가서) 당신 잡히었소.

취발이: 어데, 전령 보자.

말뚝이: (종이를 취발이에게 보인다.)

취발이: (종이를 보더니 말뚝이에게 끌려 양반의 앞에 온다.)

말뚝이: (취발이 엉덩이를 양반 코앞에 내밀게 하며) 그놈 잡아들였소.

생원: 아, 이놈 말뚝아. 이게 무슨 냄새냐?

말뚝이: 예, 이놈이 피신(避身)을 하여 다니기 때문에 양치를 못 하여서 그렇게 냄새가 나는 모양이외다.

생원: 그러면 이놈의 모가지를 뽑아서 밑구녕에 갖다 박아라.

1 ⊙의 역할과 기능에 대한 설명으로 적절하지 <u>않은</u> 것은?　○ 8448-0334

① 재담의 시작을 알린다.
② 춤과 대사의 경계가 된다.
③ 극의 신명과 분위기를 고조한다.
④ 새로운 사건이 시작될 것임을 예고한다.
⑤ 관객의 주의를 환기하고 관심을 유도한다.

2 [A]~[C]에 공통적으로 드러난 재담 구조를 나타낸 것으로 가장 적절한 것은?　○ 8448-0335

① 말뚝이의 조롱 – 양반의 호통 – 말뚝이의 변명 – 양반의 안심
② 말뚝이의 변명 – 양반의 위엄 – 말뚝이의 사과 – 양반의 안심
③ 말뚝이의 조롱 – 양반의 호통 – 말뚝이의 사과 – 양반의 위엄
④ 말뚝이의 변명 – 양반의 위엄 – 말뚝이의 사과 – 양반의 안심
⑤ 말뚝이의 조롱 – 양반의 호통 – 말뚝이의 변명 – 양반의 위엄

3 〈보기〉를 바탕으로 윗글을 이해한 내용으로 적절하지 <u>않은</u> 것은?　○ 8448-0336

┤ 보기 ├

　이 작품에서 말뚝이는 관객, 악공과 한패가 되어 문자를 써 가면서 양반의 권위를 실추시킴으로써 그들을 희롱하고 있다. 말뚝이는 서로 인과 관계가 없는 각각의 재담을 나열하면서, 익살과 과장, 열거와 대조의 방법으로 양반을 신랄하게 풍자하고 있다. 또한 양반들의 어리숙한 말과 행동을 보여 줌으로써 양반들의 무지함과 허위의식을 조롱하고 있다.

① 말뚝이는 '양반인 줄 아지 마시오.', '짤따란 곰방대로 잡숫지 말고', '오음 육률 다 버리고' 등의 재담을 나열하고 있다.
② 말뚝이는 '개잘량이라는 '양' 자에 개다리소반이라는 '반' 자 쓰는 양반이 나오신단 말이오.'라고 말하며 문자를 써 가면서 양반의 권위를 실추시키고 있다.
③ 말뚝이는 '여보, 구경하시는 양반들', '여보, 악공들'과 같이 부른 후에 말을 함으로써 관객과 악공을 한패로 만들려 하고 있다.
④ 말뚝이는 '저 버드나무 홀뚜기 뽑아다 불고 바가지장단 좀 쳐 주오.', '용두 해금, 북, 장고, 피리, 젓대 한 가락도 뽑지 말고 건드러지게 치라고 그리하였소.'라고 하면서 대조의 방법으로 양반을 풍자하고 있다.
⑤ 말뚝이는 '샌님의 전령이나 있으면 잡아 올는지 거저는 잡아 올 수 없습니다.'라고 말하면서 양반의 무지함과 허위의식을 조롱하고 있다.

서술형

1 ⓐ와 ⓑ에 나타난 언어유희의 방법을 구분하여 설명하시오.　○ 8448-0337

[01~04] 다음 글을 읽고, 물음에 답하시오.

[앞부분 줄거리] 심술 고약한 형 놀보는 부모의 유산을 독차지하고 순하고 착한 아우 흥보를 내쫓는다. 흥보는 놀보의 집으로 쌀을 구하러 갔으나 매만 맞고 돌아온다. 흥보는 먹을 것을 구하기 위하여 여러 가지 품팔이를 한다.

흥보 마삯[*] 돈 닷 냥 받아 차고, '일씨구 즐겁도다' 제집으로 들어가며,

"애기어멈, 게 있는가. 문을 열고 이것 보시오. 대장부 한 걸음에 삼십 냥이 들어가네."

흥보 아내 이른 말이, / "그 돈은 웬 돈이며 삼십 냥은 웬 돈이오?"

흥보 이른 말이,

"천기누설(天機漏泄)이라, 말부터 앞세우면 이뤄질 일 없으니, 그 돈으로 양식 팔아 배불리 질끈 먹고."

흥보 아내 이른 말이, / "먹으니 좋소만 그 돈은 어디서 났소?"

흥보 이른 말이,

"본읍 좌수 대신으로 병영 가서 곤장 맞기로 삼십 냥에 결단하고 마삯 돈 닷 냥 받아 왔네."

흥보 아내 이 말 듣고 기가 막혀 이른 말이,

"그놈의 죄상(罪狀)도 모르고 병영으로 올라갔다가 저 모습 저 몰골에 곤장 열을 맞으면 곤장 아래 혼백 될 것이니 제발 덕분 가지 마오."

흥보 이른 말이, / "볼기의 구실이 있나니." / "볼기가 구실이 있단 말이오?"

"그렇지. **볼기 구실 들어 보소.** 이내 몸이 정승 되어 평교자(平轎子)[*]에 **앉아 볼까**, 육판서 하였으면 초헌(軺軒) 위에 **앉아 볼까**, 사복시(司僕寺) 관리 하였으면 임금 타는 말에 **앉아 볼까**, 팔도 감사(監司) 하여 선화당(宣化堂)에 **앉아 볼까**, 각 읍(邑) 수령 하여 좋은 가마에 **앉아 볼까**, 좌수 별감(別監) 하여 향사당(鄕社堂)에 **앉아 볼까**, 이방 호장 하여 작청(作廳) 좋은 자리에 **앉아 볼까**, 소리 명창 되어 크고 넓은 좋은 집 양반 앞에 **앉아 볼까**, 풍류 호걸 되어 기생집에 **앉아 볼까**, 서울 이름난 기생 되어 가마 안에 **앉아 볼까**, 많은 돈 벌어 부담마(負擔馬)에 **앉아 볼까**, 쓸데없는 이내 볼기 놀려 무엇 한단 말인가. 매품이나 팔아 먹세."

흥보 자식들이 벌 떼같이 나앉으며,

"아버지 말씀을 들으니 호사(豪奢)가 큼직하오. 그래 아버지 병영 가신다 하니, 날 오동철병(烏銅鐵瓶) 하나 사다 주오."

흥보 이른 말이, / "고의 벗은 놈이 어디다 차게야?"

"귀밑머리에 차도 찰 터이옵고 생갈비를 뚫고 차도 찰 터이오니 사 오기만 사 오오."

또 한 놈 나앉으며, / "나는 남수주(藍水紬) 비단으로 만든 큰 창옷 한 벌 사다 주오."

"고의 벗은 놈이 어디다 입게야?"

흥보 큰아들 나앉으며 제 동생들을 꾸짖는데 옳게 꾸짖는 게 아니라 하늘에 사무칠 듯 꾸짖어,

"에라 심하구나, 후레아들 놈들. 아버지 그렇잖소. 나는 담비 가죽 탕평채(蕩平菜)에 모초의(毛稍衣)[*] 한 놈과 한포단 허리띠 비단 주머니 당팔사(唐八絲) 끈 꿰어, 쇠거울 돌거울 넣어다 주오."

흥보 이른 말이,

"네 아무것도 안 찾을 듯이 하더니 단계를 높여 하는구나. 너희 놈들이 내 마른 볼기를 대송방(大松房)[*]으로 아는 놈들이로구나."

흥보 이른 말이, / "애기어멈 그리하시오. 쉬 다녀옴세."

흥보 병영 내려갈 제 탄식하고 내려간다.

"도로는 끝없는데 병영 성중 어디메요. 조자룡이 강을 넘던 청총마(靑驄馬)나 있으면 이제 잠깐 가련마는, 몸이 고생스러우니 조그마한 내 다리로 오늘 가다 어디서 자며 내일 가다 어디서 잘꼬. 제갈공명 쓰던 축지법을 배웠으면 이제로 가련마는 몇 밤 자고 가잔 말가." / (중략)

흥보 이른 말이, / "그리 말고 서로 가난 자랑하여 아무라도 제일 가난한 사람이 팔아 갑세."

그 말이 옳다 하고, / "저분 가난 어떠하오?"

[A] "내 가난 들어 보오. 집이라고 들어가면 사방 어디로도 들어갈 작은 곳이 없어 닫는 벼룩* 조그려 앉을 데 없고 삼순구식(三旬九食)* 먹어 본 내 아들 없소."

한 놈 나앉으며, / "족히 먹고살 수는 있겠소. 저분 가난 어떠하오?"

[B] "내 가난 들어 보오. 내 가난 남과 달라 이 대째 내려오는 광주산(廣州産) 사발 하나 선반에 얹은 지가 팔 년이로되, 여러 날 내려오지 못하고 아침저녁으로 눈물만 뚝뚝 짓고, 부엌의 노랑 쥐가 밥알을 주우려고 다니다가 다리에 가래톳이 서서 종기 터뜨리고 드러누운 지가 석 달 되었소. 좌우 들으신 바 내 신세 어떠하오?"

김딱직이 썩 나앉으며, / "거기는 참으로 장자(長者)*라 할 수 있소. 내 가난 들어 보오. 조그마한 한 칸 초막 발 뻗을 길 전혀 없어, 우리 아내와 나와 둘이 안고 누워 있으면 내 상투는 울 밖으로 우뚝 나가고, **우리 아내 궁둥이는 담 밖으로 알궁둥이 보이니, 동네에서 숨바꼭질하는 아이들이 우리 아내 궁둥이 치는 소리 사월 팔일 관등(觀燈) 다는 소리 같고,** 집에 연기 나지 않은 지가 삼 년째 되었소. 좌우 들으신 바 내 신세 어떠하오? 아무 목득의 아들놈도 못 팔아 갈 것이니*."

이놈 아주 거기서 계정을 먹더니라*. 흥보 숨숨 생각하니, 자기에게는 어느 시절에 차례가 돌아올 줄 몰라,

"동무님 내 매품이나 잘 팔아 가지고 가오. 나는 돌아가오." / 하직하고 돌아오며, 탄식하고 집에 들어가니, 흥보 아내 거동 보소. 왈칵 뛰어 달려들어 흥보 소매 검쳐 잡고 듣기 싫을 정도로 크게 섧게 울며,

"하늘이 사람들을 세상에 나게 할 때 반드시 자기 할 일을 주었으니, 생기는 대로 먹고살지 남 대신으로 맞을까. 애고애고 설움이야." / 이렇듯 섧게 우니 흥보 이른 말이,

"애기어멈 울지 마소. 애기어멈 울지 마소. 영문에 들어가니 세상의 가난한 놈은 거기 모두 모여 내 가난은 거기다 비교하니 장자라 일컬을 수 있어, 매도 못 맞고 돌아왔네."

– 작자 미상, 「흥보전」

* **마삯** : 말을 부린 데 대한 삯. 여기서는 매를 대신 맞고 받는 돈을 의미함.
* **모초의** : 중국에서 나는 비단인 '모초'로 만든 옷.
* **삼순구식** : 30일에 아홉 끼니밖에 못 먹는다는 뜻.
* **장자** : 큰 부자를 점잖게 이르는 말.
* **아무 목득의 ~ 갈 것이니** : 자신 외에 어떤 사람도 매품을 팔지는 못할 것이라는 뜻.
* **계정을 먹더니라** : 말과 행동에 불평을 나타낸다는 뜻.

* **평교자** : 종1품 이상의 벼슬아치가 타는 가마.
* **대송방** : 예전에 주로 서울에서 개성 사람이 주단, 포목 등을 팔던 큰 가게.
* **닫는 벼룩** : 다리를 빨리 움직여 이동하는 벼룩.

01 윗글에 대한 설명으로 가장 적절한 것은?

○ 8448-0338

① 대화를 통해 인물이 처한 상황을 드러내고 있다.
② 사건을 요약적으로 제시하여 빠르게 전개하고 있다.
③ 우화 기법을 활용하여 부정적인 현실을 비판하고 있다.
④ 중심 사건을 여러 인물의 시각으로 서술하여 종합하고 있다.
⑤ 계층 간의 갈등을 첨예하게 부각하여 서사적 긴장감을 조성하고 있다.

02 윗글에 대한 이해로 적절하지 <u>않은</u> 것은?

◯ 8448-0339

① 흥보 아내는 흥보가 가져온 돈을 반기기보다 돈의 출처를 더 궁금해하고 있다.
② 흥보는 병영까지 고생하며 약한 다리로 걸어가야 하는 자신의 처지를 한탄하고 있다.
③ 흥보는 자신보다 가난한 사람들이 많다는 것을 확인하고 매품 팔기를 포기하고 있다.
④ 흥보의 큰아들은 동생들이 철없는 말을 하는 것에 대해 꾸짖으며 아버지를 염려하고 있다.
⑤ 흥보는 아버지는 걱정하지 않고 좋은 것을 사 달라고만 하는 자식들에 대해 서운함을 느끼고 있다.

03 [A]와 [B]에 대한 설명으로 가장 적절한 것은?

◯ 8448-0340

① [A]와 달리 [B]는 사자성어를 통해 현재의 상황을 부각하고 있다.
② [B]와 달리 [A]는 현 상황에 처한 기간을 구체적으로 언급하고 있다.
③ [A]와 [B]는 모두 의인화를 통해 자신의 처지를 드러내고 있다.
④ [A]와 [B]는 모두 공간의 협소함을 근거로 자신의 주장을 펼치고 있다.
⑤ [A]와 [B]는 모두 주변 사람들에게 자신이 한 말에 대한 동의를 구하고 있다.

04 〈보기〉를 바탕으로 윗글을 감상한 내용으로 적절하지 <u>않은</u> 것은?

◯ 8448-0341

| 보기 |

　이 작품은 판소리가 문자로 정착된 판소리계 소설로서 장황한 사설로 장면을 확대하고, 상황에 어울리지 않는 행동이나 과장된 표현으로 웃음을 유발하는 판소리 특유의 문체가 잘 드러나 있다. 세속적, 물질적 가치관이 팽배해지던 조선 후기의 사회상이 나타나 있으며, 비참한 서민들의 생활을 건강한 웃음으로 희화화하고 있다.

① '본읍 죄수 대신으로 병영 가서 곤장 맞기로 삼십 냥에 결단하고 마삯 돈 닷 냥 받아 왔네.'라는 흥보의 말은 물질적 가치관이 팽배해지면서 돈으로 죄를 면할 수도 있었던 조선 후기의 사회상이 반영된 것이군.
② '볼기 구실 들어 보소.'라고 한 후, '~앉아 볼까'를 나열하는 흥보의 말은 장황한 사설로 장면을 확대하고 있는 것이군.
③ '귀밑머리에 차도 찰 터이옵고 생갈비를 뚫고 차도 찰 터이오니 사 오기만 사 오오.'라는 흥보 자식의 말은 과장된 표현으로 웃음을 유발하고 있는 것이군.
④ '우리 아내 궁둥이는 담 밖으로 알궁둥이 보이니, 동네에서 숨바꼭질하는 아이들이 우리 아내 궁둥이 치는 소리 사월 팔일 관등 다는 소리 같고'라는 김딱직의 말은 비참한 생활상을 건강한 웃음으로 희화화한 것이군.
⑤ '하늘이 사람들을 세상에 나게 할 때 반드시 자기 할 일을 주었으니, 생기는 대로 먹고살지 남 대신으로 맞을까. 애고애고 설움이야.'라는 흥보 아내의 말은 상황에 어울리지 않는 행동으로 웃음을 유발하고 있는 것이군.

[05~08] 다음 글을 읽고, 물음에 답하시오.

[앞부분 줄거리] 무과에 급제한 임경업은 사신으로 명나라에 갔다가 명군을 이끌고 가달의 침입을 받은 호국을 구원한다. 호국이 힘을 길러 조선을 침략하여 항복을 받고, 임경업은 명군과 함께 호국을 치려다가 승려 독보의 배반으로 붙잡힌다.

　호인에게 잡힌 바가 되매, 호병이 배를 재촉하여 북경에 다다르니, 호왕이 대희하여 경업을 잡아들여 꾸짖으니 경업이 조금도 겁함이 없어 대질(大叱) 왈,

　"**무지한 오랑캐 놈아!** 내 비록 잡혀 왔으나 너를 초개(草芥)같이 보나니 조롱치 말고 빨리 죽이라."

　호왕이 대로 왈,

　㉠"네 청병(請兵)으로 왔을 때 내 군사를 많이 해하였기로 문죄(問罪)코자 하여 잡아왔거늘, 네 도망함은 무삼 뜻이뇨?"

　경업이 대질 왈,

　"㉡내 나라를 위하여 원수를 갚고자 하거늘 어찌 너를 도우며, 너 무지한 오랑캐 우리 임군을 겁박(劫迫)하고 세자와 대군을 잡아가니, 그 분함을 어찌 참으리오? 네 장졸을 다 죽이려 하였더니 왕명을 인하여 용서하였거늘, 무삼 문죄할 일이 있어 잡으려 하였나뇨? 내 불명(不明)하여 **간인(奸人)을 심복으로 부리다가 그 꾀에 빠져 잡혀 왔으나, 어찌 오랑캐에게 굴하리오?** 속히 죽여 나의 충의를 나타내라."

　호왕이 대로 왈,

　㉢"네 명이 내게 달렸거늘 어찌 종시(終是) 굴(屈)치 아니하나뇨? 네 항복하면 왕을 봉하리라."

　경업 왈,

　"내 어찌 목숨을 위하여 네게 항복하리오?"

　호왕이 대로하여 무사를 명하여 '내어 버히라.' 하니, 경업이 대질 왈,

　"내 명은 하늘에 있거니와 네 머리는 십보지내(十步之內)에 있느니라."

하고 조금도 구겁(懼怯)하는 기색이 없으니, 호왕이 경업의 강직함을 탄복하여 맨 것을 끄르고 손을 이끌어 앉히고 왈,

　"장군이 내게는 역신(逆臣)이요 조선에는 충신이라. 내 어찌 충절을 해하리오? 장군의 원(願)대로 하리라."

하고 즉시 '세자와 대군을 놓아 보내라.' 하니라.

　이때 세자와 대군이 별궁(別宮)에 계셔 임 장군을 주야 기다리시더니, 문득 문졸(門卒) 보(報)하되,

　"임 장군이 천자께 청하여 세자와 대군을 놓아준다."

하거늘, 세자·대군이 반기사 문밖에 나와 기다리더니, 문득 경업이 울며 절한대, 세자·대군이 경업의 손을 잡고 들어가 호왕을 보니, 호왕 왈,

　"**임경업이 불고사생(不顧死生)하고 경 등을 구하며 돌아가려 하기로 경업의 충심을 감동하여 보내나니, 경 등이 각기 원하는 바를 말하면 원대로 시행하여 주리라.**"

하니, 세자는 금(金)을 구하고, 대군은 조선에서 잡혀 온 인물을 구하여 돌아가기를 원하니, 호왕이 각각 원대로 허하고 대군을 기특히 여기더라. / (중략)

　각설, 황자명이 진을 지키고 싸워 승부를 결(決)치 못하더니 경업이 호병에게 잡혀갔다는 말을 듣고 대경 왈,

　㉣"어찌 하늘이 대명(大明)을 이다지 망케 하시는고?"

하며 탄식함을 마지아니하더라.

　이때 호왕이 경업을 두고 미색(美色)과 풍악을 주어 마음을 즐겁게 하고 상빈례(上賓禮)로 대접하되, 조금도

마음을 변치 아니하고 호왕더러 왈,

"내 이리 된 것이 다 독보의 흉계니 독보를 죽여야 내 마음이 시원하리라."

하니, 호왕이 또한 독보를 불측(不測)*히 여겨, '독보를 잡으라.' 하더라.

차설, 세자와 대군의 환국(還國)하는 선성(先聲)*이 경성에 이르니 상이 대희하사 도승지를 보내사 '사연을 먼저 계달(啓達)*하라.' 하시다.

세자·대군이 임진강(臨津江)을 건널새 사관(史官), 도승지 맞아 반기며 현알(見謁)한 후 전교를 전하여 가로되,

"환국하는 사연과 무엇을 가져오는고 자세히 계달하라 하시더이다."

세자·대군이 승지를 보시고 슬퍼하시며 가로사대, 임경업이 잡혀가다가 도망하여 황자명으로 더불어 북경을 항복받고자 하던 사연과 임 장군의 덕으로 놓여 온 곡절을 말하고, 세자와 대군의 구청(求請)하온 일을 낱낱이 말하니, 승지 그대로 계달한대, 상이 보시고 기뻐하시며 경업을 못내 칭찬하시고, 세자의 구청한 바를 들으시고 불평(不平)이 여기시더라. 세자와 대군이 도성 가까이 이르러 입성(入城)할새 만조백관(滿朝百官)과 장안 인민이 나와 맞아 반기며 칭송치 아닐 이 없더라.

세자·대군이 궐내에 들어가 대전(大殿)께 뵈온대 상이 반기사 왈,

"너는 무사히 돌아왔거니와 경업은 언제나 오리오?"

하시고 가로사대, / "세자는 무삼 탐욕으로 금은을 구하여 온다?"

하시고 벼룻돌로 쳐 내치시고 둘째 대군으로 세자를 봉하시니라.

이때 호왕에게 한 딸이 있으니 호 왈(呼曰), '숙모 공주'라. 천하절색이니, 호왕이 부마(駙馬)를 극택(極擇)*하더니, 경업의 인물을 유의하여 공주더러 이르니, 공주가 상(相)* 보기를 잘하는지라. 경업의 상을 보려 하고 내전(內殿)으로 청하거늘, 경업이 부마에 빠질까 저어하여 목화(木靴)에 솜을 넣어 키를 세 치를 돋우고 들어가더니, 공주가 보고 왈,

"㉤걸음은 사자(獅子) 모양이요, 나가는 모양은 범의 형용이니 짐짓 영웅이로다. 다만 상격(相格)*에 키가 세 치가 더하니 애닯나이다."

하거늘, 호왕의 마음에 서운하나 그와 방불(彷彿)한 자가 없난지라. 이에 장군더러 왈,

"그대 부마 되어 부귀를 누림이 어떠하뇨?"

경업이 사례 왈,

"어찌 이런 말씀을 하시나뇨? 지극 황송하오며 하물며 **조강지처(糟糠之妻)가 있사오니, 명을 받들지 못하리로소이다.**"

호왕이 청파(聽罷)에 애연(愛戀)하나 그 강직함을 꺼려 굳이 청치 못하더라.

수일 후 경업이 돌아감을 청한대 호왕이 유예(猶豫)* 미결(未決)하거늘, 제신(諸臣)이 주 왈,

"절개 높고 충의 중한 사람을 두어 무익하오니, 무사히 돌아보내면 자연히 감동하여 길이 반(叛)치 아니하리이다."

호왕이 종기언(從其言)하여 설연(設宴) 관대(款待)*하고 예물을 갖추어 의주까지 호송하니라.

– 작자 미상, 「임장군전(林將軍傳)」

* **불측** : 행동과 생각이 괘씸한 생각이 듦.　　　* **선성** : 미리 보내는 기별.　　　* **계달** : 신하가 글로 임금에게 아뢰던 일.
* **극택** : 매우 정밀하게 잘 골라 뽑음.　　　* **상** : 관상에서 얼굴이나 체격의 됨됨이.　　　* **상격** : 관상에서 얼굴의 생김새를 이르는 말.
* **유예** : 망설여 일을 결행하지 아니함.　　　* **설연 관대** : 잔치를 베풀어 정성껏 대접함.

05 윗글에 대한 설명으로 적절하지 <u>않은</u> 것은?　　　　　　　　　　　　　◑ 8448-0342

① 인물의 심리를 서술자가 직접적으로 제시하고 있다.
② 대화를 통해 갈등의 심화와 해소가 이루어지고 있다.
③ 특정한 표지를 사용하여 장면이 바뀜을 알리고 있다.
④ 인물의 외양을 구체적으로 묘사하여 성격을 드러내고 있다.
⑤ 사건을 요약적으로 제시하여 이야기를 빠르게 전개하고 있다.

06 〈보기〉를 참고하여 윗글을 이해한 내용으로 적절하지 <u>않은</u> 것은?　　　　　◑ 8448-0343

┤ 보기 ├

　이 작품은 실제 인물인 임경업을 통해 병자호란으로 인해 구겨진 민족적 자긍심을 회복하려는 의도를 담고 있는 군담 소설이다. 임경업의 말을 통해 호국에 대한 강한 적개심을 드러내고 있으며, 임경업의 영웅적 행동을 통해 임금에 대한 충성심을 드러내고 있다. 더불어 임경업이 제대로 활약하지 못하도록 방해하는 조정의 간신과 무기력하고 무능한 집권층에 대한 비판 의식도 드러내고 있다.

① '무지한 오랑캐 놈아!', '어찌 오랑캐에게 굴하리오?' 등은 당시 백성들이 지니고 있던 호국에 대한 강한 적개심을 임경업의 입을 통해 표현한 것으로 볼 수 있군.
② '간인을 심복으로 부리다가 그 꾀에 빠져 잡혀 왔으나'에서 조정의 간신으로 인해 임경업이 제대로 활약하지 못했음을 알 수 있군.
③ '임경업이 불고사생하고 경 등을 구하며 돌아가려 하기로 경업의 충심을 감동하여 보내나니, 경 등이 각기 원하는 바를 말하면 원대로 시행하여 주리라.'에서 임경업의 충성심을 엿볼 수 있군.
④ '너는 무사히 돌아왔거니와 경업은 언제나 오리오?'에서 당시 벌어지는 외교적 상황을 해결하지 못하는 집권층의 무능함을 느낄 수 있군.
⑤ '조강지처가 있사오니, 명을 받들지 못하리로소이다.', '호왕이 청파에 애연하나 그 강직함을 꺼려 굳이 청치 못하더라.'에서 호왕의 공주를 거절하는 임경업을 통해 민족적 자긍심을 회복하려는 의도를 엿볼 수 있군.

07 ㉠~㉤에 대해 보인 반응으로 적절하지 <u>않은</u> 것은?　　　　　　　　　　　◑ 8448-0344

① ㉠: 과거의 사실을 들어 궁금증을 해결하려 하고 있군.
② ㉡: 상대방의 부당한 행위를 비판하며 자신의 심정을 밝히고 있군.
③ ㉢: 자신이 줄 수 있는 보상을 제시하여 상대방을 설득하려 하고 있군.
④ ㉣: 자신의 책임을 회피하기 위해 다른 대상에게 책임을 전가하고 있군.
⑤ ㉤: 대상의 특징을 선명히 드러내기 위해 다른 사물에 비유하여 표현하고 있군.

08 윗글에 나타난 주된 갈등 양상으로 가장 적절한 것은?　　　　　　　　　　　◑ 8448-0345

① 호왕과 황자명의 갈등　　　　　　　　② 임경업과 독보의 갈등
③ 임경업과 호왕의 갈등　　　　　　　　④ 호왕과 세자·대군의 갈등
⑤ 임경업과 호왕 딸의 갈등

[01~04] 다음 글을 읽고, 물음에 답하시오.

소저(小姐) 그 범벅 먹은 후로는 가는 허리 굵어지고, 옥 같은 얼굴에 새알기름이 끼고, 짧은 거리를 다니는 것도 임의로 못 하니 그 참혹함을 어찌 보리오.

일일(一日)은 정 씨 앞에 쥐가 기어가거늘 바느질자로 치니 그 쥐 죽는지라. 정 씨 크게 기뻐하여 즉시 물을 끓여 쥐를 삶아 놓으니 과연 낙태한 아이 같더라. 이때에 정 씨 간교함을 뉘 알리오. 간악한 정 씨 소원은 차차 쉽게 되는지라.

각설 이때 승상은 궐내에 번(番) 드시고 황생은 학당에 갔는지라. 집 안이 조용하거늘 이때 소저 병이 점점 깊었는지라. 가는 허리가 한 아름이나 되고, 옥 같은 고운 얼굴은 쟁반만 하고, 배가 남산만 하더라. 머리를 싸고 금침(衾枕)에 의지하여 주야로 하늘과 모친 신령(母親神靈)을 부르짖으며 아무리 자수(自手)하고자 하되 모진 목숨이 죽지 못하여 잠자리에 누웠더니, 일일은 정 씨 튀한* 쥐를 옷깃 속에 싸고 영춘당(迎春堂)으로 와 소저를 어루만지며 말하기를,

"슬프다! 내 딸이야, 어디 그리 아프냐? 별 같은 내 딸아, 이렇도록 부하였느냐? ㉠나는 너를 친녀(親女)같이 여겼건만 네 뜻이야 나와 같을쏘냐? 방이나 춥지 아니하냐?"

하며 자리 밑을 들고 그 쥐를 넣으며 손으로 배를 만져 말하기를,

"배에 무엇이 이렇도록 꼼작여 노니나냐?"

하며 위로하여 말하기를,

"네 귀한 몸을 돌아보아 음식이나 잘 먹고 방을 덥게 하고 취한(取汗)이나 수이 하여 낫게 하여라. 만일 네 곧 죽으면 내 어찌 일시(一時)인들 살리오."

하며 온갖 간특한 말로 이르고 나오니라. 소저 두 눈에 진주 같은 눈물을 흘리며 말하기를,

"전생에 무슨 죄로 이생에 나와 이렇도록 슬피 된고. 모친이 즉시 죽었다 하니 그때에 어찌 살았는고. 슬프다! 계모 정 씨의 은혜야 어찌 이생에서 다 갚으리오. 내 친모라도 이보다 더하리오. ㉡이 몸이 병을 놓고 나으면 계모의 은혜와 황생의 은혜를 갚으리라."

하며 밤을 지내도록 통곡하여 말하기를,

㉢"슬프다! 유모 죽음은 무슨 일로 스스로 목숨을 끊었는고. 십팔 년 길러 낸 은혜와 공로는 태산이 이보다 더 높으리오. 어찌 이 몸이 죽어 모친과 유모를 만나 보리오."

천지 일월성신(日月星辰)께 발원하여 통곡하기를 마지아니하더라. 문득 동창(東窓)이 밝으며 정 씨 들어와 거짓 눈물을 뿌리며 어루만지는 채 달래어 말하기를,

"옥 같은 내 딸이야, 지금까지 낫지 못하느냐? ㉣네 움직이기 어려울지라도 일어앉으면 내 자리를 고쳐 깔아 주마."

하고 안아 일으키니 소저 이기지 못하고 황공하여 올라앉으니 정 씨 금침을 차례로 들추더니 놀라 질색하는 체하고 손뼉을 치며 기절하여 말도 못 하는 체하다가 대경실색하여 말하기를,

"이년아, 이년아, 네 들거라. 네 부친이 대승상이요, 네 조부도 보국판서거늘 네 나이 이십 안이거든 규중 공궐(閨中空闕)에 이런 불측한 흉변을 뵈느냐? 네 이렇듯 하기로 유모 스스로 목숨을 끊은 것이라. 네 바로 일러라. 어떤 놈을 통간(通姦)하여 이렇듯이 행실을 하였나뇨? 너의 가는 허리 굵어지고 배도 부르며 얼굴이 쟁반만 하고 몸 출입을 임의로 못 할 제에 내 괴히 여겼더니 이런 불측한 큰 치욕을 보는도다. 슬프다! 나는 내 아들 황생을 데리고 본가(本家)로 가려니와 너의 부친은 소안 백수(素顔白首)에 똥칠을 하였나니 무슨 면목으로

세상에 나서리오."

욕질을 무수히 하며 튀한 쥐를 가지고 나가는지라. 소저 천만 몽매지외에 이런 난세를 만나매 흉격(胸膈)이 막혀 반생반사(半生半死)하여 명이 다하게 되었는지라.

이때 황생이 이날 밤 ⓐ꿈을 이루니 염라사자 소저를 결박(結縛)하여 가더니 그 뒤에서 옥적(玉笛) 소리 나며 한 덩이 구름에 올라앉히고 옥적을 불며 남쪽으로 가거늘 생이 놀라 깨달으니 남가일몽(南柯一夢)이라. 놀라며 즉시 소저의 침소로 들어가니 소저가 금침 속에서 죽은 것 같거늘 생이 대경실색(大驚失色)하며 통곡하여,

"소저야, 소저야, 이 어인 일인고? 영춘당에 청조(靑鳥) 내려와 울고 갈 제 매형(妹兄)이 글을 지어 놓고 놀라 하더니 이제 보건대 소저 오늘날 죽을 줄 어찌 알았으리오. 남매 한날 죽기로 맹세하였더니 소저 어찌 세상을 버리신고?"

하며 통곡하니 산천초목(山川草木)과 금수(禽獸) 다 슬퍼하는 듯하더니 이윽고 소저 깨어 꿈적이며 눈을 반개(半開)하고 진주 같은 눈물을 흘리며 말을 이루지 못하다가 겨우 인사(人事)를 차려 말하기를,

"엊그제부터 몸이 아프며 인사를 차리지 못하였더니 이러한 일이 여차여차하기로 어마님께도 득죄하였으니 어찌 살기를 바라리오. ⓜ불효녀 순금이 이제 더러운 누덕을 쓰고 죽사오니 오라버님은 부친을 모시고 세상이 마치도록 뫼시다가 황천구토에서 다시 만나오리이다."

하고 또 기절하니 황생 망극하여 소저의 손발을 주물러 위로하며 겨우 인사를 차려 백번 타이르며 말하기를,

"네 죄곧 없으면 하늘이 인정하리라. 어찌 두려움이 있으리오? 내 이제 어마님께 아뢰어 무사하게 하오리다."

하고 내당(內堂)으로 들어가더라.

– 작자 미상, 「순금전」

* 튀한 : 새나 짐승을 잡아 뜨거운 물에 잠깐 넣었다가 꺼내어 털을 뽑은.

01 윗글의 서술상 특징으로 가장 적절한 것은? ⊙ 8448-0346

① 초현실적 요소를 통해 인물의 능력을 부각하고 있다.
② 편집자적 논평을 통해 서술자의 생각을 드러내고 있다.
③ 인물의 회상을 통해 인물 간 갈등의 원인을 제시하고 있다.
④ 외양을 구체적으로 묘사하여 인물의 성격을 나타내고 있다.
⑤ 상징적 소재를 활용하여 인물의 성격 변화를 암시하고 있다.

02 ㉠~㉢에 대한 이해로 적절하지 않은 것은? ⊙ 8448-0347

① ㉠ : 정 씨는 자신을 친어머니처럼 대하지 않는 소저의 태도에 대해 서운함을 드러내고 있다.
② ㉡ : 소저는 자신에게 베풀어 준 정 씨의 호의가 진심에서 우러나온 것이라 여기고 있다.
③ ㉢ : 소저는 자신을 양육한 유모의 은혜에 대해 고마워하며 그의 죽음을 한탄하고 있다.
④ ㉣ : 정 씨는 소저를 모함하기 위한 계략을 실행하기 위해 소저를 일어앉히려 하고 있다.
⑤ ㉤ : 소저는 죄가 없음에도 억울하게 누명을 쓰고 죽게 되어 버린 상황을 수용하고 있다.

03 @의 기능으로 가장 적절한 것은?

◐ 8448-0348

① 소저의 정체가 밝혀짐으로써, 황생이 소저의 진심을 이해하게 되는 매개가 되고 있다.

② 소저의 진심을 드러냄으로써, 유모의 죽음에 대한 사건 해결의 실마리를 제공하고 있다.

③ 소저의 처지를 암시하는 상황을 보여 줌으로써, 소저의 위태로운 상황을 알려 주고 있다.

④ 소저의 신분에 대해 언급함으로써, 소저가 천상의 계통을 이어받은 존재임을 밝히고 있다.

⑤ 소저와 관련한 금기를 제시함으로써, 소저와 황생의 갈등이 심화될 것임을 암시하고 있다.

04 〈보기〉를 바탕으로 윗글을 감상한 내용으로 적절하지 않은 것은?

◐ 8448-0349

┤ 보기 ├

　　기존의 가정 소설은 재혼 등으로 인해 새롭게 편입된 부정적 인물과 주인공 간의 갈등이 중심이 된다. 대개 계모가 주인공을 학대하고 제거하려는 내용으로 전개되는데, 계모뿐만 아니라 계모의 소생도 함께 가담하여 주인공에게 고통을 주기도 한다. 특히 주인공은 정절을 중시하는 사회·문화적 배경에서 이와 관련된 모함을 받으며 집 밖으로 내쫓기는데, 다소 비현실적인 해결 방식을 통해 억울함을 풀어내고 자신의 자리를 찾게 된다. 이를 통해 권선징악(勸善懲惡), 사필귀정(事必歸正)의 주제가 드러나게 된다.

① 죄가 없으면 하늘이 인정할 것이라며 소저를 위로하는 황생의 말은 사필귀정의 주제를 암시하는 것이군.

② 계략을 세워 소저의 행실을 모함하는 정 씨는 기존의 가정 소설에 등장하는 부정적 인물을 계승한 것이군.

③ 정 씨의 소생인 황생과 소저를 친밀한 관계로 설정한 것은 기존 가정 소설에서 설정한 남매 관계와 차이가 있군.

④ 훼절을 집안의 치욕으로 여기며 문제 삼는 시대 현실은 기존의 가정 소설에 반영된 사회·문화적 배경과 유사하군.

⑤ 소저가 일월성신께 발원하며 통곡하는 것은 자신의 억울함을 비현실적인 방식을 통해 풀어냄을 보여 주는 것이군.

[05~08] 다음 글을 읽고, 물음에 답하시오.

[앞부분 줄거리] 가난하지만 정의로운 선비인 원자허는 가을밤에 달빛을 이용하여 독서를 하다가 잠이 든다. 몽중에 강변에서 시를 읊던 원자허는 한 선비의 초대를 받아 정자 있는 곳으로 가게 되는데, 그곳에서 임금과 그를 호위하는 다섯 사람을 만나게 된다.

임금이 말했다.

"사과할 것 없소. 귀한 손님이 오셨는데 다른 이야기는 그만둡시다. 달 밝고 바람이 맑은데 이 좋은 밤을 그냥 보내서야 되겠소?"

그러고는 비단 도포를 벗어 주며 강촌에서 술을 사 오게 했다. 술이 몇 순배 돌자, ㉠임금은 잔을 들고 목메어 울며 여섯 사람에게 말했다.

"경들은 각자 자기 마음을 노래해 원통한 마음을 풀어 보는 게 어떻겠소?"

여섯 사람이 말했다.

"전하께서 먼저 노래하시면 저희들이 그 뒤를 잇겠습니다."

그러자 임금은 서글픈 표정으로 옷깃을 여미고 슬픔을 견디지 못한 채 노래를 불렀다.

┌ 강물은 오열하며 끝없이 흘러 흘러
│ 내 마음도 길이길이 강물 따라 흐르누나.
│ ㉡살아서는 임금이요, 죽어서는 외로운 혼
│ 왕망은 거짓 임금이요, 의제라고 받든 건 거짓이었네.
[A] 고국의 백성들은 항우에게 다 가고
│ 예닐곱 신하만 곁에 남아 내 넋을 맡겼네.
│ 오늘 밤이 어떤 밤이기에 강가 정자에 모였는지
│ 물빛과 달빛에 내 마음 시름겨워
└ 슬픈 노래 부르니 천지가 아득하네.

노래가 끝나자 다섯 사람이 저마다 절구 한 편을 읊었다. 첫째 자리에 앉은 이가 읊조렸다.

어린 임금 보좌 못한 내 재주 한스러워 / 나라 잃고 임금 욕 당한 뒤 내 목숨도 잃었네.
하늘과 땅 앞에 부끄러워라. / 더 일찍 도모하지 못한 일 후회스럽네.

(중략)

다 읊더니 원자허에게 짓기를 권했다. 원자허는 본래 강개한 사람이라 눈물을 닦고 서글피 읊조렸다.

지난 일 누구에게 물을까. / 황량한 산에 저 무덤 하나뿐.
정위는 깊은 한 품고 죽었고 / 두견새는 넋 끊어져 시름겹네.
언제 고국산천 돌아갈까. / 오늘은 강가 정자에 노니네.
몇 곡의 노래 슬프기만 한데 / 지는 달 아래 갈대꽃 피었네.

ⓒ읊기를 마치고 모든 사람이 처연히 눈물을 흘렸다.

잠시 후에 기이한 사내 하나가 갑자기 뛰어 들어왔는데, 용감한 무인이었다. 키가 몹시 크고 용맹이 절륜해 보였다. 얼굴은 짙은 대춧빛이었고 눈은 샛별처럼 빛났다. 문천상(文天祥)*의 충의와 진중자(陳仲子)*의 청렴함을 간직하고 위풍이 당당하여 보는 사람마다 공경하는 마음이 들게 했다. 무인은 임금에게 인사한 뒤 다섯 사람을 돌아보고 말했다.

ⓔ"허어! 썩은 선비들과는 대사를 이룰 수 없지."

그러고는 칼을 뽑더니 일어나 춤을 추며 비분강개한 어조로 슬픈 노래를 부르는데, 그 소리는 마치 큰 종이 울리는 것 같았다. 그 노래는 다음과 같다.

[B]
　　우수수 부는 바람에 나뭇잎 지고 물결 차가운데
　　칼 어루만지며 길게 휘파람 부니 북두성이 기울었네.
　　살아서는 충과 효를 다했고, 죽어서는 굳센 혼백 되었네.
　　내 마음은 무엇을 닮았나. 저 둥근 달을 닮았네.
　　아아! 애당초 함께 도모하지 말았어야지, 썩은 선비 누구를 책하리.

노래가 미처 끝나지 않았는데 달은 어둡고 구름은 수심에 잠겼고 비는 울고 바람은 한숨을 쉬더니, 별안간 벼락 치는 소리와 함께 모든 것이 순식간에 사라졌다. 원자허가 깜짝 놀라 정신을 차려 보니 모두 ⓐ꿈이었다.

ⓜ원자허의 벗 해월거사*는 꿈 이야기를 듣고 슬퍼하며 말했다.

"예로부터 군주가 사리에 어둡고 신하가 어리석어 끝내 망국에 이르고 만 일이 많았지. 지금 그 임금을 보건대 필시 현명한 군주요 그 여섯 사람 또한 모두 충성스럽고 의로운 신하로군. 이처럼 훌륭한 신하들이 이처럼 훌륭한 군주를 보필했거늘 어찌 이처럼 참혹한 일을 당했단 말인가? 아아! 어쩔 수 없는 형세 때문인가? 어쩔 수 없는 시운 때문인가? 그렇다면 형세와 시운 탓으로 돌리지 않을 수 없고, 천명으로 돌리지 않을 수 없네. 천명으로 귀결된다면 착한 자에게 복을 주고 악한 자에게 재앙을 내리는 것이 공도(公道)가 아니던가? 천명으로 귀결되는 것이 아니라면 어둡고 막막해서 그 이치를 알 도리가 없으니, 아득한 이 우주에 뜻있는 선비의 시름만 늘어날 뿐일세."

– 임제, 「원생몽유록(元生夢遊錄)」

* 문천상 : 송(宋)나라의 충신.
* 진중자 : 덕행이 가장 뛰어난 공자의 제자.
* 해월거사 : 생육신 중 한 명인 김시습의 별호.

05 윗글에 대한 설명으로 가장 적절한 것은?　　　　　　　　　　　　　　　　ⓞ 8448-0350

① 초월적 존재가 등장하여 인물 간의 갈등을 중재하고 있다.
② 삽입 시의 내용을 통해 앞으로 일어날 일을 예고하고 있다.
③ 인물의 외모를 과장되게 표현하여 인물을 희화화하고 있다.
④ 서술자가 사건에 직접 개입해 주관적 판단을 제시하고 있다.
⑤ 특정 사건에 대한 인물들의 심회를 중심으로 서술되고 있다.

[06~07] 〈보기〉를 읽고 6번과 7번의 물음에 답하시오.

┤ 보기 ├

「원생몽유록」은 세조의 왕위 찬탈을 소재로 정치권력의 모순을 보여 주는 작품으로, 폐위당한 단종과 그의 복위를 꾀하다 죽음을 맞은 사육신이 등장하여 인간사의 부조리에 대한 회의를 드러내고 있다. 다만 작가는 이야기의 초점을 사회 비판이나 갈등이 아닌 인물들의 애한(哀恨)에 맞추고 있다. 이는 인물들이 생전에 겪은 공동의 비운 때문에 이야기가 별다른 갈등이나 위기 없이 비분강개(悲憤慷慨)의 감정을 따라 전개된 데에서도 드러난다.

06 〈보기〉를 바탕으로 할 때, ㉠~㉤에 대해 보인 반응으로 적절하지 <u>않은</u> 것은?　◎ 8448-0351

① ㉠: '임금'은 폐위당한 단종을, '여섯 사람'은 무인을 제외한 다섯 명의 사육신과 원자허를 표현한 것이군.
② ㉡: 세조에게 왕위를 찬탈당하고 쓸쓸하게 죽음을 맞은 단종의 모습을 '외로운 혼'으로 형상화한 것이군.
③ ㉢: 단종의 폐위와 관련한 인물들의 공동의 비운으로 인해 '모든 사람'이 처연히 눈물을 흘린 것이군.
④ ㉣: 단종의 폐위에 참여한 무리를 '썩은 선비'라 일컬으며 자신의 비분강개한 감정을 드러낸 것이군.
⑤ ㉤: '해월거사'는 '원자허'의 이야기를 듣고 꿈속 인물들의 애한에 공감했기에 슬퍼하며 말한 것이군.

07 ⓐ에 대한 이해로 가장 적절한 것은?　◎ 8448-0352

① 원자허의 숨겨 왔던 욕망이 실현되는 장치이다.
② 원자허가 인생의 무상함을 깨닫는 계기가 된다.
③ 현실의 부당함을 드러내기 위해 설정된 허구적 공간이다.
④ 현실의 상황과 전혀 다른 이상적 세계의 모습을 보여 준다.
⑤ 원자허에게 깨달음을 주려는 매월거사의 의도가 반영되어 있다.

08 [A]와 [B]의 표현 방식에 대한 설명으로 적절하지 <u>않은</u> 것은?　◎ 8448-0353

① [A]는 [B]와 달리 자연물에 감정을 이입하여 화자의 감정을 드러내고 있다.
② [B]는 [A]와 달리 계절을 암시하는 소재를 통해 애상적 분위기를 환기하고 있다.
③ [B]는 [A]와 달리 감탄사를 활용하여 고조된 감정을 직접 나타내고 있다.
④ [A]와 [B]는 모두 대조적 표현을 활용해 시적 의미를 드러내고 있다.
⑤ [A]와 [B]는 모두 자문자답의 형식을 통해 주제 의식을 표현하고 있다.

[01~05] 다음 글을 읽고, 물음에 답하시오.

㉮ 진쥬관(眞珠館) 듁셔루(竹西樓) 오십쳔(五十川) 느린 믈이
태빅산(太白山) 그림재롤 동히(東海)로 다마 가니
㉠츨하리 한강(漢江)의 목멱(木覓)의 다히고져
왕뎡(王程)이 유흔(有限)ᄒ고 풍경(風景)이 못 슬믜니
유회(幽懷)도 하도 할샤 긱수(客愁)도 둘 듸 업다
션사(仙槎)를 씌워 내여 두우(斗牛)로 향(向)ᄒ살가
션인(仙人)을 ᄎᄌ려 단혈(丹穴)의 머므살가
텬근(天根)을 못내 보와 망양뎡(望洋亭)의 올은말이
바다 밧근 하늘이니 하늘 밧근 므서신고
㉡ᄀᆺ득 노흔 고래 뉘라셔 놀내관듸
블거니 쓈거니 어즈러이 구는디고
은산(銀山)을 것거 내여 뉵합(六合)의 ᄂ리는 듯
오월(五月) 댱텬(長天)의 빅셜(白雪)은 므스 일고
져근덧 밤이 드러 풍낭(風浪)이 뎡(定)ᄒ거늘
부상(扶桑) 지쳑(咫尺)의 명월(明月)을 기드리니
셔광(瑞光) 쳔댱(千丈)이 뵈는 듯 숨는고야
쥬렴(珠簾)을 고텨 것고 옥계(玉階)를 다시 쓸며
계명셩(啓明星) 돗도록 곳초 안자 ᄇ라보니
빅년화(白蓮花) ᄒ 가지를 뉘라셔 보내신고
일이 됴흔 셰계(世界) ᄂᆷ대되 다 뵈고져
뉴하쥬(流霞酒) ᄀᆺ득 부어 들ᄃ려 무론 말이
영웅(英雄)은 어듸 가며 ᄉ션(四仙)은 긔 뉘러니
아미나 맛나 보아 녯 긔별 뭇쟈 ᄒ니
션산(仙山) 동히(東海)예 갈 길히 머도 멀샤
숑근(松根)을 볘여 누어 픗줌을 얼픗 드니
ⓐ숨애 ᄒ 사름이 날ᄃ려 닐온 말이
그듸를 내 모ᄅ랴 샹계(上界)예 진션(眞仙)이라
황뎡경(黃庭經) 일ᄌ(一字)를 엇디 그릇 닐거 두고
인간(人間)의 내려와셔 우리를 ᄯ올오ᄂ다
져근덧 가디 마오 이 술 ᄒ 잔 머거 보오
북두셩(北斗星) 기우려 챵히슈(滄海水) 부어 내여
저 먹고 날 머겨ᄂᆞᆯ 서너 잔 거후로니
화풍(和風)이 습습(習習)ᄒ야 냥익(兩腋)을 추혀드니
구만(九萬) 리(里) 댱공(長空)애 져기면 ᄂᆞᆯ리로다
이 술 가져다가 ᄉᆞ히(四海)예 고로 ᄂᆞᆫ화

ⓒ억만창싱(億萬蒼生)을 다 취(醉)케 밍근 후(後)의
그제야 고텨 맛나 쏘 흔 잔 ᄒᆞ잣고야
말 디쟈 학(鶴)을 ᄐᆞ고 구공(九空)의 올나가니
공듕(空中) 옥쇼(玉簫) 소ᄅᆡ 어제런가 그제런가
나도 줌을 ᄭᆡ여 바다ᄒᆞᆯ 구버보니
기픠ᄅᆞᆯ 모ᄅᆞ거니 ᄀᆞ인들 엇디 알리
명월(明月)이 쳔산만낙(千山萬落)의 아니 비쵠 ᄃᆡ 업다

– 정철, 「관동별곡(關東別曲)」

🕒 나는 본래 산수를 좋아하여 우리나라의 명산으로 삼각산, 금강산, 지리산, 팔공산, 가야산, 비슬산, 속리산 등의 절정에 모두 올라가 보았다. 그리고 그 높고 아름다운 경치를 감상했으며, 거기서 본 하늘과 땅의 광대함을 알았고, 또 천길만길 솟아 있는 기암괴석을 보았다. 그뿐만 아니라 하늘 높은 줄도 모르고 자란 소나무, 잣나무들을 보았으며 구름이 둘러싼 사이로 맑은 시내와 깨끗한 바위들, 깊숙한 숲들이 속세의 잡념을 씻어 주고 가슴속에 품은 생각을 키워 준다는 것을 알았다.

나는 때때로 산수를 찾아 노니는 사람이나 떠돌아다니는 승려들을 만나 자연의 신비함에 대해 이야기하는 것을 특히 좋아한다. 가끔씩 그들과 토론을 하게 되면 입에 침이 마르도록 떠들어 댄다. 세상 사람들은 나의 이런 고집스런 취미를 비웃었다. 그런데 지금은 나이가 많이 들어 다리에 힘이 없어지니 어쩔 도리가 없다.

나는 부득이 편하게 노닐 수 있는 방법으로 고금에 이름난 화가들이 그린 산수화를 모아 벽에 걸어 놓고 감상을 하였다. 그러나 이것은 비록 조금은 위로가 되지만 역시 화가들의 훌륭한 기법과 특이한 풍경 외에는 별로 느껴지는 것이 없었다. 벽에 걸린 그림으로는 진실에 가깝게 생동하는 맛은 찾아볼 수가 없는 것이다. 그래서 늘 마음이 허전하였다.

나는 종남(終南)에 별장을 하나 가지고 있다. 별장의 남쪽 담 밖의 돌 틈에 우물이 솟아올랐는데 물맛이 좋고 차가웠다. 나는 대청 앞에 못을 파서 그 물을 가둔 뒤에 연꽃을 심고 연못 가운데에 괴이하게 생긴 돌을 쌓아서 산 모양을 만들었다. 다시 그 돌 틈 사이사이에 소나무, 화양목 등 작게 생긴 놈만 골라 심었다.

그런데 담 밖에서 우물이 솟아나는 곳은 땅보다 석 자가 더 높은 곳이어서 그 물을 대통으로 끌어다가 땅에 묻어 내가 만든 돌산 가운데로 솟아 나오게 하였다. 그러자 물이 폭포를 이루며 두 개의 계단을 흘러내렸다. 사람들은 담장 밖에서 끌어들인 물인 줄도 모르고 물이 돌산 위에서 펑펑 솟아나는 것을 보며 놀랍고 신기함에 감탄하였다.

산을 좋아했던 옛사람들 중에도 돌로 만든 가짜 산을 만든 이가 많았고 또 거기에 폭포를 끌어들인 이도 더러 있었지만, 집의 뒤쪽이나 옆에 있는 높은 산을 이용하여 산골짜기에서 흐르는 물을 끌어들인 경우가 많았다. 그러나 나처럼 연못의 한가운데 산을 만들고 사면이 물로 둘러싸인 곳에 물을 끌어들여 산 위에 폭포를 만든 사람은 없었다. 작지만 큰 산을 본떴고 남이 하기 어려운 일이지만 손쉽게 만들었다.

이 연못은 겨우 넓이가 두어 장(丈)이고 깊이도 두어 자밖에 안 되며, 산 높이는 다섯 자이고 둘레는 일곱 자이며, 폭포의 높이는 두 자인데 나무들의 크기는 서넛 치쯤 되어 마치 높은 산을 축소하여 만든 것 같았다. 산골짜기는 그윽하고 폭포가 두어 장 되는 연못을 깊은 바다로 알고 떨어진다. ⓔ이 축소된 자연의 경치는 아무리 산수화에 뛰어난 저 당나라의 정건(鄭虔)이나 왕유(王維) 같은 이도 다 그리지 못할 것 같았다.

ⓑ생각해 보면 어느 것이 가짜이고 어느 것이 진짜인지 구분하지 못하겠다. 필경 천지와 사람이 모두 임시

로 합친 것인데 무엇 때문에 진가를 논하겠는가? 다만 내가 좋아하는 것만 취하면 그만인 것이다. 게다가 이 세상 만물은 입맛에는 맞지만 눈으로 보는 데는 맞지 않는 것이 있고, 보기는 좋은데 듣기는 싫은 것이 있다.

　그런데 이곳에서 물은 차고 맛있기 때문에 우리 집안과 이웃들이 아침저녁으로 마시니 입맛에 맞다고 할 것이고, 괴이한 돌과 소나무, 잣나무 사이로 흘러서 두어 자의 절벽 밑으로 떨어지며 맑은 기운이 푸른 산봉우리에 비쳐 밤낮없이 바라보아도 싫증 나지 않으니 노는 데에도 즐거움을 준다고 할 수 있다. 또한 고요한 밤에 잠이 오지 않을 때, 베개를 베고 누워 있으면 쏴아 하고 쏟아지는 폭포 소리가 마치 요란한 관현악기 소리 같아서 귀를 즐겁게 한다.

　나는 가난하고 벼슬도 한미(寒微)하여 좋은 진주나 보배, 혹은 아름다운 것들로 눈을 즐겁게 하는 것도 없고, 기름진 음식으로 입맛을 즐겁게 하는 것도 없으며, 관현악기 같은 악기의 소리로써 귀를 즐겁게 하는 것도 없다. 그러나 다만 ⓜ이 샘물로 이 세 가지의 즐거움을 맛볼 수 있으니 진실로 담박하면서도 멋이 있다. 세상의 호걸들은 모두 나의 이 취미를 비웃지만 나는 이것을 좋아하여 이것으로써 저들이 좋아하는 것과 바꾸지 않겠다.

– 채수, 「석가산 폭포기(石假山瀑布記)」

01 **(가)와 (나)에 대한 설명으로 적절하지 않은 것은?**　　　　　　　　　　　　　⊙ 8448-0354

① (나)와 달리 (가)는 공간의 이동에 따른 정서의 변화를 드러내고 있다.
② (가)와 달리 (나)는 인공적인 조형물을 소재로 삼고 있다.
③ (가)와 달리 (나)는 다른 대상과 비교하는 방식으로 의미를 강조하고 있다.
④ (가)와 (나)는 모두 화자나 글쓴이가 경험한 구체적 공간을 제시하고 있다.
⑤ (가)와 (나)는 모두 대화체와 독백체를 교차하여 극적 효과를 높이고 있다.

02 **㉠~ⓜ에 대한 이해로 적절하지 않은 것은?**　　　　　　　　　　　　　　　⊙ 8448-0355

① ㉠: 화자가 신하의 입장에서 연군의 정을 드러내고 있다.
② ㉡: 파도가 크게 출렁이는 모습을 비유적으로 표현하고 있다.
③ ㉢: 백성들을 먼저 배려하는 바람직한 목민관의 자세가 나타나 있다.
④ ㉣: 역사적 인물을 인용하여 자신의 그림 솜씨를 과시하고 있다.
⑤ ⓜ: 샘물을 통해 미각, 시각, 청각의 즐거움을 체험하고 있다.

03 〈보기 1〉을 참조하여 (가)와 (나)를 감상한 내용으로 적절한 것을 〈보기 2〉에서 모두 고르면? ◑ 8448-0356

┤보기 1├

　조선 시대 사대부들이 산수를 유람하는 방식에는 와유(臥遊)와 원유(遠遊)가 있다. 와유는 일상에서 석가산, 산수화, 산수 유람의 글 등을 감상하며 국내외의 여러 경치를 간접적인 방식으로 즐기는 것을 말한다. 이와 달리 원유는 이름난 경치를 직접 찾아가 실제의 자연을 즐기는 체험이었다.

┤보기 2├

ㄱ. (가)의 화자가 '망양정'을 보고 감상한 부분은 다른 이들이 같은 장소를 와유할 때 활용될 수 있겠군.
ㄴ. (가)의 화자는 와유를 통해 상상하던 외국의 절경을 자신이 원유를 통해 실제로 바라본 풍경과 비교하고 있군.
ㄷ. (나)의 글쓴이는 원유를 체험하다가, 나이가 들면서는 와유를 실천하고 있군.
ㄹ. (나)의 글쓴이는 와유 중에서 산수화를 감상하는 것보다는 석가산을 조성하여 감상하는 것이 좋다고 생각하고 있군.

① ㄱ, ㄴ　　　　② ㄱ, ㄹ　　　　③ ㄴ, ㄷ　　　　④ ㄱ, ㄷ, ㄹ　　　　⑤ ㄴ, ㄷ, ㄹ

04 ⓐ의 기능으로 가장 적절한 것은? ◑ 8448-0357

① 화자가 앞으로 어떤 사건을 겪을지 암시한다.
② 화자가 떨어져 있는 임과 잠시나마 재회하게 만든다.
③ 화자가 절대적 존재를 만나 억울함을 호소하게 만든다.
④ 화자가 전생에 모함을 받아 지상으로 내려왔음을 알려 준다.
⑤ 화자가 개인적 욕구와 공적 임무 사이에서 느끼는 갈등을 해소하게 만든다.

05 ⓑ에 담긴 글쓴이의 생각으로 가장 적절한 것은? ◑ 8448-0358

① 석가산이 아무리 정교해도 실제 자연의 풍경보다 못하다.
② 석가산은 천지와 사람의 상징성을 통합한 영속적 대상이다.
③ 석가산을 너무나 완벽하게 만들어 실제 자연의 풍경보다 아름답다.
④ 석가산은 실제 자연에서 내가 좋아하는 부분만을 골라 만든 것이다.
⑤ 석가산을 감상하면서 실제 자연의 풍경에서 느끼는 즐거움을 얻을 수 있다.

[06~09] 다음 글을 읽고, 물음에 답하시오.

가 국화야 너는 어이 삼월 동풍(三月東風) 다 보닉고
  ⓐ낙목한천(落木寒天)에 네 홀노 픠엿는다
  아마도 오상고절(傲霜孤節)은 너쑨인가 하노라

– 이정보

나 국화에게 서리를 이겨 내는 높은 절개가 있기 때문에 진(晉)나라 도잠(陶潛)이 이 꽃을 사랑한 것이다. 도잠이야말로 은일인(隱逸人)이다. 이 꽃을 가리켜, 주무숙(周茂叔)이 은일하다고 하였기 때문에 은일의 이름을 얻게 된 것이지, 국화 자신은 실로 은일하지 않다.

왕궁, 귀인, 부호로부터 여염의 천한 선비에 이르기까지 뜨락이나 동산에 심어 사랑하지 않은 사람이 없다. 고금의 시인 문사들이 가사나 서설을 지어 훌륭히 찬양했으며, 또 화가들은 아름답게 그 모습을 그렸다. 심지어 유몽(劉蒙), 범지능(范至能), 사정지(史正志), 왕관(王觀) 등은 그 종류를 빠짐없이 모아 국보(菊譜)를 만들었으니, 과연 국화를 보고 바위와 숲이 어울린 험한 빈터에 깊숙이 숨어 삶으로써 사람들이 그 이름을 모르는 꽃이라고 할 수 있겠는가. 혁혁한 그 명성은 모란보다 더 높다.

그러니 참으로 꽃 중에서 은일은 '어상(禦霜)'이라 하겠다. 이 꽃은 담홍색으로 송이가 많으며 잎은 국화와 같은데 줄기가 약간 가늘다. 늦가을에야 비로소 피며, 서리가 내릴수록 그 빛깔이 더욱 선명하니, 아마 도잠이 이 꽃을 보았다면 그 사랑이 국화보다 못하지 않았을 것인데, 어찌된 연유로 지금토록 아름다운 빛깔과 높은 은일의 덕을 홀로 간직하고 세상에 그 이름을 숨기고만 있을까.

나 역시 이제야 이 꽃을 보았으니 이와 같은 종류가 얼마나 있는지는 알 수 없다. 그러나 필시 깊숙한 산언덕 ⓑ쑥대와 넝쿨이 엉킨 사이에 절개를 가진 꽃들이 어상처럼 숨어 살고 있을 것이다. 참답게 산야에 숨어 사는 선비들은 이런 꽃들을 알겠지만 설령 알고 있는 자가 있다 하더라도 이런 꽃들이 도잠처럼 글을 지어 이름을 널리 드러내 주기를 바라랴.

– 신경준, 「어상(禦霜)」

---

06 **(가)와 (나)의 공통점으로 가장 적절한 것은?** ◉ 8448-0359

① 대상을 희화화하여 세태를 풍자하고 있다.
② 대상과의 문답을 통해 교훈을 전달하고 있다.
③ 대상에 대한 추억이 창작의 동기가 되고 있다.
④ 대상과 합일하고자 하는 의지를 나타내고 있다.
⑤ 대상의 상징적 가치를 부각하여 주제 의식을 드러내고 있다.

07 ⓐ와 ⓑ에 대한 설명으로 가장 적절한 것은?　　　　　　　　　 ❍ 8448-0360

① ⓐ와 ⓑ는 모두 대상의 이중적 속성을 암시한다.
② ⓐ와 ⓑ는 모두 대상과 관련된 감흥을 유발한다.
③ ⓐ는 ⓑ와 달리 대상의 장점을 부각한다.
④ ⓑ는 ⓐ와 달리 대상의 계절적 배경과 관련이 있다.
⑤ ⓐ는 대상의 내면에, ⓑ는 대상의 외양에 주목하도록 만든다.

08 (가)와 〈보기〉를 비교하여 감상한 내용으로 적절하지 않은 것은?　　　 ❍ 8448-0361

┤ 보기 ├

　빙자옥질(氷姿玉質)＊이여 눈 속에 네로구나
　가만히 향기 놓아 황혼월(黃昏月)을 기약하니
　아마도 아치고절(雅致高節)은 너뿐인가 하노라　　　　〈제3수〉

　　　　　　　　　　　　　　　　　　　　　　　　 − 안민영, 「매화사(梅花詞)」

　＊ 빙자옥질 : 얼음같이 맑고 깨끗한 살결과 옥같이 아름다운 성질.

① (가)와 달리 〈보기〉에는 후각적 이미지가 나타나 있군.
② 〈보기〉와 달리 (가)에는 계절의 대비가 나타나 있군.
③ (가)와 〈보기〉는 모두 시련을 상징하는 소재를 활용하고 있군.
④ (가)와 〈보기〉는 모두 대상을 예찬하는 한자어를 사용하고 있군.
⑤ (가)와 〈보기〉는 모두 시선의 이동에 따라 시상이 전개되고 있군.

09 〈보기〉의 선생님의 질문에 대한 대답으로 가장 적절한 것은?　　　 ❍ 8448-0362

┤ 보기 ├

　선생님 : 조선 시대 선비들은 식물을 관찰하여 그 특성을 군자의 고결한 가치와 관련짓는 경우가 많았습니다. (나)도 이런 계열에 해당하는 작품인데, (나)에서 '어상'에 빗댄 군자의 모습은 무엇일까요?

① 자신의 덕을 지키기 위해 숨어 사는 선비
② 세상의 명성도 얻고 절개도 지키는 선비
③ 부귀영화를 멀리하고 자연을 즐기는 선비
④ 다양한 재능을 지녀 저절로 명성을 얻는 선비
⑤ 모든 계층의 사람들에게 그 덕을 인정받는 선비

[01~04] 다음 글을 읽고, 물음에 답하시오.

집의 옷 밥을 언고 들먹는 져 고공(雇工)아
우리 집 긔별을 아는다 모로는다
ⓐ비 오는 늘 일 업슬 저 숫 쏘면셔 니르리라
처음의 한어버이 사롬스리 호려 홀 저
인심(仁心)을 만히 쓰니 **사롬이 졀로 모다**
플 쎄고 터을 닷가 큰 집을 지어 내고
㉠셔리 보십 장기 쇼로 전답(田畓)을 긔경(起耕)호니
오려논 터밧치 여드레 구리로다
자손(子孫)에 전계(傳繼)호야 대대(代代)로 나려오니
논밧도 죠커니와 **고공(雇工)도 근검(勤儉)터라**
㉡저희마다 여름 지어 가음여리 사던 것슬
요스이 고공(雇工)들은 헴이 어이 아조 업서
밥사발 큰나 쟈그나 동옷시 죠코 즈나
㉢무음을 듯호는 듯 호슈을 시오는 듯
무슴 일 감드러 흘긋할긋 호는순다
너희니 일 아니코 시절(時節)좃초 스오나와
굿득의 닌 세간이 플러지게 되야는되
엇그제 화강도(火强盜)에 가산(家産)이 탕진(蕩盡)호니
집 호나 불타 붓고 먹을 껏시 젼혀 업다
㉣크나큰 세사(歲事)을 엇지호여 니로려료.
김가(金哥) 이가(李哥) 고공(雇工)들아 신 무옴 먹어슬라
너희니 졀머는다 헴 혈나 아니순다
혼 소틱 밥 먹으며 매양의 회회(恢恢)하랴
혼마음 혼뜻으로 녀름을 지어스라
혼 집이 가음 열면 옷밥을 분별(分別)하랴
㉤누고는 장기 잡고 누고는 쇼을 몰니
밧 갈고 논 살마 벼 셰워 더져 두고
늘 됴흔 호믜로 기음을 미야스라
　　　　　(중략)
너희니 두리고 새 스리 사쟈 호니
엇그제 왓던 **도적 아니 멀리 갓다** 호되
너희니 **귀눈 업서 져런 줄 모르관되**
화살을 젼혀 언고 옷밥만 닷토는다
너희니 다리고 팁는가 주리는가
죽조반(粥早飯) 아춤 져녁 더 호다 먹엿거든

은혜란 싱각 아녀 제 일만 흐려 흐니
혐 혜는 새 들이리 어닉제 어더 이셔
집일을 맛치고 시름을 니즈려뇨
ⓑ너희 일 이드라 흐며셔 삿 흔 스리 다 쇠쾌라

– 허전, 「고공가(雇工歌)」

01 윗글에 대한 설명으로 가장 적절한 것은?   ◐ 8448-0363

① 대상에게 말을 건네는 방식으로 시상을 전개하고 있다.
② 대상을 의인화하여 대상의 긍정적 속성을 부각하고 있다.
③ 시간의 흐름에 따라 대상이 변화하는 과정을 묘사하고 있다.
④ 현재와 대비되는 미래 상황을 가정하여 주제 의식을 전달하고 있다.
⑤ 스스로 묻고 답하는 방식으로 대상에 대한 의문을 해소해 나가고 있다.

02 ㉠~㉤에 대한 이해로 가장 적절한 것은?   ◐ 8448-0364

① ㉠: 과장적 표현을 통해 비극적 분위기를 강조하고 있다.
② ㉡: 계절적 배경을 통해 소망하고 있는 세계를 묘사하고 있다.
③ ㉢: 비유적 표현을 통해 자연에 대한 예찬적 태도를 드러내고 있다.
④ ㉣: 의문형 문장을 통해 우려하고 있는 바에 대해 밝히고 있다.
⑤ ㉤: 대구적 표현을 통해 문제가 되는 상황에 대해 지적하고 있다.

03 〈보기〉를 바탕으로 윗글을 감상한 내용으로 적절하지 **않은** 것은? ◐ 8448-0365

─┤ 보기 ├─

　「고공가」는 머슴들의 어리석음과 게으름을 지적하면서 근면한 태도에 대한 가르침을 전달하고 있는 작품이다. 이 작품은 표면적으로는 집안의 농사를 책임지는 머슴들을 훈계하는 내용을 담고 있는 것처럼 보이지만, 창작 당시의 사회적 상황을 고려할 때 국가 정치에 대한 비판 의식을 담은 작품으로 평가된다. 조선 개국 당시 안정된 국가의 모습과 달리 임진왜란 직후 조신은 황폐한 모습이있는데, 탐욕스럽고 무능한 관리들이 나라를 재건할 의지를 보이고 있지 않은 점에 대해 비판하고 있는 것이다.

① '처음의 한어버이'의 통치 아래 '사룸이 졀로 모'이는 모습은 조선 개국 당시 안정된 국가의 모습을 표현한 것이겠군.

② '고공도 근검터라'라고 말하는 것은 국가의 안정을 위해서 관리들이 바른 태도를 가져야 한다는 의식을 보여 주는 것이겠군.

③ '화강도에 가산이 탕진ᄒ'고 '먹을 썻시 전혀 업'는 상태는 임진왜란 직후 황폐한 조선의 모습을 나타낸 것이겠군.

④ '도적 아니 멀리 갓다 ᄒ'는데 '귀눈 업서 져런 줄 모'른다는 것은 나라에 닥친 위기를 인식하지 못하는 무능한 관리들의 모습을 드러내는 것이겠군.

⑤ '죽조반 아춤져녁 더 ᄒ다 먹엿'다는 것은 관리들이 자신의 욕심만을 채우느라 나라를 재건할 의지를 보이지 않고 있음을 지적한 것이겠군.

04 〈보기〉는 ⓐ, ⓑ에 대한 학생의 반응이다. ㉮에 들어갈 내용으로 가장 적절한 것은? ◐ 8448-0366

─┤ 보기 ├─

　ⓐ는 '비 오는 날 일 없을 때 새끼 꼬면서 말하리라.'라고 풀이되고, ⓑ는 '너희의 일을 애달과 하면서 새끼 한 사리를 다 꼬았도다.'라고 풀이돼. 작품의 처음과 끝에 새끼를 꼬는 일과 관련한 표현이 등장하고 있는데, 이를 작품의 주제 의식과 연결해 보면 (　㉮　) 생각을 강조하는 것이라고 볼 수 있어.

① 농업보다 상업을 중시하는 풍토를 없애야 한다는

② 잠시라도 게으름을 피우지 말고 근면하게 생활해야 한다는

③ 학문에 정진하는 것만큼이나 생업에 힘쓰는 것이 중요하다는

④ 다른 나라의 침략을 스스로 방어할 수 있는 힘을 길러야 한다는

⑤ 세속적 가치를 추구할 것이 아니라 자연 친화적 삶을 살아야 한다는

[05~08] 다음 글을 읽고, 물음에 답하시오.

[앞부분 줄거리] 육관대사의 명으로 용궁을 방문한 성진은 술을 마시고 돌아오던 중 팔선녀를 만나 즐거움을 만끽한다.

한참 후에 채색 구름이 흩어지고 향내가 사라지니 성진이 마음을 진정치 못하여 홀린 듯 취한 듯 돌아와 용왕의 말씀을 대사께 아뢰자, 대사가 말하였다.

"어찌 늦었는가?"

성진이 대답해 말하였다.

"용왕이 심히 만류하기에 차마 떨치지 못하여 지체하였습니다."

대사가 대답하지 아니하고,

"네 방으로 가라."

하였다. 성진이 돌아와 밤에 혼자 빈방에 누우니 팔선녀의 말소리가 귀에 쟁쟁하고 얼굴빛은 눈에 아른거려 앞에 앉아 있는 듯, 옆에서 당기는 듯 마음이 황홀하여 진정치 못하다가 문득 생각하였다.

'남자로 태어나서 어려서는 공자와 맹자의 글을 읽고, 자라서는 요순 같은 임금을 섬겨, 나가면 백만 대군을 거느려 적진에 횡행하고, 들어서는 백관(百官)을 장악하는 재상이 되어 몸에는 비단 두루마기를 입고, 허리에는 황금으로 만든 도장을 차고, 임금을 섬기고 백성을 달래며, 눈에는 아리따운 미색을 희롱하고, 귀에는 좋은 풍류 소리를 들으며, 영화를 당대에 자랑하고 공명을 후세에 전하면 그것이야말로 진실로 대장부의 일일 텐데 슬프다, 우리 불가는 다만 한 바리때 밥과 한 잔 정화수요, 수삼 권 경문과 백팔 염주일 따름이요, 그 도가 허무하고 그 덕이 사라져 없어지니, 가령 도통한들 넋이 한번 불꽃 속에 흩어지면 뉘 한낱 성진이 세상에 났던 줄을 알리오.'

이럭저럭 잠을 이루지 못하여 밤이 이미 깊었다. 눈을 감으면 팔선녀가 앞에 앉았고 눈을 떠 보면 문득 간 데가 없었다. 성진이 크게 뉘우쳐 말하였다.

"불법(佛法) 공부는 마음을 정하는 것이 제일인데 이 사사로운 마음이 이렇듯 일어나니 어찌 앞날을 바라겠는가?"

하고, 즉시 염주를 굴리며 염불을 하는데 갑자기 창밖에서 동자가 급히 말하였다.

"사형은 주무십니까? 사부께서 부르십니다."

성진이 크게 놀라 동자를 따라 바삐 들어가니 대사가 모든 제자를 거느려 있는데 촛불이 대낮 같았다. 대사가 크게 화를 내며 말하였다.

"성진아, 네 죄를 아느냐?"

성진이 크게 놀라 신을 벗고 뜰에 나려 엎드려 말하였다.

㉠"소자가 사부를 섬긴 지 십 년이 넘었지만 조금도 불순불공한 일이 없었으니 죄를 알지 못하겠습니다."

대사가 크게 화를 내며 말하였다.

"네 용궁에 가 술을 먹었으니 그 죄도 있거니와 오가다 돌다리 위에서 팔선녀와 함께 언어를 희롱하고 꽃 꺾어 주었으니 그 죄 어찌하며, 돌아온 후 선녀를 그리워하여 불가의 경계는 전혀 잊고 인간 부귀를 생각하니 그러하고서 공부를 어찌 하겠느냐. 네 죄가 중하여 이곳에 있지 못할 것이니, 네 가고자 하는 데로 가거라."

성진이 머리를 두드리고 울며 말하였다.

"소자가 죄 있어 아뢸 말씀이 없지만, 용궁에서 술을 먹은 것은 주인이 힘써 권하였기 때문이요, 돌다리에서 수작한 것은 길을 빌리기 위함이었고, 방에 들어가 망령된 생각이 있었지만 즉시 잘못인 줄을 알아 다시 마음을 정하였으니 무슨 죄가 있습니까? 설사 죄가 있다면 종아리나 때리셔 경계하실 것이지 박절하게 내치십니까? 소자가 십이 세에 부모를 버리고 친척을 떠나 사부님께 의탁하여 머리를 깎아 중이 되었으니, 그 뜻을 말한다면 부자의 은혜가 깊고 사제의 분별이 중하니, 사부를 떠나 연화도량을 버리고 어디로 가라 하십니까?"

대사가 말하였다.

"네 마음이 크게 변하여 산중에 있어도 공부를 이루지 못할 것이니 사양치 말고 가거라. 연화봉을 다시 생각한다면 찾을 날이 있을 것이다."

하고, 이어서 크게 소리쳐 황건역사(黃巾力士)를 불러 분부하여 말하였다.

"이 죄인을 압송하여 풍도(酆都)에 가 염라대왕께 부쳐라."

(중략)

"이 죄인은 어떤 죄인이요?"

황건역사가 대답하여 말하였다.

"육관대사의 명으로 이 죄인을 잡아 왔노라."

귀졸(鬼卒)이 대문을 열자, 역사가 성진을 데리고 삼라전에 들어가 염라대왕께 뵈니 대왕이 말하였다.

"화상이 몸은 비록 연화봉에 매였으나, 화상 이름은 지장왕(地藏王) 향안(香案)에 있어 신통한 도술로 천하 중생을 건질까 하였는데, 이제 무슨 일로 이곳에 왔느냐?"

성진이 크게 부끄러워하며 고하여 말하였다.

"소승이 사리가 밝지 못하여 사부께 죄를 짓고 왔으니, 원컨대 대왕은 처분하십시오."

한참 후에 또 황건역사가 여덟 죄인을 거느리고 들어오자, 성진이 잠깐 눈을 들어 보니 남악산 팔선녀였다. 염라대왕이 또 팔선녀에게 물었다.

"남악산 아름다운 경치가 어떠하기에 버리고 이런 데 왔느냐?"

선녀 등이 부끄러움을 머금고 대답해 말하였다.

ⓛ"첩 등이 위 부인 낭랑의 명을 받아 육관대사께 문안하고 돌아오는 길에 성진 화상을 만나 문답한 말씀이 있었는데 대사가, 첩 등이 좋은 경계를 더럽게 하였다 하여 위 부인께 넘겨 첩 등을 잡아 보냈습니다. 첩 등의 괴로움과 즐거움이 다 대왕의 손에 매였으니, 원컨대 좋은 땅을 점지해 주십시오."

염라대왕이 즉시 지장왕(地藏王)께 보고하고 사자(使者) 아홉 사람을 명하여 성진과 팔선녀를 이끌고 인간 세상으로 보냈다.

– 김만중, 「구운몽(九雲夢)」

05 윗글에 대한 설명으로 가장 적절한 것은? ○ 8448-0367

① 내적 독백을 통해 영웅적 면모가 나타나고 있다.
② 대화를 통해 인물의 과거 행적이 밝혀지고 있다.
③ 공간적 배경을 구체화하여 내용의 사실성을 높이고 있다.
④ 다양한 장면의 전환을 통해 인물 간의 갈등을 부각하고 있다.
⑤ 서술자가 개입하여 앞으로의 사건을 압축적으로 제시하고 있다.

06 윗글의 내용과 일치하지 <u>않는</u> 것은?   ◐ 8448-0368

① 성진은 어린 나이에 불가에 입문하였다.
② 육관대사는 성진이 지은 죄를 용서하였다.
③ 동자는 염불을 하는 성진에게 대사의 명을 전했다.
④ 염라대왕은 성진과 팔선녀를 인간 세상으로 보냈다.
⑤ 성진과 팔선녀는 풍도로 쫓겨나 염라대왕을 만났다.

07 ㉠과 ㉡에 대한 설명으로 가장 적절한 것은?   ◐ 8448-0369

① ㉠은 솔직한 심정을 토로하고 있다.
② ㉡은 사실과 다르게 변명하고 있다.
③ ㉠과 달리 ㉡은 자신의 잘못을 인정하고 있다.
④ ㉡과 달리 ㉠은 과거의 행적을 나열하며 무죄를 주장하고 있다.
⑤ ㉠과 ㉡ 모두 자신의 잘못된 행실에 대해 뉘우치고 있다.

08 〈보기〉를 바탕으로 윗글을 감상한 내용으로 적절하지 <u>않은</u> 것은?   ◐ 8448-0370

┤ 보기 ├

　　16세기 유불선 사상의 회통을 강조한 분위기를 이어 17세기 김만중은 사상·종교에 대해 개방적인 시선을 갖추었다. 사대부였던 김만중은 유교의 이데올로기 아래에서 유자로서 기득권을 누렸음에도 유교의 한계를 지적하고 불교와 도교를 통해 이를 극복하고자 하였다. 「구운몽」은 우회적, 상징적 형상으로 김만중이 지니고 있는 유교, 불교, 도교 사상을 포괄하고 있다고 할 수 있다.

① 공명을 후세에 전하는 것이 대장부의 일이라고 한탄하는 성진의 생각에서 유교의 한계를 지적했다고 볼 수 있군.
② 황건역사가 성진 등을 풍도로 데려가 염라대왕께 뵈는 장면에서 도교적 세계관이 반영되어 있는 것을 볼 수 있군.
③ 성진이 백만 대군을 거느리거나 재상이 되는 것을 동경하는 장면에서 사대부가 추구했던 유교적 이데올로기를 엿볼 수 있군.
④ 성진과 팔선녀가 염라대왕 앞에서 다시 만나 함께 인간 세상으로 보내지는 설정에서 불교의 인연이나 윤회를 떠올릴 수 있군.
⑤ 육관대사가 불가의 경계를 잊고 인간 부귀를 생각한 성진을 꾸짖는 대목에서 유교의 한계를 극복하려는 불교적 입장을 확인할 수 있군.

Memo

고등 문학 공부의 시작! 학교 시험대비의 끝!
"감상 ▶ 이해 ▶ 문제"로
이어지는 3단계 학습으로 문학 공부 완성!

고전문학

정답과 해설

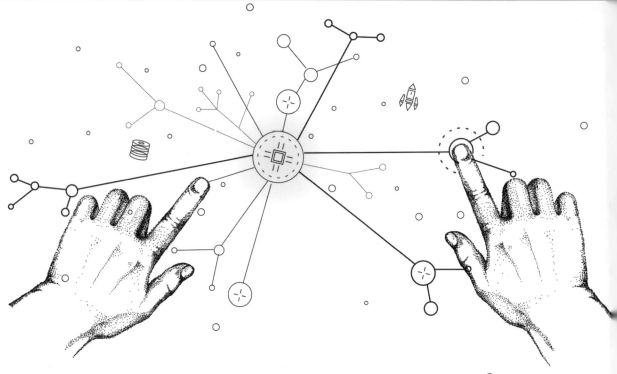

한국사, 사회, 과학의 최강자가 탄생했다!

「개념완성, 개념완성 문항편」

완벽한 이해를 위한 **꼼꼼하고 체계적인** 내용 정리

내신 대비 최적화된 교과서 **핵심 분석**

내신/수능 적중률을 높이기 위한 **최신 시험 경향 분석**

개념완성

한국사영역
필수 한국사 / 자료와 연표로 흐름을 읽는 한국사

사회탐구영역
통합사회 / 생활과 윤리 / 윤리와 사상 /
한국지리 / 세계지리 / 사회·문화 /
정치와 법 / 동아시아사

과학탐구영역
통합과학 / 물리학 I / 화학 I /
생명과학 I / 지구과학 I / 물리학 II /
화학 II / 생명과학 II / 지구과학 II

개념완성 문항편

사회탐구영역
통합사회

과학탐구영역
통합과학 / 물리학 I / 화학 I /
생명과학 I / 지구과학 I

EBS 올림포스 고전 문학

정답과 해설

1. 고대 가요와 향가

01 공무도하가 백수광부의 아내 / 황조가 유리왕

실력 다지기   본문 12쪽

1 ④   **2** ④   **3** ⑤

서술형 예시 답안 **1** 외로워라

1 작품 간의 공통점, 차이점 파악

(가)의 '가신 임을 어찌할꼬'와 (나)의 '뉘와 함께 돌아갈꼬'는 모두 설의적 표현을 통해 화자의 정서를 드러내고 있다.
오답 피하기 | ① (가)에서는 계절적 배경을 활용해 시적 의미를 강조하고 있지 않다.
② (나)에는 '펄펄'과 같이 음성 상징어가 활용되었지만 (가)에서는 음성 상징어가 활용되지 않았다.
③ (가)와 (나) 모두 청각적 심상을 활용해 시적 분위기를 형성하고 있지 않다.
⑤ (가)와 (나)는 모두 독백체를 통해 화자의 심리적 갈등을 표출하고 있다.

2 외적 준거에 따른 작품 감상

백수광부의 처는 노래를 지어 부른 후 물에 빠져 죽은 남편을 따라 물에 들어가 죽는다. '돌아가시니'를 통해 백수광부 처의 비애를 엿볼 수 있을 뿐이며, 백수광부의 처가 관리자에게 노래를 짓게 했다는 것도 사실이 아니다.
오답 피하기 | ① (가) 전체의 맥락으로 보아 '임'은 머리를 풀고 술병을 낀 채 물을 건너려고 하는 '백수광부'를 지칭한 것으로 볼 수 있다.
② 물을 건너지 말라는 만류에도 불구하고 '임'은 그 물을 건넌다. ㉡에는 만류에도 불구하고 물을 건너려 무모한 행동을 한 백수광부의 모습이 드러나 있다고 볼 수 있다.
③ '물에 빠져 돌아가시니'를 볼 때, '물'은 백수광부가 죽음에 이른 곳이며, 백수광부 처의 슬픔과 관련된 자연물로 볼 수 있다.
⑤ ㉤에는 가신 임을 어찌할 수 없다는 백수광부 처의 체념과 탄식이 반영되어 있다고 볼 수 있다.

3 작품의 내용 파악

ㄱ에서 암수 다정하게 노니는 '꾀꼬리'는 객관적 상관물이다. 함께 돌아갈 이 없는 '나'의 처지와 대비되는 자연물인 '꾀꼬리'를 활용해 '나'의 외로운 처지를 부각하고 있다고 볼 수 있다.
오답 피하기 | ① ㄱ에서 암수 서로 정다운 '꾀꼬리'의 모습은 ㄴ에서 '나'의 외로운 처지를 부각하는 기능을 한다.
② ㄱ에서 '꾀꼬리'의 나는 모습이 드러나 있으나 ㄴ에서 '나'가 자유를 갈망하는 모습은 드러나 있지 않다.
③ ㄱ에서 '펄펄' 날갯짓하는 '꾀꼬리'의 모습이 드러나 있으나 그것이 ㄴ에서 재회를 굳게 믿는 '나'의 마음을 드러내는 기능을 하지는 않는다.
④ ㄱ에서 '꾀꼬리'의 노니는 모습이 드러나 있다고 볼 수 있으나 그것이 ㄴ에서 자연물과 교감하고자 하는 '나'의 모습을 드러내는 기능을 하지는 않는다.

서술형 길잡이

1 (나)에서 '외로워라'는 화자 자신의 외로운 심정을 직접적으로 표현하고 있는 구절에 해당한다.

02 구지가 작자 미상 / 해가 작자 미상

실력 다지기   본문 14쪽

1 ⑤   **2** ②   **3** ③

서술형 예시 답안 **1** 화자의 소망을 들어주는 대상이다.

1 작품 간의 공통점, 차이점 파악

(가)와 (나)는 모두 거북에게 말을 건네는 방식을 통해 시상을 시작하고 있음을 알 수 있다.
오답 피하기 | ① (가)와 (나) 모두 특별한 계절적 배경이 드러나 있지 않다.
② (가)와 (나) 모두 대상에 감정을 이입해 화자의 감정을 드러내는 방법을 활용하고 있지 않다.
③ (가)와 (나)는 모두 대상의 특성을 부각하기 위해 점층적 표현을 활용하고 있지 않다.

④ (가)와 (나)는 모두 선경 후정의 구조를 통해 화자의 내면을 표현하고 있지 않다.

2 갈래의 변천 과정, 의미

(가)와 (나)는 모두 '거북아 거북아'라고 하여 거북을 부르는 형식으로 시작하며, 마지막 부분에서는 '구워 먹으리'라고 위협하는 형식으로 끝을 맺고 있음을 알 수 있다(ㄱ). 그리고 특정 대상인 수로를 직접적으로 거론해 '남의 아내 훔쳐 간 죄 얼마나 크랴'라고 말하며 거북을 부른 이유에 대해 드러내고 있음을 알 수 있다(ㄷ).

오답 피하기 | ㄴ. 거북이 작품에 등장해 자신의 심정을 구체적으로 진술하는 방식이 (나)에 활용되지 않았다.

ㄹ. (가)와 (나) 모두 화자가 일방적으로 진술하고 있으며, 거북과 대화를 주고받는 방식으로 시상이 전개되고 있지 않다.

3 작품의 내용 파악

〈보기〉를 통해 볼 때, (나)는 수로 부인의 귀환을 염원하는 노래로 볼 수도 있다. 이로 보아 거북은 '해룡', 수로는 '수로 부인'과 대응된다고 할 수 있다.

오답 피하기 | 수로 부인을 귀환시킬 수 있는 방법을 알려 주는 노인은 (나)에 등장하지 않는다.

서술형 길잡이

1 (가)의 거북은 왕의 강림, (나)의 거북은 수로 부인의 귀환이라는 소망을 들어주는 존재로, 두 거북은 모두 화자의 소망을 들어주는 대상에 해당한다.

03 정읍사 작자 미상

실력 다지기
본문 16쪽

1 ②	2 ④	3 ③

서술형 예시 답안 | 1 '내'를 '남편'으로 해석한다면, '(남편이) 귀가하거나 다른 곳으로 이동하는 곳'으로 볼 수 있고, '아내'로 해석한다면 '(아내가) 남편을 마중 가는 곳'으로 볼 수 있을 것이다.

1 표현상 특징 파악

작품 내용을 통해 볼 때, 애상적 분위기가 드러나 있다고 볼 수 있으나 색채 대비를 활용하고 있지는 않다.

오답 피하기 | ① '어긔야 어강됴리 / 아으 다롱디리'와 같은 여음구를 활용하여 음악적 효과를 높이고 있음을 알 수 있다.

③ '즌 딕'라는 상징적 소재를 활용하여 시적 상황을 드러내고 있다.

④ 천상적 대상인 '돌'을 활용하여 화자의 소망을 나타내고 있음을 알 수 있다.

⑤ '돌'에게 말을 건네는 방식을 통해 정서를 드러내고 있음을 알 수 있다.

2 외적 준거에 따른 작품 감상

'드딕욜셰라'는 '디딜까 두렵습니다'로 해석되는 구절로, 아내의 걱정스러운 마음이 드러난 구절에 해당한다. 망부석이 된 아내의 처지가 반영되어 있지는 않다.

오답 피하기 | ① '돌(달)'은 남편의 무사 귀환을 소망하는 마음을 담은 대상이다. 즉 남편을 기다리는 아내가 남편의 안위에 대해 기원하는 대상으로 볼 수 있다.

② '져재 녀러신고요(시장에 가 계신가요?)'라는 구절을 통해 볼 때, '져재'는 돌아오지 않는 남편이 가 있을 것이라고 아내가 생각하는 곳으로 볼 수 있다.

③ '즌 딕'는 '진 데', '위험한 곳'으로 해석되는데, 〈보기〉에 비추어 볼 때, 밤길을 오는 남편이 해를 입을 수 있는 상황과 관련되는 소재로 볼 수 있다.

⑤ '졈그룰셰라(저물까 두렵습니다)'는 시간의 경과에 대한 아내의 불안감이 드러나 있는 구절로 볼 수 있다.

3 화자의 정서 파악

시행을 종결하는 방식에 따라 내용을 분석할 경우, '부탁(도두샤) – 소망(비취오시라)', '의문(녀러신고요) – 근심(드딕욜셰라)', '부탁(노코시라) – 근심(졈그룰셰라)'의 3개의 쌍으로 나눌 수 있다.

서술형 길잡이

1 '내 가논 딕 졈그룰셰라'는 '내'를 '남편'으로 해석할 경우 '남편이 가는 그 길이 저물까 두렵습니다.'로 해석되고, '내'를 '아내'로 해석할 경우 '내가 남편을 마중 가는 그 길 저물까 두렵습니다.'로 해석된다.

04 모죽지랑가 득오

실력 다지기 본문 18쪽

1 ②   **2** ④   **3** ②

서술형 예시 답안 **1** 다봇 ᄆ 슬히 잘 밤 이시리

1 표현상 특징 파악

이 작품은 화랑 죽지랑의 낭도였던 득오가 죽지랑에 대한 그리움을 노래한 작품이다. 작품에서 '낭이여'라고 부재한 대상을 언급하며 죽지랑과의 재회를 바라는 마음을 드러내고 있는 것이 특징이다.

오답 피하기 | ① 동일한 시행이 반복되며 화자의 상황을 강조하고 있는 부분은 찾기 어렵다.

③ 대상의 긍정적 속성을 부각하고 있으나 대상을 의인화하고 있지는 않다.

④ 시적 상황을 생생히 묘사하기 위해 음성 상징어를 활용하고 있지 않다.

⑤ 봄이라는 계절을 언급하기는 했지만, 계절감이 드러나는 소재를 통해 생동감을 나타내고 있는 것은 아니다.

2 외적 준거에 따른 작품 감상

〈보기〉를 통해 볼 때 죽지랑이 득오를 위로했던 것은 사실이다. 하지만 '즈ᅀᅵ 살쯈 디니져(모습이 주름살 지는구나)'에서는 영원한 것은 없다는 삶의 무상함에 대한 인식이 반영되어 있다고 볼 수 있다.

오답 피하기 | ① '간 봄 그리매(지나간 봄을 그리워하니)'는 죽지랑의 낭도로 지냈던 시절에 대해 그리워하는 득오의 모습을 드러낸 것이라고 볼 수 있다.

② '모든 것사 우리 시름(모든 것이 울게 하는 시름)'은 다른 대상인 '모든 것'을 통해 득오가 느낀 서러운 감정을 드러낸 것이라고 볼 수 있다.

③ '아름 나토샤온(아름다움을 나타내신)'은 죽지랑의 외양과 관련한 언급을 통해 그의 아름다웠던 과거의 모습을 드러낸 것이라고 볼 수 있다.

⑤ '맛보ᅀᆸ디 지소리(만나 보기 이루리)'는 죽지랑을 다시 만나기를 소망하는 득오의 마음을 드러낸 것이라고 볼 수 있다.

3 소재의 기능 파악

'길'은 화자가 그리워하는 상대를 향해 가는 길이라 할 수 있다. 이로 보아 길은 '낭'과 다시 만나려는 화자의 소망이 투영되어 있는 것으로 볼 수 있다.

오답 피하기 | ① 작품의 내용을 통해 볼 때, 화자가 비극적 사건을 겪는다고 보기 어렵다.

③ 길은 그리움과 관련된 것으로, 갈등에 좌절하는 화자의 모습이 반영되어 있다고 보기 어렵다.

④ 화자가 꿈꾸는 이상 세계의 모습을 형상화하고 있지 않다.

⑤ 세속적인 유혹에 맞닥뜨린 화자의 모습이 작품에 드러나 있지 않다.

서술형 길잡이

1 '다봇 ᄆ 슬히 잘 밤 이시리'는 죽지랑과 다시 만날 것이라는 화자의 믿음과 의지가 드러나 있는 부분이라 할 수 있다.

05 원왕생가 광덕

실력 다지기 본문 20쪽

1 ②   **2** ④   **3** ⑤

서술형 예시 답안 **1** 돌

1 표현상 특징 파악

'원왕생 원왕생(왕생을 원하여 왕생을 원하여)'에서 동일 시구를 반복하여 죽어서 극락세계에서 태어나기를 바란다는 의미를 강조하고 있다.

오답 피하기 | ① 스스로 묻고 스스로 대답하는 자문자답의 방식을 이 작품에서는 활용하고 있지 않다.

③ 이 작품에서는 특별한 계절적 배경을 활용하고 있지 않다.

④ 이 작품에서는 상승 이미지를 반복하고 있지 않다.

⑤ '사십팔대원 일고샬까(마흔여덟 가지 소원을 이루실까)'와 같은 구절에서 설의법이 활용되고는 있으나 이를 활용하여 대상과의 친밀감을 드러내고 있지는 않다.

2 작품의 내용 파악

[B]에서 '그릴 사름'은 왕생을 원하는 화자의 모습을 표현한

것이다. 부재한 대상에 대한 화자의 연모가 드러나 있지 않다.

오답 피하기 | ① [A]에서 화자는 '무량수불'을 자신의 청원을 이루어 줄 수 있는 대상으로 여기고 있다. 그리하여 '돌'에게 '무량수불' 앞에 '닏곰다가 솗고샤셔'라고 부탁하고 있다.

② [B]에서 '다딤 기프샨'은 '맹세 깊으신'이라는 의미로, 부처에 대한 예찬적 태도를 나타낸 것이라 할 수 있다.

③ [B]에서 '원왕생'은 '왕생을 원한다'는 의미로, 화자가 청원하는 내용을 직접적으로 밝힌 것이라 할 수 있다.

⑤ [C]에서 '이 몸'은 화자 자신을 지칭하고 있는 말에 해당한다.

3 갈래의 변천 과정, 의미

'사십팔대원 일고샬까'는 화자가 '사십팔대원'을 읊는 모습을 나타낸 구절이 아니다. 화자 자신을 내버려 두고는 아미타불이 중생을 구제하지 못할 것이라는 의도를 담고 있는 구절로 볼 수 있다.

오답 피하기 | ① '돌'이 떠 있는 상황이므로, 작품 전체의 시간적 배경은 '밤'이라 할 수 있다.

② [A]와 [B]의 '솗고샤셔(사뢰소서)'는 화자의 청원이 잘 드러나도록 낭송하는 것이 바람직하다.

③ '두 손 모도호슬바'를 통해 볼 때, [B]에서 화자의 간절함을 드러내기 위해 '두 손'을 클로즈업하는 것은 적절하다.

④ [C]의 '아으(아아)'는 화자의 영탄적 어조가 잘 드러나도록 낭송하는 것이 적절하다.

서술형 길잡이

1 이 작품에서 '돌'은 기원의 대상이자 극락왕생에 대한 화자의 염원을 무량수불에게 전달하는 매개자의 역할을 하고 있다.

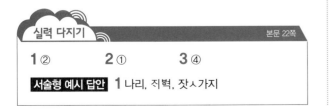

06 찬기파랑가 충담사

실력 다지기 본문 22쪽

1 ②   **2** ①   **3** ④

서술형 예시 답안   **1** 나리, 직벽, 잣ㅅ가지

---

1 시상 전개 방식에 대한 이해

이 작품은 부재한 대상인 기파랑에 대한 화자의 회고를 바탕으로 기파랑의 고매한 인품에 대한 예찬을 드러내고 있다.

오답 피하기 | ① 이 작품에서 과거에 대한 그리움이 드러난 부분이 있다고 볼 수도 있다. 하지만 이러한 그리움이 계절의 변화를 통해 드러나고 있지는 않다.

③ 대상이 지닌 가치를 사모하고 찬양하고 있을 뿐 그 가치가 점차 잊혀져 가는 상황을 보여 주고 있지 않다.

④ 자연물의 속성을 기파랑의 인물됨에 비유하고는 있으나 둘을 대조해 가며 주제를 형상화하고 있지는 않다.

⑤ 이 작품에서 대상의 인품에 대한 비유는 드러나 있으나 대상의 인품과 대비하며 현실 문제의 심각성을 구체적으로 밝히고 있지는 않다.

2 작품의 내용 파악

ㄱ에서 '돌'은 청신하고 광명한 대상으로, 기파랑을 따르는 사람들의 모습을 드러내고 있다고 보기 어렵다.

오답 피하기 | ② ㄴ의 '새파른 나리여히 / 기랑이 즈싀 이슈라'에서 새파란 내에서 기파랑의 모습을 엿볼 수 있다는 달의 대답이 드러나 있다.

③ ㄴ의 '랑이 디니다샤온 / ㅁᄉ미 ᄀᆞᆵ 좇누아져'에서 조약에 서려 있는 기파랑의 마음을 좇고자 하는 달의 모습이 드러나 있다.

④ ㄷ의 '잣ㅅ가지 노파'에서 높은 잣 가지와 같은 기파랑의 절개에 대한 화자의 예찬이 드러나 있다.

⑤ ㄷ의 '서리 몯누올 화판이여'에서 서리를 통해 시련에 굴하지 않는 기파랑의 고고한 절개와 인품을 부각하고 있다.

3 소재의 기능 파악

이 작품은 10구체 향가로, 10구체 향가의 9행에서는 주로 감탄사를 통해 시상을 집약하는 기법이 사용된다. '아으'는 기파랑에 대한 추모의 정을 집약하며 시상이 마무리될 것임을 나타내고 있다고 볼 수 있다.

서술형 길잡이

1 이 작품은 기파랑의 인물됨을 자연물에 비유하여 노래하고 있다. '나리(내)'는 맑고 깨끗한 모습을, '직벽(조약)'은 원만하고 강직한 성품을, '잣ㅅ가지(잣 가지)'는 고결한 절개를 비유한 자연물에 해당한다고 볼 수 있다.

07 제망매가 월명사

실력 다지기

본문 24쪽

1 ⑤　　**2** ④　　**3** ③

서술형 예시 답안 **1** ⓐ: 누이 ⓑ: 화자

1 표현상 특징 파악

'뻐딜 닙'은 '떨어질 잎'이라는 의미로, 하강적 이미지를 드러내고 있다. 누이의 죽음을 땅 아래로 떨어지는 잎에 빗대어 형상화한 것이라 할 수 있다.

오답 피하기 | ① 유사한 문장 구조를 활용하는 대구적 표현이 활용되고 있지 않다.

② '가ᄂᆞᆫ닛고', '모ᄃᆞ온뎌', '기드리고다'와 같은 종결을 통해 볼 때, 명사형 종결을 활용하지 않았다.

③ 어순의 도치는 앞말과 뒷말의 순서를 의도적으로 바꾸어 제시하는 것이다. 이 작품에서는 어순의 도치를 활용하고 있지 않다.

④ 'ᄀᆞ술'과 같이 계절감이 드러나는 소재를 활용하고 있으나 계절의 변화를 활용하여 시상에 역동성을 부여하고 있지는 않다.

2 작품의 내용 파악

'미타찰'은 '극락세계'를 의미하는 말이다. 인생의 무상함을 느끼는 화자의 모습을 상징적으로 나타낸 말로 보기는 어렵다.

오답 피하기 | ① '생사로'는 '생사의 길'이라는 의미로, 화자와 시적 대상 사이에 있는 삶과 죽음의 갈림길을 나타내는 말이다.

② '이른 ᄇᆞᄅᆞ매'는 시적 대상이 요절하였음을 암시하는 말이다.

③ 'ᄒᆞᄃᆞᆫ 가재 나고'는 화자와 시적 대상이 같은 부모에서 태어났음을 비유적으로 나타낸 구절이다.

⑤ '도 닷가 기드리고다'는 시적 대상과의 재회를 위한 화자의 종교적 노력을 드러낸 구절이다.

3 외적 준거에 따른 작품 감상

'차힐이견'은 '즈흘이고(의지하고)'의 해독을 따른다면 죽음의 순간 절대자에게 귀의하려는 모습을 보여 주고 있다고 할 수 있고, '머뭇그리고(머뭇거리고)'의 해독을 따른다면 죽음의 문턱에서 삶에 대해 미련을 느끼는 모습을 보여 주고 있다고 할 수 있다.

오답 피하기 | '즈흘이고'로 해독하나 '머뭇그리고'로 해독하나 화자가 현실과 이상의 괴리를 극복하려는 모습을 확인하기는 어렵다.

서술형 길잡이

1 '나는 가ᄂᆞ다' 말도 하지 못하고 가 버렸다는 것에 비추어 볼 때, ⓐ는 '누이'로 볼 수 있고, '도' 닦으며 기다리겠다는 것에 비추어 볼 때, ⓑ는 '화자'로 볼 수 있다.

08 안민가 충담사

실력 다지기

본문 26쪽

1 ③　　**2** ②　　**3** ⑤

서술형 예시 답안 **1** 이 ᄯᅡ홀 ᄇᆞ리곡 어듸 갈뎌

1 표현상 특징 파악

나라가 처해 있는 상황이 간접적으로 드러나 있다고 볼 수도 있지만, 고사를 인용하여 그러한 상황을 드러내고 있는 것은 아니다.

오답 피하기 | ① '군은 어비여 / 신은 ᄃᆞᄾᆞ샬 어ᅀᅵ여 / 민은 얼흔아히고 ᄒᆞ샬디'에서 군, 신, 민의 관계를 가족 관계에 비유하여 표현하고 있다.

② '아으(아아)'라고 말하는 부분은 10구체 향가의 9행 첫 구절에 등장하는 감탄사로서 앞에서 전개된 시상을 고양한다고 볼 수 있다.

④ '이 ᄯᅡ홀 ᄇᆞ리곡 어듸 갈뎌 ᄒᆞᆯ디'와 같이 상황의 가정을 통해 나라를 다스리는 방향에 대해 제안하고 있다.

⑤ '군다이 신다이 민다이'와 같이 동일한 접사를 반복해 이상이 실현될 수 있는 조건을 제시하고 있다.

2 작가의 세계관, 주제 의식 파악

'군다이 신다이 민다이 ᄒᆞᄂᆞᆯ든 / 나라악 태평ᄒᆞ니잇다'에서 '군', '신', '민'이 각자의 소임에 충실해야 나라 안이 태평해질 것임을 언급하고 있음을 알 수 있다.

오답 피하기 | ① '신'과 '민'이 은혜를 베풀어 준 '군'에 대해 보은해야 함을 강조하고 있는 것이 아니라 '군', '신', '민'이 각자의 소임에 충실해야 함을 강조하고 있다.

③ '군', '신', '민'은 모두 평등한 존재임을 나타내고 있지 않다.

④ '군', '신', '민' 각자에 대한 언급은 있으나 각자가 자신의 처지에 안주하지 않는 태도를 가지는 것이 필요함을 강조하고 있는 것은 아니다.

⑤ 나라가 평안히 유지될 수 있는 방안을 강조한 것은 옳지만 '군'보다는 '신'이, '신'보다는 '민'이 높은 지위를 가져야 함을 나타내고 있지 않다.

3 작품 간의 공통점, 차이점 파악

이 작품에서는 임금, 신하, 백성의 관계를 아버지, 어머니, 자식의 관계에 비유하고, 〈보기〉에서는 임금과 백성의 관계를 하늘과 땅에 비유하여 시상을 전개하고 있으므로 충군, 애민 등과 같은 유교적 이념이 바탕에 깔려 있다고 볼 수 있다.

오답 피하기 | ① 이 작품에서는 '군다이 신다이 민다이 ㅎ늘든 / 나라악 태평ㅎ니잇다'라고 말하면서 주제를 직설적 어조로 전달하고 있다. 하지만 시대 현실을 비판하고 있지는 않다.

② 〈보기〉의 '우린들 살진 미나리를 혼자 어찌 먹으리'는 좋은 음식을 임금과 함께 먹겠다는 의미로, 설의적 표현이 활용되었다. 이는 임금에 대한 보은의 정을 표현한 것으로 볼 수 있다. 그러나 이 작품에서는 설의적 표현을 통해 백성의 역할에 대해 밝히고 있는 부분을 찾을 수 없다.

③ 이 작품과 〈보기〉 모두 임금의 거처에 대한 염려를 대화체를 통해 표현하고 있는 부분을 찾을 수 없다.

④ 이 작품과 〈보기〉 모두 유랑민들의 실현 불가능한 소망을 반어적으로 제시하는 부분은 나타나지 않는다.

서술형 길잡이

1 '이 짜홀 ᄇ리곡 어듸 갈뎌'는 백성이 '이 땅을 버리고서 어디로 갈 것인가'라고 말하는 것을 직접적으로 제시한 부분에 해당한다. 백성이 스스로 이렇게 말을 하게 만든다면 나라 안이 다스려질 것이라는 의도를 나타내는 구절이다.

2. 한시

01 추야우중 최치원 / 촉규화 최치원

실력 다지기　　　　　　　　본문 28쪽

1 ④　　　　**2** ③　　　　**3** ②

서술형 예시 답안 1 향기

1 작품 간의 공통점, 차이점 파악

(가)에서는 '가을바람', '비' 등의 자연물을 통해, (나)에서는 '꽃송이', '벌', '나비' 등의 자연물을 통해 화자의 정서를 드러내고 있다.

오답 피하기 | ① (가)와 (나) 모두 실제 지명을 사용해 사실감을 높이고 있지 않다.

② (가)와 (나) 모두 동일한 시어를 반복하여 시적 의미를 강조하고 있지 않다.

③ (가)와 (나) 모두 계절적 배경을 통해 애상적 분위기를 환기하고 있다.

⑤ (가)와 (나) 모두 의성어를 사용해 상황을 생생하게 묘사하고 있지 않다.

2 외적 준거에 따른 작품 감상

(나)의 1~2행에서는 거칠고 적막한 곳에 피어 있는 탐스러운 촉규화의 모습을 묘사하고 있는데, 2행의 내용은 화자의 학문적 경지를 상징한다고 볼 수 있다.

오답 피하기 | ① '가을바람 괴론 노래'에서는 낮은 신분으로 인해 자신의 능력을 인정해 주지 않는 세상에 대한 심리적 괴로움을 드러내고 있다고 볼 수 있다.

② '세상 날 몰라주네'에서는 자신의 능력을 알아주지 않는 현실에 대한 한스러움이 드러나 있다. 즉 신분적 한계로 인해 능력을 펼칠 수 없는 처지에 대한 한탄을 드러내고 있다고 볼 수 있다.

④ '벌 나비만 부질없이 찾아드네'에서는 남들보다 뛰어난 자질을 가지고 있음에도 불구하고 그것을 발휘할 수 없는 상황을 나타내고 있다. 즉 도움이 되지 않는 사람들만 자신의 주변을 기웃거리는 상황을 드러내고 있다고 볼 수 있다.

⑤ '천한 땅에 태어난 것 스스로 부끄러워'에서는 출신이 천해

서 사람들로부터 버림받은 부끄러움과 한스러움을 드러내고 있다고 볼 수 있다.

3 감상의 적절성 평가

(가)의 화자는 늦은 밤 잠 못 이루고 번민하고 있다. 그러므로 '등불'을 화자에게 미래에 대한 희망을 주는 대상으로 보는 것은 적절하지 않다.

오답 피하기 | ① 세상이 자신을 몰라준다고 느끼는 상황에서 '삼경의 비'는 (가)의 화자의 외로운 정서를 심화하는 배경이라 할 수 있다.

③ '거친 밭'은 '촉규화'가 피어난 터전을 의미하는데, 이는 출신 성분이 낮은 (나)의 화자의 상황과도 관련이 깊다. '거친 밭'은 화자가 처한 부정적 상황을 상징적으로 드러낸 것이다.

④ (나)의 화자는 권력층으로부터 관심을 받지 못하는 상황을 '수레 탄 사람'이 꽃을 쳐다보지 않는 상황에 빗대고 있다. 여기에서 '수레 탄 사람'은 화자에게 기회를 줄 수 있는 권력층을 비유한 것이다.

⑤ '스스로 부끄러워'는 (나)의 화자가 느끼는 한탄을 직접적으로 표현한 것이다. 이 부끄러움은 곧 신분적 한계로 인해 능력을 펼칠 수 없는 화자의 한스러움과 안타까움을 빗댄 것이라고 할 수 있다.

서술형 길잡이

1 거칠고 적막한 곳에 피어 있는 촉규화는 자신의 능력을 인정받지 못하는 (나)의 화자의 모습을 빗대어 표현한 시어에 해당한다. 촉규화의 향기는 이러한 화자의 완숙한 학문적 경지를 나타낸다고 볼 수 있다.

02 야청도의성 양태사

실력 다지기
본문 30쪽

1 ④   2 ⑤   3 ①

서술형 예시 답안 1 고국

1 작품의 내용 파악

이 작품은 고국을 떠난 화자가 고국을 그리워하는 정서를 드러내고 있다. 즉 화자가 바라는 공간에 있지 못하는 안타까움과 그리움의 정서를 드러내고 있는 작품이라 할 수 있다.

오답 피하기 | ① 이 작품은 고국에 대한 향수를 드러낸 작품으로, 자연물과의 합일을 추구하려는 의지를 드러내고 있지는 않다.

② 수심이 많아 잠을 이루지 못하고 있는 화자의 모습이 드러나 있을 뿐, 속세에서 벗어나고자 하는 삶의 자세를 보여 주고 있지 않다.

③ 고국을 이상적 세계로 본다면 이상적 세계를 추구한다고 볼 여지도 있지만, 사회의 모순을 비판하고 있지는 않다.

⑤ 자신의 학문 수양과 관련한 내용을 드러내고 있지 않다.

2 화자의 정서, 태도

'꿈속'이 비현실적 공간인 것은 사실이다. 하지만 나그네가 '꿈속에라도 저 소리 찾아보려' 한다는 점에서 꿈을 통해 숙명에서 벗어나고자 하는 태도를 드러내고 있다고 보기는 어렵다.

오답 피하기 | ① '가을 하늘'이라는 계절적 배경을 통해 화자의 귀향 생각을 돋우고 있다고 볼 수 있다.

② '다듬이 소리'라는 청각적 이미지를 드러내며 화자가 고국을 떠올리게 하고 있다.

③ '밤 깊고 별이 낮도록'은 시간의 경과를 나타내는 것으로, 화자의 잠 못 이루는 처지를 드러내고 있다고 할 수 있다.

④ '시름 깊은 저 설움을 그 누가 알랴'의 순서를 바꾸어 깊은 서러움의 정서를 부각하고 있다.

3 감상의 적절성 평가

ㄱ은 다듬이질 도구에 대해 의문을 제시한 부분이다. 여인의 다듬이질 소리를 듣고 '방망이', '다듬잇돌'에 대한 의문을 제시하고 있을 뿐, 여인이 짊어진 삶의 무게에 대해 묻고 있지는 않다.

오답 피하기 | ② ㄴ의 '옥 같은 두 팔도 힘이 부쳐 지쳤으리'에서 화자는 여인이 다듬이질을 하느라 기운이 빠져 있는 모습을 그려 보고 있다.

③ ㄷ의 '홑옷으로 떠난 나그네 구하고자 함인가'에서 화자는 여인의 다듬이 소리가 자신에게 위로를 주는 소리라고 생각하기도 했다.

④ ㄷ의 '규방에 외로이 있는 시름 잊자 함인가'에서 화자는 여인이 규방에서 홀로 거처하는 처지에 놓여 있다고 가정하기

도 했다.

⑤ 화자는 고국을 떠나온 뒤로 듣지 못했던 다듬이 소리를 듣고 ㄱ~ㄷ을 거쳐 고국을 더욱 더 그리워하게 되었음을 알 수 있다.

☁ **서술형 길잡이**

1 화자는 이국 땅에서 다듬이 소리를 듣고 고국에 대한 그리움을 느끼고 있다. 이 작품의 작가인 양태사는 발해의 문왕 때 사람인데, 이 작품은 일본에 사신으로 갔던 양태사가 그곳에서 느낀 고국을 그리워하는 마음을 노래하고 있다.

3. 설화

01 주몽 신화 작자 미상

☁ **실력 다지기** 본문 32쪽

| 1 ② | 2 ④ | 3 ④ | 4 ③ |

서술형 예시 답안 **1** 위험한 상황을 맞닥뜨린다는 점에서 넘어야 할 '장애물'을 의미한다.

1 서술상 특징 파악

시간의 흐름에 따라 사건이 전개되고 있을 뿐, 과거와 현재를 대비하여 입체감을 부여하고 있지 않다.

오답 피하기 | ① '이에 물고기와 자라가 솟아올라 다리를 만들어 주어 그들을 건너게 한 다음 흩어졌다.'에서 초월계의 현실 개입이 드러나 있음을 알 수 있다. 이를 통해 인물의 신성성이 드러난다.

③ '한 아이가 껍질을 깨고 나왔는데, 골격과 외양이 영특하고 기이하였다.'와 같이 비현실적 요소를 활용해 신이한 분위기를 조성하고 있다.

④ '고구려는 곧 졸본 부여이다. 지금의 화주, 또는 성주라고도 하나 이는 모두 잘못이다. 졸본주는 요동 방면에 있다.', '시조 동명 성제의 성은 고씨이며, 이름은 주몽이다.'와 같이

구체적인 인명과 지명을 제시하여 사실성을 확보하고 있다.

⑤ '나는 하백의 딸로 이름은 유화인데, ~ 마침내 이곳으로 귀양을 보낸 것입니다.'와 같이 인물의 발화를 구체적으로 드러내어 사건의 현장감을 높이고 있다.

2 작품의 내용 파악

'주몽'은 '졸본주'에 이르러 도읍을 정하였다. 그리고 고구려를 건국하였다. 그러나 궁실을 지을 겨를이 없어 비류수 위에 집을 지어 거처하였음을 알 수 있다.

오답 피하기 | ① '그 나라의 풍속에 활을 잘 쏘는 사람을 주몽이라 하였는데, 이런 연유로 해서 그는 주몽이라 이름하였다.'에서 확인할 수 있다.

② '한 아이가 껍질을 깨고 나왔는데, 골격과 외양이 영특하고 기이하였다.'에서 확인할 수 있다.

③ '스스로 활과 화살을 만들어 쏘는데, 백 번 쏘면 백 번 다 적중하였다.'에서 확인할 수 있다.

⑤ '주몽은 곧 좋은 말을 알아보았다. 그래서 좋은 말은 일부러 먹이를 적게 주어 여위게 하고, 나쁜 말은 먹이를 많이 주어 살찌게 하였다.'에서 확인할 수 있다.

3 서사 구조에 대한 이해

왕자와 여러 신하가 주몽을 죽이려고 모의한 것을 알아차린 것은 '오이', '마리', '협보'가 아니다. 주몽의 어머니가 그들의 계략을 알아차리고 주몽에게 말하였다.

오답 피하기 | ① 주몽은 '나는 천제의 아들이며 하백의 손자다.'라고 말한다. 이를 통해 주몽이 고귀한 혈통임을 확인할 수 있다.

② '주몽은 사람이 낳은 자식이 아니니 일찍 없애지 않으면 후환이 있을까 두렵습니다.'에서 확인할 수 있다.

③ '나이 겨우 일곱 살에 기골이 준수하니 범인과 달랐다. 스스로 활과 화살을 만들어 쏘는데, 백 번 쏘면 백 번 다 적중하였다.'에서 확인할 수 있다.

⑤ '이에 물고기와 자라가 솟아올라 다리를 만들어 주어 그들을 건너게 한 다음 흩어졌다. 이로써 뒤쫓아 오던 기마병은 건너지를 못하고 주몽은 무사히 졸본주(현도군의 지경)에 이르러 이곳에 도읍을 정하였다.'에서 확인할 수 있다.

4 외적 준거에 따른 작품 감상

[A]에서는 금와왕이 주몽을 경계하라는 대소의 말을 듣지 않고 주몽을 계속 신뢰하는 모습을 보여 주나 〈보기〉에서는

금와왕이 주몽을 시험코자 말을 키우게 하는 것으로 설정되어 있다. 이로 보아 주몽에 대한 왕의 신뢰가 절대적이라는 내용은 적절하지 않다.

오답 피하기 | ① [A]와 〈보기〉 모두에서 대소는 주몽에게 질투심을 보이며 그를 경계하고 있다.

② [A]와 달리 〈보기〉에서는 주몽이 자신의 한을 어머니에게 말하며 한탄하는 대목이 나온다.

④ [A]에서 어머니는 주몽이 위험에 처한 사실을 알리며 대책을 강구하라고 하는 반면, 〈보기〉에서는 어머니가 직접 말까지 골라 주며 주몽에게 미리 준비한 뒤 떠나라고 권한다.

⑤ 좋은 말을 자기의 말로 만드는 주몽의 지혜가 [A]와 〈보기〉 모두에 나타나 있다.

서술형 길잡이

1 병사들에게 쫓기던 주몽이 엄수에 가로막혀 죽음의 위기를 맞닥뜨리고 있으므로 엄수는 장애물을 상징한다고 할 수 있다. 여기서 주몽은 하늘의 도움을 받아 그 장애물을 벗어나고 있다.

02 온달 설화 작자 미상

실력 다지기
본문 35쪽

1 ③   **2** ③   **3** ④

서술형 예시 답안 1 자신이 했던 약속을 지키고자 했기 때문이다.

2 평강 공주가 아버지인 왕의 명령을 거역하고 온달과 결혼한 점, 남편 온달을 훌륭한 인물로 키워 낸 점으로 미루어 여성의 주체성과 능력을 보여 주고 있다.

1 서술상 특징 파악

이 작품은 크게 요약적 서술 부분과 대화 부분으로 나누어 볼 수 있다. 요약적 서술 부분에서는 역사적 배경과 상황을 전달하고, 대화 부분에서는 주요 인물들의 태도와 심리 등을 나타내고 있다.

오답 피하기 | ① 우화는 인격화한 동식물이나 기타 사물을 주인공으로 하여 그들의 행동 속에 풍자와 교훈의 뜻을 나타내는 이야기이다. 이 작품과는 관련이 없다.

② 인물의 상황을 해학적으로 묘사하기 위해 언어유희를 활용할 수 있으나 이 작품에서는 그러한 특징이 드러나 있지 않다.

④ 편집자적 논평을 통해 인물이 이룬 업적을 새롭게 평가하고 있는 부분은 제시되어 있지 않다.

⑤ 인물의 심리 변화가 명확하게 드러나 있지 않고, 내적 갈등의 심화 과정도 찾아보기 어렵다.

2 인물의 성격, 태도 파악

온달이 평강 공주가 자신의 소회를 밝힌 것에 대해 거부 반응을 보인 것은 평강 공주가 여우나 귀신이 변한 것이라고 의심하였기 때문이다. 평강 공주를 받아들인 후 평강 공주의 말을 따르는 모습을 통해 볼 때, 온달이 가부장적 질서와 권위를 중시하는 인물이라고 보기는 어렵다.

오답 피하기 | ① 어머니를 봉양하는 온달의 모습을 통해 온달이 효를 실천하기 위해 노력하는 인물임을 알 수 있다.

② 식언을 해서는 안 된다는 신념을 보이는 평강 공주의 모습에서 신의를 지키는 것을 중시하는 평강 공주의 태도를 알 수 있다.

④ 임금이 타던 말이 명마일 것이기 때문에 병든 말이라도 국마를 사 오라는 것에서 평강 공주가 사물에 대한 판단력이 뛰어난 인물임을 알 수 있다.

⑤ 빼앗긴 땅을 되찾아 오겠다고 한 점에서 온달이 국가에 대한 충성심을 지니고 있는 인물임을 알 수 있다.

3 외적 준거에 따른 작품 감상

"온달이 선봉장이 되어 날쌔게 싸워 수십여 명을 베니, 여러 군사가 승승분격하여 크게 이겼다."와 같은 부분을 볼 때, 온달이 전쟁에서 능력을 발휘하여 승전한 것이다. 천상적 존재의 도움을 받아 승전하였다고 보기는 어렵다.

오답 피하기 | ① 온달과 무왕은 모두 공주와 결연을 맺기 이전에 가난한 처지였다.

② 온달과 무왕은 모두 공주의 아버지에게 결국 인정을 받게 되었다.

③ 온달은 공주의 조력으로 인해 훌륭한 장수가 되었다. 반면 무왕은 왕위에 오르게 되었다.

⑤ 무왕은 자신의 계략으로 공주와 인연을 맺었다. 하지만 온달은 평강 공주가 자신을 찾아와 인연을 맺게 되었다.

1 온달은 출정 전에 "조령과 죽령 이북의 땅을 우리에게 귀속시키지 않으면 돌아오지 않겠다."라고 다짐했고, 싸움을 승리로 이끌지 못하고 죽음을 맞이한 후 관이 움직이지 않았다. 그러므로 그 이유가 앞선 약속을 지키기 위한 것임을 유추할 수 있다.

2 평강 공주는 신의의 가치를 내세워 부왕의 명령을 거역하면서까지 온달과 혼인을 하고 그를 훌륭한 인재로 키워 낸다는 점에서 여성의 주체성과 비범성을 드러낸다. 나아가 이는 부권의 절대성도 도리에 어긋난다면 수용할 수 없다는 인식을 보여 준다.

03 조신 설화 작자 미상

실력 다지기

본문 38쪽

1 ②   **2** ⑤   **3** ⑤

서술형 예시 답안 **1** 현실의 시간과 꿈속의 시간 사이의 연관 관계를 보여 주고 있다.

1 서사 구조에 대한 이해

㉮에서는 김흔의 딸을 연모하여 그녀와 인연을 맺고자 하지만 그것을 이루지 못한 조신의 내적 갈등이 나타난다. 하지만 ㉰에서는 깨달음을 통해 ㉮에 나타난 조신의 내적 갈등이 해소되고 있으므로 관음보살과의 갈등이 내적 갈등으로 전환된다는 진술은 적절하지 않다.

오답 피하기 | ① ㉮에서 조신은 태수 김흔의 딸과 인연을 맺고 싶어 하지만 그것이 이루어지지 않는다. 이처럼 조신은 자신이 바라던 바가 충족되지 못한 상황에서 ㉯에 들어가게 된다.
③ ㉯는 ㉮에서 관음보살 앞에 가서 빌었던 조신의 소망이 실현되는 공간이다. 단 ㉰로 회귀하게 되므로 일시적인 것이라 할 수 있다.
④ ㉯는 세속적 욕망을 가진 조신이 종교적 깨달음을 얻은 조신으로 변하게 만드는 계기를 제공한다.
⑤ ㉯에서 돌미륵은 ㉯의 공간과 ㉰의 공간을 이어 주는 매개로 작용한다.

2 인물의 말하기 방식 파악

인생의 욕망과 쾌락이 허망한 것이고 조신과 함께 지내는 것이 오히려 근심이 되고 있음을 드러내고 있을 뿐, 역사적 사례를 제시하며 조신의 잘못에 대해 지적하고 있는 부분은 [A]에 드러나 있지 않다.

오답 피하기 | ① '가고 멈추는 것 역시 사람의 마음대로 되는 것이 아니고, 헤어지고 만나는 데도 운명이 있는 것입니다. 이 말에 따라 이만 헤어지기로 합시다.'에서 확인할 수 있다.
② '내가 처음 당신을 만났을 때는 얼굴도 아름답고 꽃다운 나이에 옷차림도 깨끗했습니다. 한 가지 맛있는 음식이라도 당신과 나누어 먹었고, 몇 자 되는 따뜻한 옷감이 있으면 당신과 함께 해 입었습니다.'에서 확인할 수 있다.
③ '당신은 내가 있어서 근심만 쌓이고, 나는 당신 때문에 근심거리만 많아지니'에서 확인할 수 있다.
④ '젊은 날의 고왔던 얼굴과 아름다운 웃음도 풀잎 위에 이슬이 되었고, 지초와 난초 같은 약속도 회오리바람에 날리는 버들솜이 되었습니다.'에서 확인할 수 있다.

3 외적 준거에 따른 작품 감상

조신이 잘못을 뉘우치며 사재를 털어 정토사를 세운 것은 사실이다. 이는 세속적 욕망의 실현이 시련의 원인이 된다는 것을 깨달은 것에 대한 행위라 할 수 있다. 욕망의 실현 자체가 끊임없는 시련의 원인이 된다는 것을 드러낸 행위로 보기는 어렵다.

오답 피하기 | ① 조신은 자신의 소원대로 낭자와 부부의 연을 맺게 된다. 이는 조신으로 하여금 순간의 기쁨을 맛보게 하기 위한 설정이라고 볼 수 있다.
② 조신 부부가 아이를 둘씩 나누어 데리고 각자의 방향으로 떠난다. 이는 뿔뿔이 흩어지는 가정의 모습을 보여 준 것이라고 볼 수 있다.
③ 조신이 꿈에서 지낸 시간은 하룻밤의 꿈이었다. 이처럼 세속적 욕망은 잠깐 사이의 허무한 꿈일 뿐임을 드러내었다고 볼 수 있다.
④ 조신이 겪었던 시련은 세속적 욕망의 결과라 할 수 있다. 그런 점에서 볼 때, 세속적 욕망 그 자체가 경계의 대상이 된다는 것을 드러내었다고 볼 수 있다.

1 꿈속 시간으로 오십 년을 고생하는 동안 현실에서도 역시

수염과 머리카락이 하얗게 세었다는 것은 꿈과 현실의 시간이 연관 관계를 지니고 있었음을 보여 준다.

4. 고대 수필

01 왕오천축국전 혜초

실력 다지기   본문 41쪽

1 ③   **2** ⑤   **3** ③

서술형 예시 답안 **1** 강력한 왕권을 가지고 있었음을 알 수 있다.

1 작품의 내용 파악

이 글에서는 다섯 천축국의 무역에 대해서는 언급하고 있지 않다. 다섯 천축국이 주로 수입하고 수출하는 품목에 대해서는 알 수 없다.

오답 피하기 | ① '이 다섯 천축국의 법에는 죄수의 목에 칼을 씌우거나, 형벌로서 몽둥이로 때리거나 또는 가두는 감옥 같은 것은 없다. 오직 죄인에게는 그 죄의 경중에 따라 벌금을 물릴 뿐 사형도 없다.'에서 확인할 수 있다.

② '왕이 직접 사람을 보내서 그 곡식을 운반해 가고, 토지 주인은 곡식을 바치기 위해 운반하는 수고가 필요 없다.'에서 확인할 수 있다.

④ '백성들의 집들은 초가집이다. 중국의 한옥과 같아서 빗물이 아래로 내려오도록 지었고, 또 단층들이다.'에서 확인할 수 있다.

⑤ '남천축의 시골에 가면 백성들의 언어가 다른 곳과 차이가 있으나 벼슬아치들의 언어와 생활은 중천축국과 다른 데가 없다.'에서 확인할 수 있다.

2 외적 준거에 따른 작품 감상

논쟁이 일어나고 소송이 분분한 천축국의 현실에 대해 언급한 것은 천축국 백성들이 왕의 권위에 잘 복종한다는 배경을 드

러내기 위한 것이다. 천축국의 현실에 대해 비판하고 있지 않으며, 다섯 천축국의 정치를 고증하려 했다고 보기도 어렵다.

오답 피하기 | ① 언어, 주거 형태 등 다섯 천축국 사람들의 풍습에 대한 견문을 담고 있다는 점에서 다섯 천축국 문화에 대한 기록으로 볼 수 있다.

② '중천축국의 영토는 무척 넓고 백성이 많이 산다. ~ 시로 진을 치고 대치하고 있다.'에서 중천축국의 세력이나 주변국의 정세에 대해 언급하고 있다. 이를 통해 외교적 기록의 성격을 지닌다고 볼 수 있다.

③ 기행 문학의 특징 중 하나는 여정이 드러난다는 점이다. 이 글도 파라나시국에서 중천축국으로 이동하는 여정이 드러나 있다.

④ '마하보리사를 예방하는 것은 나의 평소부터의 숙원이기 때문에 무척 기쁘다.'와 같이 마하보리사 예방에 대한 글쓴이의 기쁨을 드러내고 있다는 점에서 글쓴이의 생각과 정서를 형상화한 글이라고 볼 수 있다.

3 작가의 세계관, 주제 의식 파악

[A]는 승려로서 불교 성지인 마하보리사를 순례하게 된 것에 대한 종교적인 감흥을 삽입 시로 표현한 것이다.

오답 피하기 | ① 불교와 관련한 내용으로 볼 수 있으나 속세에 물든 불교 교리에 대해서 언급하고 있지는 않다.

② 여러 차례의 큰불에 타 버린 탑에 대한 언급은 있지만 전란으로 인해 소실된 유적이 속히 재건되기를 바라고 있는 것은 아니다.

④ 자아 성찰이 드러나 있다고 보기 어렵고, 자신이 도달해야 할 이상향을 밝히고 있다고 보기도 어렵다.

⑤ 불교적 진리와 관련한 내용을 다루고 있다고 볼 수도 있지만, 그것이 우리와 멀리 떨어져 있지 않음을 역설하고 있는 것은 아니다.

서술형 길잡이

1 천축국 왕이 판결을 내리면 그것에 불평이 있어도 말을 하지 않는다고 하였다. 이는 다섯 천축국 백성들이 왕의 권위에 잘 복종하는 모습을 나타내는데, 왕권이 강력했음을 드러내는 것으로 볼 수 있다.

02 토황소격문 최치원

본문 44쪽

실력 다지기

1 ①   **2** ⑤   **3** ②

서술형 예시 답안 **1** 적군인 황소의 무리

1 서술상 특징 파악

황소에게 어리석음을 깨닫고 투항하도록 위협하고 있는 내용으로, 반어적 표현이 사용되고 있지는 않다.

오답 피하기 | ② '살리기를 좋아하고 죽임을 싫어하는 것은 상제의 깊으신 인자함이요, 법을 굽히어 은혜를 펴려는 것은 큰 조정의 어진 제도다.'에서 유사한 통사 구조를 활용해 상황을 묘사하고 있다.

③ '늦으리라', '분별하라', '반드시 그렇게 하라', '의심만 하지 말라'와 같이 단정적 표현을 사용하고 있다.

④ '맹렬한 불이 기러기 털을 태우는 것과 같고 태산을 높이 들어 참새 알을 눌러 깨는 것과 무엇이 다르랴.', '배반하여 멸망되기보다 어찌 귀순하여 영화롭게 됨과 같으랴.' 등에서 설의적 표현을 활용해 말하고자 하는 바를 강조하고 있다.

⑤ '진나라 도태위는 적을 부수는 데 날래었고, 수나라 양소는 엄숙함이 신이라 일컬었다.'에서 중국의 장수와 관련된 일화를 언급해 사실성을 높이고 있다.

2 인물의 성격, 태도 파악

[A]와 [B] 모두 '만일 ~ 한다면'으로 시작하고 있다. 가정적 상황을 설정한 것인데, 이를 통해 황소의 태도 변화를 이끌어 내고 있다. 참고로 [A]에는 긍정적 측면의 가정을 통한 회유, [B]에는 부정적 측면의 가정을 통한 협박이 드러나 있다.

오답 피하기 | ① [A]와 [B] 모두 궁극적으로 상대방의 굴복을 요구하고 있다고 할 수 있다. 그러나 권위를 내세우고 있다고 보기는 어렵다.

② [A]와 [B] 모두 과거와 현재를 비교하며 상대방의 태도를 비난하고 있지 않다.

③ [A]와 [B] 모두 구체적인 근거를 내세우며 상대방의 행위를 평가하고 있지 않다.

④ [A]와 [B] 모두 자신의 처지를 하소연하며 상대방의 동정을 이끌어 내고 있지 않다.

3 작가의 세계관, 주제 의식 파악

"너는 모름지기 진퇴를 참작하고 잘된 일인가 못된 일인가 분별하라. 배반하여 멸망되기보다 어찌 귀순하여 영화롭게 됨과 같으랴."의 내용과 연결 지어 볼 때, 어리석게 덤벼서 멸망하지 말고 귀순하는 것이 영화로운 선택일 것이라는 말임을 알 수 있다.

오답 피하기 | ① 서로 피를 흘리며 싸우지 말자는 의도가 포함되었다고 볼 수도 있다. 그러나 화합하여 통일을 이루는 것이 최선책이라는 의도로 말한 것은 아니다.

③ 땅의 일부를 내어 준다는 것은 적절하지 않은 설명이다.

④ 고집을 부려 덤비지 말고 귀순하라는 의도이지, 용맹스러운 군사가 너희를 토벌한 것은 천의이니 원망하지 말아야 한다는 뜻으로 말한 것은 아니다.

⑤ 모든 일은 정해진 때에 이루어질 것이라는 생각을 드러내었다고 보기 어렵다.

서술형 길잡이

1 '진나라 도태위는 ~ 깨는 것과 무엇이 다르랴.'는 아군의 세력을 과시한 구절로, '맹렬한 불'과 '태산'은 아군인 최치원의 무리를, '기러기 털'과 '참새 알'은 적군인 황소의 무리를 비유한 말이다.

본문 46~51쪽

실전 문제 01

01 ③	02 ③	03 ④	04 ③
05 ③	06 ④	07 ②	08 ③
09 ①	10 ②		

[01~04]

(가) 작자 미상, 「정읍사」

해제 | 현전하는 유일한 백제 가요로, 시조 형식의 원형(原形)을 가지고 있다고 볼 수 있다. 배경 설화를 고려해 볼 때, 남편을 기다리는 어느 행상인 아내의 걱정스러운 마음을 '달'에 의탁하여 표현하고 있는 노래이다.

주제 | 행상 나간 남편의 안전 기원

구성 |
• 기(1~4구): 달에게 남편이 무사하기를 기원함.
• 서(5~8구): 남편의 안위(安慰)에 대하여 근심함.
• 결(9~11구): 남편의 무사 귀가를 기원함.

(나) 작자 미상, 「처용가」

해제 | 신라 49대 헌강왕 때, 처용이라는 사람이 아내를 범한 역신(疫神) 앞에서 불러 역신을 물러가게 했다는 주술적인 노래로서, 이 노래의 변형이 조선 시대 문헌인 『악학궤범』과 『악장가사』에 실려 있어 향가 해독의 열쇠를 제공하였다.

주제 | 아내를 범한 귀신을 쫓아냄.

구성 |
• 전절(1~4구): 역신(疫神)의 침범
• 후절(5~8구): 처용의 관용(체념)

1 작품 간의 공통점, 차이점 파악

(가)와 (나)는 모두 불가능한 상황을 설정하고 있지 않다. 불가능한 상황 설정을 통해 화자의 의지를 표현하고 있다는 설명은 적절하지 않다.

오답 피하기 | ① (가)는 천상적 대상인 '둘'을 청자로 설정하여 화자의 소망을 밝히고 있다. 반면 (나)는 청자를 따로 설정하고 있지 않다.

② (가)는 '어긔야 어강됴리 / 아으 다롱디리'와 같은 여음구를 반복적으로 사용하여 음악적 효과를 얻고 있다. (나)에서는 여음구가 사용되고 있지 않다.

④ (가)와 (나)의 '둘'을 통해 두 작품 모두 밤이라는 시간적 배경을 활용하여 시상을 전개하고 있음을 알 수 있다.

⑤ (가)는 종결 어미 '-ㄹ셰라'를 활용하여 염려의 정서를 드러내고 있고, (나)는 종결 어미 '-잇고'를 활용하여 체념의 정서를 드러내고 있다.

2 화자의 정서, 태도 파악

㉠은 아내를 이미 다른 사람에게 빼앗긴 상황에 대한 체념의 정서로 이해할 수 있다. ③의 화자도 물에 빠져 죽은 임에 대해 탄식을 하고 애도를 표현하며 체념하고 있다.

오답 피하기 | ① 한가위를 맞이하여 생각나는 임에 대한 절실한 그리움을 노래하고 있다.

② 소중하게 생각하는 길쌈 베를 버리고서라도 임을 따르겠다는 화자의 의지를 노래하고 있다.

④ 자신의 잘못이 조금도 없다고 하며 억울해하고 있다.

⑤ 어머니의 사랑을 예찬하고 있다.

3 갈래의 변천 과정, 의미

(가)에서 여음구를 제외하고 내용을 재배열하면 〈보기〉와 같이 세 개의 장과 여섯 개의 구로 나누어짐을 알 수 있다. 〈보기〉와 같은 형식은 평시조의 형식과 유사하다고 볼 수 있다.

오답 피하기 | ① 3음보 율격을 드러내고 있지 않다.

② 칠언 절구의 형식을 따르고 있지 않다.

③ 4·4조의 음수율이 나타나 있지 않다.

⑤ 중간 부분이 다른 부분에 비해 길게 늘어져 있지 않다.

4 외적 준거에 따른 작품 감상

처용은 다른 사람의 눈에는 보이지 않았을 전염병 귀신, 곧 열병대신의 다리를 볼 수 있었다. 이것은 처용의 부인을 괴롭히는 전염병 귀신의 정체를 처용이 알아챘다는 의미이다. 이미 알아차린 상태에서도 그 다리가 누구의 것인지 짐짓 묻는 행위는 신을 거듭 불러 대답을 듣고 영험을 얻고자 하는 주술적 행위이다.

오답 피하기 | ① 처용이 전염병의 무서움에 시달리고 있었다고 볼 근거는 없다.

② 처용은 이미 전염병 귀신, 즉 열병대신의 정체를 알고 있었다. 전염병의 실체를 알지 못해 혼란스러워하였다고 보기 어렵다.

④ [A]는 처용이 한 말로, 처용의 부인이 처용이 반드시 치료해 주리라 믿었다는 내용은 확인할 수 없다.

⑤ 처용이 밤새 집을 비우고 노닐던 상황에 처용의 부인이 실망했다고 볼 근거가 없다.

(가) 충담사, 「안민가」

해제 | 신라 경덕왕 때의 승려였던 충담사가 왕명을 받아 치국안민 (治國安民)의 도리를 노래한 향가이다. 현전 향가 중 유일하게 유교적 이념을 노래한 작품으로, 강한 목적성을 드러내고 있다.

주제 | 나라를 다스리는 올바른 길

구성 |
- 기(1~4구): 군·신·민의 관계(가족 관계에 비유)
- 서(5~8구): 백성을 다스리는 방법(의식주 해결)
- 결(9~10구): 군·신·민의 바른 자세(각자 본분에 충실해야 함.)

(나) 설총, 「화왕계」

해제 | '장미'를 간교하게 아첨하는 간신배에 비유하고, 바른 소리로 임금의 기운을 돕고 독을 제거해 주는 충직한 신하를 '백두옹'에 비유하여 임금에게 옥석을 구분하는 지혜를 우의적으로 전달한 이야기이다. 이 작품은 사물을 의인화한 소설 전 단계의 형태인 가전체의 효시가 된다는 점에 그 의의가 있다.

주제 | 임금에 대한 경계(인재 등용에 올바른 도)

구성 |
- 도입: 화왕의 내력—탐스러운 영기와 요요한 향기를 풍겨 온갖 꽃들이 따름.
- 전개: 간신 장미와 충신 백두옹의 간청 – 두 신하의 대조
- 위기: 화왕의 갈등 – 화왕의 망설임
- 절정·결말: 화왕의 깨우침 – 임금에 대한 우의적 경계

05 작품 간의 공통점, 차이점 파악

(가)와 (나)는 모두 위정자가 치국을 할 때에 가져야 할 태도에 대해 역설하고 있다. (가)에서는 '군', '신', '민'이 각자의 소임에 충실해야 나라 안이 태평해질 수 있음을 강조하고 있고, (나)에서는 임금은 간사하고 요망한 자를 멀리하고 정직한 자를 가까이해야 함을 강조하고 있다.

오답 피하기 | ① (가)와 (나) 모두 치국의 근본을 만민의 평등에 두어야 함을 강조하고 있지 않다.
② (나)에서만 사리의 분별에 어두운 위정자의 정치 태도를 비판하고 있다.
④ (가)에서 태평한 국가를 이루기 위한 방안을 드러내고 있지만 예법을 먼저 정리해야 함을 밝히고 있지는 않다.
⑤ (가)에서는 임금, 신하, 백성이 각자의 소임에 충실해야 나라가 유지될 수 있음을 제시하고 있다. (가)와 (나)에서는 임금이 백성을 받들어야 한다는 내용이 드러나 있지 않다.

06 구절의 의미 파악

(나)에서는 임금 된 자가 간사하고 아첨하는 자를 친근히 하고, 정직한 자를 멀리하지 않음이 드물다고 하였다. 이러한 문맥을 통해 볼 때, 맹자와 풍당 모두 임금 된 자로서 가까이 해야 할 신하에 해당한다고 볼 수 있다.

오답 피하기 | ① '이 짜홀 ᄇ리곡 어듸 갈뎌(이 땅을 버리고서 어디로 갈 것인가)'는 현실의 삶에 만족하며 살아가는 백성들이 보일 수 있는 반응에 해당한다.
② 유교적 정명 사상, 즉 임금은 임금답게, 신하는 신하답게, 백성은 백성답게 하는 것이 나라가 태평해지기 위해 지향해야 할 조건으로 볼 수 있다.
③ ⓒ은 올바른 판단을 내리지 못하는 화왕에 대해 장부가 평가하며 직언한 내용에 해당한다.
⑤ 화왕이 자신의 잘못을 깨닫고 '내가 잘못하였구나!'라고 반응한 것이다.

07 인물의 말하기 방식 파악

[A]는 아첨하는 말과 알랑거리는 태도로 화왕의 환심을 사려 하고 있고, [B]는 다양한 비유를 활용하며 궁할 때를 대비해야 함을 충언하고 있다.

오답 피하기 | ① [A]에서 자신의 본분에 충실할 것을 밝히지 않았을 뿐만 아니라, [B]에서 상대방의 부도덕한 행위를 언급하지도 않았다.
③ [A]에서 자신에게 일어났던 일을 돌이켜 보며 자긍심을 표출하고 있다고 볼 수 있지만, [B]에서 미래에 일어날 일을 예측하고 있지는 않다.
④ [A]에서 역사적 사례를 들며 자신이 상대방에게 간택되기를 바라고 있지 않을 뿐만 아니라, [B]에서 과거에 일어난 일을 회상하며 상대방이 생각을 바꾸기를 바라고 있지도 않다.
⑤ [A]에서 현재와는 다른 상황을 가정하여 자신의 생각이 옳음을 드러내고 있지 않을 뿐만 아니라, [B]에서 자신의 지위와 상황을 근거로 하여 자신의 결정이 불가피함을 드러내고 있지도 않다.

(가) 을지문덕, 「여수장우중문시」

해제 | 고구려 명장 을지문덕이 수나라 장군 우중문에게 오판을 유도하고 조롱하기 위해서 보낸 한시이다. 고구려인의 웅혼한 기상과

넘치는 자신감, 무인의 당당한 기개가 잘 드러나 있는 작품으로, 현전하는 가장 오래된 한시이다.

주제 | 적장에 대한 조롱과 퇴각 종용
구성 |
• 가: 신기한 계책 찬양
• 승: 오묘한 묘계 찬양
• 전: 적장의 공 찬양
• 결: 퇴각 종용

(나) 최치원, 「토황소격문」

해제 | 당나라 희종 광명 2년에 중국 최대의 농민 반란인 황소의 난이 일어나자 조정에서는 고변을 제도행영도통을 삼아 황소의 반란군을 치게 하였다. 이 작품은 최치원이 고변의 휘하에 종군할 당시 지은 글로, 황소가 이 격문을 읽다가 저도 모르게 침상에서 내려앉았다는 일화가 전해질 만큼 명문으로 알려져 있다.

주제 | 적장의 죄과를 꾸짖고 투항할 것을 권함.
구성 |
• 처음: 적장의 과오 지적과 필패 주장
• 중간: 아군의 위용 과시
• 끝: 황소에 대한 회유와 위협

08 작품 간의 공통점, 차이점 파악

(가)에서는 조롱조로 한껏 상대방을 추켜올려 준 다음, 이제는 만족하고 스스로 그치지 않으면 참담한 결과를 맞이할 것이라며 고압적이고 도도하고 당당한 어조로 상대방을 위협하고 있다. 또한 (나)에서는 투항하면 부귀영화를 누리게 해 줄 것이라며 타이르듯 회유하고, 막강한 군사력을 들며 당당하고 도도한 어조로 상대방의 기세를 꺾으려 하고 있다.

09 시상 전개 방식에 대한 이해

(가)의 '기, 승, 전' 구에서 화자는 겉으로는 우중문의 책략, 계획, 공에 대해 칭찬하고 있는 듯하지만 속으로는 은근히 야유와 조롱을 보내는 반어적 수법을 취하고 있다. 결구에서 화자는 여유와 기개에 찬 모습으로 적장의 퇴각을 요구하고 있다.

오답 피하기 | ② 적장의 전술을 찬양하고 있지 않다.
③ 전쟁에 대한 회의가 드러나 있기보다는 만족함을 알고 전쟁을 그만두기를 요구하는 태도를 드러내고 있다.
④ 인내나 기다림을 요구하는 내용이 드러나 있지 않다.
⑤ 퇴각을 종용하는 내용으로, 적장의 공명심을 자극하는 내용이 아니다.

10 구절의 의미 파악

'사사로운 분'은 적으로 대치하고 있는 것으로 인한 사적인 원한을 말하는 것이지, 글쓴이와 '너'가 서로 알고 있는 사이임을 드러내는 것이라고는 볼 수 없다.

오답 피하기 | ① '서늘바람'과 '물귀신'이 '우리 군사'를 '맞이한다'고 표현하여 이들을 아군을 돕는 존재로 상정하고 있다.
③ '명령'과 '천자', '맹세'와 '강물'을 연결 지어 확고부동한 글쓴이의 태도를 드러내고 있다.
④ '당랑'이 수레바퀴에 항거하는 것과 관련된 고사를 활용하여 상대방이 무모한 행동을 하고 있음을 드러내고 있다.
⑤ '진퇴'의 '퇴'는 상대방이 항복하기를 바라는 글쓴이의 태도가 드러나 있는 말이다.

II 고려 시대의 문학

1. 고려 가요와 경기체가

01 가시리 작자 미상

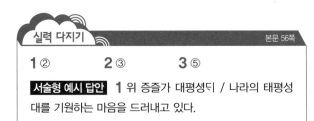

본문 56쪽

1 ②   **2** ③   **3** ⑤

서술형 예시 답안 1 위 증즐가 대평셩디 / 나라의 태평성
대를 기원하는 마음을 드러내고 있다.

1 표현상 특징 파악

이 작품에서는 명령형 어미를 사용하지 않았다.
오답 피하기 | ① '가시리 / 가시리 / 잇고', '바리고 / 가시리 /
잇고' 등을 통해 3음보의 정형적 율격을 확인할 수 있다.
③ '위 증즐가 대평셩디'라는 후렴구를 통해 통일성과 구조적
안정감을 부여하고 있다.
④ '가시리'라는 의문형 문장을 반복하여 화자의 심정을 강조
하고 있다.
⑤ '가시리', '아니 올셰라', ' 도셔 오쇼셔'에서 여성적 어조를
확인할 수 있다.

2 화자의 정서, 태도

화자는 '날러는 엇디 살라 ᄒ고'라고 말하며 임과의 이별로
인해 자신이 겪을 절망감과 임에 대한 원망의 마음을 드러내
고 있다.
오답 피하기 | ① 이별의 슬픔을 토로하고 있으나 자신을 자책하
고 있지는 않다.
② 임과의 재회를 소망하고는 있으나 임과의 재회를 운명에
맡기고자 하는 것은 아니다. 임과의 이별이 외부적 상황 때문
이라고 여기는 것도 아니다.
④ 임을 붙잡아 두고 싶지만 임을 보내 주면서 재회를 소망하
고 있다. 임과의 이별을 받아들일 수 없다고 토로하는 것은 아
니다.
⑤ 이별의 상황을 어쩔 수 없는 일이라고 여기며 극복하는 것이
아니라 재회를 소망하고 있다.

3 한국 문학의 전통과 특징

이 작품의 '가시ᄂᆞᆫ 닷 도셔 오쇼셔'라는 표현을 통해 재회를

소망하는 화자의 모습을 읽어 낼 수 있다. 그러나 〈보기〉에는
이별로 인한 슬픔의 정서는 나타나지만 재회의 희망을 놓지
않는 화자의 모습은 드러나지 않는다.
오답 피하기 | ① 이 작품의 화자는 임을 붙잡아 두고 싶지만 임
을 보내 주고 있고, 〈보기〉의 화자는 이별에 아파하지만 순종
과 인내의 자세로 임을 보내 드리겠다고 말하고 있다.
② 이 작품과 〈보기〉의 화자는 임과의 이별 상황에서 슬픔과
한의 정서를 표출하고 있다.
③ 이 작품의 화자는 '선ᄒ면 아니 올셰라'라고 말하면서 임을
보내는 이유를 직접적으로 드러내고 있다.
④ 〈보기〉의 화자는 '진달래꽃'을 임이 가시는 길에 뿌리겠다
고 하며 임의 앞날을 축복해 주고 있다. 또한 화자의 분신이라
할 수 있는 '진달래꽃'을 즈려밟고 가라고 하면서 자기희생적
자세를 보여 주고 있다.

서술형 길잡이

1 이 작품에서는 '위 증즐가 대평셩디'를 각 연마다 반복하
고 있는데 이 구절은 어진 임금이 다스리는 태평한 시대를 가
리키는 말이므로 이별의 슬픔이라는 이 작품의 주제와 어울리
지 않는다. '위 증즐가 대평셩디'는 고려 시대 민간에서 구전
되던 노래가 궁중악으로 편입되는 과정에서 발생한 것으로 추
정된다.

02 정과정 정서

본문 58쪽

1 ⑤   **2** ③   **3** ①

서술형 예시 답안 1 분연체로 쓰이지 않았다. 후렴구가 드
러나지 않는다.

1 표현상 특징 파악

'아소 님하, 도람 드르샤 괴오쇼셔'를 통해 말을 건네는 방
식을 확인할 수 있다. 이 구절은 임의 마음을 돌이켜 사랑을
회복하고자 하는 화자의 정서를 보여 준다.

오답 피하기 | ① 공간적 배경에 대한 묘사는 나타나 있지 않다.
② 음성 상징어를 활용하고 있지 않다.
③ 의인화의 기법을 사용하고 있지 않다.
④ 시어의 반복이 나타나 있지 않다.

2 소재의 기능 파악

이 작품의 화자는 임을 그리워하면서 Ⓐ와 자신이 비슷하다고 말하고 있으므로 Ⓐ는 그리움을 지닌 대상으로 표현된 것이다. 〈보기〉의 화자는 봄의 경치를 즐기고 흥을 느끼고 있으며 이러한 자신의 감정을 Ⓑ에 투영하고 있으므로 Ⓑ는 흥을 지닌 대상으로 표현된 것이다.
오답 피하기 | ① 이 작품의 화자는 Ⓐ와 자신이 비슷하다고 말하고 있고, 〈보기〉의 화자는 Ⓑ가 봄의 흥취에 겨워 교태를 부리고 있다고 말하고 있다. Ⓐ와 Ⓑ는 모두 화자와 동일시되는 것이다.
② Ⓐ는 이 작품의 화자의 임에 대한 그리움이 투영된 소재이고, Ⓑ는 〈보기〉의 화자가 느끼는 봄의 흥취가 투영된 소재이다.
④ Ⓑ는 봄의 흥취를 드러내는 것이므로 봄이라는 계절적 배경과 관련이 깊다.
⑤ Ⓐ는 임을 그리워하는 화자의 현재의 모습과 정서를 드러내는 대상이며, Ⓑ는 자연 속에서 흥을 느끼는 화자의 현재의 모습과 정서를 드러내는 대상이다. 과거의 삶의 모습, 미래의 삶의 모습을 보여 주는 것은 아니다.

3 구절의 의미 파악

㉠에서 화자는 자신은 결백하며 억울한 처지에 놓여 있음을 강조하여 드러내고 있다. '잔월효성'은 화자의 결백을 증명해 주는 대상으로, 화자가 기도를 하며 소망을 비는 대상이 아니다.
오답 피하기 | ② ㉡에서 화자는 넋이라도 임과 함께 살고 싶다고 말하고 있으므로 임을 향한 자신의 변함없는 마음을 강조하고 있다.
③ ㉢에서 화자는 자신에게 허물이 있다고 우기는 이가 누구냐고 말하면서 자신을 모함한 사람들에 대해 원망하고 있다.
④ ㉣에서 화자는 자신에게 잘못과 허물이 전혀 없다고 강조하고 있다.
⑤ ㉤에서 화자는 임이 자신을 벌써 잊어버렸는지를 걱정하고 있다.

1 고려 가요는 대부분 연 구분이 되어 있는 노래, 즉 분연체이다. 또한 후렴구 또는 조흥구가 발달되어 있어 음악적 특성이 잘 드러난다. 이 작품은 이러한 고려 가요의 특징이 드러나지 않는다.

03 정석가 작자 미상

실력 다지기   본문 60쪽

1 ⑤   **2** ②

서술형 예시 답안 1 신잇돈 그츠리잇가

1 표현상 특징 파악

㉤에서 의문형 문장을 활용하고는 있지만 반어적 표현은 아니다. ㉤은 의문형 문장을 통해 임에 대한 변하지 않는 사랑을 강조하고 있다.
오답 피하기 | ① ㉠은 태평성대를 기원하는 것으로, 임에 대한 영원한 사랑을 다루는 이 작품의 주제와는 거리가 멀다.
② ㉡의 '나'는 여음구로서 특별한 의미 없이 음악적 효과를 위해 사용된 것이다.
③ ㉢은 2연, 3연, 4연, 5연에 반복적으로 등장한다. 각 연의 끝에 되풀이되는 같은 시구이므로 후렴구의 기능을 하고 있다고 할 수 있다.
④ ㉣에서는 임과의 이별 상황을 구슬이 바위에 떨어지는 것으로 비유적으로 표현하고 있다.

2 시상 전개 방식에 대한 이해

[A]에서는 불가능한 상황을 설정하여 임과 절대 이별하지 않겠다는 의지를 표현하고 있다. '모란이 피기까지는 / 나는 아직 기다리고 있을 테요. 찬란한 슬픔의 봄을'에서는 불가능한 상황이 설정되어 있는 것이 아니라 역설적 표현이 드러나 있다.
오답 피하기 | ① 뽕나무 뿌리가 산호가 되는 것은 불가능한 상황에 해당한다. 불가능한 상황을 설정하여 임에 대한 사랑과 축복의 마음을 표현하고 있다.

③ 죽음을 일백 번씩 되풀이한다는 과장되고 불가능한 상황을 통해 자신의 의지를 강조하여 나타내고 있다.
④ 밤을 한 허리를 베어 내는 것은 불가능한 상황을 상정한 것이다.
⑤ 가슴에 창을 낸다는 현실적으로 불가능한 상황을 떠올리면서 자신의 소망을 피력하고 있다.

1 '신잇든 그츠리잇가'는 '믿음이야 끊어지겠습니까'로 풀이된다. 이는 남녀 간의 변치 않는 사랑을 넘어 변하지 않는 충성과 신의로 이해될 수 있다.

04 **청산별곡** 작자 미상

실력 다지기　　　　　　　　본문 62쪽

1 ④　　**2** ①　　**3** ②

서술형 예시 답안 **1** 강수

1 표현상 특징 파악

이 작품은 청유형의 종결 어미를 사용하고 있지 않다.
오답 피하기 | ① '우러라 우러라 새여 자고 니러 우러라 새여 / 널라와 시름 한 나도 자고 니러 우니로라'라고 말하면서 '새'에 자신의 감정을 투영하여 현실적 괴로움을 토로하고 있다.
② '얄리얄리 얄라셩 얄라리 얄라'는 각 연마다 나타나는 후렴구로서, 'ㄹ'과 'ㅇ'을 반복적으로 사용하여 명랑한 어감을 준다.
③ '살어리 살어리랏다'를 반복하여 이상적 공간에 대한 지향을 강조하여 드러내고 있다.
⑤ '조롱곳 누로기 미와 잡ᄉ와니 내 엇디 ᄒ리잇고'를 통해 설의적 표현을 확인할 수 있다. 이 구절에서 화자는 술로써 현실의 괴로움을 잊고자 하는 마음을 드러내고 있다.

2 구절의 의미 파악

화자는 '청산'에 살고 싶다고 말하면서도 이끼 묻은 쟁기를 가지고 '믈 아래'를 바라본다. 자신의 현실적 삶의 공간, 속세에 대해 미련을 가지고 있는 것이다.

오답 피하기 | ② ㉡에서 '밤'은 올 사람도 갈 사람도 없는 외로운 시간이다. 삶의 고단함을 해소하는 시간을 의미하지 않는다.
③ ㉢에서 '돌'은 운명적 고난과 비애를 상징하는 것으로, 과거의 잘못에 대해 반성하고 있음을 나타내고 있는 것은 아니다.
④ ㉣에서는 사슴이 해금을 연주하는 것과 같이 기적 같은 일을 기대하는 마음을 드러내고 있다.
⑤ ㉤에서는 술을 통해 현실의 고통을 잊고자 하는 마음을 표현하고 있다.

3 소재의 기능 파악

이 작품의 '청산'은 현실을 벗어난 이상적 공간, 즉 화자가 소망하는 공간이다. 〈보기〉의 '청산'은 화자가 지향하는 자연스러움이라는 가치를 지닌 것으로, 화자가 배우고자 하는 대상이다.
오답 피하기 | ① ⒜는 화자가 지향하는 공간으로, 현재 거처하는 공간은 아니다. 〈보기〉의 화자는 ⒝를 통해 자연의 순리에 순응하는 삶을 강조하고 있다.
③ ⒜를 통해 화자가 현실을 벗어나고자 하는 것은 알 수 있지만 화자가 지향하는 가치가 무엇인지는 알 수 없다. 〈보기〉의 화자는 ⒝를 통해 자연스러움이라는 가치를 중시하고 있음을 드러내고 있다.
④ ⒜는 화자가 지향하는 공간, 현실을 벗어나 도피하고자 하는 세계라고 할 수 있으나, ⒝는 화자가 벗어나고자 하는 현실이 아니라 화자가 지향하는 공간이자 긍정적 가치를 부여한 대상이라고 할 수 있다.
⑤ ⒜는 세속, 현실적 공간과 대비되는 공간이며, ⒝는 화자가 지향하는 자연스러움이라는 가치를 지닌 대상이다.

1 이 작품은 현실을 벗어난 공간을 소망하고 있지만 운명적 고뇌에 체념할 수밖에 없는 화자의 심정을 표현하고 있다. 이 작품의 8연에는 이러한 화자가 독한 술을 통해 현실의 괴로움과 비애를 해소하고자 하는 모습이 드러나 있다.

05 동동 작자 미상

본문 64쪽

실력 다지기

1 ⑤   2 ⑤   3 ⑤

서술형 예시 답안 1 1년을 12달로 나누는 방식 / 1월부터
12월까지의 순서

1 작품의 내용 파악

〈팔월령〉에서는 임과 함께 지내야만 진정한 한가윗날이 된
다고 말하며 임에 대한 그리움을 표현하고 있다. 세시 풍속을
묘사하고 있지는 않다.

오답 피하기 | ① 정월의 '나릿믈'은 녹으려고 하는데 화자는 여
전히 외롭게 살아가고 있다고 하면서 '나릿믈'과 화자의 처지
를 대조적으로 제시하고 있다.

② '돌욋곶'은 진달래꽃으로, 만개한 진달래꽃이 봄의 계절감
을 환기한다.

③ '녹사'는 벼슬 이름으로, '녹사님'은 임을 가리키면서 임의
신분에 대해 알려 준다.

④ '아촘 약'은 천년을 오래 살 약으로, 임에게 바치는 것이므
로 임에 대한 정성의 마음을 보여 주는 것이라고 할 수 있다.

2 감상의 적절성 평가

'져'는 분디나무로 깎은, 소반 위에 올려질 젓가락으로, 화
자를 가리키는 것이다. 그런데 이 '져'는 다른 사람이 가져다
물게 된다. 즉 '져'는 임을 사랑하고 그리워하지만 다른 사람
에게 시집을 가게 되는 비극적 운명의 화자 자신을 가리킨다
고 할 수 있다.

오답 피하기 | ① '등ㅅ블'은 높이 켜 있어 많은 사람들을 비출
수 있는 것이므로 임의 훌륭한 인품, 높은 덕망을 비유한 것이
라고 할 수 있다.

② '곳고리 새'는 사월을 잊지 않고 온다고 하였으므로 '녯 나'
를 잊고 돌아오지 않는 임과 대조적이라고 할 수 있다.

③ '빗'은 벼랑에 버려진 것으로, 임에게 버림받아 홀로 지내
고 있는 화자의 처지를 나타낸다고 할 수 있다.

④ '봉당 자리'는 임이 없이 화자가 혼자 누워 있는 공간이므
로 화자의 외로움을 보여 준다고 할 수 있다.

3 표현상 특징 파악

ⓐ은 홀로 지내는 슬픔을 직접적으로 표출하고 있다. 말을
건네는 방식을 사용하고 있지는 않다.

오답 피하기 | ① ㉠에서는 '~으란 ~예 받줍고'를 반복하여 시
적 의미를 강화하고 있다.

② ㉡은 각 연의 끝마다 반복되고 있는 후렴구로서, 리듬감을
조성하고 구조적 통일성을 부여한다.

③ ㉢의 '닛고신뎌'를 통해 의문형 문장임을 확인할 수 있으
며, ㉢에서는 '녯 나'를 잊고 돌아오지 않는 임에 대한 원망의
마음을 표현하고 있다.

④ ㉣에서는 '황화'라는 감각적 소재를 통해 임이 없는 집의
적막함을 부각하고 있다.

서술형 길잡이

1 월령체는 1월부터 12월까지 달의 순서에 따라 구성하는
방식으로 시상을 전개한다.

06 한림별곡 한림 제유

본문 66쪽

실력 다지기

1 ②   2 ⑤   3 ④

서술형 예시 답안 1 경(景) 긔 엇더ㅎ니잇고

1 표현상 특징 파악

〈제1장〉에서는 문인들의 명문장을, 〈제2장〉에서는 유명한
책과 글을, 〈제4장〉에서는 술을 열거하고 있는데, 3음보에 맞
추어 하고 있다. 또한 자부심을 드러내는 '경 긔 엇더ㅎ니잇
고'에서 설의적 표현을 확인할 수 있다.

오답 피하기 | ㄴ. 대조적 어휘를 사용하고 있지 않으며, 과거와
현재의 삶을 비교하고 있지도 않다.

ㄷ. 현실에 대한 비판 의식을 나타내고 있는 것이 아니라 스스
로에 대한 자부심을 드러내고 있다.

2 감상의 적절성 평가

〈제8장〉에서는 붉은 실로 붉은 그네를 매어 풍류를 즐기는 생활에 대한 과시를 드러내고 있다. 풍류를 즐기는 다른 사람들을 안타깝게 여기는 것은 아니다.

오답 피하기 | ① 〈제1장〉에서 '원슌문 인노시' 등 유명한 문인들의 글에 대해 시험을 보는 '시댱(試場)'에 대한 긍지를 나타내고 있으므로 화자는 명문장들을 공부하여 과거 시험을 보는 사람이라고 할 수 있다.

② 〈제1장〉에서 '금흑ᄉ의 옥슌문싱'이 '날조차 몃 부니잇고'라고 하였으므로 화자는 '금흑ᄉ의 옥슌문싱' 중의 한 명이다. 또한 이 작품의 화자는 유명한 문인들의 글과 서적을 열거하면서 그것들을 공부하는 것에 대한 자부심을 드러내고 있다.

③ 〈제2장〉에서 화자는 '당한셔 장로ᄌ' 등의 책에 대해 언급하면서 이러한 책들의 주석까지 포함하여 외우는 것에 대한 긍지를 드러내고 있다.

④ 〈제4장〉에서 화자는 '유령도줌 량션옹'처럼 취하여 풍류를 즐기는 모습을 긍정적으로 인식하여 과시하고 있다.

3 구절의 의미 파악

㉠은 임과 손을 잡고 함께 노는 광경에 대한 자부심을 드러낸 것이므로 임과 즐거운 시간을 보내는 자신의 모습을 과시하려는 의도가 드러나 있다고 할 수 있다.

오답 피하기 | ① 이 작품은 사랑을 잃을까 두려워하는 심정을 토로하고 있지 않다.

② 이 작품에는 유명한 문인들의 글과 서적을 공부하는 자부심이 드러나 있지만, ㉠에 선인들의 지혜를 익히고자 하는 배움의 자세가 나타나 있지는 않다.

③ 이 작품은 세월이 빠르게 흘러가는 것을 아쉬워하는 마음에 대해 언급하고 있지 않다.

⑤ 화자는 다른 사람이 자신의 수준이나 경지에 도달하게 될까 봐 두려워하는 것이지 학문에 정진하지 못할까 봐 우려하는 것은 아니다.

서술형 길잡이

1 '경 긔 엇더ᄒ니잇고'는 '광경이 어떠합니까?'로 풀이되는데, '참으로 대단하지 않습니까?', '참으로 훌륭합니다.'로 의역할 수 있다. 이는 귀족들의 자부심과 과시적 기개를 드러내는 구절로, 경기체가로 분류되는 작품에서 반복적으로 나타난다.

2. 시조

01 애상과 탄로

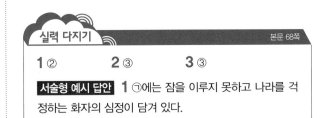

실력 다지기   본문 68쪽

1 ②   **2** ③   **3** ③

서술형 예시 답안 **1** ㉠에는 잠을 이루지 못하고 나라를 걱정하는 화자의 심정이 담겨 있다.

1 표현상 특징 파악

(가)에서는 '이화'와 '일지춘심'을 통해 봄의 계절감이 드러나고 애상적이면서도 감상적인 분위기가 조성되고 있다.

오답 피하기 | ① (나)의 '흔 손에 막ᄃᆡ 잡고'와 '흔 손에 가싀 쥐고'를 통해 유사한 문장 구조의 반복을 확인할 수 있다.

③ (가)와 (나)에는 해학적 요소가 드러나 있지 않다.

④ (가)의 '이화에 월백ᄒ고 은한이 삼경인 제'에는 시각적 심상이 강조되어 있고, (나)의 '백발' 또한 시각적 심상을 환기하고 있다.

⑤ (가)와 (나)에는 명령형 어미가 활용되지 않았다.

2 소재의 기능 파악

(가)의 '자규'는 소쩍새를 가리키는 것으로, 슬픔과 한이 어린 울음소리를 환기하는 소재이다. (가)에서 '자규'는 봄날의 애상적인 정서를 심화하고 있다.

오답 피하기 | ① (가)의 '은한'은 은하수를 가리키는 것으로, 봄날의 정경에 해당한다. 임에 대한 화자의 영원한 사랑이 투영되어 있는 것은 아니다.

② (가)의 '일지춘심'은 봄에 느껴지는 애상감을 가리키는 것이지만, 여기서 애상감은 임과의 이별로 인한 것이 아니다. '일지춘심'이 임과 이별한 화자의 처지를 직접적으로 드러내 주는 것도 아니다.

④ (나)의 '막ᄃᆡ'는 무기력한 삶을 극복하기 위한 것이 아니라 늙음을 막으려는 도구로, 늙음을 피하고 싶어 하는 화자의 심정을 부각한다.

⑤ (나)의 '즈럼길'은 지나온 삶의 모습을 가리키는 것이 아니라 늙음을 피할 수 없는 인간의 한계를 강조하기 위한 것이다.

3 작품 간의 공통점, 차이점 파악

〈보기〉의 '녹여 볼가 ᄒ노라'는 늙음을 극복하고 싶은 소망을 나타낸 것이고, (나)의 '즈럼길노 오더라'는 늙음을 수용해야 하는 현실에 대한 인식을 드러낸 것이다.

오답 피하기 | ① 〈보기〉에서는 '백발'을 색채 이미지와 관련지어 '귀밋티 히묵은 서리'라고 참신하게 비유하고 있다.

② 〈보기〉의 '바롬'을 '마리 우희 불니고져' 하는 것과 (나)의 '늙는 길 가식로 막'는 것은 늙음을 피하기 위한 것이므로 같은 의도를 지닌 것이라고 할 수 있다.

④ 〈보기〉에서는 늙음을 겨울에 서리가 내리는 것으로, (나)에서는 늙음을 지름길로 찾아오는 것으로 표현하고 있다. 이는 늙음이라는 추상적 개념을 구체화하여 참신하게 표현한 것이라고 할 수 있다.

⑤ 〈보기〉에서는 '귀밋티 히묵은 서리를 녹여 볼가 ᄒ노라'를 통해 늙음에 대한 한탄과 다시 젊어지기를 바라는 마음을 표현하고 있으며, (나)에서는 '백발이 제 몬져 알고 즈럼길노 오더라'를 통해 늙음이란 거부할 수 없다는 것을 말해 주고 있다.

서술형 길잡이

1 (가)의 화자는 봄밤의 풍경을 묘사하면서 자규의 울음소리에도 감정이 일어 잠을 이루지 못하고 있다고 말하고 있다. (가)의 작가가 귀양살이를 하고 돌아와 고향에서 숨어 지내면서 이 시를 지었다고 본다면, (가)의 애상감은 나라에 대한 걱정, 우국의 심정으로 인한 것이라고 이해할 수 있다.

02 우국의 정

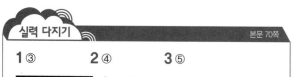
실력 다지기
본문 70쪽

1 ③ **2** ④ **3** ⑤

서술형 예시 답안 | **1** 조정을 다니면서 마음대로 횡포를 부리고 임금의 광명을 덮는 존재이므로 사심이 없다는 말을 믿기가 어렵다고 한 것이다.

1 표현상 특징 파악

(나)에서는 '백설', '구룸', '매화', '석양'과 같은 자연물을 통해 화자의 심정을 드러내고 있다. 자연과 인간을 대비하여 바람직한 삶에 대한 교훈을 전달하고 있는 것은 아니다.

오답 피하기 | ① (가)에서는 '구룸', '중천', '광명ᄒ 날빗'이라는 상징적인 시어를 통해 부정적 대상에 의해 혼란스러운 현실의 문제를 드러내고 있다.

② (나)에서는 '구룸', '석양' 등의 감각적인 시어를 통해 애상적인 분위기를 드러내고 있다.

④ (다)에서는 '이 몸이 주거 주거 일백 번 고쳐 주거'와 같이 죽음을 여러 번 되풀이한다는 극단적 상황을 가정하여 화자의 의지를 부각하고 있다.

⑤ (다)의 '님 향ᄒ 일편단심이야 가실 줄이 이시랴'를 통해 임에 대한 충성심을 강조하는 설의적 표현을 확인할 수 있다.

2 작품의 종합적 이해

'어닉 곳에 픠엿는고'는 지조와 절개를 가진 인재가 나타나지 않는 상황에 대한 안타까움과 고려 왕조를 걱정하는 마음을 보여 준다. 현실에 대한 냉소적 태도를 드러낸 것은 아니다.

오답 피하기 | ① '백설'은 고려의 신하들을 가리키는 것이고 '백설이 즈자진 골'은 그러한 신하들이 사라진 상황을 가리키는 것이다.

② '구룸'은 새 왕조를 세우고자 하는 무리들을 가리키는 것이고 '구루미 머흐레라'는 새 왕조를 세우려는 무리들이 득세하는 현실에 대한 부정적 시각을 담아낸 것이다.

③ '반가온 매화'는 화자가 반기고 구하는 대상으로, 지조와 절개를 가진 우국지사를 가리킨다. 즉 고려를 다시 중흥시킬 수 있는 사람을 나타내는 것이다.

⑤ '석양'은 기울어져 가는 고려 왕조를 가리키는 것이고, '석양에 홀로 셔 이셔'는 쇠락하는 고려 왕조를 지켜보고 있는 지식인의 고뇌를 보여 주는 것이다.

3 작가의 세계관, 주제 의식 파악

〈보기〉의 화자는 (다)의 화자에게 함께 협력할 것을 제안하고 있다. (다)의 화자는 이에 대한 단호한 거절의 의사를 밝히고 있다. 〈보기〉의 화자가 (다)의 화자에게 자신의 뜻을 따르게 될 것이라는 믿음을 피력하고 있지는 않다.

오답 피하기 | ① 〈보기〉의 화자는 '이런들 엇더ᄒ며 져런들 엇더ᄒ료'라고 하면서 칡덩굴이 얽혀져 있는 것처럼 어울려 살

자고 말하고 있다. 각자의 뜻이 다르더라도 함께 어울려 지낼 수 있다고 말하는 것이다.

② (다)의 화자는 일백 번을 죽더라도 임을 향한 일편단심이 변하지는 않는다고 의지적인 태도를 보이고 있다. 〈보기〉의 화자에게 함께 어울리는 일은 없을 것이라고 답한 것이다.

③ 〈보기〉의 화자는 (다)의 화자에게 '백 년〈지 누리리라'라고 하면서 협력하여 오래 함께할 것을 권유하고 있다.

④ (다)의 화자는 일백 번을 죽고 백골이 흙먼지가 되는 상황에서도 임을 향한 일편단심은 변치 않을 것이라는 의지적 태도를 보이고 있다.

서술형 길잡이

1 '구룸'이 '무심'하다고 하는 말이 거짓말 같다고 이야기하는 까닭은 '임의로 도니면서' '광명혼 날빗출' 덮기 때문이다. 즉 임금의 광명을 가리고 조정에서 마음대로 횡포를 부리므로 사심이 없다는 말을 믿기가 어렵다고 한 것이다.

3. 한시

01 송인 정지상 / 부벽루 이색

실력 다지기
본문 72쪽

1 ⑤　　　**2** ③　　　**3** ④

서술형 예시 답안 **1** 기린마는 떠나간 뒤 돌아오지 않으니 / 천손은 지금 어느 곳에서 노니는가

1 표현상 특징 파악

(가)에서 해마다 이별의 눈물이 강물을 더해 대동강 물이 마르지 않을 것이라고 말하는 것은 과장법을 사용하여 이별의 슬픔을 강조하여 드러내는 것이다.

오답 피하기 | ① '풀빛이 푸르고'에서 색채 이미지를 확인할 수 있으나 색채 대비가 드러나 있지는 않다.

② 의지적 어조를 드러내고 있지 않다.

③ 공간의 이동이 드러나 있지 않다.

④ 연쇄법이 활용된 부분을 찾을 수 없다.

2 구절의 의미 파악

ⓒ의 '천손은 지금 어느 곳에서 노니는가'를 통해 의문형 문장을 확인할 수 있으나 이 구절에서 '천손', 즉 동명왕을 향한 연민의 마음을 표현하고 있는 것은 아니다. 동명왕 같은 영웅이 등장하기를 바라는 마음을 나타내고 있다.

오답 피하기 | ① ㉠에서는 '영명사를 지나다가' '부벽루'에 올라 시상을 떠올리게 되었음을 밝히고 있다.

② ㉡에서는 '텅 빈 성, 조각달, 바위' 등을 통해 쓸쓸한 분위기의 공간의 모습을 시각적으로 형상화하고 있다.

④ ㉣의 '돌다리에 기대어 길게 휘파람 부노라니'에는 화자의 구체적 행위가 드러나는데 이러한 행위는 인간 역사의 유한함에서 느껴지는 애상감을 보여 준다.

⑤ ㉤에서는 변함없는 자연의 모습을 표현하면서 인간 역사의 무상감이라는 주제 의식을 강조하고 있다.

3 작품 간의 공통점, 차이점 파악

(가)의 화자는 임을 떠나보내는 이별의 상황에서 슬픔을 표현하고 있다. ④에 제시된 작품의 화자는 임과의 이별로 인한 슬픔을 '촛불'에 투영하여 나타내고 있다.

오답 피하기 | ① 사람들이 '말삼'을 듣고 잊지 말고 배워야 한다고 강조하고 있다. 상대방에 대한 가르침을 전하고자 하는 것이다.

② 노래를 통해서라도 근심을 해소하고 싶은 마음을 표현하고 있다.

③ 가을밤에 강에서 낚시를 하였지만 고기를 잡지 못하고 빈 배에 달빛만 싣고 오는 상황을 통해 세속적 욕심을 초월한 마음을 표현하고 있다.

⑤ 눈 속에 피어난 꽃(매화)을 보며 그 절개를 예찬하고 있다.

서술형 길잡이

1 (나)의 작가인 이색은 고려 말의 문신이며, '영명사'와 '부벽루'는 고구려의 옛 도읍인 평양에 있다. (나)의 화자는 '부벽루'에 올라 고구려의 동명왕이 타고 하늘로 올라갔다는 '기린마'와 '천손', 즉 동명왕에 대해 떠올리는데, 이는 쇠락해 가는 고려를 걱정하면서 융성했던 고구려의 역사를 떠올리는 것이라고도 볼 수 있다.

02 사리화 이제현

1 ⑤   **2** ⑤   **3** ①

서술형 예시 답안 **1** 화자는 '참새'를 비판적인 태도로, '늙은 홀아비'를 동정적인 태도로 바라보고 있다.

1 시상 전개 방식에 대한 이해

'참새야 어디서 오가며 나느냐'를 통해 말을 건네는 방식을 확인할 수 있다. '참새'가 밭의 곡식들을 다 없앴다고 말하는 것을 통해 '참새'에 대한 비판적 태도를 읽을 수 있다.

오답 피하기 | ① 말을 건네는 방식은 나타나지만 대상과의 문답이 나타나 있지는 않다.

② 참새가 밭의 곡식을 없애는 부정적 상황을 제시하고 있다. 극단적 상황을 가정한 것은 아니다.

③ 설의적 표현은 나타나 있지 않다.

④ 반어적 표현이 나타나 있지 않다.

2 감상의 적절성 평가

'늙은 홀아비'는 힘없는 백성을 가리키며 '밭의 벼며 기장'은 백성들의 노력의 결실이라고 할 수 있다. '참새'는 백성들의 노력의 결실을 앗아가는 존재로, 탐관오리를 가리킨다. 그러므로 참새의 모습을 통해 가혹하게 세금을 거두고 백성의 재물을 억지로 빼앗는 관리들의 가렴주구의 모습을 읽어 낼 수 있다.

오답 피하기 | ① '남부여대'는 남자는 지고 여자는 인다는 뜻으로, 가난한 사람들이 살 곳을 찾아 이리저리 떠돌아다니는 상황을 가리킨다. 이 작품에서는 탐관오리가 백성을 수탈하는 상황은 드러나 있지만 백성들이 떠돌아다니는 상황은 나타나 있지 않다.

② '타산지석'은 본이 되지 않은 남의 말이나 행동이 자신의 지식과 인격을 수양하는 데에 도움이 될 수 있다는 뜻이다. 이 작품에서 '참새'는 게으름을 피우는 대상이 아니라 다른 사람의 것을 앗아가는 대상이다.

③ '부화뇌동'은 줏대 없이 남의 의견에 따라 움직이는 것을 말한다. 이 작품에서 '늙은 홀아비'는 수탈을 당하는 대상, '참새'는 수탈을 하는 대상이므로 '참새'가 '늙은 홀아비'의 행동을 무조건 따라한다고 볼 수 없다.

④ '호가호위'는 남의 권세를 빌려 위세를 부리는 것을 말한다. '참새'가 '늙은 홀아비'의 권세를 빌려 호가호위하는 것은 아니다.

3 작품 간의 공통점, 차이점 파악

이 작품의 '참새'는 힘없는 백성의 재물을 수탈하는 존재이므로, 〈보기〉의 '금을 움켜쥐는 사람'과 공통점을 지닌다고 할 수 있다.

오답 피하기 | ② 이 작품의 '늙은 홀아비'는 수탈을 당하는 대상, 횡포에 시달리는 대상이지만, 〈보기〉의 '강락'과 '허범'은 아름다운 경치가 가까이 있음을 모르는 사람들, 즉 마음이 한 곳에만 쏠려 다른 것을 볼 겨를이 없는 사람들이다.

③ 이 작품의 '참새'는 백성을 수탈하는 대상이고, 〈보기〉의 '아름다운 경치 속을 유람하는 데에 만족하면서 스스로 고상하다고 여기'는 무리는 '일을 벌이기 좋아하는 재력가들'로 실제로는 고상한 생활과 거리가 먼 사람들이다.

④ 이 작품은 탐관오리의 수탈에 대한 비판 의식을 담고 있으며, 〈보기〉는 명예를 다투고 이익을 다투느라 가까이 있는 것의 가치와 의미를 모르는 이들에 대한 비판 의식을 담고 있다.

⑤ 이 작품의 화자는 '참새'를 부정적으로 인식하고 '늙은 홀아비'는 연민의 시각으로 바라보고 있다. 〈보기〉의 글쓴이는 '조정에서 명예를 다투고 저자에서 이익을 다투'는 무리들을 부정적으로 평가하고 있다.

1 이 작품은 백성들을 수탈하는 탐관오리를 '참새'로, 탐관오리의 횡포와 수탈에 시달리며 힘겹게 살아가는 백성을 '늙은 홀아비'로 설정하여 주제 의식을 전달하고 있다.

03 춘흥 정몽주 / 어옹 설장수

1 ③   **2** ③   **3** ⑤

서술형 예시 답안 **1** 헛된 이름

1 작품 간의 공통점, 차이점 파악

(가)에서는 봄비가 가늘게 내리는 밤의 풍경을, (나)에서는 따스한 봄과 맑은 가을날의 정경을 표현하고 있다. 그러면서 자연에서의 흥취나 만족감을 나타내고 있으므로 (가), (나)는 자연 친화적 정서를 드러내고 있다고 할 수 있다.

오답 피하기 | ① (가)는 봄의 흥취와 기대감을, (나)는 자연 속에 사는 삶의 만족감을 드러내고 있다. 자연과 인간의 속성을 대비하고 있지 않으며 비애감을 표출하고 있지도 않다.
② (가), (나)의 화자는 자연 속에서 살면서 흥취를 느끼고 있다. 이상적 세계를 지향하고 있는 것은 아니다.
④ (가), (나)는 시간의 흐름에 따라 시상을 전개하고 있지 않다. 화자의 심리 변화가 나타나지도 않는다.
⑤ (가), (나) 모두 과거를 회상하는 내용을 담고 있지 않다.

2 작품의 내용 파악

ⓒ에서는 가을날의 서정적이고 낭만적인 풍경을 묘사하고 있다. 고향 마을을 그리워하는 심정이 드러나 있지는 않다.

오답 피하기 | ① ㉠의 밤중에 나는 소리는 가늘게 내리는 봄비의 소리로, 화자는 빗소리를 듣는 심회를 표현하고 있다.
② ㉡에는 봄비가 내려 풀싹이 얼마나 돋아났을까 생각하며 기대하는 화자의 마음이 드러나 있다.
④ ㉣의 '초록 도롱이'와 '푸른 삿갓'은 배를 타기 위한 소박한 차림새이다. 평생을 소박하고 한가롭게 살겠다는 화자의 심리가 나타나 있다.
⑤ ㉤은 넓은 호수에 배를 띄우고 자연의 흥취를 느끼는 삶에 대한 만족감을 나타내고 있다.

3 소재의 기능 파악

(나)의 '옥당'은 세속적 가치를 지향하는 곳, 속세라고 할 수 있다. 〈보기〉에서 '청산', '녹수', '강산'은 모두 속세와 멀리 떨어진 자연을 가리킨다. '안전'은 앉아 있는 자리라는 뜻으로, 술을 마시려는 공간이다. '세로'는 속세를 가리키는 것으로, '세로'가 낯이 설다는 것은 속세에 대한 정서적 거리감을 드러내는 것으로 화자가 속세를 떠난 지 오래되었음을 말해 준다.

오답 피하기 | ①, ②, ④ '청산', '녹수', '강산'은 모두 자연을 가리킨다.
③ '안전'은 '앉아 있는 자리의 앞'이라는 뜻으로 화자가 위치한 공간을 나타낸다.

서술형 길잡이

1

(나)는 벼슬하며 지내는 삶, 부귀공명을 추구하는 삶에 대한 미련을 버리고 자연 속에서 뱃놀이를 하면서 지내는 삶에 대한 만족감을 드러내고 있는 작품이다. 이 작품의 수련에서 화자는 세속적 욕망이 헛되다는 것을 깨달아 자연 속에서 평안하게 지낼 수 있는 마을을 찾아다녔다고 고백하고 있다.

4. 가전체 소설

01 공방전 임춘

실력 다지기			본문 78쪽
1 ④	**2** ③	**3** ⑤	

서술형 예시 답안 1 사신은 말한다.

1 작품의 내용 파악

공방은 황제 시절에 조금 쓰였으나 세상일에 널리 쓰이지는 못하였다. 상공이 공방을 내버리지 말라고 황제에게 조언한 후 차츰 세상에 쓰이기 시작하였다. 그러므로 공방이 세상에 나오면서부터 그 쓸모를 인정받았던 것은 아니다.

오답 피하기 | ① 공방은 한나라에서 홍려경이라는 벼슬살이를 하였다고 나와 있다.
② 오왕 비가 교만하였는데 공방이 '여기에 붙어서 많은 이익을 보았다.'라고 언급되어 있다.
③ 공방은 '모든 물건의 값을 낮추어 곡식을 몹시 천한 존재로 만들고 딴 재물을 중하게 만들'었다고 나와 있다.
⑤ 공방은 권세가들이나 귀한 신분의 사람들을 잘 섬기고 그들의 집에 드나들면서 권세를 부렸다고 언급되어 있다.

2 구절의 의미 파악

공방이 잘나거나 못난 것을 관계하지 않고 사람을 상대한 것은 사교적이어서가 아니라, 인격이나 신분 등에 관계없이 가진 재물로만 사람을 판단하고 사귀었기 때문이다. 재물이 많으면 잘나거나 못난 것을 신경 쓰지 않았다는 뜻이다.

오답 피하기 | ① 무제 때 나라의 경제가 나빠 임금이 이를 걱정하였고 방을 불러 벼슬을 시켰다. ㉠은 공방이 조정에서 일하게 된 사회적 배경에 해당한다.
② 공방이 폐단을 일으키자 간관들이 임금에게 상소를 하였으나 임금이 그 말을 듣지 않았다. 임금은 공방을 신임하였던 것이다.
④ 공방의 말 한마디가 황금 백 근만큼 가치 있다는 말이므로 공방이 막강한 권세를 지니고 있었다는 것을 알 수 있다.
⑤ ㉢에서는 공방이 국가를 위해 일하고 임금의 은혜에 보답했어야 하나 그러지 않았음을 지적하고 있다. 공방이 부정적 대상임을 지적하고 있는 것이다.

3 작품의 종합적 이해

원제가 공우가 한 말을 받아들여서 공방을 일조에 모두 없애 버렸어야 후환이 없었을 것이라고 사신이 말한 것은 화폐 도입으로 인한 문제점을 지적한 것이지 비윤리적인 위정자들을 풍자한 것은 아니다.

오답 피하기 | ① 공방의 조상과 아버지와 관련하여 언급하고 있으므로 공방의 가계에 대한 정보를 제시한 것이다.
② 공방이 조정에 나와 어떠한 관직을 거치게 되었는지를 밝히고 있으므로 공방의 행적에 대해 서술한 것이라고 할 수 있다.
③ 공방, 즉 엽전을 실제 사람처럼 이야기하면서 성품에 대해 언급하고 있으므로 사물에 인격을 부여하는 의인화의 기법이 사용된 것이다.
④ 공방으로 인한 폐단과 문제점에 대해 밝히고 지적하는 것은 세상 사람들에게 가르침을 주려는 의도를 담은 것이므로 계세징인의 목적이 드러난 것이라고 할 수 있다.

서술형 길잡이

1 가전체 소설은 대개 인물의 가계와 행적을 서술한 후에 인물에 대한 평가를 제시한다. 이때 인물에 대한 평가는 작가의 의도나 주제 의식을 드러내기 위한 것으로서, 다른 평가자의 목소리를 통해 전달하는 방식을 취한다.

02 국선생전 이규보

실력 다지기
본문 81쪽

1 ④ **2** ② **3** ③

서술형 예시 답안 **1** 물러날 때를 알고 스스로 조정의 자리에서 물러났기 때문이다.

1 구절의 의미 파악

국성이 '교자를 탄 채로 전에 오르'고 모두가 '국 선생'이라고 칭한 것은 국성이 임금의 총애를 받고 높은 지위에 이르게 되었음을 나타내는 것이다. 국성이 고립된 처지에 놓이게 되었음을 나타낸 것은 아니다.

오답 피하기 |
① 국성이 도량이 넓고 침착하였다고 말하며 국성이 지닌 성품에 대해 언급하였다. 또한 친지들이 사랑하였다고도 밝히고 있다.
② 국성이 술을 좋아하고 시문을 잘 지었던 유영, 도잠과 벗이 되었다고 한 것은 국성 역시 풍류를 즐겼음을 보여 주는 것이다.
③ 국성이 제사, 천식, 진작 등 조정에서 많은 일을 맡았으며 맡은 일을 잘 처리하여 임금의 뜻에 어긋남이 없이 잘 맞았다고 하였다. 즉 국성이 임금의 사랑을 받았음을 보여 주고 있다.
⑤ 국성이 많은 사람들과 스스럼없이 가까이 지냈다고 하였으므로 국성의 사교적 성향을 말해 준다고 할 수 있다.

2 서사 구조에 대한 이해

[A]에서는 국성의 조상에 대한 정보를, [B]에서는 국성의 아우와 조카들에 대한 정보를 압축적으로 제시하고 있다. 즉, [A]는 국성의 가계에 대한 정보를, [B]는 국성의 일가에 대한 정보를 요약적으로 서술하고 있는 것이다.

오답 피하기 | ① [A]에서는 국성의 조상에 대한 정보를 제시하고, [B]에서는 국성의 아우와 조카 등에 대한 정보를 제시하고 있다.
③ [A]에서는 국성의 아버지의 직함에 대해 간단히 언급하였고, [B]에서는 국성이 이룬 업적에 대해서는 밝히지 않고 있다.
④ [A]에서는 국성의 조상에 대해 언급하고 있지 국성이 태어나기까지의 과정을 밝히고 있는 것은 아니다. [B]에서는 국성이 죽고 난 이후의 변화를 극적으로 서술하고 있지 않다.

⑤ [A]에서는 국성의 조상이 농사를 지으면서 살았다고 언급하고 있다. [B]에서 국성에 대한 평가를 제시하지는 않았다.

3 감상의 적절성 평가

국성이 고을의 도둑들을 토벌하고 회군한 뒤 임금이 국성을 상동후에 봉하였다. 이 상황에서 국성은 과거의 일을 떠올리면서 자신을 겸손하게 낮추고 있다. ㉠에서 '해와 달이 밝은 것'은 임금의 사랑과 은혜가 여전하였다는 의미로, 국성이 임금에 대한 감사함을 표현한 것이다.

오답 피하기 | ① 국성이 시골로 물러나 있는 동안 '엷은 이슬은 거의 다 말랐'다고 하였으므로 '이슬'은 국성이 지닌 능력을 비유한 것이다.

② '이슬'이 '엷'다고 한 것은 국성이 자신의 능력을 낮추어 겸손하게 표현한 것이다.

④ '찌꺼기와 티'는 도둑들을 가리키는 것으로, 임금은 국성을 기용하여 이 도둑들을 토벌하게 하였다.

⑤ 국성이 '찌꺼기와 티를 열어젖힐 수가 있었'다는 것은 국성이 세운 업적, 즉 도둑 떼를 토벌한 공로를 가리키는 것이다.

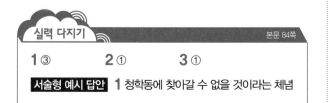

1 사신은 국성의 삶에 대해 평가하면서 '만절이 넉넉한 것을 알고 자기 스스로 물러나 천수를 다하였다.'라고 하였다. 또한 '기미를 보아서 일을 해 나간다.'라는 말을 인용하며 국성에 대해 긍정적 평가를 하고 있다. '기미를 보아서 일을 해 나간다.'라는 것은 상황을 잘 판단하여 행동한다는 의미로, 국성이 물러날 때를 알고 스스로 조정의 자리에서 물러난 것과 관련된다.

5. 고전 수필

01 청학동 이인로

실력 다지기

본문 84쪽

1 ③ **2** ① **3** ①

서술형 예시 답안 1 청학동에 찾아갈 수 없을 것이라는 체념

1 작품의 내용 파악

지리산의 아름다운 모습을 감각적으로 제시하고 있으나 시간적 흐름에 따른 지리산의 변화상을 묘사하고 있는 것은 아니다.

오답 피하기 | ① '화엄사로부터 출발하여 화개현에 이르러 신흥사에 투숙하였'다는 것을 통해 청학동을 찾아가는 여정에 대해 확인할 수 있다.

② '천암은 경수하고 만학이 쟁류하며 대울타리에 초가들이 복숭아꽃 살구꽃 핀 사이로 은은하게 비치니'와 같은 감각적 표현을 통해 지리산의 모습을 보여 주고 있다.

④ '나'가 청학동을 찾아가고자 하였던 이유는 '이 속된 세상과는 등지고 싶은 마음이 있어'를 통해 확인된다.

⑤ '옛 노인들이 전하는 바'를 인용하여 청학동에 대한 궁금증을 자아내고 있다.

2 감상의 적절성 평가

두류산의 적막함을 '속절없는 원숭이 울음소리만 숲속에서 들리네'라고 청각적 심상을 활용하여 표현하고 있다(ㄱ). 속된 세상과 등지고자 하는 마음으로 청학동을 찾으려고 했지만 청학동에 이르지 못한 아쉬움을 '묻노니 선원은 어데인가'라고 나타내고 있다(ㄴ).

오답 피하기 | ㄷ. [B]에서는 지리산의 모습을 묘사하면서 청학동을 찾지 못한 아쉬움을 드러내고 있다. 인간의 삶과 자연의 모습을 대조적으로 제시하고 있지는 않다.

ㄹ. [B]에서 화자는 '지팡이에 의지하여 청학동 찾으려 했'다고 하고 있는데, 화자가 자신을 늙고 힘없는 존재로 여기는 것은 아니다.

3 작가의 세계관, 주제 의식 파악

글쓴이는 '이 속된 세상과는 등지고 싶은 마음이 있어' 청학동을 찾아가고자 하였고, ㉠은 '난리를 피해' '초동도 갈 수 없는 험한' 곳을 찾아갔다.

오답 피하기 | ② '어떤 이'는 난리를 피해 궁벽진 곳을 찾아갔다. 이 글의 글쓴이는 '속된 세상과는 등지고 싶은 마음이 있어' 청학동을 찾아가고자 하였다.

③ '어떤 이'는 난리를 피해 가족들과 근심 없이 지내고자 험한 곳을 찾아갔으나, 이 글의 글쓴이는 속세로부터 벗어나고자 청학동을 찾아간 것이다.

④ '어떤 어부'는 '한 번 그곳을 찾았'다고 하였다. 그러므로

현실에 존재하지 않는 공간을 찾으려 한 것은 아니다. 이 글의 글쓴이가 찾고자 하였던 청학동 역시 존재하지 않는 공간이라고 볼 수는 없다.

⑤ '어떤 어부'는 길을 잃어 다시 그곳을 찾아가지 못하였다. 자신을 인도해 줄 사람을 필요로 하지는 않았다.

서술형 길잡이

1 Ⓐ에서 '유자기'와 같은 고상한 선비를 만나고 싶다는 소망을 밝힌 것으로 보면, Ⓐ는 청학동을 찾아가고자 하는 글쓴이의 열망을 표현한 것이라 할 수 있다. 한편, Ⓐ를 유자기와 같은 고상한 선비를 만날 수 없을 것 같다는 탄식으로 보면, Ⓐ는 청학동에 찾아갈 수 없을 것이라는 체념을 나타내는 것이라고도 볼 수 있다.

02 슬견설 이규보

실력 다지기

본문 86쪽

1 ⑤   **2** ③   **3** ④

서술형 예시 답안 **1** 개와 이는 크기만 다를 뿐 생명을 가진 존재라는 점에서 본질적으로 같기 때문이다.

1 대화의 특징 파악

'손'이 개를 쳐서 죽이는 것의 참혹함에 대해 이야기하자 '나'는 이를 잡아서 죽이는 것에 대해 이야기하였다. '나'는 상대방의 생각에 편견이 있음을 인식하고 상대방에게 깨달음을 줄 수 있는 사례를 제시한 것이다.

오답 피하기 | ① '나'는 자신의 처지를 드러내고 있지 않다. 상대방의 동의를 구하고 있는 것도 아니다.

② '나'는 자신이 맹세한 것에 대해 언급하고 있다. 과거 자신의 잘못을 고백하고 있지 않다.

③ '나'는 상대방에게 가르침을 주기 위해 이를 잡아 태워 죽이는 상황에 대해 이야기하고 있다. 상황을 가정하여 상대방에게 일어날 사건에 대한 정보를 주고 있는 것은 아니다.

④ '나'는 상대방의 인식의 문제점을 간파하였다. 상대방의 의도를 간파한 것은 아니며, 거짓말로 대응하고 있지도 않다.

2 구절의 의미 파악

'나'는 '손'에게 '소, 말, 돼지, 양, 벌레, 개미에 이르기까지 모두가 한결같이 살기를 원하고 죽기를 싫어'한다고 말하면서 '달팽이의 뿔을 쇠뿔과 같이 보고, 메추리를 대붕(大鵬)과 동일시하도록 해 보'라고 말한다. 사물의 본질을 볼 수 있도록 하라는 것이다. 그러므로 ㉠은 본질을 이해할 수 있어야만 도를 이야기할 수 있다는 뜻이라고 할 수 있다.

오답 피하기 | ① 도를 따르라고 말하는 것이 아니라 도에 대해 제대로 이해하라고 말하는 것이다.

② 도를 이야기하기 전에 올바른 인식을 가져야 한다고 말하는 것이다.

④ '나'가 '손'에게 예의 없음을 지적하고 있지는 않다.

⑤ 도에 대해 생각해 볼 것을 권유하는 것이 아니라 편견이나 선입견을 버리고 본질을 볼 수 있도록 해야 도에 대해 이야기할 수 있다고 하는 것이다.

3 외적 준거에 따른 작품 감상

'나'가 '내 말을 믿지 못하겠으면 당신의 열 손가락을 깨물어 보'라고 한 것은 열 손가락 모두가 똑같은 것이라는 점을 강조한 것으로, 사물에 대한 편견을 버리고 본질을 볼 줄 알아야 한다는 깨달음을 전달하기 위해 한 말이다.

오답 피하기 | ① '나'와 '손'의 대화는 글쓴이의 체험에 해당하는 것이다. '설'은 글쓴이의 체험을 바탕으로 한다.

② '손'이 '나'에게 '나를 놀리는 것이 아닙니까?'라고 화를 내었기 때문에 '나'는 '구체적으로 설명할 필요를 느'끼고 자신의 생각을 피력하였다.

③ '설'은 비유적 방식으로 교훈을 전달한다. '나'가 '개와 이의 죽음은 같은 것'이라고 말한 것 역시 깨달음과 교훈을 주기 위한 것에 해당한다.

⑤ '달팽이의 뿔을 쇠뿔과 같이 보고, 메추리를 대붕과 동일시'하라는 것은 일반적으로 사람들이 가지고 있는 편견에 대해 지적하는 것이자 '나'의 통찰을 전달하는 것이라고 할 수 있다.

서술형 길잡이

1 이 작품의 '나'는 '피와 기운이 있는 것은 사람으로부터 소, 말, 돼지, 양, 개미에 이르기까지 모두가 한결같이 살기를 원하고 죽기를 싫어'한다고 말하고 있다. 사물의 크기와 상관없이 모든 생명체는 본질적으로 같다고 보는 것이다.

03 차마설 이곡

1 ⑤   **2** ②   **3** ④

서술형 예시 답안 **1** 빌린 말의 상태에 따라 마음이 달라지는 것을 통해 사람의 마음이 옮겨지고 바뀌는 것을 유추해 내고 있다.

1 서술상 특징 파악

이 작품은 말을 빌려 탄 경험을 통해 인간의 성향에 대한 문제 인식을 제기하며 교훈을 전달하고 있다. '아! 사람의 마음이 옮겨지고 바뀌는 것이 이와 같을까?'를 통해 '나'가 인간 성향에 대해 서술하고 있음을 알 수 있다.

오답 피하기 | ① 말을 빌려 탄 경험을 통한 깨달음을 전해 주고 있다. 미래에 대한 낙관적 전망을 드러내고 있지는 않다.
② 상황의 반전은 드러나지 않는다.
③ 언어유희를 사용하고 있지 않으며 상황을 해학적으로 드러내고 있지도 않다.
④ 개인적 경험을 밝히고 이로부터 얻은 깨달음에 대해 서술하고 있다. 시대적 배경을 구체적으로 제시하고 있지는 않다.

2 소재의 기능 파악

'나'는 ㉠을 탈 때는 조심조심하여 다니고 개울이나 구렁을 만나면 내려서 걸어가는 등 주의를 기울였다. 반면 ㉡을 탈 때는 마음대로 채찍질하여 장쾌하지만 위태로움을 면치 못할 때도 있다고 하였다. 그러므로 ㉠은 '나'가 주의를 기울여 다루는 대상, ㉡은 '나'를 자만하게 하는 대상이라고 할 수 있다.

오답 피하기 | ① ㉠과 ㉡ 모두 '나'가 소유한 것은 아니며 빌려 온 대상이다.
③ '나'가 ㉠의 가치를 과소평가하고 ㉡의 가치를 과대평가한 것이 아니라, ㉠, ㉡에 따라 '나'의 마음가짐이 달라진 것이다.
④ ㉠과 ㉡을 빌려 탄 경험을 바탕으로 하여 '나'는 인간 성향에 대한 깨달음을 얻고 있다.
⑤ ㉠이 '나'에게 여유 있는 자세를 가르쳐 주지는 않는다. ㉠은 '나'가 조심하여 행동하도록 하는 대상이다. ㉡은 '나'를 교만하게 하는 대상이다.

3 작품의 종합적 이해

이 글은 '내가 여기에 느낀 바가 있어서 차마설을 지어 그 뜻을 넓히노라.'라고 작가가 글을 쓴 취지를 직접적으로 제시하고 있다. 〈보기〉는 '난을 통해 무소유의 의미 같은 걸 터득하게 됐다고나 할까.'라고 하며 자신이 깨달은 바가 있음을 밝히고 있다.

오답 피하기 | ① 이 글은 올바른 소유의 관념에 대해, 〈보기〉는 무소유의 의미에 대해 말하고 있다. 모두 소유에 대한 작가의 성찰을 담아내고 있는 것이다.
② 이 글은 말을 탄 작가의 경험, 〈보기〉는 난을 기른 작가의 경험을 바탕으로 하여 깨달음을 전달하고 있다.
③ 이 글에서는 여위고 둔한 말을 탔을 때와 빠르고 잘 달리는 말을 탔을 때 달라지는 심리에 대해 서술하고 있다. 〈보기〉는 난을 기르면서 생긴 집착에 대해 서술하고 있다.
⑤ 이 글에서는 힘과 권세를 가진 사람들이 그것이 빌린 것인 줄 모르고 '끝내 반성할 줄 모르는' 태도를 비판하고 있다. 권세를 가진 사람들이 경계해야 하는 태도에 대해 밝히고 있는 것이다.

서술형 길잡이

1 이 작품의 작가는 빌린 말의 상태에 따라 달라지는 마음에 대해 생각하면서 인간이 소유한 모든 것은 남으로부터 빌린 것이라고 하면서 그것을 깨닫지 못하면 안 된다는 가르침을 주고 있다. [A]에서는 빌린 말의 상태에 따라 마음이 달라지는 것을 통해 사람의 마음이 옮겨지고 바뀌는 것을 유추하는 방식으로 내용을 전개하고 있다.

실전 문제 01

본문 90~95쪽

| 01 ⑤ | 02 ④ | 03 ④ | 04 ② |
| 05 ③ | 06 ⑤ | 07 ③ | 08 ① |

[01~04]

(가) 작자 미상, 「서경별곡」

해제 | 우리의 전통적 정서인 이별의 정한을 노래하고 있는 작품으로, 인고와 순종의 자세를 지닌 전통적 여인의 모습이 아니라 임과의 이별을 거부하고 사랑을 지키기 위해 적극적 자세를 보이는 여인의 모습이 나타나 있는 것이 특징적이다. 고려 가요의 특징인 분연체, 여음구 등이 나타나 있다.

주제 | 이별의 정한

구성 |
• 1~4연: 이별을 인정하지 않으려는 사랑의 마음
• 5~8연: 임에 대한 변함없는 사랑
• 9~14연: 사공에 대한 원망과 임에 대한 불신

(나) 작자 미상, 「만전춘별사」

해제 | 고려 가요의 대표적 남녀상열지사로 일컬어지는 작품으로, 임을 향한 애정을 솔직하게 표현하고 있는 작품이다. 총 6연으로 이루어져 있으며, 임과 함께하는 시간이 영원히 지속되기를 바라는 마음이 관능적이고 노골적으로 표현되어 있다.

주제 | 임에 대한 사랑, 임과 함께하고 싶은 마음

구성 |
• 1연: 임과 함께하고 싶은 마음
• 2연: 임과 떨어져 있어 외로운 마음
• 3연: 임의 변심에 대한 한탄

01 표현상 특징 파악

(나)에는 화자와 대조적인 처지의 자연물(도화)은 등장하지만 화자와 동일시되는 대상이 등장하지 않는다.

오답 피하기 | ① (가)는 '셔경이', '닷곤 딕', '여히므론' 등을 반복하고 있고, (나)는 '어름 우희 댓닙 자리 보와 님과 나와 어러 주글만뎡' 등을 반복하고 있다.
② (가)의 '즈믄 히를 아즐가 즈믄 히를 외오곰 녀신들', (나)의 '어름 우희 댓닙 자리 보와 님과 나와 어러 주글만뎡'을 통해 극단적 상황을 설정한 것을 확인할 수 있다.
③ (가)의 '긴힛둔 그츠리잇가', '신잇둔 그츠리잇가'와 (나)의 '어느 즈미 오리오'에 설의적 표현이 드러나 있다.
④ (가)에는 '위 두어렁셩 두어렁셩 다링디리'라는 여음구가 반복되고 있다.

02 소재의 기능 파악

(나)의 '댓닙 자리'는 얼음 위에 마련한 잠자리로, 좋지 않은 잠자리를 말한다. 화자가 이상적으로 여기는 공간은 아니다.

오답 피하기 | ① '셔경'은 평양을 가리키는 것으로, '닷곤 딕', '쇼셩경'에 해당한다. 또한 화자가 사랑하는 곳이므로 화자가 애착을 가지고 있는 지역이라고 할 수 있다.
② '질삼뵈'는 '길쌈 베'로 풀이되어 화자가 하는 일, 즉 생업을 가리킨다. 화자는 길쌈 베를 버리고 임을 따라가겠다고 하였으므로 '질삼뵈'는 화자가 사랑을 위해 포기하려고 하는 것이다.
③ 화자는 임이 '대동강'을 건널 수 있도록 하는 사공을 원망한다. 임이 '대동강'을 건너 떠나가는 것이다. 따라서 '대동강'은 화자와 임을 단절하고 분리하는 장애물이라고 할 수 있다.
⑤ '고침샹'은 외로운 베갯머리로 풀이되어, 화자의 외로운 처지, 화자의 임에 대한 그리움을 드러낸다.

03 구절의 의미 파악

ⓔ에는 넋이라도 임과 함께 있겠다는 말이 남의 상황이라고만 여겼다는 내용이 담겨 있다. 이는 화자가 이별을 자신과는 무관한 일로 생각했다는 것을 의미한다. 화자가 임과 떨어져 있어도 임과 함께 있는 것이라고 여기고 있는 것은 아니다.

오답 피하기 | ① 임과의 이별 상황에서 임을 쫓아가겠다고 하고 있으므로 화자의 적극적 면모가 드러난다.
② 임에 대한 사랑과 믿음이 영원할 것임을 강조하는 것이므로 화자의 사랑에 대한 의지가 드러난다.
③ 임과 정을 맺은 밤이 오래 지속되기를 바라는 화자의 마음이 드러난다.
⑤ 사랑에 대한 약속을 어긴 것은 임이라고 하면서 임이 믿음을 저버린 것에 대해 원망하는 마음을 표출하고 있다.

04 외적 준거에 따른 작품 감상

[A]에서 '네 가시 럼난디 몰라셔'는 사공이 대동강을 건너는 배를 운행하지 못하도록 하여 임이 자신을 떠나지 못하도록 하려는 화자의 마음을 드러낸다. 즉 임과의 사랑을 이어 가고 싶은 화자의 심리를 드러내 주는 것이라고 할 수 있다.

오답 피하기 | ① [A]에서 '빅 내여 노ᄒᆞ다 샤공아'는 대동강에 배를 내어 놓은 사공에 대한 원망을 드러낸 것으로, 화자가 사공을 임과의 사랑을 방해하는 존재로 여기고 있음을 드러낸다.
③ [A]의 '대동강 건넌편 고즐'은 임이 이별한 후 만날 다른 여

성을 의미하는 것으로, '빙 타들면 것고리이다'는 화자의 질투심과 불안감을 보여 준다.

④ [B]에서 '도화'를 임과 열애에 빠져 있는 다른 여인이라고 본다면, '어느 즈미 오리오'는 홀로 지내는 화자의 외로움을 표현하는 것이면서 다른 여인에 대한 질투심, 불편한 감정을 드러낸 것이라고 할 수 있다.

⑤ [B]에서 '도화'를 임과 열애에 빠져 있는 다른 여인이라고 본다면, '도화는 시름업서 쇼춘풍ㅎㄴ다'는 화자가 임과 행복하게 지내고 있는 다른 여인의 모습을 떠올린 것이라고 할 수 있다.

[05~08]
이규보, 「청강사자현부전」

해제 | 거북을 의인화하여 지은 가전체 소설로, 청강사자는 벼슬 이름이고 현부는 거북의 이름이다. 비범한 능력을 지닌 현부가 술책에 빠져 벼슬길에 나아간 것을 통해 자만하지 않고 조심하고 삼가는 마음으로 살아가야 한다는 교훈을 전해 주고 있는 작품이다.

주제 | 자만하지 않는 삶의 자세의 중요성

전체 줄거리 | 현부는 중광의 아들로, 현부의 어머니가 별이 품에 들어오는 꿈을 꾼 뒤 태어났다. 현부는 외양이 비범하고 능력 또한 출중하였다. 임금이 현부의 명성을 듣고 벼슬을 권했으나 현부는 벼슬살이를 거부하였다. 그러다 송나라 원왕 때 예저라는 어부의 술책에 빠져 현부는 벼슬살이를 하게 되었다. 왕이 비범한 능력을 지닌 현부가 술책에 빠지게 된 것에 대해 묻자 현부는 자만하지 말고 조심하고 삼가는 자세에 대해 이야기하였다. 현부가 죽고 현부의 아들들은 사람들에게 삶김을 당하였다. 현부의 삶에 대해 평하면서 사신은 평범한 이들에게 자만하지 말 것을 강조한다.

05 서술상 특징 파악

거북을 의인화하여 거북의 가계와 생전의 행적, 후세의 이야기 등 일대기를 보여 주는 방식으로 서술하고 있는 작품이다.

오답 피하기 | ① 현부의 삶을 조명하면서 교훈을 전달하고 있다. 갈등이 해소되는 과정에 대해 서술하고 있지 않다.

② 현부의 삶과 인품 등에 대해 서술하고 있다. 희화화하고 있는 것은 아니다.

④ 현부에 초점을 맞추어 일대기를 서술하고 있다. 여러 개의 이야기를 다양한 관점에서 구성하여 제시한 것은 아니다.

⑤ 현부의 행적을 중심으로 서술되어 있으며, 심리를 내적 독백의 형식으로 보여 주고 있지는 않다.

06 작품의 내용 파악

현부가 임금으로부터 신임을 얻었고 벼슬아치들이 사모하는 대상이 되었음은 나와 있지만 현부가 백성들의 칭송을 받았다고는 나와 있지 않다.

오답 피하기 | ① '현부는 아주 침착하고 도량이 컸다.' 등의 문장을 통해 현부의 성품을 알 수 있다.

② 현부의 조상 가운데 문갑이라는 자와 현부의 증조, 할아버지, 아버지에 대해 밝히고 있다.

③ 현부의 맏아들인 원서가 강개하게 살았고, 둘째 아들 원저는 방랑하였다고 제시되어 있다.

④ '예저라는 어부가 그를 사로잡아 강제로' 현부를 임금에게 바쳤다고 서술되어 있다.

07 감상의 적절성 평가

ⓒ에서 검은 옷에 수레를 타고 왕의 꿈에 나타난 이는 현부이며, 현부는 왕의 꿈에 등장해서 자신이 왕의 앞에 나타나게 될 것을 예언하고 있다. 현부는 예저의 강압에 의해 왕을 만났으므로 현부가 임금의 조력자가 되고자 하는 것은 아니다.

오답 피하기 | ① 북두칠성의 일곱 번째 별이 현부의 어머니의 품에 들어온 꿈은 특별한 것으로, 현부의 비범함을 말해 준다.

② 현부가 주역을 터득하고 신선의 방술을 배운 것은 현부가 지식과 지혜를 지닌 존재임을 말해 준다.

④ 왕이 현부를 보내 주려고 하자 위평이 은밀히 눈짓을 하며 말린 것은 현부를 돌려보내지 말라는 의미이다. 위평은 조정에 현부가 필요하다고 여긴 것이다.

⑤ 벼슬아치들이 현부의 모양을 주조하여 다닌 것은 현부의 덕을 사모하고 본받기 위한 것이다.

08 작가의 세계관, 주제 의식 파악

사신은 현부처럼 지혜를 지닌 존재도 술책을 피하지 못하는 현실을 이야기하면서 공자, 자로의 이야기를 언급한다. 아무리 지혜가 있는 사람도 자신을 과신하지 말고 조심하는 마음을 가져야 한다는 교훈을 전달하고 있는 것이다. 이와 같은 교훈을 드러내고 있는 작품은 ①이다.

오답 피하기 | ② 가난할지라도 나쁜 짓을 하지 말고 옳게 행동하라는 교훈을 전달하고 있는 작품이다.

③ 홍시를 보고 돌아가신 부모님을 떠올리며 슬픔을 느끼는 화자의 심정이 드러나 있는 작품으로, 효의 가치를 일깨우는 작품이다.

④ 시련 속에서도 충절을 변치 않겠다는 의지를 보여 주고 있는 작품이다.

⑤ 푸른 산과 흐르는 물을 통해 변함없는 학문 수양의 의지를 나타내고 있는 작품이다.

실전 문제 02

본문 96~101쪽

01 ⑤	02 ③	03 ③	04 ④
05 ③	06 ②	07 ⑤	08 ①
09 ③			

[01~03]

(가) 작자 미상, 「상저가」

해제 | 부모에 대한 효심을 주제로 하고 있는 고려 가요이다. 방아를 찧으면서 아버지, 어머니께 밥을 지어 드릴 것을 생각하는 화자의 모습이 드러나 있다. 의성어를 사용하고 동일한 구절을 반복하여 운율을 형성하고 있다.

주제 | 부모에 대한 효심

구성 |

• 1~2행: 방아를 찧어 밥을 지음.
• 3~4행: 부모님께 밥을 먼저 드림.

(나) 작자 미상, 「사모곡」

해제 | 아버지의 사랑을 호미에 비유하고 어머니의 사랑을 낫에 비유하여 이 둘을 비교하면서 어머니의 절대적 사랑에 대해 말하고 있는 작품이다. 여음구를 제외하면 시조의 형식과 유사한 형태를 보이며, 향가의 낙구와 유사한 감탄사가 나타나 있다.

주제 | 어머니의 절대적인 사랑

구성 |

• 1~2행: 호미와 낫의 비교
• 3~5행: 아버지의 사랑과 어머니의 사랑 비교
• 6~7행: 어머니의 절대적 사랑 예찬

01 작품 간의 공통점, 차이점 파악

(가)에서는 방아를 찧으면서 부모님께 밥을 먼저 드릴 것을 생각하는 화자의 모습을, (나)에서는 어머니의 사랑에 대한 화자의 생각을 표현하고 있다. 두 작품 모두 '효'라는 교훈적 주제를 전달하고 있는 것이다.

오답 피하기 | ① (가)에는 부모님을 생각하는 화자의 마음이, (나)에는 어머니의 사랑에 대한 화자의 생각이 드러나 있다. 화자의 인식 변화가 나타나 있지는 않다.

② (가), (나) 모두 화자의 과거의 삶에 대한 반성이 드러나 있지 않다.

③ (가), (나) 모두 교훈적 주제를 다루고 있다. 대상과 일체가 되려는 화자의 소망이 담겨 있지는 않다.

④ (가)에는 효를 실천하려는 마음이 드러나 있고, (나)에는 어머니의 사랑에 대한 인식이 드러나 있다. 둘 다 지향하는 삶에 대한 화자의 의지가 드러나 있지 않다.

02 표현상 특징 파악

(나)에는 '호미'와 '낫'을 통한 비유적 표현은 드러나지만 이 대상이 의인화된 대상은 아니다.

오답 피하기 | ① '방해나 디허 히얘'와 '바비나 지서 히얘'를 통해 대구적 표현을 확인할 수 있다.

② '듥긔동'은 '덜커덩'으로 풀이되어 방아를 찧는 소리를 나타내는 음성 상징어에 해당한다.

④ '어마님ㄱ티 괴시리 업세라'를 반복하여 주제 의식을 강조하고 있다.

⑤ '위 덩더둥셩'이라는 여음구가 나타나 있다.

03 소재의 기능 파악

'호미'는 아버지의 사랑을, '낫'은 어머니의 사랑을 비유한 것이다. '호미'와 '낫'을 비교하면서 호미가 낫같이 잘 들 리가 없다고 하였는데, 이는 아버지의 사랑에 비해 어머니의 사랑이 절대적으로 크다는 것을 나타낸다.

오답 피하기 | ① '호미'는 아버지의 사랑을 비유한 것이다.

② '호미'도 '날'이라고 한 것은 아버지의 사랑도 작지 않다는 의미이다.

④ '날'이 든다는 것은 어머니의 사랑이 크다는 것을 가리킨다.

⑤ '호미'가 '날ㄱ티 들 리도 업'다는 것은 아버지의 사랑이 어머니의 사랑에는 미치지 못한다는 의미이다.

[04~05]

이규보, 「경설」

해제 | 난세를 살아 나가기 위한 처세의 방법에 대해 다루고 있는 작품이다. 나그네와 거사의 대화를 중심으로 전개되며, 거사의 말을 통

해 교훈적이고 철학적인 주제 의식이 드러난다. 난세에는 타인의 도덕적 흠결을 드러내며 결백하게 사는 것보다는 타인의 결함을 덮어 주며 유연하게 사는 것이 지혜로운 것임을 말해 주고 있다.

주제 | 난세를 살아 나가기 위한 처세의 방법 / 사물의 본질을 꿰뚫어 보는 통찰력

전체 줄거리 | 거사가 먼지가 낀 흐릿한 거울을 보고 얼굴을 가다듬는 모습을 본 나그네가 거사에게 그 연유를 물었다. 거사는 얼굴이 못생겨서 추한 사람은 흐릿한 거울을 보는 것이 좋을 것이며, 자신은 맑은 것을 취하기 위해서가 아니라 흐린 것을 취하기 위해서 거울을 보는 것이라고 대답하였다.

04 대화의 특징 파악

나그네는 거사가 먼지가 끼어 흐릿한 거울을 아침저녁으로 들여다보는 것을 의아하게 여기고 그러한 행동에 담긴 뜻을 물어보고 있다. 상대방의 일반적이지 않은 행동, 이해하기 어려운 행동의 연유에 대해 물은 것이다. 거사는 나그네의 물음에 '오히려 흐린 것을 취하'기 위해 거울을 보는 것이라고 대답하면서 자신의 행동에 타당한 이유가 있음을 설명하고 있다.

오답 피하기 | ① 나그네는 거사의 행동에 담긴 뜻에 대해 묻고 있지 거사가 요구하고 있는 바가 무엇인지에 대해서 질문하지는 않았다. 거사는 나그네의 물음에 자신이 추구하는 삶의 태도를 말해 주고 있다.
② 나그네는 거사의 과거의 삶에 대해 평가하지 않았다. 거사는 자신이 흐린 거울을 보는 이유에 대해 설명할 뿐 상대방이 범한 논리적 오류를 지적하지는 않는다.
③ 나그네는 거사와 자신의 삶을 비교하고 있지 않다. 거사는 상대방의 요구가 타당하지 않다고 말하지 않고 나그네의 물음에 답을 해 주고 있다.
⑤ 나그네가 거사의 도덕적 경지에 대해 알아보았다고 할 수 없다. 나그네는 거사의 행동에 대해 의아해하고 있다. 거사는 자신의 생각을 중심으로 깨달음을 전달하고 있다.

05 작품의 종합적 이해

거사가 '먼지에 흐려진 그대로 두는 것이 나을 것'이라고 한 것은 지나친 결벽을 추구하여 흠결을 들추어내지 말아야 한다는 것을 의미한다. 즉 유연하게 살아가는 삶의 지혜를 강조한 것이라고 할 수 있다.

오답 피하기 | ① 거사가 '얼굴이 못생겨서 추한 사람은 오히려 맑은 거울을 싫어할 것'이라고 한 것은 인간은 자신의 부족한 점을 확인하기를 꺼려 하는 본성을 가지고 있다는 것을 지적

한 것이다.
② 거사가 '잘생긴 사람은 적고 못생긴 사람은 많'다고 한 것은 대부분의 사람들이 부족한 점을 가지고 있다는 점을 말해 주는 것이다.
④ 거사가 '거울의 맑은 바탕은 속에 그냥 남아 있'다고 한 것은 어떠한 대상의 겉모습이 흐려지게 되더라도 대상이 지닌 본질이나 본성은 변하지 않고 그대로 존재한다는 생각을 보여 준다.
⑤ '옛날에 거울을 보는 사람들'은 맑은 것을 취하기 위해 거울을 보았지만, 거사는 '흐린 것을 취'하고자 거울을 본다고 말한다. 자신을 냉철하게 인식하고 반성하기 위해서가 아니라 겉으로 드러나는 흠결에 대해 들추어내지 않겠다는 것이다. 이는 지나친 결벽을 추구하는 것보다 유연한 삶의 자세가 필요함을 말한 것이라고 할 수 있다.

[06~09]

임춘, 「국순전」

해제 | 술을 의인화한 가전체 소설로, 소재나 서술 방식 면에서 「국선생전」과 유사점이 많다. 그러나 「국선생전」에서는 술의 순기능을 중심으로 술을 긍정적으로 묘사한 반면, 「국순전」에서는 술의 역기능을 강조하고 있다. 국순이 임금에게 신임을 얻어 국가의 중대사를 맡았으나 부도덕하게 행동하고 임금의 마음을 혼탁하게 하였다는 것이다. 이는 타락한 간신들에 대한 풍자로 이해할 수 있다.

주제 | 술의 역기능, 타락한 간신들에 대한 풍자

전체 줄거리 | 국순의 선조가 덕을 지니고 베풀어 국순은 조정에 나아가게 되었다. 국순은 도량이 깊고 사람의 기운을 일으켜 많은 사람들이 흠모하였다. 국순은 벼슬을 얻어 권세를 지니고 나라의 중대사를 맡아보았으며 임금의 총애를 받게 되었다. 국순에 빠진 임금은 정사를 폐하는 지경에 이르렀고, 국순은 돈을 거둬 재산 모으기에 힘썼다. 벼슬을 오래 하던 국순은 끝내 벼슬에서 쫓겨나고 죽게 되었다. 이후 국순의 자손은 번성하였는데, 사신은 나라를 혼탁하게 한 국순에 대해 부정적 평가를 하였다.

06 서술상 특징 파악

주인공의 일대기를 조명하고 주인공이 겪은 사건에 대해서는 밝히고 있지만, 이 과정에서 주인공이 겪는 내적 갈등과 그것을 해결해 나가는 과정에 대해서는 서술하지 않고 있다.

오답 피하기 | ① 임금이 '신하를 시켜 친히 그 집에 찾아가도록 해' 국순이 '세상과 더불어 화합하게 되었다.'라고 제시되어 있다.
③ '신(臣)은 돈을 좋아하는 습성이 있나이다.'와 같은 국순의 말을 통해 주인공이 지닌 부정적 면모, 문제점이 드러나고 있다.

④ '청주종사', '평원독우' 등 국순이 맡았던 직책이 밝혀져 있다.
⑤ '그릇과 도량이 크고 깊었다.', '풍류 취향이 한 시대를 풍미하여 자못 사람의 기운을 일으켜 주었다.' 등을 통해 국순이 지닌 긍정적 면모가 드러나고, '그 향기로운 이름을 접하는 이마다 모두 그를 흠모하였으며, 성대한 모임이 있을 때마다 순이 오지 아니하면 모두 슬퍼하'였다는 것을 통해 국순의 명성을 확인할 수 있다.

07 구절의 의미 파악

ⓜ은 국순에게 벼슬길에 나아갈 것을 권하는 인물이다. 임금의 사랑을 얻게 되는 계기를 제공하는 인물이라고 볼 수 없으며 자만심을 가지도록 유도하지도 않는다.

오답 피하기 | ① ㉠은 국순의 조상으로, '백성들을 먹여 공이 있'는 인물이다. 임금은 국순이 ㉠의 자손이라는 말을 듣고 후한 예물을 보내므로 ㉠은 존경을 받는 인물이었다고 할 수 있다.
② ㉡은 국순이 '모'의 자손이라는 말을 듣고 수레를 보내 부르고 후한 예물을 보낸다. ㉡으로 인해 국순이 '세상과 더불어 화합하게 되었'으므로 ㉡은 국순이 세상에 나오도록 한 인물이라고 할 수 있다.
③ 국순은 ㉢과 담론하였는데, 이 담론을 들은 이들이 국순에게 탄복하여 국순의 이름이 알려지게 된 것이다. ㉢은 국순의 이름이 알려지도록 한 인물, 국순이 능력을 인정받도록 한 인물이라 할 수 있다.
④ ㉣은 감식안을 가진 사람으로 국순을 '잘난 기린아'라고 말한다. 따라서 ㉣은 국순의 비범한 능력을 알아본 인물이라고 할 수 있다. 또한 ㉣은 국순이 '천하의 백성들을 그르치는 자'가 될 것이라고 하여 국순이 미래에 끼칠 부정적 영향에 대해 예언하고 있다.

08 작품의 내용 파악

국순을 총애한 임금은 국순에 취하여 정사를 폐할 지경이 되었다. 그럼에도 불구하고 국순은 '입을 굳게 다문 채 그 앞에서 간언할 줄 몰랐다.'라고 하였다. 그러므로 사신은 국순에 대해 옳고 그름을 변론하지 못하였다는 부정적 평가를 할 수 있다.

오답 피하기 | ② 국순은 '권세를 얻게 되자, 어진 이와 사귀고 손님을 대접하'였다고 나와 있다. 어질고 바른 사람들과의 교분을 끊은 것은 아니다.
③ 국순이 임금에게 간언하지 않아 예법을 지키는 선비들이 국순을 미워하게 되었다. 그러나 국순의 반대파가 음모를 꾸

미거나 국순이 이로 인해 갖은 고초를 겪지는 않았다.
④ 국순이 불필요한 논쟁을 일삼지는 않았다. 중한 것과 중하지 않은 것을 구분하지 못한 것은 아니다.
⑤ 국순이 자신을 믿어 준 사람들을 쉽게 배신한 것은 아니다. 국순은 임금이 자신을 싫어하게 되자 관을 벗고 물러났다.

09 외적 준거에 따른 작품 감상

국순이 '시골 아이들에게 허리를 굽힐 수 없다.'라고 말한 것은 국순이 오만한 자세를 가지게 되었음을 보여 주는 것이지 술에 대한 사람들의 맹목적인 추종을 지적한 것은 아니다.

오답 피하기 | ① 국순은 술을 가리키는 것으로, 술이 '자못 사람의 기운을 일으켜 주었다'는 것은 술의 긍정적 영향에 대해 밝힌 것이다.
② 술이 '천하의 백성들을 그르치는 자'가 된다고 한 것이므로 술이 사람들에게 부정적 영향을 끼칠 것이라는 우려를 표현한 것이라고 할 수 있다.
④ 술로 인해 임금이 정사를 폐하게 되었다는 것은 술이 나라의 기강을 문란하게 하였다는 것을 비판적으로 제시한 것이라고 할 수 있다.
⑤ 국순이 '간언할 줄 몰'라 '예법을 지키는 선비들은 그를 마치 원수처럼 미워하게 되었다'는 것은 바람직한 신하라면 임금을 올바른 길로 이끌 수 있어야 한다는 가르침을 주는 것이다.

III 조선 시대의 문학

1. 악장과 언해, 한시

01 용비어천가 정인지, 권제, 안지 등

실력 다지기   본문 110쪽

1 ②   **2** ③   **3** ③

서술형 예시 답안 **1** 경천근민

1 작품 간의 공통점, 차이점 파악

(가)는 「용비어천가」에서 문학성이 가장 높은 장으로, 한글만을 사용하여 상징적인 수법으로 왕조의 정통성과 영원성을 노래하고 있다.

오답 피하기 | ① (가)와 (나) 모두 계절의 변화는 나타나지 않는다. ③ (나)에 중국 하나라 태강왕의 고사가 나타나지만, 이것은 조선의 후대 임금을 권계하기 위한 타산지석의 사례이지 건국의 정당성을 부각하는 것은 아니다. ④ (가)에는 권유하는 어조가 나타나지 않는다. (나)는 권계하는 내용이지만, 권유하는 어조로 시상을 마무리하는 것은 아니다. ⑤ (가)와 (나) 모두 감정 이입을 사용하지 않고 있다.

2 구절의 의미 파악

㉠은 어떤 시련에도 국가의 존립이 위협받는 일이 없음을 의미하므로, 조선 왕조가 오랫동안 유지될 것을 소망하는 내용으로 볼 수 있다. ㉡은 하늘이 점지해 준 운수가 끝이 없음을 의미하므로, 이것도 역시 조선 왕조가 오랫동안 유지될 것을 소망하는 내용으로 볼 수 있다.

오답 피하기 | ① ㉠을 문화적 측면과 연결하면 그렇게 볼 여지가 있으나, ㉡은 관련이 없다. ②, ⑤ ㉠과 ㉡은 건국 이후 국가의 유지와 관련 있는 내용이다. ④ (가)와 (나)에는 영웅의 행적이 나타나지 않는다.

3 감상의 적절성 평가

(나)에서는 대상에게 원론적인 당부를 하고 있을 뿐, 대상의 문제점을 구체적으로 지적하며 경계하는 내용은 없다. 그러나 〈보기〉에서는 사원들을 월급을 주고 부리는 아랫사람으로만 여기는 문제점을 구체적으로 지적하고 있다.

오답 피하기 | ① (나)는 임금에게, 〈보기〉는 사장에게 직접적으로 부탁하고 있으므로, 둘 다 대상에게 직설적으로 당부하고 있는 것이다.
② (나)에서는 국가의 유지를 위해 경천근민할 것을, 〈보기〉에서는 경영의 근본으로 사원의 마음을 얻는 것을 언급하고 있다. 둘 다 추구해야 할 가치가 무엇인지를 밝히고 있는 것이다.
④ (나)는 하나라 태강왕의 사례를, 〈보기〉는 ○○ 기업의 후계자의 사례를 들고 있다. 둘 다 타산지석(본이 되지 않은 남의 말이나 행동도 자신의 지식과 인격을 수양하는 데에 도움이 될 수 있음을 비유적으로 이르는 말)의 사례를 전달하고 있는 것이다.
⑤ (나)에서는 '누인 개국ᄒ샤 복년이 ᄀ업스시니'라고 송축한 후에 권계하는 내용을, 〈보기〉에서는 '취임을 축하드립니다. 앞으로 하시는 일마다 행운이 따르고 항상 건강하시기 바랍니다.'라고 송축한 후에 권계하는 내용을 제시하고 있다. 둘 다 먼저 송축을 하고 다음에 권계하는 내용을 제시하고 있는 것이다.

서술형 길잡이

1 (나)에서 후대 임금을 권계하며 나라를 굳건하게 만드는 핵심 요소로 지적하는 것은 '경천근민(하늘을 공경하고 백성을 위하여 부지런히 일함.)'이다.

02 춘망 두보 / 강촌 두보

실력 다지기   본문 112쪽

1 ②   **2** ③   **3** ③

서술형 예시 답안 **1** ⓐ는 주체와 객체를 전도시키는 방식으로 화자의 감정을 표현하고 있다.

1 표현상 특징 파악

(가)와 (나)는 모두 먼저 자연이나 사물을 그대로 묘사하고 난 후 시인의 감정이나 생각을 읊는 선경 후정의 방식을 통해 시상을 전개하고 있다.

오답 피하기 | ① (나)의 마지막 행을 설의적 표현으로 볼 여지는 있으나, (가)에는 설의적 표현이 없다.

③ (가)의 6행에서는 비교의 방식을 통해 집에서 보내온 편지가 만금보다 비싸다는 화자의 판단을 제시하고 있지만, (나)에서는 비교의 방식을 찾을 수 없다.

④ (가)와 (나) 모두 색채 이미지를 활용하여 시적 대상을 예찬하는 내용은 찾을 수 없다.

⑤ (가)와 (나) 모두 시간의 순차적인 흐름은 나타나지 않고 있다.

2 소재의 기능 파악

㉠이 주체와 객체를 전도시켜 화자의 놀라움과 슬픔을 드러내는 데 반해, ㉡은 화자의 현재 삶의 모습과 유사한 소재로 화자가 한가롭게 관찰하는 대상으로 볼 수 있다.

오답 피하기 | ① ㉠은 화자의 정서에 영향을 주는 자연물이고, ㉡은 화자가 관찰하는 자연물이다.

② ㉠과 ㉡은 모두 화자가 결백을 호소하는 존재가 아니다.

④ ㉠과 ㉡은 모두 과거를 회상하는 매개체가 아니다.

⑤ ㉠은 화자의 정서에 영향을 주는 것으로, 화자의 내적 갈등을 심화시키는 측면이 있다. ㉡은 평화롭고 한가한 분위기와 관련이 있는 것으로, 화자의 내적 갈등을 유발하지 않는다.

3 외적 준거에 따른 작품 감상

'다 빈혀를 이긔디 몯홀 둣ㅎ도다'는 '남은 머리카락을 다 모아도 비녀를 이기지 못할 듯하다.'의 의미로, 전란으로 인해 가족과 떨어져 있는 안타까움과 연금된 상황에서 늙어 가는 자신의 모습을 형상화한 것이다. 반란군에 사로잡힐 때의 구체적 상황과는 관련이 없다.

오답 피하기 | ① '시절을 감탄ㅎ니'는 '어지러운 시절을 한탄하니'의 의미로 당시 시국을 근심하는 것이다.

② '여희여슈믈 슬ㅎ니'는 '이별하였음을 슬퍼하니'의 의미로 멀리 떨어진 처자를 그리워하는 비통한 심정과 연결할 수 있다.

④ '긴 녀릆 강촌애 일마다 유심ㅎ도다'에서는 가족과 강촌에서 단란한 정착 생활을 하는 편안한 분위기를 느낄 수 있다.

⑤ '이 밧긔 다시 므스글 구ㅎ리오'는 '이것(약물)밖에 다시 무엇을 구하리오?'의 의미로 현재 생활에 대한 화자의 소박한 만족감을 확인할 수 있다.

서술형 길잡이

1 〈보기〉에서는 화자가 꽃을 보며 슬픔을 느껴 눈물을 흘리는데, ⓐ는 '꽃(객체)'이 화자(주체)에게 눈물을 흘리게 한 것처럼 묘사하여 주체와 객체를 전도시키고 있다.

03 무어별 임제 / 배소만처상 김정희 / 몽혼 이옥봉

실력 다지기
본문 114쪽

1 ① **2** ⑤ **3** ② **4** ⑤

서술형 예시 답안 1 과장법 / 화자가 꿈속에서 임을 만나기 위해 너무 자주 다녀서 돌길이 닳아 모래가 되었다.

1 작품 간의 공통점 파악

(가)에는 임과 이별한 어린 아가씨의 슬픔이, (나)에는 아내와 사별한 슬픔이, (다)에는 이별한 임에 대한 간절한 그리움이 드러나 있다.

오답 피하기 | ②, ③, ④, ⑤ (가)~(다)에서 모두 찾을 수 없는 내용이다.

2 구절의 의미 파악

'꿈속'은 임과 만나고자 하는 화자의 현실적 욕구가 실현되는 가상의 공간이므로, 단절이 심화된다고 볼 수는 없다.

오답 피하기 | ① '열다섯 아리따운 아가씨'는 표면에 등장하지 않는 화자가 관찰자적인 입장에서 바라보는 대상이다.

② '배꽃 사이 달'은 임과 이별한 아가씨가 바라보며 눈물을 흘리는 대상이므로, 애상감을 부각하는 소재로 볼 수 있다.

③ '천 리 밖'은 화자의 정감의 깊이를 담은 거리로 볼 수 있다.

④ '사창'은 부녀자가 거처하는 방의 창을 가리키므로, 이를 통해 화자가 여성임을 알 수 있다.

3 표현상 특징 파악

(나)는 내세에 남편과 아내의 처지가 바뀌는 상황을 가정하여 절절한 슬픔을 전달하려는, (다)는 꿈속에서 임을 만나는 상황을 가정하여 회포를 풀려는 소망을 나타내고 있다.

오답 피하기 | ① (나)와 (다) 모두 의인화된 사물과 대화를 나누는 내용은 나타나지 않는다.

③ (나)와 (다) 모두 명암의 대비는 나타나지 않는다.

④ (나)와 (다) 모두 하소연하는 어조로 이해할 수 있다.

⑤ (나)에서 인간과 자연을 대비하고 있지 않으며, (다)에서도 과거와 현재를 대비하고 있지 않다.

4 외적 준거에 따른 작품 감상

(다)는 아내와 사별한 슬픔과 죽은 아내에 대한 간절한 그리움을 드러낸 작품이지, 평상시 부부간에 배려가 필요함을 교훈으로 전달하는 내용은 아니다.

오답 피하기 | ① '월하노인'이 초월적 존재에 해당한다.
② 아내와 남편의 처지를 바꾸자는 것이 역지사지(처지를 바꾸어서 생각하여 봄.)의 발상이다.
③ '내세'는 죽은 뒤에 다시 태어나 산다는 미래의 세상으로, 불교적 윤회 사상과 관련한 용어이다.
④ 2행의 '내가'와 3행의 '나'에서 확인할 수 있다.

서술형 길잡이

1 ⊙은 임에 대한 간절한 그리움이라는 추상적 심리를 과장법을 통해 구체화하고 있는 표현으로 볼 수 있다.

04 탐진촌요 정약용 / 산민 김창협

실력 다지기   본문 116쪽

1 ②   **2** ⑤   **3** ③

서술형 예시 답안 **1** 이방, 황두 / 탐관오리

1 작품 간의 공통점 파악

(가)와 (나)는 모두 탐관오리의 횡포와 수탈을 비판하는 작품이다.

오답 피하기 | ① (가)와 (나)에서 백성들의 고통을 불쌍하게 여기는 모습은 발견할 수 있으나, 백성들을 도울 구체적 방안을 찾는 모습은 나타나지 않는다.
③ (가)와 (나) 모두 이상과 현실 사이의 괴리는 나타나지 않는다.
④ (가)와 (나) 모두 자연에 귀의하려는 모습은 보이지 않는다.
⑤ (가)와 (나) 모두 해학의 방식은 나타나지 않는다.

2 표현상 특징 파악

(가)의 화자는 '삼월 중순 세곡선이 서울로 떠난다'는 관리의 말을, (나)의 화자는 산골의 아낙네에게 들은 말을 전달하고 있다.

오답 피하기 | ① (가)에 묻고 답하는 방식은 나타나지 않는다.
② (나)에 과거와 현재 상황의 대비는 나타나지 않는다.
③ (나)에 추상적 대상을 구체화하는 방식은 나타나지 않는다.
④ (가)와 (나) 모두 연쇄법을 활용한 시상 전개 방식은 나타나지 않는다.

3 외적 준거에 따른 작품 감상

(나)의 '슬프다 외딴살이 어찌 좋으리 / 험하고 험한 산골짝에서……'를 통해 (나)의 '아낙네'가 산골의 생활을 좋아하지 않음을 알 수 있다.

오답 피하기 | ① (나)의 '가고 싶어도 벼슬아치 두렵다네'와 〈보기〉의 '다른 곳에 가면 무거운 세금 때문에 견디지 못하니 떠날 수 없다'에서 알 수 있다.
② (나)의 화자와 〈보기〉의 공자는 모두 하소연을 듣기만 할 뿐이다.
④ (나)의 화자는 여인의 상황을 듣기만 할 뿐이다. 〈보기〉의 '공자가 여인에게 이곳을 떠나 살라고 충고하자'를 통해 공자가 조언을 하고 있음을 알 수 있다.
⑤ (나)의 아낙네는 호랑이로 인한 위험을 두려워하지만 직접적인 피해는 입지 않았다. 하지만 〈보기〉의 여인은 호랑이로 인해 시아버지, 남편, 아들을 잃었다.

서술형 길잡이

1 (나)의 '벼슬아치'는 백성들을 수탈하는 관리로, (가)의 이방과 황두가 여기에 해당한다. 이들은 백성의 재물을 탐내어 빼앗는, 행실이 깨끗하지 못한 관리로 평가할 수 있을 것이다.

2. 시조

01 망국에 대한 회고의 정

실력 다지기   본문 118쪽

1 ①   **2** ⑤   **3** ⑤

서술형 예시 답안 **1** 태평연월

1 작품의 종합적 이해

(가)의 중장은 인간사와 자연을 대조한 것으로 볼 수 있으나, (나)에 인간사와 자연을 대조하는 내용은 나타나지 않는다.

오답 피하기 | ② (가) 종장의 '어즈버'와 (다) 종장의 '아희야'가 이와 관련이 있다.

③ (나)의 '목적'과 (다)의 '물소리'에서 청각적 이미지를 확인할 수 있다.

④ (가)와 (나)의 '오백 년', (다)의 '반천 년'이 고려 왕조를 상징하는 기간이다.

⑤ (가)~(다)는 모두 시조로 4음보를 규칙적으로 사용하고 있다.

2 소재의 기능 파악

㉠은 고려의 전성기가 마치 꿈처럼 허무하다는 것을, ㉡은 고려의 왕업이 이제는 물소리처럼 덧없다는 것을 드러내고 있다. 즉, ㉠과 ㉡은 모두 화자가 느끼는 무상감을 드러내고 있는 것이다.

오답 피하기 | ① ㉠과 ㉡ 모두 과거 회상의 계기가 되는 것은 아니다.

② ㉡이 자신의 불순함과 더러움을 깨끗하게 하는 것은 아니다.

③ ㉠과 ㉡은 모두 멸망한 고려에 대한 정서를 나타내는 것이므로, 흥성과 쇠락을 논할 수 없다.

④ (가)와 (다)에서 화자가 시련을 겪는 상황은 나타나지 않는다.

3 작품 간의 공통점, 차이점 파악

(나)의 '객'은 화자 자신으로, 고려 왕조를 회고하며 멸망을 안타까워하는 고려의 유신에 해당한다. 〈보기〉의 '매화'는 기울어져 가는 고려 왕조에 충성을 다하는 우국지사를 상징하는 것으로 볼 수 있다. 그러므로 ⑤의 판단은 'O'가 되어야 한다.

오답 피하기 | ① (나)는 망국의 슬픔을 노래하고 있고, 〈보기〉는 고려 말기 국운이 기울어져 가는 시기에 우국충정을 노래한 것이라 설명하고 있으므로, 창작 시기는 〈보기〉가 빠르다고 볼 수 있다.

② (나)의 '석양에 지나는 객이 눈물계워 ᄒ노라'와 〈보기〉의 '석양에 홀로 셔 이셔 갈 곳 몰라 ᄒ노라'에서 확인할 수 있다.

③ (나)의 '목적'은 화자의 감정을 이입한 소재로 볼 수 있으나, '백설'은 고려에 충성을 바치는 신하를 비유한 것이다.

④ (나)의 '추초'는 덧없음을 내포하는 자연물로 볼 수 있으나, '구름'은 이성계 일파를 비유한 것이다.

1 '태평연월'은 근심이나 걱정이 없는 편안한 세월로 고려 왕조의 전성기를 의미하는 시어로 볼 수 있다.

02 지조와 충절의 노래

실력 다지기
본문 120쪽

1 ⑤ **2** ② **3** ②

서술형 예시 답안 **1** 초의 심지가 타면서 촛농이 떨어져 흐르는 상황을 묘사한 것이다.

1 외적 준거에 따른 작품 감상

(다)의 '못다 핀 곳'은 정의로운 젊은 선비를 암시하는 것으로 볼 수 있다. (다)에 불의에 맞서 단종을 복위시키려는 의지는 나타나지 않는다.

오답 피하기 | ① '이 몸이 주거 가셔'는 죽음을 감수하는 것이다.

② '백설이 만건곤홀 제'는 세조 일파가 득세한 불의한 현실을 빗댄 것으로 볼 수 있다.

③ 〈보기〉에서 (나)가 계유정난 후 단종이 영월로 유배를 갈 때 지은 작품이라고 설명하고 있으므로, 적절한 감상으로 볼 수 있다.

④ 〈보기〉에서 (다)는 계유정난이 발생한 직후에 창작된 것이라고 설명하고 있으므로, 적절한 감상으로 볼 수 있다.

2 소재의 기능 파악

㉠은 화자의 지조와 절개를 형상화한 대상이다. ㉡은 바람과 눈서리에 기울어 가고 있는 것으로, 계유정난으로 인해 희생된 조정의 중신들을 형상화한 대상으로 볼 수 있다.

오답 피하기 | ① ㉠은 인격의 우월함을 강조한 것으로 볼 수 있으나, 능력의 우월함과는 관련이 없다. ㉡은 인격이나 능력과 관련이 없다.

③ ㉠과 ㉡ 모두 자연 친화적 태도와는 관련 없는 것이다.

④ ㉠은 화자의 외롭고 힘든 처지를 빗댄 것으로 볼 여지가 있으나, ㉡은 화자가 아닌 다른 대상을 빗댄 것이다.

⑤ ㉠에만 해당한다.

3 작품 간의 공통점, 차이점 파악

〈보기〉의 화자는 백이숙제가 수양산에 은거하여 고사리를 캐어 먹은 행위에 대해 문제 제기를 하며, 자신의 굳은 절개가 백이숙제보다 낫다는 것을 강조하고 있다.

오답 피하기 | ① 〈보기〉는 백이숙제의 태도를 새로운 관점으로 평가하는 것이지, 세속적 가치를 추구하는 삶을 비판하는 것은 아니다.
③ 〈보기〉의 '수양산'이 중국의 산 이름과 수양 대군의 두 가지 의미를 갖는 중의적 표현이다.
④ (가)에만 해당한다.
⑤ (가)와 〈보기〉는 모두 음성 상징어가 활용되지 않았다.

서술형 길잡이

1 (나)의 중장은 유배를 가는 단종과 이별하는 화자의 슬픔 (눈물)을 촛불에 감정 이입하여 표현한 것이다.

03 사랑과 그리움의 노래

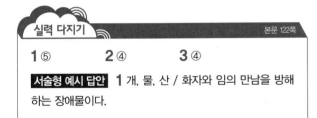

실력 다지기　　　　　　　　　본문 122쪽

1 ⑤　　　**2** ④　　　**3** ④

서술형 예시 답안 | 1 개, 물, 산 / 화자와 임의 만남을 방해하는 장애물이다.

1 작품의 종합적 이해

(가)~(다)의 화자는 모두 임이 찾아오기를 기다리는 태도와 그리움을 나타내고 있다.

오답 피하기 | ① (가)와 (나)는 모두 속마음을 숨기는 것이 아니라 감정을 진술하게 드러내고 있다.
② (나)와 (다)에 추억을 떠올리는 내용은 나타나지 않는다.
③ (가)~(다) 모두 근경에서 원경으로의 시선의 확대를 찾을 수 없다.
④ (가)~(다) 모두 어조의 교차가 나타나지 않는다.

2 외적 준거에 따른 작품 감상

(나)의 초장은 자신이 신의를 지키고 있음을 밝힌 것으로,

임에 대한 사랑이 변함없음을 나타내는 것이다. '내 언제 신이 업서'는 연정을 품은 이유와 상관이 없다.

오답 피하기 | ① 여기서의 '어리다'는 '어리석다'의 의미이므로 자책으로 볼 수 있다.
② 〈보기〉를 통해 (가)의 '님'이 황진이임을 알 수 있다.
③ 〈보기〉를 통해 확인할 수 있다.
⑤ '온 뜻이 전혀 업닉'는 임이 오시는 기척이 없다는 의미이므로, 황진이도 서경덕에 대해 연정을 갖고 기다리고 있음을 짐작할 수 있다.

3 소재의 기능 파악

(가)의 '브람', (나)의 '추풍', (다)의 '바람'은 모두 임이 찾아오는 것이라는 화자의 착각을 유발하여 기대감을 불러일으키는 소재이다.

오답 피하기 | ① ㉡은 가을의 계절감을, ㉢은 '설월'과 관련하여 겨울의 계절감을 부각하나, ㉠은 계절감과 직접적인 관련이 없다.
② ㉠~㉢ 모두 과거 연상과는 관련이 없다.
③ ㉠~㉢ 모두 화자와 임을 만나게 하는 것과는 관련이 없다.
⑤ ㉠~㉢ 모두 시련을 상징하는 시어는 아니다.

서술형 길잡이

1 '만중운산'은 화자와 임 사이의 만남을 방해하는 장애물을 과장적으로 표현한 것으로 볼 수 있다.

04 풍류와 흥취

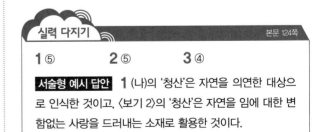

실력 다지기　　　　　　　　　본문 124쪽

1 ⑤　　　**2** ⑤　　　**3** ④

서술형 예시 답안 | 1 (나)의 '청산'은 자연을 의연한 대상으로 인식한 것이고, 〈보기 2〉의 '청산'은 자연을 임에 대한 변함없는 사랑을 드러내는 소재로 활용한 것이다.

1 표현상 특징 파악

(다)에서 시각적·청각적 심상 등을 확인할 수 있지만, 대상을 예찬하는 내용은 찾을 수 없다.

오답 피하기 | ① (가)의 '대쵸 볼 불근'이 사물에 인격을 부여하여 생동감을 주고 있는 구절이다.

② (가)의 '게는 어이 느리는고'가 질문의 방식으로 화자의 흥취를 드러내고 있는 구절이다.

③ (나)는 '-이요', '-(리)라' 같은 어미의 반복으로 운율감을 형성하고 있다.

④ (다)의 종장에서 확인할 수 있다.

2 구절의 의미 파악

ⓜ은 벗의 집에 술이 익었다는 말을 듣고 화자가 급하게 찾아갈 준비를 하는 모습이 해학적으로 표현된 것이다. 벗에 대한 섭섭함은 나타나지 않는다.

오답 피하기 | ① '벼 븬 그르헤'가 추수 후의 광경을 제시한 것이다.

② 술이 익자 술을 거르는 체 장수가 나타난 것이므로, 조건이 맞아떨어진 상황이다.

③ 자연은 값을 치르지 않아도 되고, 임자가 없다는 것은 마음껏 자연을 즐길 수 있음을 나타낸 것으로 볼 수 있다.

④ 자연 속에서 병 없는 화자가 근심 없이 늙겠다는 소망을 드러내고 있다.

3 시상 전개 방식에 대한 이해

(다)의 중장과 종장 사이에는 화자의 집에서 성 권롱(성혼)의 집으로의 공간의 이동 및 성 권롱의 집으로 찾아가는 시간의 생략과 비약이 나타나 있다.

1 (나)의 '말 업슨 청산'은 자연의 의연함을 보여 주는 것이고, 〈보기 2〉의 '청산'은 화자와 동일시되는 대상으로 임에 대한 영원한 사랑을 상징하는 것이다.

05 강호가도

실력 다지기
본문 126쪽

| **1** ④ | **2** ⑤ | **3** ⑤ | **4** ④ |

서술형 예시 답안 | 1 대조법

1 화자의 정서, 태도

〈제1수〉부터 〈제4수〉까지는 자연을 벗하며 즐기는 풍류 생활을 나타내고 있고, 〈제5수〉에서는 나라에 대한 걱정을 나타내고 있다. 즉, 이 작품의 화자는 강호 한정을 누리면서도 세상에 대한 근심을 떨쳐 버리지 못하고 있는 것이다.

오답 피하기 | ①, ② 이 작품에서 확인할 수 없는 내용이다.

③ 〈제2수〉의 초장과 중장을 보면 화자가 속세와 거리를 두고 있음을 알 수 있다. 하지만 이 작품에 부지런히 학문 수양을 하는 모습은 나타나지 않는다.

⑤ 이 작품에서 어부의 생활은 자연을 즐기는 것이지, 생계를 유지하기 위한 것은 아니다.

2 구절의 의미 파악

ⓜ은 화자가 자연 속에서도 나라에 대한 걱정이나 정치적 이상을 버릴 수 없다는 것으로, 내면적 갈등을 표출하는 것이다.

오답 피하기 | ① ㉠은 화자가 근심 없이 즐기는 생활이다.

② ㉡은 '만첩청산'과 함께 '십장홍진(속세)'을 가리고 있다.

③ ㉢에서는 자연 속에서 세속적 욕망이 없는 심리 상태를 '무심'으로 압축하고 있다.

④ ㉣은 화자가 '한운', '백구'와 완벽한 조화를 이룬 상황이다.

3 표현상 특징 파악

'십장홍진(속세)'과 '강호(자연)'를 대비하여 주제 의식을 부각하고 있고(ㄴ), '한운'과 '백구'를 의인화하여 친밀감을 나타내고 있으며(ㄷ), '날 가는 주를 알랴', '어니 부니 아르실가', '니즌 스치 이시랴' 등의 설의적 표현을 사용하여 시적 의미를 강조하고 있다(ㄹ).

오답 피하기 | ㄱ. 이 작품에 어조의 변화는 나타나지 않는다.

4 외적 준거에 따른 작품 감상

'언매나 ㄱ롓는고'는 번잡한 속세를 차단해서 다행이라는 심리를 표현한 것으로, 작가가 의식에 부족함이 없게 된 계기는 아니다.

오답 피하기 | ① '이 듕에 시름 업스니'는 자연 속에서 근심 없는 생활을 한다는 것이므로, 귀향 후 산수를 즐기는 것과 관련이 있다.

② 〈보기〉의 '틈이 나면 작은 배를 타고 산수를 즐기는 생활을 했다.'와 관련시켜 확인할 수 있다.

③ 속세를 다 잊었다는 것은 당쟁과 거리를 둔 상황으로 볼 수 있다.

⑤ '어늬 부니 아ᄅ실가'는 자연이 주는 참된 의미를 자기만이 안다는 자부심을 드러낸 것이므로, 귀향 후의 생활에 대한 만족감을 나타낸 것으로 볼 수 있다.

서술형 길잡이

1 화자는 '강호애 월백ᄒ거든'에서 자신이 즐기는 자연을 '월백'의 상황으로 묘사하고 있다. 여기서의 '월백'은 '홍진'과 대조되어 자연의 청정하고 순수한 이미지를 부각하고 있다.

06 헤어짐과 그리움의 노래

실력 다지기   본문 128쪽

1 ①   **2** ⑤   **3** ④   **4** ⑤

서술형 예시 답안   **1** 봄, 이화우

1 작품 간의 공통점 파악

(가)와 (다)는 이별한 임에 대한 그리움과 안타까움을, (나)는 떠나는 임에 대한 당부와 안타까움을 노래하고 있다.
오답 피하기 | ②, ③, ⑤ (가)~(다)에서 모두 찾을 수 없는 내용이다.
④ (가)에만 해당한다.

2 구절의 의미 파악

(다)의 '추풍낙엽'은 가을바람에 나뭇잎이 떨어지는 시기를 의미하는 것으로, 화자가 겪는 시련과는 관계가 없다.
오답 피하기 | ① '그릴 줄을 모로ᄃ냐'에는 후회와 한탄의 심리가 담겨 있다.
② '묏버들'은 화자와 임을 매개하는 것으로 화자의 분신으로 볼 수 있다.
③ '날인가도 너기쇼셔(나를 본 것처럼 여기소서)'는 임을 향한 당부로 볼 수 있다.
④ '이화우'는 비처럼 흩날리는 배꽃이나 봄비를 의미한다. 이를 통해 화자가 봄에 임과 이별하였음을 알 수 있다.

3 외적 준거에 따른 작품의 재구성

㉮의 경우 '임이 구태여 가셨으랴마는'의 의미가 되는데, 이는 회한이 담긴 영탄적 어조이지 설의적 표현은 아니다.
오답 피하기 | ① 도치로 볼 경우 '제'는 임이며, 행간 걸침으로 볼 경우 '제'는 화자로 볼 수 있다.
② 도치로 볼 경우 화자가 자기 곁에 있으라고 임을 붙잡지 않았기 때문에 임이 떠난 것이 되고, 행간 걸침으로 볼 경우에도 화자가 임을 일부러 애써 보낸 것이 되므로, 이별의 책임은 ㉮, ㉯ 모두 화자에게 있는 것이다.
⑤ 화자 자신이 임을 보낸 후 그리워하는 것이므로 자존심과 연모의 감정 사이에서 화자의 내적 고뇌를 부각시킬 수 있다.

4 작품의 종합적 이해

(나)에서는 화자의 정서를 직접적으로 드러내는 표현을 찾을 수 없지만, (다)에서는 '외로온'이라는 정서를 직접적으로 나타내는 표현을 찾을 수 있다.
오답 피하기 | ① 공간적 거리감은 '천 리'라는 말이 쓰인 (다)에서만 느낄 수 있다.
② (나)의 '밤비'와 (다)의 '이화우', '추풍낙엽'을 통해 하강의 이미지를 찾을 수 있다.
③ (다)의 중장을 임에 대한 원망의 태도로 볼 여지가 있다.
④ (나)와 (다) 모두 미래의 재회를 기약하는 모습은 나타나지 않는다.

서술형 길잡이

1 '이화우'는 봄비 또는 비처럼 흩날리는 배꽃을 비유한 것이다. (다)의 초장을 통해 봄에 이별했음을 알 수 있다.

07 학문에 정진하는 즐거움

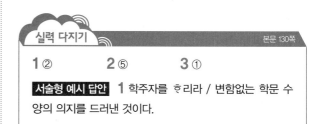

실력 다지기   본문 130쪽

1 ②   **2** ⑤   **3** ①

서술형 예시 답안   **1** 학주자를 ᄒ리라 / 변함없는 학문 수양의 의지를 드러낸 것이다.

1 작가의 세계관, 주제 의식 파악

(가)와 (나)는 모두 학문 수양을 위한 다짐과 강학의 즐거움을 노래하고 있으므로, ②가 제목으로 적절하다.

오답 피하기 | ① (가)와 (나) 모두 부정적 세태는 직접적으로 드러나지 않는다.

③ (가)와 (나) 모두 유교적 이념을 담고 있다고 볼 수 있으나, 출세를 지향하는 것은 아니다.

④ (가)와 (나) 모두 실용적 가치를 추구하는 것과는 거리가 멀다.

⑤ (가)와 (나) 모두 내적 갈등은 나타나지 않는다.

2 외적 준거에 따른 작품 감상

(나)의 '수변정사'는 물가에 있는, 학문을 가르치기 위하여 마련한 집을 의미한다. 이와 관련한 지리적 특성은 〈서사〉에서 찾을 수 없다.

오답 피하기 |

① (가)의 〈제10곡〉은 벼슬을 그만두고 학문에 정진하겠다는 목적을, 〈제11곡〉은 끊임없는 학문 수양의 의지를 제시한 것으로 볼 수 있다.

② '만고상청호리라'는 청산의 불변성과 연결하여 변함없이 학문 수양을 하겠다는 주제 의식을 나타낸 것으로 볼 수 있다.

③ (나)의 〈서사〉는 작품의 창작 동기를 밝힌 것으로, 종장을 통해 시상 전개의 실마리를 알 수 있다.

④ '강학'은 학문을 닦고 연구하는 것이므로, 〈서사〉의 주자의 학문을 배우겠다는 내용과 연결할 수 있다.

3 작품의 종합적 이해

(가)에는 '프르르며', '만고상청' 등 색채감을 나타내는 시어가 있지만, 색채의 대비는 나타나지 않는다.

오답 피하기 | ② (가)의 〈제10곡〉 중장에서 확인할 수 있다.

③ (가)의 〈제11곡〉 초장과 중장에서 확인할 수 있다.

④ (나)의 '주자'가 귀감의 대상이다.

⑤ (나)의 〈제5곡〉 종장에서 확인할 수 있다.

서술형 길잡이

1 '만고상청호리라'와 '학주자를 ᄒ리라'는 마음속으로 다짐하는 뜻을 나타내는 종결 어미를 활용하여 학문 수양의 의지를 드러낸 것으로 볼 수 있다.

---

08 아름다운 인륜의 노래

실력 다지기 본문 132쪽

1 ⑤ **2** ④ **3** ⑤

서술형 예시 답안 **1** 양반이라는 신분적 우월성에 바탕을 두고 청자에게 일방적으로 권계하는 방식으로 내용을 전달하기 때문이다.

1 작품의 종합적 이해

이 작품은 말하고자 하는 바를 가족 관계와 관련지어 전달하고 있는 것이지, 가족의 부양을 위한 노동의 필요성을 강조하는 것은 아니다.

오답 피하기 | ① '오륜'은 유교적 덕목이다.

② 〈제1수〉는 서사로, 오륜을 배워야 하는 이유를 밝히고 있다.

③ 백성들을 계도하는 목적으로 창작했기 때문에 전달의 편리함을 위해 순우리말 위주로 표현하고 있다.

④ 〈제3수〉에서 자연물인 '벌'과 '가여미(개미)'를 활용해 주인에 대한 종의 도리(임금에 대한 신민의 도리)를 이끌어 내고 있다.

2 감상의 적절성 평가

'교우이신'은 벗을 사귐에 믿음으로써 함을 이른다. 〈제5수〉는 형은 아우를 사랑하고 동생은 형을 공경한다는 뜻으로, 형제간에 서로 우애 깊게 지냄을 이르는 '형우제공'과 연결하는 것이 적절하다.

오답 피하기 | ① '부생모육'은 부모가 낳고 기름을 의미한다.

② '군신유의'는 임금과 신하 사이의 도리는 의리에 있음을 이른다.

③ '거안제미'는 밥상을 눈썹과 가지런하도록 공손히 들어 남편 앞에 가지고 간다는 뜻으로, 남편을 깍듯이 공경함을 이르는 말이다.

⑤ '장유유서'는 어른과 어린이 사이의 도리는 엄격한 차례가 있고 복종해야 할 질서가 있음을 이른다.

3 작품 간의 공통점, 차이점 파악

〈제5수〉와 〈보기〉는 모두 형제간의 우애를 강조하는 것이다. 우애의 회복이 어렵다는 내용은 구체적으로 제시되지 않았다.

오답 피하기 | ① 〈보기〉는 화자가 권계하는 말이고, 〈제5수〉는 형과 아우의 대화가 나타난다.

② 〈제5수〉에서는 형제와 불화하는 사람을 '개, 돼지'에 빗대고 있다.

③ 〈보기〉 중장의 '양직조차 マ투손다'는 '모습조차 같은 것인가'의 의미이므로, 외양의 유사점을 강조하고 있는 것이다.

④ 〈보기〉와 〈제5수〉의 '젖'은 어머니의 사랑을 상징하는 소재이다.

1 ㉠은 자신이 전달하는 말을 실천하지 않으면 사람이 아니고(짐승이나 마찬가지이고), 자신이 전달하는 말을 반드시 배워야 한다고 강요하고 있다. 이런 식의 전달 방식은 청자에게 거부감을 유발할 가능성이 크다.

09 평민들의 사랑과 그리움의 노래

실력 다지기

본문 134쪽

1 ②   **2** ②   **3** ①

서술형 예시 답안 **1** 사공 / 화자가 임에 대한 원망을 전가하는 대상으로 활용하고 있다.

1 작품 간의 공통점 파악

(가)는 부재하는 임을 기다리는 안타까움을, (나)는 임을 여읜 절망과 슬픔을 드러내고 있다.

오답 피하기 | ①, ③, ④, ⑤ (가)와 (나)에서 모두 찾을 수 없는 내용이다.

2 외적 준거에 따른 작품 감상

(가)의 화자는 개를 미워하여 쉰밥이 많이 생겨도 먹지 않으려 하고 있다. 이중적 태도를 보이는 것은 아니다.

오답 피하기 | ① (가)에서 화자는 표면적으로 개에 대한 원망을 드러내고 있다.

③ (가)의 중장에서 '홰홰', '버동버동', '캉캉' 등의 음성 상징어를 사용하고 있다.

④ 〈보기〉의 '이 두 가지 관계 중에서 화자가 드러내려고 하는 것은 무심한 임에 대한 감정이다.'를 통해 짐작할 수 있다.

⑤ 〈보기〉를 통해 (가)는 아무리 기다려도 오지 않는 임에 대한 원망을 나타내는 것임을 알 수 있다.

3 화자의 정서, 태도

(나)는 비교와 점층, 과장의 기법을 통해 임을 여읜 화자의 절망과 슬픔을 강조하고 있다. 종장의 '엇그제 님~엇다가 マ을 호리오'는 까투리나 도사공의 심정보다도 화자의 절망감이 더 심하다는 것을 강조하는 표현이다.

오답 피하기 | ② ㉢은 과거의 상황과 연결할 여지가 있으나, ㉠, ㉡은 상황을 가정한 것이다.

③ 모두 ㉠~㉢과 관련이 없는 내용이다.

④ ㉠, ㉡은 절망적 상황의 유발과 관련이 있으나, ㉢은 절망적 상황의 해소와 관련이 없다.

⑤ ㉠, ㉡이 외부적 위협에 대한 반응이고 ㉢은 내면적 고뇌에 대한 반응으로 볼 수 있다.

1 (가)와 〈보기〉의 작품에서 화자가 실질적으로 원망하는 대상은 임이다. 그런데 임에 대한 원망을 겉으로 드러내지 않고 엉뚱하게 각각 애꿎은 개와 사공에게 화풀이를 하고 있다.

10 세태 비판의 노래

실력 다지기

본문 136쪽

1 ②   **2** ②   **3** ⑤

서술형 예시 답안 **1** (가)는 '게젓'을 '동난지이'로 외치는 상인의 현학적인 자세를 풍자하고 있고, (나)는 여러 가지 '물 것(해충)'을 나열하여 탐관오리들이 가혹하게 백성을 수탈하는 상황을 풍자하고 있다.

1 표현상 특징 파악

(가)는 대화체로 해학적인 어조를 느낄 수 있다. 설득적 어조는 나타나지 않는다.

오답 피하기 | ① (가)의 초장의 '댁들에 동난지이 사오'와 중장
이 게젓 장사가 외치는 소리를 인용한 것이다.
③ (가)는 '아스슥'이라는 의성어를 활용하여 생동감을 주고
있다.
④ (나)는 탐관오리를 '이, 벼룩, 빈대, 사마귀, 바퀴벌레' 등에
빗대어 비판하고 있다.
⑤ (나)는 '니, 벼룩, 모기' 등의 동일한 시어를 반복하여 리듬
감을 형성하고 있다.

2 시상 전개 방식에 대한 이해

ⓐ에서 고객은 '동난지이 사오'라는 말을 듣고 상인에게 '무
엇이라 웨는다'라며 반문하고 있다.
오답 피하기 | ① (가)에 가격을 깎기 위한 흥정은 나타나지 않
는다.
③ (가)에 상품의 신선도를 살펴보는 내용은 나타나지 않는다.
④ 상인의 말 1, 2에 해당하는 것이다.
⑤ (가)에 반어적 표현은 나타나지 않는다.

3 외적 준거에 따른 작품 감상

종장에서 언급한 '쉬파리'는 관념적인 대상이 아니라 구체
적이고 사실적인 대상이다.
오답 피하기 | ① 〈보기〉의 '사설시조는 평시조와 비교할 때 중
장이 글자 수의 제한 없이 길어진 시조이다.'를 통해 적절하다
고 볼 수 있다.
② 중장에서 탐관오리를 빗댄 해충들을 장황하게 나열하면서
해학성이 드러나는데, 이는 〈보기〉와 연결할 때 삶의 고통을
완화하는 효과가 있다고 볼 수 있다.
③ 〈보기〉의 '사설시조는 중인이나 평민들이 창작에 참여하여
유교적 충효 사상이나 관념적 대상을 제시하는 관행에서 벗어
나 실제 생활을 사실적으로 그려 내면서'를 통해 적절하다고
볼 수 있다.
④ (나)는 탐관오리가 넘치는 당시의 부정적 세태를 해충들에
빗대어 우의적으로 비판한 작품이다.

서술형 길잡이

1 (가)는 시정(市井)의 상거래 장면을 통해 현학적인 세태를
풍자하고 있고, (나)는 탐관오리들을 여러 가지 해충에 빗대어
그들이 백성을 수탈하는 상황과 그로 인한 백성들의 괴로움을
풍자하고 있다.

---

11 자연 예찬의 노래

실력 다지기   본문 138쪽

1 ②   **2** ③   **3** ②

서술형 예시 답안 **1** 달 / 보고도 말 아니ᄒ니

1 표현상 특징 파악

이 작품에 어조의 변화는 나타나지 않으며, 작품의 분위기
도 정적이라고 단정하기 어렵다.
오답 피하기 | ① '너는 얻디 눈서리를 모르ᄂ다', '너만ᄒ니 또
잇ᄂ냐' 등의 설의적 표현으로 대상에 대한 예찬의 심정을 드
러내고 있다.
③ 〈제2수〉에서 '구룸', 'ᄇ람'과 대조하여 물의 불변성을 부
각하고 있다.
④ 연시조인 이 작품은 4음보를 규칙적으로 사용하여 리듬감
을 형성하고 있다.
⑤ 이 작품은 물, 바위, 소나무, 대나무, 달을 벗으로 의인화하
고 있다.

2 작품의 종합적 이해

〈제4수〉에서는 색채 이미지가 활용되지 않았다.
오답 피하기 | ① 〈제1수〉에서는 오우를 소개하며 만족감을 드
러내고 있다.
② 〈제2수〉에서는 물의 그치지 않는 영원성을, 〈제3수〉에서
는 바위의 불변성을 부각하고 있다.
④ 〈제5수〉에서는 의문의 형식으로 대나무의 외형적 속성을
나타내고 있다.
⑤ 〈제6수〉에서는 달의 광명과 과묵함을 예찬하고 있다.

3 작품 간의 공통점, 차이점 파악

이 작품과 〈보기〉는 모두 자연 친화적 생활을 통한 만족감
을 드러내고 있다. 이상과 현실 사이의 괴리는 찾을 수 없다.
오답 피하기 | ① 이 작품에서는 '물, 바위, 소나무, 대나무, 달'
을, 〈보기〉에서는 '솔'을 벗으로 여기고 있다.
② 〈보기〉의 '이어라 이어라'와 '배 매어라 배 매어라'가 현장
감을 주는 여음에 해당한다.
④ 〈동 8〉의 종장을 통해 확인할 수 있다.
⑤ 이 작품 〈제4수〉의 '눈서리'가 시련을 상징하는 시어이다.

1 '보고도 말 아니ᄒ니'는 달의 과묵한 태도를 예찬한 것으로 과묵한 선비의 모습을 떠올릴 수 있다.

3. 가사

01 상춘곡 정극인

실력 다지기
본문 140쪽

1 ③　　　**2** ②　　　**3** ③　　　**4** ④

서술형 예시 답안 **1** 그 나믄 녀나믄 일 / 화자가 꺼리는 세속적인 부귀영화를 의미한다.

1 표현상 특징 파악

화자는 자신을 '홍진에 묻힌 분'과 비교하며 자연 친화적 생활에 대한 만족감을 드러내는 것이지, 자신의 과거를 반성하는 것은 아니다.
오답 피하기 | ① '연하일휘는 금수를 펼쳐 놓은 듯' 등에서 확인할 수 있다.
② '미칠까 못 미칠까', '지락을 모를 것인가', '흥이야 다를소냐' 등 의문의 방식으로 화자의 자부심과 흥취를 드러내고 있다.
④ '공명도 날 꺼리고 부귀도 날 꺼리니'는 객체인 '공명'과 '부귀'가 주체인 '나'를 꺼린다는 식으로 주체와 객체를 바꾸어 화자의 안빈낙도를 추구하는 가치관을 나타내고 있다.
⑤ '엊그제 검은 들이 봄빛도 유여할사'에서 시각적 이미지를 활용하여 겨울에서 봄으로 계절이 변화했음을 보여 주고 있다.

2 시상 전개 방식에 대한 이해

⑭는 화자가 그 주변을 걷고 있고, ⑯는 화자가 앉아 보는 장소인데, 여기서 추억을 떠올리는 내용은 나타나지 않는다.
오답 피하기 | ① 맑은 시냇물 앞의 수간모옥은 화자가 봄을 완상하기 위해 출발하는 장소로 볼 수 있다.
③ '시냇가에 혼자 앉아 / 명사 맑은 물에 잔 씻어 부어 들고'에서 확인할 수 있다.

④ '청류를 굽어보니 떠오는 것이 도화로다 / 무릉이 가깝도다 저 산이 그것인가'에서 확인할 수 있다.
⑤ '봉두에 급히 올라 구름 속에 앉아 보니 / 천촌만락이 곳곳에 벌여 있네'에서 확인할 수 있다.

3 구절의 의미 파악

'채산'과 '조수'는 한가로운 생활 속의 즐거움과 관련이 있지, 생계를 유지하기 위한 행동은 아니다.
오답 피하기 | ① '도화 행화'에서 봄의 계절감을, '석양'에서 시간적 배경을 확인할 수 있다.
② ⓛ은 화자가 봄에 느끼는 흥취를 봄기운을 이기지 못해 우는 새에 이입한 것이다.
④ '어떤 벗이 있을까'라는 설의적 표현을 통해 '청풍명월'로 상징되는 자연만이 자신의 벗이라는 생각을 드러내고 있다.
⑤ '백년행락'은 화자의 생활을, '이만한들 어찌하리'는 화자의 만족감을 드러낸 것이다.

4 감상의 적절성 평가

ⓒ와 ⓓ는 화자 자신을 가리킨다.
오답 피하기 | ⓐ는 속세에 사는 사람들을, ⓑ는 옛날에 풍류를 즐기던 사람들을, ⓔ는 술을 메고 가는 동자를 가리킨다.

1 '헛된 생각'은 화자가 꺼리는 세속적인 부귀영화를 의미한다. 〈보기〉에서 이와 의미가 유사한 시구는 '그 나믄 녀나믄 일'로, 자연을 즐기는 일과 대비되는 세속적 가치를 추구하는 일로 볼 수 있다.

02 면앙정가 송순

실력 다지기
본문 143쪽

1 ⑤　　　**2** ③　　　**3** ①

서술형 예시 답안 **1** 자연 속에서 누리는 즐거운 삶의 방식을 다른 사람들에게 전하겠다.

1 표현상 특징 파악

이 작품은 자연을 즐기는 화자의 흥취를 진솔하게 표현하고 있을 뿐 대화의 방식을 사용하고 있지 않다.

오답 피하기 | ① '아츰이 낫브거니 나조히라 나을소냐 / 오늘리 부족거니 내일리라 유여ᄒ랴' 등 대구의 방식을 활용하여 리듬감을 형성하고 있다.

② '일곱 구비 홀머움쳐 므득므득 버려ᄂ 듯', '구름 튼 쳥학이 천 리를 가리라 두 ᄂ래 버렷ᄂ 듯', '졍자 압 너븐 들희 올올히 펴진 드시' 등 비유적 표현을 활용하여 대상을 묘사하고 있다.

③ 이 작품은 시각적 이미지를 활용하여 면앙정 주변 모습의 운동감을 효과적으로 표현하고 있다.

④ '악양루상의 이태백이 사라 오다 / 호탕정회야 이예서 더홀소냐'에서 확인할 수 있다.

2 외적 준거에 따른 작품 감상

ⓒ은 속세를 떠난 가운데 자연을 벗 삼아 즐거움을 누리느라 여유가 없다는 의미이지, 임금에 대한 염려를 나타낸 것은 아니다.

오답 피하기 | ① '늘근 뇽(늙은 용)'은 산봉우리를 비유한 것으로, 여기에 '선줌을 ᄀ 씨야(선잠을 갓 깨어)'라고 생명력을 부여하여 생동감을 주고 있다.

② 면앙정 주변의 자연이 그림처럼 아름답다고 묘사하고 있다.

④ 자신의 생활이 신선의 생활과 같다고 생각하며 만족감을 드러내고 있다.

⑤ '역군은이샷다'에서 임금의 은혜에 대해 감사하는 부분을 확인할 수 있다.

3 작품의 내용 파악

[A]는 면앙정 앞 시냇물의 모습을 묘사한 것이고, [B]는 벗과 어울려 술을 마시며 노래를 부르고, 악기를 연주하고, 시를 읊는 등 풍류를 즐기는 구체적 상황을 제시하고 있다.

오답 피하기 | ② [A]와 [B] 모두 인간과 자연을 대비하는 내용은 나타나지 않는다.

③ [A]와 [B]를 자연에 대한 애착을 담은 내용으로 볼 여지는 있으나, [A]와 [B] 모두 어순을 바꾸지는 않았다.

④ [A]는 화자가 바라보는 시냇물의 모습을 제시한 것이고, [B]는 자연 속에서 풍류를 즐기는 화자의 모습을 제시한 것이다. 공간의 이동은 나타나지 않는다.

⑤ [A]의 '올올히'는 산이나 바위 따위가 우뚝우뚝 솟아 있는 모양을 나타내는 의태어로 볼 수 있으나, [B]에는 음성 상징어가 쓰이지 않았다.

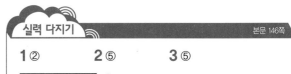
1 ⓐ의 '길'을 삶을 살아가는 지향점으로 보고, '−리야'를 상대편의 의향을 묻는 뜻을 나타내는 종결 어미로 본다면 ⓐ는 자신의 삶의 방식이나 가치관을 전하겠다는 의미로 풀이할 수 있다.

03 사미인곡 정철

실력 다지기   본문 146쪽

1 ②   **2** ⑤   **3** ⑤

서술형 예시 답안 1 ㉮는 임금의 선정에 대한 화자의 소망을 담은 것이고, ㉯는 임금에 대한 화자의 염려를 담은 것이다. / 충신연주지사

1 표현상 특징 파악

이 작품에 반어적 표현은 나타나지 않는다.

오답 피하기 | ① 봄, 여름, 가을, 겨울의 순서로 계절의 정경과 함께 시상을 전개하고 있다.

③ '암향은 므스 일고', '님이신가 아니신가', '날은 엇디 기돗던고', '뉘라셔 ᄎ자갈고', '날인가 반기실가' 등 의문의 방식으로 임에 대한 그리움을 부각하고 있다.

④ 이 작품의 화자는 임의 사랑을 받지 못하는 처지를 여성의 목소리로 간곡히 호소하고 있다.

⑤ 이 작품은 4음보의 연속체로 리듬감을 형성하고 있다.

2 구절의 의미 파악

ⓜ은 화자가 처한 독수공방의 상황을 강조한 것이지, 화자가 꿈을 꾸다가 깨어난 상황을 나타낸 것이 아니다.

오답 피하기 | ① '광한뎐'은 궁궐을 가리키는 것이고, '하계'는 화자가 현재 거주하는 장소(창평)를 가리키는 것이다. 이를 통해 화자가 임금 곁을 떠나게 된 상황임을 알 수 있다.

② 세월이 물 흐르는 듯하다고 비유하여 시간의 경과에 대한 아쉬움을 드러내고 있다.

③ 임이 달빛을 보내 깊은 산골짜기도 대낮같이 환하게 만들라는 것은 임금의 선정을 바라는 내용으로 볼 수 있다.

④ '옥누 고쳐'는 궁궐을 상징하는 것으로, 자신이 있는 남쪽 지방도 추운데 북쪽의 궁궐은 어떻겠느냐며 임금의 안부를 걱정하고 있다.

3 외적 준거에 따른 작품 감상

ⓔ는 화자의 은거지인 창평을 가리키는데, 잠시나마 위안을 얻는 장소가 아니라 임금을 그리워하며 힘겨운 생활을 하는 장소이다.

오답 피하기 | ① '암향(그윽한 향기)'은 임금에 대한 변함없는 충절을 상징하는 것으로 볼 수 있으므로, '미화'는 스스로를 충신이라 여기는 작가의 분신으로 볼 수 있다.
② 정성을 다해 아름답게 만든 '옷'은 작가가 임금에 대해 정성을 다하고 있음을 알려 주는 소재로 볼 수 있다.
③ '산'과 '구롬'은 화자와 임 사이를 가로막는 장애물로 임금의 총명을 어지럽히는 간신을 비유한 것으로 이해할 수 있다.
④ 이어지는 '우러 녤 제(울며 갈 때)'로 볼 때 '기려기'는 감정 이입을 통해 화자의 슬픔을 투영한 것이다.

서술형 길잡이

1 ㉮는 임금이 온 세상을 대낮같이 비추기를 바라고 있는 것이고, ㉯는 임금이 추울까 봐 임금이 계신 곳에 비치게 하고 싶은 것이다. 임과 이별한 후에도 임의 선정을 바라고 임의 안위를 염려하는 내용의 시가를 충신연주지사라고 한다.

04 연행가 홍순학

실력 다지기   본문 149쪽

| 1 ⑤ | 2 ④ | 3 ⑤ | 4 ④ |

서술형 예시 답안 **1** 머리는 압흘 싹가 뒤만 쓰흐 느리쳐셔

1 표현상 특징 파악

이 작품에는 자연물을 의인화한 표현도 없고, 대화의 방식으로 서술한 부분도 나타나지 않는다.
오답 피하기 | ① 이 작품은 사신 행차의 여정과 관련하여 시간의 흐름에 따라 서술되고 있다.

② '금셕산 지나가니 온졍평이 여긔로다', '청여는 발이 커셔 남즈의 발 굿트나 / 당여는 발이 작아 두 치짐 되는 거슬' 등의 대구법을 사용하여 운율감을 형성하고 있다.
③ '일 년 삼백육십 일에 양치 한 번 아니ᄒᆞ여 / 이샬은 황금이오 손톱은 다섯 치라'에서 확인할 수 있다.
④ 시가지의 모습, 호인들의 외양 및 차림새 등과 관련된 이국적인 소재를 나열하며 흥미를 유발하고 있다.

2 외적 준거에 따른 새로운 가치 발견

ⓔ 앞의 '그러타고 웃지 마라 명나라 끼친 제도'로 볼 때 ⓔ은 명나라의 관습인 전족 제도를 칭찬하는 것으로 볼 수 있다.
오답 피하기 | ㉠은 성안으로 들어오는 절차가 까다로움을, ㉡은 봉황성 안의 시가지가 화려하고 물자가 풍족함을, ㉢과 ㉤은 호인들의 차림새를 나타낸 것이다.

3 감상의 적절성 평가

나발 소리는 짐승들의 침입을 방지하기 위해 사신 일행 중 일부가 내고 있는 것이다.
오답 피하기 | ① '오히려 이번 길은 오뉴월 염천이라'에서 확인할 수 있다.
② '금셕산 지나가니 온졍평이 여긔로다'에서 확인할 수 있다.
③ '삼 사신', '역관이며 비장 방장' 등에서 사신 일행의 직책들을 확인할 수 있다.
④ '불상ᄒᆞ여 못 보갯다'에서 확인할 수 있다.

4 작품의 내용 파악

㉮와 ㉯에서 호인들은 거리에 나와 조선 사신 일행이 지나가는 것을 구경하고 있고, 화자는 그런 호인들을 관심을 가지고 관찰하고 있다.
오답 피하기 | ① ㉮에서 호인들은 거리에 나와서 구경하고 있을 뿐, 조선 사신 일행을 존중하는 것은 아니다.
② ㉮에서 화자가 호인들의 말을 이해하는 것은 아니며, 호인들에게 호감을 보이는 것도 아니다.
③ ㉯는 호인 여자들이 아이들을 안거나 데리고 나와 구경하는 상황이지, 화자가 호인 여자들보다 아이들에 대해 친밀감을 드러내는 상황은 아니다.
⑤ 이 작품에서 조선 사신 일행과 호인들 사이에 긴장감이 유발되는 상황은 나타나지 않는다.

이미 하늘에 의해 정해진 운명이라 생각하고 있는 것이다.
② '설빈 화안'은 아름다운 외모를, '면목가증'은 추한 외모를 나타내는데, 이를 대조하여 화자는 자신의 외모가 추하게 변했음을 부각하고 있다.
③ '열두 때'는 하루를, '서른 날'은 한 달을 나타내는데, 이를 길고 지루하다는 화자의 심리와 연결하여 고뇌를 표출하고 있다.
④ '약수'는 '은하수'와 더불어 장애물을 상징하는 시어이다.

3 감상의 적절성 평가

[A]는 겨울, 여름, 봄, 가을 순으로 계절을 엇갈리게 배열해 독자에게 색다른 느낌을 주고 있다.
오답 피하기ㅣ ① [A]에 임의 방탕한 행동과 관련된 정보는 없다.
② [A]에서는 계절과 관련된 외부 상황을 제시하는 것이지, 외부 세계를 내면 심리와 반대로 묘사하고 있는 것은 아니다.
③ [A]에 공간의 이동은 나타나지 않는다.
⑤ [A]에 화자가 자신을 다른 대상과 비교하는 내용은 나타나지 않는다.

서술형 길잡이

1 '실솔'은 이 작품의 화자의 슬픈 감정을 이입하는 대상이고, '귀또리'는 〈보기〉의 화자가 동병상련의 대상으로 여기며 자신의 감정을 이입하는 대상이다.

서술형 길잡이

1 머리의 앞부분을 깎고 뒤만 땋아 늘어뜨리는 것이 변발이다.

05 규원가 허난설헌

실력 다지기   본문 152쪽

1 ⑤   **2** ⑤   **3** ④

서술형 예시 답안 1 귀또리 / 화자의 감정을 투영한 감정 이입의 대상이다.

1 작품의 내용 파악

'우리 임 가신 후는 무슨 약수 가렸관대 / 오거나 가거나 소식조차 그쳤는고'로 볼 때, 일 년에 한 번 만나는 견우나 직녀와 달리 화자는 남편과 소식이 끊어져 만남을 기약할 수조차 없는 상황이다.
오답 피하기ㅣ ① 집에 돌아오지 않고 기방을 전전하는 남편 때문에 화자는 독수공방을 하고 있음을 알 수 있고, '박명한 홍안이야 나 같은 이 또 있을까'를 통해 스스로 세상에서 가장 불행하다고 한탄했음을 알 수 있다.
② 화자는 '군자 호구'를 소망했지만, 화려한 차림으로 기방을 순회하는 '장안 유협 경박자'와 결혼했다.
③ '꽃 피고 날 저물 제 정처 없이 나가 있어 / 백마 금편으로 어디어디 머무는고 / 원근을 모르거니 소식이야 더욱 알랴 / 인연을 끊었어도 생각이야 없을쏘냐'를 통해 집에 돌아오지 않는 남편을 원망하면서도 그리움을 드러내는 이중적 태도를 확인할 수 있다. 이것은 결국 봉건적인 가부장 제도 아래 고통받는 여성의 한스러운 삶과 연결할 수 있다.
④ 화자는 남편을 그리워하여 꿈속에서 보려 했지만 이마저도 잎이 지는 소리와 풀벌레 소리 때문에 잠이 깨어 이루지 못했다.

2 구절의 의미 파악

ⓓ은 화자의 슬픔을 새에게 이입한 상황이지, 화자 자신의 심정을 임에게 전달하려고 애쓰는 상황이 아니다.
오답 피하기ㅣ ① '삼생의 원업'은 윤회 사상과, '월하의 연분'은 운명론과 관련시킬 수 있다. 즉 화자는 자기의 잘못된 결혼이

06 선상탄 박인로

실력 다지기   본문 155쪽

1 ⑤   **2** ⑤   **3** ⑤   **4** ③

서술형 예시 답안 1 왜적을 용서하고 함께 평화롭게 살고자 하는 소망을 드러낸 것이다.

1 표현상 특징 파악

이 작품에서 화자는 '진시황, 제갈량, 손빈' 등 중국의 역사적 인물과 중국 고사를 인용하여 전쟁에 대한 한탄과 우국의 정서를 드러내고 있다.
오답 피하기ㅣ ① 바다를 바라보며 화자의 고뇌를 읊는 것이지,

공간의 이동은 나타나지 않는다.
② 독백체의 형식으로, 대화체는 나타나지 않는다.
③ 화자가 자신을 다른 인물과 대조하는 내용은 찾을 수 없다.
④ 이 작품의 공간적 배경은 화자가 바라보는 바다로 볼 수 있는데, 이를 이상적 세계로 형상화하는 것은 아니다.

2 외적 준거에 따른 작품 감상

'추월춘풍에 놉히 베고 누어 이셔'는 태평성대가 도래하여 전선 대신 고기잡이배를 타고 자연을 즐기고 싶다는 소망을 표현한 것으로, 평화를 희구하는 심정으로 볼 수 있다.
오답 피하기 | ① '기왕불구라 일너 무엇하로소니'는 지난 일을 탓할 필요가 없다는 것으로 적개심을 표현한 것은 아니다.
② '일엽주 아니면 어디 부처 다닐는고'는 자연을 즐기는 수단으로써 배의 가치를 생각하는 내용이다.
③ '임풍 영월하되 흥이 전혀 업는게오'는 전쟁 상황에 대한 한탄을 드러내는 것이다.
④ '구시월 상풍에 낙엽가치 헤치리라'는 왜적을 물리치겠다는 강한 의지를 나타낸 것이다.

3 작품의 내용 파악

이 작품에서 간신들을 제거하겠다는 내용은 찾을 수 없다. 왜적이라는 외부적 위협에 초점을 맞춘 글이지, 내부적 분란을 언급한 것은 아니다.
오답 피하기 | ① 왜적이 생겨나게 한 진시황, 서불 등을 원망하고 있다.
② '비선에 달려드러 선봉을 거치면 / 구시월 상풍에 낙엽가치 헤치리라 / 칠종칠금을 우린들 못할 것가'에서 확인할 수 있다.
③ '오동방 문물이 한당송애 디랴마는'에서 확인할 수 있다.
④ '이 몸이 무상한들 신자 되야 이셔다가 / 궁달이 길이 달라 몬 뫼옵고 늘거신들 / 우국 단심이야 어느 각에 이즐넌고'에서 확인할 수 있다.

4 소재의 기능 파악

㉠과 ㉡은 모두 속세를 떠나 자연에 은거하며 한가롭게 지내는 삶을 상징하고 있다.
오답 피하기 | ① ㉠과 ㉡은 모두 화자가 긍정적으로 인식하는 존재이다.
② ㉡은 현재 자연 속에서 유유자적하는 화자 자신의 모습을 제시한 것이다.
④ ㉠과 ㉡은 모두 화자의 성찰을 유발하는 것과는 관련이 없다.

⑤ ㉡이 화자의 미래의 삶을 짐작하게 할 수는 있으나, ㉠이 화자의 과거의 삶을 환기하는 것은 아니다.

1 '욕병생'은 전쟁을 하지 않고 평화롭게 공존하는 것을 의미한다.

07 농가월령가 정학유

본문 160쪽

1 ③   **2** ⑤   **3** ④

서술형 예시 답안 1 양반 사대부의 입장에서 농가에서 해야 할 농사일에 대해 권장하고 있다.

1 표현상 특징 파악

이 작품에 과거와 미래를 대비하는 내용은 나타나지 않는다.
오답 피하기 | ① (나)의 '아미 같은 초승달은 서천에 걸리거다', (다)의 '백설 같은 면화 송이 산호 같은 고추 다래' 등에서 비유적 표현으로 시적 상황을 묘사하고 있다.
② (가)의 '뻐꾹새 자로 울고', '꾀꼬리 소리한다'에서 봄의 계절감을, (나)의 '가지 위의 저 매미 무엇으로 배를 불려 / 공중에 맑은 소리 다투어 자랑하는고'에서 여름의 계절감을 확인할 수 있다.
④ 이 작품은 설득적 어조로 농민들이 달과 절기에 따라 해야 할 일을 권장하고 있다.
⑤ 이 작품은 4음보를 규칙적으로 사용하여 리듬감을 형성하고 있다.

2 시상 전개 방식에 대한 이해

이 작품은 '절기 소개 → 정경 묘사 → 농가에서 해야 할 일'의 순서로 시상이 전개되고 있다. 명년 계획 수립은 나타나지 않는다.

3 구절의 의미 파악

'다락기'는 아가리가 좁고 바닥이 넓은 바구니인 '다래끼'를 말한다. ㉣은 면화를 따는 다래끼에 수수 이삭과 콩 가지도 담는 것을 의미한다.

오답 피하기 | ① 환곡은 조선 시대에 곡식을 사창(社倉)에 저장하였다가 백성들에게 봄에 꾸어 주고 가을에 이자를 붙여 거두던 곡식이다. 양식이 모자라 환곡을 보탠다는 것은 경제적 어려움과 관련이 있다.

② ㉡은 견우직녀 설화 내용을 바탕으로 한 표현이다.

③ ㉢은 김장에 쓸 무와 배추를 가시나무 울타리로 막아 잘 관리하라는 말이다.

⑤ '수의'는 염습할 때 송장에 입히는 옷이다. 이를 유의하라는 것은 부모님의 별세에 대비하라는 당부로 이해할 수 있다.

서술형 길잡이

1 〈보기 1〉의 화자는 직접 농사를 짓는 입장에서 지나가는 손님을 바라보고 있는 데 반해, 이 작품의 화자는 우월한 입장에서 농사에 관한 정보와 교훈을 전달하는 계몽적인 태도를 보이고 있다.

08 덴동어미 화전가 작자 미상

실력 다지기 · · · · · · 본문 161쪽

1 ⑤   **2** ④   **3** ⑤

서술형 예시 답안 1 그네를 타다가 그넷줄이 끊어져 죽었다.

1 표현상 특징 파악

이 작품은 덴동어미를 포함한 부녀자들이 대화를 나누는 방식으로 내용을 전개하고 있다.

오답 피하기 | ① 이 작품은 첫 연과 마지막 연이 동일한 혹은 비슷한 형태를 띠는 수미상관의 형식은 아니다.

② 이 작품에 계절의 변화는 나타나지 않는다.

③ 이 작품에 고사를 인용한 내용은 나타나지 않는다.

④ 이 작품은 서민 부녀자들이 지은 노래로, 그녀들의 목소리로 정서를 드러내고 있다.

2 외적 준거에 따른 작품 감상

이 작품은 덴동어미를 포함한 부녀자들이 대화를 나누는 방

식으로 내용을 전개하고 있다. 이 작품에 제시된 청춘과녀와 덴동어미의 말을 통해 고달픈 삶을 살았던 여인들의 한스러운 심정을 확인할 수 있다(㉯). 그리고 '어떤 부인은 글 용해서 내칙 편을 외워 내고'에서 교양물을 읊는 풍월 놀이가 나타남을 알 수 있다(㉰).

오답 피하기 | ㉮ 이 작품에 화전놀이를 가려고 준비하는 과정은 나타나지 않는다.

㉱ 이 작품에 현실의 고통을 노래 등을 통해 신명으로 풀어내는 모습은 나타나지 않는다.

3 구절의 의미 파악

㉤은 청춘과녀가 화전놀이를 하면서도 마음이 비참하고 괴로워 자기는 돌아가겠다고 말하는 것이지, 일행에게 화전놀이를 끝내자고 요구하는 것은 아니다.

오답 피하기 | ① 죽어서 영원히 이별한다는 뜻의 '영결종천'을 통해 청춘과녀가 남편과 사별했음을 알 수 있다.

② '정든 임을 잠깐 만나'를 통해 꿈속에서 남편을 잠시 만났음을 알 수 있다.

③ '임은 정녕 간곳없고'를 통해 꿈에서 깨어났음을 알 수 있다.

④ 풍경을 보면서 눈물을 흘리고 사람들의 말을 들으며 상심하고 있으므로, 화전놀이에서 즐거움을 느끼지 못한다고 볼 수 있다.

서술형 길잡이

1 '삼백 장 높은 가지 추천을 뛰다가서 / 추천 줄이 떨어지며 공중에 메박으니 / 그만에 박살이라'에서 확인할 수 있다.

4. 잡가와 민요, 무가

01 유산가 작자 미상

실력 다지기 · · · · · · 본문 164쪽

1 ⑤   **2** ①   **3** ⑤

서술형 예시 답안 1 죽장망혜 단표자

1 표현상 특징 파악

이 작품에는 주체와 객체를 전도한 표현이 나타나지 않는다.

오답 피하기 | ① '유상 앵비는 편편금이요 / 화간접무는 분분설이라', '원산은 첩첩 태산은 주춤하여 / 기암은 층층 장송은 낙락' 등 대구법을 사용하여 리듬감을 드러내고 있다.

② '수정렴 드리온 듯', '은옥같이 흩어지니' 등 비유적 표현을 통해 대상의 특성을 나타내고 있다.

③ '양류 세지 사사록하니 / 황산 곡리 당춘절이라 / 연명 오류가 예 아니냐'는 중국의 도연명과 관련한 고사를 인용해 봄을 맞이한 자연의 아름다움에서 느끼는 즐거움을 표현하고 있다.

④ '우줄우줄', '콸콸', '주루루룩' 등에서 확인할 수 있다.

2 외적 준거에 따른 작품 감상

한자어의 사용이나 한시의 인용 등은 양반 사대부가 향유층이기 때문에 고려한 요소로 볼 수 있다.

오답 피하기 | ② 잡가는 4·4조의 운율을 바탕으로 하며, 시조처럼 초장, 중장, 종장의 형식을 갖춘 것은 아니다.

③ 이 작품의 분위기는 유흥적이다.

④ 이 작품에 화자가 작품 표면에 등장하는 내용은 나타나지 않는다.

⑤ 이 작품의 계절적 배경은 봄이며, 계절의 변화는 나타나지 않는다.

3 구절의 의미 파악

㉠과 ㉡은 모두 질문의 방식으로 봄의 아름다운 경치를 완상하는 만족감을 드러낸 것이다.

오답 피하기 | ① 봄의 아름다운 자연을 완상하는 감흥을 드러낸 것이지, 부러움을 나타낸 것은 아니다.

② 의문의 형식이지만 자신이 찾은 자연이 이상향과 같다는 즐거움을 부각하는 것이지, 구체적인 대답을 요구하는 것은 아니다.

③ ㉠과 ㉡은 모두 화자의 심적 갈등과는 관련이 없다. 이 작품에 화자의 심적 갈등은 나타나지 않는다.

④ 이 작품에 화자의 현실 극복 의지는 나타나지 않는다.

서술형 길잡이

1 '죽장망혜'는 대지팡이와 짚신, '단표자'는 한 개의 표주박을 의미하는 것으로, 먼 길을 떠날 때의 아주 간편한 차림새와 관련이 있다.

02 시집살이 노래 작자 미상

실력 다지기 본문 166쪽

1 ②   **2** ⑤   **3** ⑤

서술형 예시 답안 **1** 이애 이애 그 말 마라 시집살이 개집살이

1 표현상 특징 파악

이 작품에서 형님은 시집살이를 '개집살이'로 규정한 후 구체적인 사례를 나열하면서 시집살이의 괴로움을 부각하고 있다.

오답 피하기 | ① 이 작품에 대상을 예찬하는 내용은 나타나지 않는다.

③ 이 작품의 어조는 진솔하고 해학적인 어조이다.

④ 이 작품은 수미상관 구조가 아니다.

⑤ 이 작품에 반어적 표현은 나타나지 않는다.

2 작품 간의 공통점, 차이점 파악

이 작품과 〈보기〉 모두 문제 상황에 대한 책임을 제삼자에게 전가하는 내용은 나타나지 않는다.

오답 피하기 | ① 이 작품의 '시아버니같이 어려우랴', '시어머니보다 더 푸르랴'와 〈보기〉의 종장은 의문의 방식으로 화자가 겪는 문제를 제기하고 있는 것으로 볼 수 있다.

② 이 작품과 〈보기〉 모두 주로 4음보를 규칙적으로 사용하여 리듬감을 형성하고 있다.

③ 이 작품은 시집 식구들의 성격을 '새'에, 〈보기〉는 시집 식구들의 성격을 '회초리, 쇠똥, 망태' 등에 빗대어 표현하고 있다.

④ 〈보기〉는 독백체이지만, 이 작품은 사촌 자매 간의 대화 형식으로 구성되어 있다.

3 구절의 의미 파악

㉢은 고된 시집살이에도 불구하고 자식들 때문에 참고 견뎌 나가는 상황을 해학적으로 표현한 것이다.

오답 피하기 | ① '살이'라는 동일한 발음을 통해 시집살이의 어려움을 해학적으로 표현하고 있다.

② '고추, 당추'와 '시집살이'의 매움을 비교하고 있다.

③ '오 리', '십 리' 등의 거리가 과장된 표현에 해당한다.

④ '삼단'은 탐스러운 머리를, '비사리춤'은 거친 머리를 의미한다.

서술형 길잡이

1 동생이 시집살이에 대해 호기심을 갖고 물어보자, 형님이 대답하며 시집살이의 어려움을 단적으로 표현하고 있다.

03 바리공주 작자 미상

실력 다지기 본문 168쪽

1 ② **2** ⑤

서술형 예시 답안 **1** 당신이 떠난 후 나는 일곱 아들을 양육하며 살아가기 어렵다.

1 작품의 내용 파악

'무상 신선 하시는 말씀이, / "그대 뒤를 좇으면은 어떠하오?"'를 보면 무상 신선이 바리공주와 동행하고 싶다는 제안을 한 것이다.

오답 피하기 | ① '칼산지옥 불산 지옥문과 팔만 사천 제 지옥문을 열어, 십왕 갈 이 십왕으로, 지옥 갈 이 지옥으로 보내일 때'와 '무상 신선 하는 말이, / "그대가 사람이뇨 귀신이뇨? 날김생 길버러지도 못 들어오는 곳에 어떻게 들어왔으며 어데서 왔느뇨?"'를 통해 알 수 있다.

③ "일곱 아기 데리고 가오.", "그도 부모 소양이면 그리하여이다."를 통해 알 수 있다.

④ '초경에 꿈을 꾸니 은바리가 깨어져 보입디다. 이경에 꿈을 꾸니 은수저가 부러져 보입디다. 양전마마 한날한시에 승하하옵신 게 분명하오. 부모 봉양 늦어 가오.'에서 알 수 있다.

⑤ "라화를 줄 것이니 이것을 가지고 가다가 큰 바다가 있을 테니 이것을 흔들면은 대해가 육지가 되나니라."에서 알 수 있다.

2 외적 준거에 따른 작품 감상

ⓗ은 아픈 부모를 살리기 위해 바리공주가 숱한 고행을 통해 얻고자 한 대상으로, '효'를 부각하는 도구이다.

오답 피하기 | ① '험로 삼천 리'는 바리공주가 효를 실천하기 위

해 겪어야 할 고난의 과정을 상징하는 것이다.

② '부모 봉양 왔나이다.'에서 알 수 있다.

③ '물 삼 년 길어', '불 삼 년 때어', '나무 삼 년 베어'는 여성의 고된 가사 노동을 상징하는 것이다.

④ 무상 신선이 바리공주에게 '일곱 아들'을 바라는 것은 남아선호 사상을 보여 주는 것이다.

서술형 길잡이

1 '여덟 홀아비'는 바리공주가 떠난 후 홀아비 신세가 되는 무상 신선 자신과 일곱 아들을 빗댄 표현이다.

5. 한문 소설

01 운영전 작자 미상

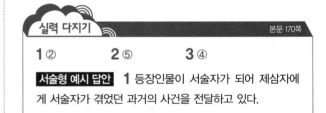

실력 다지기 본문 170쪽

1 ② **2** ⑤ **3** ④

서술형 예시 답안 **1** 등장인물이 서술자가 되어 제삼자에게 서술자가 겪었던 과거의 사건을 전달하고 있다.

1 작품의 내용 파악

대군은 운영을 별당에 가두고 나머지 궁녀를 풀어 주었다고 했으므로 모든 궁녀들을 용서했다고 볼 수는 없다.

오답 피하기 | ① '엎드려 바라건대 주군께서는 제 목숨을 끊고 운영의 목숨을 잇게 해 주십시오.', '엎드려 바라건대 주군께서는 제 목숨을 끊고 운영을 살려 주소서.'에서 확인할 수 있다.

③ '엎드려 바라건대 속히 죽여 주옵소서.', '오늘의 죽음은 합당하다 여기겠습니다.'에서 확인할 수 있다.

④ '운영의 시에는 누군가를 그리워하는 뜻이 현저하구나. 전에 연기를 읊은 시에도 살짝 그런 뜻이 보이더니만 지금 또 이러하니, 네가 따르고자 하는 자가 대체 누구냐? 얼마 전 김 진사가 지은 글에 이상한 글귀가 있어 의심스럽던데, 혹시 네가

김 진사에게 사사로운 마음을 갖고 있는 게냐?'에서 확인할 수 있다.
⑤ '저희들은 죽어서도 지하에서 눈을 감지 못할 것입니다.'에서 확인할 수 있다.

2 인물의 심리 파악

[A]에서는 '의심을 받고 보니 한번 죽는 것을 어찌 애석히 여기겠습니까?', [B]에서는 '주군의 의심을 받았으면서도 끝내 바른대로 아뢰지 않은 것이 둘째 죄입니다.'를 통해 확인할 수 있다.

오답 피하기 | ① [B]에서 부모님을 떠올리는 부분은 없다.
② [A]에서는 '지금 또 의심을 받고 보니 한번 죽는 것을 어찌 애석히 여기겠습니까? 천지 귀신이 삼엄하게 늘어서 있고 시녀 다섯 사람이 잠시도 떨어져 있지 않건만 더러운 이름이 유독 제게만 돌아오니 첩은 이제 여기서 죽어 마땅합니다.'라고 했으므로 자신의 허물을 인정한다고 볼 수 없다.
③ [A]에서 과거의 경험을 떠올리고는 있지만 지난 잘못을 뉘우친다고 볼 수는 없다.
④ [A]에서 상대방의 은혜를 저버린 것에 대해 미안해하는 내용은 나타나지 않는다.

3 외적 준거에 따른 작품 감상

'제가 이미 서궁의 영광을 누렸거늘 서궁의 재앙이라 해서 저 혼자 면할 수 있겠습니까?'는 동료들과 함께 벌을 받겠다는 생각을 드러낸 것이므로 자유연애를 실현하려는 선구적 시대 의식과는 관련이 없다.

오답 피하기 | ① 대군이 궁녀들의 목숨을 뺏으려 한다는 점에서 비인간적인 폐습과 제도를 확인할 수 있다.
② 다정한 꾀꼬리와 제비의 모습을 질투하는 궁녀들의 모습을 통해 자유로운 사랑의 성취에 대한 인간적인 고뇌를 엿볼 수 있다.
③ 궁궐 안에서 말라 죽을 정도로 궁궐의 생활이 힘들다는 것을 드러낸 것으로 볼 수 있다.
⑤ 운영이 목숨을 끊었다는 점에서 비극적인 사랑을 확인할 수 있다.

서술형 길잡이

1 액자식 구성의 내화에 해당하는 부분으로서 운영이 서술자가 되어 유영에게 김 진사와의 사랑 이야기를 전달하는 형식이다.

02 이생규장전 김시습

실력 다지기   본문 173쪽

1 ③   **2** ①   **3** ②

서술형 예시 답안 1 담장을 사이에 두고 처음 만남. 최 씨 부모의 주선으로 정식으로 혼례를 치름. 죽은 육신이 환생하여 함께 지냄.

1 작품의 내용 파악

'최 씨가 말하였다. / "조금도 잃지 않았어요. 아무 산 아무 골짜기에 묻어 두었답니다."'에서 재산을 골짜기에 묻어 둔 사람은 최 씨임을 알 수 있다.

오답 피하기 | ① '장사를 지낸 뒤 이생도 최 씨와의 추억을 생각하다 병을 얻어 몇 달 만에 세상을 떠나고 말았다.'에서 확인할 수 있다.
② '이생은 그녀가 이미 죽은 것을 알고 있었지만'에서 확인할 수 있다.
④ '이생은 벼슬을 구하지 않고 최 씨와 함께 살았다. 목숨을 구하고자 달아났던 종들도 다시 스스로 돌아왔다. 이생은 이때부터 인간사에 게을러져서 비록 친척이나 손님들의 길흉사에 하례하고 조문해야 할 일이 있더라도 문을 걸어 잠그고 밖으로 나가지 않았다.'에서 확인할 수 있다.
⑤ '"양가 부모님의 유해는 어디에 있소?" / 최 씨가 대답하였다. / "아무 곳에 그냥 버려져 있는 상태랍니다."'에서 확인할 수 있다.

2 인물의 태도 파악

최 씨는 이생과 만났던 과거를 추억한 후에 이생과 함께 살고 싶다는 소망을 말하고 있다.

오답 피하기 | ② 회한은 뉘우치고 한탄하는 마음인데, 최 씨가 뉘우치는 마음을 드러내는 부분은 나타나지 않는다.
③ 최 씨가 상황의 원인을 분석하는 부분은 나타나지 않는다.
④ 행복했던 시절을 떠올리며 현실의 괴로움을 극복하고자 하는 부분은 나타나지 않는다.
⑤ 지난날 이생과의 만남과 도적으로 인해 죽음을 맞은 일 등을 회상하고 자신의 원하는 바를 밝히고 있을 뿐, 지난날의 즐거움과 오늘날 근심에 대한 속상함을 표출하고 있지는 않다.

3 외적 준거에 따른 작품 감상

'짐승 같은 놈에게~찢기는 길을 택하였지요.'는 최 씨가 홍건적의 난 중에 절개를 지키기 위해 죽음을 택했다는 현실 세계의 이야기를 하는 부분이다.

오답 피하기 | ① 이생과 최 씨가 스스로의 선택으로 사랑하는 사이가 되었다는 내용이므로 자유연애의 근대적 가치관을 확인할 수 있다.

③ 죽어서도 이생을 만나기 위해 찾아온 최 씨의 행동에서 능동적이고 적극적인 모습을 확인할 수 있다.

④ 돌아가신 부모님의 장례를 정성스럽게 치르는 것에서 유교적 가치관을 중시하는 모습을 확인할 수 있다.

⑤ 초현실적 세계에 있는 '하느님'의 도움으로 최 씨가 이생과 만날 수 있게 되었음을 확인할 수 있다.

서술형 길잡이

1 이 작품에는 이생과 최 씨의 세 번의 만남과 세 번의 이별이 담겨 있다. ㉠은 세 번의 만남을 의미하는 것이므로 '담장을 사이에 둔 첫 만남([앞부분 줄거리]), 최 씨 부모님의 주선으로 혼례를 올림([앞부분 줄거리]), 죽은 최 씨가 환신하여 함께 지냄.'으로 정리할 수 있다.

03 최척전 조위한

실력 다지기   본문 176쪽

1 ⑤   **2** ①   **3** ②

서술형 예시 답안 **1** 최척은 '자신의 신세를 생각하다가', '가슴속에 맺힌 슬픔과 원망'을 풀려고 통소를 연주했다.

1 작품의 내용 파악

여유문은 누이동생을 최척과 혼인시키려고 했을 때 가족의 생사를 모르는 상황에서 혼인할 수 없다는 최척의 말을 듣고 그 생각을 의롭게 여긴 것이다.

오답 피하기 | ① '혹시 자기 남편이 저쪽 배에 타고 있는 것이 아닐까 의심하여'에서 확인할 수 있다.

② '두홍은 최척의 말을 듣더니 의기 넘치는 표정이 되어 주먹으로 노를 치고 분연히 일어서며 이렇게 말했다. / "내가 저 배로 가서 사정을 살펴보겠소!"'에서 확인할 수 있다.

③ '해섬도사 왕용이란 사람이 청성산에 은거하며 신비로운 선약을 만들 뿐 아니라 신선이 되는 술법을 지녔다는 말을 듣고 촉 땅으로 들어가 그 술법을 배우리라 마음먹었다.'에서 확인할 수 있다.

④ '이 세상을 살면서 누군들 불로장생하기를 바라지 않겠는가마는 고금 천하에 어디 그런 이치가 있단 말인가? 남은 생이 얼마나 된다고 불로장생의 약을 먹고 굶주림을 참으며 괴로움을 자초하면서 산도깨비의 이웃이 된단 말인가?'에서 확인할 수 있다.

2 소재의 서사적 기능 이해

'저건 내 아내가 지은 시일세. 우리 부부 말곤 아무도 알지 못하는 시야.'라고 했으므로 최척으로 하여금 상대방이 아내임을 짐작하게 한다고 볼 수 있다.

오답 피하기 | ② 최척이나 옥영이 위험한 상황에 처한 것은 아니다.

③ 시를 통해 최척이 아내와 재회하게 되므로 이별로 인한 안타까움을 해소시킨다고 볼 수 있다.

④ '최척은 시 읊는 소리를 듣고 깜짝 놀라 얼이 빠진 사람 같았다. 저도 모르는 새 통소를 땅에 떨어뜨리고 마치 죽은 사람처럼 멍하니 서 있었다.'라고 했으므로 외롭고 쓸쓸한 분위기를 고조하는 것은 아니다.

⑤ 최척이나 옥영에게 오랫동안 쌓인 오해가 있었다는 내용은 없다.

3 외적 준거에 따른 작품 감상

여유문은 최척과 의형제를 맺은 인물로서 여유문의 죽음은 전란으로 인한 가족의 이별과는 관계가 없다.

오답 피하기 | ① 전란으로 인해 가족과 헤어진 상황을 드러내고 있으므로 최척이 겪는 역경의 아픔을 확인할 수 있다.

③ 일반적으로 고전 소설의 주인공은 역경을 헤치고 이겨 내는 영웅적인 면모를 보이지만, 최척은 일반 사람들처럼 자신의 슬픈 감정을 그대로 드러낸다는 점에서 평범한 인물이라고 볼 수 있다.

④ 공간적인 배경을 구체적으로 제시하여 작품의 배경이 여러 나라임을 알 수 있다.

⑤ 최척이 통소를 부는 소리를 옆에 있는 일본 배에 타고 있는

옥영이 들었다는 것은 인과성이 약한 우연성에 의한 사건 전개라고 볼 수 있다.

서술형 길잡이

1 '최척은 홀로 선창에 기대 자신의 신세를 생각하다가, 짐 꾸러미 안에서 퉁소를 꺼내 슬픈 곡조의 노래를 한 곡 불어 가슴속에 맺힌 슬픔과 원망을 풀어 보려 했다.'는 내용에서 확인할 수 있다.

04 양반전 작자 미상

실력 다지기   본문 179쪽

1 ③   **2** ③   **3** ①

서술형 예시 답안 **1** 도적놈

1 인물의 특성 파악

군수는 양반 매매 문권을 만들어서 훗날 송사의 꼬투리가 없도록 주선하다가 결국 부자가 양반 되기를 포기하도록 하고 있다.

오답 피하기 | ① 군수가 양반에게 해결책을 알려 주는 부분은 없다.

② 문서로 작성하는 부분만 나오고 말로 전달하는 부분은 나타나지 않는다.

④ 군수는 '나와 그대는 고을 사람들을 모아 놓아 증인을 세우고 문권을 만들어 신표로 삼세나.'라고 하면서 처음부터 공개적으로 진행하려고 했다.

⑤ 부자가 양반의 자격을 갖추지 못했음을 판단할 수 있는 내용은 나타나지 않는다.

2 작품의 내용 이해

'위의 명문은 양반을 팔아서 관가에서 꾸어다 먹은 곡식을 갚기 위한 것'이라는 문건을 작성하는 목적을 밝히고 있는 것은 ⓐ이다.

오답 피하기 | ① '오경이면 유황을 부딪쳐서 기름불을 밝혀 놓고 눈으로는 콧등을 바라보고 두 발꿈치를 모아 꽁무니를 괴

고 앉아서는 『동래박의』를 줄줄 외는 것이 마치 얼음판에 표주박 구르듯이 해야 하며, 굶주림과 추위를 참고 견딜 것이며 가난하다는 말을 입 밖에 내서는 안 된다.'에서 확인할 수 있다.

② '이웃의 소를 끌어다가 자기 밭을 먼저 갈고, 마을의 어리석은 백성들을 불러다가 김을 매게 한들, 그 누가 감히 나를 업신여기랴.' 등에서 확인할 수 있다.

④ '건륭 10년인 1744년 9월 어느 날.'에서 확인할 수 있다.

⑤ '대체 그 양반이라 부르는 명칭이 여러 가지니, 글을 읽는 자는 '선비'라고 하고 정치에 종사하는 자는 '대부'라 부르고 덕이 있으면 '군자'가 된다. 무반은 뜰의 서쪽에 벌리어 서고 문반은 차례로 동쪽에 서서, 이에 양반이라고 한다.'와 '하늘이 백성을 낼 때 오직 사·농·공·상 네 부류였다. 이 네 부류의 백성 중 가장 귀한 것을 '선비'라 부른다. 이들을 곧 양반이라 칭하는데'에서 확인할 수 있다.

3 외적 준거에 따른 작품 감상

관찰사는 나라의 곡식을 갚지 않은 양반의 잘못을 꾸짖고 있는 것이므로 횡포를 부린다고 볼 수는 없다.

오답 피하기 | ② 가난한 양반은 몰락한 양반 계층을 상징한다고 볼 수 있다.

③ 현실적 어려움 앞에서 울기만 하는 양반에게 아내가 한 말에서 무능한 양반 계층에 대한 비판 의식을 엿볼 수 있다.

④ 부자는 돈으로 양반을 사고자 했으므로 신분 상승을 노리는 평민 계급을 상징한다고 볼 수 있다.

⑤ 돈으로 양반을 살 수 있다는 것은 신분 질서가 흔들리고 있는 당시의 사회상이 반영된 것이라고 볼 수 있다.

서술형 길잡이

1 양반의 특권에 대한 내용을 보고 부자가 자신을 '도적놈'으로 만들려고 하는 것이냐고 말하는 부분을 통해 특권을 누리는 양반을 '도적놈'에 비유하여 비판하고 있음을 알 수 있다.

6. 국문 소설

01 심청전 작자 미상

실력 다지기 본문 182쪽

1 ② 2 ④ 3 ⑤

서술형 예시 답안 1 심 봉사는 심청이 장 승상 댁에서 잘 살게 될 것을 암시하는 것으로 해석하고 있고, 심청은 자신이 죽을 상황에 처한 것을 암시한다고 보고 있다.

1 작품의 특징 파악

배경 묘사가 구체적으로 드러난 부분은 나타나지 않는다.

오답 피하기 | ① '이는 부자간 천륜이라 몽조가 있는 것이었다.'에서 확인할 수 있다.

③ '어느덧 동방이 밝아 오니'로 시작하여 심 봉사가 심청이 제물로 팔려 가는 소식을 알게 되고, 장 승상 댁 부인이 심청의 소식을 알게 되는 과정이 시간의 흐름에 따라 진행되고 있다.

④ '심청이 저 죽을 꿈인 줄 짐작하고', '부친 신세 생각하며 저 죽을 일을 생각하니, 정신이 아득하고 몸이 떨려' 등에서 확인할 수 있다.

⑤ '참말이냐, 참말이냐? 애고애고, 이게 웬 말인고. 못 가리라 못 가리라. 너 날더러 묻지도 않고, 네 임의대로 한단 말이냐?', '네 이놈 상놈들아, 장사도 좋거니와 사람 사다 죽여 제하는 데 어디서 보았느냐? 하느님의 어지심과 귀신의 밝은 마음 앙화가 없겠느냐?', '나는 이미 죽거니와 아버지는 눈을 떠서 대명천지 보고, 착한 사람을 구하여서 아들 낳고 딸을 낳아 아버지 후사나 전하고, 불초녀를 생각지 마옵시고 만수무강하옵소서.', '네 이 무상한 사람아. 나는 너를 자식으로 알았더니, 너는 나를 어미같이 아니 아는구나.', '당초에 말씀 못 한 것을 이제야 후회한들 어찌하오리까. 또한 위친하여 공을 빌 양이면, 어찌 남의 무명색한 재물을 빌려 오며, 백미 삼백 석을 도로 내어 주면 선인들 임시 낭패오니, 그도 또한 어렵사옵니다.'에서 확인할 수 있다.

2 말하기 방식 비교

[A]에는 심청이 자신과 의논하지 않은 것에 대한 아쉬움이, [B]에는 장 승상 댁 부인에 대한 고마운 마음이 나타나 있다.

오답 피하기 | ① [A]에는 '백미 삼백 석에 몸이 팔려 죽으러 간다 하니 효성이 지극하다마는'에 심청의 처지를 이해하는 마음이 드러나 있지만, [B]에는 상대방의 처지를 이해하는 마음이 나타나지 않는다.

② [B]에는 '백미 삼백 석을 도로 내어 주면 선인들 임시 낭패오니'에서 선인들의 입장을 배려하는 생각이 드러나 있으나, [A]에는 제삼자의 입장을 배려하는 생각이 나타나지 않는다.

③ [A]에서 '백미 삼백 석을 이제 내어 줄 것이니 선인들 도로 주고 망령된 말 다시 말라.'라고 하면서 문제의 해결책을 제시하고 있으므로 적절하지 않다.

⑤ [A]에서 후회를 드러내는 부분, [B]에서 미련을 드러내는 부분은 나타나지 않는다.

3 외적 준거에 따른 작품 감상

심청은 장 승상 댁 부인의 제안을 완곡히 거절하고 있으므로 심청이 어려움을 극복하여 부귀영화를 누릴 것을 암시한다고 볼 수는 없다.

오답 피하기 | ① 오늘 반찬이 좋은 이유를 심 봉사가 다른 사람의 집 제사가 있기 때문이라고 추측하는 모습에서 심청이 평소에 다른 집에서 밥을 얻어 와서 아버지를 봉양하였음을 짐작할 수 있다.

② 심청이 죽으러 가기 전에 사당에 들어가 조상들에게 인사드리는 모습에서 유교적 가치관을 중요하게 여기는 모습을 확인할 수 있다.

③ 심 봉사가 '자식 죽여 눈을 뜬들 그게 차마 할 일이냐?'라고 말하는 장면에서 심청이 아버지의 눈을 뜨게 하기 위해 인당수의 제물로 자신을 팔았음을 알 수 있다.

④ 심 봉사의 처지를 고려하여 도와주려는 남경 선인들의 모습에서 주인공과 대립하려는 악인의 전형적인 특징은 나타나지 않는다.

서술형 길잡이

1 심 봉사는 '네가 큰 수레를 타고 한없이 가 보이니, 수레라 하는 것이 귀한 사람이 타느니라. 우리 집에 무슨 좋은 일이 있을까 보다. 그렇지 아니하면 장 승상 댁에서 가마 태워 가려는가 보다.'라고 하면서 긍정적으로 해석하고 있고, 심청은 '저 죽을 꿈인 줄 짐작'하여 부정적으로 해석하고 있다.

02 서동지전 작자 미상

실력 다지기
본문 185쪽

1 ⑤   **2** ⑤   **3** ⑤

서술형 예시 답안 **1** 서대주는 자신을 모함한 다람쥐의 처지를 이해하고 용서를 구하고 있으므로, 상대방의 처지를 배려하고 이해할 줄 아는 너그러운 성품을 지닌 인물이라 할 수 있다.

1 구절의 문맥적 의미 파악

ⓜ은 약한 반딧불이 강한 월광을 이길 수 없다는 비유를 통해 악행이 선행을 이길 수 없음을 강조한 것이다.

오답 피하기 | ① '소진'과 '장의'는 각각 주장이 다른 인물이므로 양쪽의 주장을 다 들어 보아야 한다는 의미이다.
② 죄 없는 사람은 벌을 받지 않는다는 생각을 비유적으로 표현한 것이다.
③ 과거의 성군에 빗대어 자신도 그와 같은 성군임을 빗댄 표현이다.
④ 다람쥐의 처지가 항우가 결사항전하던 처지와 비슷함을 빗댄 표현이다.

2 인물의 특징 이해

오소리는 백호산군의 명령으로 서대주를 잡아가려고 왔지만, 서대주가 큰 잘못을 저지른 죄인이라고 확신하는 부분은 나타나지 않는다.

오답 피하기 | ① '서대주 재물이 많으므로'에서 확인할 수 있다.
② '전례는 위에서도 아는 바라 수백 냥 아니면 결단코 놓지 말자.'에서 확인할 수 있다.
③ '심히 교만하매 우리 매양 괴악히 알아 버리던 바이러니'에서 확인할 수 있다.
④ '이놈을 잡아 우리에게 시교하던 일을 설분하고'에서 확인할 수 있다.

3 작품의 서사 과정 파악

서대주는 다람쥐를 귀양 보내지 말고 덕을 베풀어 용서해 달라고 정중히 부탁하고 있다. 판결이 잘못되었다고 지적하는 것은 아니다.

오답 피하기 | ① '청운의 공명을 기약치 아니하여 부귀를 뜻하지 아니하고 천수만목의 열매를 거두어 양식을 자뢰하여 일일 재식을 계산하옵더니'에서 확인할 수 있다.
② '서대주 놈이 노복 쥐 수십 명을 데리고 모야삼경에 의신의 집에 불문곡직하고 배달돌입하여 천봉만학에 흐르는 생률과 고봉준령에 떨어진 백자를 천신만고하여 주우며 거두어 풍한설절에 깊은 엄동을 보전코자 저축한 양미 수십여 석을 탈취하여 가며'에서 확인할 수 있다.
③ '소장 양인의 말을 같이 들은 연후에야 종횡을 쾌히 결단하리니, 다람쥐는 아직 옥으로 내리고, 서대주를 즉각 착래하여 상대한 연후에 가히 변백하리라.'에서 확인할 수 있다.
④ '당돌히 위를 범하여 나의 덕화 없음을 꾸짖으니'에서 확인할 수 있다.

서술형 길잡이

1 '오히려 생각하올진대 가련한 바이어늘', '다람쥐로 하여금 쇠잔한 명을 용대하고 하택의 덕을 끼치사 일체 방송하시면' 등에서 다람쥐를 가련히 여기고 용서하기를 바라는 서대주의 너그러운 성품을 확인할 수 있다.

03 장끼전 작자 미상

실력 다지기
본문 188쪽

1 ③   **2** ②   **3** ②

서술형 예시 답안 **1** 까투리는 과거의 사실을 근거로 제시하며 상대방을 설득하고 있고, 장끼는 인과성이 없는 사실을 자신에 유리하게 해석하여 말하고 있다. 이를 통해 까투리는 신중하고 지혜롭지만 장끼는 경망스럽고 논리성이 부족하다고 볼 수 있다.

1 작품의 내용 파악

까투리가 죽은 장끼의 뒤를 따라가겠다는 결심을 하는 부분은 나타나지 않는다.

오답 피하기 | ① '우리 양주 좋은 금슬 누구에게 말할쏘냐?', '이번 낭군 얻어서는 금슬도 좋거니와'에서 확인할 수 있다.
② '김천 장에 걸렸거나 전주 장에 걸렸거나 청주 장에 걸렸거

나, 그렇지 아니하면 감영도나 병영도나 수령도나 관청고에 걸리든지, 봉물짐에 얹혔든지 사또 밥상 오르든지, 그렇지 아니하면 혼인집 폐백 건치 되리로다.'에서 확인할 수 있다.

④ '아홉 아들 열두 딸을 낳아 놓고', '복중의 든 유복자는 해산 구완 뉘라 할까?'에서 확인할 수 있다.

⑤ '후환을 미리 알면 산에 갈 이 뉘 있으리.'에서 확인할 수 있다.

2 말하기 방식 이해

[A]에서는 '첫째 낭군 얻었다가 보라매게 채여 가고, 둘째 낭군 얻었다가 사냥개게 물려 가고, 셋째 낭군 얻었다가 살림도 채 못 하고 포수에게 맞아 죽고'라고 하며 과거의 경험을 떠올리고 있으나 위기 극복의 의지를 보이지는 않는다.

오답 피하기 | ① [A]의 '명사십리 해당화야, 꽃 진다 한을 마라. 너는 명년 봄이 되면 또다시 피려니와 우리 낭군 이번 가면 다시 오기 어려워라. 미망일세 미망일세 이내 몸이 미망일세.'에서 확인할 수 있다.

③ [B]의 '상부 잦은 네 가문에 장가가기 내 실수라.'에서 확인할 수 있다.

④ [A]의 '애고애고 이내 팔자 이다지 기박한가, 상부도 자주 한다.', [B]의 '네 아무리 슬퍼하나 죽는 나만 불쌍하다.'에서 확인할 수 있다.

⑤ [A]의 '도화살을 가졌는가? 상부살을 가졌는가?', '나이 많아 죽었는가? 병이 들어 죽었는가? 망신살을 가졌던가? 고집살을 가졌던가?', [B]의 '김천 장에 걸렸거나 전주 장에 걸렸거나 청주 장에 걸렸거나'에서 확인할 수 있다.

3 외적 준거에 따른 작품 감상

'고서를 볼작시면 ~ 귀히 되니라.'는 콩을 먹지 말라는 까투리의 말을 무시하고 이치에 맞지 않는 근거를 통해 자신의 주장을 합리화하는 부분으로, 장끼의 어리석음을 풍자하는 것이지 권위적인 태도를 비판하는 것은 아니다.

오답 피하기 | ① 까투리와 장끼는 콩을 먹는 것에 대한 각자의 생각을 펼치며 논쟁을 벌이고 있다.

③ '남자라고 여자의 ~ 안 들어도 망신하네.'라는 까투리의 말은 남성 우월주의를 비판하는 내용이라고 볼 수 있다.

④ 죽어 가면서도 까투리에게 자신의 상태를 살펴보라고 하는 말을 통해 장끼의 모습을 해학적으로 그리고 있다.

⑤ 까투리의 재가를 막으려는 장끼의 모습에서 죽어서도 가부장적 지위를 지키려는 장끼의 태도를 확인할 수 있다.

1 까투리는 자신의 주장에 대한 근거로 과거의 역사적 사실을 들고 있지만, 장끼는 인과성이 없는 내용을 아전인수 격으로 해석하여 논리적인 근거를 제시하지 못하고 있다. 이를 통해 까투리는 논리적이고 지혜로우며, 장끼는 논리적이지 못하고 경망스러운 성격임을 짐작할 수 있다.

04 유충렬전 작자 미상

 실력 다지기

본문 191쪽

1 ⑤　　　**2** ①　　　**3** ②

서술형 예시 답안 **1** 일광투구에 안채가 쏘이고 용린갑은 혼신을 감추었으며, 천사마는 비룡이 되어 운무 중에 싸이어 공중에서 소리만 나고 제 눈에는 보이지 아니하는지라.

1 작품의 서술 방식 파악

'천지 아득하고 일월이 무광하옵니다', '산천초목도 슬퍼하고 진중 군사들 가운데 낙루 아니하는 사람이 없더라.', '소장이 아비의 죽음을 한탄해 분심이 있는 고로 격절한 말씀을 폐하께 아뢰었으니' 등에서 확인할 수 있다.

오답 피하기 | ① 현재와 과거가 교차하여 장면 전환이 이루어지지는 않는다.

② 배경 묘사로 밝고 역동적 분위기를 조성하는 부분은 없다.

③ 인물의 외양을 해학적으로 묘사하는 부분은 없다.

④ 초월적 공간이 나타나지는 않는다.

2 작품의 내용 이해

'천자는 옥새를 목에 걸고 항서를 손에 들고 진문 밖으로 나가고 있었는데, 뜻밖에 호통 소리 나며 일원 대장이 문걸의 머리를 베어 들고 중군으로 들어오는지라.'라고 했으므로 천자가 유충렬을 중군장에 임명한 것은 아님을 알 수 있다.

오답 피하기 | ② '적진에 잡혀갔던 태자가 문걸이 죽는 것을 보고 탈신도주해'에서 확인할 수 있다.

③ '조정만에게 성명을 올려 싸우기를 청한데, 중군이 바삐 나와 손을 잡고 울며 왈, / "그대 충성은 지극하나 지금 황상이 항

복하려 하시고 또한 적진 형세가 저러하니, 그대 청춘이 전장 백골이 될 것이라. 원통하고 망극하다!'"에서 확인할 수 있다.
④ '너희 두 놈의 간을 내어 우리 부모 영위 전에 재배하고 드리리라.'에서 확인할 수 있다.
⑤ '삼군 대장 최일귀가 분기를 이기지 못해 녹포 운갑에 백금 투구를 쓰고 장창과 대검을 좌우에 갈라 들고 적제마를 채찍질해 나는 듯이 달려 나오며 외쳐 왈, / "적장 유충렬아! 네 아직 미거해 남북 강병 억만 군을 업신여기니 바삐 나와 죽어 보라.'"에서 확인할 수 있다.

3 외적 준거에 따른 작품 감상

'회과자책해 성군이 되었으니'는 태자가 주 성왕의 사례를 들어 유충렬을 설득하는 부분이므로 왕가의 비굴한 모습을 보인다고 볼 수는 없다.
오답 피하기 | ① '충신도 역적이 되나이까.'에는 충신과 간신을 구별하지 못하는 천자의 무능함에 대한 비판 의식이 담겨 있다고 볼 수 있다.
③ 죽어서라도 천자를 돕겠다고 말하는 모습에서 바람직한 충신상을 엿볼 수 있다.
④ 유충렬은 역적의 아들에서 도원수가 되고 있으므로 이를 통해 신분이 상승하고 있음을 확인할 수 있다.
⑤ 호국의 편에 서서 싸우는 최일귀가 패배하는 장면에는 병자호란으로 무너진 민중의 자존심 회복에 대한 염원이 담겨 있음을 확인할 수 있다.

서술형 길잡이

1 주인공의 능력이 초월적인 세계의 영향을 받은 것임을 알 수 있게 하는 부분이라고 할 수 있다.

05 사씨남정기 김만중

실력 다지기

본문 194쪽

1 ⑤ **2** ⑤ **3** ①

서술형 예시 답안 | 1 평소와 다른 행동을 함으로써 유 한림의 관심을 끌고, 사 씨를 모함하는 말을 하기 위해서이다.

1 작품의 서술 방식 파악

시대 배경을 세밀하게 묘사하는 부분은 나타나지 않는다.
오답 피하기 | ① '오호라! 옛말에 '호랑이를 그릴 때는 골격 그리기가 어렵고, 사람을 알 때는 마음을 알기가 어렵다'고 했다. 교 씨는 용모가 공손하고 언사가 온화하여 사 씨가 마음으로 좋은 사람이라 여겼다. 한때 경계의 말을 건넨 것은 다만 바르지 못한 소리가 장부의 마음을 미혹하게 할까 걱정한 것일 따름이지 어찌 다른 뜻이 있었겠는가? 교 씨가 매우 분한 마음을 품고서 헐뜯기 시작하여 끝내 큰 재앙의 근원이 되었으니, 부부와 처첩 간의 일을 어찌 조심하지 않겠는가.'에서 확인할 수 있다.
② '열 달이 차자, 과연 아들을 낳았다. 골격이 비상하고 풍채가 빼어났다. 한림이 크게 기뻐 인아라 이름하니, 집안 사람들이 모두 떠받들었다. 교 씨는 비록 불측한 마음을 품었으나 계책이 없어서 사 씨에게 축하의 인사를 하며, 기뻐서 애지중지하는 체했다. 한림과 사 씨가 모두 진심이라고 믿었다.'에서 확인할 수 있다.
③ 교 씨는 유 한림에게 사 씨가 자신을 위협했다는 말을 전하고 있고, 유 한림은 교 씨의 말을 듣고 의아하게 생각하면서 교 씨를 안심시키는 말을 하고 있다.
④ '부인이 평소에 투기하지 않는다고 자부했는데 어찌 이런 말을 했을까? 또 부인은 교 씨를 예로 대하며 단점을 언급한 적이 없었어. 비록 하인들 사이의 일이라도 그 잘못을 드러나게 지적하지는 않았으니 교 씨가 부인에게 잘못을 저질러 그런 것이 아닌가?', '만약 저가 아들을 갖는다면 내 아들은 매우 무색해질 테지. 어떻게 좋은 계책을 얻을 수 없을까?'에서 확인할 수 있다.

2 말하기 방식 비교

[A]에서는 아침에 사 씨가 자신을 꾸짖은 일을 언급하면서 유 한림의 명을 따르지 않은 이유를 밝히고 있고, [B]에서는 사 씨의 언행을 언급하며 사 씨가 교 씨를 해치는 일이 없을 것이라고 말하고 있다.
오답 피하기 | ① [B]에서는 다른 사람의 말을 인용하지 않았다.
② [B]에서는 자신을 낮추어 표현하는 부분이 없다.
③ [A]에서 교 씨는 사 씨를 모함하고 있으므로 자신의 잘못을 진심으로 뉘우친다고 볼 수 없고, [B]에서 유 한림이 교 씨를 용서하는 내용은 나타나지 않는다.
④ [A]에서 교 씨가 유 한림이 자신을 믿고 따르기를 바라는 내용은 나타나지 않고, [B]에서 유 한림이 교 씨가 자신을 믿

지 못하는 것에 대해 섭섭해하는 내용도 나타나지 않는다.

3 외적 준거에 따른 작품 감상

'상공이 너를 취한 것은 본래 대를 잇기 위해서'라는 말은 교 씨가 사 씨를 모함하기 위해 사 씨의 말을 왜곡해서 표현한 것이므로 이를 바탕으로 사 씨에 대해 평가하는 것은 적절하지 않다.

오답 피하기 | ② 유 한림은 사 씨가 평소에 바른 행동과 말을 하는 현모양처라고 생각하고 있다고 볼 수 있다.

③ 교 씨의 나쁜 마음을 알아차리지 못하는 유 한림은 가장으로서 중심을 잡지 못했다는 비판을 받을 수 있다.

④ 생명을 경시하는 교 씨의 모습은 악인의 전형이라고 할 수 있다.

⑤ 교 씨는 '만약 저가 아들을 갖는다면 내 아들은 매우 무색해질 테지. 어떻게 좋은 계책을 얻을 수 없을까?'라고 했는데, 사 씨가 아들을 낳음으로써 두 인물 사이의 갈등이 심화될 것으로 예측할 수 있다.

서술형 길잡이

1 교 씨는 일부러 평소와 다르게 행동함으로써 유 한림의 관심을 끈 후에 사 씨에 대해 모함하고 있다.

06 홍계월전 작자 미상

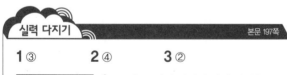

실력 다지기
본문 197쪽

1 ③　　　**2** ④　　　**3** ②

서술형 예시 답안 1 보국은 부인이 상관이 되어 자신을 부리는 것에 대해 불만을 갖고 있는 것으로 보아, 가부장적 사고에서 벗어나지 못한 권위적이고 옹졸한 인물임을 알 수 있다.

1 작품의 내용 파악

여공은 홍계월이 보국을 중군장으로 임명한 것을 두고 나랏일을 위해서는 어쩔 수 없다고만 했지 다행으로 여기지는 않았다.

오답 피하기 | ① '평국이 예전에는 밖에 나와 일을 했기에 불렀지만, 지금은 규중에 머물러 있는 여자인지라 차마 불러 낼 수가 없는데, 어찌 전쟁터로 보내겠는가?'에서 확인할 수 있다.

② '호령이 서릿발 같아, 모든 장수와 군졸들이 두려워하며 어찌할 줄 몰라 했다.'에서 확인할 수 있다.

④ '평국은 집 안에서 홀로 지내면서 날마다 시녀들을 데리고 장기와 바둑을 두며 세월을 보내고 있었다.'에서 확인할 수 있다.

⑤ '순간 운평의 머리가 말 아래로 떨어졌다.', '보국은 운경의 머리를 베어 들고 본진으로 돌아왔다. 그때 적장 구덕지가 크게 노해 장검을 높이 들고 말을 몰아 큰 소리로 고함치며 달려들고, 난데없이 적병들이 사방에서 달려들었다.'에서 확인할 수 있다.

2 말하기 방식 비교

[A]에서는 오나라와 초나라가 반역하여 침범하고 있다는 현재의 상황을 토대로 나라와 조정을 지키라는 말을 전하고 있고, [B]에서는 천자가 자신의 죄를 용서해 주었던 과거의 경험을 근거로 은혜를 갚겠다고 다짐하고 있다.

오답 피하기 | ① [A]에 천자가 평국을 위로하며 안심시키는 내용은 없다.

② [B]에 평국이 천자에 대한 반가움을 적극적으로 표현하는 내용은 없다.

③ [B]에서 평국은 잘못을 바로잡는 책무를 천자에게 전가하지 않고 자신이 해결하겠다고 하고 있다.

⑤ [A]에 천자가 평국에게 미안한 마음을 드러낸 부분은 없다.

3 외적 준거에 따른 작품 감상

보국이 홍 원수의 명령에 순종하는 것은 국가적인 위기에서 지위에 따라 명령을 따르는 것이므로 홍계월이 가정에서 능력을 인정받는 것으로 볼 수는 없다.

오답 피하기 | ① 다른 여러 신하들을 제치고 홍계월이 적임자임을 추천하고 있으므로 일반 남성을 능가하는 능력을 지녔다고 볼 수 있다.

③ 위기에 처한 보국을 홍계월이 구해 주고 있으므로 보국보다 뛰어난 실력을 지녔음을 알 수 있다.

④ 전쟁에서의 활약상을 묘사하는 장면을 통해 군담 소설의 특징을 확인할 수 있다.

⑤ 남편을 꾸짖는 홍계월의 당당한 태도에서 홍계월이 남성의 권위에 복종하지 않고 자신의 능력을 펼치고 있음을 엿볼 수 있다.

1 '보국이 이 명령을 보고 분함을 이기지 못해 부모께 여쭈었다. / "계월이 또 저를 중군장으로 부리려 하니, 이런 일이 어디 있습니까?" / 여공이 말했다. / "전날 내가 너에게 뭐라고 이르더냐? 계월을 괄시하다가 이런 일을 당하니, 어찌 그르다 하겠느냐? 나랏일이 매우 중하니, 어떻게 해 볼 수가 없다." / 여공은 보국에게 가라고 재촉했다. 보국은 할 수 없이 바삐 갑주를 갖추고 진중에 나아가 홍 원수 앞에 엎드리니'에서 보국은 계월이 자신을 부리는 것에 대해 못마땅해하고 있음을 알 수 있다. 이를 통해 계월이 자신의 부인이기 때문에 상관으로 인정하고 싶어 하지 않는 보국의 옹졸한 성품을 확인할 수 있다.

7. 판소리

01 수궁가 작자 미상

실력 다지기   본문 200쪽

1 ③   **2** ⑤   **3** ④

서술형 예시 답안 **1** 평민들이 주로 사용하는 일상어와 양반들이 주로 사용하는 한자어가 공존하며 내용을 이루고 있다. / 서민층의 언어와 양반층의 언어가 뒤섞여 사용되고 있다.

1 작품의 서술 방식 파악

토끼와 용왕의 대화를 통해 갈등이 해소되고 있으며, 토끼와 별주부의 대화를 통해 갈등이 고조되고 있다.

오답 피하기 | ① 용궁에서 육지로 공간이 바뀌고는 있으나 새로운 사건이 전개되고 있지는 않다.
② 배경이 되는 시대 상황이 나타나 있지는 않다.
④ 어리숙한 인물이 서술자 역할을 하지는 않는다.

⑤ 토끼는 용궁의 세계에서 목숨을 잃을 뻔했다가 간신히 살아 돌아온 것이므로 욕망이 초현실적 세계에서 실현되었다고 볼 수는 없다.

2 말하기 방식 비교

㉠과 ㉡은 모두 만일의 상황을 가정하고 있으나, ㉠에서는 자신이 벌을 받겠다고 말하고, ㉡에서는 상대를 위협하고만 있지 해결책을 제시하고 있지는 않다.

오답 피하기 | ① ㉠에서는 '미물 짐승들도 비웃을 일이요.'라고 하면서 토끼의 간을 내지 않을 경우 예상되는 타인의 평가에 대해 언급하고 있다.
② ㉡에서는 '아나 옛다, 배 갈라라! 아나 옛다, 배 갈라! 똥밖에 든 것 없다. 내 배를 갈라 네 보아라.'라고 하면서 진심이 아닌 말을 반복하고 있다.
③ ㉠의 '한번 놓아 보낸 토끼를 어찌 다시 구하리까?'와 ㉡의 '왕명이 지중한데 내가 어찌 기만하랴.'에서 확인할 수 있다.
④ ㉠의 '맹획을 칠종칠금하던 제갈량의 재주 아니거든'과 ㉡의 '하걸이 학정으로 용봉을 살해하고 머잖아 나라가 망했으니'에서 확인할 수 있다.

3 외적 준거에 따른 작품 감상

'너희 용왕 ~ 다 몰살시키리라.'는 토끼가 자신을 지키기 위해 별주부를 위협하며 하는 말이므로 횡포를 일삼는 권력자의 모습을 보인 것이라고 할 수는 없다.

오답 피하기 | ① 토끼가 여러 사례를 들어 자신의 주장에 대한 근거를 마련한다는 면에서 지혜롭다고 할 수 있다.
② 토끼의 허황된 말에 속은 용왕의 어리석음을 드러낸다고 볼 수 있다.
③ 용왕을 위해 자신과 자기 가족의 목숨까지도 바치겠다는 별주부의 충성심을 엿볼 수 있다.
⑤ 부귀영화를 누리기 위해 용궁에 갔다가 죽을 뻔했던 경험을 통해 허욕에 대한 경계를 드러낸다고 볼 수 있다.

1 판소리 사설에 양반들이 주로 사용하는 한자어와 평민들의 일상어가 공존하고 있다는 점에서 판소리는 양반과 평민이 공유했던 문화라고 할 수 있다.

02 적벽가 작자 미상

1 ③   **2** ④   **3** ⑤

서술형 예시 답안 **1** 앞의 군사는 자식이 보고 싶어 서러워하고 있지만, 자신은 결혼한 지 얼마 안 되어 자식도 낳지 못하고 전쟁터에 끌려 와, 자신의 처지가 더 불쌍하고 서럽다고 생각하고 있기 때문이다.

1 작품의 서술 방식 파악

창자가 상황에 대해 논평하는 부분은 나타나지 않는다.

오답 피하기 | ① 군사들이 각자 자신의 상황과 심리를 구체적으로 말하고 있다.

② 여러 군사들이 각자 자신의 상황을 말하는 대화를 중심으로 이야기가 진행되고 있다.

④ '명산대찰, 영신당, 고묘, 총사, 석왕사, 석불, 보살, 미륵, 노구맞이 집 짓기와, 칠성 불공, 나한 불공, 백일산제, 신중맞이, 가사시주, 인등 시주, 다리 권선 길 닦기, 집에 들어 있는 날은 성주, 조왕, 당산, 천룡, 중천군웅에, 지신제를 지극정성 드리니', '반듯한 곳에 앉아, 좋은 음식만 먹고, 음악 들으며, 예쁜 것만 보고' 등에서 확인할 수 있다.

⑤ '머리가 크고, 모기 눈, 주걱턱에 쥐털 수염 쓰다듬고, 코 벌렁벌렁하면서'에서 확인할 수 있다.

2 작품의 내용 파악

(라)의 '머리가 크고, 모기 눈, 주걱턱에 쥐털 수염 쓰다듬고, 코 벌렁벌렁하면서 작도만 한 칼을 내휘두르며'에서 해학성이 가장 잘 드러난다.

3 외적 준거에 따른 작품 감상

'우리 몸이 군사 되어, 전장 나왔다가 공명도 못 이루고 속절없이 돌아가면 부끄럽지 않겠느냐?'라고 말하고 있으므로 '나라 위하는 사람 집안 돌볼 여유 없다.', '개선가 부르면서, 승전고 쿵쿵 울리며'는 전쟁에서 공을 세우고자 하는 마음을 드러낸 표현으로 볼 수 있다.

오답 피하기 | ① 군사들의 이름을 구체적으로 언급하지 않는 표현에서 이름 없는 군사들의 모습을 확인할 수 있다.

② 가족을 언급하고 있는 것에서 가족과 이별한 상황을 말하고 있음을 확인할 수 있다.

③ 언제 죽을지 알 수 없는 전쟁이 끝나지 않고 있음을 통해 피지배층의 한스러움을 느낄 수 있다.

④ 전쟁에 강제로 동원되어 죽어서 장례도 제대로 치르지 못하는 피지배층의 모습을 통해 지배층에 대한 비판 의식을 엿볼 수 있다.

서술형 길잡이

1 '전장에 너 죽어도, 이 녀석아, 후사는 잇겠으니'라고 말하면서 자신은 '다정한 부부 되려 할 때'에 전쟁터에 끌려 나왔기 때문에 전쟁터에서 죽으면 후사를 잇지 못한다는 면에서 상대방보다 더 서러운 상황이라고 말한다고 볼 수 있다.

8. 고전 수필

01 조침문 유씨 부인

1 ④   **2** ④   **3** ④

서술형 예시 답안 **1** 이 글은 부러진 바늘에 대한 애도의 마음을 드러낸 글이다. 글쓴이의 슬픔이 잘 부각될 수 있도록 제문의 형식을 취하고 제목을 바늘을 추모하는 글이라고 지었다고 볼 수 있다.

1 표현상 특징 파악

'귀신이 시기하고 하늘이 미워하심이로다.', '민첩하고 신기함은 귀신이 돕는 듯하니' 등에서 과장법을 활용하고 있으나, 초월적인 세계를 묘사하는 것은 아니다.

오답 피하기 | ① '물중의 명물이요, 철 중의 쟁쟁이라.', '민첩하고 날래기는 백대의 협객이요, 굳세고 곧기는 만고의 충절이

라.', '추호 같은 부리는 말하는 듯하고, 뚜렷한 귀는 소리를 듣는 듯한지라.' 등에서 확인할 수 있다.

② '민첩하고 날래기는 백대의 협객이요, 굳세고 곧기는 만고의 충절이라.', '추호 같은 부리는 말하는 듯하고, 뚜렷한 귀는 소리를 듣는 듯한지라.' 등에서 확인할 수 있다.

③ '어이 인정이 그렇지 아니하리오.', '어찌 사랑스럽고 미혹하지 아니하리오.' 등에서 확인할 수 있다.

⑤ '오호 통재라'에서 확인할 수 있다.

2 작품의 내용 이해

ⓔ은 글쓴이가 자신이 지닌 바늘이 자식이나 비복보다 낫다고 생각하고 있는 부분이다.

오답 피하기 | ① ㉠은 바늘이 흔하다고 해서 귀하게 여기지 않는 세태에 대한 안타까움을 표현하고 있다.

② ㉡은 바느질로 생계를 유지했음을 드러낸 표현이다.

③ ㉢에서는 귀신이 시기하고 하늘이 미워해서 바늘을 잃게 되었다고 표현함으로써 바늘을 잃은 슬픔을 강하게 드러내고 있다.

⑤ ㉤은 누구를 한하며 누구를 원망하겠는가라는 표현을 통해 자신의 잘못으로 인한 일임을 드러내고 있다.

3 외적 준거에 따른 작품 감상

'인명이 흉완하여 일찍 죽지 못하고'는 미망인으로 살아가는 자신의 모질고 안타까운 처지를 표현한 부분이다.

오답 피하기 | ① '유세차 모년 모월 모일에'는 제문의 시작과 같은 형식이다.

② '침자', '너'라고 지칭하며 바늘을 사람인 것처럼 표현하고 있다.

③ 오랫동안 보존하고 싶어 했던 마음에서 바늘에 대한 강한 애정을 느낄 수 있다.

⑤ 다양한 바느질 방법을 나열함으로써 바늘의 쓰임새를 알려 주고 있다.

서술형 길잡이

1 제문은 죽은 사람에 대한 애도와 안타까움을 드러내는 글이므로 제문의 형식을 통해 바늘을 잃은 안타까움이 사람이 죽은 안타까움에 버금갈 정도로 슬픈 일임을 드러낸다고 볼 수 있다.

02 수오재기 정약용

실력 다지기

본문 208쪽

1 ①   **2** ②   **3** ③

서술형 예시 답안 1 현상적 자아가 세파에 흔들리고 유혹에 빠지기 쉬운 현실적 삶의 모습을 의미한다면, 본질적 자아는 세파에 흔들리지 않도록 중심을 잡아 줄 수 있는 근원적인 자신의 모습을 의미한다. 따라서 '자신을 지키는 것'은 본질적 자아에 근거한 삶을 영위함으로써 본질적 자아를 지키는 상태를 의미한다고 볼 수 있다.

1 작품의 서술 방식 이해

사물을 의인화한 부분은 나타나지 않는다.

오답 피하기 | ② '내 밭을 지고 도망갈 사람이 있겠는가? 그러니 밭은 지킬 필요가 없다. ~ 천하의 모든 옷과 곡식을 다 없앨 수는 없다.'에서 확인할 수 있다.

③ '내 밭을 지고 도망갈 사람이 있겠는가? 그러니 밭은 지킬 필요가 없다.', '내 집을 지고 달아날 사람이 있겠는가? 그러니 집은 지킬 필요가 없다.' 등에서 확인할 수 있다.

④ '맹자께서 말씀하시기를, "무엇을 지키는 것이 큰일인가? 자신을 지키는 것이 큰일이다."라고 하셨는데, 참되도다, 그 말씀이여!'에서 확인할 수 있다.

⑤ '드디어 내 생각을 써서 큰형님께 보여 드리고 수오재의 기문으로 삼는다.'에서 확인할 수 있다.

2 작품의 내용 파악

ⓐ는 입신양명을 위해 힘쓰다가 '나'를 잃어버렸던 시절을 표현한 것이고, ⓑ는 유배지에 도착해서 '나'를 잃어버린 시절이 끝났음을 드러낸 것이다.

오답 피하기 | ① ⓑ는 '나'를 잃어버림을 끝냈다는 의미이다.

③ ⓑ는 '나'를 되찾기 위한 방법을 분석한 것이 아니다.

④ ⓐ와 ⓑ는 '나'를 잃어버린 경험을 표현한 것이다.

⑤ ⓑ는 '나'가 잘 달아난다는 의미와는 관계가 없다.

3 외적 준거에 따른 작품 감상

'이익으로 유혹하면 떠나가고, ~ 미인의 예쁜 얼굴과 요염한 자태만 보아도 떠나간다.'는 "'나'라는 것은 그 성품이 달아나기를 잘하며 출입이 무상하다.'라는 말을 뒷받침하기 위해 일반적인 사례를 나열하고 있는 것이므로 글쓴이가 반성하고 성찰하게 된 계기는 아니다.

오답 피하기 | ① '비록 지키지 않는다 한들 '나'가 어디로 갈 것인가.'는 글쓴이가 큰형님의 서재에 붙인 이름을 보고 의아하게 생각하며 떠올린 의문점이라고 볼 수 있다.

② '수오재'의 의미가 이 글의 주제라고 할 수 있다.

④ 자신의 경험을 제시함으로써 과거의 삶에 대해 성찰하고 있다.

⑤ '나'를 잘 지키고 살아온 큰형님의 삶과 글쓴이의 삶을 비교하고 있다.

서술형 길잡이

1 ㉠은 변하지 않는 본질적 자아와 세상의 유혹에 빠지기 쉬운 현실적 자아의 삶 속에서 본질적 자아를 지키는 삶의 중요성을 언급한 것이라고 볼 수 있다.

03 한중록 혜경궁 홍 씨

실력 다지기
본문 210쪽

1 ③ **2** ② **3** ③

서술형 예시 답안 1 경모궁을 뒤주에 가두고 폐위시킴.

1 작품의 서술 방식 파악

'하늘이 무너지고 해와 달이 빛을 잃으니', '한 토막 쇳조각이 없으니', '간장이 마디마디 끊어지고 눈앞이 막막하니' 등에서 ③을 확인할 수 있다.

오답 피하기 | ① 인물을 희화화하는 부분은 나타나지 않는다.

② 고사를 활용한 부분은 나타나지 않는다.

④ 현실적인 갈등 극복을 위한 비현실적인 방법은 나타나지 않는다.

⑤ 자연의 풍광을 묘사하여 글쓴이의 심정을 드러내는 부분은 나타나지 않는다.

2 작품의 내용 이해

㉡에는 아들(경모궁, 사도 세자)의 잘못을 용서하지 않으려는 단호함이 담겨 있다.

오답 피하기 | ① 세손이 아버지인 세자를 걱정하여 하는 말이다.

③ 세자가 영조에게 용서를 구하는 말이다.

④ 혜경궁 홍 씨가 영조에게 아들을 지켜 주길 바라는 마음에서 한 말이다.

⑤ 혜경궁 홍 씨의 오빠가 동생을 걱정하여 도우려고 하는 말이다.

3 외적 준거에 따른 작품 감상

〈보기〉에서 언급한 첨예한 갈등 양상은 영조와 경모궁 사이에 벌어지는 비극적 사건의 전개 과정에 해당하는 내용이므로 세손이 재실에 앉아 있는 장면이나 글쓴이가 목숨을 끊으려고 하는 장면에서 첨예한 갈등 양상을 확인할 수는 없다.

오답 피하기 | ① '곤룡포', '세손' 등은 궁중에서 사용하는 용어이다.

② 내관의 행동과 건물 이름 등을 통해 궁궐 내부에서 일어난 일임을 알 수 있다.

④ 남편이 죽는 모습을 지켜볼 수밖에 없던 글쓴이의 비극적 체험과 절실한 마음이 잘 드러나 있다.

⑤ 남편의 죽음 앞에서 힘들어하는 글쓴이의 모습을 확인할 수 있다.

서술형 길잡이

1 '당신 용력과 장한 기운으로 뒤주에 들라 하신들 아무쪼록 아니 드시지, 어찌 마침내 들어가시던고.', '세자가 벌써 폐위되었으니'에서 세자가 뒤주에 갇혔고, 폐위되었음을 알 수 있다.

04 규중칠우쟁론기 작자 미상

본문 212쪽

1 ①　　　**2** ⑤　　　**3** ③

서술형 예시 답안　**1** 감토 할미는 나이가 많은 인물로 설정되어 신중하고 원만하며 노련한 성격으로 갈등을 무마하는 역할을 자연스럽게 수행하고 있다.

1 작품의 서술 방식 파악

칠우가 각자 자신의 입장만 생각하며 말하는 모습을 통해 그들의 이기적인 성격을 드러내고 있다.

오답 피하기 | ② 인물의 일대기를 다루고 있지는 않다.

③ 과거와 현재를 대비하여 성찰하고 있지는 않다.

④ 자연물을 소재로 갈등을 해소하는 과정을 제시하고 있지는 않다.

⑤ 일상적 소재를 열거한다고 볼 수는 있지만, 인물의 복잡한 심리를 보여 준다고 할 수는 없다.

2 작품의 내용 추리

인화는 낮을 지지고 굳은 것을 깨뜨릴 때 사용한다고 했으므로 인두를 표현한 것이다.

오답 피하기 | ① 손을 보호해 주고 두꺼운 것은 골무의 특징을 설명한 것이다.

② 의복을 잴 때 쓰고, 잠 깨는 막대라고 했으므로 자의 특징을 설명한 것이다.

③ 옷감을 자르고 두 다리가 있다고 했으므로 가위의 특징을 설명한 것이다.

④ 허리가 가늘고 부리가 날렵하다고 했으므로 바늘의 외양을 설명한 것이다.

3 작품의 내용 파악

'매야할사 사람이요 공 모르는 것은 녀재로다. 의복 마를 제는 몬저 찾고 일워 내면 자기 공이라 하고' 등에서 확인할 수 있다.

오답 피하기 | ① 규중 부인이 잠들기 전에 있었던 상황이므로 적절하지 않다.

② 상대방에 대한 경외감을 드러내는 부분은 나타나지 않는다.

④ 각자 자신의 처지에 대한 불평을 드러내면서 상대방의 처지에 공감하고 있으나, 위로하는 내용은 나타나지 않는다.

⑤ 규중 부인이 잠을 깬 후에 일어나는 상황이므로 적절하지 않다.

서술형 길잡이

1 감토 할미를 나이 많은 인물로 설정한 것은 경험과 노련함을 가진 인물의 성격에 어울린다고 볼 수 있다.

05 일야구도하기 박지원

본문 214쪽

1 ④　　　**2** ②　　　**3** ②

서술형 예시 답안　**1** 낮에는 듣는 것보다 보는 것에 신경을 쏟으므로 물소리가 잘 들리지 않고, 밤에는 보는 것보다 듣는 것에 신경을 쏟으므로 물소리가 잘 들리는 것이다.

1 작품의 서술 방식 파악

성현의 견해를 인용하여 신뢰성을 높이는 부분은 나타나지 않는다.

오답 피하기 | ① '솔숲 바람 소리가 퉁소 소리를 내는 것은 듣는 이가 청아한 탓이요, ~ 종이창에 바람이 우는 것은 듣는 이가 의혹됨이 많은 탓'에서 확인할 수 있다.

② '옛날 우는 강을 건너는데, 황룡이 배를 등으로 저어 지극히 위험했으나 생사의 판단을 마음속으로 분명하게 하고 보니, 용이거나 지렁이거나 크거나 작거나가 전혀 문제 될 바 없었다.'에서 확인할 수 있다.

③ '낮에는 눈으로 물을 볼 수 있으므로 눈이 오로지 위험한 데만 보느라고 도리어 눈에 보이는 것만을 걱정하는데, 어찌 소리가 들리겠는가. 지금 나는 밤중에 물을 건너는지라 눈으로는 위험한 것을 볼 수 없으니 위험은 오로지 듣는 데만 있어, 귀에 들리는 것을 무서워하여 걱정을 이기지 못하는 것이다.'에서 확인할 수 있다.

⑤ '솔숲 바람 소리가 퉁소 소리를 내는 것', '산이 찢어지고 언덕이 무너지는 듯한 소리' 등에서 확인할 수 있다.

2 문맥적 의미 파악

강물 소리를 듣고 느끼는 감정은 듣는 사람의 마음속에 품은 뜻에 달린 것이라 했으므로 물소리의 본질이라고 믿는 것은 잘못된 것이라는 결론을 낼 수 있다.

오답 피하기 | ① 물소리를 여러 종류로 구분하여 듣는다는 내용은 없다.

③ 강물 소리를 들을 때 다양한 감정을 표현하지 못한다는 내용은 없다.

④ 물소리를 듣는 주체가 누구인지 알지 못한다는 내용은 없다.

⑤ 강물 소리를 듣고 연상된 이미지를 다른 사람에게 표현하려고 한다는 내용은 없다.

3 작품의 내용 이해

ⓑ는 낮에는 시각에 의존하느라 강물 소리가 들리지 않지만, 밤에는 청각에만 의존하기 때문에 강물 소리가 무섭게 들린다는 체험에 해당하는 것이다. 글쓴이가 고삐를 늦추는 것은 편견을 깨기 위한 것이 아니고, 태도 변화가 이루어진 이후의 행동이므로 적절하지 않다.

오답 피하기 | ① 사람들의 편견에 대해 언급한 내용이다.

③ 글쓴이가 깨달은 내용을 제시한 것이다.

④ 글쓴이가 태도를 바꾼 것에 대한 내용이다.

⑤ 글쓴이가 태도를 바꾸면서 뒤따르는 심정의 변화를 언급한 내용이다.

서술형 길잡이

1 인간이 사물을 파악할 때 낮에는 시각에 의존하고, 밤에는 청각에 의존하는 특징을 바탕으로 깨달은 내용이라 할 수 있다.

9. 민속극과 가면극

01 꼭두각시놀음 작자 미상

본문 216쪽

1 ④   **2** ⑤   **3** ⑤

서술형 예시 답안 **1** 박 첨지는 잘 처리하겠다고 해 놓고 좋은 것은 돌모리집에게 몰아주고, 꼭두각시에게는 쓸모없는 것만 몰아주고 있다. 이에 실망한 꼭두각시는 세간을 포기하고 돌아간다고 말한 것이다.

1 작품의 인물 이해

돌모리집은 결국 꼭두각시에게 인사는 하지 않고 머리를 들이받았으므로 정중하게 인사를 했다고 볼 수는 없다.

오답 피하기 | ① '아이고 듣던 중 상쾌한 말이오. 이 형편에 큰 집, 작은 집을 어찌 가리겠소. 집을 얻었으니 재목이나 성하며, 양지바르고 또 장인들 담거 놨겠소.'에서 확인할 수 있다.

② '처음으로 관동 팔경을 구경하면 우리 부인을 만나 볼까.'에서 확인할 수 있다.

③ '인제 보니까 마누라 찾아다녔구려. 아이고 속상해. 이 팔자가 왜 이렇게 기막힌가.'에서 확인할 수 있다.

⑤ '네, 영감이면 내가 해 입힌 옷을 만져 봐야 할 걸이요.'에서 확인할 수 있다.

2 언어유희 방식 적용

㉠과 ⑤는 동음이의어에 의한 언어유희이다.

오답 피하기 | ①, ② 말의 순서를 바꾸어 웃음을 유발하는 언어유희이다.

③, ④ 발음의 유사성을 이용하여 웃음을 유발하는 언어유희이다.

3 외적 준거에 따른 작품 감상

'괘씸스런 계집들은 불 같은 욕심은 있구나.', '짚은 몽둥이로 한번 치면 다 죽으리라.'는 표 생원이 세간을 나눠 달라는 꼭두각시에게 하는 말로 가부장 제도의 폭력성을 드러내는 것이다.

오답 피하기 | ① 유사한 내용을 반복적으로 표현하여 운율감을

드러내고 있다.

② 돌모리집이나 꼭두각시에게 위협적인 모습을 보이는 가부장적인 모습을 드러내고 있다.

③ 속담을 활용한 언어의 유희적 사용을 확인할 수 있다.

④ 자신의 의견을 상대방에 직설적으로 드러내고 있다.

서술형 길잡이

1 재산을 불공평하게 분배하는 박 첨지의 말을 통해 꼭두각시가 실망하여 떠나려고 한다는 것을 짐작할 수 있다.

오답 피하기 | ① 여러 가지 내용의 재담을 나열하고 있다.

② 동음이의어를 이용한 언어유희를 통해 양반을 풍자하고 있다.

③ 관객과 악공을 불러서 그들에게 이야기함으로써 관객과 악공의 동의를 구한다고 볼 수 있다.

④ 앞에 했던 말과 대조되는 말을 이어서 제시함으로써 양반을 풍자하고 있다.

서술형 길잡이

1 언어유희의 대표적인 방법에는 동음이의어를 활용하는 방법, 발음의 유사성을 활용하는 방법, 말의 순서를 바꾸는 방법 등이 있다.

02 봉산 탈춤 작자 미상

실력 다지기   본문 219쪽

1 ③   **2** ①   **3** ⑤

서술형 예시 답안 **1** ⓐ는 '양반'과 '개잘량의 양', '개다리소반의 반'에 나타난 동음이의어를 활용한 언어유희이고, ⓑ는 '노 생원님'과의 음의 유사성을 활용한 언어유희이다.

1 대사의 서사적 기능 이해

극의 신명과 분위기를 고조하는 것은 ㉠의 기능이 아니라 '춤'의 기능이다.

오답 피하기 | ① ㉠은 이야기를 시작하기 전에 하는 말이다.

② ㉠은 춤을 멈출 때 쓰는 말이다.

④ ㉠은 새로운 이야기를 시작하기 전에 하는 말이다.

⑤ ㉠은 관객들의 주의를 집중시키는 말이다.

2 재담 구조 파악

말뚝이가 양반들을 조롱하면 양반들은 '뭐야아!' 하고 호통을 치고, 말뚝이의 변명을 들은 양반들이 안심하고 춤을 추는 구조가 반복된다.

3 외적 준거에 따른 작품 감상

'샌님의 전령'은 사람을 함부로 잡을 수 있는 양반의 횡포와 권위 의식을 상징하는 것이다.

실전 문제 01

본문 222쪽

01 ①	02 ④	03 ③	04 ⑤
05 ④	06 ②	07 ④	08 ③

[01~04]

작자 미상, 「흥보전」

해제 | 이 작품은 판소리 「흥보가」가 문자로 정착된 판소리계 소설로서 비극적인 상황을 서민 특유의 건강한 웃음으로 극복하려는 의식을 드러내고 있다. 표면적으로 드러나는 주제는 형제간의 우애라는 도덕적 관념이지만, 이면적으로는 조선 후기 몰락한 양반의 모습과 가난한 서민들의 생활을 통해 빈부 격차로 인한 갈등, 허위와 탐욕에 대한 비판 등의 주제를 드러내고 있다.

주제 | 형제간의 우애와 권선징악, 빈부 격차로 인한 갈등

전체 줄거리 | 욕심 많고 심술 사나운 놀보는 아버지의 유산을 독차지하여 어진 흥보의 가족을 내쫓는다. 흥보 가족은 움집을 짓고 갖은 고생을 하며 살아간다. 흥보는 먹을 것을 구하기 위해 놀보에게 구걸하기도 하고, 매품을 팔기도 하지만 모두 실패한다. 어느 봄날 흥보는 다리가 부러진 제비 새끼를 치료해 주는데, 이듬해 그 제비가 흥보에게 박씨 하나를 물어다 준다. 흥보는 그 박씨를 심어 수확한 박에서 금은보화가 나와 큰 부자가 된다. 이 소식을 들은 놀보는 일부러 제비 다리를 부러뜨려서 다시 고쳐 준다. 그 제비도 놀보에게 박씨를 물어다 주었으나 그 박씨를 심어 수확한 박에서는 괴인, 괴물 등이 쏟아져 나와 놀보는 패가망신한다. 흥보가 놀보의 소식을 듣고 놀보를 돌봐 주고, 놀보는 자신의 잘못을 뉘우치고 흥보와 행복하게 산다.

01 작품의 서술 방식 파악

흥보 아내는 흥보가 매품 팔러 가는 것에 대해 반대하고, 흥보는 돈을 벌기 위해 매품 팔기를 강행했다가, 결국 매품 팔기를 포기하고 돌아와 아내를 위로하는 인물들의 처지가 대화를 중심으로 나타나 있다.

오답 피하기 | ② 사건을 요약적으로 제시한 부분은 나타나지 않는다.

③ 우화 기법을 활용한 부분은 나타나지 않는다.

④ 중심 사건을 여러 인물의 시각으로 서술한 부분은 없다.

⑤ 계층 간의 갈등을 첨예하게 부각한 부분은 없다.

02 작품의 내용 이해

'흥보 큰아들 나앉으며 제 동생들을 꾸짖는데 옳게 꾸짖는 게 아니라 하늘에 사무칠 듯 꾸짖어, / "에라 심하구나, 후레

아들 놈들. 아버지 그렇잖소. 나는 담비 가죽 탕평채에 모초의 한 놈과 한포단 허리띠 비단 주머니 당팔사 끈 꿰어, 쇠거울 돌거울 넣어다 주오.'"에서 흥보의 큰아들은 동생들을 꾸짖고는 있지만 아버지를 염려하기보다는 자신은 더 좋은 것을 사 달라고 말하고 있음을 확인할 수 있다.

오답 피하기 | ① '그 돈은 웬 돈이며 삼십 냥은 웬 돈이오?', '먹으니 좋소만 그 돈은 어디서 났소?'에서 확인할 수 있다.

② '흥보 병영 내려갈 제 탄식하고 내려간다. / "도로는 끝없는데 병영 성중 어디메요. 조자룡이 강을 넘던 청총마나 있으면 이제 잠깐 가련마는, 몸이 고생스러우니 조그마한 내 다리로 오늘 가다 어디서 자며 내일 가다 어디서 잘꼬. 제갈공명 쓰던 축지법을 배웠으면 이제로 가련마는 몇 밤 자고 가잔 말가.'"에서 확인할 수 있다.

③ '흥보 숨숨 생각하니, 자기에게는 어느 시절에 차례가 돌아올 줄 몰라, / "동무님 내 매품이나 잘 팔아 가지고 가오. 나는 돌아가오.'"에서 확인할 수 있다.

⑤ '너희 놈들이 내 마른 볼기를 대송방으로 아는 놈들이로구나.'에서 확인할 수 있다.

03 말하기 방식 비교

[A]에서는 닫는 벼룩을, [B]에서는 노랑 쥐를 의인화하여 가난함을 강조하여 드러내고 있다.

오답 피하기 | ① [A]에서 '삼순구식'이라는 사자성어를 활용하고 있다.

② [B]에서 '광주산 사발 하나 선반에 얹은 지가 팔 년이로되'라고 하면서 구체적 기간을 밝히고 있다.

④ [A]에서는 '집이라고 들어가면 사방 어디로도 들어갈 작은 곳이 없어'라고 하면서 공간의 협소함을 언급하고 있지만, [B]에서는 공간에 대한 언급이 없다.

⑤ [B]에서는 '좌우 들으신 바 내 신세 어떠하오?'라고 하면서 주변 사람들에게 동의를 구하고 있지만, [A]에서는 주변 사람들에게 동의를 구하는 부분이 없다.

04 외적 준거에 따른 작품 감상

흥보의 아내는 흥보가 매품을 팔고 온 것으로 생각하여 안타까운 마음을 표현한 것이므로 상황에 어울리지 않는 행동으로 웃음을 유발하고 있다고 볼 수는 없다.

오답 피하기 | ① 돈으로 자신이 지은 죄에 대한 벌을 다른 사람이 받게 할 수 있다는 점에서 물질적 가치관이 팽배해졌다고 볼 수 있다.

② 장면을 확대하여 판소리 특유의 웃음을 유발하고 있다.
③ 과장된 표현을 통해 해학미를 드러내고 있다.
④ 가난을 해학적인 웃음으로 희화화했다고 볼 수 있다.

"내 명은 하늘에 있거니와 네 머리는 십보지내에 있느니라.",
"장군이 내게는 역신이요 조선에는 충신이라. 내 어찌 충절을
해하리오? 장군의 원대로 하리라." 등에서 대화를 통해 갈등
이 심화되거나 해소되고 있음을 확인할 수 있다.
③ '각설', '차설'에서 확인할 수 있다.
⑤ '세자·대군이 승지를 보시고 슬퍼하시며 가로사대, ~ 만
조백관과 장안 인민이 나와 맞아 반기며 칭송치 아닐 이 없더
라.'에서 확인할 수 있다.

[05~08]

작자 미상, 「임장군전」

해제| 이 작품은 병자호란 때의 실존 인물인 임경업 장군을 주인공
으로 하여 영웅적인 일대기를 다룬 영웅 군담 소설이다. 병자호란의
치욕으로 인한 한을 풀고자 하는 백성들의 정서가 반영되어 있으며,
임경업 장군의 활약을 통해 호국에 대한 적개심과 당시의 무능한 지
배층에 대한 비판을 잘 드러내고 있다.

주제| 임경업 장군의 비극적 일생과 병자호란의 치욕에 대한 정신
적 극복

전체 줄거리| 비범한 인물인 임경업은 무과에 급제한 후 이시백의
무관이 되어 명나라로 가게 된다. 가달의 침입을 받은 호국은 명에
구원병을 청하게 되고, 임경업은 명군을 이끌고 출전하여 호국을 구
하고 돌아온다. 호국이 힘을 길러 조선을 침략하려 하자 조정에서는
임경업을 보내 방어하게 하지만, 호국군은 임경업을 피해 바다로 침
입하여 조선의 항복을 받고 회군한다. 임경업은 회군하는 호국군을
섬멸하려 했으나 인질로 잡혀간 세자와 대군을 보호하기 위해 포기
한다. 호왕은 임경업을 제거하기 위해 명나라를 공격하도록 명하지
만 임경업은 명나라와 내통하여 거짓 항복을 받고 귀국한다. 임경업
이 명과 내통한 사실을 알게 된 호왕은 그를 잡으려 하고, 임경업은
명나라로 도망하여 명군과 함께 호국을 공격하려다가 승려 독보의
배신으로 호국에 잡힌다. 호왕은 임경업의 당당한 태도에 감복하여
임경업의 요구대로 세자와 대군을 조선으로 돌려보내고, 결국 임경
업도 조선으로 돌려보낸다. 간신 김자점은 임경업이 방해가 될까 두
려워 살해하고, 임금은 임경업의 억울한 죽음을 알게 되어 김자점을
문초하여 죽이고 임경업을 충신으로 포상한다. 임경업의 자손들은
벼슬에 뜻을 두지 않고 낙향한다.

05 작품의 서술 방식 파악

인물의 외양을 구체적으로 묘사하는 부분은 나타나지 않는다.
오답 피하기| ① '경업이 조금도 겁함이 없어', '호왕이 경업의
강직함을 탄복하여' 등에서 확인할 수 있다.
② "무지한 오랑캐 놈아! 내 비록 잡혀 왔으나 너를 초개같이
보나니 조롱치 말고 빨리 죽이라.", "네 명이 내게 달렸거늘
어찌 종시 굴치 아니하나뇨? 네 항복하면 왕을 봉하리라.",

06 외적 준거에 따른 작품 감상

'간인을 심복으로 부리다가 그 꾀에 빠져 잡혀 왔으나'에서
'간인'은 임경업을 속여 함정에 빠뜨린 승려인 '독보'를 지칭
하는 것이므로 조정의 간신과는 관계가 없다.
오답 피하기| ① '오랑캐'라고 비하하는 임경업의 말을 통해 호
국에 대한 강한 적개심을 드러내고 있다고 볼 수 있다.
③ 임경업이 목숨을 걸고 세자와 대군을 구하는 모습에서 영
웅적 행동을 통한 충성심을 확인할 수 있다.
④ 아무것도 못 하고 안타까워만 하는 당시 조정의 무능함을
엿볼 수 있다.
⑤ 호왕의 호의를 거절하고 당당하게 행동하는 임경업의 모습
을 통해 민족적 자긍심을 회복하려는 의도를 확인할 수 있다.

07 작품의 내용 이해

㉣은 임경업이 호왕에게 잡혀간 사실에 대한 안타까움을 표
현한 것이므로 자신의 책임을 회피하려는 의도가 있다고 볼
수는 없다.
오답 피하기| ① 과거에 임경업과의 전투에서 호국의 병사들이
많이 죽었음을 언급하면서 임경업이 도망한 이유를 묻고 있다.
② 조선의 세자와 대군을 잡아간 호왕의 행위를 비판하고 있다.
③ 호왕은 항복하면 왕이 되게 해 주겠다는 제안을 통해 임경
업을 설득하려 하고 있다.
⑤ 임경업의 걸음걸이를 사자와 범에 비유하여 칭송하고 있다.

08 갈등 양상 파악

호왕은 임경업에게 복종하기를 바라며 위협하고 있고, 이에
임경업은 강하게 저항하면서 갈등이 고조되다가, 호왕이 임경
업의 충절에 감동하여 임경업이 원하는 대로 해 줌으로써 갈
등이 해소되고 있다.

오답 피하기 | ① 황자명은 임경업이 호왕에게 잡혀갔다는 소식을 듣고 안타까워하고만 있다.

② 임경업은 자신을 배신한 독보를 호왕에게 죽이기를 청하고 있을 뿐 임경업과 독보의 갈등이 구체적으로 드러나 있지는 않다.

④ 세자와 대군은 호왕에게 잡힌 몸으로 호왕의 호의를 입어 풀려나고 있을 뿐 그들의 갈등이 구체적으로 드러나 있지는 않다.

⑤ 임경업은 호왕의 딸과 결혼하는 것을 거절할 뿐 두 사람의 갈등이 구체적으로 드러나 있지는 않다.

실전 문제 02

본문 228쪽

| 01 ② | 02 ① | 03 ③ | 04 ⑤ |
| 05 ⑤ | 06 ④ | 07 ③ | 08 ⑤ |

[01~04]

작자 미상, 「순금전」

해제 | 조선 후기 계모형 가정 소설로 작가와 창작 연대는 미상인 작품이다. 이 작품은 오래전부터 구전되어 온 「손 없는 색시」 설화에서 소설화된 것으로 보여 설화의 소설화 양상을 설명할 수 있다는 것에 의의가 있다. 또한 전실의 자식과 계모가 낳은 자식 간의 우애가 돈독하다는 점 등은 일반적인 계모형 가정 소설과 다른 면모를 보이는 부분으로, 초기 계모형 가정 소설의 변모된 유형을 확인할 수 있는 근거가 되기도 한다. 작품의 말미에는 서술자의 입을 빌려 주 독자층이라 할 수 있는 여성층에게 창작 동기를 밝히고 있다는 점도 특이할 만한 부분이라 할 수 있다.

주제 | 권선징악, 사필귀정

전체 줄거리 | 황 승상의 부인 최 씨는 딸 순금을 낳고 세상을 떠난다. 순금은 부친에게 권하여 정 씨를 재취로 맞아들이게 한다. 정 씨는 아들 황생을 낳았음에도 황 승상이 황생보다 순금을 귀히 여기자 순금을 없앨 계획을 꾸민다. 정 씨는 순금에게 범벅을 주어 몸을 가누지 못하게 하고, 쥐를 잡아 삶아 털을 뽑고 순금의 이불 밑에 몰래 넣어둔다. 정 씨는 황생의 만류에도 불구하고 황 승상에게 순금의 거짓 임신을 고하고, 황 승상은 참토장에게 순금의 목을 베라 명한다.

그러나 목을 베지 못하고 순금의 오른 손목만을 자른다. 집에서 나온 순금은 화주승이 시주를 권해 황금을 내어 주고, 홍도 세 개를 받는다. 홍도를 먹은 순금은 한쪽 눈을 뜨지 못하고 한쪽 다리가 잘린다. 그러나 순금이 자면 날짐승이 와서 덮어 주고, 나물과 과일을 놓고 간다. 호랑이가 선녀로 변하여 순금에게 약과 물을 주어 순금은 옛날의 모습을 되찾게 되고, 선녀가 준 옷을 입고 목장자의 집에 찾아가 극진한 대접을 받는다. 목장자가 자신의 아들인 목선과 결혼하길 청하고, 순금은 이를 허락한다. 순금은 목선에게 글을 가르쳐 목선을 장원 급제시키고 황생을 만나게 된다. 순금과 목선, 황생이 황 승상에게 사건의 전말을 아뢰니, 황 승상은 정 씨를 문초하여 정 씨의 모략이 드러난다. 순금은 아들딸을 낳고 90세까지 누리다가 옥황상제 앞으로 올라간다.

01 서술상 특징 파악

'그 참혹함을 어찌 보리오.', '이때에 정 씨 간교함을 뉘 알리오.' 등과 같이 이 작품에서는 서술자가 편집자적 논평을 통해 자신의 생각을 드러내고 있다.

오답 피하기 | ① 이 작품 전체를 보면 초현실적 요소가 제시된 부분이 드러나 있다. 하지만 제시된 부분에서는 초현실적 요소를 통해 인물의 능력을 부각하고 있는 부분은 찾을 수 없다.

③ 인물 간 갈등의 원인을 제시하기 위해 인물의 회상을 활용하고 있지는 않다.

④ '가는 허리 굵어지고, 옥 같은 얼굴에 새알기름이 끼고'와 같이 외양을 구체적으로 묘사하기는 하였으나 이를 통해 인물의 성격을 나타내지는 않았다.

⑤ '쥐'라는 소재가 활용되기는 하였으나 이것이 인물의 성격 변화를 암시하는 상징적 소재에 해당하지는 않는다.

02 구절의 의미 파악

㉠은 정 씨가 소저를 친딸과 같이 여겼다는 것을 드러내고 있을 뿐, 자신을 친어머니처럼 대하지 않는 소저의 태도에 대해 서운함을 드러내고 있지는 않다.

오답 피하기 | ② ㉡에서 소저는 계모의 은혜를 갚겠다고 하며 자신에게 베풀어 준 정 씨의 호의가 진심에서 우러나온 것이라 여기고 있다.

③ ㉢에서 소저는 십팔 년 길러 낸 은혜와 공로가 태산보다 높을 것이라고 말하며 자신을 양육한 유모의 은혜에 대해 고마워하고 그의 죽음을 한탄하고 있다.

④ ㉣에서 정 씨는 소저를 모함하기 위한 계략을 실행하기 위해 자리를 고쳐 깔아 주겠다는 말을 하고 있다.

⑤ ㉢에서 소저는 더러운 누덕을 쓰고 죽게 되었다고 말하며 죄가 없음에도 억울하게 누명을 쓰고 죽게 되어 버린 상황을 수용하고 있다.

03 소재의 기능 파악

황생은 '꿈'에서 소저가 염라사자에게 결박당하여 남쪽으로 가는 모습을 보게 된다. 이는 소저가 죽을 고비에 처해 있음을 암시하는 장면으로 소저가 위태로운 처지에 놓여 있음을 황생이 알게 해 주는 기능을 하는 것이다.

오답 피하기 | ① '꿈'에서 소저의 정체가 밝혀지는 부분이나 황생이 소저의 진심을 이해하게 되는 내용은 드러나 있지 않다.
② '꿈'의 내용이 소저와 관련된 것이기는 하나 소저의 진심을 드러내거나 유모의 죽음에 대한 사건 해결의 실마리를 제공하고 있지 않다.
④ '꿈'에 소저의 신분에 대해 언급되고 있지 않으며, 소저가 천상의 계통을 이어받은 존재임을 밝히고 있지도 않다.
⑤ '꿈'에 소저와 관련한 금기가 제시되어 있지 않고, 소저와 황생의 갈등이 심화될 것임을 암시하고 있지도 않다.

04 외적 준거에 따른 작품 감상

소저는 유모의 죽음에 대해 통곡하며 천지 일월성신께 발원을 한다. 이는 유모의 죽음에 대한 것으로, 자신의 억울함을 비현실적인 방식을 통해 풀어내는 것과 연결짓는 것은 적절하지 않다.

오답 피하기 | ① 황생은 소저에게 "네 죄곧 없으면 하늘이 인정하리라. 어찌 두려움이 있으리오? 내 이제 어마님께 아뢰어 무사하게 하오리라."라고 말하며 죄가 없으면 하늘이 인정할 것이라고 소저를 위로하고 있다. 이는 사필귀정의 주제를 암시하는 것으로 볼 수 있다.
② 죽은 쥐를 소저의 이불 아래에 넣어 소저의 행실을 모함하는 정 씨는 기존의 가정 소설에 등장하는 부정적 인물을 계승한 인물이라고 할 수 있다.
③ 이 작품에서는 기존의 가정 소설과는 달리 정 씨의 소생인 황생과 소저를 친밀한 관계로 설정하고 있다.
④ 정 씨는 '어떤 놈을 통간하여 이렇듯이 행실을 하였나뇨?'라고 말하며 훼절을 집안의 치욕으로 여기며 문제 삼고 있다. 이러한 시대 현실은 기존의 가정 소설에 반영된 사회 문화적 배경과 유사하다고 볼 수 있다.

[05~08]
임제, 「원생몽유록」

해제 | 조선 중기 임제의 작품으로 알려진 한문 소설로 「원자허전」이라고도 한다. 원자허라는 인물이 꿈속에서 단종과 사육신을 만나 비분한 마음을 드러내며 흥망의 도를 토론한다는 내용이다. 세조의 왕위 찬탈을 소재로 정치권력의 모순을 폭로한 작품으로 인간사의 부조리에 대한 회의를 드러내고 있다. 몽유록의 일반적 구성인 '현실－꿈－현실'의 구조를 따르고 있으며 몽유록 소설의 대표작으로 알려져 있다.
주제 | 부조리한 인간사에 대한 회의, 모순된 정치권력에 대한 비판
전체 줄거리 | 주인공 원자허는 가난하지만 정의로운 선비이다. 가을밤 달빛을 이용하여 독서를 하다가 밤이 깊고 정신이 어지러워 책상에 기대어 잠이 듦으로써 꿈속 세계에 들어가게 된다. 원자허가 신선이 된 기분으로 어느 강변에 다다르자 한 선비가 나와 영접을 한다. 선비를 따라 정자로 가니 왕자의 의관을 한 단종과 복식을 갖춰 입은 다섯 신하가 모여 있었다. 원자허는 단종을 알현하고 신하들과 이야기를 나누게 된다. 먼저 복건을 쓴 사람이 중국 고대의 성왕들이 선위를 통해 왕이 된 것을 비판하였다. 그러나 단종은 그를 타이르며 네 성왕은 죄가 없고 다만 그들의 양위를 빙자한 자가 도적이라고 말한다. 이어 박팽년, 성삼문, 하위지, 이개, 유성원이 차례로 세조의 왕위 찬탈에 대하여 품은 원한을 비분강개조의 시로 읊고 이후 복건 쓴 사람과 원자허도 자신의 애절한 마음을 읊는다. 마지막으로 뒤늦게 참석한 무신 유응부가 자신의 강개한 심정을 토로한다. 그 순간 벼락 치는 소리로 원자허는 꿈에서 깨어난다. 원자허에게 꿈 이야기를 들은 매월거사는 현명한 임금과 충성스러운 신하들이 화를 당한 사건에 대해 하늘을 원망한다.

05 서술상 특징 파악

이 작품은 원자허가 꿈속에서 임금과 그 신하들을 만나 그들의 이야기를 듣는 내용이 주를 이루고 있다. 임금과 신하들은 시를 주고받는데, 그 시에는 슬프고도 괴로운 심회가 잘 드러난다. 따라서 특정 사건에 대한 인물들의 심회를 중심으로 서술되고 있다고 볼 수 있다.

오답 피하기 | ① 인물 간의 갈등을 중재하는 초월적 존재가 등장하고 있지는 않다.
② 삽입 시가 활용되고는 있으나 그 내용을 통해 앞으로 일어날 일을 예고하고 있지는 않다.
③ 인물의 외모를 과장되게 표현하여 인물을 희화화하고 있는 부분은 찾을 수 없다.
④ 서술자가 사건에 직접 개입해 주관적 판단을 제시하는 편집자적 논평은 드러나 있지 않다.

06 감상의 적절성 평가

무인은 '다섯 사람'을 돌아보며 '썩은 선비'들이라 칭하고 있다. 단종을 복위시키기 위해 함께 대사를 꾸몄지만, 그것을 달성하지 못한 것에 대해 동료들을 한편으로는 책망하고, 한편으로는 안타까워하고 있는 것이다. 그러므로 '썩은 선비'란 단종의 폐위에 참여한 사람들을 언급한 것으로 볼 수 없다.

오답 피하기 | ① 〈보기〉를 바탕으로 할 때, '임금'은 폐위당한 단종을, '여섯 사람'은 무인을 제외한 다섯 명의 사육신과 원자허를 표현한 것으로 볼 수 있다.

② 이 작품이 세조의 왕위 찬탈을 소재로 정치권력의 모순을 보여 주는 작품이라는 것을 고려할 때, '외로운 혼'은 세조에게 왕위를 찬탈당하고 쓸쓸하게 죽음을 맞은 단종의 모습을 형상화한 것으로 볼 수 있다.

③ '모든 사람'이 처연히 눈물을 흘린 것은 단종의 폐위와 관련해 생전에 겪은 공동의 비운 때문이라고 볼 수 있다.

⑤ '해월거사'가 '원자허'의 꿈 이야기를 듣고 슬퍼하며 말한 것은 꿈속 인물들의 애한에 공감했기 때문이라고 볼 수 있다.

07 작품 배경의 의미, 역할 파악

원자허는 꿈속에서 억울하게 왕위를 빼앗긴 단종과 그를 지키려다 목숨을 잃은 사육신을 만난다. 그리고 해월거사는 원자허의 꿈 이야기를 듣고, 단종과 사육신의 죽음에 대한 안타까움과 하늘의 공도에 대한 고민을 표현한다. 원자허의 꿈은 작가가 비판적으로 바라보는 현실 세계의 모습, 즉 삼촌이 조카의 왕위를 빼앗고 임금이 된 현실의 부당함을 드러내기 위해 설정된 허구라고 할 수 있다.

오답 피하기 | ① 꿈을 원자허의 숨겨 왔던 욕망이 실현되는 장치로 보기는 어렵다.

② 원자허가 꿈을 통해 인생의 무상함을 깨닫지는 않는다.

④ 꿈이 현실의 상황과 전혀 다른 이상적 세계의 모습을 보여 주지는 않는다. 오히려 부정적인 모습을 보여 준다.

⑤ 매월거사는 꿈 밖의 인물로, 원자허에게 깨달음을 주려는 매월거사의 의도가 꿈에 반영되어 있지는 않다.

08 작품의 내용 파악

[B]에서는 '내 마음은 무엇을 닮았나. 저 둥근 달을 닮았네.'와 같이 자문자답의 형식을 활용하고 있으나 [A]에서는 자문자답의 형식을 활용한 부분을 찾을 수 없다.

오답 피하기 | ① [A]에서는 자연물인 '강물'에 감정을 이입하여

화자의 감정을 드러내고 있지만, [B]에서는 그러한 부분을 찾을 수 없다.

② [B]에서는 '나뭇잎 지고 물결 차가운'과 같이 계절을 암시하는 소재를 통해 애상적 분위기를 환기하고 있지만, [A]에서는 그러한 부분을 찾을 수 없다.

③ [B]에서는 '아아!'와 같은 감탄사를 활용하여 고조된 감정을 직접 나타내고 있지만, [A]에서는 그러한 부분을 찾을 수 없다.

④ [A]의 '살아서는 임금이요, 죽어서는 외로운 혼', [B]의 '살아서는 충과 효를 다했고, 죽어서는 굳센 혼백 되었네.'는 모두 대조적 표현을 활용해 시적 의미를 드러내고 있는 부분에 해당한다.

실전 문제 03
본문 234쪽

01 ⑤	02 ④	03 ④	04 ⑤
05 ⑤	06 ⑤	07 ③	08 ⑤
09 ①			

[01~05]

(가) 정철, 「관동별곡」

해제 | 작가가 45세 되던 해 강원도 관찰사로 임명되어 대궐을 출발하면서부터 부임지에 도착하고, 이어 금강산과 해금강 그리고 관동의 여러 절경을 두루 여행하며 그곳에서의 견문과 여정, 풍경, 고사, 감흥 등을 기록한 기행 가사이다. 이 작품은 3·4조 4음보의 율격으로 조선 전기 가사의 특징을 잘 보여 주고 있다. 작가가 벼슬살이를 하며 비교적 득의(得意)에 찼던 시절에 지은 작품으로 호탕한 기백이 잘 드러나 있으며, 관찰사로서의 책임감과 개인으로서의 풍류 의식 사이의 심리적 갈등을 꿈을 통해 해소하는 모습을 보여 주고 있다.

주제 | 관동 지방의 절경에 대한 감탄과 연군의 정, 애민 정신

구성 |
• 1~13행: 죽서루에서의 객수와 망양정에서의 조망
• 14~24행: 망양정의 월출과 신선에 대한 동경
• 25~42행: 꿈속에서 신선을 만나 심리적 갈등을 해소함.

(나) 채수, 「석가산 폭포기」

해제 | 작가가 인공으로 석가산과 폭포를 만들게 된 과정과 그것을 완성한 후 미각, 시각, 청각의 세 가지 즐거움을 누리는 자족감을 표현한 작품이다. 노쇠하여 직접 자연(산수)을 찾지 못하게 된 작가는 종남의 별장에 석가산을 만들어 그것을 완성하며 실제 자연을 찾아 즐기는 것과 같은 즐거움을 맛보고 있다. 자연에 실재하는 산과 인공적으로 만든 석가산의 진가(眞假)를 구별하지 않는 인식을 통해 자신이 좋아하는 것을 즐기며 만족하는 우리 조상들의 고상한 풍취를 느낄 수 있다.

주제 | 석가산 폭포를 완성하는 즐거움

구성 |
• 1문단: '나'는 산수를 유람하며 그 효용을 알게 됨.
• 2문단: 세상 사람들은 자연의 신비함에 대해 토론을 하는 '나'의 취미를 비웃음.
• 3문단: 기력이 쇠해 산수화를 감상했으나 생동감을 느낄 수 없었음.
• 4문단: 별장의 연못 가운데에 석가산을 만듦.
• 5문단: 담 밖의 우물을 끌어다가 석가산 가운데서 솟아 나오게 만듦.
• 6문단: '나'가 만든 석가산은 옛사람들의 석가산보다 뛰어남.
• 7문단: 석가산 폭포의 정교함에 대해 자부심을 느낌.
• 8문단: 진짜와 가짜를 구별할 필요가 없이 '나'가 좋아하는 것을 취하는 것이 중요함.
• 9문단: 석가산 폭포를 통해 세 가지 즐거움을 누림.
• 10문단: 석가산 폭포를 완상하는 것에 만족감을 느낌.

01 표현상 특징 파악

(가)의 경우 꿈속에서 신선과 대화를 하는 장면이 제시되고 있으나, (나)의 경우는 대화체가 사용되지 않고 있다.

오답 피하기 | ① (나)는 공간의 이동이 나타나지 않으나, (가)는 죽서루에서 망양정으로 이동하며 객수를 드러내고 있다.
② (가)는 여정에 따라 자연을 감상하고 있으나, (나)는 '석가산'이라는 조형물을 소재로 삼고 있다.
③ (나)는 옛사람들의 석가산 조성 방식과 자신의 조성 방식을, 세상의 호걸들의 태도와 자신의 태도를 비교하여 자신의 고상한 풍취를 강조하고 있다.
④ (가)의 죽서루와 망양정, (나)의 '삼각산, 금강산, 지리산, 팔공산, 가야산, 비슬산, 속리산' 등은 모두 화자나 글쓴이가 경험한 구체적 공간이다.

02 구절의 의미 파악

ㄹ에서 정건, 왕유 같은 인물을 인용했지만, 자신의 그림 솜씨를 과시하는 것은 아니다. ㄹ은 자신이 조성한 석가산 폭포의 정교함에 대해 자부심을 드러내고 있는 것이다.

오답 피하기 | ① 태백산의 그림자를 담은 오십천의 물을 임금님이 계신 한양에 보내겠다는 것은 연군지정으로 볼 수 있다.
② 파도가 크게 출렁이는 모습을 고래가 물줄기를 뿜는 모습에 비유하고 있다.
③ 좋은 술을 백성들이 먼저 마시게 배려하는 바람직한 목민관의 자세가 나타나 있다.
⑤ '진주나 보배, 혹은 아름다운 것들로 눈을 즐겁게 하는 것도 없고, 기름진 음식으로 입맛을 즐겁게 하는 것도 없으며, 관현악기 같은 악기의 소리로써 귀를 즐겁게 하는 것도 없다.'에서 확인할 수 있다.

03 외적 준거에 따른 작품 감상

ㄱ. 다른 이들이 (가)를 읽으며 와유를 할 수 있다.
ㄷ. (나)의 1문단에서 글쓴이가 우리나라의 명산을 직접 찾아갔음을 알 수 있고, (나)의 2, 3문단을 통해 글쓴이가 나이가 들면서 와유를 실천하고 있음을 알 수 있다.
ㄹ. (나)의 3문단의 '그러나 이것은 비록 조금은 위로가 되지만 역시 화가들의 훌륭한 기법과 특이한 풍경 외에는 별로 느껴지는 것이 없었다.'와 6,7문단의 내용을 통해 알 수 있다.

오답 피하기 | ㄴ. (가)에 외국의 절경과 화자가 바라본 풍경을 비교하는 내용은 나타나지 않는다.

04 소재의 기능 파악

(가)의 '꿈'은 화자의 풍류를 즐기고 싶은 개인적 욕구와 관찰사로서의 공적 임무 사이에 발생한 내면적 갈등을 해소하게 만드는 문학적 장치이다.

오답 피하기 | ① 화자의 미래를 암시하는 내용은 찾을 수 없다.
② 화자가 꿈속에서 떨어져 있는 임과 재회한 것은 아니다.
③ 화자가 꿈속에서 신선을 만나 이야기를 듣는 것이지, 절대적 존재에게 자신의 억울함을 호소하는 것은 아니다.
④ 화자는 황정경의 한 글자를 잘못 읽은 실수로 인간 세상에 내려온 것이다.

05 작가의 세계관 파악

ⓑ는 천지와 사람이 임시적인 존재이므로 실제 자연과 인공적인 조형물인 석가산을 진짜와 가짜로 구별할 필요가 없다고 생각하며, 석가산을 감상하는 즐거움과 만족감을 드러낸 것이다.

오답 피하기 | ①, ③ '어느 것이 가짜이고 어느 것이 진짜인지

구분하지 못하겠다'는 것은 석가산과 실제의 자연이 차이가 없다는 것이다.
② '필경 천지와 사람이 모두 임시로 합친 것인데'로 볼 때 글 쓴이가 석가산을 영속적 대상으로 생각하는 것은 아니다.
④ (나)에서 글쓴이가 실제 자연에서 좋아하는 부분만을 골라 석가산을 만들었다는 내용은 찾을 수 없다.

[06~09]

(가) 이정보, 「국화야 너는 어이~」

해제 | 이 작품은 작가가 벼슬에서 물러나 생활할 때, 서리 속에서도 꽃을 피운 국화를 보고 예찬한 시조이다. 삼월 동풍에 피어나는 다른 꽃들과 달리 낙목한천에 혼자 서리를 맞고 피어난 국화를 예찬함으로써 군자로서 가져야 할 덕목을 드러내고 있다.

주제 | 오상고절을 보여 주는 국화에 대한 예찬

구성 |
• 초장: 봄이 다 지나감.
• 중장: 낙목한천에 홀로 핀 국화
• 종장: 홀로 지키는 국화의 절개

(나) 신경준, 「어상」

해제 | 이 작품은 조선 후기의 문신이자 실학자인 신경준이 '어상'으로 불리는 꽃을 통해 참다운 은일의 덕이 무엇인지를 역설하고 있는 글이다. 작가는 세상 사람들에게 은일의 상징으로 알려진 국화가 정작은 참다운 은일의 덕을 지니고 있지 못함을 말하면서 세상에 이름을 숨긴 채 살고 있는 '어상'에게서 오히려 은일의 덕을 찾을 수 있음을 말하고 있다.

주제 | 참다운 은일의 덕을 간직한 '어상'

구성 |
• 1문단: 국화가 은일의 이름을 얻게 된 유래
• 2문단: 혁혁한 명성을 지닌 국화의 실상
• 3문단: 은일의 덕을 지닌 '어상'의 특성
• 4문단: '어상'이 지닌 참다운 은일의 덕

---

06 작품 간의 공통점 파악

(가)에서는 낙목한천에 서리를 맞으며 혼자 피어나는 '국화'에 시련 속에서도 절개를 지키는 선비라는 상징적 가치를, (나)에서는 '어상'에 절개를 지키며 숨어 사는 선비라는 상징적 가치를 부여하여 주제 의식을 드러내고 있다.

오답 피하기 | ① (가)와 (나) 모두 대상을 희화화하는 내용은 나타나지 않는다.
② (가)와 (나) 모두 대상과 문답을 주고받는 내용은 나타나지 않는다.
③ (가)와 (나) 모두 대상에 대한 추억은 나타나지 않는다.
④ (가)의 경우 대상에 대한 예찬의 태도는 찾을 수 있으나, 그것이 대상과 합일하고자 하는 의지와 연결되는 것은 아니다.

---

07 소재의 기능 파악

ⓐ는 대상의 외로운 절개를 드러내 주는 시련이므로 대상의 장점을 부각한다고 볼 수 있으나, ⓑ는 대상을 가려서 드러나지 않게 하는 사물이므로 대상의 장점을 부각하는 것과는 관련이 없다.

오답 피하기 | ① ⓐ와 ⓑ는 모두 대상의 이중적 속성과는 관련이 없다.
② ⓐ와 ⓑ는 모두 감흥의 유발과는 관련이 없다.
④ ⓐ가 대상의 계절적 배경을 알려 주는 것이고, ⓑ는 앞의 '깊숙한 산언덕'과 연결되어 대상의 공간적 배경을 알려 주는 것이다.
⑤ ⓐ는 대상의 내면적 속성과 가치를 부각한다고 볼 여지가 있으나, ⓑ는 대상의 외양을 가리는 것이다.

---

08 감상의 적절성 평가

(가)와 〈보기〉 모두 구체적인 시선의 이동을 확인할 수 없다. 오히려 시선이 고정된 것으로 볼 수 있다.

오답 피하기 | ① (가)에는 후각적 이미지가 나타나지 않지만, 〈보기〉의 '가만히 향기 놓아'는 후각적 이미지에 해당한다.
② 〈보기〉에는 겨울의 계절감만이 나타나나, (가)에는 봄을 나타내는 '삼월 동풍'과 겨울을 나타내는 '낙목한천'이라는 계절의 대비가 나타나고 있다.
③ (가)의 '낙목한천'과 〈보기〉의 '눈'은 시련을 상징하는 소재로 볼 수 있다.
④ (가)의 '오상고절'과 〈보기〉의 '빙자옥질', '아치고절'이 대상을 예찬하는 한자어이다.

---

09 외적 준거에 따른 작품 감상

(나)의 '어상'은 자신의 덕을 지키기 위해 세상과 등지고 깊숙이 숨어 사는 선비를 비유한 것으로 볼 수 있다.

오답 피하기 | ② '어상'이 절개를 지키는 선비를 비유하는 것은 맞지만, 세상의 명성을 얻는 선비를 비유하는 것은 아니다.

③ '어상'이 부귀영화를 멀리하는 선비를 비유한다고 볼 수 있지만, 자연을 즐기는 선비를 비유하는 것은 아니다.

④ '어상'이 비유하는 선비가 다양한 재능을 지녔음을 알 수 없고, 명성을 얻는 것과도 관계가 없다.

⑤ '어상'은 숨어 살아 사람들이 알지 못하는 선비를 비유하는 것이다.

실전 문제 04

01 ①	02 ④	03 ⑤	04 ②
05 ②	06 ②	07 ③	08 ①

[01~04]

허전, 「고공가」

해제 | 어리석고 게으른 머슴들을 꾸짖으면서 부지런히 맡은 바 일을 해 나갈 것을 강조하고 있는 작품이다. 여기서 어리석고 게으른 머슴들은 임진왜란 직후 나태하고 무능한 모습의 관리들을 가리키는 것으로, 당대의 사회적 문제점을 지적하고 비판하고 있는 풍자적 작품이라 평가할 수 있다. 나라의 일을 농사일로, 관리들을 머슴으로 비유함으로써 계도의 목적을 문학적으로 달성하고 있다.

주제 | 근면한 생활의 강조, 무능한 관리들에 대한 비판

구성 |
• 서사: 집안의 내력과 근검했던 생활
• 본사: 이기적이고 게으르며 갈등을 일삼는 머슴들
　　　　부지런하고 협동하는 삶에 대한 권고
• 결사: 집안의 미래에 대한 걱정

01 시상 전개 방식에 대한 이해

이 작품은 고공(머슴)들에게 나태함을 지적하며 각성할 것을 촉구하고 있다. 고공들에게 말을 건네는 방식으로 현재 상황의 문제점을 지적하고 교훈을 전달하고 있는 것이다.

오답 피하기 |

② 의인화된 대상은 나타나 있지 않다.

③ 과거의 고공들과 다른 요즘의 고공들의 모습을 비판적으로 제시하고 있다. 시간의 흐름에 따라 대상이 변화하는 과정을 묘사하는 것은 아니다.

④ 과거의 고공들과 현재의 고공들을 대비하고 있다. 현재와 대비되는 미래 상황을 제시하고 있는 것은 아니다.

⑤ 스스로 묻고 답하는 방식을 사용하고 있지는 않다.

02 표현상 특징 파악

ⓔ은 크나큰 살림살이를 어떻게 일으키겠냐는 뜻으로, 일하지 않고 흉년까지 들어 살림이 줄어들게 된 현재의 상황에 대해 우려를 표현한 것이다.

오답 피하기 | ① ㉠에는 과장적 표현이 나타나지 않는다. 써레, 보습, 쟁기 등의 구체적 소재를 통해 논밭을 만드는 상황을 나타내고 있다.

② ㉡에 계절적 배경은 나타나지 않는다. 농사를 지어 부유하게 살았던 과거의 모습을 제시하고 있다.

③ ㉢에서는 요즘 고공들의 문제점을 제시하고 있다. 자연에 대한 예찬적 태도를 드러내고 있지는 않다.

⑤ ㉤에는 대구적 표현이 나타나 있지만 이를 통해 문제가 되는 상황에 대해 지적하고 있는 것은 아니다. 화자가 바라는 상황을 표현한 것이다.

03 외적 준거에 따른 작품 감상

'쥭조반 아춤져녁 더 호다 먹엿'다는 것은 관리들을 애정으로 돌보고 보살폈다는 의미이다. 그랬음에도 불구하고 관리들은 은혜를 생각하지 않고 제 일만 하려고 한다고 비판하고 있다.

오답 피하기 | ① '처음의 한어버이'는 조선을 개국한 태조를 가리키는 것으로, 태조의 통치 아래 '사름이 졀로 모'이는 모습은 조선 개국 당시 안정된 국가의 모습을 나타낸 것이다.

② '고공'은 나라의 관리들을 가리키는 것으로, '고공도 근검터라'는 나라의 관리들이 근검하게 자신의 역할을 성실하게 해 나갔음을 말하는 것이다. 국가의 안정을 위해서는 관리들이 바람직한 태도를 가져야 한다는 것을 강조하고 있다.

③ '화강도'는 왜적을 가리키는 것으로, '화강도에 가산이 탕진호'고 '먹을 썻시 전혀 업'는 상태는 왜적의 침입, 즉 임진왜란 직후 황폐한 조선의 모습을 나타낸 것이다.

④ '도적 아니 멀리 갓다호'는 것은 여전히 조선이 위기 상황에 있다는 것을 말한다. '귀눈 업서 져런 줄 모'른다는 것은 이러한 나라의 위기 상황을 인식하지 못하는 무능한 관리들의 모습을 나타낸 것이다.

04 작품의 종합적 이해

이 작품에서는 제집과 옷을 두고도 빌어먹으려고 하는 머슴, 즉 게으르고 자신의 살림살이를 돌보지 않는 대상에 대해 비판하고 있다. 그러면서 한마음 한뜻으로 농사를 짓고 부지런하게 생활할 것을 강조하고 있다. ⓐ와 ⓑ는 이러한 주제 의식과 맞물려, 화자는 비 오는 날 일을 하지 못하는 상황에서도 쉬지 않고 새끼 꼬는 일을 한다. 근면한 생활 태도를 보여 주고 있는 것이다.

오답 피하기 | ① 농업보다 상업을 중시하는 상황에 대해 비판하고 있지는 않다.
③ 이 작품의 화자가 고공들이 생업을 신경 쓰지 않고 학문에만 정진한다고 비판한 것은 아니다.
④ 나라의 위기 상황에 대해 인식하고 맡은 직분을 성실하게 수행해야 한다는 점을 강조하고 있다. 다른 나라의 침략을 스스로 방어할 수 있는 힘을 기르자는 것은 ⓐ, ⓑ에서 보여 주고 있는, 시간을 아껴 새끼를 꼬는 상황과는 거리가 멀다.
⑤ 사욕만을 챙길 것이 아니라 본분에 성실해야 한다는 내용을 담고 있다. 세속적 가치를 추구한다고 꾸짖은 것은 아니며, 자연 친화적 삶을 살아야 한다는 것은 ⓐ, ⓑ의 내용과 거리가 멀다.

[05~08]

김만중, 「구운몽」

해제 | 몽자류 소설의 효시가 되는 작품으로, 현실과 꿈을 오가는 환몽 구조를 통해 인생무상의 주제 의식을 전달하고 있다. 불교의 공(空) 사상, 윤회 사상을 중심으로 하여 유교 사상, 도교 사상이 드러나 있으며, 조선 중기의 전형적인 양반 사회의 이상을 반영하고 있다고 평가받고 있다.

주제 | 인생무상의 깨달음, 세속적 욕망의 헛됨에 대한 자각

전체 줄거리 | 중국 당나라 때 남악 형산 연화봉에서 육관대사에게 가르침을 받던 성진은 용궁에서 돌아오는 길에 위 부인의 시녀 팔선녀와 희롱한 죄로 인간계로 떨어진다. 인간계에서 양소유라는 이름으로 태어난 성진은 입신양명하며 두 부인과 여섯 첩과 함께 부귀영화를 누리게 된다. 그러던 어느 날 인생의 무상함을 느끼게 된 양소유는 불교에 귀의하기로 한다. 그때 육관대사가 나타나 성진을 꿈에서 깨어나게 한다. 성진은 온갖 부귀영화를 누리던 양소유로서의 삶이 한낱 꿈인 것을 알고 세속적 욕망의 헛됨을 깨닫는다. 이후 성진은 육관대사의 가르침을 얻어 팔선녀와 함께 불도에 정진하여 해탈한다.

05 서술상 특징 파악

성진과 육관대사의 대화 혹은 팔선녀와 염라대왕의 대화를 통해 성진과 팔선녀가 과거에 저지른 잘못이 드러나고 있다.

오답 피하기 | ① 성진의 내적 독백은 성진이 부귀영화를 욕망하며 갈등하고 있음을 보여 주고 있다. 영웅적 면모를 보여 주는 것은 아니다.
③ 공간적 배경이 내용의 사실성을 높이고 있지는 않다.
④ '중략'의 앞부분에서는 연화봉에서의 일을, '중략'의 뒷부분에서는 풍도에서의 일을 다루고 있다. 다양한 장면의 전환이 나타나지는 않는다.
⑤ 서술자가 개입하여 사건을 압축적으로 제시하는 부분은 나타나 있지 않다.

06 작품의 내용 파악

육관대사는 성진의 변명에도 불구하고 황건역사에게 분부하여 성진을 풍도로 보내었으므로 성진의 죄를 용서하였다고 볼 수 없다.

오답 피하기 | ① '소자가 십이 세에 부모를 버리고 친척을 떠나 사부님께 의탁하여 머리를 깎아 중이 되었'다는 것을 통해 성진이 어린 나이에 불가에 입문하였음을 알 수 있다.
③ '즉시 염주를 굴리며 염불을 하는데 갑자기 창밖에서 동자가 급히 말하였다.'를 통해 확인할 수 있다.
④ '염라대왕이 즉시 ~ 인간 세상으로 보냈다.'라는 내용을 통해 확인할 수 있다.
⑤ 육관대사가 황건역사에게 '이 죄인을 압송하여 풍도에 가 염라대왕께 부쳐라.'라고 하였고 성진과 팔선녀는 풍도로 쫓겨나 염라대왕을 만났다.

07 인물의 심리 파악

㉠에서 성진은 자신의 잘못을 인정하고 있지 않다. 그러나 ㉡에서 팔선녀는 '부끄러움을 머금고' 자신의 행동과 관련된 사실을 진술하면서 '원컨대 좋은 땅을 점지해 주십시오.'라고 말하고 있으므로 잘못을 인정한 것이라고 볼 수 있다.

오답 피하기 | ① ㉠에서 성진은 자신이 '사사로운 마음'을 먹어 죄가 있음을 알고 있지만 육관대사의 물음에 죄를 알지 못하겠다고 말하고 있다.
② ㉡에서 팔선녀는 자신의 행동을 객관적으로 말하고 있다. 사실과 다르게 변명하고 있는 것은 아니다.

④ ㉠에서 성진은 자신에게 죄가 없다고 말하고 있지만, 과거의 행적을 나열하고 있지는 않다.

⑤ ㉠에서 성진은 자신의 죄를 인정하지 않고 있으므로 뉘우친다고 볼 수 없고, ㉡에서 팔선녀는 자신들의 죄를 인정하고 있다.

08 외적 준거에 따른 작품 감상

성진이 공명을 후세에 전하고 싶다고 생각하는 대목은 유교의 이데올로기를 담고 있는 부분이다. '도통한들 넋이 한번 불꽃 속에 흩어지면 뉘 한낱 성진이 세상에 났던 줄을 알리오.'라고 하였으므로 오히려 불교의 한계를 지적했다고 볼 수 있다.

오답 피하기 | ② 도교에서 '황건역사'는 악을 물리치는 신장이며, '염라대왕'은 지옥을 관장하는 왕이다. '황건역사'와 '염라대왕'의 등장은 이 작품에 도교적 세계관이 반영되어 있음을 말해 준다.

③ 장수나 재상이 되는 것은 입신양명을 하는 것으로, 이는 유교적 사상 아래에서 사대부가 지향하는 가치나 이데올로기를 말해 주는 것이라 할 수 있다.

④ 성진과 팔선녀가 지은 죄에 따라 다시 인간 세상으로 보내진다는 것은 행한 일, 업(業)에 따라 생사를 거듭한다는 불교의 인연설, 윤회 사상을 반영하는 것이라고 할 수 있다.

⑤ 육관대사가 '영화를 당대에 자랑하고 공명을 후세에 전하'는 것을 대장부의 일이라고 여기고 이를 욕망하는 성진을 꾸짖는 것은 유교에서 지향하는 가치의 한계에 대해서 지적한 것으로, 불교가 유교의 한계를 극복할 수 있는 면을 가지고 있음을 말해 준다.

Memo

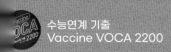
수능연계 기출
Vaccine VOCA 2200

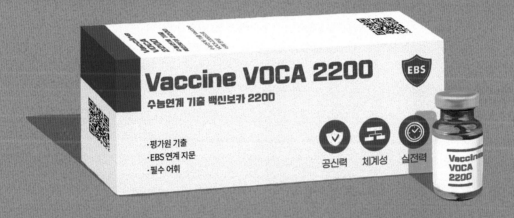

○ 수능 영단어장의 끝판왕!
10개년 수능 빈출 어휘 + 7개년 연계교재 핵심 어휘

○ 수능 적중 어휘 자동암기 3종 세트 제공
휴대용 포켓 단어장 / 표제어 & 예문 MP3 파일 / 수능형 어휘 문항 실전 테스트

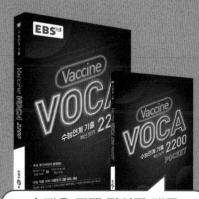

휴대용 **포켓 단어장** 제공

고1~2, 내신 중점

구분	고교 입문 >	기초 >	기본 >	특화	+ 단기
국어		윤혜정의 개념의 나비효과 입문 편 + 워크북 어휘가 독해다! 수능 국어 어휘	기본서 올림포스	국어 특화 국어 독해의 원리 국어 문법의 원리	
영어	고등예비 과정	내 등급은? 정승익의 수능 개념 잡는 대박구문 주혜연의 해석공식 논리 구조편	올림포스 전국연합 학력평가 기출문제집 유형서 올림포스 유형편	영어 특화 Grammar POWER Listening POWER Reading POWER Voca POWER 영어 특화 고급영어독해	단기 특강
수학		기초 50일 수학 + 기출 워크북 매쓰 디렉터의 고1 수학 개념 끝장내기		고급 올림포스 고난도 수학 특화 수학의 왕도	
한국사 사회			기본서 개념완성	고등학생을 위한 多담은 한국사 연표	
과학		50일 과학	개념완성 문항편	인공지능 수학과 함께하는 고교 AI 입문 수학과 함께하는 AI 기초	

과목	시리즈명	특징	난이도	권장 학년
전 과목	고등예비과정	예비 고등학생을 위한 과목별 단기 완성		예비 고1
	내 등급은?	고1 첫 학력평가 + 반 배치고사 대비 모의고사		예비 고1
국/영/수	올림포스	내신과 수능 대비 EBS 대표 국어·수학·영어 기본서		고1~2
	올림포스 전국연합학력평가 기출문제집	전국연합학력평가 문제 + 개념 기본서		고1~2
	단기 특강	단기간에 끝내는 유형별 문항 연습		고1~2
한/사/과	개념완성&개념완성 문항편	개념 한 권 + 문항 한 권으로 끝내는 한국사·탐구 기본서		고1~2
국어	윤혜정의 개념의 나비효과 입문 편 + 워크북	윤혜정 선생님과 함께 시작하는 국어 공부의 첫걸음		예비 고1~고2
	어휘가 독해다! 수능 국어 어휘	학평·모평·수능 출제 필수 어휘 학습		예비 고1~고2
	국어 독해의 원리	내신과 수능 대비 문학·독서(비문학) 특화서		고1~2
	국어 문법의 원리	필수 개념과 필수 문항의 언어(문법) 특화서		고1~2
영어	정승익의 수능 개념 잡는 대박구문	정승익 선생님과 CODE로 이해하는 영어 구문		예비 고1~고2
	주혜연의 해석공식 논리 구조편	주혜연 선생님과 함께하는 유형별 지문 독해		예비 고1~고2
	Grammar POWER	구문 분석 트리로 이해하는 영어 문법 특화서		고1~2
	Reading POWER	수준과 학습 목적에 따라 선택하는 영어 독해 특화서		고1~2
	Listening POWER	유형 연습과 모의고사·수행평가 대비 올인원 듣기 특화서		고1~2
	Voca POWER	영어 교육과정 필수 어휘와 어원별 어휘 학습		고1~2
	고급영어독해	영어 독해력을 높이는 영미 문학/비문학 읽기		고2~3
수학	50일 수학 + 기출 워크북	50일 만에 완성하는 초·중·고 수학의 맥		예비 고1~고2
	매쓰 디렉터의 고1 수학 개념 끝장내기	스타강사 강의, 손글씨 풀이와 함께 고1 수학 개념 정복		예비 고1~고1
	올림포스 유형편	유형별 반복 학습을 통해 실력 잡는 수학 유형서		고1~2
	올림포스 고난도	1등급을 위한 고난도 유형 집중 연습		고1~2
	수학의 왕도	직관적 개념 설명과 세분화된 문항 수록 수학 특화서		고1~2
한국사	고등학생을 위한 多담은 한국사 연표	연표로 흐름을 잡는 한국사 학습		예비 고1~고2
과학	50일 과학	50일 만에 통합과학의 핵심 개념 완벽 이해		예비 고1~고1
기타	수학과 함께하는 고교 AI 입문/AI 기초	파이선 프로그래밍, AI 알고리즘에 필요한 수학 개념 학습		예비 고1~고2